电信网络诈骗案件

办理实务问题及典型案例精解

石魏 冀敏 严玉婷 ◎ 著

人民法院出版社

图书在版编目（CIP）数据

电信网络诈骗案件办理实务问题及典型案例精解 /
石魏，冀敏，严玉婷著. -- 北京 ：人民法院出版社，
2024. 12. -- ISBN 978-7-5109-4363-8

Ⅰ. D924.335

中国国家版本馆CIP数据核字第2024U7J936号

电信网络诈骗案件办理实务问题及典型案例精解

石　魏　冀　敏　严玉婷　著

责任编辑	姚丽蕾
封面设计	尹苗苗
出版发行	人民法院出版社
地　　址	北京市东城区东交民巷 27 号 （100745）
电　　话	（010）67550662 （责任编辑）　　67550558 （发行部查询）
	65223677 （读者服务部）
客 服 QQ	2092078039
网　　址	http：//www.courtbook.com.cn
E － mail	courtpress@ sohu.com
印　　刷	天津嘉恒印务有限公司
经　　销	新华书店

开　　本	787 毫米×1092 毫米　1/16
字　　数	696 千字
印　　张	43.75
版　　次	2024 年 12 月第 1 版　2025 年 11 月第 2 次印刷
书　　号	ISBN 978-7-5109-4363-8
定　　价	135.00 元

前　言

　　打击治理电信网络诈骗犯罪，事关人民群众切身利益，事关社会大局稳定，事关经济金融安全，事关党和国家形象。习近平总书记曾对打击治理电信网络诈骗犯罪工作作出重要指示，强调要坚持以人民为中心，统筹发展和安全，强化系统观念、法治思维，注重源头治理、综合治理，坚持齐抓共管、群防群治，全面落实打防管控各项措施和金融、通信、互联网等行业监管主体责任，加强法律制度建设，加强社会宣传教育防范，推进国际执法合作，坚决遏制此类犯罪多发高发态势，为建设更高水平的平安中国、法治中国作出新的更大的贡献。[①] 2024 年 1 月召开的中央政法工作会议也把"深入推进电信网络诈骗犯罪打击整治"作为 2024 年政法领域重点工作之一。近年来，围绕打击治理电信网络诈骗犯罪，各地区、各部门以前所未有的力度和举措深入推进打防管控建各项工作，取得了一定成效，但电信网络诈骗犯罪打击和源头治理依旧是人民群众高度关注的话题。

　　网络技术的发展造就了一个全新的交往媒介，出现了一个全新的不依赖于实体空间的交往场域。近年来，以网络信息技术为载体的电信网络诈骗犯罪越来越频发，案件总量持续高位运行，且犯罪关联多环节、多链条、多场域，网络信息及其新技术的深度应用成为电信网络诈骗犯罪治理所面临的新课题与新挑战，如 AI 换脸诈骗、密聊软件社群化通联等。为及时回应电信网络诈骗犯罪及其关联犯罪刑事治理之需，全面保障人民群众的生命财产安全，2022 年 9 月 2 日，十三届全国人大常委会第三十六次会

　　[①] 《习近平对打击治理电信网络诈骗犯罪工作作出重要指示强调 坚持以人民为中心 全面落实打防管控措施 坚决遏制电信网络诈骗犯罪多发高发态势》，载《人民日报》2021 年 4 月 10 日第 1 版。

议通过了《反电信网络诈骗法》，为遏制相关犯罪提供法律指引。最高人民法院、最高人民检察院也相继出台多项司法解释及规范性法律文件，以明确相关案件打击标准，全面提升预防和整治电信网络诈骗犯罪及其关联犯罪工作质效。

但不容回避的是，网络时代背景下电信网络诈骗犯罪态势和情势更加复杂多变，犯罪的组织形式、手段方式持续迭代升级，境外诈骗集团垄断化、犯罪形式复合化、黑灰产犯罪境外化、犯罪链条专门化、犯罪获赃隐蔽化，司法实践中的情况纷繁复杂，刑事犯罪治理体系的反应滞后性凸显，全链条打击难度不断加大。与此同时，由于电信网络诈骗犯罪依托互联网实施作案，以此带来的犯罪行为的跨越时空、即时远程互动、"一对多"、犯罪对象的不特定性等特点，引发司法层面事实认定及法律适用困境。例如，电信网络诈骗犯罪及其关联犯罪链条长、环节多，涉案人员多、犯罪频次高、金额大，多系涉众型犯罪、跨境犯罪，证据收集、固定、审查、判断有其特殊性，案件审理中查明各被告人在犯罪过程中的具体行为以及作用大小存在困难，上游诈骗犯罪打击难度大；案件资金流转频繁且分散，行为人有预谋地实施隐匿、转移资金资产的行为，加之线上沟通隐蔽化带来巡线深挖线索中断，追赃挽损成效难以彰显；电信网络诈骗犯罪及关联犯罪行为人犯罪数额认定难、退赔责任确定难、刑民责任衔接难；等等。打击治理电信网络诈骗犯罪，责任重大、任务艰巨。有效化解各类电信网络诈骗犯罪及关联犯罪对社会治理体系的冲击，亟须立法、执法、司法等各领域及时回应，科学分解当前各领域犯罪治理的突出问题，适时总结审判实务最新态势，找准制度衔接盲点，并探寻解决之策。

本书立足司法工作主动适应犯罪治理的时代性变化的基本立场，紧扣审判实务常见难点、堵点、疑点、争议点，分析传统刑事犯罪与电信网络诈骗犯罪在定罪量刑方面的特殊性和差异性，围绕当前电信网络诈骗犯罪及其关联犯罪的实体认定、程序规范、证据审查与认定、跨境联合打击等重难点问题和前沿问题展开论述，内容涵盖了电信网络诈骗犯罪案件办理刑事司法实践的多层面、多角度、多领域，并附常见典型案例和法律索引，旨在打造协助公检法司等司法实务部门办案参阅的"集成式"著作，兼为引导读者全面了解、防范电信网络诈骗犯罪实践样态的"字典式"著作，以期为电信网络诈骗犯罪及其关联犯罪案件办理实践提供参照思路，为规范性指导文件的出台和完善提供可借鉴的参考意见，以便推动类案裁判规范化。本书具有以下典型特点：

一是实用性。本书紧扣实践、贴近现实、紧跟前沿，结合司法一线的电信网络诈骗犯罪案件疑难问题，依照刑事最新立法、规范性文件，条分缕析、整合统筹，搭建起覆盖侦查、审查起诉、审判及执行等诉讼全流程的应对体系。

二是全面性。本书结合电信网络诈骗的实体问题、程序问题、涉案财产处置问题、关联问题、国际合作问题等，全面分析、系统研究、深入探讨、规范应对并结合典型案例，从怎么认定、如何论证、怎么执行等层面提供办案参考。

三是新颖性。本书对诸多难点、堵点问题，尤其是刑事立法及其他规范性文件尚未明确规定的问题，深入剖析、系统论证，提出专业性、实用性、合理性的应对举措，提供可借鉴办案思路。

四是规范性。本书依据最新的刑事立法、司法解释及规范性法律文件，注重研究真问题、难问题、新问题，注重论述的合法性、合理性、规范性和准确性。

由于电信网络诈骗犯罪手段迭代更新、犯罪模式日新月异、犯罪问题层出不穷，再加上作者能力有限，难免出现疏漏之处，还请理论界及实务界的同仁不吝批评与指正。

凡　例

意见（二）》；

3.《最高人民法院、最高人民检察院、公安部关于办理网络赌博犯罪案件适用法律若干问题的意见》，简称《办理网络赌博犯罪意见》；

4.《最高人民法院、最高人民检察院关于办理侵犯公民个人信息刑事案件适用法律若干问题的解释》，简称《办理侵犯公民个人信息罪解释》；

5.《最高人民法院关于审理掩饰、隐瞒犯罪所得、犯罪所得收益刑事案件适用法律若干问题的解释》，简称《审理掩饰、隐瞒犯罪所得、犯罪所得收益案件适用法律的解释》。

目　　录

第一编　电信网络诈骗及关联犯罪法律适用

第二编　电信网络诈骗犯罪典型案例精解

| 第一编 |

电信网络诈骗及关联犯罪法律适用

第一章　实体问题

近年来，随着电信通讯和互联网的进一步普及和高速发展，"互联网+"产业新模式在推动经济增长的同时也为诈骗活动提供了可乘之机，利用电信网络实施诈骗犯罪案件持续高发，诈骗罪，帮助信息网络犯罪活动罪，掩饰、隐瞒犯罪所得、犯罪所得收益罪等上下游关联犯罪不断蔓延，犯罪手段更新快、智能化程度高，严重损害了公民的财产权利，破坏社会诚信，影响国家经济的发展、社会的稳定，社会危害极大，群众反映强烈。对此，习近平总书记强调，全面落实打防管控各项措施，坚决遏制电信网络诈骗犯罪多发高发态势。[①]

从国际层面看，以电信网络诈骗为代表的网络犯罪已经成为当前的主流犯罪，并且在诸多国家呈现迅猛增长态势，据全球反诈骗联盟和数据服务提供商 ScamAdviser[②] 的一项联合研究显示，2022 年 8 月至 2023 年 8 月，全球 25.5% 的人遭受过电信网络诈骗，损失金额超过 1 万亿美元，打击电信网络诈骗已经成为全球治理共同面临的难题。[③] 从国内层面看，电信网络诈骗也是近年来司法领域发案增长最多、涉及面最广、人民群众反映最为强烈的犯罪类型之一。据中国司法大数据研究院于 2022 年发布的研究报告显示，我国网络犯罪案件共涉及 280 余个罪名，案件数量呈逐年上升趋势，其中 2020 年至 2021 年案件数量同比增长超过 100%，就具体案由看，案件数量排在前三位的罪名分别是诈骗罪、帮助信息网络犯罪活动罪、开

[①]　中共中央宣传部、中央国家安全委员会办公室：《总体国家安全观学习纲要》，人民出版社、学习出版社 2022 年版，第 99 页。

[②]　ScamAdviser 是一个被国外消费者用于查询诈骗、钓鱼网站的检测器。

[③]　参见中国信息通信研究院发布的《信息通信行业防范治理电信网络诈骗白皮书（2023 年）》。

设赌场罪。其中，电信网络诈骗犯罪案件占比 36.5%，帮助信息网络犯罪活动罪占比 23.7%。2024 年第一季度，最高人民检察院发布了 2023 年度电信网络诈骗犯罪类案分析报告，2023 年度内全国检察机关共起诉电信网络诈骗犯罪 5 万余人、同比上升六成多，帮助信息网络犯罪活动犯罪 14 万余人、同比上升一成多，利用电信网络实施的掩饰、隐瞒犯罪所得、犯罪所得收益犯罪 7.5 万余人、同比上升 106.9%。[①] 在全国各办案机关针对电信网络诈骗采取全面打击、从严惩处的背景下，电信网络诈骗犯罪治理已经取得明显成效，但是相关案件依然呈现案件体量大、犯罪人数多、涉案金额高、社会危害恶劣的特征，反诈工作仍面临着跨境诈骗猖獗、技术对抗性不断增强、"黑灰产"温床效应突出等风险与挑战，打击形势依然严峻。在此背景下，有必要体系化梳理电信网络诈骗犯罪的内涵外延、涉及的常见罪名及实体法律问题，为电信网络诈骗犯罪的刑罚规制廓清理论支撑与实务操作路径。

一、概念、范畴及类型

（一）电信网络诈骗的概念与特征

2022 年 9 月 2 日公布的《反电信网络诈骗法》第 2 条规定："本法所称电信网络诈骗，是指以非法占有为目的，利用电信网络技术手段，通过远程、非接触等方式，诈骗公私财物的行为。"该规定对于电信网络诈骗的行为特征进行了总结概述，从犯罪构成的视角来评判，电信网络诈骗在诈骗罪行为特征的基础上附有更多的入罪条件和要求。

电信网络诈骗是一种典型的非接触式犯罪，突破了传统犯罪的时空、地域和法律限制，造成侦查取证、定罪量刑、案件管辖等诸多法律难题。[②] 除符合诈骗罪的特征以外，电信网络诈骗犯罪一般应同时具有技术性、非接触性、远程性等特征。其中，技术性是指该类犯罪主要利用电话、短

[①] 单鸽：《2023 年检察机关起诉电信网络诈骗犯罪 5 万余人》，载《检察日报》2024 年 3 月 4 日第 1 版。

[②] 喻海松编著：《实务刑法评注》（第二版），北京大学出版社 2022 年版，第 1280 页。

信、互联网等信息交互工具，甚至利用网络虚拟信号等技术手段多层嵌套，犯罪分子的作案手法和形式会随着网络技术的发展不断更新，在行为手段上具有技术成分加持，行为更为隐蔽，且侦查打击困难，利用广播电台、报纸杂志等方式实施诈骗，一般不认为具有技术性；非接触性是指该类犯罪中，电信网络诈骗犯罪分子利用技术手段进行分工合作并实施犯罪活动，在行为对接上呈现非接触性、交接剥离性样态，且犯罪分子与被害人不通过传统的面对面的方式进行交流，犯罪活动开展通常以电信网络为载体，犯罪遗留信息痕迹虚化。与此相对的，实施"线上拉拢，线下骗取"行为的案件属于接触性犯罪，一般不认定为电信网络诈骗；远程性是指该类犯罪中，行为人主要利用电信网络技术手段进行远程联系，在行为控制上呈现远程性、空间跨越性样态，犯罪分子之间，尤其是上下游犯罪分子之间通过电子设备等进行沟通联络、紧密配合，分环节完成犯罪行为，诈骗资金线上流转，且通过不同账号进行转移、洗白，犯罪分子的远程控制力度较大。

就电信网络诈骗的办案数据统计看，近年来，电信网络诈骗犯罪呈现如下态势：一是犯罪主体方面，团伙作案、共同犯罪是犯罪的主要组织形式，基于犯罪手段的技术性、跨地域性特征，电信网络诈骗罪犯呈现年轻化的苗头，中青年罪犯占据电信网络诈骗犯罪的绝大多数；二是犯罪手段方面，犯罪分子在实施网络诈骗案件时，多以办理投资贷款、冒充身份、虚假招聘、投放虚假广告等形式实施诈骗，其中贷款投资类诈骗犯罪占比最高，冒充人员类犯罪以冒充女性、客服、熟人、领导、司法机关诈骗为主，虚假招聘类犯罪以兼职刷单诈骗为主，与此同时，支付结算类帮助犯罪依然发案量高；三是犯罪上下游关联方面，犯罪分子获取公民个人信息后有针对性实施诈骗案件占比较高，且后端形成稳定的"洗钱"合作产业链，"黑灰"产业链发展越发成熟、分工越发细化，关联黑灰产业的发展，不仅侵害群众利益，还侵害信息安全、金融安全，严重扰乱行业管理秩序和社会管理秩序；四是犯罪分子反侦查能力较强，诈骗犯罪手段更新迭代快，逐渐朝向专业化以及职业化方向发展，并通过编制木马程序等方式，隐藏身份与犯罪地点，打击难度大。

（二）电信网络诈骗犯罪案件审理难点

1. 普通诈骗与电信网络诈骗的区别

电信网络诈骗与普通诈骗是特殊与一般的关系，电信网络诈骗犯罪的入罪标准、数额认定规则、未遂情节的处罚条件等规定均与普通诈骗犯罪存在较大差异，在打击电信网络诈骗犯罪时，应当准确厘清普通诈骗犯罪与电信网络诈骗犯罪范畴。利用电信网络技术手段实施诈骗是电信网络诈骗犯罪的典型特征，但并非所有利用或者涉及利用电信网络技术手段实施的诈骗行为都可以适用电信网络诈骗犯罪的刑罚规则。

首先，相较传统的普通诈骗犯罪，电信网络诈骗犯罪在行为对象上呈现针对不特定群体的特征，犯罪分子通过技术手段"广撒网"，锁定重点对象实施诈骗，通常情况下被害人人数多、资金流水频次高且诈骗数额难以查证。这一特征排除了一对一、点对点式定向诈骗犯罪类型，对于熟人之间发生的诈骗犯罪或者"一对一"诈骗行为，即使利用电信网络手段或者通过互联网等方式实施，也不宜一概认定为电信网络诈骗犯罪，进而适用特定的定罪量刑标准和相关规则。[①] 例如《刑事审判参考》所载第 1320 号案例——王某诈骗案，该案裁判要旨明确，针对特定人通过电信网络联络实施的诈骗犯罪不属于电信网络诈骗犯罪。

其次，相对传统的普通诈骗犯罪，电信网络诈骗犯罪在犯罪过程中呈现非接触性特征，电信网络诈骗犯罪分子与被害人之间建立联系和实施犯罪往往无须面对面接触。一方面，电信网络诈骗犯罪的这一特征排除了针对特定对象转入接触式定向诈骗犯罪类型，如果通过电信网络技术向不特定多数人发送诈骗信息后又转入接触式诈骗，或者为实现诈骗目的，线上、线下并行进行接触式和非接触式诈骗，应当按照诈骗取财行为的本质定性，虽然使用电信网络技术但被害人基于接触被骗的，应当认定为普通诈骗。另一方面，为实现诈骗目的，对不特定对象线上、线下并行进行接触式和非接触式诈骗的，只要主要的诈骗钱款和处分钱款行为是利用电信

[①] 喻海松编著：《实务刑法评注》（第二版），北京大学出版社 2022 年版，第 1279 页。

网络技术而无须接触实施的，宜认定为电信网络诈骗，反之则是普通诈骗。[①]

2. 电信网络诈骗犯罪形态认定

根据《办理电信网络诈骗意见》《办理电信网络诈骗意见（二）》的相关规定，电信网络诈骗犯罪，犯罪嫌疑人、被告人实际骗得财物的，以诈骗罪（既遂）定罪处罚。诈骗数额难以查证，但发送诈骗信息 5000 条以上、拨打诈骗电话 500 人次以上、在互联网上发布诈骗信息的页面浏览量累计 5000 次以上，或参与境外诈骗犯罪集团、团伙对境内居民实施电信网络诈骗犯罪一年内出境赴境外诈骗犯罪窝点累计时间 30 日以上或多次出境赴境外诈骗犯罪窝点的，应认定为《刑法》第 266 条规定的"其他严重情节"，以诈骗罪（未遂）定罪处罚。鉴于电信网络诈骗犯罪通常为连续性犯罪，行为人实施的行为中会存在既有既遂又有未遂的情形。司法实践中这种情形较为常见，由于行为人实施该类行为时通常系基于同一的概括故意，对此不应实行数罪并罚，应按一罪处理。对于行为既遂部分和未遂部分达到同一量刑幅度的，以诈骗罪既遂处罚，但在确定量刑起点和基准刑时，一般应就重选择；分别达到不同量刑幅度的，依照处罚较重的规定处罚。此外，司法实践中，判断电信网络诈骗犯罪的犯罪形态，还需要注意以下两个节点的认定和把握。

首先，电信网络诈骗犯罪作案环节多、持续时间长，各流程环环相扣，逐步诱导被害人交付款项，在这种作案形势下，在认定犯罪着手时易产生争议。有的观点认为，刑法理论将犯罪着手定义为行为人已经开始实施分则条文规定的犯罪构成要件行为，行为人虚构身份和事实与被害人"搭讪"即着手犯罪；也有的观点认为，《刑法》所保护的法益面临现实危险性的侵害或威胁时，即提出处分财产时，方可认定为着手犯罪。对于电信网络诈骗犯罪的着手节点认定，还需要回归电信网络诈骗的犯罪本质和特征进行评判，因为电信网络诈骗是一种依赖电信网络技术滋生的新型侵犯财产类犯罪行为，其行为呈现非接触性、技术性、远程性等特征；行为人往往通过话术引导等方式，逐步向被害人提出转移财产要求。从套路铺

[①] 参见郭震、周婧：《电信网络诈骗类案件的审理思路和裁判要点》，载微信公众号"办案指引"，2022 年 12 月 6 日。

垫到获取财产是一个连续性、整体性的行为，前期的套路和情感铺垫虽没有直接连接被害人的财产权益，但此时被害人的财产权益已经成为行为人实施相关行为的既定目标，至于处分财产何时提出只是法益侵害程度轻重缓急而非有无的问题。因此，在电信网络诈骗犯罪行为中，着手应从全部犯罪行为整体性角度进行分析和判断，自行为人与被害人建立联系时，行为的危害性已经呈现，应认定着手。①

其次，司法实践中对于"实际骗得财物"标准的理解存在争议。较为理想的情况是，被害人失去对钱款控制的同时，行为人实际控制钱款，但实践中的情况较为复杂。比如，被害人设置 24 小时内止付、撤回转账的，即被害人在 24 小时内并未失去对涉案钱款的控制，行为人实际控制钱款具有滞后性；又如，有的情况下，行为人为对涉案钱款进行同步"洗白"，会将相关款项转移至他人控制的账户，并层层流转。在上述情形下，被害人失去对钱款的控制，但行为人因被抓获等其他不可控制的原因无法实现对钱款的控制时，即被害人转款与行为人控制钱款存在时间差，行为人因意志以外的原因犯罪未能得逞，属于犯罪未遂。因此，对"实际骗得财物"应理解为被骗款项实际转入行为人或团伙成员控制的账户内，行为人或团伙成员实际控制了钱款，方能理解为犯罪既遂。

3. 电信网络诈骗犯罪数额的认定

诈骗犯罪属于数额犯，虽然我国《刑法》规定，在无诈骗数额的情况下，可以依据犯罪情节认定诈骗犯罪，但绝大多数诈骗案件均是以诈骗犯罪数额作为定罪量刑标准的，诈骗犯罪数额查明对于准确的定罪量刑意义重大，同时也是电信网络诈骗犯罪案件办理的一个突出难题。传统的诈骗犯罪数额认定，一般要求有相互印证的被害人陈述、被告人供述、转账记录、交易凭证等证据，注重多元证据之间的相互印证。但对于被害人数众多、电子证据海量化的电信网络诈骗犯罪案件而言，行为人银行账户收取的资金明细难以与被害人陈述的数额逐条对应，且庭审出示的证据多为间接证据，无法直接采用传统的印证模式对涉案金额等加以证实。对此，应结合电信网络诈骗犯罪案件特点，采用综合认定法，合理运用刑事推定规

---

① 参见郭震、周婧：《电信网络诈骗类案件的审理思路和裁判要点》，载微信公众号"办案指引"，2022 年 12 月 6 日。

则，对诈骗资金数额加以认定。

从司法实践的情况看，电信网络诈骗犯罪数额认定主要采用综合认定法。鉴于在网络犯罪证明中证据链形成难度较高，传统印证规则并不总是有效，网络犯罪证明过度依赖被告人供述及辩解、证人证言等言词证据。而言词证据无法全部收集，这在电信网络诈骗犯罪案件中尤为明显，故相关法律规范性文件特出台了相关规定，为审判实务中认定犯罪数额提供指引。比如，《办理电信网络诈骗意见》第6条规定，办理电信网络诈骗案件，确因被害人人数众多等客观条件的限制，无法逐一收集被害人陈述的，可以结合已收集的被害人陈述，以及经查证属实的银行账户交易记录、第三方支付结算账户交易记录、通话记录、电子数据等证据，综合认定被害人人数及诈骗资金数额等犯罪事实。又如，2022年《最高人民法院、最高人民检察院、公安部关于办理信息网络犯罪案件适用刑事诉讼程序若干问题的意见》第21条规定："对于涉案人数特别众多的信息网络犯罪案件，确因客观条件限制无法收集证据逐一证明、逐人核实涉案账户的资金来源，但根据银行账户、非银行支付账户等交易记录和其他证据材料，足以认定有关账户主要用于接收、流转涉案资金的，可以按照该账户接收的资金数额认定犯罪数额，但犯罪嫌疑人、被告人能够作出合理说明的除外。案外人提出异议的，应当依法审查。"

简而言之，电信网络诈骗犯罪具有其证据收集和固定的特殊性，被害人往往是不特定的，且人数众多，逐个收集被害人陈述和相关证据不具有可操作性，适用传统的诈骗犯罪数额认定方式显然不现实。电信网络诈骗犯罪数额的认定应当尽可能去收集被害人陈述，确因客观原因无法收集被害人陈述的，可以根据银行账户交易记录、第三方支付结算账户交易记录、通话记录、电子数据等客观证据进行综合认定，但这并不意味着办案机关可以据此直接将银行账户内的数额认定为诈骗资金数额，而应全面梳理在案证据，明晰组织架构，结合被告人供述、证人证言、电子数据等证据综合判断。具体到个案中，下列认定规则可供参考适用：（1）在涉电商平台类诈骗案件中，在被害人人数众多、遍布各地且到案不全的情况下，法院应以电子数据，如淘宝网后台数据，作为此类诈骗案件定案的核心证据，认定犯罪事实并确定犯罪金额。（2）针对境外被害人实施的网络诈骗，因客观条件限制无法逐一收集被害人陈述的，可以结合已收集的被害人陈述以及经查证属实的银行账户交易记录、第三方支付结算账户交易记录、通话记录、电子数据等证据，综合认定被害人人数及诈骗资金数额等犯罪事实。(3) 网络诈骗案件金额的确定应遵循经验法则和存疑有利于被告人的原则，在诈骗等财产类刑事案件中，网络聊天工具成为犯罪分子用于诈骗的工具，通过微信聊天记录等电子证据来确定犯罪事实及犯罪金额成为常见的途径。在相关证据无法确凿证明犯罪金额时，一要坚持有利于被告人的原则，对于证据不足及可疑之处作出有利于被告人的事实认定；二要充分运用常理常情常识等经验法则，结合证据作出合法合理合情的判断，体现刑事诉讼惩治犯罪和保障人权的双重功能。与此同时，司法实践中不能将银行账户资金直接推定为电信网络诈骗犯罪的犯罪数额。根据《办理网络赌博犯罪意见》的规定，对于网络赌博犯罪的赌资数额、参赌人数，如果被告人不能作出合理说明，可以认定为赌资数额、参赌人数。从惩罚犯罪的角度考虑，这样处理无疑能够最大限度地惩治相关犯罪，但这一规定只是针对网络赌博犯罪作出的特殊规定，不能参照认定电信网络诈骗犯罪的数额。

与此同时，相对于普通诈骗犯罪，电信网络诈骗犯罪参与行为人较多，且行为人之间分工协作、联系紧密，对诈骗活动的顺利开展都起到了不可或缺的作用。司法实践中，各层级的电信网络诈骗行为人的查获时间、到案时间通常是不同步的，具体案件办理中，需要分别查证每个诈骗活动参与者的诈骗数额。理论界关于应当依据何种标准来认定各参与者的犯罪数额，存在争议。第一种观点认为，应当以共同犯罪人实际分得的赃款作为单个犯罪人的诈骗数额予以认定；第二种观点认为，各共同犯罪人的诈骗行为与被害人的损失之间存在直接因果关系，共同犯罪人只需要对自己参与犯罪活动所得金额负责，无须对犯罪集团的全部犯罪所得负责；第三种观点认为，各共同犯罪人都应对于犯罪集团的全部犯罪所得负责，只不过在量刑时，结合各个共同犯罪人在共同犯罪中所起的作用大小、犯罪情节等进行考虑，进而区分主从犯。

认定电信网络诈骗各参与人的犯罪数额时，以行为人直接获利数额为标准显然是不合理的，其不仅不能反映各行为人在共同犯罪中的地位和作用，还容易造成司法实践中不利于追赃挽损的局面；而以直接参与的部分犯罪认定犯罪数额的标准，更加契合实行犯之间的责任划分，但是在电信网络诈骗犯罪中，存在实行犯和非实行犯的区分，有的犯罪分子虽然没有直接参与实行行为，却在犯罪行为中起重要作用，因此适用该标准就会放纵这部分犯罪行为。第三种观点要求所有共犯均对全部犯罪所得负责，由于未考虑参与犯罪的时间、作用、地位、行为手段等多层面的因素，会导致不当地加重对从犯尤其是提供后勤服务、行政服务的从犯的责任认定，有违罪责刑相适应原则。电信网络诈骗犯罪案件犯罪分子人数众多，通常包括数以百计的成员，对其涉案数额的认定，应构建分级分类机制，不能要求所有参与人员一概承担全部刑事责任，还要基于参与时间、促进客观因果的推进力与主观故意内容等综合认定，否则既有悖于罪责刑相适应原则，又与罪责自负原则严重背离。应当结合具体类型，依照相关法律规定并结合司法实践，对电信网络诈骗案件犯罪分子采取类型化处置模式：（1）电信网络诈骗犯罪集团之实控人、法定代理人、总经理等高层人员涉案数额的认定，应对诈骗集团的全部诈骗数额负责；（2）电信网络诈骗犯罪团伙或犯罪集团之业务经理涉案数额的认定，应对其参与期间所在团队的诈骗数额或者其组织、指挥的全部诈骗数额负责；（3）业务员涉案数额认定，要对自己的诈骗数额负责；（4）不同层级财务人员、后勤人员等涉案数额的认定，应对其参与期间，其所服务的团队的犯罪数额负责；（5）诈骗数额难以认定的情况下，应结合行为人参与犯罪集团、犯罪团伙的时间长短及提成、奖金、所处层级、所起作用、行为方式、危害后果等，对其行为的社会危害性作出综合判定，合理量刑。

（三）电信网络诈骗关涉重点罪名

1. 诈骗罪

诈骗罪是多发性侵犯财产类犯罪，是司法实践中最为常见的罪名之一，主要特征表现为以非法占有为目的，采用虚构事实、隐瞒真相的方法骗取他人财物。随着社会发展和科技进步，诈骗犯罪手段越来越多元化、犯罪数额巨大且被害人人数众多、侦查打击难度大，其严重侵害公民的财产权益，尤其是对老年人、残疾人、学生等弱势群体的财产权益造成严重侵害，甚至引发严重的次生伤害，是危害社会安全稳定的重大隐患，也是行政执法和刑事司法重点打击的对象。

从立法沿革看，1979 年《刑法》将诈骗罪、盗窃罪、抢夺罪等侵犯财产类犯罪一起进行了规定。1997 年《刑法》修订时对诈骗罪单独进行了规定，取消了惯骗罪这一罪名，增加了罚金刑，对诈骗类犯罪作出了重大修改，将合同诈骗从普通诈骗中分离出去另立罪名，同时对 8 种金融诈骗罪设专节作了集中规定，明确"本法另有规定的，依照规定"。根据我国现行《刑法》规定，诈骗罪是指以非法占有为目的，采用虚构事实或者隐瞒真相的方法，骗取数额较大的公私财物的行为。诈骗罪规定在我国《刑法》侵犯财产罪部分，属于普通犯罪条款。同时我国《刑法》还规定了合同诈骗、信用卡诈骗、保险诈骗等特殊诈骗罪，这些特殊诈骗罪在具备普通诈骗罪的特点的同时还具有特殊领域的类型化特征，司法实践中的适用原则为特别法优于普通法，如果不能归入特殊诈骗罪名则按照普通诈骗罪定罪处罚。

（1）参与样态。21 世纪以来，诈骗犯罪开始逐渐向线上发展，电信网络诈骗成为诈骗罪的"主流"。由于电信网络诈骗均为远程实施、难追踪、效率高、风险小，我国近年来电信网络诈骗犯罪案件快速发展蔓延，常见类型有冒充司法机关、冒充领导熟人、投资理财、贷款融资、博彩中奖、虚拟货币、保健品等产品销售等。实施诈骗犯罪的行为人主要可以分为两种类型：一种是直接通过虚构事实、隐瞒真相的方式骗取他人财物的犯罪行为；另一种是诈骗共犯。根据相关司法解释及规范性文件的规定，电信网络诈骗犯罪中诈骗共犯主要有两大类：一类是事前或者事中与诈骗犯罪分子通谋共同实施诈骗活动，根据分工从事提供银行卡、转移犯罪所得、提供犯罪工具、提供技术支持等活动，这类共犯对诈骗犯罪的诈骗行为有着明确、具体的认知；另一类是事前或者事中没有与诈骗犯罪分子通谋，但明知他人实施电信网络诈骗犯罪，长期相对稳定地为他人的诈骗犯罪活动提供转移资金、引流推广等帮助，与诈骗团伙之间形成较为稳定的配合关系。这类共犯不要求其明知被帮助者实施诈骗行为的具体细节，但必须要求其认识到被帮助者实施的是诈骗犯罪行为。如果行为人对被帮助者的犯罪行为只是概括地认识，对具体犯罪类型及犯罪形态并不知悉，不能构成诈骗罪共犯，可能构成其他帮助类犯罪。

在电信网络诈骗犯罪产业链中，诈骗犯罪是产业链的核心犯罪行为，此类诈骗犯罪的主要特点表现为：一是犯罪主体呈现公司化、集团化的运作模式。传统的分散作案、临时作案的作案模式逐步被淘汰，转变为分工明确、层级管理、组织严密的公司化作案模式，作案组织内部成体系化管理，以高度组织化的层级管理模式、类型多样的培训内容、分工精细的作案及协作方式提高组织的犯罪能力和逃避打击能力。二是诈骗组织的时空跨度大，作案地点不固定，往往采用境内外联合作案、全国各地广泛撒网的作案方式，给侦查取证、退赃退赔等工作都带来较大困难，呈现作案时间长、受害人人数多、涉案金额大、打击难度大的特点。三是作案手段呈专业化趋势。随着互联网金融、网络社交软件、网络理财产品、网络支付平台的日益发展与普及，诈骗手段从发短信、打电话等已逐步发展到使用电话群拨、换号改号、植入木马病毒、网络虚拟转账、建立专门诈骗网站等高科技手段，如架设 GS 设备①形成通话线路等。被骗资金到账后，极短时间内会被转移和稀释、漂白，诈骗与洗钱犯罪全流程日趋智能化、信息化、专业化。四是诈骗类犯罪案发对象由单个型向涉众型方向发展，受害人分散在全国各地，且受骗"套路"均是贴合被害人实际情况针对性定制，定向打击和侦查取证难。五是与侵犯公民个人信息犯罪紧密结合，犯罪对象具有高度指向性。诈骗犯罪分子通过网络、熟人等渠道购买个人信息，故通常对诈骗对象的身份职业、信用情况、生活需求等情况有一定的了解，从而得以实施针对性的诈骗。以海量公民个人信息为基数提高犯罪得逞概率，利用"伪基站""黑广播"以及网络改号软件等发送诈骗短信、拨打诈骗电话，实施诈骗犯罪。②

（2）犯罪构成。本罪侵犯的客体是公私财物所有权。本罪的犯罪对象是公私财物，所谓"财物"是指存在一定客观价值或者主观价值，具有管理可能性的财产，包括有形物、无形物以及财产性利益，如债券凭证、股票、现金、社会保障待遇等。

本罪的主观方面是故意，且行为人具有非法占有的目的。对于非法占有目的的"非法性"，指的是财产犯罪的构成要件要素，而非一般违法性的提示要素，其评价的是财产犯罪行为所引起的财产转移、变动过程。只有当行为人对被害人拥有合法债权时，以非法手段引起的财产转移过程才

---

① GS 设备是一种网关设备，只有笔记本电脑大小，一些犯罪分子利用它在城市内四处发射通讯信号，为境外电信诈骗团伙提供诈骗通信通道。

② 徐建新、冯喜恒编著：《侵犯财产罪案件法律适用与案例指导》，人民法院出版社 2023 年版，第 181 页。

被认为合乎民事实体财产秩序，进而否定非法性。① 而对于非法占有目的的认定，相关司法解释及规范性文件也作出了相应指引。实践中，对于行为人通过诈骗的方法非法获取资金，造成数额较大资金不能归还，并具有下列情形之一的，可以认定为具有非法占有的目的：一是明知没有归还能力而大量骗取资金的；二是非法获取资金后逃跑的；三是肆意挥霍骗取资金的；四是使用骗取的资金进行违法犯罪活动的；五是抽逃、转移资金、隐匿财产，以逃避返还资金的；六是隐匿、销毁账目，或者搞假破产、假倒闭，以逃避返还资金的；七是其他非法占有资金、拒不返还的行为。

本罪的客观方面表现为通过虚构事实、隐瞒真相的方式非法占有他人财物的行为。其中诈骗行为的方式既可以是积极地虚构事实这种具有攻击色彩的行为，又可以是相对消极地隐瞒真相这种具有放任、误导色彩的行为，而且这种诈骗行为应当具有使他人陷入错误认识，进而错误地交付或处置财产的作用，同时他人对于交付或处置财产本身具有明确认知。他人基于错误的"自愿"交付或处分财产是诈骗构成的核心要素，是本罪区别于其他侵犯财产类犯罪的关键所在。

本罪主体是一般主体，凡达到法定刑事责任年龄、具有刑事责任能力的自然人均能构成本罪。单位不是诈骗罪的适格主体。

（3）法律适用疑难问题剖析。本罪的行为手段多样，且往往涉及刑民交叉问题，在定性上存在多个争议误区，是司法实务中的热点也是难点。司法实践中，往往出现对于本罪非法占有目的的认定、罪与非罪的边界、犯罪数额把握不清等问题。

其一，关于"以借为名"诈骗案件非法占有目的的认定。本罪以主观上具有非法占有目的为构成要件。对非法占有目的的认定，应把握相关法律、司法解释的规定，积极运用经验常识来判断是否属于诈骗，不能机械、教条地适用法律。实践中，有的犯罪分子往往以借为名行诈骗之实，对于此类案件，因为"以借为名"的行为表象与借款到期后无法及时偿还的民间借贷行为均以借款理由存在虚假因素而呈现竞合形态，加之此类案件往往发生在同事、朋友等熟人社会之间，司法实践中处理此类案件需要秉持审慎的态度，着重查明行为人是否具有非法占有目的，注重对犯罪主

---

① 徐凌波：《债权行使与非法占有目的的非法性认定》，载《中外法学》2023 年第 3 期。

观方面的证据审查，如行为人事前通谋的情况、犯罪动机；行为人的经济状况，如基本收入、是否有外债；行为人转移财产、销赃的情况以及获取钱款后是否失联等。针对此类案件的特殊性，在审查行为人主观上是否具有非法占有目的时，可以从以下几个方面着手：一是行为人借款时约定的钱款用途及实际钱款去向；二是综合考虑行为人的工资收入、家庭情况、个人信用等评判行为人在借款时的还款能力；三是行为人有无还款行为、还款态度以及后续未及时按约定时间还款的原因；四是面对被害人追索钱款行为人的应对举措；等等。在"以借为名"的诈骗犯罪案件中，考察行为人是否具有非法占有的目的应当突破形式上的借贷关系，考察行为人客观行为与主观心理。例如，有的行为人在不具有归还能力的情况下，通过虚构事实、虚夸办事能力等方式骗取被害人的信任，致使被害人陷入错误认识而基于投资名义主动交出钱财，后续拒不还款。这种情形下，即使行为人向被害人出具了借款协议、借条，表面上形成借贷关系，依旧可以认定行为人在主观上具有非法占有目的，相应款项一并计入诈骗数额。

其二，关于犯罪数额的认定。对于诈骗罪而言，犯罪数额的认定既关乎罪与非罪，又关乎量刑档次。通常情况下，对于诈骗公私财物，只有达到"数额较大"的标准才能按照犯罪处理，对于数额较小，危害不大的行为不能以诈骗罪定罪量刑。与盗窃罪不同，现行《刑法》已经取消了惯骗罪，并未将多次诈骗规定为入罪情形。司法实践中，对于虽有多次诈骗行为，但是诈骗数额累计尚未达到"数额较大"标准的，当然不属于诈骗罪的处罚范畴；对于二年内多次诈骗少量财物未经处理，诈骗数额累计计算达到"数额较大"标准，对此能否依据诈骗罪科以刑罚存在不同认识。对于诈骗数额不大的数个行为，特别是在概括故意之下实施的数个行为，能否将数额累计计算后追究刑事责任，既涉及犯罪行为与违反治安管理处罚行为的界限划分，又涉及"数额较大"的认定问题，需要慎重对待。在相关司法解释、规范性文件作出明确规定前，对于多次诈骗少量财物未经处理的行为，不宜累计计算，进而入罪处罚。① 对于《办理电信网络诈骗意见》中有关"二年内多次实施电信网络诈骗未经处理，诈骗数额累计计算构成犯罪的，应当依法定罪处罚"的规定，宜认为是针对电信网络诈骗作

---

① 喻海松编著：《实务刑法评注》（第二版），北京大学出版社 2024 年版，第 1314 页。

出的专门规定，尚不宜推广适用于其他诈骗类型。

对于犯罪数额的认定，笔者认为，普通诈骗犯罪，应当以犯罪既遂时被告人骗取的实际数额为标准，综合考量被害人的实际财产损失。根据《刑法》第 266 条的规定，诈骗公私财物，数额较大的，构成诈骗罪。从法条表述看，对于诈骗罪的犯罪构成采取了行为人第一人称的表述方式，从字面含义理解，诈骗数额指向行为人实际骗取的财物数额更为合理，对此相关司法解释及规范性文件也作了一致规定。比如，2001 年《全国法院审理金融犯罪案件工作座谈会纪要》。不可否认的是，诈骗罪属于侵犯财产类的犯罪，其侵犯的法益是他人对财物的所有权或者占有权，被害人因诈骗行为遭受财产损失是本罪的结果要件，但实践中犯罪分子诈骗所得数额与被害人实际损失数额并非一一对应，故而本罪犯罪数额以行为人诈骗所得为标准，本罪的定罪量刑还需综合评判被害人的实际损失数额，甚至在行为人诈骗犯罪数额无法计算的情况下，也可以以被害人直接经济损失数额作为犯罪数额。

鉴于电信网络诈骗犯罪手段多样、犯罪主体人数众多、关联行为及犯罪相互交织，尤其是帮助取款人通过多种路径参与其中，更加剧了犯罪形态认定的难度。在电信网络诈骗犯罪中，由于犯罪行为与结果的发生之间，既有空间间隔，又有时间间隔，考虑到电信网络诈骗的技术性、远程性、非接触性以及被害人的不特定性，以被害人的损失金额认定涉案数额更为合适（具体理由，见本书涉案财产部分的论述）。

实践中，诈骗犯罪往往涉及多笔经济往来，在认定诈骗犯罪数额时，对于行为人为实施诈骗犯罪购买工具、租用场地等支出，作为犯罪成本不应当从诈骗数额中扣除。但涉及以下几种情形的可以从犯罪数额中予以扣除：

一是行为人在实施诈骗犯罪过程中，为了获取被害人的信任，通过预付定金、定期返利等方式向被害人支付一部分款物，这部分款物具有一定的交换价值和经济价值，能够在一定程度上弥补被害人的经济损失，对于这部分款物价值可以从犯罪数额中予以扣除。但是如果这部分款物对被害人而言没有利用价值，或无法实现被害人预期的交易目的，对弥补被害人经济损失无实际意义则不应扣除。

二是在案证据能够充分证明行为人对该笔资金不具有非法占有目的的

情形。例如，被告人与被害人之间系情侣关系，基于双方存在共同生活的事实，被告人将部分款项用于共同生活支出的，对该部分款项缺乏非法占有目的，应当从诈骗数额中予以扣减。

三是行为人在案发前退赔的钱款数额应当从犯罪数额中予以扣除，对此部分钱款事实可以作为酌定情节。对于"案发前归还"，既包括诈骗犯罪既遂以后，行为人出于修复被侵害的法律关系的主观意愿，对被害人所受财产损失进行的补偿，又包括行为人多次、连续实施诈骗的情形下，以后次诈骗的财物偿还前次诈骗被害人损失的行为。[1] 从规范层面看，诈骗类案件相关规定倾向于将案发前归还的钱款从犯罪数额中扣除。基于法秩序统一原则，将诈骗罪案发前归还钱款从犯罪数额中扣除符合立法精神。对于实践中的"连环骗"行为，应以行为人最终无法归还的数额认定诈骗数额，把案发前已被追回的被骗款额扣除，但在量刑时应对这种情形作为从重处罚的情节来考虑。但是实践中的情形极为复杂，对于犯罪数额扣减应当根据在案证据，查明事实进而进行判断。有的情形下，虽然行为人在立案前归还被害人部分经济损失数额，但一并进行扣减处理并不妥当，对于一些无财产交易色彩的诈骗类型，如骗取捐款、骗取补贴、骗婚、酒托等诈骗犯罪，其行为构造与普通诈骗罪特点明显不同，被告人与被害人之间不存在财产交换的对价关系，被害人给予被告人财物之后，并不期待被告人也实施价值相当的对价给付。对于此类诈骗罪，被告人在案发前归还被害人的数额不影响案件的定性。

其三，诈骗款物的处置。根据我国《刑法》第 64 条的规定，犯罪分子违法所得的一切财物，应当予以追缴或者责令退赔。在司法实务中，对于诈骗犯罪违法所得的追缴、退赔以及合法财产的返还等应当注意把握以下几点：首先，被害人（请托人）基于不同法律属性的请托事项被诈骗的情形下，对于请托财物的处置要按照类型，区别处置，具体包括：（1）请托事项具有合法性的被诈骗情形。比如，满足一定积分即可取得某地域的户口，请托人满足积分，但却未取得该地域的户口，因此请托被告人，若

---

[1] 参见郑毅、段凰：《阚某诈骗案——诈骗数额的计算与扣除》，载中华人民共和国最高人民法院刑事审判第一、二、三、四、五庭编：《刑事审判参考》（总第 124 集），法律出版社 2020 年版，第 250 页。

被告人基于诈骗的目的要求其支付一定的财物来获取落户资格，该请托人以为是取得户口必须支付的费用，因而被诈骗的款项，考虑其目的的合法性，对被害人被诈骗的款项，应返还被害人。（2）请托事项具有违法性的被诈骗情形，这种情形大多为请托谋取公共资源。比如，请托人不满足落户资格、入学资格、公务员录取资格等，具体到请托"入学"行为，尤其是请托就读本科等学历层次，其行为破坏了全国统一招生秩序，而请托办理城镇户口、车牌号等，此类请托行为违反了地方政策性法规。考虑请托人请托事项的违法性、违规性，可以将请托财物返还被害人，但应将相关线索移交有权部门，对请托人的违法请托事项予以处置，如取消录取资格、对请托人予以行政处罚等。（3）请托事项违反《刑法》的被诈骗情形。比如，为了让应被逮捕的犯罪嫌疑人不被逮捕、应被判处实刑的被告人被宣告缓刑、正在被执行刑罚的被执行人提前释放而请托，该类请托行为严重违反《刑法》规定及社会主义核心价值观，属于严重违反法律规范的行为，具有严重的社会危害性，不仅触犯《刑法》，而且违反社会的公序良俗。即使上游犯罪尚未依法裁判，亦需对该请托款项予以没收。实践中，涉案款项的占有情况并不影响追缴，如诈骗款由中间人代为保管，可向中间人进行追缴，办案机关亦可就该款项进行查封、扣押、冻结，在这种情况下，如果被害人谅解的前提条件发生变化，需要向被害人再次确认，被害人谅解对量刑的作用，需遵循量刑指导意见执行。其次，对于他人善意取得诈骗财物的，不应追缴，应当责令诈骗犯罪行为人退赔被害人的经济损失。但是，行为人将诈骗财物用于清偿债务或者转让给他人，具有下列情形之一的，应当依法追缴：第一，对方明知是诈骗财物而收取的；第二，对方无偿取得诈骗财物的；第三，对方以明显低于市场价的价格取得诈骗财物的；第四，对方取得诈骗财物系源于非法债务或者违法犯罪活动的。

与此同时，诈骗罪中对于被骗财物责令返还系对财物的强制措施，原则上应当由该财物的被告人或实际控制人承担返还责任。在电信网络诈骗犯罪中，因犯罪组织性较强，且帮助行为构成衍生犯罪，诈骗罪的组织化发展决定了相关案件具有多被告人、多事实的特征，在这种情形下，返还责任的把握则需要结合证据情况综合认定，例如，对赃款具有实际控制或占有的犯罪分子，可以责令其退赔，并返还给被害人；认定为从犯的，对其退赔责任应当考虑按照其实际所得进行判赔，不宜一律笼统列为共同退赔主体；涉及帮助信息网络犯罪活动罪或者掩饰、隐瞒犯罪所得、犯罪所得收益罪的犯罪分子，如对赃款并不具有实际控制，仅获取了一定数额的违法所得，原则上不应对诈骗数额承担共同退赔责任。此外，犯罪分子自愿认罪悔罪，主动承担退赔责任，亦应当予以鼓励，并作为量刑情节予以考虑。

其四，本罪与关联犯罪的区分适用。首先，电信网络诈骗相对于普通诈骗，在入罪标准、量刑起点、基准刑设计等方面均有所不同，司法实践中准确厘清普通诈骗犯罪与电信网络诈骗犯罪对于定罪量刑至关重要，诈骗罪是电信网络诈骗犯罪的核心罪名，但并非所有通过电话、社交软件联络实施的诈骗犯罪就一概认定为电信网络诈骗犯罪。由于通信和互联网技术的普遍应用，普通诈骗犯罪中行为人亦经常通过即时通讯工具或其他社交软件联络被害人，是否认定涉案行为为电信网络诈骗犯罪还是要遵循主客观相一致的原则，依据具体案情进行分析。具体而言，"针对不特定多数人"契合电信网络诈骗犯罪行为模式，是电信网络诈骗犯罪区别于普通诈骗犯罪行为的显著特征之一。① 实践中，电信网络诈骗呈现"由点带面"的犯罪形态，犯罪分子通常以电信网络平台为载体广泛散布虚假消息，打造噱头引诱被害人进入视野，初始实施犯罪的目标对象不确定，时空跨度和犯罪规模都较大，不同于普通诈骗犯罪是针对明确的作案目标实施。对于借助电信网络实施的诈骗犯罪，当被害人人数众多时，一般较易区分电信网络诈骗与普通诈骗。而当被害人较少时，则应综合在案因素进行判断。一是行为人是否向不特定人员发布了虚假信息，包括主动发布以及在别人询问时对众人发布。行为人在即时通信群组中发布虚假信息，实施"钓鱼型"诈骗，该通信群组中的相对不特定人员即为诈骗信息受众，此类行为构成犯罪的，宜被认定为电信网络诈骗。对此要调取微信聊天记录、通话记录等证据材料，核实被告人供述与被害人陈述是否一致或相互印证。二是行为人未发布虚假信息的，要调查行为人是否向不特定人员实

① 参见王慊、王珂：《王某诈骗案——通过电话、社交软件联络实施的诈骗犯罪，是否均应认定为电信网络诈骗犯罪》，载中华人民共和国最高人民法院刑事审判第一、二、三、四、五庭编：《刑事审判参考》（总第121集），法律出版社2020年版，第300页。

施了隐瞒真相或诱导性的诈骗行为。比如，行为人在被害人问询时，故意隐瞒相关事实，或作出诱导性的答复，通过背靠背的连环诈骗，逐渐增强被害人的信任，并最终实施其诈骗行为。三是对于行为人利用其掌握的公民个人信息通过电话、网络实施"精准诈骗"的，需调查核实其获取公民个人信息的目的以及获取公民个人信息的手段。行为人有目的获取具有某类共同特征的公民个人信息后，据此"量身定做"诈骗剧本并实施；或通过购买等手段获取批量公民个人信息后，依照诈骗剧本实施的，此时诈骗受众在一定范围内仍具有不特定性，仍属于电信网络诈骗。[①]

其次，在电信网络诈骗犯罪的背景下，本罪共犯与帮助信息网络犯罪活动罪，掩饰、隐瞒犯罪所得、犯罪所得收益罪，侵犯公民个人信息罪，妨害信用卡管理罪之间存在交叉竞合关系，应当注意区分适用。在电信网络诈骗犯罪及其关联犯罪的认定中，要审慎认定电信网络诈骗共犯。共犯的认定必须有充分证据证明主观犯意上的通谋、客观行为上的密切配合、危害结果上的严重性，如果认定共同犯罪证据不足的，则应按照关联犯罪罪名进行评价。与此同时，如果电信网络诈骗犯罪分子在实施电信网络诈骗犯罪的过程中，同时实施了前端信息收集或后端洗钱行为，并均触犯相关罪名的，要注意准确认定罪名和罪数。司法实践中，电信网络诈骗分子为精准实施诈骗行为往往会在前端进行公民个人信息收集、筛选等行为，前端行为往往涉及侵犯公民个人信息罪、非法获取计算机信息系统数据罪、非法控制计算机信息系统罪等犯罪，对此应以该罪与诈骗罪数罪并罚。上述前端行为涉及的罪名与诈骗犯罪之间不构成牵连犯。究其原因，一方面行为人是基于两个独立的犯意支配之下实施的两种完全不同的犯罪行为，每个犯罪行为都具有相当的社会危害性，也具有相当的非法利益对价；另一方面行为人在实施前端犯罪行为时，受害人具有一定的偶然性，不具有牵连意义层面上的手段行为和目的行为的关联关系，加之数罪并罚的处断思路更符合罪责刑相适应的基本原则。

其五，本罪与民事欺诈的区别。司法实践中，本罪往往涉及刑民交叉

[①] 参见王愫、王珂：《王某诈骗案——通过电话、社交软件联络实施的诈骗犯罪，是否均应认定为电信网络诈骗犯罪》，载中华人民共和国最高人民法院刑事审判第一、二、三、四、五庭编：《刑事审判参考》（总第121集），法律出版社2020年版，第300页。

问题，诸多刑事诈骗犯罪是从民事欺诈基础上演变而来，二者存在诸多相同或相似之处，比如，行为人在主观上必然另有所图，基于该意图产生欺骗之意，希望通过让对方陷入错误认识而满足个人利益，在客观上也是采用了隐瞒真相、捏造事实等手段，以此迷惑、误导对方，且这种行为都对他人的利益造成了一定程度的侵害。但是，二者尽管有多处相同或相似的表征，但具有罪与非罪的原则性区别，实践中应当注重进行区分，准确认定。

实践中，民事欺诈和刑事诈骗在以下几个层面存在不同：一是行为方式层面。民事欺诈往往是针对经济活动中的部分事实和局部事实实施欺骗，整体评判行为人依旧是出于积极地、正面地推动经济活动的目的，而且行为人的欺骗行为虽会使对方产生错误认识，但这种错误认识并不会达到让对方无对价交付财物的程度；刑事诈骗的行为手段则更具有攻击性、欺骗行为的后果也更为严重，行为人往往是没有能力或者根本没有主观意愿推动经济活动的进行，整个事实都是实施欺骗的过程，并且这种欺骗手段达到了让对方无对价交付财物的程度。二是主观意图层面。二者区别的关键在于行为人是否具有非法占有目的。民事欺诈行为中行为人意在谋取不正当利益，这种目的通常是通过合同履行等民事行为能够达成的利益；而刑事诈骗是以非法占有为目的的犯罪，即使行为人在表征上虚构了掩人耳目的行为，但该表象只是其以顺利占有他人财物为目的的犯罪手段和犯罪成本。所有权包含占有、使用、收益和处分四项权能。刑事诈骗与民事欺诈均能实现对财物的非法占有状态，但相较之下，刑事诈骗侧重于取得财产权属，即控制财物的所有权，而不仅限于对财物的占有。《刑法》中的"占有"与民法中的"占有"概念在内涵上有所区别。此外，民事欺诈与刑事诈骗在主观上的积极性、追求程度存在差异：前者并非总是呈现主动性的特点；相对而言，刑事诈骗则是一种更为积极主动的行为，其核心目的是非法占有他人财产，通常不打算或仅打算以极小的代价作为成本，这种行为在主观上往往表现为直接故意。在涉及服务领域的诈骗案件中，审查行为人是否具备非法占有的主观意图以及客观上是否实施了非法占有行为至关重要。其中，对非法占有目的的审查，要重点关注行为人是否具有交易意图、是否具有履约能力、是否付出对价、取得财物后的处置方式，从多角度审查行为人的主观意图，从而从主观层面对民事欺诈与刑事诈骗进行有效界分。司法实践中，认定行为人主观上是否具有非法占有目的还需要通过行为人客观的行为及其行为效果加以推断，具体可以综合考虑、审查分析以下要素：一是看行为人主体身份是否真实，行为实施对象是陌生人群还是熟悉的人，甚至是朋友、亲戚；二是要审查行为人在行为当时有无履约能力，有无归还能力；三是要审查行为人有无采取诈骗的行为手段，有无实施虚构事实、隐瞒真相的行为；四是要审查行为人有无履约的实际行动，有无积极准备做相应工作；五是要审查行为人未履约的原因，是因为意外事件、行为人过失等造成不能履约，还是根本不想去履约；六是要审查行为人的履约状态是否积极，是否按时、按计划履行合约；七是要审查行为人对财物的主要处置形式，如有无肆意挥霍、有无使用资金进行违法犯罪活动；八是要审查行为人的事后态度是否积极，如有无抽逃、转移资金、隐匿财产，以逃避返还资金，有无在获取资金后逃跑行为等。① 以上可以作为评判行为人是否具有非法占有目的的参照因素，但还需要避免单纯依据损失结果客观归罪情形的发生，实践中应坚持主客观相一致的原则根据案情综合判断。

2. 侵犯公民个人信息罪

随着社会发展进入信息化时代，现代社会中每个成员自身的情况也已经是社会信息中不可分割的部分，侵犯公民个人信息犯罪被称为"百罪之源"，公民个人信息的安全性问题日益成为一个全社会关注的问题，加强公民个人信息司法保护是司法机关落实以人民为中心的发展思想的具体体现，也是加强网络文明和网络法治建设的重要内容。电信网络诈骗犯罪为精准锁定被害人，依托掌握的被害人信息资料设置诈骗"圈套"需要获取大批量的公民个人信息。在此情形下，一些犯罪不法分子为了谋取非法利益，在通过各种手段获取公民个人信息后，出售给电信网络诈骗犯罪分子，为电信网络诈骗犯罪分子精准实施诈骗行为提供信息资料，进而形成"源头非法收集公民信息—中间人转售倒卖—电信网络诈骗犯罪分子精准实施诈骗"的黑灰产业链条。尽管当前打击整治电信网络诈骗的工作取得了明显成效，案件快速上升势头得到有效遏制，但是形势依然严峻、案件

① 参见李风林、段凰：《黄某章诈骗案——诈骗犯罪与民事欺诈行为的界限》，载中华人民共和国最高人民法院刑事审判第一、二、三、四、五庭编：《刑事审判参考》（总第124集），法律出版社2020年版，第250页。

量依旧庞大，尤其是因个人信息泄露导致的网络违法犯罪案件数量仍高位运行，司法机关依法惩处的电信网络诈骗犯罪人数与侵犯公民个人信息犯罪人数相比数量悬殊，凸显出惩治打击电信网络诈骗犯罪仍有较大空间。

（1）参与样态。为进一步加强对公民个人信息的保护，《刑法修正案（九）》将出售、非法提供公民个人信息罪和非法获取公民个人信息罪整合成侵犯公民个人信息罪，并在原罪名构成要件的基础上扩大了犯罪主体的涵盖范围，提升了法定刑配置。所谓侵犯公民个人信息罪，是指违反国家有关规定，向他人出售或者提供公民个人信息，或者窃取或以其他方法非法获取公民个人信息，情节严重的行为。

侵犯公民个人信息犯罪严重危害公民个人信息安全，易引发电信网络诈骗、敲诈勒索等衍生犯罪，社会危害性极大。在司法实践的情况中，高发的侵犯公民个人信息案件主要有以下几种情形：一是行为人设立网站作为信息交易平台，通过网络从下线人员处收集姓名、身份证件号码、手机号码、微信号码、银行卡信息等公民个人信息，将上述信息有偿提供给上线；二是行为人作为房产中介、物业管理公司、保险公司、担保公司等从业人员，与他人通过线上方式互相交换各自掌握的客户信息；三是某些网络平台从业人员或者某行业"内鬼"，未经允许私自批量下载公民个人信息后出售牟利；四是手机卖场店员等利用客户信任，利用办理业务之便，私自将客户手机号码及相应验证码出售供给后端注册各类网络账号，成为不法分子网络黑灰产业链犯罪的"基本物料"和"基础工具"；五是行为人冒充证券公司客服等名义，虚构提供股票咨询等噱头，利用话术获取他人的微信账户、联系电话等信息，为上游犯罪团伙"引流"；六是行为人通过"人肉搜索""开盒"等方式，在网络上非法曝光他人隐私、发布公民个人信息等网络暴力行为，可以依法适用侵犯公民个人信息罪的规定。①概括而言，当前司法实践中，侵犯公民个人信息犯罪呈现以下新特点：一是通过互联网或者局域网获取个人信息的案件占绝大多数；二是作案主体中多见"内部人员"的身影，利用职务之便从事犯罪行为现象多发，分工逐步精细化、专业化，一些"内外勾结"型犯罪甚至可以组建起从获取、交易直至变现的稳定犯罪团伙或黑灰产业链；三是团体作案数量较高，且

---

① 参见人民法院案例库案例：刘某某侵犯公民个人信息案，入库编号 2024-18-1-207-008。

其组合多为一名具有固定职业的人，周围集结若干"卡农"或无业人员；四是利用恶意程序等技术手段窃取公民个人信息的新型犯罪开始涌现；五是"暗网空间"已成为犯罪交易活跃场所，犯罪交易环境和支付方式日益隐蔽，交易支付方式从现实货币演变为虚拟货币，用户身份在交易过程中被隐去。针对当前公民个人信息犯罪的新形势、新特点，理论界和司法界积极应对，力求构建起更合理、更具可操作性的类罪规制法律体系，但是适用中仍然存在一些争议较大的问题，需要依托具体的个案以及实践运行机制来探索解决路径。

（2）犯罪构成。本罪的客体是公民个人信息的安全及相关权益。侵犯公民个人信息罪被置于侵犯公民人身权利、民主权利罪一章之中，从体系解释的角度进行解读，该罪的保护法益应在公民人身权利或民主权利范畴之内。[1] 所谓公民个人信息，是指以电子或者其他方式记录的能够单独或者与其他信息结合识别特定自然人身份或者反映特定自然人活动情况的各种信息，包括姓名、身份证件号码、通讯联系方式、住址、账号密码、财产状况、行踪轨迹等。经过处理无法识别特定自然人且不能复原的信息，虽然也可能反映自然人活动情况，但与特定自然人无直接关联，不属于公民个人信息的范畴。[2] 网络时代的信息既有流动与共享的特性，也具有使用和交换的价值，能够归于公民个人名下的信息，要么与个人生活密切相关，要么与人身、财产安全有紧密联系。更进一步而言，《刑法》保护的应当是直接关系个人隐私及对人身、财产安全有重要价值的信息不被侵犯及滥用的自由。

本罪的客观方面表现为违反国家有关规定，向他人出售或者提供公民个人信息，窃取或以其他方法非法获取公民个人信息，情节严重的行为。"出售"是指将自己掌握的公民信息转卖给他人并从中获利的行为。"提供"则相对于出售不具有牟利性特征，包括了向特定人提供个人信息、通过信息网络等途径发布公民个人信息、在未经被收集者同意的前提下将合法收集的个人信息对外提供等情形。同时，相关司法解释明确规定，对于

---

① 参见高富平、王文祥：《出售或提供公民个人信息入罪的边界——以侵犯公民个人信息罪所保护的法益为视角》，载《政治与法律》2017年第2期。

② 卢祖新、胡红军：《侵犯公民人身权利、民主权利罪案件法律适用与案例指导》，人民法院出版社2023年版，第542页。

特定的社会公共服务领域，在履职或提供服务过程中获取的公民个人信息予以出售或非法提供的，属于从严打击、从重惩处的情形，因为这种情况更容易引发大范围的信息泄露和社会信任危机，具有更为严重的社会危害性。"窃取"是指通过秘密手段或者不为人知的方法获取公民个人信息，如利用隐形摄像机偷拍他人证件、卡片信息等情况。"其他方法"则是指与窃取手段的危害性相当的其他不合理手段，如购买、欺骗、交换等手段。侵犯公民个人信息犯罪作为电信网络诈骗犯罪的上游犯罪，诈骗分子往往先通过网络向他人购买公民个人信息，然后自己直接用于诈骗或转发给其他同伙用于诈骗。诈骗分子购买个人信息的行为属于非法获取行为，其同伙接受公民个人信息的行为明显也属于非法获取行为。此外，行为人在履行职责、提供服务过程中，违反国家有关规定，未经他人同意收集公民个人信息，或者收集与提供的服务无关的公民个人信息的，也属于非法获取公民个人信息的行为。①

本罪的犯罪主体为一般主体，包括自然人和单位。

本罪的主观方面由故意构成，行为人明知自己出售、提供、窃取或者非法获取公民个人信息的行为会侵害公民的信息安全，依旧希望或者放任这种危害后果的发生，如果涉案单位或个人是因为过失行为造成公民个人信息权益被侵害的，不构成本罪。

（3）法律适用疑难问题剖析。我国《刑法》规定的法定犯，几乎都是以民商事法律、行政法规中的相关规定为基石，即使我国 2021 年制定了专门针对公民个人信息的法律——《个人信息保护法》，并特意对个人信息的概念、行为手段等进行了具体规定，但该规定与《民法典》《办理侵犯公民个人信息罪解释》存在诸多不一致之处，导致法律适用存在较大争议及冲突，严重影响司法裁判的统一性及权威性。《刑法》作为最严苛的法律，应当恪守谦抑性，相对其前置法，惩治范围应更为狭窄，且刑民行应构建有效的衔接机制。有鉴于此，理论界和实务界应当从《刑法》对于公民个人信息的保护法益出发，对入罪条件和出罪事由审慎把握，使其适用契合立法本意。

---

① 卢祖新、胡红军：《侵犯公民人身权利、民主权利罪案件法律适用与案例指导》，人民法院出版社 2023 年版，第 542 页。

其一，对"违反国家有关规定"的审查认定。作为判断侵犯公民个人信息罪成立与否的前提性要素，"违反国家有关规定"的规范意蕴对于该罪的合理适用至关重要。我国《刑法》中涉及个人信息保护的罪名，其罪状中与"违反国家有关规定"相关的表述随着《刑法》的修改完善而不断演进，主要分为《刑法修正案（七）》以前完全无规定、《刑法修正案（七）》中的"违反国家规定"、《刑法修正案（九）》中的"违反国家有关规定"三个阶段。[①]《刑法修正案（九）》将原第 253 条之一"违反国家规定"修改为"违反国家有关规定"，后者的范围明显更广。根据《刑法》第 96 条的规定，国家规定仅限于全国人大及其常委会制定的法律和决定，国务院制定的行政法规、规定的行政措施、发布的决定和命令。而国家有关规定还包括部门规章，这些规定散见于金融、电信、交通、教育、医疗、统计、邮政等领域的法律、行政法规或部门规章中。[②] 违反部门规章等关于公民个人信息保护的规定的，也可以认定为"违反国家规定"。但是，"国家有关规定"宜限于国家层面的有关规定，不包括地方性法规等非国家层面的规定。[③]

其二，公民个人信息范围把握。对于如何把握"公民个人信息"的范围是理论界和实务界共同关注的话题，也是存在不同认识的热点话题，有的观点认为，个人信息是指能实现对公民个人情况的识别，被非法利用时可能对公民个人生活和安宁构成损害和危险的信息；也有观点认为，个人信息是指本人不希望扩散，具有保护价值，一旦扩散，可能对公民权利造成损害的信息；还有观点认为，个人信息是指以任何形式存在的、与公民个人存在关联并可识别特定个人的信息。对此，《办理侵犯公民个人信息罪解释》中规定的公民个人信息具备两个特性：身份识别性与活动体现性。在文义上，只要是与其他信息结合后能识别自然人身份的都是公民个人信息，但结合的程度并没有具体阐述，自然人活动的重要程度也未有体现。结合侵犯公民个人信息罪的保护法益来看，可独立识别自然人的信息

[①] 黄陈辰：《侵犯公民个人信息罪中"违反国家有关规定"的意蕴阐释》，载《中国刑警学院学报》2023 年第 3 期。

[②] 卢祖新、胡红军：《侵犯公民人身权利、民主权利罪案件法律适用与案例指导》，人民法院出版社 2023 年版，第 542 页。

[③] 喻海松：《网络犯罪的立法扩张与司法适用》，载《法律适用》2016 年第 9 期。

或与公民个人的隐私直接相关，或对于公民个人的人身安全、财产安全有重大、现实的威胁，具有明显的人格属性与财产属性，是值得《刑法》保护的公民个人信息；而需要与其他信息结合方能识别自然人或者反映其活动的信息，虽没有对公民个人的隐私造成直接的侵犯，但被不法分子非法利用亦会对其人身、财产安全产生现实的威胁，因此，一般不宜排除在《刑法》保护的公民个人信息范围之外。总而言之，从更为有效地保护公民权利的角度出发，对个人信息的范围不宜限制过窄，还应当充分考虑与有关法律法规的协调和一致。① 例如，实践中可参照适用《全国人大常委会关于加强网络信息保护的决定》第 1 条第 1 款的规定，② 以及《最高人民法院、最高人民检察院、公安部关于依法惩处侵害公民个人信息犯罪活动的通知》文件中关于公民个人信息的列举规定。③

对"公民个人信息"中的"公民"范畴，应采取相对宽泛的理解，既包括中国公民的个人信息，又包括外国公民和其他无国籍人的个人信息。作此理解，既是基于《刑法》条款并未通过规范用语将信息主体范畴限缩为本国公民，又是平等保护外国人、无国籍人信息权益，打击相关犯罪的实际需要。从立法本意出发，《刑法》平等保障人权，对于侵犯身处中国的外国人、无国籍人的信息安全的犯罪行为也应该受到同样的刑罚处罚，若对本国公民之外群体存在刑法保护缺口，无疑会放纵犯罪。

其三，非法出售、提供公民个人公开信息的把握。通常认为，个人信息和个人隐私之间有所交叉但亦有区别。《办理侵犯公民个人信息罪解释》第 1 条没有采用"涉及个人隐私信息"的表述，而是表述为"反映特定自然人活动情况的各种信息"。因此，公民个人信息不要求具有个人隐私的特征。个人信息不等同于个人隐私，即便有的公民相关信息已经公开，不属于个人隐私的范畴，若有关部门为救济、救助而公示的公民个人信息，但该对象仍有可能成为公民个人信息犯罪侵犯的对象。然而，相关公民个

<hr>

① 喻海松：《网络犯罪的立法扩张与司法适用》，载《法律适用》2016 年第 9 期。
② 《全国人大常委会关于加强网络信息保护的决定》第 1 条第 1 款的规定："国家保护能够识别公民个人身份和涉及公民个人隐私的电子信息。"
③ 《最高人民法院、最高人民检察院、公安部关于依法惩处侵害公民个人信息犯罪活动的通知》规定："公民个人信息包括公民的姓名、年龄、有效证件号码、婚姻状况、工作单位、学历、履历、家庭住址、电话号码等能够识别公民个人身份或者涉及公民个人隐私的信息、数据资料。"

人信息既然已经公开，获取行为无疑是合法的，但后续出售、提供的行为是否合法，是否构成侵犯公民个人信息罪，则在司法实践中存在争议。笔者主张不应一概而论，宜区分情况作出处理：一是对于权利人自愿公开，甚至主动公开的公民个人信息，行为人获取相关信息后出售、提供的行为，不宜以侵犯公民个人信息罪论处；二是对于行为人非自愿公开或者非主动公开的公民个人信息，行为人获取相关信息后出售、提供的行为，可以根据情况以侵犯公民个人信息罪论处。①

公民个人信息保护中"人脸信息"的刑法保护问题也曾引起理论界和实务界的热议。笔者认为，"人脸信息"属于我国《刑法》第 253 条之一规定的公民个人信息。首先，"人脸信息"是具有不可更改性和唯一性的生物识别信息，无须结合其他信息即可直接识别到特定自然人身份，与本罪相关司法解释中其他明确列举的个人信息种类相同，具有明显的"可识别性"特征。其次，我国民法、行政法等前置法律亦将"人脸信息"作为公民个人信息予以保护，我国《民法典》第 1034 条规定了个人信息的定义和具体种类，我国《个人信息保护法》进一步将"人脸信息"纳入个人信息的保护范畴，侵犯"人脸信息"的行为，构成侵犯自然人人格权益，需承担相应的民事责任或行政、刑事责任。从法秩序的统一角度出发，"人脸信息"也是刑法保护的公民个人信息的类别之一。对于司法实践中，犯罪分子利用恶意软件窃取用户"人脸信息"等公民个人信息的行为，属于《刑法》中"窃取或者以其他方法非法获取公民个人信息"的行为，属于本罪评价范畴。

其四，上下游关联犯罪的认定。司法实践中，电信网络诈骗犯罪活动的实施往往离不开对他人个人信息的利用，非法获取、使用公民个人信息往往是电信网络诈骗犯罪的基础活动，许多电信网络诈骗行为以及通过网络、电信侵犯公民个人信息的行为还涉及罪数问题，对此应当具体问题具体分析，区分不同情形综合评判案件的事实、证据情况，审慎认定罪名与罪数。第一种情形，电信网络诈骗犯罪活动中，行为人通过网络批量购买他人的身份证号、联系方式等个人信息，用以设置诈骗"圈套"实施诈骗。鉴于此类犯罪侵犯了不同的法益，故根据罪责刑相适应原则，应以数

---

① 胡云腾主编：《刑法百罪疑难问题精析》，人民法院出版社 2022 年版，第 796 页。

罪并罚处置较为适宜，相关司法解释亦可印证这一观点，如《办理电信网络诈骗意见》规定："使用非法获取的公民个人信息，实施电信网络诈骗犯罪行为，构成数罪的，应当依法予以并罚。"据此，对于非法获取公民个人信息后，实施电信网络诈骗等犯罪，构成数罪的，应当依法予以并罚。第二种情形，在电信网络诈骗犯罪活动中，诈骗犯罪分子为了逃避侦查打击，通过网络收购大量公民个人敏感信息，用以打造个人"人设"，隐匿真实身份。在这种情形下，需注意犯罪分子购买的个人信息多是以网络数据的形式存在，这些数据为诈骗分子实施诈骗提供了服务，但这不是诈骗得以实施的关键服务，这种信息资源的加持作用有限，且具有明显的可替代性，故这种情形下认定侵犯公民个人信息犯罪与诈骗犯罪数罪并罚显然不妥，认定诈骗犯罪一罪更为适宜，对于行为人购买公民个人信息的行为可以作为量刑情节进行评判。第三种情形，行为人使用工具软件非法收集大量公民个人信息，并非法出售或提供给电信网络诈骗团伙使用。在这种情形之下，无论电信网络诈骗犯罪分子是否在实施诈骗活动中使用涉案公民个人信息，均不影响行为人构成本罪，但是如果行为人明知公民个人信息接受方获取涉案信息是为了实施诈骗犯罪，仍积极主动提供并参与获利分成，双方之间紧密合作，共分利益，这种情况下应当综合评判主观明知程度、行为手段、获利情况等情节，妥当作出处理，确保罪责刑相适应。对于主观明知程度较高，非法获利数额巨大，提供的公民个人信息对下游电信网络诈骗发挥作用较大，适用侵犯公民个人信息罪不足以罚当其罪的，可以诈骗罪的共同犯罪论处。此种情况下，行为人不仅成立本罪，还构成电信诈骗犯罪共犯，根据想象竞合犯理论，适用从一重处罚。如果不能证明行为人与电信网络诈骗犯罪分子之间存在通谋，考虑到其提供公民个人信息行为的可替代性，且侵犯公民个人信息罪已可对其社会危害性作出相应评价，故不宜认定为诈骗罪共犯。

其五，公民个人信息数量的认定。在司法实践中，公民个人信息的条数是侵犯公民个人信息罪定罪量刑的重要考察对象，同时公民个人信息数量"计算难"也是司法实务操作中处理此类案件的一大难题，对于涉及海量信息数据的案件，如果要求每条信息都要精准核查，无疑会徒增司法机关的办案压力。特别是信息数据数量的认定，会直接影响到罪与非罪、刑罚轻重的判断时，按照行为人主观意欲出售或者提供的方式来认定公民个人信息的条数极易轻纵犯罪分子。由此可见，单一的数量计算规则无法满足司法办案的需求。与此同时，司法实践中认定涉案信息数量还存在一些争议与难点：一是在个案背景下，如何区分"一条"公民个人信息与"一组"公民个人信息？二是数量繁杂的批量公民个人信息中，去重方法、去重标准的确定尚存在难题，表格化数据还有一定程度的技术手段支持，而照片形式呈现的大量数据（如身份证件影印件），去重工作难以开展。解决好条数认定问题确实有必要。

《办理侵犯公民个人信息罪解释》对于涉案公民个人信息数量的计算进行了原则性指导，但对于具体的计算规则没有提及，对此可以综合考虑实践交易规则和习惯，准确认定公民个人信息的数量。对于司法实践中存在的行为人非法获取同一对象的公民个人信息后又出售或者向他人提供的情形，"自用目的"以及合法性问题是计算信息条数的重要参考因素，因为在获取和提供公民个人信息的过程中，对象始终同一，且获取的行为和提供的行为是前后发展的牵连关系，根据刑法理论，即使客观上存在前后关系的数个行为，但如果这些行为指向同一法益，规范上仍以一罪处断，[1]因此，对此类公民个人信息的条数认定应作单次计算。与此同时，考虑到公民个人信息可能被重复出售或者提供，其社会危害性明显不同于向他人出售或者提供一次的情形，对此，则应按照《办理侵犯公民个人信息罪解释》的规定，"向不同单位或者个人分别出售、提供同一公民个人信息的，公民个人信息的条数累计计算"。[2]

对于批量公民个人信息则"根据查获的数量直接认定"，同时允许将不真实或重复的信息予以排除。在司法实践中，假如将涉案信息逐一进行排查，剔除无效、重复的信息，会过度消耗司法资源，因此适度适用推定原则很有必要。需要注意的是，推定规则并不意味着举证责任的倒置，公诉机关仍然承担对公民个人信息数量的举证责任。[3]对于去重方法笔者建议采用技术手段进行。诚然，审理此类案件在认定公民个人信息数量时应力求准确，但是面对数量巨大的信息条目要求做到精准并不现实，在技术

---

① 张明楷：《刑法学》，法律出版社 2016 年版，第 481 页。
② 胡云腾主编：《刑法百罪疑难问题精析》，人民法院出版社 2022 年版，第 802 页。
③ 周晓：《侵犯公民个人信息犯罪刑事附带民事公益诉讼案件的审理困境和规范应对》，载《法律适用》2023 年第 2 期。

去重后，如果信息数量小幅度变化并不影响量刑刑档的确定，则可以适度运用约数数量。

其六，本罪"情节严重"的认定。个人信息种类繁多、形式多样，侵犯个人信息的行为也表现出多样性和复杂性，相应地，对于公民个人信息的保护也是一项"复杂工程"，我国《刑法》基于保护公民个人信息的考量，采用了"情节犯"的立法模式。所谓情节犯，是指以概括性定罪情节作为犯罪构成要件所决定的犯罪类型。对于情节犯，理论界的通说是必须以"情节严重""情节恶劣"等特定情形作为犯罪成立标志的犯罪形态，还有学者提出情节还包括以"数额较大""数量较大""造成严重后果的""后果严重的""造成重大损失""致使国家利益遭受重大损失""严重损害股东或其他人利益的"等作为犯罪构成要件的犯罪形态，也就是所谓广义的情节犯。[1] 根据《刑法》第 253 条之一的规定，侵犯公民个人信息罪直接规定了"情节严重的""情节特别严重的"等具体情节内容，无疑是典型的"情节犯"。但是，对于"情节严重的""情节特别严重的"的理解与适用，当前司法实践中并未形成统一、科学的认定标准。

综合司法实践的具体情况，除了应基于罪责刑相适应的原则来筛选和优化侵犯公民个人信息罪的情节要素内容之外，还应基于侵犯公民个人信息罪情节要素的适用范围来确定内容层次。[2] 据此，司法实务中，可结合以下几个方面的因素来认定"情节严重"：一是公民个人信息的数量。如果出售、非法提供或者窃取、非法获取公民个人信息数量较大的，应当认定为"情节严重"。需要注意的是，各类公民个人信息的差异较大，在确定数量标准时应当区别对待，比如，侵犯公民个人信息数量就不适用于以数万元金额购买特定手机位置、车辆轨迹等公民个人特定敏感信息的案件。二是违法所得的数额。司法实践中，无论是非法获取、买卖还是交换等针对公民个人信息的犯罪行为，其目的均在于追逐经济利益，侵犯公民个人信息罪往往与经济目的相联系，而犯罪分子所获得的经济利益也直接与涉案信息敏感度、信息数量等相关联，据此违法所得数额系评判侵犯公

---

① 李静然、王肃之：《侵犯公民个人信息罪的情节要素与数量标准研究》，载《法律适用》2019 年第 9 期。

② 李静然、王肃之：《侵犯公民个人信息罪的情节要素与数量标准研究》，载《法律适用》2019 年第 9 期。

民个人信息是否达到"情节严重"的重要标准。三是行为后果的严重程度。该罪往往涉及众多公民的敏感个人信息，不仅会影响人身层面、财产层面的公共安全，还会影响社会秩序。对于违反国家有关规定，将所获取的公民个人信息出售或者提供给他人，被他人用以实施犯罪，造成受害人人身伤害甚至死亡，或者造成重大经济损失、恶劣社会影响的，可以认定为"情节严重"。对于窃取或者以其他方法非法获取公民个人信息，造成其他严重后果的，也可以认定为"情节严重"。四是行为人的一贯表现。对于以出售、非法提供或者窃取、非法获取公民个人信息为业，特别是曾因侵犯公民个人信息受过行政处罚或者刑事处罚又实施此类行为的，在认定"情节严重"时应当加以充分考虑。

其七，本罪中附带民事公益诉讼的司法适用。当前，因个人信息被不当收集、滥用、泄露所衍生的犯罪不断增长，已对公民人身、财产安全乃至网络秩序、社会公共安全构成严重威胁，传统民行刑保护模式受到冲击，需引入公益诉讼保护措施。《最高人民法院、最高人民检察院关于检察公益诉讼案件适用法律若干问题的解释》第20条规定，人民检察院对破坏生态环境和资源保护、食品药品安全领域侵害众多消费者合法权益等损害社会公共利益的犯罪行为提起刑事公诉时，可以向人民法院一并提起附带民事公益诉讼，由人民法院同一审判组织审理。随着互联网技术的发展和应用，各类生产和生活信息逐渐呈现数据化、网络化、社会化的特征，网络间传递的信息被赋予更多的内涵，承载更多的社会利益。其中，公民个人信息已突破表征公民人格权益的基本功能，具备了某种经济或财产价值。从司法实践的情况来看，各地检察机关就侵犯公民个人信息犯罪提起附带民事公益诉讼的案件并不罕见，但不可否认的是现行法律和相关司法解释并未明确规定本罪是否可以提起附带民事公益诉讼。

实践中，民事公益诉讼是针对公共利益受损、相应主体难以自行提起诉讼，而由公益组织代为提起的特殊民事救济程序，这里的"公共利益"主要是指不特定多数人的利益，主要体现在"规模性"和"无差别性"。在大数据时代，公民个人信息的可利用价值明显上升，快速发展的互联网信息技术也为个人信息的归集、转化、二次开发提供了更大的空间。与此同时，行为人对公民个人信息的侵害对象往往是批量化、规模化的，但损失却不显著、不直接，个人通常较难发觉。由于违法犯罪成本低、个体寻求司法救济难度大，当大量公民个人信息被批量化、规模化收集时，无疑会涉及众多公民的合法权益。这些信息一旦泄露或者直接用于违法犯罪行为，特别是当众多个人敏感信息被非法出售并被后续下游犯罪利用，不仅严重威胁公民个人的人身和财产安全，还会对社会公共利益造成破坏，保护公民个人信息事关不特定公众群体的切身利益，具有公益属性。综合刑事、行政、民事等各种救济手段，对于严重侵害公民个人信息的不法分子可以通过侵犯公民个人信息罪予以打击，但部分侵害行为由于损失的间接性，其危害可能是持久的，其后续带来的公益损失将可能是难以估量的，对此仅通过追究被告人刑事责任无法彻底弥补和修复。[1] 针对部分情节恶劣、危害较大的侵犯公民个人信息犯罪提起刑事附带民事诉讼有其司法价值与现实意义，亦符合附带民事公益诉讼的立法本意。因为公民个人信息具有明显的工具属性，通过个人信息可以实现社会成员个体的识别，这也决定了公民个人信息具有一定程度的社会性和公众性。

刑事附带民事公益诉讼制度设置的功能是在惩处犯罪的同时实现对受损的公共利益的修复，其功能应当是多元的，这决定了此类案件的法律责任也是多样化的，既可能是物质性的，又可能是非物质性的，既可能单独适用一种，又可能叠加适用多种，需要具体案件具体分析。[2] 当前，针对侵犯公民个人信息提起的附带民事公益诉讼，司法机关认定的诉讼请求绝大多数为赔偿损失、赔礼道歉。与此同时，就本罪附带民事公益诉讼的裁判结果来看，还需要厘清同时科以刑事责任和民事责任是否竞合的问题。刑事责任与民事责任本质目的均为保护法益，但二者保护的法益并不相同，刑事责任是对违法行为人的惩罚和制裁，民事责任是对受害人所受损害的补救。近些年来，随着信息社会的发展，公民个人信息被侵犯甚至被用于电信网络诈骗、网络传销等违法犯罪领域的情况屡见不鲜，个人信息权益处于高度风险之中，因此，被纳入《民法典》侵权责任编的保护范畴，适用预防型民事责任规则，对于危及公民个人信息权的，可以要求行

---

[1]　周晓：《侵犯公民个人信息犯罪刑事附带民事公益诉讼案件的审理困境和规范应对》，载《法律适用》2023 年第 2 期。

[2]　周晓：《侵犯公民个人信息犯罪刑事附带民事公益诉讼案件的审理困境和规范应对》，载《法律适用》2023 年第 2 期。

为人停止侵害、排除妨害、消除危险，这是一种防患于未然的做法，[1] 是对个人信息权更积极的保护。刑法保护相关法益与民法保护相关权利二者内在逻辑存在本质区别，功能、性质均不相同，但是二者之间不存在冲突，相互不能被吸收，更无法替代。随着大数据时代的到来，人工智能、算法技术的深入开发和广泛应用使得侵害个人信息行为更具隐蔽性，完全依靠个人私力和私法自治难以实现有效救济。为保障裁判结果兼顾刑民责任协同、兼顾法律效益与社会效益，应在责任聚合理论下，充分发挥刑事附带民事公益诉讼民事责任承担与认罪认罚以及量刑从宽的关联性和协同性。在统筹刑事责任承担与侵权损害赔偿责任承担基础上，联动发挥刑事罚金刑与民事责任承担之双重合力，通过刑民责任承担之宏观协同与微观协同，实现惩治犯罪及保护社会公共利益的双重目的。通过刑事附带民事公益诉讼，被告人除应承担刑事责任外，还应承担赔偿损失、向公众赔礼道歉、消除危险等民事责任。对被告人实施刑事和民事双重制裁，形成追责合力，更有利于实现对违法行为的预防和对公益的全面保护。

其八，责任聚合理论下刑民责任承担之协同。侵犯公民个人信息案件，往往被害人人数众多、涉案信息数量巨大、社会影响极为恶劣而易引发媒体及公众的广泛关注。对此类涉及不特定被害人公共利益的案件，可否提起刑事附带民事公益诉讼以及责任如何承担，成为司法实践中的焦点问题之一。

程序启动：侵犯公民个人信息案件是否适用刑事附带民事公益诉讼。根据《民事诉讼法》第58条规定，法律规定的机关和有关组织可以对污染环境、侵害众多消费者合法权益等损害社会公共利益的行为向人民法院提起诉讼。2020年《最高人民法院、最高人民检察院关于检察公益诉讼案件适用法律若干问题的解释》第20条将检察院提起附带民事公益诉讼的范围扩展至"破坏生态环境和资源保护，食品药品安全领域侵害众多消费者合法权益，侵害英雄烈士等的姓名、肖像、名誉、荣誉等损害社会公共利益的犯罪行为"。然而，上述条款的不完全列举中，个人信息保护均未被纳入其中，其是否属于条款中"等"的范围有待进一步明确。2021年《个人信息保护法》于第70条中规定了人民检察院、法律规定的消费者组

---

[1] 丁海竣：《预防型民事责任》，载《政法论坛》2005年第4期。

织和由国家网信部门确定的组织可以依法向人民法院提起诉讼，从而将侵犯公民个人信息、损害社会公共利益的行为也纳入了公益诉讼范围，但前置法与刑法的衔接仍需进一步解释。对于前述"等"应作"等外"理解，侵犯公民个人信息犯罪涉及损害社会公共利益时，存在提起附带民事公益诉讼的必要性和合理性。首先，从立法目的来看。民事公益诉讼与一般民事诉讼有重大区别，即在于公益诉讼涉及国家利益和社会公共利益。[①] 拓展公益诉讼的案件领域是人民群众对社会公益保护的迫切需求，党的十九届四中全会亦强调"拓展公益诉讼案件范围"，公民个人信息作为与人民群众生活息息相关的重大民生领域，若对"等"字作封闭理解，则不利于在社会经济飞速发展的当下，保持公益诉讼适用的调适性和扩张性。故对依据新修订法律的明确规定或者全国人大授权等，而探索开展的检察民事公益诉讼领域，原则上可以适用相关规定。[②] 刑事附带民事公益诉讼本质上属于公益诉讼的一种，从文义解释的角度，亦应被纳入规制范畴。其次，从危害后果来看。大数据时代背景下，网络独有的"一对多"属性，导致侵犯公民个人信息行为的对象具有不特定性、多数性，危害后果具有严重性。同时还存在引发电信网络诈骗等下游链条犯罪的可能，所侵害对象显然已不限于个人权益，而是涉及更高层面的国家利益与社会公共利益，足以满足提起附带民事公益诉讼"损害社会公共利益"之实体要件。因此，通过刑事附带民事公益诉讼对不特定被害人权益加以保障具有合理性、规范性和必要性。当然，并非所有涉及侵犯公民个人信息的案件均需提起公益诉讼，而仍需以"公共利益"为衡量因素。在具体案涉行为判断上，笔者认为不应机械地考虑案涉公民个人信息的条数规模，还应根据行为人获利金额、信息敏感程度、是否涉及特殊群体及重点领域等因素综合认定。最后，从现实需求来看。公民个人信息安全所面临的侵害具有采取公力救济的必要性。一方面，人工智能、算法技术的开发和广泛应用使得侵害个人信息的行为更具隐蔽性，个人难以察觉权利受损；另一方面，诉讼成本高昂、举证困难使个人维权受阻。面对大规模侵害个人信息侵权行

---

① 肖建国：《民事公益诉讼的基本模式研究——以中、美、德三国为中心的比较法考察》，载《中国法学》2007 年第 5 期。

② 最高人民法院环境资源审判庭：《最高人民法院、最高人民检察院〈检察公益诉讼司法解释理解与适用〉》，人民法院出版社 2021 年版，第 289 页。

为，传统私益诉讼已难以全面保护个人信息权益。此外，大数据及数字经济时代，个人信息呈现更加明显的公益属性，尤其是诸多个人信息聚合的大数据，在区块链技术等推波助澜下，可准确预测国家运行、企业经营、社会发展的整体趋势和特征。某种程度上，个人信息已成为国家、企业的重要战略资源，涉及国家安全、企业发展、个人权益，故在惩治犯罪的同时，亟须加强对社会公共利益的一体化保护。

疏治联动：责任聚合理论下刑民责任的共同承担与衔接配合。首先，责任聚合理论之具体剖析。同一法律事实基于不同的法律规定及多重的损害后果，而应当承担多种不同内容的法律责任，此即法律责任聚合。① 法律作为一种抽象的行为规范，往往从不同的角度对各种社会生活关系进行着多元立体的综合调整，刑民交叉案件导致的民事责任与刑事责任聚合即为其最常见样态。除侵犯公民个人信息犯罪外，环境污染、食品安全等其他涉及社会公共利益的犯罪还存在不同方面的责任聚合问题。责任聚合的特殊之处在于，同一违法行为导致的多种法律责任并存，彼此并不冲突。以侵犯公民个人信息案为例，同时适用没收违法所得与民事赔偿金的法理逻辑是刑民两种责任在构成要件、承担主体、承担方式等各方面都存在质的显著差异，截然有别。从功能上看，二者亦发挥着不同效用。民事责任侧重于协调个体之间的利益关系，体现微观秩序，而刑事责任侧重于规制国家与个体间的利益关系，体现宏观秩序。正因如此，有学者敏锐指出："不同法律责任的相互替代会使得法律的救济、预防与惩罚功能大打折扣。"② 每一部门法都有其调整的社会关系范围，行为已经受到过某一部门法的调整并不能成为其逃避其他部门法调整的理由。责任聚合理论下的刑事附带民事公益诉讼要求依据不同部门法规定，给予相应行为应有的全面法律评价。

其次，刑民责任之宏观功能协同。既有程序中，刑事责任对应的自由刑、生命刑、财产刑与民事责任对应的停止侵害、排除妨碍、消除危险、恢复原状、惩罚性赔偿等分属不同责任体系，刑民责任之承担多相互分

---

① 肖建国、宋春龙：《责任聚合下民刑交叉案件的诉讼程序——对"先刑后民"的反思》，载《法学杂志》2017 年第 3 期。

② 张新宝、庄超：《扩张与强化：环境侵权责任的综合适用》，载《中国社会科学》2014 年第 3 期。

离，导致单一的刑事程序或民事公益程序均存在惩治不足的问题。若涉及不特定被害人的侵犯公民个人信息案件，仅依赖刑事诉讼程序，虽然效率更高且惩治力度较大，但其针对重心是特定法益受损后的责任承担及惩治，被害人权益缺乏有效保障，虽有效率却难以兼顾公平。单独依赖民事公益诉讼虽可通过多样化的责任承担方式对被害人损失加以填补，但存在效率低、执行成效差的缺陷，导致有公平而欠效率。可见，若缺乏刑民责任的协同承担，单一的刑事诉讼或民事公益诉讼都不足以实现对社会公共利益的有效保障。通过刑事附带民事公益诉讼协同解决刑民责任承担，具有以下优势：一是通过刑事诉讼一体解决刑民证据转化问题。鉴于刑事诉讼证明标准高于民事诉讼证明标准，经刑事诉讼质证的证据可在民事侵权认定中直接加以适用，避免重复质证或庭审带来的司法资源浪费。二是刑民程序复合可有效统一司法裁判尺度，在事实认定、证据采信、司法裁量、责任认定等多个方面保持统一性、协调性、统筹性，避免裁判结果之迥异，并进而影响到司法公信力与权威性。三是可有效实现"以民促改"，实现法律惩戒与预防功能。刑民责任协同承担的最终目的是将认罪认罚、刑罚裁量与民事责任承担相融合，以民事责任承担的力度、进度、完成度作为刑罚从宽的重要考量因素，并将民事责任承担的执行情况作为对其减刑、假释的重要因素。通过刑民责任的联动协同，激励被告人积极作为、主动履行民事责任，促进社会公共利益的恢复及社会关系的修复，并有效震慑、制约潜在的犯罪行为人。

最后，刑民责任之微观功能协同。一方面，合理规范刑事没收违法所得与民事损害赔偿的责任承担。侵犯公民个人信息刑事附带民事公益诉讼中，没收违法所得与民事损害赔偿应当同时承担，且二者间不存在折抵问题。从制度价值的角度而言，刑事附带民事公益诉讼的目的之一，即在于最大限度保障公平、提高效率，而相互折抵说则与此诉讼目的明显相悖，并将导致同一案件在不同程序中的"类案不同判"现象，危害法秩序统一。比如，同一案件分别通过刑事诉讼及民事公益诉讼先后起诉，不仅要承担刑事责任，还要承担民事责任。若对此案件采用刑事附带民事公益诉讼处置，却采用折抵说，会导致同一案件，仅因为程序适用不同，就遭受完全不同的法律后果，将严重违背法律适用的统一性、公正性和规范性。从犯罪惩治角度而言，行为人对于自己同一侵害事实所产生的刑事责任和民事责任分别承担有助于实现更好的矫治效果。虽然理论界及实务界对违法所得的性质存在诸多讨论，但对没收违法所得的规范意旨"任何人不得从违法行为中获利"却并无争论。对于被告人违法所得的处理具有"强制返还不当得利"属性。违法所得系通过国家力量强制将违法行为（包括犯罪行为）所获取的本不属于行为人的利益追缴，以将被破坏的秩序恢复如初，同时通过这种处置告诫不法行为人，其不法获利终将被追讨，以实现"衡平"及"犯罪一般预防"的作用。而刑事附带民事公益诉讼中损害赔偿是对侵权行为给社会公共利益造成损失的补偿。因此，在刑事附带民事公益诉讼模式下，对违法所得的没收系对行为人因犯罪行为而获取的不当利益的追缴，要求行为人承担损害赔偿是对行为人因侵权行为造成损失的补偿，同时判令被告人（附带民事公益诉讼被告）承担刑民责任，这样可以加大侵权（犯罪）成本、震慑犯罪、以儆效尤。从部门法衔接角度而言，刑民责任协同具有坚实的前置法基础。《民法典》第 187 条明确规定，民事主体因同一行为应当承担民事责任、行政责任和刑事责任的，承担行政责任或者刑事责任不影响承担民事责任。具体到损害赔偿数额方面，由于侵犯公民个人信息案件往往涉及众多被害人，同时社会公共利益损失概念较为抽象，实践中，受损数额难以界定、查明，若难以依照受损数额要求行为人承担赔偿责任，可依照《民法典》第 1182 条"侵害他人人身权益造成财产损失的，按照被侵权人因此受到的损失或者侵权人因此获得的利益赔偿"的规定，要求侵权人依照获利情况承担损害赔偿责任。前置法的明确规定为刑事附带民事公益诉讼之民事责任承担奠定了扎实的法律基础，也为刑民责任协同配合提供了明确的法律依据。

综上，鉴于没收违法所得和承担侵权损害赔偿分属刑事责任与民事责任，在责任协同模式下，二者因性质截然不同而可共同承担，并不违反"一事不再罚"原则。判令被告人赔偿损失的同时，没收其违法所得，不仅可实现惩治的全面性和针对性，还有助于社会预防及公益救济功能的有效实现。

此外，要有效发挥刑事罚金刑与民事责任承担的矫治合力。刑事附带民事公益诉讼作为两种不同性质诉讼的复合，不仅要注重刑事与民事责任的共同承担，还要注重两种责任的协同及相互关联。第一，需梳理罚金与侵权责任赔偿之间的关系。罚金刑作为附加刑，可附加适用，也可独立适用。罚金刑的本质在于通过强制犯罪人向国家缴纳一定的金钱，使犯罪人的财产遭受损失，从而实现刑罚的惩罚。① 罚金刑不仅具有经济惩罚性，在一定程度上还兼具对违法行为的否定评价及对国家利益的赔偿性质。"从根本上讲，一切诉讼无不以对公益的保护为目的。"② 刑事诉讼及民事公益诉讼原则上都保护公益，不管是前者的"罚"，还是后者的"补"，目的均在于保护社会公共利益。而对于侵犯公民个人信息犯罪而言，由于行为人实施该类犯罪多是为了牟取非法利益，具有明显的牟利性，因此，更有必要加大财产刑的适用力度，让行为人在经济上得不偿失，进而剥夺其再次实施此类犯罪的经济能力。③ 而在民事责任承担方面，被追诉人在侵害个人信息财产权益、人身权益的同时，严重损害社会公共利益，在承担刑事责任的同时亦应承担民事侵权责任。鉴于侵犯公民个人信息刑事附带民事公益诉讼案件中，涉及不特定被害人的财产权益，且信息扩散范围广、消除难，故要求被追诉人停止侵害、排除妨碍、赔礼道歉的同时，需赔偿涉及社会公共利益的相关损失，进而通过刑事罚金刑与民事赔偿损失的协同作用，加大对被追诉人的犯罪成本，实现公益保护与私益保护的平衡。第二，合理考量民事责任承担对刑罚轻重的正反效应。刑事附带民事公益诉讼涵盖"刑事诉讼—民事公益诉讼"双重维度结构，在程序"刑民并进"的同时，刑民责任之间也相互存在正反效应。对此，要充分发挥刑罚与民事责任承担之间的对应关系，充分考虑被告人认罪认罚、赔偿损失、赔礼道歉等量刑情节，以及被告人是否属于累犯、有无劣迹等。若被告人积极承担民事责任，足额履行损失赔偿责任、主动赔礼道歉并充分消除不利影响的，可在刑事量刑部分上酌情从轻。反之，则需从严量刑，以彰显刑法的惩戒与教育功能。民事责任承担之所以可对刑罚产生影响，是因为相对于对被告人定罪量刑，社会公众更为关注的是侵权导致的危害后果能否得以消除，受损的社会公共利益能否恢复如初。民事责任承担越积极主动或效果越好，则刑罚从轻比例应越大，以此鼓励被告人积极履行相关民事义务。刑民复合诉讼程序中彰显刑民责任的协同作用：一则符合罪

---

① 高铭暄、孙晓：《宽严相济刑事政策与罚金刑改革》，载《法学论坛》2009 年第 2 期。

② 王太高：《论行政公益诉讼》，载《法学研究》2002 年第 5 期。

③ 周加海、邹涛、喻海松：《关于办理侵犯公民个人信息刑事案件适用法律若干问题的解释的理解与适用》，载《人民司法》2017 年第 19 期。

责刑相适应原则；二则体现了部门法的融通性；三则既妥当处罚行为人，又兼顾危害后果之修复，全面彰显司法的实质正义。

3. 帮助信息网络犯罪活动罪

所谓帮助信息网络犯罪活动罪，是指明知他人利用信息网络实施犯罪，为其犯罪提供互联网接入、服务器托管、网络存储、通讯传输等技术支持，或者提供广告推广、支付结算等帮助，情节严重的行为。帮助信息网络犯罪活动罪是 2015 年《刑法修正案（九）》增设的三个新型网络犯罪罪名之一，该罪的设立对于惩治电信网络诈骗、网络洗钱等犯罪行为，阻断关联犯罪的组织化、链条化、规模化，肃清网络空间秩序，维护人民群众的合法权益，具有重要的立法价值和实践意义。

随着网络 2.0 时代的到来，帮助信息网络犯罪活动罪跃居我国刑法罪名适用前列，且呈现逐年增加的态势。中国司法大数据研究院 2022 年 8 月发布的研究报告显示，自 2017 年至 2021 年间，网络犯罪案件主要涉及的 280 多个罪名中，帮助信息网络犯罪活动罪案件数量以 23.7% 的占比位居第二，仅次于案件数量占比达 36.5% 的诈骗罪。而根据最高人民法院和最高人民检察院统计数据显示，自 2020 年"断卡"行动以来，帮助信息网络犯罪案件数量增速明显，已经成为排在危险驾驶罪、盗窃罪之后的第三大罪名。究其原因，其中不仅有现实的因素，如打击、惩治网络犯罪的力度加大，还存在司法适用层面的原因，如扩大化认定本罪中"明知"的要素。在未来，严厉打击网络犯罪的趋向不会轻易改变，因而更需要准确把握本罪的适用，才能真正实现刑法治理的现代化与科学化。与此同时，司法实践中对于帮助信息网络犯罪案件的法律适用还存在诸多疑难复杂之处，如对行为人主观故意的认识在理论上争议很大，罚金刑的适用幅度实践中处理不一，这些问题都影响了案件处理效果，需要进一步加强研究、凝聚共识。

（1）参与样态。随着匿名化、无实际接触化的网络空间急速扩张，大量意思联络和行为共同性趋弱，甚至为零的帮助行为，成为网络犯罪链条中的主要组成部分，如在电信网络诈骗犯罪黑灰产业链中，从上游的养号买号、恶意注册，到中游的搭建诈骗网站、提供公民个人信息，再到下游的实施诈骗、收取赃款，每个链条的实施者与电信网络诈骗的实施者并不需要也难以证明他们之间具有共同故意和意思联络，在客观行为上也是分工明确、泾渭分明。由于难以查明行为人在实施具有帮助性质的行为时存在意思联络，甚至可能连片面共犯的主观故意都未达到，司法实践中无法将上述行为以共同犯罪论处，故将上述行为单独设置帮助信息网络犯罪活动罪加以规制。从司法实践的情况看，帮助信息网络犯罪活动罪在电信网络诈骗关联犯罪中的主要样态有以下三种：一是提供网络技术支持，包括为他人实施犯罪提供域名注册、服务器租用和托管、互联网接入、通讯传输通道、网络存储空间、设立网站、维护网站等帮助。二是提供犯罪资金和资金支付结算服务，如通过在犯罪网站上投放广告，以支付广告费形式对犯罪行为提供资金支持，或提供支付平台为网络犯罪行为人提供资金支付结算服务或者利用平台洗钱。其中，行为人明知他人利用信息网络实施犯罪，提供信用卡用于接收犯罪资金或犯罪所得的行为，以及供卡后还帮助实施转账、取款、验证的行为较为普遍。三是为电信网络诈骗犯罪提供推广服务，如在网络平台提供虚假投资链接推送、作广告推广或者在各类搜索引擎中提供搜索排名。[①]

综合分析近年来的帮助信息网络犯罪活动罪案件的审理情况，发现该类案件呈现以下特点和发展态势：

一是"支付结算型"帮助信息网络犯罪活动罪占据主流地位。从罪名定位而言，帮助信息网络犯罪活动罪是信息网络犯罪的上游犯罪，其规制的"技术支持""广告推广""支付结算"三种主要行为均为网络诈骗、网络赌博等信息网络犯罪的必经环节。"信息流+资金流"是电信网络诈骗的两大要素，大量"实名不实人"的电话卡、银行卡、支付账户等，被犯罪分子购买后作为通信联络、转移资金的工具，形成黑灰产业链条，非法出售、转让、出租、出借上述卡户的行为成为信息网络犯罪的根源。受"断卡"行动的影响，为电信网络诈骗犯罪分子非法提供"两卡"的违法犯罪行为迅速浮出水面，成为司法机关的打击重点，由此导致"支付结算型"帮助信息网络犯罪的数量激增且占据该类犯罪的主导。

二是犯罪主体呈低龄化趋势，逐利倾向明显。从年龄结构看，帮助信息网络犯罪活动罪的犯罪人员年龄主要集中在 20 岁至 40 岁之间，整体呈

[①] 夏道虎主编：《妨害社会管理秩序罪案件法律适用与案例指导》，人民法院出版社 2023 年版，第 133 页。

现出低龄化的趋势。尤其是在以贩卡、售卡等手段为主的帮助信息网络犯罪活动罪中，犯罪分子的文化程度和工作稳定性普遍不高，收入水平较低，犯罪分子的逐利动机明显。

三是作案方式不断更新，作案手段日趋隐蔽。从司法实践情况看，2021 年之前办理的相关案件多呈现直接的两卡买卖形式，部分涉案人员通过亲戚朋友介绍等形式参与作案环节，到 2022 年此类案件的作案形式则有所升级，犯罪手段具有链条性、远程性、涉众型等特点，犯罪实施过程分工明确、层级分明、配合紧密，前端行为人通过网络等形式收集信息或发布虚假广告，锁定被害人群，中端犯罪分子组织卖卡人员直接"带卡上门"，后端上游犯罪团伙使用软件删除作案痕迹、统一口径逃避侦查，部分信息网络犯罪与其他上下游犯罪结合，共同形成了成熟犯罪产业链条，打击难度加大。

四是刑罚呈现轻缓化的趋势。从近年来帮助信息网络犯罪活动罪案件刑罚适用看，自由刑的轻缓化趋势较为明显，主要体现在缓刑的适用率较高，实刑的刑期一般较低，重刑适用少。此类案件刑罚轻缓化的原因主要有以下几点：第一，帮助信息网络犯罪单独设罪的立法本意在于打击为电信网络诈骗犯罪提供帮助的行为，即便单独予以定罪入刑，但是法定刑设置不高；第二，电信网络诈骗犯罪上下游分工越发细化，上下游犯罪组织化特征明显，公安机关侦破的主要人群在整个犯罪中所处层级较低，行为人往往只参与帮助犯罪的一个环节，且获利一般较少，本着落实宽严相济的刑事政策要求，对层级较低的实施帮助行为的犯罪分子不宜科以太过严厉的刑罚。

五是违法所得追缴力度有限。根据《刑法》第 64 条之规定，犯罪分子违法所得的一切财物，应当予以追缴或者责令退赔。因此，确定帮助信息网络犯罪活动罪被告人的追缴范围和查明违法所得的方式非常重要。网络犯罪的帮助行为相较传统帮助行为具有不同特征，对于正犯行为的从属性较为松弛，越来越表现为专业性、职业性，由此导致其获利方式也不同于传统的帮助行为，主要是依赖批量或多次非法提供卡户获利，且对于卡户内的资金一般缺乏控制力。在共犯的违法所得追缴问题上，实践中的常见做法是，对于规模化、链条化的犯罪，除掌控资金、具有决策管理权限的主犯追缴全部损失外，其余从犯一般以自己的获利为限进行追缴。因此，帮助信息网络犯罪活动罪中追缴的范围应当确定为其获得的利益。由于非法出售及购买卡户的行为隐蔽性、私密性较强，如果双方未在联络中留下可供查证的证据，如微信聊天记录、短信记录等，且拒不承认自己存在获利，或仅供述较少的获利，司法机关一般难以查明其获利的准确数额，致使无法追缴或追缴不到位。

（2）犯罪构成。本罪侵犯的客体是信息网络安全等方面的管理秩序。帮助信息网络犯罪活动罪属于扰乱公共秩序犯罪，侵害的法益具有多元性，网络空间管理秩序是其一，还可能关乎知识产权等不特定领域的管理秩序。

本罪在客观上表现为明知他人利用信息网络实施犯罪，而为其提供互联网接入、服务器托管、网络存储、通讯传输等技术支持，或者提供广告推广、支付结算等帮助的行为。帮助的行为方式是法律明确规定的，帮助的程度也要求必须达到"情节严重"的情况才构成本罪。

本罪的主体为一般主体，包括自然人和单位。

本罪的主观方面是故意，要求行为人明知他人利用信息网络实施犯罪。目前在司法实践中，正是由于帮助行为正犯化后，导致了本罪与上游网络犯罪的共犯认定的分歧逐渐凸显，那么在共犯层面中的"明知"与本罪中的"明知"必然存在较大的差异。因为根据我国《刑法》以及相关司法解释的规定，如果"明知"他人从事某种特定的犯罪而提供帮助的话，应当成立该种特定犯罪的共犯。[①] 帮助信息网络犯罪活动罪的"明知"内容是"他人利用信息网络实施犯罪"，从认识因素层面讲，本罪的行为人对于所涉钱款与上游犯罪关联关系的认知程度相对较低，不要求行为人确切知道他人实施电信网络诈骗，只需要知道他人可能从事电信网络诈骗犯罪，可以理解为概括性明知；从意志因素层面讲，本罪的行为人可以抱持希望的心态，也可以抱持放任的心态，直接故意或间接故意均囊括于本罪的主观范畴。

（3）法律适用困境剖析。

其一，关于本罪主观明知的认定。在提供帮助类行为的案件中，"明

---

① 刘仁文、姚万勤：《帮助信息网络犯罪活动罪中"明知"的认定》，载《人民法院报》2024 年 1 月 18 日第 5 版。

知"是决定行为人是否构成犯罪、构成何种犯罪的关键,是审判过程中运用证据予以证明的重点。从《刑法》设置看,帮助信息网络犯罪活动罪要求行为人"明知他人利用信息网络实施犯罪",但是电信网络诈骗犯罪实践中具有明显的产业链条化特征,大量的前后端实施帮助行为的作案人员往往层级较低,相对易于查获,但直接实施违法犯罪行为并从中获取主要利益的核心犯罪分子居于后端或幕后,一般难以查获。同时由于技术本身具有中立性,提供技术帮助的犯罪手段会披上"合法外衣",因此,对于这些实施帮助行为的人员在主观上是何种认识和意志往往难以辨别。

在共同犯罪的认定上,帮助犯需要明知正犯利用信息网络实施犯罪。但在司法实践中,本罪的被告人通常不认可自己明知对方实施犯罪,至多只能供述出对方有可能实施违法犯罪活动。关于主观故意的认定,2022年3月22日《最高人民法院刑事审判第三庭、最高人民检察院第四检察厅、公安部刑事侦查局关于"断卡"行动中有关法律适用问题的会议纪要》在总结各地实践经验的基础上,提供了有效指引,与2020年《最高人民法院刑事审判第三庭、最高人民检察院第四检察厅、公安部刑事侦查局关于深入推进"断卡"行动有关问题的会议纪要》相比有较大突破:第一,坚持主客观相一致原则,即要结合行为人的认知能力、既往经历、交易对象、与信息网络犯罪行为人的关系、提供技术支持或者帮助的时间和方式、获利情况以及出租、出售"两卡"的次数、张数、个数,行为人的供述等主客观因素,同时注重听取行为人的辩解并根据其辩解合理与否,予以综合认定。司法办案中既要防止片面倚重行为人的供述认定明知,又要避免简单客观归罪,仅以行为人有出售"两卡"行为就直接认定明知。第二,注重审查交易双方关系、交易频率等。对于交易双方存在亲友关系等信赖基础,一方确系偶尔向另一方出租、出售"两卡"的,要根据在案事实证据,审慎认定"明知"。第三,列举了比2020年司法解释更为详尽的可以推定为具有主观明知的几种常见情形,主要是增加了帮助解冻、解封卡户,事先串通应对调查的话术等特征表现。实践中,对于不具备司法解释和会议纪要列举的推定情形和审慎认定情形的,仍然存在认定难题。虽然司法解释和相关规范文件罗列的情形具有常态性和典型性,但依靠罗列,难免挂一漏万,难以涵盖复杂多变的司法实践。同时审判人员并非专业的信息网络从业人员,导致司法实践中对于主观明知的认定难度加大,极易出现认定分歧。"明知"属于心理活动，若非自己言明，一般难以为外界所直接认知，对之需依据行为人的供述，结合其表现于外的行为过程来判断是否"明知"。① 回归到司法实践，帮助信息网络犯罪活动罪的行为人主观上是否明知，可以综合审查客观情况加以推定。《最高人民法院、最高人民检察院关于办理非法利用信息网络、帮助信息网络犯罪活动等刑事案件适用法律若干问题的解释》第 11 条明确规定了为他人实施犯罪提供技术支持或者帮助，可以认定行为人明知他人利用信息网络实施犯罪的七种情形。司法实践中，行为人为信息网络犯罪行为提供帮助的行为与正犯行为在空间上、时间上往往关联较远，提供帮助的行为人多以获取个人经济利益为目的，其主观上是否对于为他人犯罪提供帮助具有明知，可以结合其对他人所实际从事活动的认知情况、获利情况、往来联络情况等证据，综合审查判断。例如，行为人提供的帮助行为本身就是不合理、不合法的或者获取利益的方式和金额是明显异常的，以上情形都可以作为判断行为人主观具有明知倾向的重要因素。

此外，帮助信息网络犯罪活动罪属故意犯罪，必须明知他人利用信息网络实施犯罪，但是对具体犯罪类型、实施主体、具体内容不要求有明确认知。在具体案件中，如果行为人对第三方利用自己提供的产品或者服务实施犯罪行为不知情，不应该以帮助信息网络犯罪追究其刑事责任，如提供中立技术的公司和个人，在客观方面有的犯罪行为会利用其中立技术，但是上述公司和个人无犯意，亦不知情，不应认定其帮助行为构成犯罪。如果通过客观行为能够认定或者推定行为人对第三方利用其提供的产品或者服务实施犯罪具有明知，则符合该罪的主观要件。

需要说明的是，帮助信息网络犯罪活动罪中，行为人的明知不应解释为泛化的可能性认知，而应当限制为相对具体的认知，该认知程度只需达到第三方实施犯罪即可，无须达到知晓第三方具体实施什么犯罪、怎么实施犯罪的程度。判断行为人是否"明知"的外在行为特征包括：行为人实施帮助行为的次数、地点、数量、价格，行为人与上游犯罪行为人之间的熟悉程度，行为人是否规避调查等，要结合一般人的认知水平和行为人的

---

① 参见人民法院案例库案例：陈某等人掩饰、隐瞒犯罪所得案，入库编号 2023-05-1-300-012。

认知能力来判断。

其二，关于单纯供卡情况下"支付结算"行为的把握。从司法实践的情况看，办案机关对于行为人单纯出租、出售银行卡的行为是否属于支付结算行为存在认识上的分歧。有的观点认为，在帮助人对被帮助人利用信息网络实施犯罪明知的前提下，即便帮助人实施"中立"性质的业务行为，也可能构成犯罪，因此，该罪的设立是将此类中立帮助行为认定为正犯进行处罚，突破了对网络中立帮助行为的入罪限制。[1] 可见，理论界和实务界至今对于中立帮助行为并没有一个确切的定义，这也加剧了对该罪的认定争议。

根据中国人民银行 1997 年发布的《中国人民银行支付结算办法》第 3 条的规定，支付结算是指单位、个人在社会经济活动中使用票据、信用卡和汇兑、托收承付、委托收款等结算方式进行货币给付及其资金清算的行为，结合 2022 年《最高人民法院刑事审判第三庭、最高人民检察院第四检察厅、公安部刑事侦查局关于"断卡"行动中有关法律适用问题的会议纪要》第 4 条的规定，单纯租售银行卡的行为，因其未参与货币给付和资金清算的过程，而不属于支付结算帮助行为，而应被纳入"等帮助"的范畴。所以，对于单纯供卡行为，应适用"30 万+3000 元"标准，即单向流入涉案信用卡中的资金超过 30 万元，且其中至少 3000 元经查证系诈骗资金。对于供卡后还实施转账、提供验证服务等行为的，属于提供支付结算帮助，适用"支付结算 20 万元以上"的情节严重标准。需要说明的是，支付结算 20 万元以上应为正犯的违法所得，而非一般的违法活动的金额，或者违法犯罪的金额之和，如上游犯罪是电信网络诈骗犯罪，要求帮助信息网络犯罪活动罪的行为人为上游诈骗犯罪的实施提供的支付结算金额达到 20 万元以上。"5 倍标准"针对的是无法查证被帮助对象是否达到犯罪的程度，换言之，适用"5 倍标准"时仍须查证至少一笔涉案资金的性质，以证明被帮助对象利用信息网络实施《刑法》分则规定的行为类型，至少 3000 元经查证系电信网络诈骗犯罪之被害人转入。对于相关数额是否可以累计计算的问题，只要能够证明该账户被用于犯罪，则可以整体认定数额

---

① 参见车浩：《立法的法教义学反思——基于〈刑法修正案（九）〉的分析》，载《法学》2015 年第 10 期。

并进行累计计算，但被告人能作出合理解释的应当予以扣除。①

现实中，行为人除了提供银行卡外，还通过人脸识别方式转移上游犯罪的赃款，将该行为认定为诈骗罪共犯，掩饰、隐瞒犯罪所得罪还是帮助信息网络犯罪活动罪，实践中争议较大。对此，需要结合不同识别要素，对二者进行准确界分：

一是人脸识别后财产的控制状态不同。掩饰、隐瞒犯罪所得罪既可以实施窝藏、收购、代为销售等行为，又可以实施人脸识别取现等转移行为。"人脸识别型"支付结算行为的危害性在于，该犯罪行为直接导致国家失去对涉案财产的监控，致使此类赃款、赃物处于失控状态，从而妨害司法机关对赃款的追查，导致查处难、追缴难的困境。帮助信息网络犯罪活动罪的行为手段则主要包括技术支持、支付结算等帮助行为，此类行为虽可实现钱款在网络空间、银行卡之间的转移、流转等，但只要相关款项还在银行账户内，就仍处于国家的监控之中。若及时采取强制措施，可有效遏制危害后果的蔓延和扩大。因此，帮助信息网络犯罪活动罪中的人脸识别行为，不涉及取现，一旦取现，表明其该行为已经不仅仅是协助上游犯罪的完成，还是上游犯罪完成后的移转行为，应将其认定为掩饰、隐瞒犯罪所得罪。

二是犯罪行为所处阶段不同。掩饰、隐瞒犯罪所得罪要求其犯罪行为发生在上游犯罪既遂后，属于事后帮助行为，该行为相对于上游犯罪的被告人而言，属于事后不可罚行为。而帮助信息网络犯罪活动罪要求其行为手段，如提供银行卡、人脸识别等支付结算行为发生在行为前、行为中，是网络犯罪的帮助行为、协助手段。因此，就提供帮助行为的共犯而言，该行为属于帮助犯的实行行为。

三是被帮助对象的行为属性不同。掩饰、隐瞒犯罪所得罪以其掩饰、隐瞒的上游犯罪事实成立为前提。《审理掩饰、隐瞒犯罪所得、犯罪所得收益案件适用法律的解释》第8条规定，认定此罪以"上游犯罪"事实成立为前提，上游犯罪尚未依法裁判，但查证属实的，不影响此罪的认定；同时上游犯罪事实经查证属实，但因行为人未达到刑事责任年龄等原因依

---

① 夏道虎主编：《妨害社会管理秩序罪案件法律适用与案例指导》，人民法院出版社2023年版，第135页。

法不予追究刑事责任的，不影响此罪的认定。换句话说，掩饰、隐瞒犯罪所得罪以上游犯罪的成立为前提，特殊情况下，上游犯罪查证属实的也可以认定构成此罪。帮助信息网络犯罪活动罪要求以被帮助对象构成犯罪为原则，无法查证为例外。被帮助对象实施的犯罪行为可以确认，但尚未到案、尚未依法裁判或者因未达到刑事责任年龄等原因依法未予追究刑事责任的，不影响此罪的认定；确因客观条件限制无法查证被帮助对象是否达到犯罪标准，但相关数额总计达到相应标准 5 倍以上，或者造成特别严重后果的，亦可认定为本罪。

四是明知的注意义务高低不同。掩饰、隐瞒犯罪所得罪的明知是确定性明知，要求行为人明确知道其掩饰、隐瞒的对象是犯罪所得、犯罪所得收益，其对赃款的属性具有明确认知。若没有正当理由，协助他人划转，则属典型的掩饰行为。此罪对行为人明知要求程度较高、注意义务更为严苛。帮助信息网络犯罪活动罪的明知是概括性明知，不要求行为人准确认识到被帮助者实施的犯罪类型、犯罪过程、危害后果、犯罪性质等，只要概括性地知道他人利用信息网络实施犯罪即可。

其三，关于"犯罪数额"的司法认定。支付结算型帮助行为的案件通常系被害人报案案发，极少出现先破获上游犯罪再顺藤摸瓜侦破下游犯罪的情况。原因在于，需要使用非法支付结算服务的主体多为从事境外网络赌博、电信诈骗、非法期货交易等黑灰产业的犯罪分子，对非法网络支付结算通道有极强的依赖性，有些非法网站的入金通道就是"跑分"平台，此类犯罪本身侦查难度高、时间长。因此，法院在审理帮助信息网络犯罪活动罪案件时，上游犯罪事实通常无法完全查清，然而该事实又对行为人的犯罪数额认定有着重要影响，进而加大认定难度，具体表现在以下三个方面：一是罪名多，个罪金额难区分。同一帮助信息网络犯罪活动罪行为人可能同时触犯多个罪名，但其犯罪行为具有连续性，导致类罪区分缺乏明显界限，对应金额也难以明确。二是环节多，资金来源难辨别。比如，一个平台可能对接多个上游犯罪团伙，帮助信息网络犯罪活动罪行为人虽在同一平台内提供银行卡，但其银行卡可能既用于赌博平台的出入金，又作为诈骗网站的收款渠道，还可能仅作为洗钱工具，导致法院在审理时难以辨别不同资金的去向。三是人数多，金额取证困难。对于被告人人数众多的案件，支付结算型帮助行为人的具体犯罪金额涉及的证据收集工作也存在较大难度，实践中在证据查证方面，很难对相关犯罪金额进行一一对应的说明。①

此外，2019 年《最高人民法院、最高人民检察院关于办理非法利用信息网络、帮助信息网络犯罪活动等刑事案件适用法律若干问题的解释》第 12 条规定了帮助信息网络犯罪的 6 种入罪标准，实践中以支付结算金额 20 万元以上作为入罪门槛的情况较为常见。2020 年《最高人民法院刑事审判第三庭、最高人民检察院第四检察厅、公安部刑事侦查局关于深入推进"断卡"行动有关问题的会议纪要》第 5 条规定，出租、出售的信用卡被用于实施电信网络诈骗，达到犯罪程度，该信用卡内流水金额超过 30 万元的，按照符合"情节严重"处理。2022 年《最高人民法院刑事审判第三庭、最高人民检察院第四检察厅、公安部刑事侦查局关于"断卡"行动中有关法律适用问题的会议纪要》第 4 条规定，在适用 2020 年《最高人民法院刑事审判第三庭、最高人民检察院第四检察厅、公安部刑事侦查局关于深入推进"断卡"行动有关问题的会议纪要》上述规定时，应把握单向流入涉案信用卡的资金超过 30 万元，且其中至少 3000 元经查证系涉诈骗资金。以上三个规范性文件所表述的"支付结算金额""流入资金""涉诈骗资金"概念，究竟系何种关系，实践中理解不一，在适用时也容易出现问题。对此，《最高人民法院、最高人民检察院关于办理非法利用信息网络、帮助信息网络犯罪活动等刑事案件适用法律若干问题的解释》规定，实施网络支付结算等帮助行为，确因客观条件限制无法查证被帮助对象是否达到犯罪的程度，但相关数额总计达到法定标准 5 倍以上的，应当以帮助信息网络犯罪活动罪追究行为人的刑事责任。实践中，对该类犯罪的查处往往是在被害人报案后，根据其转账记录进行追查。该类犯罪伴随着多层转账情况，在查获被告人后，难以查清的不仅是被帮助者是否构成犯罪或构成何种犯罪，而且由于资金流水复杂等原因，也导致查扣的被告人银行卡内的资金是否系犯罪资金也难以查明，进而影响到网络支付结算行为人的犯罪数额认定问题。笔者认为，在认定犯罪数额时，应当将客观上可以查证的与数额认定相关的事实进行逐一查证，确保每一笔具体数额

---

① 上海市第一中级人民法院课题组：《网络支付结算型帮助行为的刑法规制——兼论帮助信息网络犯罪活动罪的理解与适用》，载《中国应用法学》2022 第 1 期。

与在案证据都存在充分、明确的对应关系，对于现有证据能够证明诈骗等犯罪的款项直接进入被告人银行卡内的，按照卡内资金直接认定相关犯罪金额，存在多层转账情形的，如果被告人可以提出反证，证明由其他账户转给其的资金有合法依据的，可以从犯罪金额中予以扣除。

其四，该罪与掩饰、隐瞒犯罪所得、犯罪所得收益罪的界分。帮助信息网络犯罪活动罪与掩饰、隐瞒犯罪所得、犯罪所得收益罪以及诈骗罪（共犯）如何区分是司法实践的重大疑难问题。从各地办案情况来看，将单纯的供卡行为认定为帮助信息网络犯罪活动罪，将供卡后还实施帮助转账、提供验证服务行为认定为掩饰、隐瞒犯罪所得、犯罪所得收益罪的情况比较普遍。但从考察情况看，实践中仍存在将提供银行卡、收款码、协助刷脸支付行为一律纳入帮助信息网络犯罪活动罪进行评价的误区，没有精细区分帮助信息网络犯罪活动罪与掩饰、隐瞒犯罪所得、犯罪所得收益罪的关系。

对于电信网络诈骗犯罪上下游关联罪名的区别适用问题，有的观点认为，行为人若只提供银行卡等结算工具而未实施转账等行为应认定为帮助信息网络犯罪活动罪，同时还实施了转账、取款等行为，侵害了新的法益，应认定为掩饰、隐瞒犯罪所得、犯罪所得收益罪。也有的观点认为，同时实施帮助转账、取款等行为仍在帮助信息网络犯罪活动罪的构成要件范围内，仍属于支付结算帮助行为，再考虑罪责刑相适应原则，以帮助信息网络犯罪活动罪定罪量刑更为合适。还有的观点认为，上游犯罪的既遂与否，是帮助信息网络犯罪活动罪与掩饰、隐瞒犯罪所得、犯罪所得收益罪的"分水岭"，帮助信息网络犯罪活动罪中提供支付结算帮助的行为不可能同时构成掩饰、隐瞒犯罪所得、犯罪所得收益罪的正犯，应根据上游犯罪是否既遂进行判断，即行为人提供银行卡后实施的转账、取现行为被提供银行卡行为所吸收，成立帮助信息网络犯罪活动罪；行为人在上游犯罪既遂后，实施转账、刷脸行为的，构成掩饰、隐瞒犯罪所得、犯罪所得收益罪。该意见持有者还总结了帮助信息网络犯罪活动罪与掩饰、隐瞒犯罪所得、犯罪所得收益罪的区别规则：一是前罪的明知应当是在事前或者事中，不包括事后；二是前罪行为中的提供银行卡或者二维码等帮助行为发生在上游犯罪既遂之前，而非事后；三是前罪的提供银行卡或二维码等帮助性行为的因果力发生在既遂之前。[①] 对于该问题，2022 年 3 月 22 日《最高人民法院刑事审判第三庭、最高人民检察院第四检察厅、公安部刑事侦查局关于"断卡"行动中有关法律适用问题的会议纪要》第 5 条明确规定在办理涉"两卡"犯罪案件中，应当根据行为人的主观明知内容和实施的具体犯罪行为，确定其行为性质。

结合立法精神、司法解释以及司法实践，笔者认同最后一种观点。在涉信用卡帮助信息网络犯罪活动罪案件中，明知他人实施电信网络诈骗犯罪，参加诈骗团伙或者与诈骗团伙之间形成较为稳定的配合关系，长期为他人提供信用卡或者转账取现的，可以诈骗罪论处；行为人向他人出租、出售信用卡后，在明知是犯罪所得及其收益的情况下，又代为转账、套现、取现等，或者为配合他人转账、套现、取现而提供刷脸等验证服务的，可以掩饰、隐瞒犯罪所得、犯罪所得收益罪论处；明知他人利用信息网络实施犯罪，仅向他人出租、出售信用卡，未实施其他行为，达到情节严重标准的，可以帮助信息网络犯罪活动罪论处。[②] 司法实践中的情况纷繁复杂，掩饰、隐瞒犯罪所得、犯罪所得收益罪与帮助信息网络犯罪活动罪在行为样态上存在交叉、竞合，判断起来并不容易，对此，有必要进一步结合行为人的主观方面综合评判。掩饰、隐瞒犯罪所得、犯罪所得收益罪需要查明是否具有该罪所要求的"明知"，即"明知是犯罪所得及其收益"，这与帮助信息网络犯罪活动罪所要求的"明知"不能混同，不能认为具有了后罪的明知，再实施协助转账、套现、取现等行为，就一定构成前罪。在司法实践中，还需要注意一点，如果行为人确实不知道上游犯罪的犯罪阶段，司法机关也无法证实提供"两卡"的行为是发生在上游犯罪既遂前还是既遂后，且无事前通谋和长期"销售"配合模式的，可按疑罪从轻原则，以帮助信息网络犯罪活动罪论处。

其五，本罪在涉"两卡"案件中的适用问题。对于涉"两卡"犯罪案件的定性，应当严格依照《刑法》和司法解释的相关规定，根据行为人的主观明知及其实施的具体行为加以认定。如果行为人明知他人实施电信网

[①] 李勇：《帮助信息网络犯罪活动罪的司法适用误区》，载《检察日报》2022 年 1 月 18 日第 7 版。

[②] 夏道虎主编：《妨害社会管理秩序罪案件法律适用与案例指导》，人民法院出版社 2023 年版，第 135 页。

络诈骗犯罪，仍与其在事前或事中通谋，甚至是分工合作，负责提供"两卡"或参与分赃的，应认定为诈骗罪共犯；如果行为人明知他人实施电信网络诈骗犯罪，向其出售"两卡"，但并无通谋，亦未参与后续犯罪行为，如果达到情节严重的认定标准，应认定为帮助信息网络犯罪活动罪；如果行为人明知他人实施电信网络诈骗犯罪，向其出售"两卡"，并用以接收赃款又代为取款获利的，应认定为掩饰、隐瞒犯罪所得、犯罪所得收益罪。

对于行为人收购、出售、出租信用卡"四件套""八件套"的行为认定，要注意区分帮助信息网络犯罪活动罪与收买、非法提供信用卡信息罪的适用。《刑法》当年设立收买、非法提供信用卡信息罪有其现实必要性，该罪名设立于磁条卡盛行的年代，由于磁条卡的安全技术水平低，掌握了信用卡的信息，就能比较容易地造出一张伪卡，对持卡人的财产安全和国家金融安全威胁极大，因此，在当时有必要在《刑法》中把这种行为入罪，并且司法解释把入罪门槛定至 1 张（套）信用卡。但是随着社会发展，进入芯片卡时代，这一情况发生逆转。在与电信网络诈骗相关联的背景下，涉"两卡"案件的信用卡，基本是无透支功能的储蓄卡，"两卡"收卡方的收卡意图并非占有卡内余额，而是利用这些信用卡接收、转移、转换通过违法犯罪活动获取的非法资金。从实际结果看，单纯交易这些信用卡并未直接威胁信用卡持卡人的资金安全，故在这种情况下，对于行为人明知他人利用信息网络实施犯罪活动，仍将绑定有手机卡、密码、U盾等信息的信用卡套装加价贩卖给他人的行为，认定为帮助信息网络犯罪活动罪，更契合该行为的社会危害性。

对于行为人为收购、出售、出租信用卡而非法持有信用卡的行为认定，要注意区分帮助信息网络犯罪活动罪与妨害信用卡管理罪的适用。对上述行为，原则上应认定帮助信息网络犯罪活动罪，但对于涉案信用卡数量特别大，情节特别恶劣，以帮助信息网络犯罪活动罪不足以实现罪责刑相适应的，也可以考虑适用妨害信用卡管理罪。[①]

4. 掩饰、隐瞒犯罪所得、犯罪所得收益罪

掩饰、隐瞒犯罪所得、犯罪所得收益罪是伴随着财产类犯罪而产生的

[①] 陈攀：《帮助信息网络犯罪活动罪相关适用问题》，载《人民司法》2021 年第 35 期。

传统类型犯罪。实践中，肆虐、严峻的电信网络诈骗犯罪与掩饰、隐瞒犯罪所得、犯罪所得收益罪相互关联、交织，黑灰产业链条勾结连环，严重侵害人民群众财产安全和社会稳定。电信网络诈骗犯罪已形成分工精细的产业链，衍生诸多上下游关联犯罪，包括掩饰、隐瞒诈骗犯罪所得及其收益的洗钱犯罪。一些犯罪分子为谋取非法利益，明知是违法犯罪所得仍代为转移卡内资金，涉嫌掩饰、隐瞒犯罪所得、犯罪所得收益等犯罪，这一行为不仅扰乱了社会管理秩序，还帮助上游电信网络犯罪分子获取经济利益、逃避侦查打击，危害严重。

所谓掩饰、隐瞒犯罪所得、犯罪所得收益罪，是指达到《刑法》规定的能够承担刑事责任年龄的自然人、单位，明知是犯罪所得及其产生的收益而予以窝藏、转移、收购、代为销售或者以其他方法掩饰、隐瞒的行为。1979年《刑法》第172条规定了窝藏、销赃罪。1997年《刑法》第312条增加了转移、收购赃物的行为，罪名相应改为窝藏、转移、收购、销售赃物罪。2006年《刑法修正案（六）》第19条对本罪的行为方式、犯罪对象和法定刑均进行了修改，将本罪改造为洗钱犯罪的一般性条款，随后最高人民法院、最高人民检察院司法解释将本罪罪名修改为掩饰、隐瞒犯罪所得、犯罪所得收益罪。① 随着电信网络诈骗犯罪案件高发，帮助信息网络犯罪案件跃居发案量前列，相应地，掩饰、隐瞒犯罪所得、犯罪所得收益罪案件数量也逐年上升，并位列刑事犯罪发案量前十。但从实践考察情况看，因为电信网络诈骗上游犯罪的侦查打击难度大，诈骗分子的犯罪事实显露但行为人未被抓获到案的情况较为常见，在这种情况下给掩饰、隐瞒犯罪所得、犯罪所得收益罪的准确认定带来诸多障碍。

（1）参与样态。

其一，明知是违法犯罪所得，提供自己或他人的银行账户，以代为取现或刷脸验证的方式帮助转移卡内资金。电信网络诈骗犯罪分子为通过"跑分"将赃款洗白，需要寻找名目转换赃款性质，一些不法分子受经济利益驱使，为上游电信网络诈骗犯罪分子提供银行卡、手机卡或非银行支付账户，并协助转账、取现。随着电信网络诈骗活动猖獗，滋生的黑灰产业链条更为坚固，实践中出现专业化"洗钱"团伙，团伙的组织者、策划

① 胡云腾主编：《刑法百罪疑难问题精析》，人民法院出版社2022年版，第1242页。

者和骨干分子利用各种噱头"招募"跑分人员。实践中对于此类犯罪团伙案件的审理要严格贯彻落实宽严相济刑事政策,对于作为"卡农"的跑分人员可以综合考虑其参与时间、主观恶性、认知程度等科以刑罚,做到罪责刑相适应,对于作为组织者等起重要作用的"卡头"则应当予以严惩。

其二,明知是违法犯罪所得,以购买黄金、虚拟货币等方式帮忙套现卡内资金,或者使用账户内资金购买理财产品。随着我国对电信网络诈骗犯罪及其关联犯罪的打击网络越发严密,上游电信网络诈骗犯罪分子转移资金难度越来越高,一些不法分子将投机想法放到贵重金属等领域。黄金等贵重金属交易作为特定非金融行业,在国际社会普遍被视为洗钱和非法融资高风险领域,带有货币和金融属性的黄金备受犯罪分子的青睐,理财产品的情况与之类似,且涉案财物流转具有高流动性的特征,更是电信网络诈骗犯罪关注的重点领域。司法实践中,有的电信网络诈骗犯罪分子为洗白其诈骗钱款,往往虚构"兼职代购赚外快"等名义发出"工作要约",一些行为人为牟利,按照上游犯罪分子的指令购买贵重金属或理财产品等,进而将上游诈骗的犯罪所得与合法财产相混同,达到掩饰、隐瞒上述款项来源和性质的目的。

其三,行为人明知他人钱款系犯罪所得、犯罪所得收益,仍利用虚拟货币提供结算、资金转移服务,从中获利。利用虚拟货币结算、转移非法资金存在涉案人数众多、行为方式多样、结算资金巨大的特点。根据中国人民银行以及最高人民法院、最高人民检察院、公安部的相关公告,虚拟货币交易在我国不受法律保护,系非法金融活动。但是目前全世界多数国家并未禁止虚拟货币的交易,部分虚拟币成为稳定币的代表,且具有去中心化、匿名化、全球兑换性、交易便捷性等特征,越来越多地被应用于各种风险活动和违法犯罪活动,为电信网络诈骗、网络赌博等犯罪活动提供相对隐蔽与便捷的价值转移方式。因此,有的行为人利用虚拟货币交易从事违法犯罪活动,明知他人钱款系犯罪所得仍代为跑分洗白。在此类案件中,行为人的行为方式和手段较为隐蔽,双方通常利用具有阅后即焚消除联络痕迹的境外联络软件进行沟通,反侦查能力特别强,且账户交易往往存在异常。司法实践中,可以综合考虑上述事实,推定行为人在主观上存在对掩饰、隐瞒电信网络诈骗钱款来源和性质的明知,结合其实施的客观行为对其定罪处罚。

其四，行为人明知上游犯罪分子利用虚假投资平台等形式实施电信网络诈骗的，仍组合多家第三方支付公司形成资金转移渠道，将上游犯罪所得、所得收益多次转移，隐匿资金来源及资金走向，最终将上述款项置于上游犯罪分子的控制之下。从司法实践的情况看，行为人为诈骗平台转移资金的形式亦是多种多样，有的利用自身所控制的账户将犯罪所得通过虚拟货币交易平台转化为泰达币等虚拟货币，有的是直接将犯罪所得在其所控制的诸多账户之间进行流转，从而完成资金清洗。

（2）犯罪构成。本罪侵犯的客体是司法机关对犯罪行为进行刑事追诉的活动秩序。本罪的行为对象包括犯罪所得和犯罪所得收益两种类别，前者指的是上游犯罪行为人通过犯罪行为直接获取的赃款赃物，后者则指的是上游犯罪行为人对前者进行处理之后获得的孳息等。

本罪在客观方面表现为窝藏、转移、收购、代为销售或者以其他方法掩饰、隐瞒的行为。其中，"窝藏"通常表现为提供场所供上游犯罪行为人隐匿犯罪所得及其产生的收益，对于明知公安机关在追查上游犯罪，仍故意向公安机关提供虚假的上游犯罪行为人的相关银行账户资金数额，应认定为掩饰、隐瞒犯罪所得、犯罪所得收益罪中的"窝藏"行为。"转移"通常是指为上游犯罪行为人的犯罪所得及其收益提供物理场地的变更。"收购"赃物的行为则既可以用于自身生产生活所需，又可以是为他人购买。"其他方法"则是指行为人通过积极的、主动的行为方式，使上游犯罪所得收益发生性质改变，为司法机关查处、打击上游犯罪制造障碍，该行为必须是积极的，单纯的知情不举不属于本罪的行为方式中的"其他方法"，该方法主要包括居间介绍买卖、加工、提供资金账户以及协助转换资金载体等情形。在客观方面还需要注意的一点是，本罪转移的对象系犯罪所得或犯罪所得收益，不同于帮助信息网络犯罪活动罪转移的非法资金，所以在认定本罪的客观方面是需要审慎分析涉案资金的性质，只有所转移资金明确是犯罪所得或犯罪所得收益的情况下，才符合本罪的行为特征。

本罪的主体为一般主体，包括自然人和单位。《刑法修正案（七）》对本罪增加了单位犯罪的主体，根据刑法溯及力原则，单位主体在《刑法修正案（七）》施行之日也就是 2009 年 2 月 28 日以前实施的相关行为，不应以单位犯罪进行处断，数额不得累计计算。

本罪的主观方面是故意，要求行为人明知系犯罪所得、犯罪所得收益。此处"明知"的基本含义包括"知道和应当知道"。"知道"是指直接认定行为人明知掩饰、隐瞒的对象是犯罪所得及其收益的情形，在电信网络诈骗的参与行为中也表现为明知涉案钱款为电信网络诈骗的资金。而"应当知道"是指被告人虽然实施了掩饰、隐瞒行为，却不承认对犯罪所得及其收益的"明知"，司法机关根据被告人供述，结合其表现于外的行为过程，综合判断所认定的"明知"。① 对于"应当知道"的情形，司法机关可以根据案件事实的具体情况分析，从行为人已经实施的行为及其相关情节中，综合判断论证其是否明知，如行为人被上游犯罪分子带至指定地点按要求利用手机或第三方平台频繁转账支付、在多个银行账户之间频繁转账、大额流水进行散存或取现、利用"POS"机进行刷卡套现、按照上游犯罪分子要求以虚假理由搪塞银行工作人员询问等，只要有充分的间接证据证实行为人通过以上非法途径或者异常方式协助转账，行为人也提不出合理的解释和理由，应当推定行为人主观上具有"明知"，否则其不会实施特定的客观行为。

（3）法律适用疑难问题剖析。从司法实践情况看，掩饰、隐瞒犯罪所得、犯罪所得收益罪的适用范围广、规制范围复杂、案件数量庞大，对其有效惩治有利于遏制电信网络诈骗犯罪的蔓延。但本罪的具体认定还存在一些分歧与障碍，集中体现在本罪主观方面的判定、本罪与帮助信息网络犯罪活动罪及妨害信用卡管理犯罪的区分把握、本罪量刑平衡的把握等，尤其是量刑不均衡的问题在个罪中的问题比较明显，类案不同判的情况较为常见，不只在刑期把握上不统一，罚金刑数额差距也较大。

其一，主观方面"明知"的把握。掩饰、隐瞒犯罪所得、犯罪所得收益罪中的"明知"问题，是司法实践中认定本罪的最大问题，本罪"明知"的内容是所涉钱款系"他人犯罪所得"或"他人犯罪所得收益"，认知程度要求高，包括明确知道或应当知道。在区分帮助信息网络犯罪活动罪与掩饰、隐瞒犯罪所得、犯罪所得收益罪时，要坚持主客观相一致的原则。行为人明知他人利用信息网络实施犯罪，仍以提供银行卡等方式予以

---

① 夏道虎主编：《妨害社会管理秩序罪案件法律适用与案例指导》，人民法院出版社2023年版，第513页。

帮助的，构成帮助信息网络犯罪活动罪，但是不能不加分析论证，仅因提供银行卡后又帮助转账或刷脸验证，即一律升格为掩饰、隐瞒犯罪所得、犯罪所得收益罪。转账行为本身不能说明行为人明知所涉钱款系"他人犯罪所得"。要具体分析案件的客观行为表征是否证实行为人具有更高程度的"明知"，确保罚当其罪。①

　　在本罪中，审查判断行为人是否主观"明知"，可以综合考虑行为人经手他人犯罪所得及犯罪所得收益的场景（如行为时间、地点、数量、价格、品种），行为人与上游犯罪行为人之间的关系及了解程度，行为人对犯罪所得及犯罪所得收益的处理方式，行为人是否规避调查等因素和行为表征，并结合一般人的认知水平和行为人的认知能力来进行判断。比如，在涉"两卡"案件中，可以重点从以下几个方面审查行为人及其行为的异常性，进而判断行为人主观上是否具有掩饰、隐瞒犯罪所得、犯罪所得收益的明知：第一，行为的异常性。比如，跨区域长距离赶赴指定宾馆被包吃包住协助转账，或在移动车辆、偏僻郊区实施转账，不能给出合理解释的；使用即时消除阅览记录功能的聊天软件，随时删除聊天记录、通讯记录等，调取到的聊天记录里有"跑分"等相关"暗语黑话"以及传授如何躲避侦查、避免账户被冻结等内容的；账户被限制交易或冻结、收到支付机构的风险警示后仍然解冻或办理新卡等。第二，资金的异常性。比如，转账的银行卡某时间段内有大量资金快进快出、分散转入集中转出、集中转入分散转出、大额资金取现返存或转存以及利用卡内资金短期频繁购买重金属、交易虚拟货币等。第三，获利的异常性。比如，按照转账流水金额比例，或是按照天数获取大额报酬，获利金额异常偏高，不能作出合理解释的。第四，既往经历的异常性。比如，曾经因涉"两卡"违法犯罪行为受过行政处罚、刑事处罚的。

　　一般来说，对多次或使用多个银行账户帮助他人频繁转账、套现、取现，利用虚拟货币转账、套现、取现，通过非法支付平台、跑分平台转账、套现、取现，就转账、套现、取现行为额外收取异常"手续费"的，

① 参见人民法院案例库案例：陈某等人掩饰、隐瞒犯罪所得案，入库编号2023-05-1-300-012。

可以认定为具备掩饰、隐瞒犯罪所得、犯罪所得收益罪的"明知"。[①]

其二，犯罪数额认定。2021 年 4 月 15 日，《审理掩饰、隐瞒犯罪所得、犯罪所得收益案件适用法律的解释》施行，该解释修改的内容之一就是 2015 年《审理掩饰、隐瞒犯罪所得、犯罪所得收益案件适用法律的解释》第 1 条第 1 款 1 项、第 2 款以及第 2 条第 2 款规定的掩饰、隐瞒犯罪所得、犯罪所得收益罪的数额标准不再适用。本罪中犯罪数额的大小不再影响入罪的问题，但仍是影响定罪量刑的关键问题，关乎被告人的切身利益。司法解释的相关修正有其必要性，因为本罪是一个下游罪名，而非基础罪名，在入罪标准上不应独立设定，立法设计需要考虑上下游犯罪的平衡协调，故有必要删除下游罪名的入罪标准中类似犯罪数额等过于刚性的标准。

但这一修正也给司法实践中办案机关的把握带来了更多自由空间，在入罪标准和刑罚适用的把握上更应慎重，删除了数额标准并不意味着降低入罪门槛，并非要将小数额的掩饰、隐瞒行为一律入罪，而是应当抛弃唯数额论的错误思维，综合评判。事实上，电信网络诈骗往往针对不特定的群体，被害人人数众多、数额较大，作为其下游犯罪的本罪行为人经手的资金流水也较传统犯罪的掩饰、隐瞒犯罪数额要大得多，但不可否认的是他们的主观恶性并不全然超出传统的掩饰、隐瞒犯罪，行为人实施的是帮助行为，主观意图亦是贪名逐利，如果将所有的行为都纳入《刑法》从严打击，则难免落入罪责刑不相适应之嫌，也与宽严相济的刑事政策相悖。因此，对于电信网络诈骗关联犯罪的本罪行为人应该区分层级进行打击，重点打击那些主观恶性较深，社会危害较大的行为人，对于主观恶性较小，所起作用不大的行为人则应罚当其罪。对此，公诉机关在案件办理中应当充分运用好酌定不起诉等处理决定，对没有刑罚必要性的案件分流处理，保持刑法的谦抑性，法院审理涉及本罪的刑事案件，应当综合考虑上游犯罪的性质、情节、后果及社会危害程度等，依法定罪处罚，对于确实情节较轻的犯罪行为，充分运用好定罪免刑、缓刑的适用。

此外，认定行为人的犯罪数额，须以本罪的犯罪构成为前提，按照主

[①] 参见人民法院案例库案例：陈某等人掩饰、隐瞒犯罪所得案，入库编号 2023-05-1-300-012。

客观相一致的原则进行认定。如果行为人为上游电信网络诈骗犯罪分子提供银行卡并代为取现，假设涉案银行卡内流入的诈骗资金是 15 万元，而行为人代为取现的资金是 14 万元，卡内剩余 1 万元系上游犯罪分子给行为人的"好处费"，在这种情况下，行为人单纯提供银行卡的行为并未完成掩饰、隐瞒的实行行为，被害人被诈骗资金流向很清晰，卡内 15 万元的性质就是诈骗钱款即犯罪所得，而恰是行为人代为取现的实行行为导致诈骗所得与他人合法财产相混同，起到了掩饰、隐瞒资金来源和性质的作用，因此，对于本罪的犯罪数额应当认定为 14 万元而非 15 万元，涉案 1 万元系行为人的违法所得。如果上游犯罪分子并未承诺将卡内 1 万元作为"好处费"，只是因为涉案银行卡资金流水异常账户内 1 万元被冻结，这种情况下，对于涉案的 1 万元属于诈骗所得，如果行为人待款项解冻后据为己有，应认定为掩饰、隐瞒犯罪所得的犯罪数额，与 14 万元累计计算。

其三，"情节严重"认定。根据《审理掩饰、隐瞒犯罪所得、犯罪所得收益案件适用法律的解释》第 3 条第 1 款第 2 项的规定，掩饰、隐瞒犯罪所得及其产生的收益十次以上的，应认定为"情节严重"。鉴于本罪属于下游犯罪，本罪的成立以上游犯罪事实成立为前提，而且本罪的犯罪对象为犯罪所得及其收益，并非违法所得及其收益。首先，对于"情节严重"之次数的认定，应该综合评判行为人主观故意、客观方面的行为特征等因素予以认定。从刑法体系来看，作为入罪条件的"次数"与作为情节加重的"次数"具有完全不同的认定标准。例如，多次盗窃，以次数入罪扩大打击范围，所以对"次数"的认定相对宽泛；而多次抢劫，以"次数"情节加重而调整刑格，对"次数"的认定则更为严苛。[①] 因此，对于本罪中认定"情节严重"的次数的把握应该从严，"次"的成立应当以相应的上游犯罪行为达到犯罪的入罪标准为前提。其次，本罪实施次数的认定应该综合考虑行为人的犯意，行为施行时间、地点，行为连接紧密程度等，客观分析、综合评定，对于行为人基于同一个犯意或者在概括故意支配之下，连续实施的本罪犯罪行为，应当认定为"一次"而非"多次"。

---

　　① 朱晓军、王辉：《王某碗、王某甲、王某兵掩饰、隐瞒犯罪所得案——掩饰、隐瞒犯罪所得罪中情节加重"次数"的认定及量刑平衡》，载中华人民共和国最高人民法院刑事审判第一、二、三、四、五庭编：《刑事审判参考》（总第 134 辑），人民法院出版社 2023 年版，第 87 页。

最后，上游犯罪行为人对处置涉案财物具有主动性或随意性，对于同一财物的处置可能是分批次进行的，在这种情况下需要具体问题具体分析，不能机械地直接评定为"一次"或者"多次"，如果上游犯罪的犯罪所得是车辆等物品，上游犯罪的行为人可能拆分零部件进行销赃，那多次收赃行为属于多次的不能犯，可以考虑认定为一次。但是在电信网络诈骗犯罪及关联犯罪中，可能上游犯罪的行为人是团伙作案，持续作案的，对于提供稳定帮助的下游洗钱犯罪的行为人则可能涉及多次掩饰、隐瞒犯罪所得，这种情况下一律认定为"一次"就明显不妥，还需要结合其他证据还原案件事实进行认定。

其四，违法所得处置问题。在电信网络诈骗关联犯罪案件的处理中，本罪行为人是否就其所转移的赃款承担共同退赔责任，在理论界和实务界均存在较大争议。有观点认为，鉴于本罪与上游电信网络诈骗犯罪不是共同犯罪，本罪的实行行为是扰乱司法秩序，影响涉案款项追回的行为，而不是直接造成被害人经济损失的实行行为，其行为实施之前，被害人的经济损失结果已经发生，因此，对于本罪的行为人无须对所转移的赃款承担共同退赔责任，只需要退缴违法所得。亦有的观点认为，本罪的行为人帮助上游犯罪完成了对赃款的转移和处置，使上游犯罪导致的财产脱离被害人控制的危害结果得以维持和存续，这种行为不仅是侵害司法秩序，还是侵害被害人对涉案财产的追索权利。而且从刑民交叉的视角来看，本罪的行为人与上游犯罪之间存在民事共同侵权关系，责令本罪行为人就转移赃款部分与上游犯罪行为承担共同的退赔责任，也是保障被害人合法权益的现实所需。[①] 对此，诈骗罪中对于被骗财物责令返还系对财物的强制措施，原则上应当由该财物的实际控制人或被告人承担返还或退赔责任。具体至与电信网络诈骗关联的掩饰、隐瞒犯罪所得罪之犯罪行为，实际上本罪的行为人并没有实际控制上游电信网络诈骗犯罪的赃款，而只是按照上游犯罪行为人要求实施转移的经手行为，仅获取了一定数额的违法所得，原则上不应对诈骗数额承担共同退赔责任。如果在案证据能够充分证实本罪的行为人对赃款具有实际控制或占有，则可以根据证据情况综合评判是否进

---

① 任智峰、蒋长勇：《犯掩饰、隐瞒犯罪所得罪是否应承担退赔责任》，载《人民法院报》2023 年 12 月 7 日第 6 版。

行追缴退赔。在电信网络诈骗犯罪及关联犯罪中，如被告人认罪悔罪，愿意主动承担退赔责任，亦应当予以鼓励，并作为量刑情节予以考虑。

此外，前文中提及司法实践中有的犯罪分子利用虚拟货币实施为电信网络诈骗犯罪资金"洗白"的犯罪行为，实践中还存在上游电信网络诈骗犯罪行为人以虚拟货币进行返利，或者是专门从事掩饰、隐瞒犯罪所得犯罪行为的团伙组织者，以虚拟货币支付参与者"好处费"的情况，实践中对虚拟货币的刑法属性认定存在分歧：有的意见认为，虚拟货币系非法货币，仅在黑灰地带流通，在缺乏法律明文规定的前提下，不应当被认定为刑法意义上的财物；有的意见认为，虚拟货币虽不被我国法律所认可，但是不应否认其具有财产价值，应当被认定其为刑法意义上的财物，但不宜被认定为合法财产；还有的意见认为，虚拟货币不仅属于刑法意义上的财物，相应的财产性权益也应该得到有效的保护。在上述理论分歧之下，便涉及本罪行为人收取虚拟货币如何认定违法所得数额的问题。对此，首先，应当明确的是，考虑虚拟货币本身具有使用价值，若通过交易机制、交易平台或者通过评估机制可以对虚拟货币价值进行评估，则虚拟货币即具有经济属性，应当被认定为财物。对于以非法手段非法取得他人虚拟货币的，应当按照财产犯罪来处理。基于虚拟货币所具有的计算机数据这一物理特性，司法实践中以及学理上一直存在着将涉及虚拟货币的犯罪行为纳入计算机信息系统犯罪定罪处罚的做法和观点，这种行为显然是忽视了对虚拟货币的经济价值和财物属性的评价。[①] 其次，对于涉及虚拟货币的犯罪行为，应当在刑事、民事法秩序统一的基础上分别予以处理，本罪行为人通过实施帮助犯罪行为获得虚拟货币，实为获得对价的经济利益，因此，虚拟货币的经济利益部分应当作为本罪行为人的违法所得予以追缴。对于已经转移或消费的虚拟货币，可以按照本罪行为人的销赃价进行追缴；对于无法查明销赃价的，鉴于我国已经取消境内各种形式的虚拟货币交易平台，故缺乏相应的市场参考价格，无法按照《价格法》的规定，由相关政府价格认定部门作出价格认定，对此可以参照案发近期同类虚拟货币的交易价格予以认定。

---

① 王中义、杨聪惠：《虚拟货币的财物属性认定及涉案财产处置问题》，载《人民法院报》
2023 年 9 月 1 日第 6 版。

其五，关于本罪与上游犯罪的关联性。本罪的成立应当以上游犯罪事实成立为前提。此处的"上游犯罪事实成立"是指上游犯罪行为确实存在，不要求必须是已经由刑事判决所确认的犯罪，上游犯罪嫌疑人尚未被抓获或者未经审判，而实施掩饰、隐瞒行为的被告人已被法院审判的情形，在实践中大量存在。如果因上游行为未被定罪，就对实施掩饰、隐瞒犯罪的行为人作无罪判决，等到上游犯罪嫌疑人被抓获并依法判决有罪后，再对实施掩饰、隐瞒犯罪的行为人重新侦查、起诉、审判，会浪费司法资源，还有可能因现有证据灭失等原因加大审判难度。[①] 同时，本罪中"上游犯罪事实成立"是指上游犯罪事实有充分证据证明，但并不绝对要求上游犯罪事实达到了犯罪的程度，只要上游犯罪的行为具有构成要件符合性与违法性即可，不要求具备有责性和可罚性。这一处断原则在司法解释中也得以确认。例如，《审理掩饰、隐瞒犯罪所得、犯罪所得收益案件适用法律的解释》第 8 条规定："认定掩饰、隐瞒犯罪所得、犯罪所得收益罪，以上游犯罪事实成立为前提。上游犯罪尚未依法裁判，但查证属实的，不影响掩饰、隐瞒犯罪所得、犯罪所得收益罪的认定。上游犯罪事实经查证属实，但因行为人尚未达到刑事责任年龄等原因依法不予追究刑事责任的，不影响掩饰、隐瞒犯罪所得、犯罪所得收益罪的认定。"

与此同时，司法实践中把握掩饰、隐瞒犯罪所得、犯罪所得收益罪还需要注意该罪与上游犯罪的量刑平衡问题。按照罪责刑相适应原则，针对同一犯罪对象、一次犯罪行为而言，下游犯罪因其帮助属性和从属特征，其社会危害性通常而言会低于上游犯罪，因此，下游犯罪的处刑幅度一般情况下不应当超出上游犯罪的法定最高刑期。但需要说明的是，这一判断是基于常情常理的推演，目前并无相关法律或司法解释予以确定，因此，对于下游犯罪的处刑可以参考上游犯罪的法定最高刑期，但并不受制于这一刑期，否则这既有悖于罪责刑相适应原则的题中之义，又在一定程度上掣肘对严重的下游帮助犯罪的有力遏制。对于本罪的量刑把握，一方面要参照我国《刑法》第 312 条及其相关司法解释的规定，另一方面还要结合上游犯罪来把握本罪的量刑幅度。首先，本罪属于事后帮助犯，对上游犯

---

① 夏道虎主编：《妨害社会管理秩序罪案件法律适用与案例指导》，人民法院出版社 2023 年版，第 552 页。

罪有依附性，本罪成立的事实基础系上游犯罪非法取得财物，其社会危害性对上游犯罪有一定附属性；其次，本罪侵犯的法益是司法秩序，这也是本罪打击的重点所在，上游犯罪导致了被害人相关权益受损，本罪并未扩大上游犯罪造成的财产损失范畴，只是妨害了办案机关开展侦查、破案工作，影响了法秩序的主张和维护。故就社会危害性而言，本罪显然要小于上游犯罪，故而司法实践中对本罪行为人的量刑要比上游犯罪人量刑轻一些，而且要适当拉开档次。

其六，关于本罪与诈骗共犯、涉信用卡犯罪的区别适用。随着电信网络诈骗犯罪日益猖獗，人民群众的财产安全受到极大侵害，在打击直接侵犯财产权益的诈骗犯罪的同时，在上游诈骗犯罪尚未侦破的情形下，通过刑罚手段打击帮助取款等恶性行为实有必要。但是实践中争议焦点之一就是本罪与诈骗罪共犯的区分，如何把握好二者的区别适用存在较大争议。对于明知他人实施电信网络诈骗犯罪而帮助取款的行为人，在认定其行为是否属于诈骗罪共同犯罪时，应当以《刑法》总则关于共同犯罪的规定为引领，判断是否符合《办理电信网络诈骗意见》规定的诈骗罪的构成要件，若符合，以诈骗共犯论处。依据《办理电信网络诈骗意见》的规定认定诈骗共犯，需同时满足以下标准：帮助取款行为在电信网络诈骗正犯的实行行为完成之前介入；帮助取款行为与电信网络诈骗正犯结果之间具有因果性；帮助取款行为人明知他人实施电信网络诈骗犯罪。共犯成立的前提是主观上存在共谋，对于诈骗被害人钱款具有积极追求或者主观放任的故意，对于明知他人实施电信网络诈骗犯罪，事前准备好现金、提供银行卡用于接收赃款，随后套现、取现，反复帮助电信网络诈骗团伙套现、取款的行为人，应当认定为诈骗罪的共犯。如果帮助取款人的行为不符合《办理电信网络诈骗意见》所规定的诈骗罪的构成要件，可另行判断该行为是否符合掩饰、隐瞒犯罪所得罪的构成要件。如果行为人没有参与共谋，只是为了通过提供帮助行为追求获利，其行为以帮助犯罪评价更为适宜，即便是行为人因帮助行为获得了除"劳务费"之外的其他诈骗款项，也不宜轻易将其纳入诈骗共犯进行评价。例如，司法实践中，电信网络诈骗犯罪分子通常会通过线上方式寻找他人代为取现，但是基于当前监管部门对涉案资金流水监管严密，如果出现高频次异常银行流水，相关银行账户会被冻结，上游犯罪分子为逃避侦查打击，通常会放弃冻结账户内的诈骗钱款。在这种情况下，即便是取款人待账户内款项解冻后据为己有，也不宜因为这笔款项系诈骗款项，就认定行为人构成诈骗罪共犯，因为取款人没有参与共谋，主客观方面均不符合诈骗罪的构成要件，可以掩饰、隐瞒犯罪所得罪一并处罚，违法所得数额累计计算。

此外，实践中还需注意把握电信网络诈骗背景下的本罪与涉信用卡相关犯罪的认定和区别适用。实践中，有的行为人基于为诈骗犯罪所得及其产生的收益转账、取现的故意，收集或购买大量的信用卡，其行为可能同时触犯数个罪名。例如，行为人持有数量较大的伪造的信用卡或者伪造的空白信用卡，或者购买伪造的信用卡，用以为上游电信网络诈骗犯罪转账、取现，可能同时触犯妨害信用卡管理罪和掩饰、隐瞒犯罪所得、犯罪所得收益罪。上述情形下，行为人为实施掩饰、隐瞒电信网络诈骗犯罪所得的手段行为构成另一独立的犯罪，这种情况应当按照牵连犯的原则从一重罪进行处断。例如，人民法院案例库中的李某妨害信用卡管理，掩饰、隐瞒犯罪所得案，该案裁判要旨指出，对于使用自己及他人的银行卡掩饰、隐瞒犯罪所得类案件，应进行必要的拆分评价，实现罪责刑相适应。对于明知是犯罪所得及其产生的收益而予以掩饰、隐瞒，构成掩饰、隐瞒犯罪所得罪，同时构成其他犯罪的，依照处罚较重的规定处罚。

二、新类型电信网络诈骗行为的准确认定

信息技术是一把"双刃剑"，互联网加快了社会发展步伐，同时信息技术的安全隐患和威胁也逐渐显现，特别是利用计算机网络实施的各类犯罪迅速蔓延，社会危害极其严重。当今社会，"技术"变"骗术"的事情层出不穷，网络犯罪已成为一个无法回避的"科技之痛"，电信网络诈骗犯罪手段迭代更新，新类型电信网络诈骗形态不断涌现。电信网络诈骗是一种典型的非接触式犯罪，突破了传统犯罪的时空、地域和法律限制，造成侦查取证、定罪量刑、案件管辖诸多法律难题。[①] 从司法实践的情况看，相较于传统的诈骗犯罪，近年来电信网络诈骗出现以下几个新特点：犯罪主体趋向年轻化，中青年犯罪分子占据绝大多数；诈骗引流噱头多元，且

---

① 喻海松编著：《实务刑法评注》，北京大学出版社 2022 年版，第 1280 页。

紧密贴合民生载体，渗透到社会公众生活领域的各个层面，通过前端信息供应精准锁定受害对象；诈骗手段智能化程度高，犯罪链条环环相扣，诈骗套路实时更新，犯罪形态复合化，形成产业链式作案模式；电信网络诈骗在行为控制上呈远程性、空间跨越性样态，通常依托团伙作案，犯罪分子之间，尤其是上下游犯罪分子之间通过电子设备等进行沟通联络、紧密配合，分环节完成犯罪行为，诈骗资金线上流转，且通过不同账号进行转移、洗白，犯罪分子对行为的远程控制力度较大，往往依托远程作案，甚至跨国作案，侦破难度大；电信网络诈骗在行为对象上针对不特定群体，犯罪分子通过技术手段"广撒网"，锁定重点对象实施诈骗，通常情况下被害人人数多、资金流水频次高且诈骗数额难以查证。司法实践中，新类型电信网络诈骗犯罪有以下几种常见形式。

（一）设立第四方支付平台，通过"刷单跑分"等转移财产行为的认定

实践中，电信网络诈骗分子为迅速将诈骗资金投入资金池流转，与合法资金进行混同，往往采用频繁转账、利用他人账户、套用合法形式等方式逃避打击。有的电信网络诈骗案件，办案机关通过对资金流向进行侦查，发现其关联十几级信用卡百余个银行账户，中间还穿插微信、支付宝等支付平台，而当前信用卡支付实名制等政策也为诈骗资金寻找"合法外衣"提供了可乘之机，滋生出"刷单跑分"等黑灰产业链。所谓"跑分"，就是通过网银、支付宝、微信等支付渠道，有偿为他人代收款再转账到指定账户，从而达到转移涉诈资金，将赃款洗白的目的。随着公安机关打击力度不断加大，跑分洗钱也发生了一些变化：一是出现兼职跑分平台，跑分人员无须线下聚集，也无时间、地点限制，只需线上核查信息、名下资金账户审查通过后即可接单跑分，形式更加灵活，侦查打击难度大；二是跑分过程中层层分包，相互独立，在跑分洗钱过程中，承兑赃款的中间商、线上招募的跑分"车手"等各个环节互相独立，最后由承兑商将赃款以虚拟币等形式转到境外；三是黄金等贵重物品成为跑分工具，除了银行卡取现、买卖虚拟币、POS 机套现等方式，不法分子还会以先购买黄金等贵金属再进行销赃套现的方式进行洗钱。"刷单跑分"行为天然具有将资金分流、交易方式隐蔽化、交易流水频次高、额度大等特点，因

此，电信网络诈骗分子往往组织他人实施"跑分"，或者与专业"跑分"团伙紧密合作将涉案资金进行洗白，以谋取利益、逃避打击，这些行为可能构成诈骗罪共犯或者非法经营罪、帮助信息网络犯罪活动罪或者掩饰、隐瞒犯罪所得、犯罪所得收益罪等。

对于参与跑分的行为人而言，主要有两种行为方式：其一，只提供银行卡或手机等个人资金账户供给他人跑分所用。对于实施此类行为的行为人而言，"刷单跑分"行为并非网络平台的正常活动，行为人参与跑分目的在于获利，而这种提供"跑分"服务不合理、获取酬劳不合理的行为方式显然有悖于正常的市场活动，故可以推定相关人员对于所涉资金可能与信息网络犯罪有关是明知的；客观上，跑分行为人的"跑分"行为属于提供"支付结算等服务"的范畴，主要系为违法犯罪提供资金流转方面的帮助，故跑分行为人的行为符合帮助信息网络犯罪活动罪的构成要件。与此同时，行为人只提供了银行卡给他人"跑分"，没有进一步转账或提供刷脸验证等行为，与相关犯罪在链条上更为疏远，更为边缘化，故认定为帮助信息网络犯罪活动罪而非掩饰、隐瞒犯罪所得、犯罪所得收益罪更为适宜。其二，既提供银行卡、手机等工具支持，又提供代为取现、刷脸验证、代为转账等服务。对此类跑分行为人而言，其在主观上明知所涉资金可能与信息网络犯罪相关，仍通过跑分方式转移资金，将涉案资金进行"洗白"，掩饰、隐瞒涉案资金系犯罪相关的来源和性质，因而跑分行为人的行为不仅符合帮助信息网络犯罪活动罪的构成要件，还符合掩饰、隐瞒犯罪所得、犯罪所得收益罪的构成要件。在这种情况下，跑分行为人的行为同时触犯两个不同的罪名，应按照竞合犯的处断原则，择一重罪也就是掩饰、隐瞒犯罪所得、犯罪所得收益罪进行处罚。综上，对"跑分"行为的认定，既要避免因为帮助信息网络犯罪活动罪取证门槛相对较低，不当扩大帮助信息网络活动罪的适用范围，又不能混淆犯罪构成要件，将本应以掩饰、隐瞒犯罪所得、犯罪所得收益罪等重罪处罚的行为降格处理。

对于第四方平台运营人员而言，则不同于在平台注册账户实施"刷单跑分"的行为人，搭建、租售非法第四方支付平台并按资金流水抽成的行为可能涉嫌犯非法经营罪。非法经营罪的主体系平台运营方，而非一般使用者。第四方支付，被称为"聚合支付"，是通过聚合相关银行金融机构、非银行支付机构及其他支付接口，提供综合性的支付服务。第四方支付平台只能作为持证支付机构的外包服务商，不能从事资金支付结算业务。资金支付结算业务从参与主体、从业资质到经营范围、业务流程等，均要严格遵循相应规章制度，主动接受金融主管部门监管，凡是未经许可或超越许可范围，擅自从事或变相从事该业务的，即侵犯了国家在金融领域确立的资金支付结算特许专营制度。若以第四方支付名义在收付款人之间提供货币资金转移服务，则属于非法第四方支付。① 司法实践中，有的行为人经营第四方支付平台，为电信网络诈骗分子提供技术支持，用以提供专门的资金支付结算服务。从平台经营者的行为看，如通过在案证据能够认定其在主观上明知他人利用信息网络实施诈骗，或者可以推定其在主观上具有明知，客观上其平台提供的服务属于"支付结算"服务，如果达到情节严重的标准，那平台经营者的行为符合帮助信息网络犯罪活动罪的构成要件。与此同时，从立法目的来看，帮助信息网络犯罪活动罪是填补传统共犯理论在处理网络犯罪时存在的处罚漏洞而设置的，是网络犯罪帮助行为的兜底性罪名，故我国《刑法》第 287 条之二第 3 款规定，"有前两款行为，同时构成其他犯罪的，依照处罚较重的规定定罪处罚"。也就是说，如果第四方支付平台的经营人员的行为同时符合帮助信息网络犯罪活动罪和其他罪名的构成要件，应依照处罚较重的规定定罪处罚。我国《刑法》第 225 条第 3 项规定，未经国家有关主管部门批准，非法经营证券、期货、保险业务的，或者非法从事资金支付结算业务的，扰乱市场秩序，情节严重的，构成非法经营罪。一般认为，设立支付结算型非法经营罪是为了有效打击当时猖獗的"地下钱庄"逃避金融监管以及非法为他人办理大额资金转移等资金支付结算业务的行为。《最高人民检察院关于办理涉互联网金融犯罪案件有关问题座谈会纪要》第 19 条规定，具体办案时，要深入剖析相关行为是否具备资金支付结算的实质特征，充分考虑具体行为与"地下钱庄"同类犯罪在社会危害性方面的相当性以及刑事处罚的必要性。② 从司法实践的情况看，有的电信网络诈骗犯罪分子为逃避侦查打击，将诈骗犯罪所得大额集聚洗钱后转至第四方支付平台，涉案平台未经国家

① 参见张金玉、潘自强：《田某等人非法经营案——搭建、租售非法第四方支付平台并按资金流水抽成的行为如何定性》，载中华人民共和国最高人民法院刑事审判第一、二、三、四、五庭编：《刑事审判参考》（总第 138 辑），人民法院出版社 2024 年版，第 29 页。
② 参见人民法院案例库案例：满某、孙某非法经营案，入库编号 2023-04-1-169-003。

主管部门批准,整合微信、支付宝二维码等收付款媒介,非法进行资金流转,其运营模式具备了非法支付结算的实质特征,即脱离监管的非法流转资金行为,扰乱金融市场秩序,应当认定为非法从事支付结算业务,同时平台经营者的行为在社会危害性方面具有严重性以及刑事处罚的必要性,可能触犯非法经营罪。在这种情况下,非法经营罪与帮助信息网络犯罪活动罪因为"支付结算"要件而交叉竞合,从罪责刑相一致的角度出发,对于支付平台经营者的行为应当按照非法经营罪科以刑罚。此外,司法实践中,还需要充分审查支付平台经营方与电信网络诈骗上游犯罪之间的关联性。如上文所述,如果双方系随机合作模式,平台经营人员主观上明知钱款来源可能是电信网络诈骗犯罪,仍然非法提供支付结算帮助的,以非法经营罪处断;如果上游电信网络诈骗犯罪分子与支付平台经营方深度合作,能够证实双方之间存在共谋,且上游电信网络诈骗犯罪查证属实的,以诈骗共犯论处更为适宜。

(二)利用空壳公司营业执照申请大批量固定电话实施诈骗行为的认定

随着通讯反诈技术升级和国民防诈意识增强,境外诈骗号码拨打电话接通率、作案成功率大大降低,境外诈骗分子转而使用境内固定电话作为发现和锁定被害人的主要犯罪手段。在这种背景下,利用空壳公司营业执照申请大批量固定电话实施电信网络诈骗或者为电信网络诈骗提供帮助的行为越来越常见。所谓空壳公司,通常指的是那些已经完成注册手续、具备合法地位,但实际上并没有进行经营活动的公司。近年来,犯罪分子利用空壳公司申请大批量固定电话行为激增,一方面,通讯公司出于安全考虑,往往对同一身份在同一地址申请固定电话的数量作出限制,犯罪分子通过注册公司的方式申请固定电话是为了规避上述限制,而且随着"放管服"改革的不断深化,公司设立由核准制改为备案制,犯罪分子通过注册公司的方式获取固定电话号源更为便捷,且可大批量申请,更能满足实施犯罪所需;另一方面,有的通讯公司工作人员基于业绩考虑或市场占有率的考虑,对于固定电话申请材料的审查简单粗放,更是为犯罪分子提供了可乘之机。实践中,不法分子通过冒用他人身份信息、虚构注册地址、伪造租赁合同等方式进行虚假注册登记空壳公司,在办理企业营业执照后,再以网络推广等理由，到通讯营业厅申请办理多部固定电话，直接实施诈骗国家惠企补贴、偷逃税款、网络黑灰产业等违法犯罪活动，或将上述固定电话提供给电信网络诈骗等犯罪人员使用。

司法实践中，行为人利用"空壳公司"批量申领固定电话并出租出售的行为，社会危害性大，情节严重的，可能构成诈骗罪或帮助信息网络犯罪活动罪。在此类案件办理中，应注重诈骗罪共同犯罪与帮助信息网络犯罪活动罪的区分适用。首先，对于行为人明知他人利用信息网络实施犯罪，仍为其犯罪提供通讯传输技术支持的，其行为已经构成帮助信息网络犯罪活动罪，该行为与司法实践中行为人通过使用 GOIP① 设备、手机卡等工具，为境外电信网络诈骗团伙提供帮助的行为类似，都是通过为电信网络诈骗犯罪活动提供通讯帮助非法获利的行为，也都起到了帮助电信网络诈骗犯罪分子隐藏身份、逃避打击的作用。其次，《办理电信网络诈骗意见》规定，明知他人实施电信网络诈骗犯罪而提供通讯传输等技术支持的，以共同犯罪论处，但同时明确了法律和司法解释另有规定的除外。实践中，对于涉及上述行为认定诈骗罪共同犯罪的情形，需要审慎审查行为人的主观明知。通常情况下，只有通过在案证据能够证实固定电话提供者与电信网络诈骗犯罪分子之间存在共谋，且通常情况下固定电话提供者实际参与分赃而非佣金获利的情形，才考虑认定诈骗罪共同犯罪。此外，司法实践中，多地办案机关尝试就此类案件通过检察公益诉讼协同推进防范电信网络诈骗犯罪，例如，最高人民检察院发布的惩治电信网络诈骗及其关联犯罪典型案例"江苏省南通市人民检察院督促规范固话批量申请业务防范电信网络诈骗行政公益诉讼案"，此案属于典型的利用"空壳公司"营业执照批量申请固话帮助实施电信网络诈骗的行为，针对刑事判决后涉案"空壳公司"仍处于正常经营状态，存在被电信诈骗团伙继续利用的风险。因此，检察机关在依法刑事打击的同时，对未落实上述反诈义务的经营者，充分发挥公益诉讼检察职能，监督涉案单位依法整改，要求电信业务经营者严格落实《反电信网络诈骗法》，强化固话开户审核，消除次生风险。

———————————

① GOIP 是指虚拟拨号设备，一台这样的设备可供上百张 SIM 卡同时运作。

（三）搭建虚拟投资理财平台、诱骗他人频繁投资交易行为的认定

相较于传统的诈骗犯罪，电信网络诈骗犯罪分子通常利用技术手段进行分工合作并实施犯罪活动，在行为对接上呈现非接触性、交接剥离性样态，且犯罪分子与被害人不通过传统的面对面的方式进行交流，犯罪活动开展通常以电信网络为载体，在行为手段上具有技术成分加持，行为更为隐蔽，且涉案金额特别巨大。近年来，投资理财、推荐股票类电信网络诈骗犯罪频发，犯罪分子采取"广撒网"的方式，向不特定社会群体实施诈骗，利用被害人想利用手中多余资金快速升值的心理，通过搭建虚拟投资平台，利用伪造的内幕信息和行情分析制造噱头，以高收益、高回报为幌子，使用专业"理财套路"和话术，诱使被害人频繁交易，并辅以专门制作的 App 前台，伪造投资数据信息，团伙作案、专人作托，引诱被害人参与其中交付钱款，具有相当高的迷惑性和欺骗性。

司法实践中，搭建虚拟理财平台类案件中，犯罪分子往往隐瞒公司及人员无相关资质、平台无实物交易的实际情况，假冒公司名义实施团伙作案，甚至有的犯罪分子之间形成较为固定的组织，组成犯罪团伙、犯罪集团，实行公司化管理，有明显的组织、指挥者，核心成员固定，层级分明，分工明确，相互配合实施犯罪行为。其中，部分行为人负责前端推广引流，部分行为人负责收集、制作虚假的交易数据和行情分析，伪造虚假盈利交易信息，部分行为人通过后台收集、监控平台用户数据，假扮投资人、分析师等角色诱导客户陷入错误认识，甚至以对赌、互相对冲、反向喊单等多种手段，诱导客户频繁交易，进而造成被害人高额损失，亏损钱款由平台提成后返还犯罪分子非法占有。对于此类案件，行为人违反国家规定，未经批准非法经营证券期货的行为是手段行为，具有非法经营罪的客观表现，但是非法经营罪侵犯的客体是社会市场秩序，其归根到底是一种经营行为，以从事商事活动为目标，赚取商业经营产生的利润，并无非法占有他人财物的犯罪故意。反观此类案件，犯罪分子获利来源于平台被害人亏损，行为人的诱导行为本身和被害人亏损之间具有直接的因果关系，以非法经营罪进行评价明显不足以评判全部案件事实。回归此类案件，从行为人的主观方面看，他们明知平台并无经营资质，亦无实际理财业务，成员获利的主要来源就是平台被害人的投资资金，以此可以认定行

为人的主观上具有非法占有他人财物的目的；从犯罪行为人的客观行为看，各行为人之间密切分工配合，通过虚假材料、诈骗话术等多种诈骗手段诱骗被害人在平台注资，并通过平台后台管理将资金转归行为人实际控制，行为符合诈骗罪的构成要件。行为人通过采取上述非法经营行为来实现虚构事实、隐瞒真相骗取被害人财物的目的行为，具有诈骗罪的犯罪故意和客观表现，与非法经营罪形成牵连关系，依法应以重罪——诈骗罪处罚，并按照各行为人诈骗金额、被害人人数、诈骗次数、诈骗手段、情节、危害后果等因素依法进行惩处。

在此类搭建虚拟理财平台类犯罪案件中，有的行为人未经相关部门批准，私自设立网络融资平台，以慈善为幌子、以高息为诱饵吸引不特定公众投资者加入成为会员，然而行为人搭建的平台方并无任何实体经营或投资理财项目，本身不产生任何收益，系通过后投资会员的资金来支付先投资会员的本金及利息，并以此来支撑平台的运行。在这种情况下，行为人的行为可能构成集资诈骗罪。首先，在客观方面，行为人通过搭建虚拟理财平台的方式，制造赚钱的假象，诱骗他人注册平台账户并注入资金，行为人在客观方面符合诈骗犯罪的构成特征，平台运行导致投资会员分散的资金集中到网络融资平台的会员内部进行流转，实现了资金的相对集中，符合相关司法解释所规定的"以投资入股的方式非法吸收资金的"和"以委托理财的方式非法吸收资金的"情形，行为人的行为符合非法集资的特征。其次，在主观方面，行为人搭建虚拟网络平台的运营背后并无实质理财项目或实体经营项目，平台注册人员注入资金的流向也并非平台承诺的经营或理财项目，平台注资后即失去对资金的控制。行为人虽未直接将会员投资资金占为己有，但其行为符合"集资后不用于生产经营活动或者用于生产经营活动与筹集资金规模明显不成比例，致使集资款不能返还的"情形，应认定被告人具有非法占有目的。[①] 集资诈骗罪系诈骗犯罪的特殊罪名，对于行为人的上述行为应以集资诈骗罪处断。

司法实践中，还有的电信网络诈骗犯罪分子未直接搭建虚拟平台，而是利用其他直播平台等实施电信网络诈骗行为。例如，行为人在直播平台通过 AI 等技术进行直播，直播过程中以代为投资、荐股代买等形式针对不

[①] 参见人民法院案例库案例：方某胜等集资诈骗案，入库编号 2023-04-1-134-008。

特定社会公众实施诈骗，由被害人通过直播平台打赏的途径占有他人款项。具体而言，不同于普通的诈骗行为，电信网络诈骗一般是通过发送短信、拨打电话或者利用互联网、广播电视等电信网络技术手段实行的，而且是针对不特定多数人实行的，也就是说犯罪对象具有不特定性，犯罪手段具有非接触性。在上述情形下，行为人获取平台打赏的实质系被害人基于错误认识而处分财产的行为，系行为人接收诈骗资金的途径和载体，已经脱离了"通过直播获取精神享受而进行打赏"的范畴，被害人打赏行为与直播之间没有必然的直接关联，属于电信网络诈骗行为。此类案件，犯罪数额计算时，行为人在将被害人打赏钱款取现过程中，被直播平台抽成的手续费，属于行为人入驻平台并使用平台的费用，属于行为人的犯罪直接成本，应当被纳入诈骗犯罪数额，而不应从犯罪数额中扣除。首先，从主客观相一致的角度看，平台收取的费用系行为人使用平台而产生，这和被害人被诈骗后通过银行转账而被银行扣除的手续费仍会被纳入诈骗犯罪数额中相同，责任当然应当由行为人承担。其次，从行为人主观认知角度分析，行为人将平台作为自己收款的渠道和媒介，对于平台收取费用及数额都是明知且认可的，故将手续费从犯罪数额中扣除显然是不妥当的。①

（四）通过人工智能精准推送贷款诈骗、电信网络诈骗信息行为的认定

随着电信网络诈骗犯罪打击治理工作不断向纵深推进，电信网络诈骗攻防对抗逐步升级，诈骗手法和方式不断向智能化、精准化、链条化方向发展，人工智能被电信网络诈骗分子深度应用等新问题新情况不断出现，反诈工作的艰巨性、持久性、复杂性仍然没有改变。北京师范大学法学院博士生导师吴沈括接受采访时说："作为工具的 AI，可在多个方面帮助电信网络诈骗分子实施电信网络诈骗，比如说通过 AI 精准识别易受骗的潜在受害群体，又比如针对电信网络诈骗的追溯、追查等，通过 AI 设置各种障碍，逃避法律追究。不远的未来，AI 或许会和电诈产业链更进一步结合：

---

① 参见章晓丹、石紫薇：《宋某岩诈骗案——通过直播平台实施电信网络诈骗行为的认定和犯罪数额的计算》，载中华人民共和国最高人民法院刑事审判第一、二、三、四、五庭编：《刑事审判参考》（总第 138 辑），人民法院出版社 2024 年版，第 90 页。

用虚拟的数字人代替实施诈骗的人。"不同于传统电信网络诈骗多运用"广撒网"式诈骗手段，人工智能参与下的电信网络诈骗通常针对性更强，骗术精准投放，成功率更高。

大数据分析、"AI 技术换脸"等人工智能技术迭代应用背景下，关于电信网络诈骗案件中技术提供方的法律责任划定是理论界和实务界共同关注的话题。对于利用 AI 技术实施电信网络诈骗犯罪的案件，技术应用在诈骗行为的实施中发挥了重要的作用，具体以"AI 换脸"技术为例，面部特征是公民个人最明显、最为他人所信赖的个人特征，"AI 换脸"属于深度合成技术，该技术如果应用于网络贷款、刷脸支付或身份核实等领域，容易滋生侵犯财产类犯罪的灰色地带，有的犯罪分子通过"AI 换脸"技术伪装熟人或合成虚假视频，通过线上平台进行信息确认，获取被害人信任，进而实施诈骗犯罪，这种情况下受害者往往难以分辨真假，从而被"套路"。对于 AI 工具的研发者是否需要承担相应刑事责任，需要具体问题具体分析。AI 研发者开展相关技术工具的开发和应用属于正常开展科研活动，如果研发者履行了必要的注意义务，主观上并不明知相关技术工具被他人用于实施电信网络诈骗犯罪活动，相互之间也没有任何共同犯罪的意图，那么研发者不需要与电信网络诈骗分子共同承担刑事责任。一言以蔽之，AI 技术研发者不对自己无法控制、无法预见的 AI 诈骗活动与罪犯共同承担刑事责任。与之相反，AI 工具研发人员如果明知他人利用电信网络实施诈骗，仍主动向他人提供 AI 技术工具，双方之间具有共同的犯罪意图，需要与电信网络诈骗犯罪分子共同承担刑事责任，罪名可能涉及诈骗罪共同犯罪、帮助信息网络犯罪活动罪、非法利用信息网络罪、侵犯公民个人信息罪等。对于 AI 工具研发人员的定罪处罚重点和难点在于主观明知的认定，但是实践中涉案研发人员往往利用电脑技术消除数据痕迹、隐藏罪证，加之"技术中立"等抗辩主张阻碍事实认定，导致主观目的认定困难。司法实践中，AI 工具研发人员打着"技术中立"幌子为犯罪团伙开发软件或提供其他技术支持被科以刑罚的情况已有典型案例，例如，2023 年11 月，最高人民检察院发布检察机关依法惩治电信网络诈骗及其关联犯罪典型案例中的李某等人诈骗、侵犯公民个人信息、掩饰、隐瞒犯罪所得案，该案中，行为人李某成立公司帮助诈骗团伙作网络贷款推广，李某按照诈骗团伙要求编写自动应答话术并录入应答语音，根据诈骗团伙提供的电话号码锁定被害人，利用 "AI" 语音机器人自动拨打电话形成语音和文本通话记录，精准推送虚假贷款 App 实施电信网络诈骗，后经法院审理，对行为人李某以诈骗罪、侵犯公民个人信息罪数罪并罚。

（五）行为人为虚假投资、贷款等电信网络诈骗网站提供广告推广服务行为的认定

在电信网络诈骗案件中，推广引流和 "跑分洗钱" 是首尾相扣的两个重要环节，其中，推广引流系起始环节，通常表现为线下伪装引流与线上推广引流两种。随着对电信网络诈骗及其关联违法犯罪的打击力度持续加大，线上引流的形式占比越来越高，行为人往往通过电信网络，在网络平台或通讯群组推送或者发布 "高回报理财" "兼职赚外快" "美女直播互动" 等带有诱导性的信息吸引潜在被害人加入群聊、点击链接，伪装性、引导性变强。实践中有的行为人或广告推广公司为获取高额收益，为电信网络诈骗网站提供广告推广和链接推送，如在短视频平台上传图片、视频吸引流量，后将推广的虚假投资、贷款网站或链接在短视频账号中上传，吸引网民点击登录。这些犯罪分子利用话术引导被害人放松警惕，受骗的可能性大大提高，该种引流服务构成了电信网络诈骗犯罪的重要一环，具有严重的社会危害性，应依法予以惩治。

司法实践中，行为人为虚假投资、贷款网站提供广告推广服务的行为，可能触犯诈骗罪、帮助信息网络犯罪活动罪、非法利用信息网络罪等。首先，法律适用中较为常见的争议之一就是推广引流行为应被认定为非法利用信息网络罪还是帮助信息网络犯罪活动罪。非法利用信息网络罪与帮助信息网络犯罪活动罪在推广引流案件中存在法律适用分歧，根源在于两罪名涉及的法律规范本身存在较大程度的交叉关系，也就是二者之间存在法条竞合。虽然从行为方式上看，非法利用信息网络罪强调为实施诈骗等违法犯罪活动发送诈骗短信、发布诈骗信息等，属于信息通讯层面的行为；而帮助信息网络犯罪活动罪强调为利用网络实施犯罪的行为人作广告、拉客户或为他人设立的犯罪网站投放广告以推广网站、扩大犯罪活动

范围，属于网络平台层面的行为。① 但是，从罪状描述的情况看，两罪名交叉竞合要素较多，区分适用难。具体而言，非法利用信息网络罪中的设立网站、通讯群组显然也属于帮助信息网络犯罪活动罪中的技术支持，前者的发布信息与后者的广告推广型帮助也存在交叉，且前者的"帮助"并不局限于法条明确列举的类型，将广告推广以外的发布信息行为解释为"帮助"并不违反罪刑法定要求。加之两罪名在法定刑的设计上完全一致，"择一重罪处断"的原则难以应用。基于此，在罪名的认定上还需要结合具体的案发背景、案件事实进行把握。同时，鉴于非法利用信息网络罪系通过信息网络传播违法犯罪信息的专属罪名，在网络推广引流案件中二者发生竞合时，应当按照特别法优先的原则，优先适用非法利用信息网络罪，只有采用信息网络以外的媒介实施的推广引流行为，并达到相关入罪标准的，才可以帮助信息网络犯罪活动罪定罪处罚。②

此外，对于司法实践中，行为人明知他人实施电信网络诈骗犯罪，还为其提供推广引流服务的，以诈骗罪的共同犯罪论处。对于此类案件认定行为人构成诈骗罪共犯，首先需要确定行为人在主观上系"明知"，即明知他人实施电信网络诈骗犯罪，是一种较为确切的明知，可以结合以下因素进行综合评判：一是上游"客户"不稳定且频繁更换网站链接、联系方式；二是相关网站留言版块多有举报、投诉诈骗信息；三是上游"客户"开展的投资、贷款等业务明显不符合市场规律；四是提供广告推广等服务费用明显超出市场同期价位等。

三、主从犯及刑事责任的认定

（一）电信网络诈骗及关联犯罪共同犯罪理论应用

共同犯罪，是指《刑法》分则所规定的构成要件，原定由单独的行为人予以实现，但事实上并非只有单独的行为人实施构成要件的行为，而是

---

① 参见人民法院案例库案例：王某胜等帮助信息网络犯罪活动案，入库编号 2023-03-1-257-001。

② 葛立刚、公绪龙、祁婷婷：《网络推广引流行为刑法定性的实践分歧及其消解》，载《人民法院报》2022 年 12 月 1 日第 6 版。

由多数人实现犯罪的情形。① 共同犯罪在不同的语境下，其含义不同。该部分所讨论的共同犯罪既包括电信网络诈骗共同正犯，又包括与参与行为之间形成共同犯罪的情形。

1. 电信网络诈骗共同犯罪情形划分

从我国《刑法》条文的规定来看，针对共同犯罪参与行为的刑罚规定主要包括三种情况：一是帮助犯的绝对正犯化，如《刑法》第 120 条之一规定的帮助恐怖活动罪，该罪中的帮助行为无须依赖其他正犯的成立而达到入罪要求；二是帮助犯的相对正犯化，如《刑法》第 358 条第 4 款规定的协助组织卖淫罪，在这种罪名下需要独立判断帮助行为是否值得科处正犯的刑罚；三是帮助犯的量刑规则，这是指《刑法》分则没有把这种帮助犯提升为正犯，只是为它规定了独立的法定刑，从而使它不再适用《刑法》总则关于从犯的处罚规定，而是直接适用分则中独立的法定刑，既然这类帮助犯没有被提升为正犯，那它的成立就还要符合共犯的从属性原理。在我国《刑法》中，中立帮助行为具有可处罚性，但是帮助信息网络犯罪活动罪，掩饰、隐瞒犯罪所得、犯罪所得收益罪等参与共同犯罪的行为必须以被帮助对象构成犯罪为前提，也就是说，被帮助对象利用帮助者实施的行为，侵害了相关法益，帮助者的行为才有可能构成犯罪，从而将其中包含的不值得刑法处罚的帮助行为排除在刑法制裁之外，避免帮助行为的入罪扩大化。

帮助信息网络犯罪活动罪以及掩饰、隐瞒犯罪所得、犯罪所得收益罪等罪名的成立需要以被帮助对象构成犯罪为前提，那么被帮助对象构成犯罪中"犯罪"的理解和认定，对于帮助者是否构罪具有重要意义。关于此处的"犯罪"应当如何理解，在理论界和实务界均存在一定的争议。一种观点认为，此处的"犯罪"应当进行严格解释，应当限定为完全符合我国《刑法》分则犯罪构成的、应被认定为相应罪名的犯罪行为。另一种观点认为，此处的"犯罪"应当界定为危害行为意义上的犯罪。对此，笔者认为，第二种观点更加合理。一是从文本解释的角度出发，我国《刑法》中关于犯罪的表述具有多重含义，并非全部特指构成要件意义上的犯罪，还

---

① 陈兴良主编、车浩副主编：《刑法总论精释》（第三版），人民法院出版社 2016 年版，第 472 页。

包括仅指向侵犯法益的行为；二是从网络犯罪的特征来看，网络犯罪产业链较为完整但犯罪脉络纷繁复杂，帮助行为和实行行为的关联并非简单的点对点的模式，如果以被帮助行为符合犯罪构成要件的标准来判断，在很大程度上会导致轻纵恶性帮助行为的情形；三是 2019 年《最高人民法院、最高人民检察院关于办理非法利用信息网络、帮助信息网络犯罪活动等刑事案件适用法律若干问题的解释》第 13 条等规范性法律文件的规定进一步印证了此处的犯罪系危害行为意义层面的含义。

2. 电信网络诈骗共同犯罪的处罚依据

《刑法》在处罚正犯之外，还处罚"参与"共同犯罪的教唆犯和帮助犯，扩大了处罚范围。《刑法》处罚教唆犯、帮助犯的理由存在责任共犯说、违法共犯说和引起说等理论层面的争议。根据责任共犯说，该主张认为正是教唆、帮助的行为人介入，促使犯罪者实施了相应的犯罪行为，介入行为恶性很大，应当予以处罚；根据违法共犯说的主张，教唆、帮助犯的责任在于帮助、教唆行为造就了正犯行为，使正犯实施不具有社会相当性的违法行为，该主张实际上违背了共犯的从属性特征；而引起说又被称为因果共犯论，该主张从共犯行为和法益侵害的联系中寻找共犯处罚依据，认为教唆犯、帮助犯等共犯通过正犯行为间接地使违法结果产生，使法益受到侵害或者威胁，这种帮助的共犯行为和法益侵害之间具有因果关系，所以理应受罚。[①] 在上述学说中，引起说的主张更加契合我国的刑法设计。帮助行为和正犯所造成的结果之间应当具有一定的因果关系，帮助行为对正犯的实行行为给予了一定程度的物质或者精神上的影响，即便正犯行为的实施并不完全依托于帮助犯，但帮助犯的本质在于使正犯行为变得更容易。

在电信网络诈骗犯罪及其共同犯罪中，帮助者的行为在被帮助对象实施的犯罪中起到重要作用，但由于网络犯罪产业链化、隐蔽性、分散性、犯意联络的不明确性，网络语言的多样性等特点，查证帮助者与被帮助者往往遇阻，难以认定。对于电信网络诈骗犯罪共犯的认定，应当坚持以行为人是否与上游电信网络诈骗犯罪分子形成共同故意为标准，没有充分证

[①]　陈兴良主编、车浩副主编：《刑法总论精释》（第三版），人民法院出版社 2016 年版，第510~511 页。

据证实行为人与上游诈骗犯罪分子就上游犯罪的具体行为有进行共谋的行为和主观故意，难以认定行为人为上游犯罪的共犯，应当以帮助犯论处。尤其是在被帮助对象未到案的情况下，要认定共同犯罪必须对客观证据提出更高的要求。在司法实践中要着重把握好以下两方面：一方面，在帮助信息网络犯罪活动罪，掩饰、隐瞒犯罪所得、犯罪所得收益罪的认定中，行为人即便是确切知道上游犯罪是电信网络诈骗犯罪，但是如果行为人没有参加诈骗团伙或者与诈骗团伙之间形成较为稳定的配合关系，也不影响该罪的适用；另一方面，行为人之间事前通谋或者形成意思联络的默契并参与上游犯罪的准备或者实行行为、关键环节等，即便不确切知道上游犯罪的性质，仍应认定为上游犯罪的共犯。

（二）电信网络诈骗主从犯的合理界分

当前，司法实务部门在办理此类案件中面临的一个棘手问题，就是如何准确区分认定电信网络诈骗犯罪的主犯和从犯。要回答这个问题，首先要回到我国《刑法》对共同犯罪人的分类标准之上，也就是以作用分类为主，以分工分类为辅。所谓按分工分类，即是把共同犯罪人分为正犯与共犯（教唆犯、帮助犯）两类。所谓按作用分类，即是以犯罪分子在共同犯罪中的作用为标准对共同犯罪人进行分类。在电信网络诈骗犯罪集团中，成员的地位、层级、作用、大小各不相同。在集团中起组织、指挥作用的，可认定为首要分子，按照集团实施的全部犯罪处罚。在集团中起次要作用的骨干成员，包括各个业务组、技术组、财务组、后勤组等环节的负责人，原则上认定为主犯。加入犯罪集团时间较短、仅从事辅助性工作的人员，原则上认定为从犯。但是对于虽然没有担任小组负责人职务，仅在一线拨打诈骗电话的人员，如果其在一线时间较长，经验丰富，甚至当师傅带徒弟的，也可以认定为主犯。[①]

与传统的诈骗犯罪相比，电信网络诈骗团伙组织严密，犯罪手段具有较强的高科技性和反侦查性。对内具有高度的黏合性和配合性特征，内部组织架构层级分明，各个层面相对独立、各司其职，互不干扰，除团伙核心成员外，某一层面的人员对其他层面人员的操作内容、具体操作方法均

---

① 喻海松编著：《实务刑法评注》，北京大学出版社 2022 年版，第 1299 页。

不了解，也无法替代，犯罪行为的实施依赖于各层级、各环节行为的密切配合、共同发力，且各个层面的人员在具有诈骗犯罪故意这一点上是高度统一的；具有一定的独立性，是指整个犯罪团伙只有一小部分前端诈骗实行人员与被害人通过电信网络线上联络，被害人与犯罪团伙并不直接接触，被害人只能追踪银行交易明细进行行为人推导，却无法直接指认犯罪行为人。这类诈骗团伙高度严密的组织性，使得侦破此类案件难度很大，且被抓获到案的人员往往只局限于该团伙的低层级或者非核心团伙成员。在此背景下，若电信网络诈骗犯罪的核心成员尚未到案，如何认定先到案的其他成员与诈骗事实的关联性、这些成员可否认定为从犯、如何精准量刑都是司法实践中面临的难点和堵点，对此需要妥善运用相应的证据规则，对全案事实和证据进行综合分析评判，根据各被告人的具体行为以及在犯罪中所起的作用正确区分主、从犯，最终实现罪责刑相适应，也更好地促使被告人认罪服判。

具体而言，电信网络共同犯罪案件区分主、从犯时，不能简单地以行为人是否系实行犯为标准，而应当结合案件的具体情况，考察行为人是否系犯意的发起者，犯罪的纠集者、指挥者、主要责任者以及是否参与了犯罪的全过程或关键环节等，综合全案证据进行综合评判。首先，作为主犯的实行犯，应结合其行为方式、获利大小、涉案总额、在共同犯罪中所起作用等综合评判其刑罚轻重。对于虽然直接参与实施了犯罪行为，但罪行相对较轻、没有直接造成危害后果或危害后果不很严重的行为人，以及仅参与了犯罪过程中的部分非关键环节的行为人，则可认定为从犯。其次，就团伙性较强的电信网络诈骗案件来说，团伙的核心成员负责对团伙各层级成员进行严格管理，诈骗活动的实行由团伙核心人员全程管控，各层级实行分子均负责实行各自负责的环节和具体诈骗内容，相互配合但相对分离，不同环节的实行人员对其他环节的实行行为并不知情，各环节行为由核心成员掌控并促成环环相扣的作案模式，最终促成诈骗行为的实行终了。在这种组织模式及犯罪实行方式背景下，虽然各层面人员所实施的行为都可以说是诈骗活动成功的关键环节，但安排这一整套诈骗流程，对被招募人员进行培训、管理的是该团伙的核心成员，组织、策划、安排、管理各层面人员的团伙核心成员，才是犯意的发起者、整个诈骗犯罪行为的预谋者和主要责任人。他们虽然不是《刑法》构成要件上诈骗行为的具体实行者，但在共同犯罪中起了关键的、主要的作用，应当对犯罪团伙实施的全部犯罪负责，是国家刑事法律所应打击的重点。[1] 当然，司法实践中，在团伙核心成员未到案的情况下，判断该诈骗团伙的组织形式和运作方式是认定主从犯的前提，而判断依据还需要回归全案证据，故而需要着重审查到案被告人的供述，结合相关书证、鉴定结论、电子数据等综合评判，明确组织成员的具体分工、培训管理方式以及各被告人加入团伙时间、参与诈骗数额、获利情况等，进而依据到案被告人在犯罪中的地位和作用认定主、从犯。

（三）电信网络诈骗共同犯罪及关联犯罪刑事责任的认定

1. 片面共犯背景下的刑事责任认定

根据《刑法》第 25 条规定，共同犯罪是指二人以上共同故意犯罪的情形，共同犯罪的成立，除了彼此之间必须有共同的实行行为之外，各行为人之间还必须存在意思联络，此处的意思联络指的是共同实行的"交互"的意思联络，是有来有往的意思沟通。因此，在片面正犯的情况下，因为其没有彼此之间的意思联络而不成立共同正犯。具体而言，共同正犯的归责原则是交互规则，也就是部分行为全部责任的规则，在共同犯罪的过程中，共同犯罪的行为人之间在心理上、物理上相互都有引起和被引起的关系，互为因果。在片面正犯的条件下，不知情的一方不可能对单纯有正犯意思者的行为负责。所以，按照共同正犯的性质，行为者之间必须有共同犯罪的认识，有意识的交换，并有相互利用对方的行为以达到犯罪目的的意思。[2] 片面正犯难以符合共同正犯主观上的这些要求。综上，要限制将片面共犯纳入电信网络诈骗共犯的打击范围，这种处置思路并不是放纵片面共犯行为，而是对于相关的行为人一般应认定为帮助信息网络犯罪活动罪或者掩饰、隐瞒犯罪所得、犯罪所得收益罪这些关联罪名，不再按上游犯罪共犯论处，这不仅是基于共同犯罪理论的考虑，还更加契合罪责刑相适应原则。

---

[1] 陆光怡：《核心成员未到案的电信诈骗主、从犯之认定》，载《人民司法》2016 年第 8 期。

[2] 陈兴良主编、车浩副主编：《刑法总论精释》（第三版），人民法院出版社 2016 年版，第 495 页。

2. 电信网络诈骗参与人的刑事责任划分

围绕电信网络诈骗犯罪，一系列黑灰产业链应运而生，并形成大量上下游关联犯罪，成为犯罪发展蔓延的催化剂和助燃剂。上游有侵害公民个人信息、虚假网站、手机黑卡、虚假身份证、银行卡套卡、改号软件、网络电话等产业链，下游有洗钱、赌博、销赃等产业链。此外，还有专门的软件公司和技术人员为网络犯罪所需的网站、平台、App 等提供搭建等技术支持。司法实践中，准确梳理电信网络诈骗犯罪及其关联犯罪行为人在整个犯罪中的地位和所起的作用，明确犯罪行为人的主从犯身份，进而划定刑事责任是整个案件办理中的重点和难点。《办理电信网络诈骗意见》中指出，"多人共同实施电信网络诈骗，犯罪嫌疑人、被告人应对其参与期间该诈骗团伙实施的全部诈骗行为承担责任。在其所参与的犯罪环节中起主要作用的，可以认定为主犯；起次要作用的，可以认定为从犯"。但是，司法实践中电信网络诈骗犯罪组织内部结构复杂，层级分明，在诈骗犯罪组织中，组织人员作为犯意的发起者，是诈骗组织产生、发展、存续的内在动力，对整个诈骗组织具有领导支配力，其在电信网络诈骗集团中主要是出资成立犯罪集团，搭建诈骗窝点，策划犯罪活动，指挥下级人员实施具体的诈骗活动，控制着整个犯罪进程，维持犯罪集团持续稳定地运转，将其认定为主犯无争议。但是对于其他的参与主体，参与层级不同，在同一层级所具有的权限及所起作用也不相同，在认定这部分行为人和参与人的地位及作用时，需要综合考虑行为人所处的层级或者环节在整个犯罪组织中的重要程度，以及行为人在其所参与的环节中的作用，行为人在参与犯罪中的积极程度，行为人通过犯罪行为获利的方式、具体份额等，综合决定是认定为主犯还是认定为从犯。

其一，培训人员和技术人员的主从犯认定。在电信网络诈骗犯罪组织中，培训人员通常是制作诈骗话术、策划诈骗圈套以及对组织成员进行诈骗手段培训教育的人员。一方面，培训人员制定的诈骗方案，以及针对诈骗方案量身定制的具体话术对于诈骗行为实施成功与否具有直接且关键的作用，也就是诈骗犯罪行为手段中的"虚构事实、隐瞒真相"的直接源头；另一方面，培训人员负责对整个诈骗组织成员进行犯罪手段的指导，使其他组织成员能够生成新的诈骗"生产力"，持续向不特定社会公众发出诈骗信号，提高诈骗的覆盖率和成功率，对于整个犯罪组织的维系和发展也意义重大。由此可见，培训人员是电信网络诈骗组织的实际策划人员，亦处于团伙的中上层地位，对培训人员应当作为组织人员认定为主犯，对整个组织实施的诈骗犯罪承担刑事责任。

技术人员也是电信网络诈骗犯罪组织不可或缺的重要角色。所谓技术人员是指运用网络知识和技术为电信网络诈骗犯罪集团、犯罪团伙提供支持的组织成员，技术性是诱发电信网络诈骗犯罪呈井喷式发展的一个重要原因，正是由于网络技术的加持，行为人可以通过极低的成本获得丰厚的收益，使网络诈骗活动日渐猖獗。但是技术人员与培训人员不同，培训人员是必不可缺的且是不可替代的，技术人员虽必不可少但具有可替代性，鉴于实践中技术人员主要是为犯罪分子在网络、客服系统等技术环节提供技术支持或便利条件，但是其没有实施具体的诈骗行为，所以对于技术人员一般认定为从犯，在其违法所得的数额内承担退赔责任。

其二，业务人员的主从犯认定。在电信网络诈骗组织中，业务人员也就是诈骗行为的直接实施人员，也是与诈骗犯罪被害人直接线上联系的人员群体。司法实践中，对业务人员判定刑事责任是对案件证据情况依赖程度最高的，也是最为疑难复杂的。从犯罪行为的实行以及引发危害后果的因果关系层面考察，业务人员是电信网络诈骗犯罪的具体实施者，其实施的犯罪行为与被害人产生经济损失之间具有直接的因果关系，且业务人员获利的方式也与被害人的经济损失数额直接关联。从这个层面看，似乎将业务人员认定为主犯，就其实施的犯罪行为承担全部退赔责任并无不当。但是从犯罪组织的架构和运作模式看，业务人员实际上通常是诈骗犯罪组织中较为底层，也是人数最多的成员角色。业务人员直接按照组织要求实施重复的犯罪行为，工作内容单一，且获利的方式并非直接参与诈骗所得数额的分赃，而是获得提成、佣金等，占诈骗组织赃款总额的比例很低。在这种情况下，不能仅根据业务人员是诈骗行为的直接实行者就将其认定为主犯，对于业务人员的主从犯认定也应充分考虑所处层级、参与犯罪的积极程度、获取报酬的多少等情况进行综合分析。不具有管理职能的普通业务人员，虽对诈骗犯罪行为的具体实施发挥着较大作用，但与整个诈骗犯罪组织的犯罪行为相比，其在共同犯罪中的作用显然不是主要的、决定性的，故不应认定为主犯，而应认定为从犯；对于具有一定管理职能的业务人员，则需要将其地位和在犯罪中起到的作用放到整个犯罪组织中进行衡量和评价，不宜"一刀切"地作出评判，若其所具有的管理权限是对其所参与的环节具有直接管理职能，此种情况下，不应将其认定为从犯。

其三，取款人的主从犯认定。从共同犯罪理论来看，根据承继的共犯中间说观点，先行为人已实施一部分犯罪实行行为，在实行行为尚未实行终了前，后行为人以共同犯罪之意参与实行行为或提供帮助，只要其参与部分犯罪构成要件要素，并促进、强化正犯结果的发生，就可能成立共同犯罪。在电信网络诈骗既遂之前参与取款的，如果在案证据能够证实取款人与诈骗实行人之间存在共谋，当然可能成立诈骗罪的共犯。但电信网络诈骗案件中，不宜将帮助取款人一律认定成立电信网络诈骗犯罪共犯，要根据其参与时间节点、主观认识、事前通谋情况具体分析。一般认为，被害人将财产汇入行为人指定账户且不能取消转账或通过银行止付时，成立诈骗罪既遂。帮助取款人只要认识到对方在实施诈骗犯罪，便符合共犯明知的标准，帮助取款人事前与电信网络诈骗者通谋，不论其在任何阶段实施取款，均构成诈骗罪共犯；若双方不存在事前通谋，仅在诈骗既遂后取款，若满足掩饰、隐瞒犯罪所得罪构成要件，可独立构成掩饰、隐瞒犯罪所得罪。从刑罚处罚层面看，司法实践中对取款人的定性主要涉及诈骗罪和掩饰、隐瞒犯罪所得罪两个罪名。在成立诈骗罪的情形下，往往是取款人成立相对稳定的取款组织，招募"卡农"实施取款，与电信网络诈骗分子形成稳定的作案互动，并参与分赃。在这种情形下，取款人、取款组织的组织者、募集者以及稳定参与人员应当按照其在共同犯罪中的地位和作用分别承担责任，并且与其他犯罪分子共同对诈骗后果承担责任，也就是对被害人的经济损失承担连带退赔责任；在成立掩饰、隐瞒犯罪所得罪的情形下，在量刑时应当坚持定性与定量相结合、数额与情节并重，与上游犯罪案件的处理相协调。对于帮助电信网络诈骗犯罪分子取款成立掩饰、隐瞒犯罪所得罪的行为人，在定罪量刑时，既要评判其实施掩饰、隐瞒犯罪所得罪的事实和情节，又要将该行为所起的帮助作用放在整个电信网络诈骗犯罪背景下进行考量，不宜单纯以掩饰、隐瞒犯罪所得数额为依据对相关行为人科以刑罚，避免出现"量刑倒挂"的情形。以一个简单案件为例，行为人甲被他人以"网络兼职"为名招募参与取款，取款金额为人民币10万元，获利1000元。根据我国现行《刑法》规定，掩饰、隐瞒犯罪所得数额在10万元以上的，应当属于"情节严重"，量刑幅度在有期徒刑三年至七年之间，如果仅以数额为标准评判，上游犯罪实施电信网络诈骗，诈骗数额 10 万元亦在有期徒刑三年以上判处刑罚，实践中可能出现帮助犯罪的取款人刑期更长的情形，这显然是有悖于罪责刑相适应的原则，也是不符合《刑法》立法本意的。

不过此处应当注意的是，根据因果共犯论，只有当参与行为与正犯结果之间具有因果性时，才能认定帮助犯的成立，即只有当帮助行为从物理上或者心理上促进、强化了正犯结果时，才能为帮助犯的处罚提供正当化依据，这也是区分对未遂的帮助与对既遂的帮助的原因所在。因果关系是归责的必要要件，对帮助犯也不例外。具体到电信网络诈骗犯罪及其关联犯罪中，如果取款人与诈骗事实犯罪分子之间通谋实施犯罪，取款人按照事先商定的分工参与取款，二人构成诈骗共犯的，那无论诈骗行为是既遂还是未遂，取款人均需与诈骗分子就共谋的犯罪行为共同承担刑事责任；如果取款人与电信网络诈骗分子之间不存在犯罪共谋，只因帮助取款的行为入罪，那入罪的前提之一就是诈骗犯罪的成立，如果其所参与帮助的诈骗行为不构成犯罪，那帮助取款的行为也不具有归责的前提和基础。

3. 电信网络诈骗主从犯的退赔责任

近年来，电信网络诈骗犯罪呈持续高发态势，且发案率高、涉案金额大，严重危害了社会公众的财产安全。为了最大限度地弥补被害人的损失，追赃挽损是办理电信网络诈骗及其关联犯罪案件的重点工作内容，而司法实践中，如何认定电信网络诈骗中主、从犯的退赔责任，则存在诸多争议。从司法实践运行情况看，司法裁判对相关退赔责任的划分主要分为两种情形：其一，要求主犯与从犯在共同犯罪的范畴内承担连带退赔责任；其二，要求主犯对参与的全部犯罪数额承担退赔责任，判定从犯在实际取得违法所得的范畴内承担独立的责任。实践中，各地做法不尽一致。基于此，有必要从退赔责任设置的立法本意和现行法律规范设置出发，寻求合理的退赔责任分配方案。

首先，对于支持主犯与从犯共同承担连带责任的依据主要有两个方面：一方面是该责任的承担与共犯理论具有一致性，各共犯既然均按照诈骗所得数额来定罪量刑，就应当依据同一标准承担退赔的法律后果；另一方面是该责任的承担与民事共同侵权连带责任的承担具有一致性，既然共同犯罪行为会因为符合共同侵权行为的要件而导致刑事责任和侵权责任的竞合，那么各共犯自然也可以适用共同侵权行为的连带责任后果。司法实践中，这种处理思路较为常见，也能满足被害人希望尽快获得高额或全额损失追索的现实需求，但也存在诸多问题。一方面，实践中电信网络诈骗的利益分配方式差别较大，有的诈骗团伙实施诈骗犯罪数额巨大，但是作为从犯的犯罪分子却并不直接参与分赃，只是按月领取工资，且获利不大，如果让其与主犯承担连带退赔责任显然与其获利不相适应，有悖于罪责刑相适应的原则；另一方面，责令退赔制度设置的初衷是对物的强制处分措施，意在剥夺犯罪分子通过不法行为的获利，故而这种完全连带的退赔责任设置与责令退赔制度本身也是有所冲突的。这种退赔方案的应用，极大加重了对部分实际获利较少的从犯的经济负担，事实上成为对其实施的变相惩罚，这显然会对犯罪人的再社会化造成较为严重的不利影响，甚至可能会进一步产生负面的社会效果。此外，该做法在实践中还会导致在认定部分从犯退赔责任的履行状况时适用的标准过于严苛，从而影响对其具体量刑以及是否减刑、假释等判断的合理性。

其次，对于可否要求主犯对参与的全部犯罪数额承担退赔责任，判定从犯在实际取得违法所得的范畴内承担独立退赔责任。笔者认为，此裁判思路有一定的合理性。一方面，责令退赔制度的性质决定了各共犯只需要对自己实际占有、受领的违法所得数额负责，未实际占有、受领的违法所得数额本就不应被纳入其所负义务的范围之内。另一方面，既然退赃退赔被认可为针对个人的从宽情节，那么各共犯仅在自己分得的数额范围内承担相应责任的做法，自然更符合该制度的设立意图。但不可否认的是，这种处断思路并不适用于司法实践中的各种犯罪情形。从当前电信网络诈骗犯罪侦查打击的具体情况出发，诈骗犯罪集团的核心成员不到案的情形较为常见，仅判定从犯就违法所得数额承担独立退赔责任，被害人追赃挽损的希望渺茫，且容易引发群体性事件。而且，在犯罪集团首要分子未归案、各共犯对自己的获利金额不确定、犯罪分子拒绝交代获利与利润分配方式的情况下，仅责令退赔实际违法所得的判决将容易遭遇无法执行的尴尬局面，难以实现预期中的理想效果。

基于上述情形，完全连带责任和完全独立责任，或过分加重犯罪人责任或过分减轻犯罪人责任，未能全面理解我国责令退赔制度的实质。为实现权益保护的平衡，在司法实践中认定主从犯的退赔责任，还需要从具体案件出发，根据诈骗团伙内部的违法所得分配模式，对电信网络诈骗犯罪的从犯进行分类，按照从犯的不同类别，明确其应适用的退赔责任方式。其一，对于领取工资型从犯而言，因其实际获利较少，且多为行政、后勤人员，通常不会负责与诈骗行为直接相关的事务，对被害人遭受损失这一结果的促进作用不大，故其所承担的退赔责任应以其实际占有、领受的违法所得数额为限，司法机关还可以在量刑上进一步从宽，来鼓励该类型从犯超出其实际获利的范围对被害人进行赔偿，以实现更好的追赃挽损效果。其二，对于获取犯罪数额提成型从犯而言，考虑到其违法所得与被害人损失直接挂钩，且其通常属于诈骗集团、团伙中实施具体诈骗行为的一环。考虑到此类从犯与其所在团队主犯的紧密关联性，应要求从犯在其违法所得范围内承担退赔责任，而与其联系最为紧密的犯罪层级团队之主犯承担共同退赔责任。

此外，各共同犯罪行为人在超出自己实际获利数额之外承担退赔责任后，还可以通过民事诉讼向其他未完全退赔的共犯追偿。如前文所述，电信网络诈骗犯罪背景下，被害人追赃挽损是工作难点，故司法价值引导犯罪分子积极退赔，这也是衡量犯罪分子认罪悔罪态度的重要依据，允许共犯之间的民事追偿将有利于鼓励犯罪分子积极承担超出自己实际获利数额之外的退赔责任，促进受损的社会关系恢复。

最后，司法实践中对电信网络诈骗犯罪行为提供帮助的关联犯罪行为人是否承担退赔责任存在争议。电信网络诈骗集团、团伙在实施犯罪的过程中，往往还需要黑灰产业链的上下游犯罪来协同推进诈骗流程，如帮助信息网络犯罪活动罪的行为人为其提供的电话卡、银行卡等。这些关联犯罪人虽在客观层面上切实促进了电信网络诈骗行为，间接导致了被害人的损失，却在主观层面上缺乏诈骗的共同故意，其应如何承担退赔责任就成为实践中的难题。从司法裁判现状看，有的案件判定帮助犯罪行为人退缴违法所得后予以没收，如果违法所得难以查清的，则在罚金中予以体现；有的案件则判定帮助犯罪行为人退缴违法所得并入上游诈骗犯罪的退赔判项一并执行；还有的案件则判定帮助犯罪行为人退缴违法所得，钱款直接发还在帮助犯罪案件中能够锁定的诈骗犯罪被害人。裁判思路存在较大差异。从立法设计的角度看，帮助犯罪行为独立成罪后，帮助行为涉嫌的罪名并不存在被害人，其侵犯的客体也不是公民的财产权利，责令帮助犯罪行为人退赔违法所得发还被害人无相关依据；从犯罪构成看，电信网络诈骗犯罪分子的诈骗行为使被害人陷入错误认识，进而失去对涉案钱款的控制，帮助犯罪行为人的行为对该结果的发生有引起和帮助功能，但并非因果关系的决定性因素。因此，应当由诈骗犯罪行为人承担退赔责任，如果帮助行为人也承担退赔责任则会造成退赔义务交叠。但不可否认的是，虽然关联犯罪人不具有诈骗的共同故意，但其行为在客观上促进了诈骗行为的实施，且其从被害人的损失中直接或间接获得了不法利益。因此，从案件办理实际效果的层面考虑，如果在办理电信网络诈骗关联犯罪时，若通过案件审理查明的事实能够锁定明确的被害人，可以责令帮助犯罪行为人退赔违法所得发还相关被害人，如果帮助犯罪行为人自愿承担退赔责任的，也应当予以鼓励，并在量刑上作为从轻情节予以考虑。

（四）电信网络诈骗犯罪案件的情节考量因素

在电信网络诈骗犯罪的场景下，诈骗分子使用现代通讯工具和互联网技术实施诈骗犯罪，具有极强的隐蔽性，加大了侦查和取证的难度，因此实践中很难确定所涉及的诈骗数额。我国《刑法》确立了"数额+情节"并行的定罪方式，既可根据犯罪分子的诈骗数额，也可根据其实际拨打诈骗电话、发送诈骗信息的数量来定罪量刑。若不能确定数额的应当按照数量标准以诈骗罪（未遂）定罪处罚，若发送诈骗信息5000条以上或者拨打诈骗电话500人次以上，以及在互联网上发布诈骗信息，页面浏览量累计5000次以上，应当认定为《刑法》第266条规定的"其他严重情节"，以诈骗罪（未遂）定罪处罚。实践中，适用这一规定要注意以下两点：一是按照数额标准和数量标准并行原则，如果同一个案件里出现诈骗既遂和诈骗未遂交叉存在的情形，对于达到同一量刑幅度的，以诈骗罪既遂处罚，以确保打击有力；对于分别达到不同量刑幅度的，依照处罚较重的规定处罚。二是对于"拨打诈骗电话"实行累计计算原则，即在计算"电话次数"和"信息条数"时，不论是拨打还是接听回拨电话，不论是否反复拨打、接听同一电话号码，不论是否反复向同一人发送多条诈骗信息，一律累计计算为拨打电话次数和发送短信条数，这样规定，符合电信网络新型犯罪特征，符合办案实际需要，符合依法从严惩处的精神。①

与此同时，根据《办理电信网络诈骗意见》提出十种"酌情从重处罚"的情形，即造成被害人或其近亲属自杀、死亡或者精神失常等严重后果的；冒充司法机关等国家机关工作人员实施诈骗的；组织、指挥电信网络诈骗犯罪团伙的；在境外实施电信网络诈骗的；曾因电信网络诈骗犯罪受过刑事处罚或者二年内曾因电信网络诈骗受过行政处罚的；诈骗残疾人、老年人、未成年人、在校学生、丧失劳动能力人的财物，或者诈骗重病患者及其亲属财物的；诈骗救灾、抢险、防汛、优抚、扶贫、移民、救济、医疗等款物的；以赈灾、募捐等社会公益、慈善名义实施诈骗的；利用电话追呼系统等技术手段严重干扰公安机关等部门工作的；利用"钓鱼网站"链接、"木马"程序链接、网络渗透等隐蔽技术手段实施诈骗的。同时，该意见还提出，对实施电信网络诈骗犯罪的被告人裁量刑罚，在确定量刑起点、基准刑时，一般应就高选择。确定宣告刑时，应当综合全案事实情节，准确把握从重、从轻量刑情节的调节幅度，保证罪责刑相适应。当然，从重处罚的适用有一定的前提条件，即诈骗数额达到了相应的标准，也就是说必须达到数额较大 3000 元以上、数额巨大 3 万元以上、数额特别巨大 50 万元以上的，则分别在相应的量刑幅度内，予以从重处罚。实践中，有的电信网络诈骗案件性质非常恶劣，但查实的诈骗数额没有达到相应的标准，在这种情况下，如果仍然依照侵犯财产类犯罪以数额为主要量刑依据的传统标准，可能出现罪刑不相适应的问题。

司法实践中，在把握这些从重处罚情节时，需要从具体案件情况出发，灵活适用。以"诈骗残疾人、老年人、未成年人、在校学生、丧失劳动能力人的财物，或者诈骗重病患者及其亲属财物的"情节认定为例，因为电信网络诈骗通常通过电信网络平台向不特定人实施诈骗，所以对于被害人的情况是难以全面掌握的，在电信网络诈骗犯罪案件中，若只要被害人人群中存在老年人、残疾人即从重处罚，那几乎绝大多数电信网络诈骗行为均符合该从重处罚情节，那么这一条款的设置也就被架空。可见，对于上述量刑情节的把握还需要回归立法本意进行理解。相关规范性法律文

---

① 李睿懿、王珂：《惩治电信网络诈骗犯罪的主要法律适用疑难问题》，载《法律适用》2017 年第 5 期。

件之所以将诈骗特殊群体的犯罪情节作为从重处罚情节，是因为基于两个考虑：其一是针对这一类特殊群体实施诈骗所造成的社会危害性更为严重，因为特殊群体对于经济风险的应对能力有限，被诈骗后容易衍生更大的危害后果；其二是针对此类特殊群体实施诈骗，反映出电信网络诈骗犯罪分子的主观恶性更大，从罪责刑相适应的角度看，应当对其科以更重的刑罚。回归司法实践，基于该情节对电信网络诈骗犯罪分子从重处罚主要有以下两种情形：其一，犯罪分子针对这些特殊群体设置诈骗套路实施犯罪的，如犯罪分子在线上直播平台伪造老年人黄昏恋骗局，针对老年人实施诈骗的；其二，犯罪分子明知受骗者系未成年人、老年人、残疾人等特殊群体，仍实施电信网络诈骗犯罪的。最高人民法院发布的依法惩治电信网络诈骗犯罪典型案例中的吴某成等五人诈骗案也体现了这一裁判思路，吴某成等人利用未成年人涉世未深、社会经验欠缺、容易轻信对方、易受威胁等特点实施诈骗，严重侵害未成年人合法权益，犯罪情节恶劣，人民法院对吴某成依法从重处罚，充分体现了人民法院坚决保护未成年人合法权益，严厉惩处针对未成年人犯罪的鲜明立场。

四、电信网络诈骗犯罪与关联犯罪的界分

"电信网络诈骗犯罪在我国《刑法》中并非独立的罪名，它属于《刑法》规定的诈骗罪中的一种特别的、可类型化的方式或手段，即利用现代化发达的电话、电子信息或网络平台进行诈骗以获取公私财物的行为。"[①] 以电信网络诈骗犯罪为核心向外辐射，其关联犯罪就是诈骗行为的"周边、边缘行为"所涉及的罪名，这种"一点多面"共同构筑了电信网络诈骗犯罪的罪名体系。

《办理电信网络诈骗意见》基本明确了电信网络诈骗关联犯罪的罪名、定罪标准、关系等，《办理电信网络诈骗意见（二）》在《办理电信网络诈骗意见》规定的关联犯罪的基础上，针对其他一些上下游关联犯罪规定了处理原则，并新增部分关联犯罪的行为方式等，进一步明确法律标准，满足了实务中打击惩治电信网络诈骗关联犯罪的实际需要。《办理电信网

---

① 李卫红：《依法处理电信网络诈骗犯罪》，载《人民法院报》2016 年 12 月 24 日第 2 版。

络诈骗意见》《办理电信网络诈骗意见（二）》确立了全面从严惩处电信网络诈骗犯罪及其上下游关联犯罪的具体刑事政策，电信网络诈骗犯罪的治理工作从单一打击转向全链条、全方位打击。

结合《办理电信网络诈骗意见》《办理电信网络诈骗意见（二）》对电信网络诈骗关联犯罪的规定，并以诈骗行为既遂这一时间点为界限，关联犯罪可分为上游犯罪与下游犯罪。诈骗行为既遂以前实施的属于上游犯罪，具体罪名包括侵犯公民个人信息罪，非法利用信息网络罪，提供侵入、非法控制计算机信息系统程序、工具罪，帮助信息网络犯罪活动罪，妨碍信用卡管理罪，招摇撞骗罪，拒不履行信息网络安全管理义务罪等；诈骗行为既遂或者实施完毕以后的关联犯罪行为则属于下游犯罪，具体罪名包括掩饰、隐瞒犯罪所得、犯罪所得收益罪，洗钱罪等。所有的关联犯罪行为在一定程度上都为电信网络诈骗实施提供了帮助，只是时间节点不同而已，具体而言，上游犯罪为电信网络诈骗前期准备及后续犯罪行为的顺利实施提供便利，下游犯罪则与犯罪所得赃款的处置密切相关，这些关联行为促生了电信网络诈骗的犯罪链条，成为遏制电信网络诈骗犯罪滋生蔓延的重要抓手。

另外，还有一些极易与电信网络诈骗犯罪相混淆的犯罪，例如，集资诈骗罪，非法吸收公众存款罪，组织、领导传销活动罪等，在处理相关案件时，需要结合具体案件事实，结合具体要素进行认定。

（一）电信网络诈骗犯罪黑灰产业链与关联犯罪

近年来，电信网络诈骗犯罪呈现高发态势，已成为严重危害社会秩序与群众利益的犯罪。与此同时，为电信网络诈骗的实施提供个人信息、技术工具、网络账号、推广引流、资金转移等帮助支持的关联犯罪迅速滋生蔓延，呈现产业化的发展趋势，形成了诸多类型的黑色产业，也即俗称的"电信网络诈骗黑灰产业链"，诸如北京朝阳公安侦破的"7·21"案、江苏徐州公安侦破的"5·18"案、山东威海公安侦破的"3·13"案、广东广州公安侦破的"7·06"案等。[①]

---

① 参见谢俊思：《公安部网安局公布一批网络黑产案例》，载《人民公安报》2021 年 1 月 14 日第 4 版。

电信网络诈骗黑灰产业链包含侵犯公民个人信息，转卖手机卡、银行卡等各类违法犯罪活动，为电信网络诈骗的实施提供个人信息、实体工具、网络账号、网络技术、推广引流和收益转移等帮助支持，协助、促进了电信网络诈骗的实施进程。为电信网络诈骗犯罪提供帮助支持的黑灰产业链犯罪作为上游和下游环节而被纳入电信网络诈骗及关联犯罪体系中，在"供给—诈骗—销赃"三重环节中主要涉及供给环节和销赃环节。其一，供给环节，主要包括提供个人信息、实体工具、网络账号、网络技术支持和推广引流服务；其二，销赃环节，主要包括提供收益转移服务。

基于实践中电信网络诈骗相关黑灰产业链犯罪的不同样态，可以分为以下六种典型类型：个人信息黑产犯罪、实体工具黑产犯罪、网络账号黑产犯罪、网络技术黑产犯罪、推广引流黑产犯罪、收益转移黑产犯罪，主要涉及四种罪名。

个人信息黑产犯罪是指通过利用网络技术、职务便利、发布虚假广告等手段获取并出售个人信息的黑产犯罪，主要包含个人信息获取和出售两个环节，为电信网络诈骗犯罪的精准实施提供姓名、身份证号码、手机号码、家庭住址等个人信息，侵害了公民个人信息安全，涉及《刑法》第253条之一侵犯公民个人信息罪。

实体工具黑产犯罪是指通过收购、利用职务便利等手段获取，以邮寄交易、见面交易等方式流转，为电信网络诈骗提供手机卡、银行卡、物联网卡、U盾等实体通讯基础工具和支付结算工具支持的黑产犯罪，主要包含获取和流转两个环节。在实体工具获取环节，通过向他人收购或者通过自身职务便利获取实体工具；在流转环节，通过邮寄或当面转交实现实体工具的流转，涉及《刑法》第287条之二帮助信息网络犯罪活动罪、《刑法》第177条之一妨害信用卡管理罪。

网络账号黑产犯罪是指为电信网络诈骗提供网络账号资源的黑产犯罪，作为电信网络诈骗犯罪的实施端口与媒介，网络账号黑产犯罪所涉及的网络账号是利用他人身份信息而注册的，具有扩大电信网络诈骗的实施范围、隐匿犯罪人的真实身份等作用，同样涉及《刑法》第253条之一侵犯公民个人信息罪、《刑法》第285条非法侵入计算机信息系统罪等。

网络技术黑产犯罪是指为电信网络诈骗提供网络技术支撑的黑产犯罪，主要表现为制售钓鱼网站、诈骗软件等网络技术产品，提供GOIP设备维护等网络技术运维服务等，涉及《刑法》第287条之二帮助信息网络犯罪活动罪。

推广引流黑产犯罪是指为电信网络诈骗提供广告推广服务的黑产犯罪，主要表现为利用信息网络，如社交平台等，开展通讯群组设立、虚假广告信息发布、"话术"引诱等活动，旨在扩大电信网络诈骗的实施范围，诱使潜在受害者与诈骗分子建立联系，涉及《刑法》第287条之二帮助信息网络犯罪活动罪。

收益转移黑产犯罪作为销赃环节的主要黑产犯罪类型，为电信网络诈骗犯罪提供犯罪收益转移帮助。当前，收益转移黑产犯罪主要包含"联络—接收—洗钱—移交"环节。在联络环节，黑产团伙通过多种媒介渠道联络上游电信网络诈骗犯罪团伙，接受上游团伙指令；在接收环节，黑产团伙利用以购买、租用、办理等方式取得的储蓄卡、信用卡等银行卡、虚拟货币和支付宝、微信等第三方支付平台接收上家赃款；在洗钱环节，黑产团伙通过银行卡、虚拟货币、第三方支付等多种资金流通渠道"洗白"赃款；在移交环节，对于"洗白"后的资金，通过ATM机提现并转交给电信网络诈骗团伙，对于虚拟货币，将虚拟货币提款到指定钱包地址，涉及《刑法》第312条掩饰、隐瞒犯罪所得、犯罪所得收益罪。

（二）电信网络诈骗犯罪与侵犯公民个人信息罪

电信网络诈骗案件中，侵犯公民个人信息的行为经常并非独立地存在，而是服务于诈骗犯罪行为，作为后者事实意义上的手段行为、预备行为而存在。电信网络诈骗案件中，对行为人非法获取公民个人信息，使用该非法获取的个人信息实施诈骗的罪数形态认定，应当具体分析。

概言之，如果行为人非法获取公民个人信息的行为不能够单独成立犯罪，然后利用该非法获取的公民个人信息实行诈骗，造成被害人财产损失巨大的，只构成诈骗罪，不成立牵连犯，但其非法获取公民个人信息的行为可作为量刑情节考虑，适当从重处罚。如果行为人非法获取公民个人信息的行为单独构成犯罪，并使用该非法获取的个人信息实施了诈骗犯罪的，行为人前后两个行为分别触犯了侵犯公民个人信息罪和诈骗罪，成立牵连犯。但根据《最高人民法院、最高人民检察院、公安部关于依法惩处侵害公民个人信息犯罪活动的通知》规定，犯罪嫌疑人非法获取个人信息构成犯罪，并使用该非法获取的个人信息实施其他犯罪行为，构成数罪的，应当依法予以并罚。

1. 使用非法获取的公民个人信息实施电信网络诈骗犯罪

行为人窃取或者以其他方法非法获取公民个人信息后，又使用这些信息再实施诈骗犯罪时，存在着前后两个事实意义上相互独立的行为。在逻辑关联上，成立侵犯公民个人信息罪的在先行为，为后实施的诈骗犯罪行为提供了作为犯罪工具的公民个人信息，行为人实施非法获取公民个人信息的行为也是出于为实施诈骗犯罪行为而创造前提条件的目的。虽然前后两行为之间在一定程度上，至少在行为人的主观层面上，存在着手段与目的的牵连关系，但仍需检视《刑法》的特别规定。若《刑法》明文规定对牵连行为进行数罪并罚的，则依照数罪并罚处理。

根据《最高人民法院、最高人民检察院、公安部关于依法惩处侵害公民个人信息犯罪活动的通知》的规定，对使用非法获取的个人信息，实施其他犯罪行为，构成数罪的，应当依法予以并罚。《办理电信网络诈骗意见》规定，使用非法获取的公民个人信息，实施电信网络诈骗犯罪行为，构成数罪的，应当依法予以并罚。也就是说，使用非法获取的公民个人信息实施电信网络诈骗犯罪的情形下，成立侵犯公民个人信息罪与诈骗罪，数罪并罚，而非择一重罪或者择一重罪从重论处。

侵犯公民个人信息行为与诈骗行为虽然具有牵连关系，但是不构成类型化的手段行为与目的行为之间的牵连关系，不具有密切关联性。另外，此类行为侵犯了数个犯罪所保护的法益，非法获取公民个人信息的手段行为与诈骗犯罪的目的行为分别具有严重的社会危害性，在如今电信网络诈骗形势下，为切断手段行为继续导向目的行为的链条，防止二者结合导致电信网络诈骗犯罪持续蔓延扩展的现实需要，只有并罚才能实现量刑合理化，有必要对此类行为模式明确适用数罪并罚。例如，章某某等人通过百度及 QQ 向他人购买学生个人信息，拨打学生家长电话，先后冒充学校及教育局工作人员，以领取学生助学补助金为幌子骗取钱财，至被查获时，共拨打诈骗电话 4392 人次，骗取 116200 元。法院认为章某某不仅侵犯了学生及学生家长的个人信息和财产安全，还破坏了学校的正常教学秩序和教育系统声誉，社会危害极大，以一罪论处不能完整评价章某某行为的社会危害性，依法应予数罪并罚。

对此，我国刑事立法亦有类似规定，如我国《刑法》第 157 条第 2 款规定：以暴力、威胁方法抗拒缉私的，以走私罪和本法第 277 条规定的阻碍国家机关工作人员依法执行职务罪，依照数罪并罚的规定处罚。易言之，走私罪和妨害公务罪、袭警罪虽然构成了牵连关系，但仍然实行数罪并罚。

2. 明知他人实施电信网络诈骗犯罪而非法获取、出售、提供公民个人信息

《办理电信网络诈骗意见》第 4 条规定，明知他人实施电信网络诈骗犯罪，非法获取、出售、提供公民个人信息的，以共同犯罪论处。《检察机关办理侵犯公民个人信息案件指引》中也规定，对于侵犯公民犯罪与电信网络诈骗犯罪相交织的案件，应严格按照《办理电信网络诈骗意见》的规定进行审查认定，即通过认真审查非法获取、出售、提供公民信息的犯罪嫌疑人对电信网络诈骗犯罪的参与程度，结合能够证实其认知能力的文化程度、聊天记录、通话频率、获利方式等证据，分析判断其是否属于诈骗共同犯罪、是否应数罪并罚。

需要注意的是，其一，所谓"明知他人实施电信网络诈骗犯罪，非法获取、出售、提供公民个人信息的，以共同犯罪论处"，仅适用于行为人仅实施侵犯公民个人信息的单一行为，且具有明知他人实施电信网络诈骗犯罪而为其提供帮助的主观意图。若行为人非法获取公民个人信息后，又使用此种信息自行实施或参与实施电信网络诈骗行为，或者教唆他人使用此种信息实施电信网络诈骗行为，则不属于"明知他人实施电信网络诈骗犯罪，非法获取、出售、提供公民个人信息的，以共同犯罪论处"的情况，而是属于"使用非法获取的公民个人信息，实施电信网络诈骗犯罪行为，构成数罪的，应当依法予以并罚"的情况。

其二，关于"明知他人实施电信网络诈骗犯罪"的认定，根据《办理电信网络诈骗意见》的规定，应当结合被告人的认知能力，既往经历，行为次数、手段，与他人关系，获利情况，是否曾因电信网络诈骗受过处罚，是否故意规避调查等主客观因素进行综合分析认定。与此相一致，《检察机关办理电信网络诈骗案件指引》规定，对于帮助者明知的内容和程度，并不要求其明知被帮助者实施诈骗行为的具体细节，其只要认识到对方实施诈骗犯罪行为即可。

3. 非法获取公民个人信息，但未用于犯罪或出售牟利

行为人非法获取公民个人信息后，不能排除事实层面行为人未来得及实施后续诈骗行为，以及证据层面无证据证实行为人实施后续诈骗行为的情况。有案例认为，对于行为人虽非法获取公民个人信息，但未将上述信息用于犯罪或出售牟利的事实，在侵犯公民个人信息罪的量刑中可酌情予以考虑。例如，在"谢某犯诈骗罪、侵犯公民个人信息罪一案"①中，被告人谢某于2017年6月至9月间，伙同他人使用其提供的电脑、银行卡、手机卡、手机等作案工具，冒充快递客服人员联系被害人，在取得被害人信任后，要求被害人使用手机贷款App进行贷款，后由其提供二维码或者银行卡卡号，被害人通过微信、支付宝扫描二维码或银行转账的方式将钱汇出，共诈骗被害人人民币163829.04元。此外，被告人谢某于2016年年底至案发前，从互联网上非法下载含有公民姓名、身份证号码、手机号码等内容的公民个人信息，并将上述公民个人信息存储在其持有的笔记本电脑、硬盘等存储媒介中，其非法获取的公民个人信息共计3282076条。法院认为，虽然谢某非法获取公民个人信息数量巨大，但无证据证实其将该信息用于犯罪活动，或用于出售牟利，量刑时可酌情予以考虑，遂判决：谢某犯诈骗罪，判处有期徒刑五年六个月，并处罚金人民币2万元；犯侵犯公民个人信息罪，判处有期徒刑四年，并处罚金人民币1万元；数罪并罚，决定执行有期徒刑七年，并处罚金人民币3万元。

该案中，虽然行为人谢某在实施诈骗行为之前，便已非法获取了数量巨大的公民个人信息，但无证据证实行为人在后实施的诈骗行为系利用了在先非法获取的公民个人信息，亦无证据证实行为人将该信息用于其他犯罪活动或者出售牟利，在侵犯公民个人信息罪的量刑中可酌情予以考虑。

4. 非法获取公民个人信息与其他关联犯罪竞合

信息时代的公民个人信息常常以电子数据、硬盘等形式保存在计算机信息系统中。司法实践中，行为人通过黑客手段侵入计算机信息系统获取公民个人信息实施诈骗的情况屡见不鲜。例如，山东考生徐某玉个人信息被泄露案中，行为人杜某侵入网上报名信息系统窃取公民个人信息的行

---

① 参见安徽省黄山市黄山区人民法院（2018）皖1003刑初84号刑事判决书、安徽省黄山市中级人民法院（2018）皖10刑终106号刑事判决书。

为，不仅侵害了计算机信息系统数据的安全，还对公民个人信息也构成了严重侵害，同时存在着计算机信息系统数据安全和公民个人信息权的双重法益被侵害的情形。该行为同时符合非法获取计算机信息系统数据罪和侵犯公民个人信息罪的犯罪构成要件，只有同时考量两罪的犯罪构成，才能完整评价该行为侵害的数个法益事实。此外，非法获取计算机信息系统数据罪和侵犯公民个人信息罪不存在法条上的交叉或者包容关系，这一行为应当归类于想象竞合犯，按照"择一重罪处罚"原则处理，在具体量刑方面，由于我国《刑法》285 条第 2 款规定的非法获取计算机信息系统数据罪的法定最高刑与侵犯公民个人信息罪的法定最高刑相同。因此，应当根据具体案件中行为人窃取公民个人信息的数量、具体情节、危害后果等实际情形综合考察，然后结合法定刑，选择量刑更重的罪名定罪处罚。例如，被告人廖某通过运行某平台营销软件，将从他人处购买的大量邮箱账号和密码输入该软件，对登录系统实施"撞库"行为，以获取有效的账号和密码。该案起诉罪名为侵犯公民个人信息罪，法院认定廖某构成非法获取计算机信息系统数据罪。①

司法实践中，行为人窃取、收买、非法提供他人信用卡信息是比较常见的犯罪情形。信用卡信息一般包含了发卡银行的编码、信用卡持有者的账户信息及密码等经过加密处理的电子类资料，其中，信用卡持有者的账户信息及密码等属于公民个人信息的范畴。因此，行为人窃取、收买、非法提供公民信用卡信息中的个人信息，情节严重的行为，同时符合窃取、收买、非法提供信用卡信息罪和侵犯公民个人信息罪的构成要件。此种情形下，行为对象——信用卡信息中个人信息的特殊性，形成了普通法条和特殊法条的关系，并最终形成了罪名的竞合。窃取、收买、非法提供信用卡信息罪和侵犯公民个人信息罪在构成要件上具备了包容和交叉的关系，构成法条竞合犯。窃取、收买、非法提供信用卡信息罪属于特殊法条，侵犯公民个人信息罪属于一般法条，且窃取、收买、非法提供信用卡信息罪的法定刑更重。因此，无论是按照特别法条优先于普通法条的原则，还是按照法定刑重的条款优先于法定刑轻的条款的原则，窃取、收买、非法提

---

① 陈兵：《涉公民个人信息类刑事案件的审理思路和裁判要点｜类案裁判方法》，载微信公众号"上海一中法院"，2023 年 9 月 19 日。

供他人信用卡信息资料中的个人信息都应当按照窃取、收买、非法提供信用卡信息罪定罪处罚。

(三) 电信网络诈骗犯罪与网络非法集资犯罪

随着电信网络诈骗犯罪的异化演变，该罪逐渐呈现同集资诈骗罪、合同诈骗罪相融合的趋势，需要注意甄别。诈骗罪属于侵犯财产罪的具体罪名，而集资诈骗罪属于金融诈骗罪，二者主要存在以下区别：

第一，从犯罪主观目的来看，诈骗罪是以非法占有为目的，虚构投资项目等事实诱导受害人提供财物。而集资诈骗罪中，行为人主观目的是借助非法集资来非法获取投资款项。

第二，从认定条件看，诈骗罪是一种自然犯，而集资诈骗罪是一种法定犯。集资诈骗罪侵犯的客体为复杂客体，既侵犯了公私财产所有权，又侵犯了国家的金融秩序。诈骗罪的认定可以直接根据其行为来判断犯罪是否成立，而集资诈骗罪的认定不能仅仅根据行为本身来判断，同时还要违反国家金融管理法规。诈骗罪没有非法集资的机构和平台，但电信网络诈骗犯罪会借助网络的技术性、隐蔽性和远程性、非接触性，来骗取不特定的被害人；而集资诈骗罪借助非法集资的机构和平台，通过公开宣传等形式，吸纳不特定的被害人参与投资。

第三，从构成要件层面讲，二者具有一定的相似性，均是利用电信网络技术实施的虚构事实、隐瞒真相，向社会不特定对象骗取钱款的行为，但集资诈骗罪还有其鲜明的特点。最高人民法院 2010 年颁布的《关于审理非法集资刑事案件具体应用法律若干问题的解释》第 1 条，在形式要件的层面确立了集资诈骗罪成立的四个特性，即非法性、公开性、利诱性和社会性。集资诈骗罪的另一个鲜明特点就是犯罪人往往承诺在一定期限内以货币、实物、股权等方式还本付息或给付高额回报。

(四) 电信网络诈骗犯罪与组织、领导传销活动罪

根据《刑法》第 224 条之一的规定，组织、领导传销活动罪的罪状要素之一是"骗取财物"，而诈骗类犯罪的客观构成要件之一是"诈骗公私财物"。二者在罪状上存在相似的情况。故对诈骗型传销案件认定时，极易产生认定分歧。

1. 电信网络诈骗与组织、领导传销活动罪的界分

就组织、领导传销活动罪而言，骗取财物是客观表现及行为方式的概括，不是主观要素及目标结果的定义。诈骗罪是以非法占有为目的，而组织、领导传销活动罪是以非法牟利为目的，两种目的之间是对立排斥关系，因此两种犯罪一般不会发生竞合。司法实践中，可通过审查犯罪嫌疑人占用、占有资金的理由以及资金用途，从而正确甄别和认定罪名。

第一，犯罪主观方面不同。尽管组织、领导传销活动罪与诈骗罪的主观方面都是故意犯罪，但犯罪目的不同。通常非法占有目的是指意图无依据或者无偿、不支付合理对价就占有相对人的财物，是对被害人财产权的整体侵犯；而非法牟利目的仅是意图利用相对方的财物取得自己获取利益的机会，尽管也会损害到对方的财产利益，但并不是对财产权的整体侵犯。组织、领导传销活动罪没有一一对应的财物对象，往往分不清入门费被谁分割，并且不少传销人员认为是一种经营活动，自己的酬劳是通过推销的劳动所得，因而是以非法牟利为目的。而诈骗罪则存在一一对应的财物对象，是以非法占有为目的。

第二，犯罪客观方面不同。组织、领导传销活动罪与诈骗罪的欺诈性都表现为虚构事实，但欺诈内容往往不同，直观表现在二者的承诺内容不同，组织、领导传销活动罪承诺的是参与人缴纳入门费后取得拉人头获利的机会，隐瞒的是庞氏骗局不可持续、随时崩盘的风险，尚不是对核心承诺内容的隐瞒；而诈骗罪承诺的是获取被害人财物对应的支付对价，隐瞒的是承诺的核心内容，即不会支付对价或者已经支付的对价是虚假的。

第三，犯罪客体方面不同。理论界对诈骗罪的客体认识基本一致，诈骗罪侵犯的法益是财产权，组织、领导传销活动罪侵犯的法益是市场经济秩序，并且是单一客体，财产权不是所侵犯的法益，因为传销参与者在明知风险的情况下为了取得逐利机会而缴纳入门费，通常不是认识错误，而是自甘风险，且入门费涉及用于犯罪的非法财物范畴，因此，参与者的财产权益不再受刑法保护。

第四，入罪追诉标准不同。诈骗罪属于数额犯，以骗取的数额为入罪追诉依据，只不过不同种类的诈骗罪名标准不同。考虑组织、领导传销活动罪的特殊性，其入罪追诉依据不是涉案资金数额或者参与人损失数额，而是发展传销人员的人数和层数。

第五，财产损失节点不同。诈骗罪是典型的结果犯，被害人一般对财产损失有明确认识，司法机关的介入也不会造成新的损失；而组织、领导传销活动罪是行为犯，既遂时刻被害人财产损失不一定产生，要么已经收回成本，要么因为还有赚钱机会而不认为自己存在损失，而司法机关的介入标志着部分未返本的参与人损失数额的确定。这是链式发展的庞氏骗局不符合诈骗罪构成的特殊之处，即在断裂之前链条暂时是完整的。在司法机关依法追缴犯罪所得以前，组织、领导传销活动罪与诈骗罪当事人对财产损失的认知和状态不同。

2. 电信网络诈骗与组织、领导传销活动罪的相互转化

司法实务中，往往还会发生传销与诈骗罪行为混合并存的情况，有时还会发生犯意转化而形成另一个新的犯罪行为，对此予以数罪并罚是基本准则，但仍需在个案中具体判断组织、领导传销活动罪与诈骗罪出现混合或者转换的节点。

一是要理清酬劳分配。组织、领导传销活动罪实控人一般不会直接占有收取的入门费，这是转化成诈骗罪的边界所在，一旦超出分配规则、毫无理由地直接动用了入门费，那就可能超越了组织、领导传销活动罪范围。传销组织实控人员的获利分配规则多数是不公开的，需要审查当前行为人的收益分配行为是否符合原来内部确定的常规分配规则。如果实控人超出这两种分配规则占有传销涉案资金，存在抽逃、转移、隐匿；或者大肆挥霍、赠与、行贿；或者搞假崩盘、假倒闭逃避返还资金；或者携款潜逃等行为，给参与人造成更大损失，就可能踏入了诈骗罪的门槛，可以启用非法占有目的的推定规则。

二是要审查资金去向。组织、领导传销活动罪的涉案资金消耗，一般用于维持传销组织运转。一旦实控人员超出原有分配规则占用、占有的，则要从资金去向上作实质辨别，是否为了维持传销组织的运转。实控人员有时为了维持组织形象，或者忽悠更多的人参与，也会把已经收取的入门费用于再投资项目或者高消费装点门面，这种情况应当参照《全国法院审理金融犯罪案件工作座谈会纪要》关于"行为人将大部分资金用于投资或生产经营活动，不应仅以此便认定具有非法占有的目的"的意见处理。

三是要体现比例原则。从非法牟利到非法占有，是一个量变引起质变的过程。因此，对于传销实控人员非法占有的入门费，还要依据比例原则

作辨别。对于个人偶尔高消费挥霍且占到组织、领导传销活动罪涉案资金比例不大的，要谨慎认定具有非法占有目的。即使认定为诈骗罪，诈骗数额也以实控人直接占有的资金数额为宜。同理，在资金链断裂、组织崩盘以后携带少量款项潜逃的，也不能对所有涉案资金都简单推定为具有非法占有目的。

四是要区分明知程度。只有处于金字塔上层的传销人员，才可能客观上控制支配涉案资金，主观上准确了解资金去向。中下级参与者主要通过发展更多下线来提高层级和返利比例，并不能直接支配下线的入门费，也不清楚涉案资金的真实去向及用途，一般不具备非法占有的认知可能。如果参与者与实控人的主观故意不相同，按照共同犯罪原理，仍应当以组织、领导传销活动罪认定。

（五）电信网络诈骗犯罪中的其他关联犯罪

1. 非法利用信息网络罪、帮助信息网络犯罪活动罪的界分

近年来，帮助信息网络犯罪活动案件及非法利用信息网络案件增长迅速，已成为网络犯罪中最为活跃的几类案由，但二者之间以及二者与电信网络诈骗犯罪共犯之间存在的交叉性和重合性，使各罪名区分成为实践争议热点。比如，非法利用信息网络设立用于实施诈骗的网站行为，手段行为是设立网站，而目的行为是诈骗，二者之间存在牵连关系，无论是手段行为，还是目的行为，本质上均可构成独立罪名；再如，帮助信息网络犯罪活动罪与电信网络诈骗犯罪共犯都是帮助行为，都要求主犯的行为必须构成犯罪。因此，如何对它们进行区分是实践争议的关键。实践中，应注意把握以下几点：

第一，行为的法律属性不同。非法利用信息网络罪是对网络犯罪预备行为独立入罪，实现网络犯罪预备行为的实行化；帮助信息网络犯罪活动罪是对网络犯罪的帮助行为独立入罪，实现网络犯罪帮助行为正犯化。非法利用信息网络罪只要求行为人实施了法律规定的相应行为，即所设立的网站、群组用于实施违法犯罪活动，或者所发布的信息内容有关违法犯罪或者为实施诈骗等违法犯罪活动，并不要求客观上实施了相应的违法犯罪活动，而帮助信息网络犯罪活动罪通常须以帮助对象的行为构成犯罪为前提，该罪中的"广告推广"一般是指为推广网站扩大犯罪活动范围所需的

投放广告行为。为他人实施诈骗等违法犯罪活动发布信息，虽然也属于帮助信息网络犯罪活动的情形，但其本质上还是一种非法利用信息网络的行为。

第二，所处犯罪阶段不同。非法利用信息网络罪的核心是传播信息，其规制的行为处于犯罪链条的前端，系相关犯罪的预备行为，而帮助信息网络犯罪活动罪的核心是为他人利用信息网络实施犯罪提供技术支持与帮助，处于犯罪链条的中端或者末端，系相关犯罪的帮助行为，要求被帮助对象已着手实行了犯罪。因此，为他人提供帮助的阶段不同，定性也就不同，在预备阶段为他人提供帮助的行为应当认定为非法利用信息网络罪，在实行阶段为他人提供帮助的行为则应当认定为帮助信息网络犯罪活动罪。

第三，行为方式不同，非法利用信息网络罪的行为方式限定为法条所规定的三类行为之一，如设立用于实施犯罪的网站、发布违法犯罪信息等；帮助信息网络犯罪活动罪的行为方式没有限定，一般包括互联网接入、服务器托管、广告推广、支付结算等具体行为。为他人设立网站、通讯组的方式提供互联网接入、服务器托管等帮助行为，既符合帮助信息网络犯罪活动罪的构成要件，又符合非法利用信息网络罪的犯罪构成，二者是法条竞合的关系，但由于帮助信息网络犯罪活动罪是特别法条，所以应当以该罪定罪处罚。①

2. "两卡"犯罪案件涉及罪名的界分

自 2020 年 10 月"断卡"行动开展以来，涉"两卡"案件大幅度增长，该犯罪活动的出现与电信网络诈骗等犯罪密切相关，"两卡"犯罪案件涉及的罪名主要有帮助信息网络犯罪活动罪，掩饰、隐瞒犯罪所得罪，妨害信用卡管理罪等，司法实践中对涉"两卡"案件的定性争议较大，尤其对于一些主观上明知他人用于违法犯罪活动，仍实施违反信用卡管理规定等行为的情形。

对于"两卡"犯罪案件涉及罪名的界分问题，可以通过一个典型案例来分析。2019 年 10 月，被告人张某在明知他人购买银行卡用于违法犯罪活动的情况下，仍以 1000 元、1200 元的价格从其朋友黄某、傅某处收买

---

① 参见喻海松：《新型信息网络犯罪司法适用探微》，载《中国应用法学》2019 年第 6 期。

其二人名下的银行卡（包括绑定的手机卡、密码、U 盾等信息）各两套，连同自己名下的银行卡一起加价贩卖给"飞哥"。经查明，被告人张某贩卖的银行卡涉及多起电信网络诈骗，上述银行卡内流水均达到 30 万元。检察机关以被告人张某涉嫌收买信用卡信息罪向法院提起公诉，后经一审法院审理认为，被告人张某的行为构成帮助信息网络犯罪活动罪。

本案的争议点在于被告人在明知他人用于违法犯罪活动的情况下，仍通过出卖自己及亲友的银行卡及相关信息牟利的，该行为是认定帮助信息网络犯罪活动罪，还是收买、非法提供信用卡信息罪，妨害信用卡管理罪。《最高人民法院、最高人民检察院关于办理妨害信用卡管理刑事案件具体应用法律若干问题的解释》规定，将足以使他人以信用卡持卡人名义进行交易作为判断窃取、收买、非法提供信用卡信息罪成立的标准之一。也就是说，认定本罪需要行为人以信用卡持卡人的名义进行支付、消费，侵犯持卡人的财产权益，而不仅仅是作为工具使用的情况。张某将银行卡及银行卡信息出售给他人，目的并不是伪造信用卡，也不是占有卡内余额进行透支、消费，而是利用这些信用卡接收、转移上游犯罪活动获取的非法资金，该行为也未直接威胁信用卡持卡人的资金安全，故不宜认定为收买信用卡信息罪，帮助信息网络犯罪活动罪的定性更加符合该行为的社会危害性。

第二章　程序问题

一、电信网络诈骗犯罪的管辖

电信网络诈骗犯罪对传统刑事案件的地域管辖制度带来极大的冲击。根据《刑事诉讼法》及《最高人民法院关于适用〈中华人民共和国刑事诉讼法〉的解释》相关规定，刑事案件的地域管辖通常遵循"以犯罪行为发生地为主，被告人居住地为辅"的原则，即刑事案件管辖优先选择犯罪行为地和犯罪结果发生地。在传统犯罪中，犯罪行为地与犯罪结果发生地通常位于同一地点，司法实践中管辖权冲突并不多见。

与此相比，电信网络诈骗犯罪通常在网络环境中进行，且当前多呈链条化运作、团伙式作案，具有高发性、涉众性、分散性等特征，各个犯罪环节分布在不同省份的情况十分普遍。且随着电信网络诈骗犯罪向产业化发展，不同环节的行为出现外包化趋势。涉诈黑灰产犯罪团伙为诈骗团伙提供个人信息、技术支持与资金转移等服务，这些团伙通常独立运作且分布在不同地区，导致诈骗团伙通过涉诈黑灰产犯罪行为不断关联其他犯罪地，犯罪行为地迅速扩张，犯罪结果发生地也呈现分散化趋势。①

同一诈骗犯罪团伙通常会同时或先后对大量被害人实施"广撒网式"诈骗，以提高诈骗成功率并实现收益最大化，导致同一案件的众多被害人分布在全国各地。因此，电信网络诈骗犯罪作为一种涉众型、多层级、链

---

① 陈如超：《电信网络诈骗犯罪侦查管辖制度的反思与调整》，载《浙江工商大学学报》2022 年第 5 期。

条式的网络犯罪，其跨地域、多层级、广泛受害者等特征在网络空间中形成了多个管辖连接点，引发了关于电信网络诈骗案件地域管辖权的大量争议。

同时，《刑事诉讼法》没有关于侦查管辖的明确规定，而是在明确审判管辖规则的基础上，对侦查管辖进行规范和指引，即传统的"审判管辖中心主义"。"在审判中心的语境下，公安的侦查行为和检察院的起诉行为被看作是刑事诉讼的准备，只有审判才是实质意义上的刑事诉讼。"① 然而在电信网络诈骗领域，相关案件的办理十分依赖侦查阶段证据的采集；加之电信网络诈骗案件的高发性、涉众型特征，使传统审判管辖的秩序导向性已不适应侦查管辖的效率需求。为回应实践需求，最高人民法院、最高人民检察院、公安部出台相关文件，使电信网络诈骗犯罪管辖制度的重心逐步向侦查管辖前移，由此产生了管辖分歧。

考虑电信网络诈骗犯罪打击治理对传统刑事司法管辖制度的挑战，需要在理顺公安机关横向侦查地域管辖争议的同时，完善公检法机关的纵向管辖争议协调机制。

（一）电信网络诈骗犯罪管辖现状

在我国，涉及电信网络诈骗等网络犯罪的司法管辖规定主要体现在以下几部法律文件中：2014 年《最高人民法院、最高人民检察院、公安部关于办理网络犯罪案件适用刑事诉讼程序若干问题的意见》（已失效）、2016 年《办理电信网络诈骗意见》以及《最高人民法院关于适用〈中华人民共和国刑事诉讼法〉的解释》和《公安机关办理刑事案件程序规定》②。此外，还包括 2021 年《办理电信网络诈骗意见（二）》和 2022 年的《最高人民法院、最高人民检察院、公安部关于办理信息网络犯罪案件适用刑事诉讼程序若干问题的意见》。这些法律文件针对网络犯罪的跨区域性、组织性和连续性等关键特征，为电信网络诈骗等网络犯罪的地域管辖、指定管辖和并案管辖等关键问题提供了明确指导，构建了电信网络诈骗犯罪案

---

① 参见宋英辉：《刑事诉讼法修改问题研究》，中国人民公安大学出版社 2007 年版，第 46 页。
② 2012 年 12 月 13 日，通过公安部令第 127 号修订发布；2020 年 7 月 20 日，根据公安部令第 159 号《公安部关于修改〈公安机关办理刑事案件程序规定〉的决定》修正。

件的刑事管辖规范体系，反映了刑事司法管辖制度对包括电信网络诈骗在内的网络犯罪司法实践的适应和更新。上述法律规定的历史演变呈现以下基本特征：

第一，地域管辖连接点在不断扩展。在 2012 年《刑事诉讼法》的修正过程中，公安部发布了《公安机关办理刑事案件程序规定》，其中第 16 条（后于 2020 年修正为第 17 条）首次明确了网络犯罪侦查管辖的具体连接点。随后，2014 年《最高人民法院、最高人民检察院、公安部关于办理网络犯罪案件适用刑事诉讼程序若干问题的意见》（已失效）进一步专门规定了网络犯罪的侦查管辖原则，确立了与审判管辖相一致的"以犯罪地为主，以犯罪嫌疑人居住地为辅"的原则，并首次详细列举了网络犯罪的犯罪地点。[①] 接着，2016 年《办理电信网络诈骗意见》首次专门对电信网络诈骗犯罪的地域管辖进行了明确规定，确立了电信网络诈骗犯罪案件管辖的基本框架。该法律文件根据电信网络诈骗犯罪的特点，在网络犯罪通行管辖地范围基础上，扩展解释了犯罪行为地和犯罪结果发生地，将"诈骗电话、短信息、电子邮件等的拨打地、发送地、到达地、接受地"纳入犯罪行为地范围，将"诈骗所得财物的实际取得地、藏匿地、转移地、使用地、销售地等"解释为犯罪结果发生地。随着电信网络诈骗犯罪的不断发展，诈骗团伙开始采取多种技术手段逃避打击，如在境外设立窝点或使用境外云服务器，以及利用微信、QQ 等网络即时通讯工具和"猫池"、GOIP、多卡宝等黑灰产设备等。2021 年《办理电信网络诈骗意见（二）》进一步适应网络犯罪的发展趋势，从有利于侦查、有利于诉讼的角度，围绕电信网络诈骗犯罪发展趋势扩充法定犯罪地的范围，将用于犯罪活动的相关工具、设备的开立地、销售地、藏匿地等纳入刑事管辖范围，实际上

[①] 《最高人民法院、最高人民检察院、公安部关于办理网络犯罪案件适用刑事诉讼程序若干问题的意见》（已失效）进一步明确了网络犯罪案件的管辖问题，指出网络犯罪案件的犯罪地包括用于实施犯罪行为的网站服务器所在地，网络接入地，网站建立者、管理者所在地，被侵害的计算机信息系统或其管理者所在地，犯罪嫌疑人、被害人使用的计算机信息系统所在地，被害人被侵害时所在地，以及被害人财产遭受损失地等。涉及多个环节的网络犯罪案件，犯罪嫌疑人为网络犯罪提供帮助的，其犯罪地或者居住地公安机关可以立案侦查。

通过"一条龙管辖"原则将电信网络诈骗上下游犯罪都纳入了管辖范围。①从客观来看，一方面能够更好地回应电信网络诈骗案件所涉地域分散的现实情况，另一方面也为公安机关依法行使管辖权提供了明确的依据。然而，这种管辖范围的迅速扩张在司法实践适用中也带来不少挑战，如多地公安机关对同一案件或关联案件均具有管辖权，极易引发管辖争议，影响侦查、起诉和审判的有序进行。

第二，并案管辖范围不断扩张。《公安机关办理刑事案件程序规定》规定了刑事案件并案管辖需满足的基本条件，《办理电信网络诈骗意见》在电信网络诈骗案件并案管辖中基本沿用了上述规定。《办理电信网络诈骗意见（二）》开始扩张并案管辖范围，将电信网络诈骗犯罪的上游犯罪行为，即提供作案工具和技术支持，以及下游行为，即掩饰、隐瞒电信网络诈骗所得都纳入电信网络诈骗犯罪并案管辖范围中。

第三，侦查管辖对整体刑事司法管辖的影响力逐渐增强。传统刑事司法制度以审判为中心，优先解决法院对刑事案件的管辖权问题，而公安机关和检察院的管辖权则是基于审判管辖来确定的。然而，在电信网络诈骗这一特定领域，随着相关法律文件的出台，如《办理电信网络诈骗意见》《办理电信网络诈骗意见（二）》以及《最高人民法院、最高人民检察院、公安部关于办理信息网络犯罪案件适用刑事诉讼程序若干问题的意见》规定，公安机关立案、并案管辖、指定管辖的案件，均由该公安机关所在地的人民检察院提起公诉和人民法院审判，公安机关在案件侦查阶段的管辖权分配对相关案件的起诉和审判有决定性影响。这种变化反映了司法实践对于电信网络诈骗案件司法效率和打击效果的追求。

第四，缺少解决管辖权争议的具体规则。虽然相关法律文件通过列举的方式对犯罪管辖地进行了明确而详细的规定，但在处理管辖权竞合、牵

---

① 《办理电信网络诈骗意见（二）》进一步明确了电信网络诈骗犯罪案件的管辖问题，指出：电信网络诈骗犯罪地，除《办理电信网络诈骗意见》规定的犯罪行为发生地和结果发生地外，还包括：（1）用于犯罪活动的手机卡、流量卡、物联网卡的开立地、销售地、转移地、藏匿地；（2）用于犯罪活动的信用卡的开立地、销售地、转移地、藏匿地、使用地以及资金交易对手资金交付和汇出地；（3）用于犯罪活动的银行账户、非银行支付账户的开立地、销售地、使用地以及资金交易对手资金交付和汇出地；（4）用于犯罪活动的即时通讯信息，广告推广信息的发送地、接受地、到达地；（5）用于犯罪活动的"猫池"（Modem Pool）、GOIP 设备、多卡宝等硬件设备的销售地、入网地、藏匿地；（6）用于犯罪活动的互联网账号的销售地、登录地。

连管辖等常见问题时，以及在侦查、审查起诉、审判等不同阶段的管辖衔接、协商管辖、指定管辖等程序性问题上，现有规定显得相对简略。一方面，由于上述法律文件的制定主体存在差异，加之部分文件专门针对电信网络诈骗犯罪而制定，部分则针对整体网络犯罪，就同一问题不同文件的规则并不相同，在具体适用时办案机关倾向于选择对自己最有利的规定，极有可能对当事人合法权益产生不利影响。另一方面，现有规定中，上级公安机关的指定管辖在处理管辖权竞合及牵连管辖案件时扮演着关键角色，但关于指定管辖的适用情形、具体流程、对后续诉讼程序的效力等方面的规定不够明确，导致公安机关在指定管辖方面拥有较大行政裁量权，一定程度上可能导致指定管辖的滥用、争夺管辖权现象以及侦查管辖的预决效力过大。

总体而言，尽管我国刑事诉讼管辖体系以审判管辖为核心而构建，但侦查管辖作为刑事诉讼的起始阶段，其在立法层面的合理设置及在司法实践中的公正执行，决定了整个刑事诉讼过程能否依法进行、能否充分保护当事人诉讼权益。

因此，综合现有法律规范并基于当前司法实践，首先，在横向上，将电信网络诈骗犯罪案件的侦查管辖分为管辖权竞合和管辖权合并两个基本维度，理顺电信网络诈骗犯罪案件的侦查管辖权确认问题；其次，在纵向上，优化公检法管辖争议协调机制，强化侦查管辖的指引作用、司法管辖的实质审查功能。

（二）横向公安机关侦查管辖争议

1. 同一案件的管辖权竞合

在电信网络诈骗犯罪的侦查阶段，管辖权规则需要明确：针对某个具体的刑事案件，哪些地方的公安机关拥有管辖权，多个公安机关都拥有管辖权时如何解决管辖权争议，以及拥有管辖权的公安机关因特定原因无法或不适宜行使管辖权时如何处理管辖权问题。

其一，无管辖争议时的管辖基本原则：属地管辖为原则，属人管辖为例外。《办理电信网络诈骗意见》第5条"依法确定案件管辖"中多次强调了"有利于查清犯罪事实、有利于诉讼"的管辖基本原则。该条规定，电信网络诈骗案件通常由犯罪地公安机关负责立案侦查，明确"犯罪地"

涵盖犯罪行为发生地和犯罪结果发生地，并对"犯罪行为发生地"和"犯罪结果发生地"进行了详尽列举。① 另外，如果犯罪嫌疑人居住地的公安机关进行侦查更有利于查清犯罪事实或便于诉讼的，也可以由该地公安机关进行立案侦查。也就是说，《办理电信网络诈骗意见》确立了"以犯罪地管辖为原则，以犯罪嫌疑人居住地管辖为补充"的管辖基本原则，并通过列举管辖连接点为相关公安机关提供了明确管辖依据。

从上述规定可以看出，基于"有利于查清犯罪事实、有利于诉讼"的考虑，电信网络诈骗案件从侦查阶段开始就对管辖权范围进行了适度扩展，只要案件的某些事实发生在本辖区内，即可由该地区的公安机关行使管辖权。

其二，管辖权竞合时的指定管辖。区别于传统犯罪关于管辖权竞合的规定，《办理电信网络诈骗意见》均明确指出，在管辖权竞合的情形下，最先受理案件的公安机关和主要犯罪地的公安机关都拥有管辖权，并无先后之分。在传统刑事案件中，立法通常明确了管辖权的先后顺序，即优先由最先受理案件的公安机关管辖，在该公安机关无法或不便行使管辖权等特殊情形时，犯罪地公安机关作为补充在必要时拥有管辖权。② 然而，由于电信网络诈骗犯罪具有涉众性、技术性、集团化、产业化等特点，其侦查难度远超其他犯罪，侦破此类案件的效率往往与侦查机关的侦查办案能力和取证便利程度密切相关。在司法实践中，相比最初受理案件的公安机关，主要犯罪地的公安机关往往在取证方面更具优势，平衡二者的优先管辖权地位，可以在一定程度上弥补最初受理机关在侦查和取证上的不足，更有利于提高案件侦破效率。

电信网络诈骗犯罪在地域管辖上的扩张趋势，以及对于双重优先管辖地的特殊规定，在司法实践中极易引发管辖权争议。根据《办理电信网络

---

① 《办理电信网络诈骗意见》第5条"依法确定案件管辖"中规定，"犯罪行为发生地"包括用于电信网络诈骗犯罪的网站服务器所在地，网站建立者、管理者所在地，被侵害的计算机信息系统或其管理者所在地，犯罪嫌疑人、被害人使用的计算机信息系统所在地，诈骗电话、短信息、电子邮件等的拨打地、发送地、到达地、接受地，以及诈骗行为持续发生的实施地、预备地、开始地、途经地、结束地。"犯罪结果发生地"包括被害人被骗时所在地，以及诈骗所得财物的实际取得地、藏匿地、转移地、使用地、销售地等。

② 《公安机关办理刑事案件程序规定》第21条规定，几个公安机关都有权管辖的刑事案件，由最初受理的公安机关管辖。必要时，可以由主要犯罪地的公安机关管辖。

诈骗意见》规定，当出现管辖权争议时，应以便于查明犯罪事实和促进诉讼的原则，通过协商来解决。如果协商未能达成共识，应由双方共同的上级公安机关指定一个公安机关进行立案侦查。简言之，面对多个公安机关之间的管辖权争议，可以采用三个步骤解决路径。

首先，电信网络诈骗案件应由最初受理的公安机关或主要犯罪地的公安机关管辖。在确定"主要犯罪地"时，可以参考"实害联系标准"，将那些与犯罪行为联系紧密且发生实质性危害的地点认定为主要犯罪地。例如，可以将诈骗网站创建者或管理者所在地，或者用于诈骗犯罪的信息系统、设备工具所在地，认定为主要犯罪地。其次，如果出现管辖权争议，应本着"有利于查清犯罪事实、有利于诉讼"的基本原则进行协商。最后，协商未能达成一致时，应报请共同的上级公安机关进行指定管辖。

其中，在管辖权协商与指定过程中，应始终遵循"有利于查清犯罪事实、有利于诉讼"的原则，全面考察相关公安机关的情况，包括所在地发案情况、已立案侦查案件进展情况、侦查办案能力等，例如，所在地已发案数量、所涉被害人人数、诈骗损失金额、主从犯抓捕到案情况、主要证据取证情况、电子数据取证能力、侦查办案资源情况等。此外，还需考虑全面打击犯罪链条、司法资源均衡分配以及公检法机关顺畅衔接等因素。综合评估上述因素后，应该将案件管辖权交给那些大要案件发生地、涉众案件发生地、已深入开展侦查地的公安机关。根据《公安机关办理刑事案件程序规定》相关规定，在实际操作中，公安机关协商确定管辖后，其他公安机关应迅速将案件材料转交至有管辖权公安机关；指定管辖后，上级公安机关必须将指定管辖决定书分别送达被指定管辖的公安机关及所有相关方，并根据实际需求抄送给同级法院和检察院，以确保办案的连贯性和效率性。

2. 关联案件的管辖权合并

电信网络诈骗案件及关联案件的并案管辖，是指将原本应由不同公安机关管辖的多个案件，统一交由一个公安机关处理。公安机关办理电信网络诈骗案件，通常是从被害人报案的线索入手，从资金流等方面追溯犯罪链条中的上下游关联犯罪，从人员流追查到该犯罪团伙的其他犯罪，最终发现以电信网络诈骗犯罪链条为核心的，整个犯罪网络上的所有相关主体及其实施的犯罪行为。为了全链条、多层级打击电信网络诈骗犯罪，公安机关需要对上述相关犯罪进行并案管辖，以便于查明当事人之间的组织架构，区分共同犯罪、关联犯罪，搭建完整证据链，全面还原案件事实。

第一，并案管辖的基本情形。《办理电信网络诈骗意见》在第 5 条明确规定了公安机关可以进行并案管辖的四种情况：一人犯数罪的；共同犯罪的；共同犯罪的犯罪嫌疑人还实施其他犯罪的；多个犯罪嫌疑人实施的犯罪存在直接关联，并案处理有利于查明案件事实的。需要提及的是，该条①单独规定了多层级、跨区域电信网络诈骗等犯罪案件的指定管辖，实际上是上述四种情况的一个特例。具体来说，当电信网络诈骗及关联犯罪案件基于网络交易、技术支持、资金支付结算等关系形成跨区域、多层次的犯罪网络时，如果并案处理更有利于查清犯罪事实、有利于诉讼的，可以指定公安机关进行并案管辖。

第二，关联犯罪的认定。《办理电信网络诈骗意见》第 5 条"依法确定案件管辖"中"存在直接关联""电信网络诈骗等犯罪案件"等规定如何理解，直接影响到电信网络诈骗及关联犯罪的管辖权认定。《办理电信网络诈骗意见（二）》第 2 条提到了并案管辖中关联犯罪的定义，包括纵向上的上游犯罪和下游犯罪，以及横向上利用相同资源实施的电信网络诈骗犯罪，上述犯罪行为应被认定为"存在关联"。

因此，针对电信网络诈骗案件的特点，按照《办理电信网络诈骗意见》中"坚持全链条全方位打击，坚持依法从严从快惩处，坚持最大力度最大限度追赃挽损"的原则，结合"全面惩处关联犯罪"的内容以及《办理电信网络诈骗意见（二）》中"存在关联"的规定，"存在直接关联"的"电信网络诈骗等犯罪"应包括：第一，共同犯罪和上下游犯罪的犯罪嫌疑人在实施电信网络诈骗及关联犯罪行为的过程中，与其他犯罪嫌疑人共同实施其他相关犯罪行为，共同构成全链条、多层级的电信网络犯罪相关案件。第二，为电信网络诈骗等犯罪提供作案工具、技术支持等帮助，或为转移、转换犯罪所得及其收益，形成上下游犯罪链条的案件，包括但不限于非法买卖个人信息、倒卖非实名电话卡及银行卡、提供网络和通讯

---

① 《办理电信网络诈骗意见》规定：对因网络交易、技术支持、资金支付结算等关系形成多层级链条、跨区域的电信网络诈骗等犯罪案件，可由共同上级公安机关按照有利于查清犯罪事实、有利于诉讼的原则，指定有关公安机关立案侦查。

技术服务、"跑分"洗钱等犯罪行为。第三，利用同一网站功能、社交平台群组、作案窝点、银行账户、第三方支付结算账户等渠道实施的犯罪行为。

以支付结算关联犯罪为例，实践中，公安机关通常会从被害人报案线索中的诈骗资金流向展开调查，一般分为两种主要情况：一是以诈骗资金流转为线索开展侦查。例如，如果被害人的诈骗资金直接进入 A 银行卡，作为支付结算工具的 A 银行卡将诈骗资金转入另一区域开立的 B 银行卡和 C 银行卡，则公安机关可以对 A、B、C 银行卡所涉相关案件行使管辖权。然而，这种关联性案件应当限定在"多个犯罪嫌疑人实施的犯罪存在直接联系，并且并案处理有助于查清案件事实"的范围。假如 A、B、C 银行卡还涉及为赌博等其他违法犯罪活动提供支付结算服务，那么这些与赌博相关的犯罪线索应当移交具有相应管辖权的公安机关进行处理。二是以诈骗及关联犯罪行为人支付结算行为为线索开展侦查。除了直接对被害人实施诈骗行为的诈骗分子，为诈骗分子提供"两卡"、互联网账号、非法设备工具的关联犯罪行为人，为帮助电信网络诈骗实施的相关活动属于关联案件，如果这些案件并案管辖有利于查清事实、便利诉讼，那么上述犯罪地的公安机关有权对整个犯罪链条中的相关犯罪行为进行管辖。然而，如果上述犯罪行为人还涉及其他资金结算、非法买卖个人信息等行为，且这些行为与诈骗事实无直接关联，考虑电信网络诈骗可能形成的无限延伸的"产业链"，在没有共同上级指定管辖的情况下，应将这些案件转交给有管辖权的公安机关。通常不建议将这些案件与原诈骗案件合并处理，以避免案件的无限扩展和复杂化。

总之，在电信网络诈骗案件的并案管辖问题上，公安机关拥有较大的自由裁量权。因此，面对跨区域的电信网络诈骗及关联犯罪，公安机关应采取限缩理解，将并案管辖的范围限定为与诈骗犯罪行为有"直接联系"的案件，避免不合理地拖慢侦查效率，影响后续案件的审查起诉和审理。需要注意的是，《办理电信网络诈骗意见》第 5 条关于并案的规定都是"可以"而非"应当"，在司法实践中，公安机关需要根据案件的具体情况，如其复杂程度、关联程度、案件进展以及办案资源等因素，来决定是否并案处理。对于那些虽然存在一定联系，但并案处理的必要性不大，或者可能会不合理地增加诉讼成本、拉长诉讼周期的案件，公安机关有权不进行并案处理。

3. 大案、并案的分案管辖

《最高人民法院、最高人民检察院、公安部关于办理信息网络犯罪案件适用刑事诉讼程序若干问题的意见》规定，并案侦查的共同犯罪或者关联犯罪案件，犯罪嫌疑人人数众多、案情复杂的，公安机关可以分案移送审查起诉。《最高人民检察院、公安部关于规范刑事案件"另案处理"适用的指导意见》提到了涉嫌共同犯罪案件或者与该案件有牵连关系的部分犯罪嫌疑人另案处理的适用条件。基于上述规定，并案管辖的电信网络诈骗案件，以及同一案件中符合"另案处理"条件的犯罪嫌疑人可以分案管辖。浙江省高级人民法院、浙江省人民检察院、浙江省公安厅印发的《关于办理电信网络诈骗犯罪案件若干问题的解答》对人数众多的电信网络诈骗犯罪案件分案处理问题提供了较为明确的指引。

参考浙江省的解答，对于人数众多、案情复杂的电信网络诈骗案件，在侦查、审查起诉和审判阶段都可以对符合条件的犯罪嫌疑人进行另案处理。相关机关对于分案处理应当以有利于保障诉讼质量和效率为前提，应根据案件的实际情况具体处理，不得影响当事人质证等诉讼权利的行使。例如，可以从犯罪嫌疑人本身入手，区分犯罪团伙、犯罪集团的首要分子、积极参加者以及其他参加者，也可以按犯罪集团、团队或者小组垂直关系等进行拆分。对可能判处无期徒刑的首要分子及同案审理有利于查明案件事实的积极参加者，需要移送地市级人民检察院审查起诉及中级人民法院审理的，应对主案人数有所限制。对涉嫌妨害信用卡管理罪，掩饰、隐瞒犯罪所得罪等轻罪名的其他犯罪嫌疑人、被告人，可不跟随主案移送。

(三) 纵向侦查、审查起诉、审判管辖衔接

相比于传统犯罪案件，电信网络诈骗犯罪案件在侦查阶段的指定管辖更为常见。但公安机关内部的指定管辖，可能引发公检法机关之间的管辖衔接问题。为了实现侦查指定管辖与审查起诉管辖、审判管辖的对接，避免烦琐、冗长的个案协商程序，《办理电信网络诈骗意见》规定了一揽子解决方案，因有争议由共同上级公安机关指定立案侦查的案件，需要提请批准逮捕、移送审查起诉、提起公诉的，由该公安机关所在地的人民检察

院、人民法院受理；只有对重大疑难复杂案件和境外案件，公安机关在指定立案侦查前，才应当向同级检察院、法院通报。也就是说，涉及多个有管辖权的侦查机关的案件，指定侦查管辖后，同地检察、审判机关自动获得管辖权。实践中应注意以下几点：

第一，对于已受理的案件，检察机关和审判机关仍应进行实质审查。为保证及时结案，避免超期羁押，人民检察院对于公安机关提请批准逮捕、移送审查起诉的网络犯罪案件，第一审人民法院对于已经受理的网络犯罪案件，经审查发现没有管辖权的，可以依法报请共同上级人民检察院、人民法院指定管辖。对于指定侦查管辖的电信网络诈骗案件，同地检察、审判机关自动获得管辖权也不意味着管辖权的审查只存在于侦查阶段。对于管辖权的审查应当贯穿整个案件侦查、审查起诉和审判阶段。

第二，跨地域电信网络诈骗案件建议由侦查机关会同当地检察、审判机关共同指定管辖。应注意在指定立案侦查前，向同级人民检察院、人民法院通报。目前相关司法解释及规范性文件已经确立了指定管辖协商机制。例如，《公安机关办理刑事案件程序规定》第 23 条规定"上级公安机关指定管辖的，应当将指定管辖决定书分别送达被指定管辖的公安机关和其他有关的公安机关，并根据办案需要抄送同级人民法院、人民检察院"；《人民检察院刑事诉讼规则》第 328 条规定"公安机关移送起诉的案件，需要依照刑事诉讼法的规定指定审判管辖的，人民检察院应当在公安机关移送起诉前协商同级人民法院办理指定管辖有关事宜"。上述司法解释、文件均表述为"根据办案需要""可以""必要时"由侦查机关与同级人民法院、人民检察院协商，并非必须会商。但是实践中，部分案件移送审查起诉后，当地检察机关自动获得管辖权，但是经审查发现本地无管辖权，又应当通过上级检察机关层报管辖，出现层报审批时间过长、影响诉讼进程的情况。因此，对于重大疑难复杂案件以及跨省、跨境案件，上级侦查机关应当与同级检察、审判机关对管辖权等程序问题进行会商，确定本地是否具有管辖权，将可能存在争议的管辖权问题解决在前，避免侦查机关移送后发现无管辖权的情况。

第三，检察机关应在案件侦查、审查起诉、审判各阶段的管辖衔接中起到承上启下的作用。根据 2012 年《最高人民法院、最高人民检察院、公安部、国家安全部、司法部、全国人大常委会法制工作委员会关于办理实施刑事诉讼法若干问题的规定》规定，案件移送审查起诉后，检察机关仍应对侦查阶段指定管辖是否合法合理进行实质性审查。经审查发现没有管辖权的，无论该公安机关依照何种缘由行使侦查权，检察机关仍应当办理指定管辖手续。检察机关在刑事诉讼中作为承上启下的环节且担负法律监督职责，应当加强对管辖权的实质审查，对案件涉及的连接点进行细致审查分析，确保法定管辖原则落到实处。应当按照"有利于查清犯罪事实、有利于诉讼的原则"把好管辖的关口。

第四，保障当事人的异议权，加强案件信息协查共享。对于指定管辖的，及时将指定管辖决定送达给当事人，听取其意见，保障当事人知情权以及当事人能充分行使管辖权异议，增强对当事人管辖权异议的说理性，加强外部监督。同时，应当探索建立跨地域案件信息共享机制，提高案件协查效率，其他公安机关发现犯罪嫌疑人另有犯罪事实的，将线索移送至案件主办地办案机关，便于主办机关及时发现其他涉案事实，进行并案侦查审理。

（四）电信网络诈骗犯罪管辖相关法律规定

1.《刑事诉讼法》

第 25 条 刑事案件由犯罪地的人民法院管辖。如果由被告人居住地的人民法院审判更为适宜的，可以由被告人居住地的人民法院管辖。

2.《最高人民法院关于适用〈中华人民共和国刑事诉讼法〉的解释》

第 2 条 犯罪地包括犯罪行为地和犯罪结果地。

针对或者主要利用计算机网络实施的犯罪，犯罪地包括用于实施犯罪行为的网络服务使用的服务器所在地，网络服务提供者所在地，被侵害的信息网络系统及其管理者所在地，犯罪过程中被告人、被害人使用的信息网络系统所在地，以及被害人被侵害时所在地和被害人财产遭受损失地等。

3.《最高人民法院、最高人民检察院、公安部、国家安全部、司法部、全国人大常委会法制工作委员会关于实施刑事诉讼法若干问题的规定》

一、管辖

2. 刑事诉讼法第二十四条中规定："刑事案件由犯罪地的人民法院管辖。"刑事诉讼法规定的"犯罪地"，包括犯罪的行为发生地和结果发生地。

3. 具有下列情形之一的，人民法院、人民检察院、公安机关可以在其职责范围内并案处理：

（一）一人犯数罪的；

（二）共同犯罪的；

（三）共同犯罪的犯罪嫌疑人、被告人还实施其他犯罪的；

（四）多个犯罪嫌疑人、被告人实施的犯罪存在关联，并案处理有利于查明案件事实的。

4.《办理电信网络诈骗意见》

五、依法确定案件管辖

（一）电信网络诈骗犯罪案件一般由犯罪地公安机关立案侦查，如果由犯罪嫌疑人居住地公安机关立案侦查更为适宜的，可以由犯罪嫌疑人居住地公安机关立案侦查。犯罪地包括犯罪行为发生地和犯罪结果发生地。

"犯罪行为发生地"包括用于电信网络诈骗犯罪的网站服务器所在地，网站建立者、管理者所在地，被侵害的计算机信息系统或其管理者所在地，犯罪嫌疑人、被害人使用的计算机信息系统所在地，诈骗电话、短信息、电子邮件等的拨打地、发送地、到达地、接受地，以及诈骗行为持续发生的实施地、预备地、开始地、途经地、结束地。

"犯罪结果发生地"包括被害人被骗时所在地，以及诈骗所得财物的实际取得地、藏匿地、转移地、使用地、销售地等。

（二）电信网络诈骗最初发现地公安机关侦办的案件，诈骗数额当时未达到"数额较大"标准，但后续累计达到"数额较大"标准，可由最初发现地公安机关立案侦查。

（三）具有下列情形之一的，有关公安机关可以在其职责范围内并案侦查：

1. 一人犯数罪的；

2. 共同犯罪的；

3. 共同犯罪的犯罪嫌疑人还实施其他犯罪的；

4. 多个犯罪嫌疑人实施的犯罪存在直接关联，并案处理有利于查明案件事实的。

（四）对因网络交易、技术支持、资金支付结算等关系形成多层级链条、跨区域的电信网络诈骗等犯罪案件，可由共同上级公安机关按照有利于查清犯罪事实、有利于诉讼的原则，指定有关公安机关立案侦查。

（五）多个公安机关都有权立案侦查的电信网络诈骗等犯罪案件，由最初受理的公安机关或者主要犯罪地公安机关立案侦查。有争议的，按照有利于查清犯罪事实、有利于诉讼的原则，协商解决。经协商无法达成一致的，由共同上级公安机关指定有关公安机关立案侦查。

（六）在境外实施的电信网络诈骗等犯罪案件，可由公安部按照有利于查清犯罪事实、有利于诉讼的原则，指定有关公安机关立案侦查。

（七）公安机关立案、并案侦查，或因有争议，由共同上级公安机关指定立案侦查的案件，需要提请批准逮捕、移送审查起诉、提起公诉的，由该公安机关所在地的人民检察院、人民法院受理。

对重大疑难复杂案件和境外案件，公安机关应在指定立案侦查前，向同级人民检察院、人民法院通报。

（八）已确定管辖的电信诈骗共同犯罪案件，在逃的犯罪嫌疑人归案后，一般由原管辖的公安机关、人民检察院、人民法院管辖。

5.《公安机关办理刑事案件程序规定》

第16条 犯罪地包括犯罪行为发生地和犯罪结果发生地。犯罪行为发生地，包括犯罪行为的实施地以及预备地、开始地、途经地、结束地等与犯罪行为有关的地点；犯罪行为有连续、持续或者继续状态的，犯罪行为连续、持续或者继续实施的地方都属于犯罪行为发生地。犯罪结果发生地，包括犯罪对象被侵害地、犯罪所得的实际取得地、藏匿地、转移地、使用地、销售地。

居住地包括户籍所在地、经常居住地。经常居住地是指公民离开户籍所在地最后连续居住一年以上的地方，但住院就医的除外。单位登记的住所地为其居住地。主要营业地或者主要办事机构所在地与登记的住所地不一致的，主要营业地或者主要办事机构所在地为其居住地。

第17条 针对或者主要利用计算机网络实施的犯罪，用于实施犯罪行为的网络服务使用的服务器所在地，网络服务提供者所在地，被侵害的网络信息系统及其管理者所在地，以及犯罪过程中犯罪嫌疑人、被害人使用的网络信息系统所在地，被害人被侵害时所在地和被害人财产遭受损失地公安机关可以管辖。

6.《办理电信网络诈骗意见（二）》

一、电信网络诈骗犯罪地，除《最高人民法院、最高人民检察院、公安部关于办理电信网络诈骗等刑事案件适用法律若干问题的意见》规定的犯罪行为发生地和结果发生地外，还包括：

（一）用于犯罪活动的手机卡、流量卡、物联网卡的开立地、销售地、转移地、藏匿地；

（二）用于犯罪活动的信用卡的开立地、销售地、转移地、藏匿地、使用地以及资金交易对手资金交付和汇出地；

（三）用于犯罪活动的银行账户、非银行支付账户的开立地、销售地、使用地以及资金交易对手资金交付和汇出地；

（四）用于犯罪活动的即时通讯信息、广告推广信息的发送地、接受地、到达地；

（五）用于犯罪活动的"猫池"（Modem Pool）、GOIP 设备、多卡宝等硬件设备的销售地、入网地、藏匿地；

（六）用于犯罪活动的互联网账号的销售地、登录地。

二、为电信网络诈骗犯罪提供作案工具、技术支持等帮助以及掩饰、隐瞒犯罪所得及其产生的收益，由此形成多层级犯罪链条的，或者利用同一网站、通讯群组、资金账户、作案窝点实施电信网络诈骗犯罪的，应当认定为多个犯罪嫌疑人、被告人实施的犯罪存在关联，人民法院、人民检察院、公安机关可以在其职责范围内并案处理。

7.《最高人民法院、最高人民检察院、公安部关于办理信息网络犯罪案件适用刑事诉讼程序若干问题的意见》

二、关于信息网络犯罪案件的管辖

2. 信息网络犯罪案件由犯罪地公安机关立案侦查。必要时，可以由犯罪嫌疑人居住地公安机关立案侦查。

信息网络犯罪案件的犯罪地包括用于实施犯罪行为的网络服务使用的服务器所在地，网络服务提供者所在地，被侵害的信息网络系统及其管理者所在地，犯罪过程中犯罪嫌疑人、被害人或者其他涉案人员使用的信息网络系统所在地，被害人被侵害时所在地以及被害人财产遭受损失地等。

涉及多个环节的信息网络犯罪案件，犯罪嫌疑人为信息网络犯罪提供帮助的，其犯罪地、居住地或者被帮助对象的犯罪地公安机关可以立案侦查。

3. 有多个犯罪地的信息网络犯罪案件，由最初受理的公安机关或者主要犯罪地公安机关立案侦查。有争议的，按照有利于查清犯罪事实、有利于诉讼的原则，协商解决；经协商无法达成一致的，由共同上级公安机关指定有关公安机关立案侦查。需要提请批准逮捕、移送审查起诉、提起公诉的，由立案侦查的公安机关所在地的人民检察院、人民法院受理。

4. 具有下列情形之一的，公安机关、人民检察院、人民法院可以在其职责范围内并案处理：

（1）一人犯数罪的；

（2）共同犯罪的；

（3）共同犯罪的犯罪嫌疑人、被告人还实施其他犯罪的；

（4）多个犯罪嫌疑人、被告人实施的犯罪行为存在关联，并案处理有利于查明全部案件事实的。

对为信息网络犯罪提供程序开发、互联网接入、服务器托管、网络存储、通讯传输等技术支持，或者广告推广、支付结算等帮助，涉嫌犯罪的，可以依照第一款的规定并案侦查。

有关公安机关依照前两款规定并案侦查的案件，需要提请批准逮捕、移送审查起诉、提起公诉的，由该公安机关所在地的人民检察院、人民法院受理。

5. 并案侦查的共同犯罪或者关联犯罪案件，犯罪嫌疑人人数众多、案情复杂的，公安机关可以分案移送审查起诉。分案移送审查起诉的，应当对并案侦查的依据、分案移送审查起诉的理由作出说明。

对于前款规定的案件，人民检察院可以分案提起公诉，人民法院可以分案审理。

分案处理应当以有利于保障诉讼质量和效率为前提，并不得影响当事人质证权等诉讼权利的行使。

6. 依照前条规定分案处理，公安机关、人民检察院、人民法院在分案前有管辖权的，分案后对相关案件的管辖权不受影响。根据具体情况，分案处理的相关案件可以由不同审级的人民法院分别审理。

7. 对于共同犯罪或者已并案侦查的关联犯罪案件，部分犯罪嫌疑人未到案，但不影响对已到案共同犯罪或者关联犯罪的犯罪嫌疑人、被告人的犯罪事实认定的，可以先行追究已到案犯罪嫌疑人、被告人的刑事责任。之前未到案的犯罪嫌疑人、被告人归案后，可以由原办案机关所在地公安机关、人民检察院、人民法院管辖其所涉的案件。

8. 对于具有特殊情况，跨省（自治区、直辖市）指定异地公安机关侦查更有利于查清犯罪事实、保证案件公正处理的重大信息网络犯罪案件，以及在境外实施的信息网络犯罪案件，公安部可以商最高人民检察院和最高人民法院指定侦查管辖。

9. 人民检察院对于审查起诉的案件，按照刑事诉讼法的管辖规定，认为应当由上级人民检察院或者同级其他人民检察院起诉的，应当将案件移送有管辖权的人民检察院，并通知移送起诉的公安机关。人民检察院认为需要依照刑事诉讼法的规定指定审判管辖的，应当协商同级人民法院办理指定管辖有关事宜。

10. 犯罪嫌疑人被多个公安机关立案侦查的，有关公安机关一般应当协商并案处理，并依法移送案件。协商不成的，可以报请共同上级公安机关指定管辖。

人民检察院对于审查起诉的案件，发现犯罪嫌疑人还有犯罪被异地公安机关立案侦查的，应当通知移送审查起诉的公安机关。

人民法院对于提起公诉的案件，发现被告人还有其他犯罪被审查起诉、立案侦查的，可以协商人民检察院、公安机关并案处理，但可能造成审判过分迟延的除外。决定对有关犯罪并案处理，符合《中华人民共和国刑事诉讼法》第二百零四条规定的，人民检察院可以建议人民法院延期审理。

（五）电信网络诈骗犯罪管辖相关典型案例

[裁判要旨] 多个公安机关都有权立案侦查的电信网络诈骗等犯罪案件，最初受理的公安机关和主要犯罪地公安机关不分先后享有管辖权。

[裁判文书] 安徽省宿州市中级人民法院（2021）皖 13 刑终 99 号刑事裁定书

[基本案情] 关于辩护人提出本案仅有诈骗吴某 9000 元的犯罪事实发生在安徽省宿州市埇桥区，大部分犯罪事实位于外地，一审法院对本案没有管辖权的辩护意见。根据《刑事诉讼法》第 25 条规定，刑事案件由犯

罪地的人民法院管辖。王某通过网络实施诈骗犯罪，安徽省宿州市埇桥区是王某实施诈骗犯罪的犯罪结果发生地及被害人所在地。犯罪地包括犯罪行为发生地和犯罪结果发生地。犯罪结果发生地包括被害人被骗时所在地、诈骗财物的实际取得地。一审法院作为被害人被骗时所在地、诈骗财物取得地法院，对该案具有管辖权。至于王某诈骗王某1、陈某、何某三起，根据《公安机关办理刑事案件程序规定》第21条的规定"几个公安机关都有权管辖的刑事案件，由最初受理的公安机关管辖……具有下列情形之一的，公安机关可以在职责范围内并案侦查：（一）一人犯数罪的……"以及《最高人民法院关于适用〈中华人民共和国刑事诉讼法〉的解释》规定"两个以上同级人民法院都有管辖权的案件，由最初受理的人民法院审判"，安徽省宿州市埇桥区人民法院作为最初受理的人民法院，对本案具有管辖权。辩护人的该辩护意见不能成立，法院不予采纳。

二、电信网络诈骗犯罪证据相关问题

在刑事案件中，证据的收集、审查与认定是影响定罪与量刑的关键要素之一，对最终判决结果具有决定性影响。特别是在电信网络诈骗犯罪案件中，由于电信网络诈骗犯罪案件具有区别于一般网络犯罪和普通诈骗犯罪的明显特征，侦查机关、检察机关、审判机关在收集、审查、认定相关证据时会遇到种种问题。下面就电信网络诈骗犯罪案件所涉证据的收集、审查、认定相关问题分别展开讨论：对于证据收集问题，主要介绍电信网络诈骗案件几种主要的侦查取证路径和取证方法；对于证据审查问题，重点介绍几种证据审查方法和不同阶段需要审查的主要内容，帮助梳理用以定案的证据；对于证据认定问题，重点分析如何通过证据认定来最终还原案件事实。

（一）电信网络诈骗犯罪侦查取证路径

电信网络诈骗案件与普通诈骗案件相比具有较多特殊性，相关案件所涉证据范围较为广泛、证据数量较多、电子证据比例较大，导致取证周期较长，取证难度较大，取证成本较高，给公安机关的侦查取证工作带来诸多挑战。为了保证侦查取证的全面性、完整性、关联性，为后续审查起诉构建扎实的证据基础，需要遵循科学的侦查取证路径。

一方面，大部分电信网络诈骗犯罪案件的犯罪主体具有集团化特征，犯罪分子往往采取分工严密、层级分明、流程有序的"公司化""产业化""链条化"运作模式，从而构建包括"信息流""通信流""资金流""技术流"等链条在内的一整套作案流程。另一方面，部分犯罪环节"外包"导致电信网络诈骗黑灰产业链猖獗，同一作案链条涉及的不同主体散布在各个行业、各个领域、各个地域。通过分析当前大量电信网络诈骗犯罪案件的犯罪手法发现，"信息流"和"资金流"两条路径是此类案件的必经作案流程，涉案主体多散布在上述路径的各个节点，构成案件的"人员流"。可以说，电信网络诈骗犯罪的实施离不开参与人员的"人员流"、信息传递工具构成的"信息流"① 和资金转移通道形成的"资金流"三个核心案件事实链，因此对"人员流""信息流"和"资金流"（以下简称"三流"）的查证是电信网络诈骗案件侦查的三个基本途径，"三流"查证取证目的一致，都是为了构建与案件事实相互印证的证据体系，但三者的切入点并不相同，既相互独立，又相互交叉、相互关联，需逐一进行分析。

1. "信息流"取证路径

电信网络诈骗犯罪是典型的非接触式犯罪，行为人在实施诈骗过程中利用电话、互联网平台等方式散布虚假信息，与被害人产生通联并获取被害人的信任，使被害人陷于错误认识最终钱财被骗。在这一过程中，行为人和被害人之间必然会产生大量的信息交互，这些信息依托相应的通信和互联网平台进行传递，能够完整反映出行为人虚构事实、隐瞒真相诈骗被害人的全过程。在实践中，一般将上述过程中涉及的通联工具、手机或固定电话号码、互联网账号及信息交互过程中所产生的信息记录统称为电信网络诈骗犯罪的"信息流"。②

（1）"信息流"取证需注意的主要问题。随着互联网技术的飞速发展，电信网络诈骗犯罪技术手段也随之不断"进化"演变，因此，案件"信息流"往往包含海量数据，使得电子数据证据占据相当比例，取证门槛

---

① 本文所指的信息流包括通信流和网络流。
② 王晓伟：《电信网络诈骗犯罪信息流侦查方法探析》，载《人民论坛》2022 年第 15 期。

较高。

首先，"信息流"取证需遵循电子数据取证的一系列规则以保障证据的合法性。电信网络诈骗犯罪案件中，电子数据的种类和存储方式复杂多样，不仅包括存储在企业后台服务器的各类数据库等结构化数据，还包括储存在当事人终端本地或云端的通话记录、短信、聊天记录、电子邮件、网页等大量半结构化或非结构化数据信息。这些海量庞杂的电子数据不仅需要使用专门的技术或工具进行提取、存储和分析，还需要遵循相关法律法规关于电子数据取证流程的规定。电子证据在采集、存储和分析方面的技术门槛给公安机关电子证据取证工作带来极大挑战。为此，相关公安机关需要不断学习掌握新的取证技术，以满足电子数据取证的合规要求。

其次，"信息流"取证需掌握一定的取证技巧以保障证据的完整性、有效性。在电信网络诈骗案件中，相关电子数据保存时间有限，许多关键证据在犯罪分子在掌控之中，极易被覆盖、篡改、销毁。实践中，公安机关在侦查诈骗活动期间，相关电子数据极易被犯罪分子销毁或篡改，而部分公安机关的电子数据恢复、固定与分析技术较为有限，极易导致相关电子证据灭失。例如，有的诈骗分子会在涉案设备中设置一键删除程序或者自毁程序，能在极短时间内清除系统数据，消除犯罪痕迹。因而公安机关在侦查取证时，应当及时采集并固定相关证据，防止证据被犯罪分子破坏，导致取证失败。

（2）"信息流"取证重点。从"信息流"入手进行溯源调查取证，既能有效还原整个诈骗过程，又是收集证据用于查明犯罪行为人身份、查证主要犯罪行为的重要手段。一般来说，根据通联形式的不同，电信网络诈骗犯罪案件的"信息流"一般分为"通信流"和"网络流"两种。"通信流"指的是行为人通过电话、短信等传统通信方式与被害人构建通联关系，而"网络流"则关注电子邮件、社交媒体、即时通讯等网络渠道。这两类侦查路径虽然各有侧重，但都旨在追踪行为人与被害人的信息交互链条，为诈骗事实的证实提供主要证据。

一是行为人以传统通信形式与被害人通联的"通信流"。通信流侦查取证的重点在于行为人使用的通信工具，如固定电话、手机、网络电话、呼叫中心电话等。首先，需向电信企业、互联网企业等企业主体调取相关通信工具的实名登记信息，用于追查行为人身份，虽然由于买卖"两卡"

行为，实名注册人大概率与实际使用人不一致，但包括手机号码在内的通信工具往往会绑定各类互联网账号，在使用过程中，实际使用人需要手机号码等用于接收验证码、登录认证等操作，通过对相关绑定账号进一步溯源核查，可以最终追查至实际行为人，完成"实名"到"实人"的溯源。其次，需向基础电信企业、互联网企业等企业主体调取与被害人涉诈通话相关的通话记录及话单、信令等通信数据。其中，对于固定电话和手机号码等，还可以调取号码归属地等信息；对于网络电话、呼叫中心电话等，可以进一步调查第三方代理公司、关联号码、IP 地址等。

二是行为人利用网络与被害人通联的"网络流"。当前的电信网络诈骗案件中，为了提高打击门槛，诈骗分子往往不会仅使用一种通信工具，而是会在不同环节综合运用各类网络资源。网络流数据是对行为人进行身份确认及实施落地抓捕的关键环节，主要包括社交类信息、网站类信息、应用程序类信息、金融支付类信息等。社交类信息包括微信、QQ、抖音、蝙蝠等社交平台中的相关数据，调查时应重点关注涉案互联网账号的注册信息、登录 IP、加入群组、关联好友等，并对其关联对象进行拓展查询，例如，可以对 IP 地址相同的终端设备数据进行分析，并通过提取多个时间节点的 IP 终端设备数据进行分析碰撞，从而发现与行为人 IP 基本相符的关联终端设备用于查证其身份。网站类信息可以先对网址进行调查，发现其对应服务器的 IP，同时还可以对域名进行解析，了解该域名所属注册商、注册时间、域名所有者信息等。此外，还可以对同一注册人注册的其他域名信息进行调查。应用程序类信息应及时提取受害人手机或电脑中的恶意程序或控制软件，并对其进行专业的分析，追溯下载来源、数据流转的服务器或电子邮箱等。金融支付类信息可以从网银登录的 IP 或支付宝、财付通、百度钱包等第三方支付平台的使用信息入手，尤其应将关注点放到行为人消费类网购信息的痕迹上，进而发现其生活账号、交易记录以及行为人真实居住地等信息，从而顺线追查破案线索。

（3）"信息流"取证扩展思路。首先是"由点到线、由点到面"的取证思路。在案件侦查过程中，当调取到部分路径节点相关的基础信息，如注册信息、登录日志后，可从这些基础信息（点）出发，对行为人使用该通信或互联网服务的整个过程（线）进行纵向溯源还原，查清行为人如何获取号码资源、租用服务器、与承租商的关系等问题。当调取到一些内容、设备、人员相关的基础信息，如话单等通话信息、IMEI[①]等设备信息以及登录 IP、注册人员信息等，可从这些基础信息（点）出发对行为人所掌握的所有设备、所有号码、注册的所有账户等（面）进行横向拓展。其次是"同类比对、异类关联"的取证思路。在从不同途径调取到相同属性、不同内容的数据时，可将同属性数据进行碰撞比对，以判断不同的信息传递工具是否在同设备或同网络环境使用等相关情况。对于获取到的不同类型的数据，如电脑终端侧的网络 IP 信息与设备 MAC[②] 信息、网络侧的注册信息与支付信息、移动终端侧的设备 IMEI 信息与话单 IMSI[③] 信息等，交叉关联，分析不同类型数据之间是否存在信息关联，利用这种取证思路对相关证据进行深入挖掘。

（4）以 GOIP 为特征的"信息流"取证重点。以 GOIP 设备相关"信息流"为例。GOIP 是网络通讯的一种硬件技术，可以对大量 SIM 卡进行接入，将传统电话信号转换成网络信号，从而群发短信、远程控制拨打电话，实现人与 SIM 卡的分离，是电信网络诈骗案件的主流工具之一。

GOIP 设备相关"信息流"一般可以收集以下信息：一是 GOIP 设备群呼通讯信息。通过查询 GOIP 设备群呼通讯记录，以证实该设备实际的运行时间、群呼号码、开机地点等，确认违法犯罪事实。二是数据平台信息。通过大数据平台，以 GOIP 设备所查明的通讯记录，溯源被害人群体，查明案件事实。三是案件信息。通过通讯记录查明被害人，并通过"由人到案"的方式落实案件信息，结合相关诈骗案件，实现串并案侦查。四是行为人通讯信息。查询行为人及其同案犯、上下游犯罪行为人的通信信息，包含微信、通讯记录、短信、聊天软件等信息，查明各个行为人之间的作案分工及同伙关系，并摸排查明上下游犯罪行为人情况。五是行程信息。在车载 GOIP 设备实施犯罪过程中，应查明车辆的行程信息，辅助证实犯罪事实。同时，部分行为人通过线下交易 GOIP 设备，也需要调查行为人的公共行程记录，包括客运车辆、飞行记录、旅馆信息等。六是手机

[①] IMEI（全称 International Mobile Equipment Identity）是国际移动设备识别码的缩写，俗称"手机串号""手机串码"等。

[②] MAC（全称 Media Access Control）是媒体访问控制，简单点说就是物理地址、硬件地址。

[③] IMSI（全称 International Mobile Subscriber Identification Number）是国际移动用户识别码，是区别移动用户的标志，储存在 SIM 卡中，可用于区别移动用户的有效信息。

卡信息。这包括手机卡开卡运营商、手机卡串码、手机卡号码、手机卡办理地点等。七是物流寄递信息。部分行为人通过物流寄递购买作案工具，则需要查明购买 GOIP 设备、锂电池、逆变器、手机卡等设备的物流信息，由物流信息追溯其上线。

2. "资金流"取证路径

电信网络诈骗犯罪案件中"资金流"链条的调查取证是电信网络诈骗犯罪侦查过程中处于核心地位的一条主线，包含了诈骗团伙通过一系列线上操作和线下活动，使被骗资金脱离被害人控制，进而由赃款转化为洗白资金向诈骗窝点回流的整个动态过程。① 同时，沿着"资金流"展开侦查可以发现诈骗团伙将不法所得转移至何处，从而定位诈骗行为人利用网络工具转移资金后的实际地点，即诈骗团伙线下藏身的窝点。电信网络诈骗犯罪案件"资金流"具有资金来源分散、流动迅速、方式隐蔽等特点，多层级的资金流动串联成整个"资金流"网络。

（1）"资金流"移转的基本路径。当前，随着"互联网+金融"支付方式的飞速发展，电信网络诈骗犯罪的资金转移工具和洗钱渠道不断升级，逐渐开始向庞大复杂的境外金融体系和在线数字货币交易平台转移，给"资金流"查控带来更大难度。因此，在进行溯源侦查时，应当重点梳理通常的资金流转方式，在侦查中采取针对性取证路径及方法。

首先，被害人向诈骗团伙指定的接收账户转账。这是整个电信网络诈骗"资金流"的起点，接收被害人钱款的账户可称为"一级银行账户"。通常来说，资金进入一级银行账户会在极短的时间内再次在多层级账户群之间流转，不会在某个账户中停留时间过长，直至最后的落地取现。

其次，转入二级、三级等无限延伸的下级资金接收账户。诈骗分子为躲避监管，会采取多级转账、拆分转出、即进即出等方式隐匿、洗白涉案资金，最终通过多次转移资金形成一条由若干银行账户组成的资金流通渠道。一方面，利用"水房"、第三方支付等不同方式，进行快速的、多层级、大范围的资金转移；另一方面，利用地下钱庄、跑分平台、数字货币汇兑等新型洗钱通道洗白资金。资金每转移一次、经历一个账户都会产生一套电子数据，因而资金流转的整个轨迹将形成庞大的数据资源，相关数

---

① 谢玲：《电信网络诈骗犯罪资金流查控研究》，载《中国人民公安大学学报》2021 年第 2 期。

据分别存储在不同银行、企业等机构之中。

最后，完成被骗资金的在线转移和清洗。犯罪分子在控制被骗资金后会通过 ATM 取现、充值点卡、购买数字货币等方式阻断资金流转链条，银行、洗钱平台与被害人、行为人之间的数据交换替代了柜台与顾客之间直接的支付指令，以达到逃避公安机关侦查与溯源的目的。

（2）"资金流"取证重点。溯源违法资金流向，通过对涉案资金的转移路径、物理隔断、分散汇集、落地取现等链条进行调查取证，构建一条完整的资金流转证据链。

第一，查证涉案账户信息。涉案"资金流"的侦查工作，可以最先从受害人提供的诈骗团伙指定接收银行账户或第三方支付平台账号入手。对于涉案银行账户可通过发卡行调查其基本信息情况，包括开户信息、账户余额、手机号码等，同时调查该账户中有哪些电话及账户对其进行过查询、转账等，该账户在何时何地何 IP 登录过网银或者是否有使用手机银行、电话银行等。此外，还可以利用获得的手机号码在银行数据库中进行查找，追查该号码注册的其他账户信息或者参与过哪些账户的转账。对于第三方支付账号可以通过查询交易明细调取电子订单号，进而查询收款账户具体信息，同时为后续的紧急止付、冻结作准备。

第二，查证资金转移方式信息。通过综合分析涉案银行账户信息，掌握其资金流转情况后，可根据资金出入特征进一步研判行为人资金转移、洗白方式及主要调查攻坚方向，明确其是属于洗钱环节上的买卖"两卡"行为、"跑分"行为或是"水房""地下钱庄"等。例如，"水房"一般是专门负责资金转移的团伙，他们转移速度快，转款时间常在夜间，且账户通常产生构造性交易；而"地下钱庄"一般是专门负责资金洗白的团伙，其账户为了伪造正常交易的假象，通常转账时间比较分散，且金额和频率也不固定。

第三，查证行为人信息。对于采用多级分销方式进行资金流转的行为人，需要按照资金流转先后顺序进行追踪。从调查一级账户的交易明细开始，根据受害人交易的时间及金额，找出其转入资金，然后顺线查清资金最终流向，直至取现、消费或转入第三方支付机构，由专业取款团伙负责最终的银行 ATM 机提现和再次存储。调查时先根据交易明细中的交易网点代码查询具体取款地点，并查询具体位置。确定位置后可调取行为人取款录像、ATM设备交易明细等取款信息，并根据取款人面部特征、视频追踪等发现行为人身份、手机号码等线索。

由于利用网络实施的资金转移活动具有互联网特征，必然会留下资金的往来痕迹，因此也要结合"信息流"侦查方法发现犯罪窝点使用的网络转账设备和工具、转移资金成员的身份信息以及串并其他窝点成员，为锁定犯罪窝点、抓获犯罪团伙成员提供线索和证据支持。

3. "人员流"取证路径

与"信息流""资金流"的称谓不同，电信网络诈骗犯罪的"人员流"并非从其他领域借鉴来的概念，而是在长期打击治理电信网络诈骗犯罪的实践中逐渐形成的。

对电信网络诈骗犯罪侦查实践中"人员流"的理解，可以从以下几个方面展开：其一，"人员流"首先指向的是电信网络诈骗犯罪的"参与人员"，所包含的人员类型，不仅有诈骗集团的成员，还有众多涉电信网络诈骗黑灰产业群体的从业人员。其二，"人员流"其次指向的是与众多参与人员相关的"涉案信息"，不仅有涉案人员的人员信息，还有这些涉案人员之间在通联、资金往来中的相关信息。其三，"人员流"最后指向的是众多参与人员之间的相互关系。"人员流"所揭示的人员关系，不仅有诈骗集团内部人员之间的相互关系，还有诈骗集团与众多黑灰产业群体之间的相互关系。"人员流"查证的切入点主要包括三个方面，即具体案件中涉及参与人员的人身信息、组织架构以及与链条上其他人员的相互关系等。

第一，尽可能全面地收集被害人的身份信息。电信网络诈骗犯罪案件涉案人员包括被害人和行为人两个主要方面，其人身信息包括个人身份信息、出行轨迹信息、资金往来信息、生活消费信息、通讯信息、网络信息以及个体生物信息等。对于在被害人相关信息部分，当前大部分电信网络诈骗案件中，侦查中往往以被害人报案和陈述作为重要溯源侦查线索。然而，司法实践中，公安机关对于被害人陈述的收集却可能遭遇诸多困难：一是多数电信网络诈骗案件中涉案的被害人人数较多，且普遍人员分布较为分散、流动性较大，公安机关很难联系到全部被害人；二是在部分案件中，行为人的诈骗手段具有隐蔽性，被害人在一段时间内可能并未意识到自身遭遇了诈骗。三是在一些涉案金额较小的诈骗案件、刷单返利类诈骗、婚恋交友类杀猪盘诈骗等案件中，被害人意识到自己被骗后，往往会因为担心社会评价受到不利影响，涉案金额不高或者本身行为涉嫌违法犯罪等原因选择拒绝报案或者拒绝配合调查取证，以息事宁人的形式默默承担损失，造成了司法实践中存在大量的隐案。

在上述案件中，受害人的不知情或不配合可能会导致公安机关无法及时介入、收集证据，甚至导致部分犯罪活动轻易地逃避了司法机关的打击，因而需要侦查人员在办案时对被害人信息进行多方印证，尽可能全面收集被害人信息，为涉案金额的准确认定打下良好的证据基础。

第二，查证行为人真实身份信息。电信网络诈骗犯罪的主体呈现集团化、碎片化、链条化特征，犯罪集团内部有着较为严密的层级管理体系，作为犯罪行为人的上线与下线之间有时只进行单线联系，成员之间交流中往往不使用真实姓名，甚至彼此之间完全不认识。同时，犯罪分子还会通过各种手段进行伪装：一是身份伪装，以中游电信网络诈骗团伙为例，他们一般通过购买、借用普通人的支付宝、银行账户与微信支付账户作为清洗资金的犯罪工具，以伪装自己的真实身份，即使警方通过"资金流"追踪到了涉案账户，也难以获取有关犯罪团伙的真实身份信息；二是技术伪装，犯罪分子会通过频繁更换虚拟身份、使用浮动 IP、操纵傀儡机、改号软件等多种手段来达到伪装 IP 地址与真实通信设备的目的；三是外表伪装，下游洗钱产业中的套现人员通常会使用帽子、头盔、假发等道具对面部进行遮挡来达到掩盖犯罪痕迹的目的，导致公安机关很难获取锁定具体行为人的证据。

对此，可通过"人员流"与"信息流""资金流"的交叉印证来进行侦查。例如，可以通过"信息流"截取的行为人关键信息如登录日志、操作 IP、物流信息、话单信息等进行综合研判。通过上述多个维度的数据信息，对行为人的线上轨迹与线下轨迹进行数据碰撞，来印证多个虚拟身份是否关联到同一真实身份，线上活动轨迹与掌握的 IP 地址、登录日志等是否吻合，从而实现"定人"与"定位"。

第三，查证组织架构及相互关系。在对犯罪团伙内部人员组织架构进行侦查时，需要灵活拓展调查关联人员信息。如果已经抓获部分犯罪分子，则应以其为讯问起点来横向拓展，摸清犯罪链条上其他人员的相关信息。同时可以结合"资金流"线索中行为人的开户信息、资金变动情况

（如资金流向、金额、频率等）进行关联挖掘。电信网络诈骗犯罪"人员流"的核心构成逻辑是谋取非法收益，因此，犯罪团伙内部人员与上下游黑灰产人员之间必然存在资金往来与关联，非法资金的流向也必然能在一定程度上反映出犯罪团伙的组织架构及与黑灰产的相互关系。此处对资金线索的追踪主要目的是在涉案行为人的资金关系人中发现其他犯罪行为人，并研判其在犯罪产业链中的角色和地位。

第四，其他关联人员的查证。重点是黑灰产业群体的从业人员，主要包括卡商、号商、设备商等提供作案工具类的黑灰产人员和料商、线路商、引流团伙、洗钱团伙等提供非法服务类的黑灰产人员。此类黑灰产从业人员虽不属于核心犯罪团伙，但在"信息流""资金流"中较易确定其身份信息，从而以此为切口结合"人员流"对核心犯罪团伙中犯罪分子的身份进行深入挖掘。

"人员流"信息的产生贯穿于电信网络诈骗犯罪的整个过程，与"信息流""资金流"都存在不同程度的交叉。综合来看，"信息流""资金流"和"人员流"的侦查都有其各自的指向和特点，在实践中往往需要同步开展侦查，在调查取证中各有侧重，进行交叉印证最终实现全链条打击。此外，电信网络诈骗犯罪案件的证据收集工作有赖于不同行业主管部门的协调配合。例如，公安机关需要调取涉案行为人在某电商平台的账号和密码时，如果该公司拒绝提供，公安机关可以联合相关主管部门进行监管督促。

（二）电信网络诈骗犯罪电子数据取证

电子数据在电信网络诈骗案件中扮演着重要的角色。在电信网络诈骗犯罪中，电子数据贯穿于整个犯罪的始终，将"信息流""资金流"等作案流程连接为一体，并串联起"人员流"中各个犯罪分子、犯罪层级及被害人，在电信网络诈骗犯罪中起着至关重要的作用。犯罪分子通过电子数据进行交流、策划和实施犯罪，而公安机关则需要通过电子数据获取犯罪分子的证据，确定案件事实和行为人的身份。因此，电子数据取证是电信网络诈骗案件侦查中的一个重要环节。公安机关需要通过技术手段获取行为人的通讯记录、交易记录、身份信息等电子数据，从而确定案件的事实和行为人的身份。在获取电子数据时，公安机关需要遵守相关法律法规，确保数据的合法性和证据的有效性。此外，电子数据的分析、研判和挖掘也对电信网络诈骗案件侦查具有重要意义。公安机关可以利用大数据、人工智能等技术手段，对电子数据进行深度分析和研判，挖掘行为人的犯罪模式等信息，从而更好地开展电信网络诈骗犯罪案件侦查工作。

1. 电子数据取证相关法律法规

与刑事案件电子数据收集提取相关的法律法规主要包括以下几部：2012 年修正的《刑事诉讼法》将电子数据增设为法定证据种类，进一步丰富了证据的外延，同时也为电子数据收集、移送和审查判断提出了新课题。2012 年《最高人民法院关于适用〈中华人民共和国刑事诉讼法〉的解释》明确了电子数据审查与认定的基本原则。2014 年最高人民法院、最高人民检察院、公安部联合发布的《关于办理网络犯罪案件适用刑事诉讼程序若干问题的意见》（已失效），对电子数据的收集主体、方式以及电子数据的移送和涉及专门性问题的鉴定与检验等问题予以明确。2016 年，为规范电子数据的收集提取和审查判断，最高人民法院、最高人民检察院、公安部制定了《关于办理刑事案件收集提取和审查判断电子数据若干问题的规定》。2018 年，为规范公安机关办理刑事案件电子数据取证工作，确保电子数据取证质量，提高电子数据取证效率，公安部制定了《公安机关办理刑事案件电子数据取证规则》，是目前对包括电信网络诈骗犯罪在内的刑事案件电子数据取证最为详尽的规范性文件之一。2022 年《最高人民法院、最高人民检察院、公安部关于办理信息网络犯罪案件适用刑事诉讼程序若干问题的意见》第 14 条、第 17 条对公安机关向网络服务提供者调取电子数据及检察机关、法院对电子数据的审查判断作出了最新规定，首次在规范层面规定了电文形式的数据调取、传输和接收，对接了《数据安全法》的相关要求。

2. 电信网络诈骗电子数据取证方法

规范、科学、高效的电子数据取证工作，不仅是保证电子数据符合法定要求、具有证据效力的关键，还是司法贯通、有效衔接的重要内容之一。公安机关提取电子数据证据时，应当遵循有关技术标准，全面、客观、及时地收集、提取涉案电子数据，确保电子数据的真实、完整。一般来说，电子数据取证方式有两种模式：一种是在线取证，主要是侦查人员在电信诈骗犯罪现场获得电子数据，并将其固定进而取证的过程；另一种是远程取证，是侦查取证人员在网络模式下使用计算机技术，对犯罪行为人的网络诈骗痕迹进行挖掘、监测等，具体到电信网络诈骗案件中，应当注意以下几点：

（1）应当及时线上、线下勘验、检查并形成笔录。电子数据勘验、检查，是指使用勘验、检查措施对电子数据构筑的数字化现场，进行查看、了解、检验与检查。因数据存储方式、地点等不同，可以分为现场和远程勘验、检查两种形式。根据《公安机关办理刑事案件电子数据取证规则》规定，在进行网络在线提取电子数据时，如果需要对提取的电子数据范围进行分析、判断的，或者需要展示或者描述电子数据内容或者状态的，应当进行网络远程勘验。①

电信网络诈骗犯罪案件通常表现为跨域或跨境，需要远程调取电子证据，及时进行远程勘验。在进行远程勘验时，应当翔实、准确地记录电子数据勘验、检查实施的全过程，重点把握以下几个方面：一是内容要素要齐全，包括勘验、检查的人员、对象、地点、起始时间、方式、目的、经过、结果及案由等基本信息。发现的重要线索和证据，可以通过拍照、截图等方式附在勘验笔录中。最后形成的勘验、检查笔录由勘验、检查人员和见证人签名或盖章。二是过程记载要全面，包括勘验、检查过程中使用的软硬件设备的基本信息、运行状态，如设备型号、屏显内容、设备间连接关系等。数据提取、存储、检查、完整性校验的操作过程，也要根据实际操作顺序翔实反映在勘验、检查笔录中。三是主要结论要精准，要能够客观准确地反映电子数据的真实情况，主要记录提取出的信息内容、完整性校验值等，并对数据逻辑性关系进行审查。要求语言规范、不加评论，如分析或推测出来的可能性结论就不能作为记录内容。

（2）应当及时转换为其他证据形式。在实践中，由于电信网络诈骗犯罪案件时效性的问题，通常需要在第一时间对发现的电子数据证据予以固定，由于客观原因无法以物理镜像、数据备份、逻辑镜像等方式提取电子数据的，要及时进行证据转换，以防止电子数据丢失。在电信网络诈骗犯罪案件中，要及时对被扣押的手机、电脑及其他技术设备等存储介质提取、固定与案件有关的电子数据，包括短信、图片、微信、QQ 聊天记录、

---

① 武斌：《电子数据取证如何规范高效》，载《中国纪检监察报》2021 年 7 月 7 日。

通话记录，支付宝、财付通、网银等交易记录网站页面以及 IP 地址、MAC 地址、上网记录、电子邮件、电子账册等数据。对案件定罪量刑起关键作用的录音包等录音内容，应当转化为一定的媒介储存在案。

常用的证据转换方式有以下几类，在实践中可以单独或同时运用。一是通过相机对电子数据载体的屏幕进行拍摄后打印，对打印的照片注明电子数据的来源、储存路径、打印时间等，再按照提取书证的方法，由当事人辨别确认并经调查人员签字后对电子数据证据予以固定。二是通过执法记录仪对查看内容进行录制，录制的影像不仅要全面、充分地反映电子数据的主要内容，还要能够客观地反映取证全过程，以增强电子数据的真实性和证明力，然后封存录制光盘，要求当事人和第三方见证人签字确认。三是将电子数据内容嵌入询问或者讯问笔录中，让被询问人或者被讯问人口述电子数据的承载内容和形成过程。在此过程中需要注意：采取打印、拍照、录像等方式固定电子数据的，应当在相关笔录中载明采取该类方式固定相关证据的原因，并翔实记录电子数据的存储位置、存储介质基本特征和所在位置等有关情况。

（3）可以对专门性问题委托鉴定形成鉴定意见。委托第三方鉴定机构进行鉴定是一种将电子数据转换固定的重要途径，特别是对于电信网络诈骗犯罪案件中真实 IP 地址识别"专门性问题"，需要由专业机构的专业人员，运用专门的知识，对电子数据进行鉴定后形成鉴定意见，才能将电子数据转换为证据使用。电子数据相比普通委托鉴定物，具有无形性、易破坏性、多样性等特点，在提取或委托过程中存在被篡改、损毁的风险，因此，其作为证据的证明力也更容易受到质疑。在电子数据委托鉴定过程中，需要特别注意以下几个方面的内容：一是电子数据的提取、保管、送检过程必须符合程序规定，保持数据存储介质的封装状态，确保电子数据的真实性、完整性、可靠性；二是受委托的鉴定机构必须具备法律法规规定的条件，能够满足电子数据鉴定所需的鉴定设备、专业技术人员等软硬件要求，依法通过资质认定或者实验室认可，并保证鉴定结果的科学、客观、公平、公正；三是在委托鉴定过程中还应做好鉴定人回避、鉴定机构监督、鉴定结果保密、鉴定意见审查等方面的工作。

（三）电信网络诈骗犯罪技术侦查措施

技术侦查，指的是国家安全机关和公安机关为了侦查犯罪而采取的特殊侦查措施，包括电子侦听、电话侦听、电子监控、秘密拍照或录像以及秘密获取某些物证、邮件等秘密的专门技术手段。[①] 根据《公安机关办理刑事案件程序规定》第 264 条、第 273 条规定，技术侦查措施包括记录监控、行踪监控、通信监控、场所监控、隐匿身份侦查、控制下交付等。

电信网络诈骗犯罪案件对公安机关的取证工作提出了更高的要求，因此，在取证过程中，公安机关需要采取多种手段，如调查取证、现场勘查、技术侦查等，其中，技术侦查可以运用现代科学技术处理传统侦查手段难以侦查的案件，在电信网络诈骗犯罪案件的侦查中具有特殊作用。然而，在司法实践中往往存在侦查机关运用技术侦查措施缺乏制约监督、技术侦查的运行不受控制、侵犯公民个人信息等争议。

1. 刑事案件中技术侦查措施相关的法律法规

我国的技术侦查措施在司法实践中运用得比较广泛，但在立法中对于技术侦查措施仅有粗略性授权规定。1993 年《国家安全法》第 10 条规定："国家安全机关因侦察危害国家安全行为的需要，根据国家有关规定，经过严格的批准手续，可以采用技术侦察措施。" 1995 年《人民警察法》第 16 条规定："公安机关因侦查犯罪的需要，根据国家有关规定，经过严格的批准手续，可以采取技术侦察措施。" 2008 年最高人民法院印发的《全国部分法院审理毒品犯罪案件工作座谈会纪要》（已失效）和 2010 年《最高人民法院、最高人民检察院、公安部关于办理网络赌博犯罪案件适用法律若干问题的意见》都有关于技术侦查措施的规定。早期的技术侦查措施主要停留在规范性文件、内部文件之中。

2012 年修正的《刑事诉讼法》增设了"技术侦查"的条款，这是我国技术侦查措施纳入法治轨道的重要一步。2012 年最高人民检察院通过的《人民检察院刑事诉讼规则（试行）》（已失效）[②] 对技术侦查措施进行了

[①] 洪刚：《信息网络犯罪技术侦查的法律控制》，载《中国应用法学》2022 年第 1 期。

[②] 《人民检察院刑事诉讼规则（试行）》失效，《人民检察院刑事诉讼规则》自 2019 年 12 月 30 日起施行。

补充规定。2018 年修正的《反恐怖主义法》规定因反恐怖主义情报信息工作的需要，经过严格的批准手续，可以采取技术侦查措施。2020 年公安部修正的《公安机关办理刑事案件程序规定》在第 263 条至第 273 条对"技术侦查措施"作出了具体的规定。

以上的规范性文件对技术侦查进行了初步的法律规制，虽规定了包括电信网络诈骗在内的信息网络犯罪可以运用技术侦查措施，但就如何运用技术侦查措施尚不明确。

2. 电信网络诈骗犯罪中技术侦查措施的具体适用

技术侦查权的实施主体是公安机关的技术侦查部门，技术是没有边界的，侦查人员可以使用，犯罪分子也可以使用，最大的区别是技术使用是否正当。电信网络诈骗犯罪案件中，犯罪分子使用各种技术手段对公民权利造成第一次伤害，如果在案件侦办中技术侦查措施运用失当，则会对公民权利造成二次伤害。因此，在技术侦查措施运用过程中，侦查人员在实施时，应当遵循正当程序原则、比例原则，严格依法采用技术侦查措施，保障公民权利不受到再次伤害。

第一，明确技术侦查措施使用主体。《公安机关办理刑事案件程序规定》第 24 条规定，设区的市一级以上公安机关负责重大案件的侦查，而根据第 264 条规定，技术侦查措施的实施机关是"设区的市一级以上公安机关负责技术侦查的部门实施"。原则上应当恪守"双特原则"，也就是特定案件中的特定人员。"特定案件"是指实施技术侦查的前提要符合《刑事诉讼法》第 150 条、《公安机关办理刑事案件程序规定》第 24 条规定的案件范围。而"特定人员"指的是《公安机关办理刑事案件程序规定》第264 条中规定的人员。

第二，明确技术侦查措施适用范围。根据《公安机关办理刑事案件程序规定》第 263 条规定，公安机关可以根据侦查需要，对利用电信、计算机网络、寄递渠道等实施的重大犯罪案件，以及针对计算机网络实施的重大犯罪案件采取技术侦查措施。技术含量高、诈骗手段隐蔽、波及面广、社会影响大的严重危害社会的电信网络诈骗犯罪案件应当属于上述利用电信、计算机网络实施的重大犯罪案件，相关公安机关应当依法经过严格的批准手续。由公安机关的技术侦查部门提交采取技术侦查措施申请书，申请书应当载明侦查人员、侦查事项、采取技术侦查的具体措施、侦查期限、侦查对象等内容，说明确有必要依据《刑事诉讼法》第150条的规定采取技术侦查措施的必要性，报设区市公安机关负责人同意后方可采取技术侦查措施，一旦出现超出法律规定的情形应当不予批准，技术侦查适用应按照法律授权的规定实施，以防止侦查权的任意扩张。

第三，明确技术侦查证据的收集和采纳要求。在司法实践中，可采纳的技术侦查证据形式尚存在一定争议。《最高人民法院、最高人民检察院、公安部关于办理信息网络犯罪案件适用刑事诉讼程序若干问题的意见》第18条规定，采取技术侦查措施收集的材料作为证据使用的，应当随案移送，并附采取技术侦查措施的法律文书、证据材料清单和有关说明材料。公安机关对电信网络诈骗犯罪案件采取技术侦查措施时，应当注意在监控犯罪的同时及时收集证据，保障证据形式的合法性。采取技术侦查措施收集的证据材料应标注密级独立成卷并随案移送，批准采取技术侦查措施的法律文书应体现技术侦查措施种类、适用对象和执行期限。例如，公安机关对犯罪嫌疑人采取监听措施的，应当及时录音，将原始的监听录音作为技术侦查证据材料使用，同时应当选取能够证明犯罪过程重要环节、核心事实、关键内容的监听录音，转换成书面材料，由经办人签名并加盖印章，与同步录音光盘一并移送供检察机关、审判机关审查、判断。若为翻录材料，则必须遵守附条件的认证规则，仅起到辅助审查的作用，同时在整个诉讼过程中，侦查机关需将原始材料妥善保存，留存备查。对技术侦查证据材料当庭质证的，除司法机关工作人员、当事人和辩护律师外，其他诉讼参与人需要参加的应当签署保密承诺书，明确泄露技术侦查证据内容的法律责任。经审判机关许可并通知，辩护律师、被告人参加技术侦查证据材料庭外核实的，也应签署保密承诺书，并另行向审判机关提交书面质证意见。

（四）电信网络诈骗犯罪证据体系的构建

在收集完上述证据后，为辅助查明和认定相关案件事实，可以根据证据获取阶段、类型、作用等梳理证据链条，一般来说，可以将电信网络诈骗犯罪的证据链条划分为以下几个主要方面：接报案、受理阶段的相关证据；初查、立案阶段"资金流""信息流"相关证据；抓捕、初审阶段与诈骗窝点、行为人相关的"人员流"证据；审判阶段主客观方面的证据；量刑阶段罪前罪后表现及其他量刑情节相关证据。（具体证据内容详见表1）

表 1　电信网络诈骗犯罪证据体系

取证阶段	证据类型	基本证据		注意事项
接报案、受理阶段	案件线索来源	当事人身份信息相关证据	户籍证明、身份证复印件等	各级公安机关办案部门在接到当事人通过"110"等方式报警称被他人实施电信诈骗后，接报单位应迅速接处警，刑侦、网安等部门协同开展调查取证、追赃减损工作
		案件事实相关证据	汇款凭证、网上支付凭证；当事人手机中的涉案短信、邮件、通话记录及被植入的恶意程序等；当事人电脑被植入木马的图片、视频；对当事人被骗过程中所点击的网站进行远程勘验、提取、固定涉案网站的域名、IP、伪造文书信息及木马等材料	
		公安机关制作材料	受案登记表、询问笔录、被害人陈述、讯问笔录、行为人供述、现场勘验笔录、远程勘验工作记录、电子勘验报告等	
初查、立案阶段	"信息流"证据	需调取的证据	当事人被骗期间的电话记录单，内容应包括起止时间、通话时长、主叫或被叫号码、通信类型等全部与之相关的通联信息	根据当事人提供的与诈骗人员通联的电话号码，向所属运营商调取，并锁定关涉人员及相关信息，如人员姓名、电话号码等
			与当事人通联的涉案网络VOIP① 电话线路使用存储记录	通过梳理当事人被诈骗期间的通讯记录，确定诈骗团伙使用的伪装号码，通过溯源该主叫号码，反查为其提供通讯连接的线路商，并从该线路商处获取该线路使用的历史记录。同时，对该线路使用的历史记录进行梳理，继续追溯查询该通讯线路在多层转包过程中的对应 IP 地址，直至溯源至境外诈骗团伙接入窝点的 IP 地址

　　① VOIP 是利用固定电话线路接入电话网络，来电显示的就是固话号码。

（续表）

取证阶段	证据类型		基本证据	注意事项
初查、立案阶段	"信息流"证据	从当事人处获取的证据	手机信息数据：手机短信记录、手机通话记录、微信聊天记录、手机截图等；网络信息数据：QQ 聊天记录、网络截图、电子邮件、IP 地址登录信息等	—
		需鉴定的证据	当事人被骗时使用的涉案手机、电脑	提取固定当事人手机内的涉案短信、微信、通话记录等
		公安机关制作的证据	立案决定书、调取证据通知书、现场勘验笔录、远程勘验工作记录等	—
	"资金流"证据	需调取的证据	当事人个人涉案银行账户交易明细	通过对当事人被骗账户交易明细的梳理，确定被骗款项转入账户；同时，根据该笔被骗钱款的流向，顺次查询调取相关交易明细，反映该笔被骗钱款被多次转账并最终提现的完整过程，形成完整的资金流
			当事人转账目标银行账户的交易明细：根据当事人提供的转账账户，向所属银行调取开户信息、案发期间的交易明细等	
			关联调取涉案转账卡日常刷卡记录	通过对涉案转账银行卡的日常交易记录进行梳理，核对该银行卡短期内的存取记录、流转记录，对存在测试银行卡安全性的记录进行溯源
			POS 机持有人员信息	通过登记信息确定持机人员真实身份信息，查获后制作笔录材料，确实存在涉案嫌疑的，应及时采取强制措施予以控制

（续表）

取证阶段	证据类型		基本证据	注意事项
初查、立案阶段	"资金流"证据	需调取的证据	提现人员相关录像	通过对涉案资金流的追踪，确定终端提现地，依法对ATM机或银行柜台的有关录像进行调取，并对有条件的录像内容进行视频比对，确定提现"车手"的真实身份信息，开展查找抓捕工作
		需鉴定的证据	当事人用于网银转账的电脑	对其中网银账户登录及操作过程进行固定，同时通过技术溯源查找、确定接收当事人转账的银行账户使用网银登录时的IP地址、网转设备MAC码等
		公安机关制作的证据	询（讯）问笔录、立案决定书、调取证据通知书、现场勘验笔录、远程勘验工作记录等	根据涉案钱款资金流向的查证，对涉案的转账、提现银行卡的开卡人员进行查找，在制作询（讯）问笔录时，要以开卡时间、开卡目的、使用情况、出售情况、收卡人信息等为问话重点
抓捕、初审阶段	诈骗窝点相关证据	远程勘验证据	第一，对诈骗团伙所使用的VOIP软件平台进行远程勘验，调取其登录的用户名密码信息、账户详细信息、拨打VOIP电话的详细话单和消费充值信息；第二，对诈骗团伙所使用的挂马网站进行远程勘验，调取涉案网站的前台及后台数据，重点调取域名、IP、伪造文书信息、木马等恶意程序和登录维护日志	—

（续表）

取证阶段	证据类型	基本证据		注意事项
抓捕、初审阶段	诈骗窝点相关证据	现场勘验证据	（1）电子语音包、文档、挂马网站、木马文件以及钓鱼网站的网址、素材等电子数据；（2）值班表、诈骗话术、业绩单、学习笔记等电子数据；（3）涉案银行卡账号信息；（4）正在登录的网站账号、网页内容、上网浏览记录（重点提取网上银行、VOIP 电话平台登录信息）、上网搜索记录、自动完成字段、Cookie① 信息等；（5）各类加密容器、加密压缩包内的涉案文件；（6）USB② 设备使用记录、操作系统的系统日志、程序日志、安全日志等；（7）QQ、Skype③ 等即时通讯工具的登录账号、主要联系人及聊天记录；（8）VOIP 电话软件及电子话单；（9）调取手机中的通讯录、短信、涉案图片和文档、通讯工具聊天记录等数据；（10）支付宝、财付通等涉案电子支付账号信息；（11）各类涉案影音文件，包括图片、音频、视频等；（12）涉案相关快递信息；（13）具有改写 VOIP 电话号码功能的"一号通"等软件及其使用记录；（14）其他案件相关电子数据	注重对作案现场证据的搜集和提取：尽可能提取和复原现场扣押的存储介质中的电子数据，并对提取过程作出说明；用录音录像的方式固定作案地点的人员、电脑、书证的原始状态和位置，锁定人、电脑、材料的对应关系
		公安机关制作证据	案发经过说明、询问笔录、证人证言、电子设备拓扑图、扣押清单、现场勘查工作记录以及现场勘验、检查、辨认笔录	公安机关应当通过制作案发及抓获经过或是工作情况来详细反映窝点发现过程，如窝点在境外的，由境外政府警务部门出具抓捕目标窝点与在侦案件相关联的证明材料

① Cookie 是服务器发送到用户浏览器并保存在本地的一小块数据信息，该数据通常存储与用户账号相关的信息。

② USB（全称 Universal Serial Bus）是通用串行总线，是一种串口总线的标准，也是一种输入输出接口的技术规范。

③ Skype 是微软公司推出的一款即时通讯软件。

（续表）

取证阶段	证据类型	基本证据	注意事项
抓捕、初审阶段	涉案人员相关证据	现场获取的证据 相关人员分工证据：相关人员身份信息证据、业绩清单、薪资材料、劳动合同等；作案手段和经过相关证据：诈骗实施方式话术单、培训资料、房屋和设备租赁协议等；犯罪结果相关证据：支付凭证、医院诊断证明等；证据充实性及排他性分析	证据相互矛盾需排除，结合各环节、各链条犯罪事实收集直接、间接证据，检视证实全案事实的证据有无缺失，有缺失的进一步调取证据，因客观原因不能调取的，制作工作记录及情况说明，行为人及亲属提出反证，需加以查证
		需调取的证据 出入境记录等	—
		需鉴定的证据 第一，对从当事人处和嫌疑人处提取的木马文件进行同一性认定，并在鉴定中说明木马的功能，如有远程操作，需体现远程操作具体过程及 IP 地址信息；第二，对当事人被骗过程中点击的挂马网站域名所解析到的 IP 地址与诈骗团伙使用的挂马网站 IP 地址进行同一性认定；第三，对窝点扣押的网卡进行破译解析，可反映出电话拨入拨出的数量；第四，对窝点扣押的交换机进行重点勘查鉴定，提取相关数据反映语音包发送量及回拨电话分配情况；第五，对涉案电脑中安装使用的相关软件进行功能认定等	—

（续表）

取证 阶段	证据 类型	基本证据		注意事项
抓捕、初审阶段	涉案人员相关证据	公安机关制作的证据	询问笔录（被害人），讯问笔录（行为人供述），现场勘验、检查、辨认笔录等	按照涉案人员在窝点内的分工开展讯问工作。对行为人的首次讯问要尽量完整，既要勾勒犯罪过程的全貌，又要详细讯问各行为人之间相互关系和作用、地位、分工等细节；既要关注行为人本人实施的犯罪行为，又要问清其他行为人参与的犯罪行为。可以根据被害人分布区域不同、被骗金额大小、诈骗模式差异、特殊人群或款项四个标准选取不同被害人进行询问

（续表）

取证阶段	证据类型	基本证据		注意事项
审判阶段	客观方面的证据	物证及照片	电脑、服务器、伪基站设备、改号软件设备、手机、座机等实物及照片	—
		书证	第一，证明诈骗团伙发起成立的书证，如公司注册登记材料、公司章程、营业执照、合伙协议、股东名册等；第二，证明诈骗行为实施的书证，如诈骗话术剧本、招募他人实施电信网络诈骗犯罪活动的材料、会议记录、虚假广告信息、手机通话记录、短信记录、微信、QQ 等聊天记录以及术语清单、托运单、仓单、货单、邮寄单等；第三，证明网络运营的书证，如网站服务器运营协议、租赁协议、网络文化经营许可证、网信部门出具的关于 IP 地址说明、云服务器分布点的证明材料；第四，证明诈骗赃款资金往来的书证，如银行支付凭证、网络转账记录、账户交易明细、现金收支凭证等；第五，证明诈骗赃款分成的书证，如考勤表、工资表、业绩单等	—
		视听资料	监控视频，录音、录像光盘等	—
		电子数据	"木马"程序、"钓鱼软件"、电子邮件、网络聊天记录、手机数据、电子签名等	—

（续表）

取证阶段	证据类型	基本证据		注意事项
审判阶段	客观方面的证据	公安机关制作的证据	报案记录、投诉记录、投案记录、破案报告等能证明案情及相关情况的书面材料；涉案银行卡、资金支付结算账户、诈骗设备工具及其他涉案物品的扣押清单；证人证言，包括侦查人员的证言以及技术专家对电信网络信息等专业性问题所作的情况说明；被害人陈述；犯罪嫌疑人、被告人的供述和辩解；辨认笔录、指认笔录及其照片，包括但不限于犯罪嫌疑人之间的辨认以及犯罪嫌疑人对涉案账户、诈骗设备工具的指认情况；现场勘验、检查笔录及照片、录像、现场制图，包括对远程勘验及对人身、物品的检查笔录	—
	主观方面的证据	书证	业绩单、话术剧本，培训记录、座谈会记录、工作日记等	证明诈骗团伙成员是"明知他人实施电信网络诈骗犯罪"而提供帮助的，应当结合犯罪嫌疑人、被告人的认知能力，既往经历，行为次数、手段，与电信网络诈骗犯罪实施者之间的关系，获利情况，是否曾因电信网络诈骗受过处罚，是否故意规避调查等主客观因素进行综合分析认定
		电子数据	短信记录、网络聊天记录等	
		公安机关制作的证据	证人证言，同案犯的指认及犯罪嫌疑人、被告人供述等	

（续表）

取证阶段	证据类型	基本证据		注意事项
量刑阶段	罪前罪后表现及其他量刑情节	罪前量刑考虑情节	刑事判决书，减刑、假释裁定书，行政处罚决定书，释放证明，缓刑执行通知书，工作情况说明等	对于犯罪行为人有前科的，应调取刑事判决书及释放证明；对于宣告缓刑的，除了调取刑事判决书外，还要调取缓刑执行通知书，以便判断是否在缓刑考验期内犯罪，对于检举立功的，查实材料至少应当包含立案决定书或者采取强制措施材料
		罪后量刑考虑情节	认罪认罚具结书、立案决定书、立功证明材料及查证材料（有罪供述、强制措施材料）以及退赔凭证、工作情况等	

（五）电信网络诈骗犯罪中的抽样取证

电信网络诈骗犯罪案件所涉证据的体量与诈骗组织成员人数、受害人群体大小直接相关。电信网络诈骗案件普遍涉案人员多、证据材料多、涉及地域广、案情重大复杂，一个运作成熟的电信网络诈骗犯罪团伙所涉及的被害人往往有数百人甚至上千人，涉案金额往往特别巨大，被扣押的涉案电子设备数量达几十部甚至数百部的案件并不少见，由此产生的通话记录、聊天记录、转账记录等电子数据以及相关载体的数量远超传统犯罪，用"海量"一词形容涉案证据体量并不为过。但在案的直接证据往往比较薄弱，且可能存在部分犯罪嫌疑人潜逃、被害人未到案、部分涉案资金未查明等问题。因此，实践中许多案件采用了"抽样取证"方法。

1. 抽样取证相关法律依据

抽样取证（证明），指的是办案人员基于统计学的科学方法，从海量的物品或被害人中提取具有代表性的物或人作为样本对象进行取证，并据此证明全体对象的属性、数量、结构、比例等的一种刑事推定式证明方法，[1] 是当前司法实践面对海量证据审查比较常用的方法。传统的证明方

---

[1] 马忠红：《论网络犯罪案件中的抽样取证——以电信诈骗犯罪为切入点》，载《中国人民公安大学学报（社会科学版）》2018年第6期。

法要求证据与待证事实之间具有一一对应关系，强调在范围上要形成全面覆盖，而抽样取证中样本证据与待证事实之间只有部分同一性，需要通过对样本证据进行推理证明全部的待证事实。抽样取证在行政执法及行政诉讼中应用较早，但是在刑事案件特别是新型网络犯罪案件中是新近才提出的概念。

我国现行刑事立法并未对电信网络诈骗乃至其他网络犯罪案件中如何使用抽样取证的具体方法进行规定。其他规范性文件中，《最高人民法院、最高人民检察院、公安部关于办理侵犯知识产权刑事案件适用法律若干问题的意见》首次提到了办理侵犯知识产权刑事案件的抽样取证问题和委托鉴定问题，规定公安机关在办理侵犯知识产权刑事案件时，可以根据工作需要抽样取证，或者商请同级行政执法部门、有关检验机构协助抽样取证。而后《办理电信网络诈骗意见》针对电信网络诈骗犯罪案件的证据审查判断问题提到，办理电信网络诈骗犯罪案件，确因被害人人数众多等客观条件的限制，无法逐一收集被害人陈述的，可以结合已收集的被害人陈述，以及经查证属实的银行账户交易记录、第三方支付结算账户交易记录、通话记录、电子数据等证据，综合认定被害人人数及诈骗资金数额等犯罪事实，规定了综合认定法。

随后，2022 年最高人民法院、最高人民检察院、公安部联合发布的《关于办理信息网络犯罪案件适用刑事诉讼程序若干问题的意见》第 20 条提出，当证据材料同类性质、特征或者功能且因数量特别众多而无法逐一收集的，可以"按照一定比例或者数量选取证据"。有的观点认为，这是抽样取证在司法解释中的具体化表述。实际上，电信网络诈骗案件中的"选取证据"区别于知识产权案件中的随机抽取样本的"抽样取证"，二者不能等同。在办理电信网络诈骗犯罪案件中，侦查人员从海量证据中选取证据，是建立在其他在案证据已能够证实部分犯罪事实，但是需要结合其他相关证据予以综合认定的证明方法。这种证明方法与既往办理知识产权、毒品犯罪案件中抽样取证的适用有所区别，因此不能将此条直接定义为"抽样取证"[①] 方法。

---

① 为方便论述，在本文中仍然表述为"抽样取证"。

2. 抽样取证的适用条件

抽样取证规则作为应对大数据时代背景下海量证据难题的产物，本质上是一种降低办案人员审查和证明难度的"便宜式"方法。当前法律法规并未对如何进行抽样取证进行具体规定，因此，在司法实践中，抽样取证的证据审查过程是在结合已证明基础事实和抽样取证结果的基础之上，通过办案人员运用生活经验、司法经验进行内心判断，按照经验法则和逻辑法则形成内心确信的过程，实际上结合了综合认定方法和推定规则的综合性司法判断过程。① 司法人员办案中原则上应当对在案证据进行全面考量、综合印证。但因综合认定和进行推定的过程中不可避免存在一定的个案概率，因此，抽样取证不是一种常态取证方法，必须在一定的条件下方可使用，不能随意扩大化、任意化，以避免诉讼权力扩张，危害犯罪嫌疑人、被告人合法权益。

综合裁判文书网上涉抽样取证的刑事案件，通过分析发现裁判文书中对于获取抽样样本的具体过程和方法鲜有提及，参考既往相关规定条文的表述，② 办理电信网络诈骗案件适用抽样取证的条件可以归纳为以下几点：

第一，全面取证审查十分困难。如果案件证据数量庞杂、全面审查成本很高，在这种情况可以使用抽样取证方法，具体表现为被害人人数众多且分布地域广以及涉案证据如通信记录、资金流水或银行转账记录繁多等情形。诸多电信网络诈骗犯罪案件涉案证据十分庞杂，例如，由于犯罪分子通过群发短信等方式诱骗被害人，导致被害人人员分散且人数众多，整体上犯罪团伙或诈骗集团诈骗的总金额巨大，或者由于部分被害人没有报案，身份核实难度大，甚至无法核查。在现有取证条件和司法资源不足，全面取证及审查难以实现的情况下，方具备抽样取证的前提条件。

第二，可以适用抽样取证的证据应具有"同类性质、特征或者功能"。

---

① 江苏省昆山市人民法院（2017）苏 0583 刑初 406 号刑事判决书中，因被害人人数众多、分布地域广等客观条件限制，无法逐一收集被害人陈述，但结合已经收集的被害人陈述、快递单、银行账户交易记录、发货订单详情信息、工资发放单、在职花名册等书证，法院最终认定检察机关指控的被害人人数及诈骗资金总额。

② 浙江省人民检察院、浙江省公安厅印发的《电信网络诈骗犯罪案件证据收集审查判断工作指引》第 35 条规定：被害人数量超过百人，且书证、电子证据等证据充足，已能查明各犯罪嫌疑人的诈骗行为、诈骗数额等犯罪事实，对被害人进行抽样取证不影响对各犯罪嫌疑人具体行为及诈骗数额的认定的，可以进行抽样取证。

抽样方式运用的基础为抽样样本与总体样本性质相同或极为相近，因而抽样样本的产生应源于同质性的证据，同质性证据包括但不限于同种证据类别，还应能够证明相同犯罪行为、相同犯罪方法手段、同类犯罪结果等，如通过抽样出来的同一账户内的款项，查证性质后认定该犯罪嫌疑人账户中同类款项均为电信诈骗所得等。再根据有限的被害人所作的陈述而对整体犯罪事实作出认定的时候，对于"有限被害人"的选取，亦应当按照严格标准保证"同质性"。[1]

第三，选取的样本应当具有代表性且不低于一定比例。通过抽样所得的证据在司法实践中运用的前提是抽取样本具有代表性，如果没有严格的程序对抽样方法、抽样比例或数量等加以规制，会导致抽样取证的认证过程异化为错误事实之间的相互印证。一方面，应当对证据分层抽取，将海量电子数据按特定属性进行分层，如涉案地区、数据类型等，然后再从分层内随机抽取，以反映整体性。比如，电信网络诈骗涉及多地或者多个诈骗组织，则应在每个地方或者每个组织中均要随机抽取。又如，涉及地方或小组仍是众多，也要随机抽取若干地方或小组后，再从该地方或小组中随机抽取。另一方面，应当为随机抽取。随机抽取可以避免抽取的偏差，如有针对性地抽取，即使抽取方式出于"善意"，但仍不符合科学合理的抽样要求。例如，浙江省高级人民法院明确规定，被害人人数在 100 人以上，可对被害人陈述采取抽样取证的方法。公安机关应该重点选取被骗资金量大、空间距离相对较近、被害对象特殊、涉案方法有代表性的被害人作为证据样本，并对抽样情况进行详细论证和说明。[2]

3. 抽样取证的证据认定

首先，根据抽样证据，认定部分基本事实。比如，抽取部分被害人的陈述，内容能够反映案件的基本情况、作案手段、作案时间、涉案账户、犯罪嫌疑人基本情况等；抽取部分被害人账户的交易明细，能够反映该被害人的汇款次数、汇款金额、汇款时间和地点等；抽取部分被害人与犯罪嫌疑人的通信信息，可以反映通信方式、通信次数、通信内容。其次，结

---

[1]　一起涉众型电信诈骗集团案件中，对于被害人的选取规则为"报案的前 200 人"，这是一种典型的非概率抽样方式，因其在选取样本时的首要标准为"易于接触、方便和现成"。

[2]　浙江省高级人民法院、浙江省人民检察院、浙江省公安厅印发《关于办理电信网络诈骗犯罪案件若干问题的解答》中第 13 问解答。

合基础事实以及相关证据认定"全部"事实。抽样出来的证据只是全案证据之一，司法人员并不是也不可能仅仅根据抽样取证的样本结果来推断全部事实，必须根据抽样取证的结果，结合全案的其他证据，进行相互印证。同时应当注意，抽样取证实质是一种刑事推定式的证明方法，虽然抽样取证是为了减轻取证和证明负担、提高审查效率而形成的一种创新方法，但这种非全面取证方法旨在简化司法证明过程，并非意味着证明标准的降低，对于案件的审查认定仍应达到"案件事实清楚、证据确实充分"的标准。再次，基础事实清楚且证据确实充分。基础犯罪事实清楚，是指电信网络诈骗犯罪的基本事实已经查清，特别是部分犯罪事实已经查证属实，而且基础事实的证据确实充分。基础事实的证据部分确凿充分，是指基本的证据表明犯罪嫌疑人或团伙实施了电信网络诈骗犯罪行为，如通过对电子数据的审查，查找诈骗团伙的业绩表、犯罪嫌疑人供述、诈骗剧本，结合诈骗时间、诈骗金额、被害人情况等，综合判定案件诈骗模式、涉案金额、被害人人数等。最后，根据经验法则或逻辑法则推定犯罪事实。结合已经查明的基础事实，根据抽样取证事实，基于经验法则或事物之间的常态联系等，达到排除合理怀疑程度的，则可认定相关事实，接着结合已有其他证据，推导出相关案件事实。

由于抽样取证结果没有对其他可能性逐一排除，因此在逻辑联系上并不是必然和严谨的。在存在海量证据的案件中，如抽样取证样本选取不合理，或者抽样方法设置不够科学，存在难以抽取到有效证据的可能性，因此，应当严格抽样取证方法的适用。对于公安机关的抽样取证结果，人民检察院、人民法院审查认为抽样情况不具有科学性、代表性或全面性的，可以要求公安机关进行补充取证，涉及案件定罪量刑的，公安机关应当补充取证。

4. 其他海量证据审查方法

除了目前司法实践中使用比较多的抽样取证方法，也有学者提出了"底线证明"方法。① 底线证明是指对案件证据的收集程度仅需达到法定入罪和法定加重处罚标准的证明方式，按照法定的入罪和加重处罚两道标准，只需选取能用以定案的最基本的证据加以审查认定即可。

---

① 刘品新：《网络犯罪证明简化论》，载《中国刑事法杂志》2017 年第 6 期。

具体来说，如果要追究犯罪嫌疑人的刑事责任，指控证据只需证明其已经触及法定的入罪门槛；如果要追究其加重刑事责任，指控证据还必须证明其已经触及法定的加重处罚门槛。电信网络诈骗犯罪作为诈骗类犯罪，采用数额/数量指标作为入罪或加重处罚的标准。因此，办案人员就必须在证明作为底线的数额/数量指标方面，达到"案件事实清楚、证据确实充分"的要求；至于其在多大程度上超过了作为底线的数额/数量指标，则只需要进行概要性的审查认定。

（六）电信网络诈骗犯罪电子证据体系化审查方法

在我国，对于刑事证据的审查旨在明确某一证据能否作为定案的根据用以证明案件事实，也即对证据的证据能力与证明力进行审查，证据的审查直接影响着司法机关对于案件事实、罪名及刑罚的认定。在电信网络诈骗案件中，证据数量较多，证据类型极为复杂，加之此类案件中证据的电子化程度较高，涉及较多技术性问题，证据审查的难度大大增加。此外，诈骗类犯罪本身在立法技术上采取简单罪状的表述方式，具有主观要素证明困难、刑民关系复杂、作案手段隐蔽、资金往来密集等特点，是司法实践中最为疑难的案件类型之一。同时，电信网络诈骗犯罪除符合普通诈骗罪的犯罪特征外，一般还同时具有技术性、非接触性、远程性等鲜明特点，犯罪手段与技术发展紧密相关，迭代更新十分迅速，使这类型案件的办理给司法实务带来了许多新的挑战，尤其是在证据审查认定方面，表现得尤为明显。

1. 电子证据审查规则相关法律法规

2016 年，为规范电子证据的收集提取和审查判断，最高人民法院、最高人民检察院、公安部出台了《关于办理刑事案件收集提取和审查判断电子数据若干问题的规定》，对电子证据的审查判断规则进行了体系化设计。2021 年，最高人民检察院发布的《人民检察院办理网络犯罪案件规定》进一步强调了电子证据的审查规则。例如，该规定第 7 条明确规定："人民检察院办理网络犯罪案件应当加强对电子数据收集、提取、保全、固定等的审查，充分运用同一电子数据往往具有的多元关联证明作用，综合运用电子数据与其他证据，准确认定案件事实。"此外，该法在第三章中专门规定了如何对电子证据进行有效审查的内容，主要包括：注重审查电子证据的客观性、合法性、关联性；注重挖掘同一电子证据往往具有多元关联证明作用；注重加强电子证据与其他证据的相互印证；注重加强对瑕疵电子证据的审查。

2. 体系化审查方法

电子证据的体系化审查方法，要求综合审查电子证据是否构成定罪的完整的、相互印证的证据体系，具体包括：其一，若干份电子证据同传统证据如物证、书证、证人证言等相印证，构成一个虚拟空间与物理空间证据相结合的体系；其二，若干份电子证据相印证，构成一个虚拟空间证据相结合的体系；其三，同一电子证据内容、属性、痕迹相关证据相印证，构成一个同一证据形式和内容相结合的体系，例如，综合审查电子证据内容、校验值、取证过程、存储介质。体系化审查需要尽可能围绕电子证据的形成过程收集取证，将电子证据衍生出来的各种附属信息证据组合起一个体系共同证明案件事实。

首先，通过虚拟和物理空间结合重建案件事实。如果能够基于电子证据还原虚拟空间的轨迹，基于传统证据还原物理空间轨迹，将两个空间的人员轨迹进行互相对比印证，可以有效还原案件事实。例如，犯罪嫌疑人所涉 IP 地址包括住所地网络 IP 地址和部分外地 IP 地址，未发现犯罪嫌疑人存在使用 VPN[①] 等可以修改 IP 地址工具的证据，通过其他物证、书证可以确定犯罪嫌疑人在案件发生期间没有离开住所地。电子证据所反映的作案人轨迹同传统证据反映的犯罪嫌疑人轨迹不一致，这就说明存在其他人犯罪的极大可能，相应地，外地 IP 地址相关的犯罪行为不能归责于该犯罪嫌疑人身上。

其次，通过关联电子证据之间的组合重建案件事实。同一网络行为往往会产生若干份电子证据，特别是不同网络节点的多份电子证据。"任何电子证据均不是孤立存在的，而是由一系列命令或程序遵循一定技术规则的海量电子数据的融合物。"[②] 网络环境中的行为会在不同的网络节点留下相关的电子证据；单机环境中的行为会产生配套的一系列电子证据，如

---

① VPN（全称 Virtual Private Network）是虚拟专用网络，已成为一种重要的网络安全工具。VPN 可以加密数据传输，保护用户的隐私，绕过地域限制，提供安全的网络访问。

② 刘品新：《论电子证据的定案规则》，载《人民检察》2009 年第 6 期。

Word 文档会同步形成一些附属信息，如文档的创建时间、修改时间、访问时间、保存者、类型、格式等。同一份电子证据往往在不同层面进行呈现，办案人员可以构建不同层面的证据组合，它们相互印证构成虚拟空间中的一种独特证据链条。比如，在发送电子邮件时会在发件人电脑、收件人电脑、邮件商的服务器等多处留下电子邮件，发送短信、微信等也是如此，留下的电子"足迹"都会构成可以相互印证的证据链条。① 将这些电子"足迹"匹配起来，审查其内容是否一致，特别是审查其相关时间信息、地址信息等是否存在异常，可高度还原整体行为过程。例如，犯罪嫌疑人通过微信对受害人实施诈骗的案件中，可以将不同手机中的微信聊天记录对照起来，综合逐条发送、接收的微信消息、微信登录使用日志，还原整个客观诈骗过程。

最后，通过电子证据及配套证据材料重构电子证据关联事实。电子证据具有鲜明的系统性，电信网络诈骗犯罪案件的证据体系往往表现为一种独特的电子证据结构，即由电子证据、来源笔录与鉴定意见组成的三位一体构造，在这种构造中，电子证据通常不能孤立地发挥证明作用，来源笔录用以证明取证的合法性，司法鉴定意见用于证实案件争议事实。它们三者结合形成一个稳定的架构，② 用于证明案件的主要案件事实。例如，关于一篇电子邮件的真假，案件存在以下证据：该邮件存在一封备份邮件；该邮件与备份邮件的附件不一致；该邮件的流属性信息显示的字节数与实际的字节数不一致；该邮件附件的内容创建时间、最后保存时间均晚于路由器时间、邮件发送时间；在杀毒软件日志中还发现了该邮件被调用的记录，综合上述证据可以得出"该邮件经过篡改"的结论，因而不能采信该电子证据。③

此外，对海量电子数据过于庞杂，不易审查判断的，可以建议侦查机关聘请具有专门知识的人进行操作演示，并就相关技术问题作出说明。对电子数据涉及的专门性问题难以确定的，应当要求公安机关委托相应机构出具鉴定意见或出具报告。对于鉴定耗时较长而审查逮捕时不能出具鉴定

---

① 刘品新：《网络犯罪案件的数字式事实重建》，载《人民检察》2021 年第 19 期。

② 刘品新：《网络犯罪案件的数字式事实重建》，载《人民检察》2021 年第 19 期。

③ 司法部司法鉴定科学技术研究所编著：《2012 年司法鉴定能力验证鉴定文书评析》，科学出版社 2013 年版，第 508~520 页。

意见或报告的，可以商请侦查机关进行侦查实验，收集相关具有专门知识的人出具专家意见等方式补充证明。

（七）电信网络诈骗犯罪电子证据审查内容

当前司法实践中，电信网络诈骗犯罪证据审查，需要主要解决两方面问题。一方面是对电子证据载体的审查问题。电子证据具有数字化特征，其存储通常依赖于一定的外部介质或载体，因此，对电子证据的审查先要围绕电子证据载体展开，明确对电子证据载体的扣押、转移、保管等程序符合法定要求，且电子证据的原始存储介质与案件具有关联性，因而要着重防止因电子证据载体的不当处置而影响电子数据作为定案根据的资格。在电信网络诈骗犯罪案件中，需要收集的电子证据数量较多，且这些证据对于案件事实的认定有着关键影响，加之部分案件存在跨国、跨地域特征，因此对于电子证据载体的审查就显得尤为关键。另一方面则是对于电子证据内容的审查问题。电子证据的内容往往通过电子数据的形式展现，对于电子数据的收集、提取、冻结等要遵循特定的程序，以保证电子数据的合法性、客观性、真实性、可靠性，这是司法机关审查电子证据的首要内容。同时，对于电子证据内容的审查还要注重审查电子证据与案件事实之间的关联性，否则容易导致证据遭受能否采信的质疑。在电信网络诈骗犯罪案件中，行为人往往不与被害人直接接触，犯罪活动较为隐蔽，其假冒或利用他人身份证件办理银行卡、电话卡等实施诈骗的情况并不鲜见，而且在集团化诈骗案件中，不同犯罪行为人可能采取相同的诈骗手法，很多诈骗行为也并非由一人实施，因此，往往还需要将电子证据与具体某一犯罪嫌疑人进行关联，判断某一行为是不是犯罪嫌疑人所为。另外，网络虚拟空间的出现引发了关于"人机同一"的证明问题，如何确定每一起犯罪的具体行为人，明确各项证据之间的关联性成为证据审查的难点。总之，电信网络诈骗行为与结果具有分离性，电子证据本身的易灭失、易篡改特征以及目前证据审查规则的概括性加剧了对电子证据的审查难度。[1]

电子证据的技术处理难度和海量的证据体量相结合，使此类案件证据审查困难、效率低下，因而大量占用司法资源，日渐成为制约该类案件审

---

[1] 智嘉译：《电信网络诈骗案件中的证据问题研究》，载《法律适用》2022 年第 9 期。

理的主要难题之一。下文将从电信网络诈骗犯罪案件所涉电子证据的审查方法和审查重点入手，围绕电子证据审查技巧、审查要素展开，为司法机关开展此类案件的证据审查工作提供参考。

1. 电子证据审查内容相关法律法规

2010 年，最高人民法院、最高人民检察院、公安部、国家安全部、司法部颁布的《关于办理死刑案件审查判断证据若干问题的规定》第 29 条首次规定了电子证据的审查内容。2012 年电子证据被《刑事诉讼法》新增为法定证据之后，《最高人民法院关于适用〈中华人民共和国刑事诉讼法〉的解释》第 93 条、第 94 条对电子证据的审查内容进行了制度改造。2016年，为进一步规范电子证据的收集提取和审查判断，最高人民法院、最高人民检察院和公安部出台了《关于办理刑事案件收集提取和审查判断电子数据若干问题的规定》，对电子证据的审查判断规则进行了体系化设计。2021 年，最高人民法院针对 2018 年《刑事诉讼法》颁布的司法解释在《最高人民法院、最高人民检察院、公安部关于办理刑事案件收集提取和审查判断电子数据若干问题的规定》基础上进行了有针对性的调整：一是没有移植《最高人民法院、最高人民检察院、公安部关于办理刑事案件收集提取和审查判断电子数据若干问题的规定》第 25 条有关电子证据关联性审查的规定；二是把监察调查人员取得的电子证据纳入审查范围；三是增加合法性的审查内容，即法院需要审查技术调查、技术侦查收集提取的电子证据是否经过严格的审批程序。2021 年，最高人民检察院发布的《人民检察院办理网络犯罪案件规定》第 29 条明确规定，人民检察院办理网络犯罪案件，应当围绕客观性、合法性、关联性的要求对电子数据进行全面审查。注重审查电子数据与案件事实之间的多元关联，加强综合分析，充分发挥电子数据的证明作用。

上述法律规定明确了电子证据审查的几大要素，即合法性、真实性、客观性、完整性、关联性。

2. 电子证据审查具体要素

（1）合法性审查。目前，犯罪分子在实施电信网络诈骗犯罪行为时，主要是利用第三方运行平台。电子证据的取得方式也主要有两种：一种是电子数据的持有方提供；另一种是侦查机关查获或远程勘验下载。因电子证据的数据存储形式多样，数据内容庞杂且不稳定，因而在审查电子数据时，对合法性的审查极为重要，是审查电子证据其他属性的基础与前提。

一般情况下，在涉及证据合法性问题时，主要是对证据取得主体、程序和形式三个方面是否符合法律规定进行审查，而对于电信网络诈骗犯罪案件中的电子证据来说，因证据提供方可能身处境外等，使证据审查变得更为复杂。在司法实务中，通常从三个方面进行审查。首先，审查电子证据获取的主体身份是否符合我国《刑事诉讼法》或者国际司法协助等法律法规规定的条件和资格。目前的电子证据取得方式分为境内侦查机关直接调取或者境外司法协助调取，对于境内侦查机关取证主体没有明确的资格规定，因此，审查的重点主要在于境外电子证据的调取。由于此种情况一般是由国外侦查机关协助调取，非我国侦查机关直接调取，因而需要着重审查是否符合我国有相关的司法协助协议或者条约以及审批手续是否完备等。目前在制度层面，尚未规定取证主体不合法的程序后果，只规定侦查人员在相关证据载体上缺少签名时，需要补正或作出合理解释。因此，不适格主体收集、提取的电子证据能否作为定案根据，目前相关规定语焉不详，可以参照一般证据的补正规则。其次，审查电子证据的取得是否符合法律规定。重点审查电子证据的调取主体是否为两名侦查人员，电子证据的取得是否侵犯他人隐私、国家秘密或者商业秘密等。取证手段违法一般分两种情况：一是办案人员违法取证，严重影响司法公正，如非法搜查、扣押获得相关证据，侵犯犯罪嫌疑人、证人、被害人的重要权益；二是办案人员的取证程序违法。《公安机关办理刑事案件程序规定》第 71 条第 2 款规定："收集物证、书证、视听资料、电子数据违反法定程序，可能严重影响司法公正的，应当予以补正或者作出合理解释；不能补正或者作出合理解释的，对该证据应当予以排除。"对于取证手段违法、严重影响司法公正，且无法补正的电子证据需强制排除。最后，审查电子证据的取得形式是否符合法律规定。调取人员是否对电子证据的保存载体进行扣押、封存，如果采取的是远程勘验调取，是否对完整性进行校验，扣押后的电子证据是否有访问操作日志等；电子证据的移交程序是否符合法律规定，整个保管过程是否受到监督等。

另外，对于案件的当事人及其辩护人、诉讼代理人提供的电子证据材料，要核实其是否符合证据特征，调取证据来源及形式是否合法有效。如果是来自境外的电子证据，也要对其是否按照相关法律规定提供的进行审查，以保证电子证据的取得符合我国法律规定。

（2）真实性、同一性审查。《人民检察院办理网络犯罪案件规定》第30条、《最高人民法院、最高人民检察院、公安部关于办理刑事案件收集提取和审查判断电子数据若干问题的规定》第22条规定，对电子数据是否客观、真实，注重审查以下内容：其一，是否移送原始存储介质，在原始存储介质无法封存、不便移动时，是否说明原因，并注明相关情况；其二，电子数据是否有数字签名、数字证书等特殊标识；其三，电子数据的收集、提取过程及结果是否可以重现；其四，电子数据有增加、删除、修改等情形的，是否附有说明；其五，电子数据的完整性是否有哈希值等保证。另外，2018年《最高人民法院关于互联网法院审理案件若干问题的规定》第11条明确了电子证据真实性的审查内容；2019年，最高人民法院修正后的《关于民事诉讼证据的若干规定》正式实施，新增了关于判断电子证据真实性的专门条文，即第93条、第94条，上述民事诉讼电子证据真实性的审查内容规定是我国电子证据真实性法律制度的重要组成部分，可以为刑事诉讼电子证据真实性审查提供一定参考。

在办理电信网络诈骗犯罪案件中，由于电子数据的不稳定性和易篡改性，电子证据具有的双重载体特性，使审查电子数据的证据真实性，成为司法实务中面临的最突出的问题。从目前规范性文件和典型案例的分析可知，由于电子数据双重载体的性质，需要从存储介质、电子数据本体、电子数据内容三个方面分步骤、分层次对电子数据真实性进行审查。

第一，从电子数据的存储载体方面对真实性进行审查。"电子数据存储介质的真实性，是指存储电子数据的载体、设备在整个刑事诉讼过程中保持原始性、同一性、完整性，不存在被替换、破坏等问题。"[①]《最高人民法院、最高人民检察院、公安部关于办理刑事案件收集提取和审查判断电子数据若干问题的规定》和《公安机关办理刑事案件电子数据取证规则》都规定了原则上以扣押、封存电子数据的原始存储介质为取证首选，只有在无法扣押原始存储介质时才可以采用提取电子数据的方式取证，且应当在笔录中注明不能扣押原始介质的原因、原始介质存放的地点或者电

[①]　谢莉：《跨境电信网络诈骗案取证策略与证据体现构建》，载微信公众号"最高人民检察院"，2022年1月29日。

子数据的来源情况,并计算电子数据的完整性校验值,以确保数据的真实性。故在审查电子数据的真实性时,首先应对移交的电子数据存储介质是不是原始存储介质、存储介质的收集程序是否合法等进行审查,通过比对扣押、封存手续中记载的存储介质型号、外观等特征来确定是不是行为人所使用的原始设备。另外,因为司法机关职权分工问题,证据需要在多个主体之间流转,电信网络诈骗犯罪案件中电子证据的特殊性,又使该类证据在流转、移送等过程中极易被修改、替换。这就要求在审查该类证据时,除审查存储介质的原始真实性外,还要审查该证据在移送、流转过程中是否同一。可以通过审查扣押清单、移送清单并与实物进行比对,确定其同一性。在审查鉴定意见时,还要注意鉴定意见中记载的存储介质是否与扣押、封存相一致,是否记载识别特征的标识,如序列号或者串码等。总而言之,电子证据的获取要遵循"以扣押原始存储介质为原则,以直接提取为例外,以转化提取为补充"的取证顺序。

第二,从电子数据的数据内容方面审查真实性。在对电子数据的来源真实性审查无异议的基础上,再对数据内容的真实性进一步审查,着重解决司法实务中第三方提供的数据及跨境远程勘验下载的数据本身的真实性问题。在司法实践中,从扣押的实物存储介质中得到数据的真实性受到质疑的较少,而针对第三方平台及由远程勘验获取的电子数据的真实性更易受质疑。在审查这类电子数据时,要着重审查第三方提供的数据是否附有对数据来源、收集方式的详细说明,是否对数据提取过程进行全程录像,且获得的数据是否进行电子数据完整性的校验计算,以确定数据是否完整且未被增加、删除、修改等。而对于采取远程勘验下载的电子数据,要审查勘验采取的方法是否符合法律法规的规定,对取得的数据是否进行修改、删除等,勘验日志的记载情况与实际情况是否相符,勘验过程是否进行同步录音录像以及在调取电子数据的过程中是否采用了其他保障电子数据真实性的方法等。通过审查移送清单、扣押清单、远程勘验报告、电子数据的无污损鉴定等材料,确保刑事诉讼过程中电子数据的同一性、真实性。

第三,从电子数据与其他证据的印证情况来审查真实性。如上所述,电子证据本身不能孤立地直接证明犯罪事实,需要与犯罪嫌疑人供述、被害人陈述等其他证据材料相互印证,形成证明犯罪事实的完整证据链条。

电子证据的内容真实性是其核心，主要在于电子数据的内容是否可以与案件材料中的其他证据相互印证，从而证明犯罪事实。可以运用体系化审查方法，审查电子数据与言词证据、电子证据与实物证据、电子证据与电子证据能否相互印证，从而校验获得的电子证据的内容真实性。比如，犯罪集团与被害人之间的通话记录以及犯罪分子与被害人之间的聊天记录、银行流水等与所获取的电子证据之间能否相互印证，被害人陈述与资金流转情况同电子证据是否一致等来证实电子证据的真实性。

（3）客观性审查。电子证据也是证据种类的一种，本身就是客观存在的，但是由于电子证据的特殊性，除了能以实物的形式存在之外，其内容又能独立于其存储介质。正是由于"电子数据又是一种特殊的实物证据，它在生成、提取、流传、运用等环节都存在伪造或毁损的可能性"①，故在审查电子证据的客观性时，要分别从形式和内容两个方面来进行。在形式上，"要着重遵循'以扣押原始存储介质为原则，以直接提取为例外，以转化提取为补充'的取证顺序"②，从三个方面进行审查：一是电子数据存储的原始介质是否安全可靠，如软件系统的运行是否正常、存储的硬盘是否安全、数据的传输是否有加密等安全措施；二是电子数据的制作过程是否程序合法、制作方法是否安全可靠；三是电子数据的完整性是否可靠，是否被增加、删除、更改等。此外，还可以通过"无污损鉴定"的方式来对电子证据的提取、保存和移交等过程进行审查。在内容上，要通过与其他证据间的印证关系来确定电子证据内容的客观性。比如，可以通过和犯罪嫌疑人供述、被害人陈述等言词证据进行印证，也可以通过同银行流水、通话记录等其他电子证据间的印证来证实其客观性，并建立起电子数据与案件事实的关联性，构建完整的证据链条。

（4）完整性审查。电信网络诈骗犯罪案件中，侦查机关所获取的电子数据完整性是其中的一个审查要点。在审查电子证据的完整性时，不仅要审查电子数据提取的数据信息情况，还要审查电子数据的提取日志记录，承载电子数据的系统、软件运行的环境状况，与提取的电子数据相关的附

---

① 谢莉：《跨境电信网络诈骗案取证策略与证据体现构建》，载微信公众号"最高人民检察院"，2022 年 1 月 29 日。

② 刘铭：《公安电子数据取证规范的文本分析》，载《中国人民公安大学学报》2021 年第 4 期。

属信息和电子痕迹等情况是否完整，是否有增加、删除的修改记录，确保电子数据的提供人能够完整、客观地提供数据的生成、数据的原始来源与案件以及其他涉案人员的相关证据。特别是在动态电子数据的审查上，动态电子数据处于一个不断变化、稍纵即逝的状态，数据提取的及时性和完整性就显得尤为重要。

在审查电子数据的完整性时，主要从原始性和完整性两个方面着手。一方面是电子数据的原始性审查。基于电子数据的不稳定性、隐蔽性，且易于被修改和消灭特征，电子数据作为证据使用时其原始性容易被破坏，所以在使用电子数据作为证据时就要格外注意数据的原始性。在司法实践中，可以通过明确的犯罪嫌疑人的参与、离开等时间节点，确定电子数据的调取时间节点和调取范围，再通过"无污损鉴定"来确定所调取时间段和范围内的电子证据未被增加、删除、篡改等，从而确保电子数据的原始性。另一方面是电子数据的完整性审查。"电子数据的完整性，不仅是指对涉案电子数据无遗漏、无毁损的提取，还包括对电子数据进行的'全面提取'。"[1] 电子证据原始性的司法鉴定与电子数据的提取勘验是不同的诉讼行为，电子数据提取过程的现场勘验或远程勘验，是为了保证从设备或是网络上所提取数据的完整性。审查电子证据的完整性重点要审查调取、固定的电子数据范围，这就需要勘验技术人员对电子数据的调取过程进行勘验，并制作电子数据的提取、下载、保管日志。

（5）关联性审查。电信网络诈骗犯罪案件中，侦查机关所获取的电子数据的关联性则是案件审查的另一个要点。由于电子数据存在于虚拟空间，其在证明犯罪事实和犯罪事实系犯罪嫌疑人所为的过程中，不能独立存在，需要与其他证据材料进行印证，以证实电子数据与案件的关联性。电子证据的虚拟、非接触等特征，决定了在审查电子数据的关联性时，应主要从与犯罪嫌疑人的关联性和与犯罪事实的关联性两个方面入手。

第一，审查电子证据与犯罪嫌疑人的关联性。在电信网络诈骗犯罪案件中，因为犯罪手段多是利用互联网社交平台、手机通话等，导致常出现无法锁定被害人、赃款转移快流向不清、通信工具频繁更换等情况。电信

---

① 谢莉：《跨境电信网络诈骗案取证策略与证据体现构建》，载微信公众号"最高人民检察院"，2022 年 1 月 29 日。

网络诈骗犯罪组织成员众多且层级分明，成员之间多通过电话、网络联系，聊天软件或者通信工具并不是固定由具体的哪个成员使用，这导致即使抓获犯罪嫌疑人，也很难将作案工具（电脑或者手机等作案设备）与犯罪嫌疑人之间的关联性固定。比如，扣押的手机是不是被抓获的犯罪嫌疑人在使用，能否排除其他人员使用的合理怀疑。在司法实践中，电信网络诈骗通常是由第一层人员通过聊天软件与被害人建立信任关系后，就交由第二层人员继续跟进，层级复杂，往往一个被害人会与多个犯罪嫌疑人建立联系。而且会出现时间交叉等情况，加之双方所处的虚拟空间以及虚假身份，被害人并不能对犯罪嫌疑人进行有效的指认，难以建立起对应关联性。在司法实践中，在审查案件时，多采用电话通话记录、聊天记录、出入境时间节点、转账流水、聊天定位情况等证据材料与被害人陈述、犯罪嫌疑人供述等言词证据进行印证，以确立案件事实与犯罪嫌疑人的关联性。另外，由于电信网络诈骗犯罪多为链条式犯罪，查明犯罪事实与犯罪嫌疑人的关联性也有利于区分各成员的地位作用，为刑罚的确定提供依据。

第二，审查电子证据与犯罪事实的关联性。审查证据的关联性，应当重点审查证据与待证事实的关联程度、证据之间的联系等内容。在电信网络诈骗犯罪案件中，被害人的资金流水往往与犯罪事实中其他情况相互交杂，聊天记录、通话记录等电子数据也呈现犯罪事实与其他事实相互交织的情况，如何从庞杂的数据信息中剥离出与犯罪事实相关的电子数据就成为关键。例如，用户共享云基础设施或云运用，不同用户数据混杂共存、难以分离，收集电子证据时可能掺杂无关用户数据。如何保证无关用户数据或犯罪嫌疑人的无关数据的私密性，如何在电子数据取证中提取仅供用于事实重构的数据，对电子数据取证人员构成挑战。在司法实践中，往往通过对被害人提供的银行流水、通话记录、聊天信息与其登录的虚拟网站等数据信息进行一一比对确定，构建案件事实与电子数据的关联性，对于弱关联与无关联的电子数据，如无关人员数据或犯罪嫌疑人的无关联数据，需要采取必要的清除措施，这是对犯罪嫌疑人与其他无关人员合法权益的保护。对于关联性存在争议或难以判断的电子数据，法院应当通过与其他证据进行印证或者通过鉴定、检验等方式予以解决。

综上，在对电子证据的内容进行审查的过程中，司法机关首先要对电子证据内容的合法性、真实性、同一性、完整性等进行审查；其次要对电子证据内容的关联性进行重点审查，查明已有电子证据与待证事实紧密相关，且证据之间能够形成较为严密的证据链条，此时往往可以采取综合认定的方式来确认证据之间的关联性，通过对电子证据的关联性审查来构建案件事实，查明究竟是"何人"在"何时"与"何地"运用"何物"采取了"何行为"。

此外，在电信网络诈骗犯罪过程中，个别行为人会使用人工智能技术来训练机器，并对大量数据进行清洗和识别，如通过破解互联网验证码等方式获取个人信息，对于此种情形需要鉴定人或专家辅助人在已有电子证据的基础上，运用一定的大数据技术对行为人所使用的人工智能工具及其危害结果进行验证，并形成相应的司法鉴定意见或专家辅助人意见，证明电子证据中所记载的案件事实。

在司法实践中，证据的收集与审查、认定紧密相关，完整收集证据，严格审查电子证据的合法性、完整性、关联性和真实性，对于审查犯罪集团的资金链、通信链有很大帮助，通过这一过程能更加清晰地认定涉案金额和犯罪集团中各成员的地位作用。对涉案金额巨大、涉案人数众多、案情疑难复杂的案件，侦查机关除内部挖潜，做好取证固证工作的同时，还需要对外争取更多支持与帮助，如加强对其他涉案连接点办案机关的沟通联动和协作办案，争取上级部门指导，及时就案件办理过程中遇到的疑难问题进行会商，确保案件的顺利进行，有力打击犯罪。

(八) 电信网络诈骗犯罪批准逮捕阶段的证据审查

近年来，随着我国对电信网络诈骗犯罪打击力度不断加大，越来越多的电信网络诈骗犯罪案件进入刑事诉讼程序。诈骗类犯罪本身在立法技术上采取简单罪状的表述方式，具有主观要素证明困难、刑民关系复杂、作案手段隐蔽、资金往来密集等特点，是司法实践中最为疑难的案件类型之一。与此同时，电信网络诈骗犯罪更是与技术发展紧密相关，犯罪手段迭代更新十分迅速，使这类型案件的办理给司法实务带来了许多新的挑战，尤其是在证据认定方面。因此，下文将从审查批捕、审查起诉、事实认定等层面分别讨论此类犯罪案件的审查重点、认定方法。

1. 有证据证明发生了电信网络诈骗犯罪事实

一是有相关证据证明有电信网络诈骗犯罪案件发生。对于被害人人数众多等客观原因的限制导致无法逐一收集被害人陈述的，可以结合已收集的被害人陈述以及已经查证的银行账号交易信息等其他证据材料来认定诈骗案件的发生。基本证据：其一，报案登记材料，包括报案登记、受案登记、受案笔录、立案决定书等；其二，被害人陈述，包括被害人关于被骗经过、被骗金额陈述；其三，被害人常住人口信息、联系方式；其四，存在受害事实的材料，如被害人银行开户申请、开户明细单、银行转账凭证、银行账户交易记录、银行汇款单、网银转账记录、第三方支付结算交易记录、手机转账信息等证据。二是有相关证据证明电信网络诈骗行为的危害后果。结合法律原文中关于犯罪后果的规定，一方面，需证明诈骗数额达到追诉标准的证据，包括证人证言、被害人陈述、犯罪嫌疑人供述和辩解、银行转账凭证、汇款凭证、转账信息、银行账户交易记录、第三方支付结算交易记录以及其他与电信网络诈骗关联的账户交易记录、犯罪嫌疑人提成记录、诈骗账目记录等证据。另一方面，需证明发送信息条数、拨打电话次数以及页面浏览量达到追诉标准的证据，包括 QQ、微信、Skype 等即时通讯工具聊天记录以及 CDR[①] 电话清单、短信记录、电话录音、电子邮件、远程勘验笔录、电子数据鉴定意见、网页浏览次数统计、网页浏览次数鉴定意见、改号软件、语音软件的登录情况及数据、拨打电话记录内部资料等证据。

2. 有证据证明诈骗行为是犯罪嫌疑人实施

相关证据能够证明诈骗信息系犯罪嫌疑人发出、被骗资金系犯罪嫌疑人获取。如果公安机关采取技术侦查手段收集的证据，应当随案移送采取技术侦查措施的法律文书，并对收集的证据来源等作出书面说明。基本证据：其一，通话记录、信息数据等诈骗信息痕迹；其二，资金流出流入的支付、转账明细；其三，案发及抓获经过；其四，犯罪嫌疑人关于其诈骗手段、过程和骗取金额的供述；其五，作案窝点内提取的作案工具、诈骗道具；其六，犯罪嫌疑人使用的被害人个人信息清单、话术单等；其七，犯罪嫌疑人的户籍资料等；其八，技术侦查手段收集的证据材料。

---

① CDR（全称 Call Detail Record）是一种记录电话通信详细信息的数据记录格式。

具体包括以下证据材料：一是言词证据，包括证人证言、被害人陈述、犯罪嫌疑人供述和辩解等，注意审查犯罪嫌疑人供述的行为方式与被害人陈述的被骗方式、交付财物过程或者其他证据是否一致。对于团伙作案的，要重视对同案犯罪嫌疑人供述和辩解的审查，梳理各个同案犯罪嫌疑人的指证能否相互印证。二是有关资金链条的证据，包括银行转账凭证、交易流水、第三方支付交易记录以及其他关联账户交易记录、现场查扣的书证、与犯罪关联的银行卡及申请资料等，从中审查相关银行卡信息与被害人存款、转移赃款等账号有无关联，明确资金交付支配占有过程；还包括犯罪嫌疑人的短信以及 QQ、微信、Skype 等即时通讯工具聊天记录，从中审查与犯罪有关的信息，是否出现过与本案资金流转有关的银行卡账号、资金流水等信息。要注意审查被害人转账、汇款账号、资金流向等是否有相应证据印证赃款由犯罪嫌疑人取得。对诈骗集团租用或交叉使用账户的，要结合相关言词证据及书证、物证、勘验笔录等分析认定。三是有关信息链条的证据，包括侦查机关远程勘验笔录、远程提取证据笔录，CDR 电话清单，查获的手机 IMEI 串号、语音网关设备、路由设备、交换设备、手持终端等。要注意审查诈骗窝点物理 IP 地址是否与所使用电话 CDR 数据清单中记录的主叫 IP 地址或 IP 地址所使用的线路（包括此线路的账号、用户名称、对接服务器、语音网关、手持终端等设备的 IP 配置）一致，电话 CDR 数据清单中是否存在被害人的相关信息资料，改号电话显示号码、呼叫时间、电话、IP 地址是否与被害人陈述及其他在案证据印证。在电信网络诈骗窝点查获的手机 IMEI 串号以及其他电子作案工具，是否与被害人所接到的诈骗电话显示的信息来源一致。四是其他证据，包括跨境电信网络诈骗犯罪案件犯罪嫌疑人出入境记录、户籍证明材料、在境外使用的网络设备以及虚拟网络身份的网络信息，证明犯罪嫌疑人出入境情况及身份情况。诈骗窝点中查获的纸质和电子账目报表，审查时间、金额等细节是否与被害人陈述相互印证。犯罪过程中记载被害人身份、诈骗数额、时间等信息的流转单，审查相关信息是否与被害人陈述、银行转账记录等相互印证。犯罪嫌疑人之间的聊天记录、诈骗脚本、内部分工、培训资料、监控视频等证据，审查犯罪的具体手法、过程。购买作案工具和资源（手机卡、银行卡、POS[①]机、服务器、木马病毒、改号软件、公民个人信息等）的资金流水、电子数据等证据，审查相关信息是否与诈骗行为所用设备相对应。

3. 有证据证明犯罪嫌疑人具备犯罪的主观故意

相关证据能够证明犯罪嫌疑人具有主观故意或者可推定故意实施了诈骗犯罪。基本证据包括：其一，犯罪嫌疑人冒用他人名义，编造事实骗取钱款或使用诈骗道具、话术的供述；其二，犯罪嫌疑人关于非法获取被害人个人信息的供述；其三，犯罪嫌疑人所使用的作案工具、所使用的被害人个人信息清单；其四，犯罪嫌疑人所使用的话术单、诈骗道具；其五，犯罪嫌疑人的薪酬发放记录；其六，同案关系人的供述和相互间的指证；其七，电子证据鉴定意见等。具体包括以下两类证据材料。

一是证明犯罪嫌疑人主观故意的证据：包括犯罪嫌疑人的供述和辩解、证人证言、同案犯指证；诈骗脚本、诈骗信息内容、工作日记、分工手册以及犯罪嫌疑人的具体职责、地位、参与实施诈骗行为的时间等；赃款的账册、分赃的记录、诈骗账目记录、提成记录、工作环境、工作形式等；短信、QQ、微信、skype 等即时通讯工具聊天记录等。审查其中是否出现有关诈骗的内容以及诈骗专门用的黑话、暗语等。

二是证明提供帮助者主观故意的证据：包括提供帮助的犯罪嫌疑人供述和辩解以及电信网络诈骗犯罪嫌疑人的指证、证人证言；双方短信以及QQ、微信、skype 等即时通讯工具聊天记录等信息材料；犯罪嫌疑人的履历、前科记录、行政处罚记录，双方资金往来的凭证，犯罪嫌疑人提供帮助、协助的收益数额，取款时的监控视频，收入记录，处罚判决情况等。

4. 有证据证明行为人存在社会危险性

电信网络诈骗犯罪一般为团伙犯罪，在审查社会危险性条件时，应查明团伙成员实际作用大小以评估其社会危险性，对作用明显次要、主动配合侦查工作、积极退赃的人员或者怀孕的妇女可以予以从宽掌握，对团伙内的骨干分子、积极实施诈骗、非法获利较大的应从严掌握。基本证据

---

① POS（全称 Point Of Sale）是一种多功能终端，把它安装在信用卡的特约商户和受理网点中与计算机连成网络，就能实现电子资金自动转账，它具有支持消费、预授权、余额查询和转账等功能，使用起来安全、快捷、可靠。

是：其一，犯罪嫌疑人的到案经过、薪酬记录；其二，犯罪嫌疑人退赃、退赔的证据；其三，女性犯罪嫌疑人怀孕、哺乳的医院诊断证明等。具体来说，符合下列情形之一的，结合案件具体情况，可认定犯罪嫌疑人具有社会危险性、有羁押必要：

一是符合《最高人民检察院、公安部关于逮捕社会危险性条件若干问题的规定（试行）》规定的具有社会危险性情节的。

二是犯罪嫌疑人是诈骗团伙的首要分子或者主犯。对于首要分子，要重点审查其在电信网络诈骗集团中是否起到组织、策划、指挥作用。对于其他主犯，要重点审查其是不是犯意的发起者，犯罪的组织者、策划者、指挥者、主要责任者，是否参与了犯罪的全过程或关键环节以及在犯罪中所起的作用，具体包括：诈骗团伙的具体管理者、组织者、招募者、电脑操盘人员、对诈骗成员进行培训的人员以及制作、提供诈骗方案、术语清单、语音包、信息的人员；取款组、供卡组、公民个人信息提供组等负责人，对维持诈骗团伙运转起着重要作用的；对于其他实行犯是否属于主犯，主要通过其参加时段、实施共同犯罪活动的程度、具体罪行的大小、对造成危害后果的作用等综合来认定。对电信网络诈骗犯罪案件一方面要突出打击重点，坚持依法从严从快惩处的工作方针；另一方面要区别对待，贯彻宽严相济刑事政策。《办理电信网络诈骗意见》第4条规定："三人以上为实施电信网络诈骗犯罪而组成的较为固定的犯罪组织，应依法认定为诈骗犯罪集团。对组织、领导犯罪集团的首要分子，按照集团所犯的全部罪行处罚。对犯罪集团中组织、指挥、策划者和骨干分子依法从严惩处。"当前电信网络诈骗犯罪团伙化、公司化、集团化趋势凸显，在提前介入和审查逮捕期间要注意引导公安机关围绕犯罪集团的认定要件收集主客观证据，符合条件的依法认定为犯罪集团，依法从快逮捕诈骗犯罪集团的首要分子以及组织、指挥、策划者和骨干分子。对虽未直接实施骗术，但招募他人实施电信网络诈骗犯罪活动，制作、提供诈骗方案、话术模板，教唆他人犯罪的，要以电信网络诈骗犯罪主犯论处，符合逮捕条件的，依法予以逮捕。对直接实施骗术的"话务员"，提供设备和程序软件支持的"技术人员"，要按照主客观一致的原则，判断其主观明知程度，依法认定或不认定共同犯罪。认定主观明知，既要有见诸客观的证据基础，又要结合犯罪嫌疑人的认知能力，既往经历，行为次数、手段，与他人关系，获利情况，案发后的表现等主客观因素进行综合分析，依法推定。对在涉案公司从事一般行政后勤工作、劳务工作，仅仅领取正常工资，自身也是诈骗行为的蒙蔽者，要区别对待，原则上不以犯罪论处。对共同犯罪中途参与，所起作用较小，未参与赃款分配的从犯、帮助犯，具有投案自首、积极协助抓获主犯、积极退赃挽损的，要区别对待，充分运用宽严相济刑事政策。各级侦查监督部门要高度重视一案几十人提请逮捕的电信网络诈骗犯罪案件办理，对因把握法律、司法解释和刑事政策不当导致发生一案数十人、几十人捕后不起诉的，将视情况认定为错误逮捕或办案质量缺陷进行考核评价。①

三是有证据证明犯罪嫌疑人实施诈骗行为，犯罪嫌疑人拒不供认或者作虚假供述的。

四是有证据显示犯罪嫌疑人参与诈骗且既遂数额巨大、被害人众多，诈骗数额等需进一步核实的。

五是有证据证明犯罪嫌疑人参与诈骗的时间长，应当明知诈骗团伙其他同案犯犯罪事实的，但犯罪嫌疑人拒绝指证或虚假指证的。

六是在犯罪嫌疑人罪行较轻的前提下，根据犯罪嫌疑人在犯罪团伙中的地位、作用、参与时间、工作内容、认罪态度、悔罪表现等情节，结合案件整体情况，依据主客观相一致原则综合判断犯罪嫌疑人的社会危险性或者羁押必要性。在犯罪嫌疑人真诚认罪悔罪，如实供述且供述稳定的情况下，有下列情形的可以考虑社会危险性较小：（1）预备犯、中止犯；（2）直接参与诈骗的数额未达巨大，有自首、立功表现的；（3）直接参与诈骗的数额未达巨大，参与时间短的发送信息、拨打电话人员；（4）涉案数额未达巨大，受雇负责饮食、住宿等辅助工作人员；（5）直接参与诈骗的数额未达巨大，积极退赃的从犯；（6）被胁迫参加电信网络诈骗团伙，没有造成严重影响和后果的；（7）其他社会危险性较小的情形。

需要注意的是，对犯罪嫌疑人社会危险性的把握，要根据案件社会影

---

① 《重庆市人民检察院关于审查逮捕电信网络诈骗案件类案指导的意见》在关于逮捕必要性把握问题部分规定："对电信网络诈骗案件一方面要突出打击重点，坚持依法从严从快惩处的工作方针……各级院侦查监督部门要高度重视一案几十人提请逮捕的电信网络诈骗案件办理，对因把握法律、司法解释和刑事政策不当导致发生一案数十人、几十人捕后不起诉的，将视情况认定为错误逮捕或办案质量缺陷进行考核评价。"

响、造成危害后果、打击力度的需要等多方面综合判断和考虑。与此同时，还要综合评判涉案事实发生时间是否超出追诉时效等问题来审查逮捕措施的适用合法性。

（九）电信网络诈骗犯罪审查起诉阶段的证据审查

总之，除满足审查逮捕阶段证据审查的基本要求之外，对电信网络诈骗犯罪案件的审查起诉工作，还应坚持"犯罪事实清楚，证据确实、充分"的标准，保证定罪量刑的事实都有证据证明；据以定案的证据均经法定程序查证属实；综合全案证据，对所认定的事实均已排除合理怀疑。

1. 有确实充分的证据证明发生了电信网络诈骗犯罪事实

一是证明电信网络诈骗犯罪事实发生的证据。除审查逮捕要求的证据类型之外，跨国电信网络诈骗犯罪还需要有出入境记录、飞机铁路等交通工具出行记录，必要时需国外有关部门出具的与案件有关的书面证据材料，包括原件、翻译件、使领馆认证文件等。二是证明电信网络诈骗行为危害结果的证据。一方面是证明诈骗数额达到追诉标准的证据，包括能查清诈骗事实的相关证人证言、被害人陈述、犯罪嫌疑人供述和辩解、银行账户交易明细、交易凭证、第三方支付结算交易记录以及其他与电信网络诈骗关联的账户交易记录、犯罪嫌疑人的诈骗账目记录等。需要特别注意"犯罪数额接近提档"的情形。当诈骗数额接近"数额巨大""数额特别巨大"的标准（一般掌握在80%以上，即达到2.4万元、40万元），根据《办理电信网络诈骗意见》的规定，具有《办理电信网络诈骗意见》规定的"酌情从重处罚"十种情形之一的，应当分别认定为《刑法》第266条规定的"其他严重情节""其他特别严重情节"，提高一档量刑。另一方面是其他证明达到追诉标准的证据，包括证明发送信息条数、拨打电话次数以及页面浏览量达到追诉标准的证据，与审查逮捕的证据类型相同。

2. 有确实充分的证据证明诈骗行为是犯罪嫌疑人实施

一是有关资金链条的证据。重点审查被害人的银行交易记录和犯罪嫌疑人持有的银行卡及账号的交易记录，用于查明被害人遭受的财产损失及犯罪嫌疑人诈骗的犯罪数额；重点审查犯罪嫌疑人的短信以及QQ、微信、skype等即时通讯工具聊天记录，用于查明是否出现涉案银行卡账号、资金流转等犯罪信息，赃款是否由犯罪嫌疑人取得。此外，对诈骗团伙或犯罪集团租用或交叉使用多层级账户洗钱的，要结合资金存取流转的书证、监控录像、辨认笔录、证人证言、被害人陈述、犯罪嫌疑人供述和辩解等证据分析认定。

二是有关人员链条的证据。电信网络诈骗多为共同犯罪，在审查刑事责任年龄、刑事责任能力方面的证据基础上，应重点审查犯罪嫌疑人供述和辩解、手机通信记录等，通过自供和互证，以及与其他证据之间的相互印证，查明各自的分工和作用，以区分主从犯。对于分工明确、有明显首要分子、较为固定的组织结构的三人以上固定的犯罪组织，应当认定为犯罪集团。言词证据及有关信息链条的证据与审查逮捕的证据类型相同。

3. 有确实充分的证据证明犯罪嫌疑人具有诈骗的主观故意

证明犯罪嫌疑人及提供帮助者主观故意的证据类型同审查逮捕证据类型相同。需要注意的是，由于犯罪嫌疑人各自分工不同，其供述和辩解也呈现不同的证明力。一般而言，专门行骗人对于单起事实的细节记忆相对粗略，只能供述诈骗的手段和方式；专业取款人对于取款的具体细目记忆也粗略，只能供述大概经过和情况，重点审查犯罪手段的同类性、共同犯罪人之间的关系以及各自分工和作用。

（十）电信网络诈骗犯罪案件事实的证据认定

原则上，电信网络诈骗犯罪案件要通过"四个紧扣"全面收集证据。一是要紧扣作案现场、抓捕现场、网络服务器所在地等重要地域，全面审查收集调取的各类物证、书证、视听资料、电子数据、勘验检查笔录、搜查笔录、鉴定意见等各类证据；二是要紧扣远程非接触骗取钱财的类案手段特征，全面审查扣押物品清单及照片，查获的赃款赃物，涉案人员和公司会计账册、银行账户、存取款记录、第三方支付平台网上收付款数据记录、移动终端网上支付记录等各类证据；三是要紧扣犯罪嫌疑人参与实施电信网络诈骗的关键事实及参与程度，全面审查被害人陈述、证人证言以及犯罪嫌疑人和同案人的供述和辩解、辨认笔录等证据；四是要紧扣犯罪嫌疑人与存储介质的关联性，犯罪嫌疑人网络身份与现实身份的同一性认定，通过核查相关证人证言以及犯罪嫌疑人、被告人供述和辩解，核查相关 IP 地址、网络活动记录、上网终端归属等对行为人身份进行综合判断。

1. 证据认定模式

从司法实务来看，在电信网络诈骗犯罪案件中，如何通过证据认定犯罪嫌疑人的犯罪情节、主观意图、诈骗金额、在犯罪活动中的地位与作用等犯罪事实是证据认定过程中面临的主要问题。现阶段，司法机关对于犯罪事实的认定通常采取三种证明模式，即印证模式、推定模式、综合认定模式。各类模式的适用情形、方式、效果有所不同，在具体适用过程中也可能遇到各种问题。因此，对于刑事证明模式的进一步完善成为影响电信网络诈骗犯罪案件证据制度发展的关键环节。

（1）印证认定模式。印证认定模式是司法机关在进行证据认定过程中常用的证据认定模式。该模式强调的是证据与待证事实以及证据间所具有的交叉或重合关系，主要被用于确定不同证据反映的案件信息具有同一性。在实践中，该模式不仅能够用以确认证据的证据能力及其证明力，对言词证据进行补强，还可便于审查案件是否形成较为完整的证明体系、达到法定证明标准，保证案件事实得以充分查明。然而在部分电信网络诈骗犯罪案件中，海量的信息可能会导致印证模式难以有效适用。在电信网络诈骗犯罪案件中，很多案件由于单起诈骗数额较小，被害人数量庞大，侦查机关无法逐一联系被害人，如果固守印证模式，则可能导致司法资源的浪费以及犯罪数额难以准确认定等问题。

（2）推定认定模式。推定认定模式主要是运用经验法则和逻辑法则，根据所证明的基础事实，来认定推定事实成立的特殊证据认定方法。这一证明认定模式在特定情形下适用，一定程度降低了证明要求，引起证明责任的部分转移，有助于保证及时、准确、有效打击犯罪。但是，推定模式的适用要有明确的法律依据，对于经验法则和逻辑法则的运用被限制在法律允许的范围内，该模式的适用范围比较有限。同时，在推定模式之下的推定事实的成立并非绝对，犯罪嫌疑人可以提出相反证据，推翻推定事实。在电信网络诈骗犯罪案件中，该模式通常被用以证明涉案财产来源是否合法，即对于涉案银行账户或者第三方支付账户内的款项，确因客观原因无法查实全部被害人，但有证据证明该账户系用于电信网络诈骗犯罪，且犯罪嫌疑人无法说明款项合法来源的，应认定为违法所得。但是相关规定也明确了司法机关不能简单地将犯罪嫌疑人账户内的财产均推定为诈骗金额，而要结合其他证据证明财产确系违法所得，这体现了推定模式适用的审慎性。

（3）综合认定模式。综合认定模式则是指对于因客观原因导致无法适用印证方式予以证明的特定案件事实，由司法人员结合与事实有关的特定事项及证据进行分析，根据经验法则和逻辑法则作出判断的认定方式。与推定模式不同，"综合认定模式"的适用并未转移证明责任，而是将运用经验法则认定案件事实的方式以规范的形式予以确认，即"在证据印证不充分，尤其是直接证据不足的情况下，通过使用间接证据及间接事实，进行经验法则判断，从而证明案件事实"①。在审判过程中，"综合认定模式"的适用赋予了法官较大的自由裁量权，便于法官以案件证据和自身的专业素养、办案经验为基础，采取类似自由心证的方式对案件事实与证据加以认定，这实际上也彰显着法官逐步"排除合理怀疑"的过程。从现有规定来看，在电信网络诈骗犯罪案件中，"综合认定模式"通常用于认定犯罪嫌疑人拨打电话次数、发送短信条数、诈骗资金数额、主客观因素以及被害人人数等犯罪事实，在一定程度上减轻了司法证明困难，提高了司法效率，更有助于贯彻对电信网络诈骗犯罪案件依法严惩的刑事政策，同时也符合以审判为中心的诉讼制度改革目标。然而，该模式的适用对于法官的专业素养、证据分析能力等提出了较高要求，倘若不当地扩张适用，可能会损害犯罪嫌疑人的合法权益。

司法机关能否有效运用证据证明犯罪事实，直接影响着犯罪嫌疑人刑事责任的认定以及犯罪打击的效果，是理论界与实务界重点关注的问题。

为保证对犯罪事实的准确认定，在电信网络诈骗犯罪案件中，一方面要厘清三种证明模式之间的关系，即优先采用印证模式，以该模式的运用为基本前提，相关规定内容参见《办理电信网络诈骗意见》和2021年《办理电信网络诈骗意见（二）》。同时，在证据数量庞大难以适用印证模式逐一审查认定的情况下，才可以适用推定模式对特定事实予以确认，并适用综合认定模式将没有交叉或重合关系的证据串联起来，通过各证据之间的系统性关联确认案件事实。另一方面则要注意各证明模式的适用要点，以综合认定模式为例，该模式在一定程度上类似于"自由心证"，在具体适用过程中要注意以下内容：一是司法机关适用综合认定模式时需要

① 智嘉译：《电信网络诈骗案件中的证据问题研究》，载《法律适用》2022年第9期。

全面考量控辩双方提交的证据材料，保证达到"事实清楚、证据确实充分"的证明标准；二是对于该模式的适用一般要在法律规范的框架内展开；三是要对自由裁量权予以限制，使该模式的适用遵循主客观相统一原则，最大限度地保证案件结论的唯一性；四是法官要在裁判中对该证明模式的具体适用方式加以明确说明，提高裁判文书的说理性，保证司法裁判的可接受性，进而促进依法裁判与个案正义的实现。

总之，三种证明模式均是有效且普遍运用的证明方式，对于各证明模式的有效适用有助于推动实现证据裁判原则，促进案件事实的准确认定，实现司法公正。

2. 证据认定程序

明确证据审查规则与程序是准确查明案件事实的重要保障，对于我国电信网络诈骗犯罪案件的全面有效治理意义重大。在证据审查程序上，首先，应该充分发挥庭前会议的功能，在审前阶段明确包括电子证据在内的各类证据的证据资格，以便后续庭审阶段围绕案件的争议焦点进行集中审理，提高诉讼效率。在这一程序中应尽可能保证侦查人员、见证人、保管人、专家辅助人等了解案件证据以及具备相关知识的人员充分参与证据审查活动中。其次，要在庭审阶段明确各类证据的证明力。我国法律明确规定，据以定案的证据均应经过质证方可成为认定案件事实的依据，这就要求司法机关针对各类证据的特点形成相应的质证规则，促使质证程序有效运行。最后，要加强证据审查说理。司法机关可以通过书面或口头方式对证据审查情况进行一定的释法说理，提高司法透明度及司法公信力，也可为证据收集、审查与认定活动的完善提供可靠依据。

3. 证据认定内容

办案人员应以诈骗实行行为为中心，按照犯罪时空顺序的一维性和不可逆性，将案件事实拆分为事前、事中、事后三个阶段，在每个阶段确立应予查明的"重点事实"，为定罪量刑提供充分的事实基础。

（1）事前阶段应查明的事实。重点审查案件确属电信网络诈骗犯罪而非普通诈骗犯罪的证据材料，对之，可通过以下因素加以认定：一是以电信网络技术为中介。司法实践中，电信网络诈骗犯罪属性容易被扩大。区分电信网络诈骗犯罪和其他诈骗罪主要是通过审查该罪是否以电信网络技术为中介。因此，在审查中应当从反映案件作案手段的证据入手，如电话、短信、网页截图、电子邮件、社交软件、聊天记录等，从而对案件属性进行界定。随着当前电信网络技术的飞速发展，各类犯罪嫌疑人在实施犯罪行为的过程中都可能利用了电信网络技术，如接触性诈骗中犯罪嫌疑人与被害人之间的联系在很多情况下是通过电话或者微信，被害人也通常利用网上银行或者第三方支付平台向诈骗犯罪嫌疑人转账。如果单纯认为只要使用了电信网络技术手段，就可以认定为电信网络诈骗犯罪，就会导致电信网络诈骗犯罪案件范围被肆意扩大，造成司法解释被滥用。因此，以电信网络技术为中介不能成为区分普通诈骗罪和电信网络诈骗犯罪的唯一标准。二是被害人被骗原因源于电信网络虚假信息。根据《检察机关办理电信网络诈骗案件指引》规定，如果通过电信网络技术向不特定多数人发送诈骗信息后转入接触性诈骗，或者为实现诈骗目的，线上线下并行同时进行接触式和非接触式诈骗，应当按照诈骗取钱财行为的本质定性，虽然使用电信网络技术手段但被害人基于接触被骗的，应当认定普通诈骗。也就是说，针对线上线下交替诈骗或者同时诈骗的案件，必须对被害人被骗的本质原因进行清晰理解。如果被害人被骗的原因是接收了通讯网络中的虚假信息，参与了虚假网站交易，那么就应当认定为电信网络诈骗；如果被害人被骗是因为与犯罪嫌疑人线下接触交流，那么就应当认定为普通诈骗。三是行为人与被害人的关系。有的行为人虽然骗取被害人钱款，但双方事前存在债务纠纷或侵权纠纷等财产给付事由，或存在夫妻、同居等密切关系，导致财产混同难以区分；还有的行为人与被害人案发前即存在经济往来，其为了骗取被害人钱款，行为人会先付出一定成本，即"赔本"使被害人获得一定的经济利益，产生对其履约能力的信任，对于该种情形应当查明。

（2）事中阶段应查明的事实。一是涉案人员的层级关系。在公司化运作的电信网络诈骗犯罪案件、"套路贷"诈骗犯罪案件中，涉案人员可分为公司实际控制人、部门负责人和普通员工三个层级，准确认定各个行为人的具体行为，对于落实宽严相济刑事政策具有重要意义。如果未能查明涉案人员之间的关系，将会给案件的定性带来较大困难。二是行为人与被害人的联络情况。当电信网络诈骗犯罪案件发生在不相识的双方之间时，应查明行为人是否使用化名、"黑灰手机卡"、虚拟网络电话，或采取虚构公司地址等隐蔽经营方式，这些欺诈手段与被害人陷入错误认识处分财物之间可能并无必然联系，其目的是防止被害人察觉行为人真实身份而追索财物，但是可以将其剥离出来作为认定行为人非法占有目的的重要依据。三是涉案财物的给付事由。行为人获取被害人财物总是基于特定的事由，实践中因各种因素的影响，可能出现形式约定与实质内容不尽一致的情况。应当查明双方沟通的真实内容，这决定了行为人应当付出何种对价才能占有对方当事人的财物，可以此作为认定被害人是否基于错误认识交付财物，进而认定诈骗罪的基础。四是被害人处分财物时的心态。诈骗类犯罪以被害人因诈骗行为而产生错误认识、基于错误认识作出财产处分决定为前提，如果行为人实施了欺骗行为，但是相对方并未产生错误认识，或者虽然产生了错误认识但该错误认识的产生并非缘于行为人的欺骗行为，那么就不属于被欺骗。例如，有的行为人申请贷款时虽然采取冒用他人名义等欺诈手段，但金融机构负责人"明知"申请贷款材料有问题依然发放贷款，那么双方之间存在合意而非被骗。

（3）事后阶段应查明的事实。一是涉案财物的用途。涉案财物的用途是认定"非法占有目的"的重要根据。司法实践中，有的行为人采取极为隐蔽的资金转移方式，骗取被害人钱款后先转给其他公司账户，看似用于生产经营，但如果调取第二手、第三手账户交易明细，可发现资金层层回流至行为人控制的其他账户，后被其挥霍，据此可以认定行为人主观上存在"非法占有目的"。二是行为人的事后表现。应当查明行为人案发后是否携带钱款逃匿，是否实施了变更个人身份信息、联系方式、"拉黑"被害人、删除通信记录、卸载聊天软件等异常行为。例如，有的行为人案发后与被害人"失联"，但其逃匿是基于其他犯罪事实，与涉嫌的诈骗犯罪行为并无因果关系，对此不能简单视为"携带钱款逃匿"。三是被害人追回财产的情况。根据相关司法解释规定，诈骗类犯罪的数额以实际骗取的金额计算，案发前已被追回的被骗金额应予以扣除。有的被害人因诈骗遭受经济损失后，会直接向行为人追索钱款，行为人迫于种种压力，案发前可能已向被害人返还全部、部分财物。还有的行为人承诺向被害人返还钱款并引入第三人提供担保、实施"债转股"等，此时应查明该担保、股权是否有效，是否足以弥补被害人的损失数额等。

疑难复杂案件中，涉案人员的层级关系、涉案公司架构、重大时间节点、资金流向极为复杂，必要时可引入思维导图分析方法，实现"诉讼可视化"。思维导图是指以电子化构图或技术操作为理念，将法律、事实问题清晰化呈现的一种表达方法，通过图表形式梳理案件事实，厘清法律关系，清晰表达案件主体、法律关系、时间顺序等要素，从而将案件的各种要素清晰地呈现给案件各方主体。在分析全案证据的基础上，通过人物关系图、时间坐标图、行为环节图、资金流向图等，将"碎片化"的事实按照特定的逻辑顺序进行分类、组装、合并，使复杂案情呈现逻辑清晰、层层递进的样态。

4. 证据认定的重点

在确认单一证据合法、真实有效的基础上，应当注意从证据之间能否印证，关联证据之间是否符合逻辑，犯罪嫌疑人供述与辩解中的矛盾能否合理排除等方面对在案证据进行综合判断。

（1）证据之间的逻辑关联认定。审查犯罪嫌疑人、被告人的多次供述之间是否存在矛盾。高度重视犯罪嫌疑人、被告人的辩解以及被害人的陈述，注意审查多次被告人供述或多次被害人陈述之间是否存在矛盾。例如，犯罪嫌疑人供述的电信网络诈骗的金额、去向、损失情况，被害人陈述的被骗金额，与相关支付转账记录之间是否吻合，不一致的应当作出说明；犯罪嫌疑人供述的作案时间段和被害人陈述的被骗时间是否存在涵盖与被涵盖关系，不能涵盖的应当作出说明以排除合理怀疑；查获的诈骗工具和冒用名义与被害人陈述的诈骗工具和冒用名义之间是否吻合，不一致的应当进一步核实，作出说明。在办理具体案件时，还应当根据案件的特殊情况收集相应证据，确保案件事实清楚，证据确实、充分，排除合理怀疑。

（2）证据之间的事实关联认定。电信网络诈骗因其非接触性、不特定性、远程操作控制等特点，导致被害人几乎没有可能指认犯罪嫌疑人。因此，在审查犯罪嫌疑人是否实施了相应的犯罪行为时，就必须充分结合犯罪嫌疑人的供述和辩解、被害人的陈述、书证、物证、勘验笔录、电子数据、鉴定意见等证据。主要审查的证据如下：一是被害人与犯罪嫌疑人之间的关联，即确实"发生了诈骗事实"。鉴于电信网络诈骗犯罪的非接触性，确认被害人与犯罪嫌疑人之间的关联就需要借助犯罪过程中生成的聊天记录、通话信息等电子证据。电信网络诈骗以电信网络为媒介，审查时必须重点关注实施诈骗行为的 IP 地址。例如，犯罪嫌疑人通过 VOIP 网络平台联系被害人时会产生相关数据，该数据记录了呼叫持续的时间、虚拟的主叫号码、被叫号码等。通过提取相关证据可以证明诈骗团伙呼出的诈骗电话数量，也可以形成团伙到被害人之间的关联链条，对证明案件事实具有重要意义。二是资金流向关联，即确实"存在资金损失"。通过银行账户交易流水、第三方支付平台的交易明细等资金流向证据，可以直接证明犯罪嫌疑人参与犯罪的事实。但在司法实践中，这也是犯罪嫌疑人反侦查中最在意的方面，多数情况下犯罪嫌疑人使用的涉案账户均不是本人名下或者与本人无关联，因此，对这方面证据的审查还需结合其他证据，如犯罪嫌疑人的供述、同案犯的指认、现场查获的赃款账册等进行综合认定。三是真实身份和虚拟身份的对应以及存储介质的关联，即"是谁具体实施了诈骗行为"。在司法实践中，真实身份和虚拟身份的对应以及存储介质的关联判断问题是证据关联性审查的难点。例如，经常出现一人使用多个虚拟身份，或一个虚拟身份多人使用，多人共享同一上网线路的情况。《最高人民法院、最高人民检察院、公安部办理刑事案件收集提取和审查判断电子数据若干问题的规定》第 25 条规定，认定犯罪嫌疑人、被告人与存储介质的关联性，可以通过核查相关证人证言以及犯罪嫌疑人、被告人供述和辩解等进行综合判断。

（3）主观故意的认定。在电信网络诈骗犯罪案件中，大部分犯罪嫌疑人的主观方面都是希望犯罪行为导致的危害结果能够发生，表现为直接故意犯罪，但刚加入诈骗集团时间不长的一线话务人员以及部分从犯、帮助犯的主观故意审查存在难点。《办理电信网络诈骗意见》提出了认定"明知"的综合判断标准，应当结合犯罪嫌疑人的认知能力、既往经历、行为次数、手段特征、与他人电信网络诈骗犯罪侦查关系、获利情况、前科情况、接受调查的态度等各方面主客观因素，综合分析判断。因此，在证据审查过程中应当对下列证据予以重点关注。

一是固定言词证据。通过犯罪嫌疑人供述和辩解、证人证言、同案犯指证来分析犯罪嫌疑人对其犯罪行为的主观故意性。此外，还要重点审查犯罪嫌疑人是否有事前同谋的犯意，特别是部分从犯、帮助犯是否与电信网络诈骗犯罪嫌疑人、主要负责人事前有商量、计划等通谋行为，从而认定其主观方面是否存在故意。

二是着重审查物证、书证。从在犯罪现场查获扣押的诈骗剧本、诈骗话术、诈骗信息、分工手册、工作日记、赃款账册、业绩记录、提成记录等内容出发，审查犯罪嫌疑人是否对从事的行为属于电信网络诈骗存在清晰的认知。

三是合理认定电子证据内容。一方面，可通过法定程序勘查得到的社交媒体聊天记录、往来信息等内容，来认定犯罪嫌疑人是否筹划相关犯罪计划，参与特定犯罪事实。另一方面，可根据犯罪嫌疑人之间的资金往来、收益数额、银行卡流水、既往经历、处罚判决等情况，从而分析犯罪嫌疑人的认知情况、作案的次数和经历、在诈骗中所处的角色、获得的利益等情况，综合认定犯罪嫌疑人是否具备共同犯罪的主观故意。

（4）诈骗数额的认定。电信网络诈骗犯罪案件涉及地域广、人员多，涉案银行账户与犯罪嫌疑人的真实身份缺乏直接关联，转账层级复杂，赃款流向很难追踪，仅仅通过银行交易流水直接认定涉案金额在司法实践中难以成功。根据《办理电信网络诈骗意见》第 2 条、第 6 条的相关规定，因犯罪嫌疑人、被告人故意隐匿、毁灭证据等，致拨打电话次数、发送信息条数的证据难以收集的，因被害人人数众多等客观条件的限制，无法逐一收集被害人陈述的，可以结合已经收集的全案证据综合认定发送信息条数、被害人人数及诈骗资金数额等犯罪事实。对于这种直接证据不充分，依靠间接证据综合认定相关事实情节的要注意把握间接证据形成锁链，达到排除合理怀疑这一证明标准。

因此，在司法实践中应当分为两种情况：一是诈骗数额能够查清情形。对于案情相对简单，能够查清涉案资金流向，涉案银行账户能够与犯罪嫌疑人进行对应的案件，可以直接根据银行卡交易流水、网银支付记录以及第三方交易平台明细进行犯罪数额认定。二是诈骗数额难以查清情形。对于案情复杂、赃款流向不清且难以追踪的情况，不能仅通过犯罪嫌疑人的供述或者被害人的陈述等单一的证据来认定犯罪数额，应当充分考虑反映案件客观事实的书证、物证，对于业绩单、提成表等重要的书证要重点审查，结合犯罪嫌疑人在诈骗团伙中的地位、作用、获利情况，对不同的成员予以区分，综合认定犯罪数额。对于诈骗集团、诈骗团伙的首要分子和主犯，应当对诈骗集团、诈骗团伙全部犯罪金额负责；对于普通业务组长，以其参与期间主管的小组成员诈骗总额认定；对于一线话务员、行政人员等底层人员，应当对其参与期间具体实施的诈骗金额负责。此外，《办理电信网络诈骗意见》以及《办理电信网络诈骗意见（二）》关于诈骗数额的规定，除了数额标准以外，还应当采用数量标准和时长、次数标准。因此，在证据审查过程中，亦需重点审查发送诈骗信息、拨打诈骗电话的数量以及赴诈骗窝点累计时长或出境的次数等相关证据，根据上述证据综合对诈骗数额进行认定。

第三章　电信网络诈骗犯罪涉案财产处置问题

精准定罪量刑与最大化追赃挽损，是电信网络诈骗犯罪案件审判工作的两大目标。其中，追赃挽损尤为受到关注，追赃挽损有两大功能：一是"打财断血"，从经济基础上打击电信网络诈骗犯罪，既让诈骗分子实施诈骗的犯罪成本剧增，又让诈骗分子的犯罪收益锐减，起到威慑诈骗分子和预防诈骗犯罪的效果；二是弥补被害人经济损失，恢复财产权益。当下，随着境外电信网络诈骗犯罪窝点被陆续铲除，一大批涉案的犯罪分子被押解回国、陆续进入司法程序，在准确定罪量刑方面，如何在统一司法裁判尺度，从严惩治电信网络诈骗犯罪，筑牢电信网络诈骗犯罪之防火墙、保护网的基础上，最大限度地追赃挽损，成为司法机关亟须理顺及解决的难题。

电信网络诈骗犯罪呈高发多发态势，链条性、跨地域性、涉众型特征更加凸显，犯罪手段日益隐蔽化、精细化、产业化、集群化，加大了犯罪惩治及证据收集难度，尤其是上下游犯罪以及关联犯罪涉案财产的处置、涉案数额的认定、退赔责任的厘清等问题成为实践中亟须解决的难题。

一、电信网络诈骗犯罪涉案财产的处置原则

一是正当程序原则。该原则强调在刑事诉讼过程中，应确保各方参与者享有平等的参与机会，以维护司法裁判过程的基本道德品质，并赋予活动最低限度的公正性。[①] 在处理涉案财产时，需妥善协调国家公权力与公

[①] 　王彪：《法院内部控制刑事裁判权的方法与反思》，载《中国刑事法杂志》2013 年第 2 期。

民私权以及不同当事人之间的权益冲突，旨在最大化地维护各方当事人的权益平衡。通过庭审对抗与公正裁判，确保司法公正得以彰显，同时保障当事人的合法权利不受侵犯。在涉案财产的处置过程中，不可避免地涉及国家公权对私权的救济措施。这意味着需对被告人的犯罪行为进行否定评价，并据此对与案件行为相关的财物进行妥善处置。此过程中，财物的权属主体可能包括被告人、被害人、第三人，甚至公司、企业、国家等多元主体。因此，处置时必须遵循"不能从犯罪中获益"的法理原则。此外，正当程序原则还要求财产权受到干预的当事人享有被告知和听审的两项基本权利。对于涉案财产存在异议的当事人，应确保他们享有充分的知情权和参与权利。程序正义是实体公正的前提和基础，只有充分保障当事人的程序参与性，才能最大限度地实现实体公正。为此，司法机关应转变对涉案财产处置的观念，坚持惩治犯罪与处置涉案财产并重的原则。在侦查、立案、审查和批捕过程中，侦查机关可积极探索建立听取检察建议的工作机制，听取检察机关对财产查控机制的意见，以更好地回应群众关切，特别是被害人的诉求，切实保障被害人的利益。在加强涉案财产证据收集及查控的及时性、全面性的同时，应充分发挥"捕诉一体化"功能改革的优势。检察机关应合理引导侦查机关取证、固定证据，以确保追赃效果，并保障银行交易明细、财务账目等文件及电子证据的取证合法性，避免因证据不足而影响后续程序的推进。在审判过程中，审判机关要严格落实庭审实质化工作要求，在庭审中就涉案财产权属、性质、来源等进行充分的举证质证、辩论，充分听取控辩双方意见，将涉案财产处置的事实依据在庭审中查明，在裁判文书中列明。

二是比例原则。电信网络诈骗犯罪涉案财产处置须遵从比例原则，有其现实的规范背景。关于刑事裁判涉及财产部分的制度规范，目前散见于《刑法》《刑事诉讼法》《最高人民法院关于刑事裁判涉财产部分执行的若干规定》以及最高人民检察院发布的《人民检察院刑事诉讼涉案财物管理规定》、公安部制定的《公安机关涉案财物管理若干规定》等法律及规范性文件。然而，对于涉案财产的具体范围，上述规定既未明确界定，且存在不一致之处，通常仅笼统表述为"与案件有关"，导致裁判文书中涉案财产的界定模糊不清、处置方式混乱，严重侵犯公民的合法权益。通过引入比例原则指引电信网络诈骗犯罪涉案财产的处置，是实践与理论的共识。比例原则起源于德国，如今正在全球范围内广泛传播。^① 比例原则主要涉及目的与手段之间的关系，具体包括适当性原则、必要性原则与均衡性原则三个子原则。适当性原则，又被称为妥当性原则，它是指公权力行为的手段必须具有适当性，能够促进所追求目的的实现；必要性原则，又被称为最小损害原则，它要求公权力行为者所运用的手段是必要的，手段造成的损害应当最小；均衡性原则，又被称为狭义比例原则，它要求公权力行为的手段所增进的公共利益与其所造成的损害成比例。^② 具体而言，在处置涉案财产时，应综合考虑犯罪行为、危害后果、涉案财产的关联性以及其在犯罪行为过程中所起的作用大小等因素。处置财产的价值不得远大于其造成危害后果的价值，且在追缴、查封、扣押、冻结涉案财产的过程中，必须受到法律的严格制约，不得严重超出涉案金额。此外，采取强制措施所付出的成本及其所带来的收益之间应保持适当的比例，尽量减少对公民财产权的侵害。在查控、处置财产时，应确保与犯罪的危害后果、性质、情节以及主观恶性相适应，以维护惩治的均衡性和公正性。

三是关联性原则。涉案财产作为与犯罪行为紧密相关的资产，既可能具备证据价值，又可能蕴含经济价值。然而，在侦查阶段，如何准确判定财产与犯罪之间的关联性，是实践中的一大难题。鉴于追赃挽损的紧迫性以及信访压力等多重因素，侦查机关在实践中往往倾向于将行为人尚未到期的债权、正常经营的项目，乃至与电信网络诈骗犯罪案件存在某种关联的案外人个人资产等，全部纳入查控范围。这种做法无疑对案外人的正常生产经营活动产生了实质性影响。在对待涉案财产的问题上，必须严格遵循法律原则，确保涉案财产与犯罪行为之间存在直接的联系。这种联系包括但不限于犯罪生成之物、犯罪所用之物、犯罪证据之物等。这些涉案财产的认定，直接关乎案件中被告人是否有罪、刑罚的严重程度、责任的承担方式以及财产的处置方案。需要强调的是，若涉案财产属于被告人的合法财产，即便被告人的罪行严重，也不应随意处置其合法财产。在惩治犯罪的同时，必须充分保障被告人的合法权益，实现惩治犯罪与保障权益的

---

① 参见［以色列］摩西·科恩–埃利亚、易多波·拉特：《比例原则与正当理由文化》，刘权译，载《南京大学法律评论》2012 年第 2 期。

② 参见刘权：《目的正当性与比例原则的重构》，载《中国法学》2014 年第 4 期。

有机统一。

四是经济原则。在处理违法所得及其他涉案财产时，应当审慎权衡成本与收益之间的比例关系，旨在以最经济的方式实现程序价值的最大化，从而充分保障利害关系人及国家的合法权益。鉴于违法所得的处置涉及大量的人力、物力投入，当投入成本与挽回损失之间无法形成合理比例时，司法部门应当遵循经济原则，作出科学合理的决策。对于涉及财产鉴定、评估、储存、拍卖、发还等环节费用过高的情形，司法机关应在全面考量行为危害性、成本效益及社会影响的基础上，行使自由裁量权，确保处理结果的公正性和有效性。

二、电信网络诈骗犯罪涉案财产的范围

明确电信网络诈骗犯罪涉案财产范围，目的就是对公权力干预公民财产权的范围进行限制。[①] 在实践中，涉案财产必须与犯罪行为存在直接关联，且具备财产属性，这些财产可能具有证据价值、经济价值或二者兼有。为确保涉案财产处置的规范化和明确化，必须科学界定电信网络诈骗犯罪涉案财产的范围，从而避免司法机关因认识差异和缺乏统一认定标准，而导致查控范围不当扩大或缩小。当前，《办理电信网络诈骗意见》已作出规定，对于被告人已将诈骗所得财物用于清偿债务或转交他人的情况，若符合以下情形之一，应依法予以追缴：一是对方明知为诈骗财物而接受的；二是对方无偿取得诈骗财物的；三是对方以远低于市场价格的条件取得诈骗财物的；四是对方取得诈骗财物系源于非法债务或涉及违法犯罪活动。然而，对于善意取得诈骗财物的他人，则不予追缴。尽管该意见通过列举方式明确了部分应当追缴或没收的财产类型，但此种列举方式难免存在遗漏，难以涵盖所有涉案财产的类型、种类和范围。此外，该意见主要针对被告人将涉案财产用于清偿或转让的情况，对于其他类型的涉案财产范围、种类等并未作出明确规定，从而增加了电信网络诈骗犯罪涉案财产范围界定的难度，以及查控和处置的复杂性。

---

① 参见闫永黎：《刑事诉讼中涉案财产的基本范畴》，载《中国人民公安大学学报》2013年第3期。

　　当前我国缺乏统一的刑事涉案财产裁判指导机制,① 导致对涉案财产范围的认定存在模糊性。笔者认为,关于涉案财产的认定,应重点考虑如下几个方面:首先,必须明确涉案财产与犯罪行为之间的关联性。根据辩证唯物主义的原理,各种客观现象之间是相互关联、相互制约、相互影响的,形成了一个错综复杂的"锁链"。② 因此,在认定涉案财产时,首要任务是确立其与犯罪行为之间的客观、具体、有条件的因果关系。这种因果关系必须体现行为在先为"因",涉案财产在后为"果"的逻辑顺序,即无前者则无后者的时间序列关系。此举旨在规范侦查机关的自由裁量权,防止对当事人合法财产权益的侵害。其次,涉案财产应具备价值属性。作为物质形态的存在,涉案财产具有交易价值和经济价值,能够成为电信网络诈骗等犯罪行为存续、发展、壮大的经济基础。在犯罪过程中,涉案财产可能起到推波助澜的作用,或满足犯罪组织及成员的物质需求。最后,必须遵循相当性原则。尽管国家公权力有权基于国家利益、公共利益对公民的财产权进行干预和处置,但这种干预和处置必须保持谦抑姿态,不得任意妄为。在没有其他可替代措施的情况下方可采取相应措施,且必须在法治框架内实施。在认定涉案财产时,应确保行为性质、危害后果与追缴、没收的措施保持相当性,以维护被告人、被害人、利害关系人甚至国家之间的权益平衡。在此过程中,既要重视公共利益(如国家利益、集体利益),又要充分尊重和保护个人合法权益。

　　至于涉案财产范围,考虑电信网络诈骗犯罪的特殊性,依照《刑法》《反电信网络诈骗法》及司法解释、意见的相关规定,并结合司法实践,其范围应包括以下方面。

　　第一,违法所得。根据《办理电信网络诈骗意见》规定,公安机关侦办电信网络诈骗犯罪案件,应当随案移送涉案赃款赃物,并附清单。人民检察院提起公诉时,应一并移交受理案件的人民法院,同时就涉案赃款赃物的处理提出意见。对于涉案银行账户或者涉案第三方支付账户内的款项,若属于权属明确的被害人的合法财产,应当及时返还。确因客观原因

---

① 参见朱艳萍:《刑事涉案财产裁判程序的缺失与司法规制》,载《人民司法(应用)》2018年第10期。

② 高铭暄、马克昌:《刑法学》,北京大学出版社、高等教育出版社2019版,第74页。

无法查实全部被害人，但有证据证明该账户系用于电信网络诈骗犯罪，且被告人无法说明款项合法来源的，根据《刑法》第 64 条之明文规定，犯罪分子违法所得的一切财物均应依法予以追缴或责令退赔。[①] 此处的违法所得，特指与犯罪行为直接相关联，通过犯罪行为直接获取的非法利益，其性质具有非法性与关联性。违法所得的范围既涵盖直接违法所得，诸如犯罪分子通过电信网络诈骗手段所聚敛的各类财物及资产，包括但不限于房产、车辆、书画作品、金银首饰等物品；同时也包括间接违法所得，如因违法所得而产生的孳息，以及将违法所得投入投资活动所取得的收益等。之所以将涉案财产范围扩展至间接财产收益，是因为"无人可因犯罪行为获益"的法治原则。犯罪分子所获取的经济利益，除了直接的违法所得之外，还常涉及金额巨大、投资渠道多样的间接违法所得。此类财产虽经多次转化或增值，但因其与犯罪行为存在紧密的关联性，系犯罪行为获利的直接延伸，故亦应依法予以追缴、没收。需强调的是，即便违法所得在后续过程中已全部或部分转化为其他形式的财产，且转化后的财产价值可能超过原违法所得的价值，该转化后的财产仍应被认定为违法所得，并依法予以处理。

第二，作为犯罪证据之物。犯罪证据，作为判定犯罪行为是否发生以及罪行严重程度的关键法律依据，与案件事实的发生、演变及最终结果紧密相连。然而，并非所有证据均可直接被视作涉案财产。证据在具备证明价值的同时，亦需展现其财产价值。即便某一证据并非被告人所有，只要其与犯罪行为存在直接关联，并能有效证实案件情况，司法机关在证实犯罪或确保财产刑得以有效执行的过程中，均有权依法对该证据采取必要的强制措施，并予以相应处置。

第三，保全之物。为了有效遏制被告人隐匿、转移财产以及潜逃或逃避刑罚的行为，进而切实保障被害人、利害关系人及国家的合法权益得以充分实现，特规定被害人、利害关系人有权主动申请或由国家机关依职权对相关财产实施保全措施，以确保财产刑的顺利执行以及追缴、没收工作的有效落实。对于被告人所缴纳的取保候审保证金，一旦其违反取保候审

[①] 参见陈伟主编：《中华人民共和国反电信网络诈骗法理解与适用》，中国法制出版社 2022 年版，第 92 页。

的相关规定，将依法予以没收，并作为涉案财产进行相应处置；同时，在民事公益诉讼中，原告人申请财产保全时被告人所提供的保证金等财产，亦可被视为退赔或财产刑的一部分进行处置。总之，涉案财产涵盖了与犯罪行为相关联的所有具有经济价值的资产，包括但不限于有形资产、无形资产、动产以及不动产等。

第四，供犯罪所用的财产，包括违禁品、犯罪工具等。违禁品是指违反国家的禁止性或强制性规定的物品，任何人均不得随意占有、生产、转移、买卖。关于违禁品的处置，既可在诉讼程序启动前的阶段进行，又可在庭审过程中进行，既可由公安机关负责处置，又可由法院依法处置。犯罪工具在犯罪行为的实施过程中，发挥着直接指引、支配和影响的作用，对犯罪行为的进程和结果具有决定性的影响。在电信网络诈骗犯罪案件中，行为人所使用的犯罪工具、设备及物品种类繁多，且通常具有较高的经济价值，包括但不限于各种网络设备、电脑、手机等。对于犯罪工具的处置，应当根据具体情况进行区别对待。若犯罪工具属于与案件无直接关联的利害关系人所有，且该利害关系人在犯罪行为实施前既未与犯罪嫌疑人进行犯意联络，又未明知其工具将被用于犯罪行为，则应在诉前或庭审结束后，依法将犯罪工具返还给利害关系人。此举旨在保护利害关系人的合法权益，同时确保司法程序的公正性和权威性。

第五，被告人的混合财产。电信网络诈骗犯罪涉案财产的处置，特别是涉及混合财产的情况，不仅关乎被告人与被害人的权益保障，还可能牵涉第三方的财产权益。同时，此类处置还涉及追缴违法所得、责令退赔、罚金、没收财产等多项财产执行项目。在特定情境下，更可能与共有财产的分割、善意取得的认定以及担保物权的行使等民商事财产权利产生交叉与竞合。尤其值得警惕的是，刑事追缴力度不足与犯罪分子存在到期债权、合法财产缺乏适当主体进行有效管理之间的矛盾，已然成为构建和谐社会、维护当事人合法权益的严重隐患。因此，如何妥善平衡各方当事人的财产权益，合理界定混合财产的权属及其分配方式，具有极其重要的理论指导意义与实践应用价值。

三、电信网络诈骗涉案资金的紧急查控主体与措施

根据《反电信网络诈骗法》第 20 条规定，国务院公安部门会同有关部门建立完善电信网络诈骗涉案资金即时查询、紧急止付、快速冻结、及时解冻和资金返还制度，明确有关条件、程序和救济措施。公安机关依法决定采取上述措施的，银行业金融机构、非银行支付机构应当予以配合。该条规定，直接明确了电信网络诈骗涉案财产的紧急查控主体与措施。①

一方面，电信网络诈骗涉案资金的紧急查控工作主要是由国务院公安部门负责执行，具体而言，除了公安部门之外，涉及电信网络诈骗涉案资金处置的相关部门，主要包括中国人民银行、国家金融监督管理总局、中国证监会等主管部门。国务院公安部门承担着与相关部门共同完善电信网络诈骗涉案资金即时处置措施的重要职责，以最大限度地减少被害人的财产损失。另一方面，该条也具体规定了电信网络诈骗涉案资金的紧急查控措施。

一是"即时查询"制度。鉴于当前电信网络诈骗犯罪洗钱手法日趋复杂，资金流转途径繁多，追查资金去向面临极大挑战。从早期的背包客取款方式，逐渐演变为利用第三方、第四方支付、跑分平台、国际贸易对冲等渠道进行洗钱，因此，"即时查询"尤为重要。此制度旨在实现快速、有效地追踪涉诈资金的流向，以便对涉诈资金进行精准追查及止付冻结。掌握涉诈资金的流转路径对于有效打击电信网络诈骗犯罪具有至关重要的作用。

二是"紧急止付"制度。紧急止付措施最初被应用于电信网络诈骗犯罪案件的办理过程中。在此类案件中，一旦被害人完成支付，其财产往往被专业犯罪集团迅速转移，通常在极短时间内便分散至多级账户，导致被害人财产难以追回。为提高公安机关在电信网络诈骗犯罪案件中停止支付、冻结诈骗资金的效率，切实保障社会公众的财产安全，2016 年，中国人民银行、工业和信息化部、公安部、工商总局联合建立了电信网络新型违法犯罪涉案账户紧急止付和快速冻结机制。该机制使得受害人在遭遇电

---

① 参见王爱立主编:《中华人民共和国反电信网络诈骗法解读》，中国法制出版社 2022 年版，第 217~222 页。

信诈骗后能迅速报警，公安机关核实情况后立即启动紧急止付程序，大幅缩短处理时间，提高止付冻结成功率。该机制自实施以来，已成功挽回大量诈骗款项，取得了显著的社会效果。

三是"快速冻结"制度。依据 2016 年 9 月中国银监会与公安部联合发布的《电信网络新型违法犯罪案件冻结资金返还若干规定》，冻结资金是指公安机关依法对特定银行账户采取冻结措施，并由银行业金融机构协助执行的资金。同年 12 月，中国银行业监督管理委员会办公厅与公安部办公厅进一步印发《电信网络新型违法犯罪案件冻结资金返还若干规定实施细则》，明确了通过国际条约、协议或外交途径提出刑事司法协助请求的，经银保监会和公安部批准后，可参照该规定执行。这一制度的实施，确保了公安机关在电信网络诈骗犯罪案件中有效冻结涉案资金，为追回被害人损失提供了有力保障。

四是"及时解冻"制度。根据《银行业金融机构协助人民检察院公安机关国家安全机关查询冻结工作规定》的规定，经查明冻结财产确实与案件无关的，人民检察院、公安机关、国家安全机关应当在 3 日以内及时解除冻结，并书面通知被冻结财产所有人；因此给被冻结财产的单位或个人造成损失，银行业金融机构不承担法律责任，但因银行业金融机构自身操作失误或设备故障造成被冻结财产的单位或者个人损失的除外。上级人民检察院、公安机关、国家安全机关认为应解除冻结措施，应责令下级机关执行解冻。这一制度确保了被冻结财产的合法性和公正性，避免了不必要的损失和纠纷。

五是"资金返还"制度。根据 2015 年《中共中央办公厅、国务院办公厅关于进一步规范刑事诉讼涉案财物处置工作的意见》第 2 条规定，涉案财物的查封、扣押、冻结应严格依照法定条件和程序进行，严禁在立案前进行查封、扣押、冻结，且不得查封、扣押、冻结与案件无关的财物。对于已查封、扣押、冻结的财物，应及时进行审查，经核实与案件无关的，应在 3 日内予以解除、退还，并通知相关当事人。此外，在处理涉案财物时，应充分考虑犯罪嫌疑人、被告人及其所扶养亲属的基本生活需求，减少对涉案单位正常运转的影响。在案件撤销、终止侦查、不起诉或无罪判决等情况下，除依法另行处理外，应及时解除查封、扣押、冻结措施，并返还当事人涉案财物。这一制度保障了涉案财物处理的合法性和公正性，维护了当事人的合法权益。

四、电信网络诈骗涉案资金紧急止付的路径

2016 年 3 月，为应对电信网络诈骗犯罪，中国人民银行、工业和信息化部、公安部、国家工商行政管理总局联合发布了《关于建立电信网络新型违法犯罪涉案账户紧急止付和快速冻结机制的通知》。该通知在传统冻结措施的基础上，创新性地引入了紧急止付机制，允许公安机关在接报案后、立案前对涉案资金进行"临时冻结"。这一举措构建了"先止付、后立案、再冻结"的新型资金挽回模式。随后，2022 年 12 月 1 日起我国施行的《反电信网络诈骗法》第 20 条明确规定，公安机关有权依法对电信网络诈骗涉案资金进行止付，为打击电信网络诈骗犯罪提供了有力支持。

（一）紧急止付的实施主体方面

此机制呈现二元主体的结构特征。具体而言，公安机关发挥着紧急止付决定者的作用，而银行、支付机构则扮演着执行者的角色。首先，公安机关作为紧急止付的决定者，是因其拥有调查取证、采取强制措施等权力，能够迅速对涉嫌电信网络诈骗犯罪的资金进行止付，从而实现对电信网络诈骗犯罪刑事立案前先期快速控制涉案财产，防止涉案账户资金流失或进一步被利用。其次，在公安机关发出紧急止付指令后，银行、支付机构需要迅速、准确地执行指令，对涉案资金进行冻结，防止资金被转移或账户被利用。

（二）紧急止付的启动机制及其运作方面

根据中国人民银行、工业和信息化部、公安部、国家工商行政管理总局联合发布的《关于建立电信网络新型违法犯罪涉案账户紧急止付和快速冻结机制的通知》的规定，电信网络诈骗被害人可以通过两种途径触发紧急止付流程：一是直接拨打报警电话向公安机关报告案件情况；二是选择向涉案账户所属的银行进行举报。

在被害人向公安机关报案后，公安机关会立即调查核实涉案的一级账户信息。被害人在向银行举报时，需提供与电信网络诈骗犯罪案件相关的

详细信息，如真实姓名、身份证号码、汇出资金账户及其开户行信息、收款人开户行名称、收款人账户、汇出金额、汇出时间、汇出渠道、汇款凭证或电子凭证截图等。然而，现行的规定中并未详细列出公安机关进行紧急止付的具体条件。《国家反诈大数据平台资金止付查询冻结审核办法（试行）》第3条仅从反面进行了概括性规定，即公安机关不得对与电信网络诈骗犯罪案件无关的账户进行止付。那么，如何判断某一账户是否与电信网络诈骗有关，便需要被害人在向银行或公安机关提供电信网络诈骗犯罪案件材料时，尽可能提供全面、准确、细节的信息。

（三）紧急止付的对象范围方面

根据公安机关对电信网络诈骗犯罪案件的办案实践，被害人资金直接汇入的涉案账户被视为一级账户，这是公安机关实施止付的首要目标。这类账户通常与电信网络诈骗犯罪活动直接相关，资金流动频繁且涉及面广、金额巨大。当涉案资金被拆分转移至下级账户时，公安机关有权根据资金流动脉络进行止付，此即延伸止付。

（四）紧急止付的期限与次数方面

相较于电信网络诈骗立案后采取的冻结措施（冻结期限为6个月，并可无限次续期），公安机关实施的紧急止付期限设定为48小时。这一设定旨在尽快控制涉案资金，防止其被转移或挥霍。然而，在实际办案过程中，根据电信网络诈骗犯罪案件实施的具体情况，公安机关可对同一账户进行再次止付，但止付次数限于两次。再次止付实质上延长了紧急止付的有效期，为公安机关提供了更充足的办案时间。

五、电信网络诈骗犯罪涉案财产的处置困境、具体标准与顺位

纵观我国刑事立法，对于刑事诉讼中涉案财产处置的制度设计相对简略，立法层面尚未搭建起细致完善、操作完备的涉案财产处置机制。实践中，办案机关处置涉案财产主要依据《刑法》第64条的规定，但是该规定较为原则，加之办案机关理解并不统一，司法实务应用缺乏成熟、统一的运行模式，存在诸多不确定环节。

（一）电信网络诈骗犯罪涉案财产处置困境分析

电信网络诈骗犯罪案件涉案财产体量大、权属复杂，在涉案财产处置中暴露出查控与处置力度不足、涉案财产证明标准不一、第三人财产权益程序救济缺位等问题。

1. 涉案财产的多元权属性质导致查控力度不足

在司法实践中，电信网络诈骗犯罪案件涉案财产的种类繁多，权属关系复杂，因此，在审判阶段需采取谨慎有效的处置措施。同时，在诉讼过程中，有效查控涉案财产亦面临多重挑战。由于刑事立法尚存空白，对于性质及权属不明的财物，侦查机关难以迅速采取扣押、查封等处置手段。相关统计数据显示，在刑事审判实践中，提出异议的主体主要包括所有权人、共同所有人、债权人、被害人以及其他相关权利人。部分债权人通过诉讼、仲裁等途径主张优先受偿权，这无疑增加了涉案财产权属判断的复杂性。

从客观层面分析，电信网络诈骗犯罪涉案财产查控存在多方面难点。首先，涉案财产种类繁多，除常见的银行账户、房产等外，还可能涉及车辆、珠宝等动产以及采矿权等经营性权利，甚至包括生鲜物品等。这些查封物品类型多样，涉案财产是不是犯罪所得需进一步甄别，处理难度较大。其次，为增强隐蔽性和欺骗性，电信网络诈骗犯罪分子往往成立公司、企业并开展对外经营活动，涉及复杂的对外投资、借贷等法律关系，涵盖债权、股权、抵押权、担保物权等多个方面。公安机关在侦查过程中需根据经济往来对可能属于涉案财产的物品进行查封，但由于这些物品经过买卖、租赁、担保、赠与等民事活动，权属变更情况难以查清。最后，电信网络诈骗犯罪案件被害人众多、涉案金额巨大、法律关系错综复杂，对侦查工作尤其是证据收集环节提出了更高要求。同时，犯罪活动涉及的领域广泛、地域跨度大，跨地区、跨省甚至跨国案件频发，侦查机关在收集证据过程中需投入大量人力、物力资源。在司法资源有限的情况下，全面、彻底收集犯罪分子定罪量刑及涉案财产权属证据的难度较大，影响了涉案财产的处置质效。

从主观层面来看，实践中部分侦查机关存在重定罪量刑证据收集、轻涉案财产查控及处置的错误倾向。在审判阶段，对于未查控或已查控的资产，若第三人或利害关系人提出诉求，即使进行补充侦查，也可能面临资产价值贬值、证据灭失、产权转移等风险。随着时间的推移，这些风险往往呈增大趋势，导致追赃挽损工作的实际效果受限。

2. 涉案财产范畴的界定困难导致处置路径匮乏

从犯罪行为的视角审视，行为人主动混同资产的行为严重阻碍了涉案财产的准确认定。电信网络诈骗犯罪分子为规避侦查，常借助公司、企业等市场主体作为掩护，以合法外衣掩盖其非法行径，进而实施违法犯罪活动并攫取巨额利益。在此过程中，犯罪分子刻意混淆合法收入与非法所得，通过投资、参股等手段，使诈骗资金来源模糊、流向多样、形式合法，其隐蔽性极高，给执法部门在违法所得认定方面带来极大挑战。具体而言，犯罪分子的行为形态主要包括两种：一是单独设立公司、企业进行经营，利用合法经营的形式掩盖其非法目的，制造涉案财产来源合法、手段正当的假象，增加了司法机关对其认定的难度；二是通过入股、投资或向其他公司、企业提供"帮助"的方式获取巨额利益，并将非法收益与合法收入混同，进行再投资，导致不同公司、企业之间，乃至公司、企业内部资产之间产生混同。

在司法实践中，准确界定涉案财产范畴、确认财产权属至关重要。若认定口径过窄，可能轻纵犯罪行为，无法彻底摧毁其经济基础，进而助长犯罪活动的继续滋生；若认定口径过宽，则可能侵犯公司、企业的合法财产权益，不利于营造良好的营商环境及保护企业财产权益。

从司法认定的视角来看，第三人被动性资产混同亦对涉案财产认定造成影响。电信网络诈骗犯罪在形态上表现出多样性和复杂性，法律关系层面则呈现刑民交叉、权属复杂多样的特点，这导致不同地域、不同法院乃至不同承办人在对类似行为的认定上存在显著差异，严重损害了司法公信力。此外，在电信网络诈骗活动中，犯罪分子的诈骗款项经过流通、转化、混同、取现等过程，认定难度极大。而跨区域性资金流向的不明确性更是加剧了取证、追赃、认定和处置的难度。同时，涉案财产范畴的确定还涉及案外第三人的财产权益，涉及面广、人员复杂，这无疑进一步增加了涉案财产认定和处置的复杂性。

3. 涉案财产刑民交织导致执行困难

在电信网络诈骗犯罪案件的审理过程中，鉴于刑事与民事法律关系相互交织、错综复杂，导致犯罪事实认定和法律适用的难度显著增加。在司法实践中，电信网络诈骗犯罪的行为人常以企业等组织形式开展外部活动，在此过程中可能涉及借款、担保、抵押等多种民事法律行为。在刑事案件发生之前，部分被害人已经以民事纠纷为由向法院提起诉讼。办案机关基于先前的民事诉讼，对涉案财产（如利用诈骗所得购置的房产）采取了相应措施，待案件判决生效后进入执行环节。然而，值得注意的是，电信网络诈骗犯罪案件的刑事立案往往较为滞后。随着案件的爆发，所有被害人的损失挽回诉求会集中涌现，且被害人对相关资产信息保持高度关注。在这种情况下，那些未提起民事诉讼的被害人可能对先前民事诉讼案件的执行提出异议，要求按比例优先受偿在民事案件中被采取措施的涉案财产。而已经提起民事诉讼的被害人则对此持反对意见。面对这一复杂局面，办案机关既缺乏明确的法律依据，又缺乏可行的操作方案，从而陷入了两难的境地。因此，在处理此类案件时，需要审慎平衡各方利益，确保法律的公正性和权威性得到充分维护。

（二）厘清涉案财产处置的裁判标准

根据《刑事诉讼法》第245条之规定，人民法院在作出判决时，必须对查封、扣押、冻结的财物及其孳息作出明确的处理决定。然而，在司法实践中，由于电信网络诈骗犯罪案件涉及财产数量庞大、形态多样、金额巨大、权属复杂且刑民交织，即便侦查机关已全面收集证据，仍可能存在个别案件难以查清涉案财产的来源、权属及性质等情形。

针对此类情况，为体现从严惩治精神，部分法院倾向于采取追缴、没收涉案财产的方式，亦有部分法院通过提高罚金刑或没收财产的方式予以惩戒。尽管此等做法短期内或能对铲除电信网络诈骗犯罪的经济基础产生一定效果，然其却违背了罪刑法定原则及证据裁判标准，无异于饮鸩止渴，难以实现长治久安。因此，多数法院为避免不当处置损害当事人合法权益，选择遵循《最高人民法院关于适用〈中华人民共和国刑事诉讼法〉的解释》的规定，即在裁判文书中对涉案财物处理结果进行概括表述或交由扣押机关处置。

然而，笔者认为，裁判公正之基础在于充分的说理。当控辩双方对涉案财产存在争议时，应确保在庭审中充分举证质证。裁判文书亦应从犯罪事实、关联性、涉案财产属性及法律适用等角度对争议焦点进行深入论证，从而准确判定涉案财产权属及处置结果，并在文书中详细列明涉案财产的性质、名称、数量、金额及存放地点等信息。若涉案财产在起诉前已返还被害人，则需在裁判文书的事实、证据及裁判结果部分予以明确载明；对于需继续追缴或责令退赔的涉案财产，应详细列明其数量、金额及种类，以便于执行机关执行。若经庭审质证仍无法确定涉案财产权属，则应将其退回公诉机关。

具体而言，涉案财产处置应遵循以下标准：一是处置应具可操作性及可执行性。部分法院在裁定文书中仅表述为"继续追缴被告人违法所得，予以没收"，但因未明确被告人人数以及违法所得的种类、数量、特征等信息，导致执行工作难以有效开展。因此，裁判文书关于涉案财产处置部分应确保内容明确、具体且具有可执行性，从而为执行机关提供准确且可具操作性的法律依据。二是处置方式应明确具体。涉案财产处置方式包括追缴、责令退赔、返还及没收等，裁判文书应准确采用并表述相应方式。此外，若查封、扣押、冻结的涉案财产不足以返还被害人时，应在文书中明确责令被告人退赔被害人的具体数额；若涉案财产数额难以确定，则应根据案件的整体情况，合理确认被告人的退赔数额，并在总额中扣除已扣押在案的涉案财产。三是处置应全面规范。裁判文书不仅应对在案查封、扣押、冻结的涉案财产进行处置，还应对未随案移送的涉案财产予以处理。同时，对于诉前已返还被害人的涉案财产，亦应在庭审中予以质证。若经查证确属被害人合法所有且处置合法、合理，则应在文书中予以确认并注明已返还；若涉案财产不属于诉前返还的"被害人"，则应要求"被害人"将涉案财产返还给真正所有权人，并由返还机关承担由此造成的经济损失。此外，鉴于电信网络诈骗犯罪案件涉案财产的复杂性，如被告人的同一账户可能涉及多名被害人的资金流入，对于权属明确的部分应发还被害人；在多名被害人资金混同流入的情况下，建议按照比例进行发还，以确保公正合理的处置结果。

（三）明确在案扣押涉案财产处置顺序

电信网络诈骗犯罪案件往往涉案金额特别巨大、类型复杂，且涉及刑事与民事法律的交织，导致涉案财产处置顺位问题极为突出。其中，关于电信网络诈骗犯罪案件被告人的债务纠纷与刑事查扣财产之间的处置问题，是案件处理中经常遇到的一类难题。

在退赔问题上，当赃款赃物退还不足以弥补被害人损失时，通常会考虑利用被告人的合法财产作为赔偿基础。然而，需要注意的是，退赔所利用的财产依然是被告人的合法财产，其与被告人的其他合法债权债务在性质上具备平等性，并不具备优先于民事债务的特殊地位。然而，鉴于刑事犯罪行为的严重危害性及对被害人造成的严重后果，为了更好地保障损失程度较重的被害人权益，相较民事债务、罚金及没收财产等处罚措施，刑事退赔在实践中往往会被优先处理。

在处理涉案财产时，应遵循以下原则：首先，对于违禁品及犯罪工具，应依法予以没收。没收违禁品属于公安机关的法定职权，无须经过检察机关审查。对于犯罪工具的没收，应视其是否属于被告人所有且用于犯罪行为而定。若属于被告人所有且对案件发生起促进作用，则应予以没收；若属于第三人所有且其对犯罪工具的使用情况缺乏明知，则应将其返还给第三人；若第三人明知被告人将犯罪工具用于犯罪行为，仍将其借予被告人，则应对犯罪工具予以没收。其次，对于经庭审举证、质证后确认属于被害人或利害关系人的合法财产，应及时予以返还，以保障其合法权益。再次，对于剩余的违法所得，由于其具有违法性和可谴责性，应予以没收，以维护社会公平正义。最后，在处理完上述事项后，若仍有剩余合法财产，应优先用于偿还被告人的合法债务。若仍有剩余，则执行财产刑。在完成财产刑执行后，如有剩余财产，应依法返还给被告人。

六、电信网络诈骗犯罪涉案财产的程序设置及审查重点

实践中，电信网络诈骗犯罪案件具有案情错综复杂、涉案人员众多、涉案金额庞大以及民刑交织等多重特点。其中，涉案财产的处置问题尤为棘手，面临着范围界定模糊、权属认定困难、证据收集不全以及退缴执行阻力重重等挑战。在一定程度上，准确甄别涉案财产的来源、性质及其权属的复杂性，甚至超越了电信网络诈骗犯罪案件本身的查办难度。当前，我国在司法裁判过程中，对涉案财产的处置往往依赖于对人诉讼程序，尚未建立起独立的诉讼机制。这种依附性的处理方式导致了涉案财产处置的

随意性和不规范性，极易侵犯被害人及第三人的合法权益，严重损害了司法机关的权威性和公信力。

鉴于上述问题，笔者认为有必要深入剖析涉案财产处置程序在诉讼构造上的缺失与失衡，进而针对性地构建独立的涉案财产诉讼程序，完善其内部构造、外部配套措施以及证据规则等。在我国当前的司法实践中，尚未形成独立的涉案财产处置程序，关于涉案财产的举证责任、证明标准等方面亦存在较大的争议。虽然《反有组织犯罪法》第45条对犯罪期间获得的财产规定了高度盖然性的证明标准，即在有证据证明财产高度可能属于黑社会性质组织犯罪的违法所得及其孳息、收益，且被告人无法说明财产合法来源的情况下，应当依法予以追缴、没收。然而，这一规定仅适用于特定类型的财产，对于其他类型的财产，如电信网络诈骗犯罪的涉案财产，是否可以采用此证明标准尚存疑虑。各地法院在裁判此类案件时，对涉案财产的处置结果亦存在显著差异。

目前，在庭审过程中，对涉案财产的处置往往依附于对人诉讼，证据出示和质证过程缺乏全面性和针对性，对审查重点的把握亦存在较大差异。因此，亟待构建独立的涉案财产诉讼程序，以规范涉案财产的处置过程，确保司法裁判的公正性和权威性。

我国刑事司法一向重人身、轻财产，注重对人和行为的法律定性和处罚，而忽视对涉案财物的法律定性。[①] 涉案财产处置结果事关被告人、被害人、利害关系人等多方主体权益，故充分保障对涉案财产权属有异议的当事人参与诉讼程序，不仅是程序本身公正的基本要素，还是程序结果公正的保障，[②] 实体公正固然重要，程序正义也同样重要，通过正当程序得出的实体公正方能得到最大的认可和信任，故设置独立涉案财产诉讼程序是保障实体公正和程序正义的最佳路径，而在程序设置中，需要明确涉案财产证明标准、确定庭审质证重点、强化利害关系人权益保障、规范裁判文书表述，只有在保障多方主体权益的基础上对财产权属、性质加以明确、分配，方可最大化地保障司法公正。

---

① 温小洁：《我国刑事涉案财物处理之完善》，载《法律适用》2017年第13期。
② 吴光升：《刑事涉案财物处理程序的正当化》，载《法律适用》2007年第10期。

（一）设置电信网络诈骗犯罪涉案财产处置的独立程序

电信网络诈骗犯罪之被害人无权提起刑事附带民事诉讼，故通过刑事追缴、责令退赔系其维护权益的主要方式，能否退赔不仅关系到被害人权益能否得到保障，还关系到社会和谐稳定及公众对司法裁量的认同感和信任度。我国刑事实体法关于涉案财产的规定较为粗疏、原则、概括，缺乏涉案财产证明标准、举证责任及涉案财产范围的具体规定；而程序法方面，未设立针对涉案财产的专门诉讼程序，既无法针对涉案财产权属、性质等专门进行法庭调查、法庭辩论，又无法保障对权属存在异议的第三人、被害人充分参与诉讼，严重影响案件处理的法律效果和社会效果。

涉案财产权属及处置结果系当事人关注的焦点。案件审理过程中，在对被告人犯罪事实质证完毕后，通过设置专门的涉案财产处置程序对涉案财产权属、性质等进行认定，控辩双方可针对财物查控措施的合法性、必要性及权属等进行法庭调查、询问、辩论。公诉机关应当提供证据证实涉案财产归属于被告人，并对涉案财产与犯罪行为的关联性提供证据予以证实，通过举证、质证来证实涉案财产的非法性及处置结果。第三人对涉案财产权属提出异议的，需通过出示所有权证明等证实涉案财产为其所有或出示证据证实涉案财产与犯罪行为无关联，法院对此进行全面审核，并允许对涉案财产提出异议的第三人在庭审前与检察院交换证据，为庭审双方的质证奠定基础。在定性的同时解决涉案财产处置问题固然是最佳选择，但如果涉案财产处置严重影响诉讼效率且需多方当事人参与的情况下，可以先定罪，然后再另行审理涉案财产处置问题，尤其是涉案财产种类多、权属复杂，一时难以裁决的案件，先行对被告人定罪处罚，再对涉案财产以专门处置程序进行审理，一方面可以避免对被告人久拖不判、超期羁押；另一方面可充分保障第三人的深度参与，侦查机关在定性结束后，可针对性地对涉案财产证据进行补充收集，有效提升证据的有效性和充足性。

（二）明确庭审中涉案财产处置的证明标准

证明标准包括两个层面：一是可信度，具有较强的主观性，因人、事、时而异；二是确定性，以一定的主观性为特征，可供当事人实际参照。只有确定性与可信度之结合，才构成了稳定的、完整的证明标准。①
庭审中，检察院作为公诉机关，承担证明被告人构成犯罪及涉案财产权
属、性质、来源的举证责任，对人之诉事关被告人生命权、人身权、自由
权，对之应适用证明标准程度最高的排除合理怀疑标准，但对涉案财产的
证明，系定罪之外的对物处置。实践中，电信网络诈骗犯罪涉案财产种类
繁多、金额巨大、权属复杂，对之是适用对人之诉的证明标准，还是适用
《民事诉讼法》的高度盖然性证明标准，存在较大的争议，笔者认为，结
合对物处置本质、社会实践、立法规定、域外接轨，对电信网络诈骗犯罪
涉案财产的处置，应采用高度盖然性的证明标准，具体理由如下：

一是从涉案财产处置的本质来看。涉案财产处置，要求在明确涉案
财产性质、权属的基础上，对物的民事权益加以厘清，针对的是物而不
是人，本质上是对物的处理。② 故对其处理要适用区别于惩治犯罪、追
究刑事责任的证明标准。涉案财产权属证明过程中，控辩双方主体处于
平等的法律地位，诉求系民事法律关系的具体内容，适用《民事诉讼
法》"谁主张、谁举证"的高度盖然性证明标准，系对物处置举证责任
的应有之义。

二是从"打财断血"的角度来看。涉案财产是电信网络诈骗犯罪滋
生、蔓延、壮大的物质基础，能否有效惩治电信网络诈骗犯罪，关键在于
能否彻底剥夺其犯罪的经济基础。若设置过高的证明标准，无疑不利于公
诉机关举证证实涉案财产的权属、性质及具体处置，亦不利于涉案财产的
追回以及被害人权益的保障。

三是从立法规定的角度来看。2016 年《办理电信网络诈骗意见》规
定，确因客观原因无法查实全部被害人，但有证据证明该账户系用于电信
网络诈骗犯罪，且被告人无法说明款项合法来源的，根据《刑法》第 64
条的规定，认定为违法所得予以追缴。我国出台的规范性文件亦有类似规
定，如 2010 年最高人民法院、最高人民检察院、公安部出台的《关于办
理网络赌博犯罪案件适用法律若干问题的意见》规定，对于开设赌场犯罪

---

① 蒋晓亮：《论我国刑事涉案财物执行中的案外人救济》，载《法律适用》2016 年第 8 期。
② 姬艳涛、贾传喜：《我国违法所得没收程序的产生和适用》，载《人民司法》2015 年第
15 期。

中用于接收、流转赃资的银行账户内的资金，犯罪嫌疑人、被告人不能说明合法来源的，可以认定为赃资。《反有组织犯罪法》第 45 条规定，被告人实施黑社会性质组织犯罪的定罪量刑事实已经查清，有证据证明其在犯罪期间获得的财产高度可能属于黑社会性质组织犯罪的违法所得及其孳息、收益，被告人不能说明财产合法来源的，应当依法予以追缴、没收。此规定对涉案财产处置采取的即高度盖然性的证明标准。此外，2017 年 1 月 5 日施行的《最高人民法院、最高人民检察院关于适用犯罪嫌疑人、被告人逃匿、死亡案件违法所得没收程序若干问题的规定》第 17 条规定，申请没收的财产具有高度可能属于违法所得及其他涉案财产的，应当认定为申请没收的财产属于违法所得及其他涉案财产。可见我国对涉案财产的处置采取高度盖然性的证明标准具有一贯性、规范性。

四是从域外立法接轨的角度来看。我国签订众多国际公约，如《联合国反腐败公约》，我国于 2005 年成为该公约成员国，对于贪官外逃以及有组织犯罪实施的恐怖活动犯罪、经济犯罪等涉案财产的追缴等，涉及跨国追赃，而国与国之间需要法律依据，对此，涉案财产处置的证明标准亦应与国际社会保持一致，否则，一方面不利于国与国之间的对等原则，另一方面证明标准设置过高，则在追赃过程中对我国不利；证明标准设置过低，则对等国不予承认，亦无法实现追赃之功效。当前，英美法系国家采取的证明标准即高度盖然性的证明标准。故采取此证明标准便于与国际社会保持一致，从而利于履行国际公约并对潜逃境外的电信网络诈骗犯罪分子开展国际司法协助。

（三）明确涉案财产的调查重点

起诉前，公诉机关要将涉案财产权属、性质及对物强制措施材料分门别类、单独成卷，便于在庭审过程中专门调查、核实、询问、辩论。被害人、第三人对涉案财产权属提出异议的，应允许其与检察院在庭审前交换证据，从而为庭审质证奠定基础。

庭审中，要重点调查以下内容：

1. 涉案财产的查控情况

重点调查涉案财产查封、扣押、冻结、保全等措施适用的合法性、合理性、必要性。具体包括是否对涉案财产进行查封、扣押、冻结；期限是否到期；是否单独成卷；是否附有涉案财产清单及证据材料；是否列明涉案财产具体种类，如属于违法所得、犯罪所用之物、保全之物。尤其是不同种类的涉案财产，要分门别类，针对同类涉案财产集中进行举证、质证，增强质证的同一性和针对性。此外，电信网络诈骗犯罪案件中，还涉及第三方支付平台、第四方支付平台、虚拟货币等，需要侦查机关有针对性地予以查控并采取有效措施予以评估。

2. 涉案财产与犯罪行为的关联性

重点调查涉案财产与犯罪行为之间是否存在关联性，并对涉案财产权属、来源、去向、性质、用途、价值等提供证据予以证实，如证明涉案财产权属的房产证、股东凭证等。法庭经审查，可以要求公安机关补充侦查，两次补侦仍旧无法证实涉案财产权属的，审判机关应将该涉案财产退回检察院，不得在裁判文书中概括或强行处置。

3. 涉案财产与利害关系人的权属关系

重点调查涉案财产与利害关系人的权属关系，特别是被告人将涉案财产用于清偿债务，买卖，设置抵押权、担保物权等方面的情况。同时，要调查利害关系人是否明知涉案财产的性质、是否低价或无偿购买、债务是否合法有效、有无恶意等。控辩双方在审判人员主持下对涉案财产尤其是数额巨大、存在争议的涉案财产权属、来源、性质等进行法庭调查、法庭辩论，审判人员既可以主动调查核实，又可通过发动控辩双方交叉询问以实现诉讼目的。

4. 鉴定意见、评估报告、电子数据等

此部分证据材料涉及对涉案财产评估、鉴定的价格评定，是确定涉案财产性质、权属、价值的重要依据。电子数据作为刑事证据的一种，同其他证据类型一样，都需要具有刑事证据的基本特性即关联性、合法性和客观性。但基于电子数据自身的特殊属性，其客观性往往具体表现为完整性和真实性，也就是说，电子数据实际上具有关联性、合法性、完整性和真实性的"四性"要求。对"四性"要求的审查，是判断电子数据是否具有证据资格和证明力，能否作为认定案件事实根据的基本标准。对电子证据的审查要点，包括：一是取证主体是否适格。《最高人民法院、最高人民检察院、公安部关于办理刑事案件收集提取和审查判断电子数据若干问题的规定》第7条规定："收集、提取电子数据，应当由二名以上侦查人员进行。"据此,在电子数据的取证过程中,无论是勘验、检验鉴定还是调取电子数据,任何一种承担着收集、提取电子数据职能的侦查行为,都必须由至少二名侦查人员进行,这也是刑事证据收集提取的一般规定,不因电子数据的特殊性而发生变化。二是取证程序是否合法、规范。三是取证技术是否符合规定。关于电子数据取证,由于其具有极高的专业性和技术性,必须用可靠的技术标准来保证所获得的电子数据具备证据要求的基本属性。对此,国家也出台了技术标准对相关取证行为进行规范。比较常见的包括:公安部制定发布的《中华人民共和国公共安全行业标准》;国家质量监督检验检疫总局和国家标准化管理委员会制定发布的《中华人民共和国国家标准》;司法部司法鉴定管理局制定发布的《司法鉴定技术规范》等。电子数据取证过程中,须遵循此类取证技术规范。四是取证内容,要保证校验值完整性。所谓完整性校验值又称哈希值(hash)[1],是指用哈希算法将任意长度的二进制值映射为固定长度的较小二进制值,这个小的二进制值被称为哈希值。一般来讲,每一个文件有且只有一个哈希值,所以司法机关在电子数据取证中利用哈希值验证文件同一性或者作为固定电子数据证据的依据。两个文件哈希值一致,内容一致,认定为同一文件,文件有任何更改,哈希值就会改变。

七、如何保障电信网络诈骗犯罪中被害人及第三人的财产权益

实践中,电信网络诈骗犯罪案件涉案人数众多、涉案金额巨大、民刑交叉、法律关系复杂,既涉及被告人刑事责任,又涉及民事责任、担保物权、债权等,致使涉案财产权属认定、区分、处置困难重重,直接关系社会稳定及被害人、第三人权益的实现力度。针对司法实践中出现的当事人权益保障不足问题,建议通过完善公告及诉讼代表人制度,最大化地保障被害人、第三人权益,构建起体系化、规范化的涉案财产保障机制,不仅

---

[1] 可以把哈希值简单地理解成是一段数据(某个文件,或者是字符串)的 DNA,或者身份证;通过一定的哈希算法,将一段较长的数据映射为较短小的数据,这段小数据就是大数据的哈希值,哈希值是唯一的,一旦大数据发生了变化,哪怕是一个微小的变化,他的哈希值也会发生变化。另外一方面,既然是 DNA,那就保证了没有两个数据的哈希值是完全相同的。正是因为这样的特点,哈希值常常被用来判断两个文件是否相同。

有利于保障当事人的财产权益、维护社会稳定和谐，还可有效提升审判质效及公众对司法的满意感及信任感。对此，笔者建议：

（一）转变办案理念，秉持人财并重司法理念

刑罚如果过分强调惩治功能，就容易忽视定罪量刑之外情节的处置，造成因定罪量刑之外的因素影响判决效果。因此，要转变办案思路，树立准确定罪量刑、妥善处置涉案财产并重的刑罚理念。① 鉴于电信网络诈骗犯罪案件案情纷繁复杂，涉案金额庞大且法律关系错综复杂，侦查机关在证据收集过程中应当摒弃过度关注定罪量刑而忽视财产处置的倾向。在收集定罪量刑相关证据的同时，侦查机关应着重收集涉案财产的权属、价值及来源等证据，确保全面而准确地反映案件事实。

为保障财产权益人的合法权益，减轻侦查机关在诉前处置相关财产时的顾虑，应完善第三人参诉程序，确保各方当事人合法权益得到充分保障。此外，通过探索建立科学合理的奖励与考核机制，能够激发侦查机关收集涉案财产证据材料的积极性与主动性，如将涉案金额、返还数额、价值评估、退赔金额及退赔比例等关键指标纳入考核体系，从而促使侦查机关加大对涉案财产的查封、扣押、冻结及保全等工作力度，确保案件处理的全面性和准确性。

（二）完善对涉案财产的强制措施

第一，针对查封、扣押、冻结的实践操作，建议进行统一规范，以消除因公检法机关对法律规定及权限理解差异所引发的司法实践中的明显分歧，并促进各司法机关在案件办理过程中的有效衔接。此举将有助于减少实践操作中的差异性认知，提升司法活动的统一性和规范性。

第二，对于刑事查封、扣押、冻结的操作流程，应进行细化规定。对于可能与犯罪事实相关联，且当事人存在转移可能性的财产，应优先采取查封、扣押、冻结措施。涉案财产的处置应遵循优势证据证明标准的原则进行。在现有证据尚未达到优势证据证明标准的情况下，若当事人在刑事

---

① 刘东阳、石魏、李超峰：《对恶势力实践问题的实证分析及应对举措》，载《社会科学家》2020 年第 12 期。

立案后的一定期限内（如三个月）出现转移、变卖、交易等紧急情形，亦可先行采取控制措施，以防止因证据收集不及时而导致的涉案财产被转移，进而造成财产损失。然而，若在侦查机关移送审查起诉时仍无法证明相关财产属于涉案财产，则应及时解除已采取的强制措施。

在我国的刑事立法及司法解释中，仅规定了轮候冻结的可适用性，而没有明确规定具体的操作方案和适用原则。在电信网络诈骗犯罪案件中，出现需要采取措施保障涉案财产的情况，在这种情况下，刑事诉讼程序和民事诉讼程序均需要对其采取措施。民事诉讼解决平等主体之间的人身权益或财产权益，而刑事诉讼在解决被告人刑事责任的同时，还要对财产权益进行认定、分配、处理，目的是保障当事人的合法财产权益。笔者认为，查封、冻结、扣押作为查控的具体手段行为，其本身并不解决实体问题，系为诉讼程序实体裁判服务，故应明确刑事与民事诉讼程序竞合时的手段优先原则，而优先原则的确定则应配合先刑后民或民刑并行的诉讼程序。

（三）构建合理的涉案财产司法审查制度

为了避免查控涉案财产过程中出现扩大化，"误伤"犯罪嫌疑人、案外人的合法财产，亟须进一步完善涉案财产司法审查机制。建议构建司法审查制度对涉案财产认定、强制措施的审批启动加以规制，以公诉机关审查是否属于涉案财产为主，侦查部门相关负责人审批为辅。非紧急情况下，侦查部门如果对涉案财产实施查封、扣押、冻结等强制措施，必须书面申请，并提供相关证据，由公诉机关审查批准，才能实施强制措施。[①]紧急情况下，可对涉案财产先行采取查封、扣押、冻结措施，事后再向公诉机关作出备案、补齐相关资料。如果公诉机关事后核查发现采取强制措施不当的，要及时解除强制措施。此外，应细化易贬损财物的种类。基于实践考察，笔者认为易贬损财物包括以下几类：一是鲜活易腐易坏、极易失去价值的财物；二是长期不使用或长期存放容易折损、贬值、极易失去效用的财物；三是保管、养护成本过高，超出必要限度的财物；四是容易造成

---

① 参见钱超、肖东梅：《效力性强制性规定认定标准探析》，载《黑龙江省政法管理干部学院学报》2010年第4期。

危害后果，属于危险品的财物；五是其他易贬值、不宜长期保管的财物，如股票、债券、期货等，若对其停止转让、出售，很容易产生损失。在处置上述财物过程中，应及时将其变现、盘活、提存。

（四）设立公告制度

公告制度可以最大化地保障对涉案财产权属存在异议的第三人参与庭审，从而最大限度地节约司法资源。电信网络诈骗犯罪案件涉及众多被害人、第三人，且可能存在多名被告人，法院很难掌握与涉案财产有关联的第三人具体情况，通过追加起诉或者对被告人分别起诉不仅浪费司法资源，还可能导致裁量结果不一致、涉案财产处置出现异同等问题，严重影响司法公信力，故建议设立公告制度，在案发地、结果地等通过新闻媒体、报纸、网络等途径告知被害人、第三人立案情况、审理情况，最大化地收集被告人犯罪证据，并引导被害人、第三人及时报案、提供证据，避免重复诉讼、追加起诉、另行起诉等。公告制度的确立并不违反法律的规定，反而有章可循，《刑事诉讼法》设立的违法所得没收程序，即规定有公告制度，鉴于违法所得及其他涉案财产处置可能涉及其他利害关系人的合法所有权，故通过公告制度通知其参与，可充分维护各方当事人权益的平等实现。电信网络诈骗犯罪案件涉案人数众多且分散多地，如果不能充分保障被害人、第三人的知情权、参与权，一方面在被害人、第三人未参与庭审的情况下，其合法财产被处置，缺乏庭审参与的正当性；另一方面将会导致不断有被害人、第三人报案，司法机关重复立案、受案、审判，严重浪费司法资源。鉴于电信网络诈骗犯罪案件具有模式化、套路化趋向，可通过格式取证方式减轻侦查机关工作量，如推行证言模板，由被害人将被诈骗金额、返还金额、损失金额填写清楚，后附证据、清单、联系方式等，便于侦查机关查证及补充证据、核实情况。对涉案财产有异议的第三人亦可在公告后向司法机关提交证据、申请参与庭审、保障权益。

（五）采用诉讼代表人制度

被害人作为电信网络诈骗犯罪的直接受害者，对案件的进展、涉案财产的处置、退赔金额的确定极为重视、关注。根据《刑事诉讼法》的规定，公诉机关应当听取被害人意见。实践中，电信网络诈骗犯罪案件被害人人数众多，分居各地且缺乏有效联系方式，司法机关难以充分保障被害人的诉讼权益，尤其是参与庭审、发表意见、进行法庭辩论等诉讼权利，存在程序违法的嫌疑。考虑电信网络诈骗犯罪案件具有特殊性，被害人、第三人诉求不在于被告人的定罪与否，也不在于量刑轻重，其关注的重点在于其权益能否得到实际弥补。对此，为有效保障当事人权益并避免程序违法，建议引进民事程序的诉讼代表人制度。所谓诉讼代表人制度，最初是为了解决群体诉讼的问题，在群体涉讼中，考虑诉讼空间的局限、群体利益的平衡以及诉讼经济原则，民事诉讼建立了代表人制度作为群体诉讼纠纷解决机制。① 我国现有的民事诉讼代表人制度中，将人数众多一方中的每个成员均视作诉讼当事人，但只将诉讼权利义务赋予代表人，被代表的当事人却无进行诉讼的权利和义务。② 具体到电信网络诈骗涉案财产的处置中，在侦查阶段，由被害人自行确定诉讼代表人，若无法推选出合适的代表人，则由司法机关与被害人群体进行协商，协商不成，则抽签或由司法机关直接指定诉讼代表人。诉讼代表人作为被害人代表可在诉讼过程递交证据、收取鉴定意见、诉讼文书，并可在庭审中出示证据、举证质证、发表辩论意见，既可有效维护被害人权益，又可大为减轻司法机关的负担、提升诉讼效率。

（六）允许被害人、第三人参与庭审，并对第三人在庭审中的权利予以明确

《最高人民法院关于适用〈中华人民共和国刑事诉讼法〉的解释》第279条规定，法庭审理过程中，应当对查封、扣押、冻结财物及其孳息的权属、来源等情况，是否属于违法所得或者依法应当追缴的其他涉案财物进行调查，由公诉人说明情况、出示证据、提出处理建议，并听取被告人、辩护人等诉讼参与人的意见。案外人对查封、扣押、冻结的财物及其孳息提出权属异议的，人民法院应当听取案外人的意见；必要时，可以通知案外人出庭。也就是说，案外人对查封、扣押、冻结的财物及其孳息提

---

① 参见肖建华：《群体诉讼与我国代表人诉讼的比较研究》，载《比较法研究》1999年第2期。
② 参见张莹、冀宗儒：《民事诉讼代表人制度中诉讼当事人制度论》，载《河北法学》2020年第5期。

出权属异议的，人民法院应当审查并依法处理，故法庭有调查涉案财产权属的义务且相关当事人有就权属提出异议的权利，毕竟案件的审理结果直接关系到当事人的实体权利，允许对权属有异议的第三人参与庭审，可以最大化地查明事实，尤其是涉案财产的来源、去向、权属，以便为涉案财产的处置奠定基础，故在保障第三人参与权的同时，最大化赋予其知情权、辩论权、异议权，如在法庭调查及法庭辩论时，可对公诉机关针对涉案财物提出的处理意见提出反驳，提供证据加以证实，以更加清晰地查清涉案财物权属、性质，从而公正、合理地维护当事人的合法权益。

（七）强化被害人、第三人权益保障路径

程序法定原则是现代法治原则在刑事诉讼领域的体现，并已成为近现代法治国家所普遍遵循的一项基本原则，[①] 在对当事人权益进行剥夺、限制时，应允许对涉案财产提出异议的被害人、第三人参与诉讼，通过提交证据、举证、质证、交叉询问、法庭辩论的形式，最大限度地查清涉案财产权属、保障多方主体的财产权益。涉案财产处置直接涉及被告人、被害人、第三方等多个当事人的经济权益。在被告人受到刑事处罚的情况下，如何保障当事人的财产权益直接关系到社会的和谐稳定，因此必须加以重视。然而，由于法律和司法解释并未规定涉案财产属于混合财产或第三方所有的情况，导致其他所有权人的权益缺乏明确保障，即使他们提出异议，在司法实践中也需要明确操作方法。最高人民法院相关司法解释规定案外人对查封、扣押、冻结的财物及其孳息提出权属异议的，人民法院应当审查并依法处理，即相关当事人有权对涉案财产权属提出异议，法庭亦负有调查权属的义务。笔者认为，被害人、第三人在诉前、诉后均可对涉案财产权属提出异议，但需提交相关的证据材料，最终涉案财产的处置只能在审判阶段予以解决，不能由侦查机关、检察机关在诉前予以处置。公诉机关在移送案卷材料及提起公诉时，除了移送证实构成电信网络诈骗犯罪的证据材料之外，还要提交涉案财产种类、权属、金额、性质等情况的清单以及被害人、第三人提交的对涉案财产权属表示异议的证据材料。与此同时，司法机关要充分保障被害人、第三人的知情权、参与权、辩论权

---

① 参见温小洁：《我国刑事涉案财物处理之完善》，载《法律适用》2017 年第 13 期。

以及请求抗诉权。

当第三人对查封、扣押、冻结的财产提出异议并提交证据的，公检法机关应予以受理，并将相关材料附卷。第三人作为涉案财产的利害关系人参加诉讼，并在诉讼中赋予其知情权、参与权、辩论权以及请求抗诉权。[1] 审判机关可在庭审前或庭前程序主持公诉机关与第三人交换涉及涉案财产的证据材料，并告知其开庭程序、时间、地点，征询其是否申请证人出庭等，庭审中对涉及被告人定罪的法庭调查结束后，可专门对涉案财产性质、权属等进行法庭调查、法庭辩论。

另外，虽然相关司法解释规定，案外人可以就查封、扣押、冻结的财物及其孳息提出权属异议，但并未明确何时可以提出异议、采用何方式、有无期限限制、具有何种法律效力等。对此，本着充分保障当事人权益的宗旨，应赋予第三人在侦查、审查起诉、审判阶段均可提起异议的权利，但对涉及第三人权属的涉案财产的处置只能在庭审阶段予以解决。若第三人在侦查或者审查起诉阶段提出涉案财产权属的书面异议，应当要求其提交证明涉案财产权属、性质的相关证据，连同书面异议一并随案卷移送审判机关。若审判机关在审判阶段方收到第三人的书面异议，则应在 3 日内将书面异议及证据材料移转给公诉机关，以保障双方在庭审阶段对有异议的涉案财产有效进行举证质证、确定权属。公诉机关在移送案卷材料及提起公诉时，除了向审判机关移送定罪量刑的相关证据之外，还要提交涉案财产尤其是查控在案的涉案财产种类、权属、金额、性质等情况的清单以及涉案财产与犯罪行为之间关系的相关证据材料，如系犯罪工具、违法所得等，且在起诉书公诉意见部分列明对涉案财产的处理建议。法院在裁判文书中对控辩双方关于涉案财产的争议要予以回应、阐明处置的理由及法律依据。

（八）构建跨部门电信网络诈骗犯罪涉案财产协作处置机制

电信网络诈骗犯罪案件所涉财产往往牵涉工商登记、银行监管、司法拍卖等诸多环节，为确保涉案财产追缴与处置过程中的信息对称性和效率

---

[1]　参见石魏、贾长森：《涉众型经济犯罪实证分析及应对策略建议》，载《法律适用》2019年第9期。

性，亟待在各部门间建立起一种高效且持久的协作机制。因此，应以司法机关为主导，构建多部门协同合作的处置体系，确保在庭审中有效质证的基础上，合理界定涉案财产的权属及处置路径。

首先，各部门应强化协调配合，形成合力。建立健全侦查、检察、金融、信访等部门间的联合执法机制，密切监测相关企业的运营及资产状况。一旦发现涉嫌电信网络诈骗犯罪的线索，应立即移送至侦查机关进行深入调查。同时，依托可疑交易报告制度，加大对大额资金的监控力度，特别是针对资金流动异常、数额激增、短期内频繁转账等情况，应及时向侦查机关报告，以便及时采取应对措施。其次，涉案财产处置工作可引入审计等第三方机构，并加强与支付平台的合作，全面掌握资金变动情况，力求将财物损失降至最低。再次，还应完善跨区域处置机制和信息交流机制，加强不同地区部门间的协作与沟通，对跨地区涉案财产进行集中、统一处置，并交由审判法院统一处理。最后，加强与政法委等机关的信息交流、协调解决，确保案件移交司法机关审理时，相关机关及部门能够及时掌握案情、汇总争议、消减信访隐患等，共同维护法治秩序和社会稳定。

（九）完善先行处置程序

对于易贬值或者控制成本大的涉案财产或者具有其他特殊情况的涉案财产而言，尽早地处置更有利于涉案财产的保值及被害人经济利益的实现，从价值衡量角度出发，完善并切实执行涉案财产的先行处置具有现实意义和实践需求。

就程序设计层面而言，各办案机关在各自的办案阶段中，若符合先行处置条件，应严格遵循相关规定，对涉案财产实施先行处置措施。完成处置后，需将所得资金通过专门的案款账户随案移送。在先行处置涉案财产的过程中，若涉及第三方的利益，应给予第三方在特定时限内提出异议的权利。一旦异议得到充分证据支持，应当暂停对涉案财产的先行处置工作；若异议缺乏证据支持或经审核认定不影响涉案财产的定性，则应立即执行先行处置措施。鉴于涉案财产先行处置涉及被告人、被害人及第三方的经济利益，故必须实施有效的监督措施。作为法律监督机构，人民检察院负有对涉案财产先行处置行为进行监督的职责，一旦发现不当的先行处置行为，无论是自主发现还是通过其他途径获取线索，均应及时提出纠正意见。

八、电信网络诈骗犯罪涉案数额的认定

电信网络诈骗犯罪案件属于典型的侵犯财产类犯罪，诈骗数额直接关系行为人的社会危害性大小，是定罪量刑以及承担退赔责任的重要依据。电信网络诈骗犯罪案件中，犯罪组织经常以集群化、公司化模式运作，犯罪分子层级分明、分工明确、相互协作、交叉运行，形成以技术支持、犯罪工具供给、引流推广、多元诈骗、支付结算、资金转移等产业化、一体化的犯罪格局。

电信网络诈骗犯罪案件犯罪分子人数众多，通常包括数以百计的成员，按照不同分工和参与阶段进行横向划分：有负责引流、提供被害人信息的，如上游电信网络诈骗犯罪分子通过弹窗广告、买卖个人信息、筛选目标群体等方式物色被害人，有提供犯罪工具的，如卡农、卡商、卡头，有提供技术支持的，有提供互联网平台的，有提供犯罪场所的，还有提供后勤服务的……如此众多的犯罪分子的涉案数额如何厘定，成为司法机关亟须解决的难题。

电信网络诈骗犯罪案件还可按照不同层级进行纵向划分，电信网络诈骗犯罪团伙或犯罪集团内部成员可分为多个层级：实控人、法定代理人、总经理等高层——一级业务经理（分区经理、骨干成员等）—二级业务经理—三级业务经理……N级业务经理—业务员。一级业务经理若干个，每个带若干个二级业务经理团队，每个二级业务经理带若干个三级业务经理，如此类推，N级业务经理管理若干业务员。实控人、法定代理人、总经理等高层对诈骗总额负责没有异议；一级、二级……N级业务经理是对本团队的诈骗总额负责，还是对犯罪团伙或犯罪集团的诈骗总额负责？每个团队的业务员，是对本人的诈骗数额负责，还是对本团队的诈骗数额负责？此外，后继加入的成员，是否需要对之前的诈骗数额负责？

对此，结合具体类型，依照相关司法解释、意见并结合司法实践，可对电信网络诈骗犯罪案件犯罪分子采取以下类型化处置模式：

（一）电信网络诈骗犯罪集团之实控人、法定代理人、总经理等高层涉案数额的认定

根据 2016 年《办理电信网络诈骗意见》第 4 条的规定，三人以上为实施电信网络诈骗犯罪而组成的较为固定的犯罪组织，应依法认定为诈骗犯罪集团。电信网络诈骗犯罪案件的犯罪集团，其首要分子通常采取公司化运作模式，制定严格的管理制度、奖惩制度，编织诈骗话术，安排组织成员分工协助，统一进行业务培训、人员管理和后勤保障，组织严密、结构完整，形成较为稳定的诈骗犯罪集团。根据《刑法》第 26 条的规定，对组织、领导犯罪集团的首要分子，按照集团所犯的全部罪行处罚。实控人、法定代理人、总经理作为诈骗集团的首要分子，对诈骗集团的组织架构、业务开展、资金支配、行为模式统一管理、支配、指挥、组织，在犯罪集团的行为中起决策性、全局性的作用。虽然犯罪分子在具体行为过程中，会形成不同的诈骗团队，但并不影响诈骗集团的整体性和目标的一致性，故电信网络诈骗集团的实控人、法定代理人、总经理等高层，应对诈骗集团所犯罪行的全部诈骗数额负责。实控人、法定代理人、总经理作为整个电信网络诈骗集团的首要分子，对整个集团的诈骗活动具有概括故意，客观上通过组织、领导、策划等方式建立了诈骗集团所有成员诈骗行为与危害后果间的因果关系，从共同犯罪理论出发，主犯支配了侵害后果的因果进程，此种支配可以通过权力组织、暴力胁迫等方式来实现。因此，诈骗集团所有诈骗数额都可归责于作为首要分子的实控人、法定代理人、总经理等高层。

当然，若电信网络诈骗集团系为了实施投资型电信网络诈骗而成立，但在具体犯罪行为实施过程中，部分成员同时实施赌博型、情感型等诈骗行为，如作为首要分子的实控人、法定代理人、总经理对此知情且予以放任，则通过赌博型、情感型模式诈骗的数额，亦应被计算在首要分子及犯罪集团的涉案数额之内。

有观点认为，若实控人、法定代理人、总经理及犯罪集团对此并不知情，则通过此手段获取的诈骗数额虽应被计算在该团队的诈骗数额之内，但鉴于该团队的行为超出了犯罪集团的犯罪故意，该部分犯罪数额应该作为该团队的诈骗数额，犯罪集团首要分子不对该部分诈骗数额负责。笔者

认为，此种情况应当结合具体情况，综合分析概括故意、客观因果关联性和违法所得去向等，区别认定。首先，虽然集团成员采用实控人、法定代理人、总经理等首要分子不知情的诈骗手段进行诈骗，但是诈骗行为和危害后果仍在实控人、法定代理人、总经理的概括故意范围之内，实控人、法定代理人、总经理与成员在诈骗罪的犯罪构成要件上存在重合的故意，具体实施手段的不同不能否定这种故意。其次，虽然有些集团成员未按照实控人、法定代理人、总经理等首要分子的具体安排从事诈骗活动，但是这些成员仍然依托于诈骗集团这个"平台"，利用了诈骗集团的组织和资源，因此，他们从事诈骗活动与集团首要分子的组织行为之间存在客观的因果关系，集团首要分子客观上促进了这些成员的犯罪结果的发生。最后，这些成员的诈骗财产是否上交集团，首要分子是否从中获利并实际支配此部分诈骗数额，也是重要的判断依据。当然，若部分成员实施的系其他类型的犯罪行为，该行为由组织成员个人超越组织的意志实施，则该结果不能归属于首要分子，只能由实施此类行为的犯罪分子承担。若部分成员在依照犯罪集团的意志实施诈骗行为的同时，以"软暴力"手段，通过网络实施敲诈勒索行为，因为该行为超越共同犯罪故意的范畴，作为独立刑事责任的行为人，此部分成员应对该危害后果独立负责，不能将其敲诈勒索的数额归责于实控人、法定代理人、总经理等首要分子。

（二）电信网络诈骗犯罪团伙或犯罪集团之业务经理涉案数额的认定

根据《办理电信网络诈骗意见》第 4 条的规定，多人共同实施电信网络诈骗，犯罪嫌疑人、被告人应对其参与期间该诈骗团伙实施的全部诈骗行为承担责任。关于对该规定的理解，笔者认为，一方面对多人共同实施犯罪的团伙或犯罪集团，其主犯应对其参与期间该犯罪团伙或犯罪集团实施的全部犯罪行为负责；另一方面要构建分级分类的处罚机制，不能要求所有参与人员一概承担全部刑事责任，还要基于参与时间、促进客观因果的推进力与主观故意内容等综合认定，否则既有悖于罪责刑相适应原则，又与罪责自负原则严重背离。

业务经理作为犯罪团伙的主犯或犯罪集团的其他主犯。在犯罪团伙中统筹全局，负责犯罪组织的行为实施、资金分配、人员管理或者某一团队的行为实施、人员管理、部分资金再分配等；在犯罪集团中属于首要分子之外的主犯，在犯罪集团中承上启下或独当一面，两种类型的业务经理，应对其参与期间所在团队的诈骗数额或者其组织、指挥的全部诈骗数额负责，理由如下：

一是从罪责自负的角度来看。根据我国《刑法》第 26 条的规定，对于第 3 款（首要分子）规定之外的主犯，应当按照其所参与的或者组织、指挥的全部犯罪处罚。电信网络诈骗犯罪集团或团伙往往借鉴公司、企业的运营模式来实施诈骗行为，公司管理呈现集团化、企业化的运行模式，组织体系呈金字塔型架构，成员之间分工明确、组织严密，最上层的组织者、领导者负责公司的总体规划、资金分配、人事管理、诈骗对象、行为手段等，中层领导负责上传下达，如业务经理作为中层领导者，负责该团队的电信网络诈骗活动，包括诈骗的手段、人员的协同、技术的支持、后勤的保障等，而业务员通过诈骗行为不断完善诈骗模式，呈现专业化、职业化趋势。成员之间依照分工各自实施整体犯罪行为的一部分，既有诈骗集团或团伙的实际控制人等上层控制人，又有业务经理等中层管理者及基层具体业务员，上下级之间层级分明、管控严格、运作有序。业务经理对其组织、指挥的犯罪行为或其参与的团队行为具有决策性、支配性，对其控制下或具体参与的犯罪行为负责是罪责自负原则的具体体现。

二是从客观因果关系的角度来看。行为人的犯罪行为与被害人的损失后果之间是否存在紧密的关联性，决定着其是否应承担刑事责任以及刑事责任的大小。考虑电信网络诈骗犯罪案件中，电信网络诈骗团伙或犯罪集团，经常在团伙或集团内部再纵向分立为不同序列的分支团伙或小组，纵向不同序列的小组成员在诈骗场地、诈骗对象、诈骗行为、诈骗数额等方面相互独立，客观上没有介入其他小组的诈骗犯罪因果关系之中，与其他层级的小组的犯罪行为相互隔离，缺乏协助及相互促进作用的推动力，因此应当独立承担罪责。要求处于同一层级的不同小组彼此承担刑事责任，既不符合因果关系的相关规定，又有违罪责自负原则。

三是从便利诉讼、追赃挽损的角度来看。电信网络诈骗犯罪案件具有虚拟性、非接触性、远程控制性，作案工具、服务器等甚至设置在境外，侦查部门很难查获该方面证据，而且作案人员众多、流动性大，团伙成员并不固定，若以业务经理本人亲自实施的诈骗数额来认定其涉案数额，会导致宽纵犯罪，毕竟业务经理在团伙中具有核心地位，对团伙的行为具有支配权和指挥权，对其指使下的诈骗行为负责符合罪责刑相统一原则；若以业务员的涉案金额之和来认定，亦存在业务员人员更迭较快、流动性强的操作壁垒，掣肘具体业务员涉案数额的认定，故以业务员的涉案数额之和来认定业务经理的涉案数额不利于诉讼程序的推进及被害人权益的保障。

四是从遏制犯罪、坚决震慑不法分子的角度来看。《办理电信网络诈骗意见》明确指出，电信网络诈骗行为不仅侵害公民财产安全，还对社会诚信和社会稳定造成严重破坏。2022 年颁布的《反电信网络诈骗法》更进一步将电信网络诈骗犯罪的危害性提升至国家安全和社会稳定的高度。相较传统的诈骗犯罪，电信网络诈骗犯罪不仅损害了财产和人身权益，还对社会信用稳定及国家安全造成了侵害。因此，国家必须采取一切必要措施，加大打击电信网络诈骗犯罪的力度。业务经理作为犯罪组织的关键中层人员，在犯罪组织的运营中起到了重要作用。若能成功抓获并严惩这些业务经理，将能在很大程度上瓦解初具规模的犯罪组织，从而有效遏制此类犯罪行为的蔓延。

上文提到的"参与期间"，从犯罪嫌疑人、被告人着手实施诈骗行为开始起算。值得注意的是，业务经理的参与期间存在不同情况，有的业务经理前期是业务员，后期才升为经理，此时应当分别认定业务经理的诈骗数额。在作为业务员期间，诈骗数额是自己具体参与、实行的诈骗犯罪的数额，成为业务经理后，则对自己领导团队的所有诈骗数额负责。

（三）业务员涉案数额认定

无论是在电信网络诈骗犯罪集团当中，还是在犯罪团伙当中，业务员都是具体实施诈骗犯罪行为的实行人员，直接关系诈骗总额及其具体诈骗数额的认定。实践中，电信网络诈骗集团及团伙往往将人员进行具体分组，组建不同层级的团队，由一级业务经理、二级业务经理等具体组织、指挥实施诈骗行为，各组皆受诈骗集团或团伙的统一领导，分组并不影响对诈骗集团或团伙之首要分子、主犯整体犯罪行为的认定。作为具体实施犯罪行为的业务员，其在诈骗故意的支配下具体实施形态多样的诈骗行为，无论是 A 团伙实施诈骗行为，还是在 B 团伙实施诈骗行为，行为与危害后果之间具有关联性、直接性，体现了行动的整体性和目标的一致性。考虑司法实践的多样性和复杂性，对业务员涉案数额的认定，原则上以其本人具体参与实施的诈骗数额来计算，无论是参与一个团队的诈骗行为，还是穿插配合实施不同团队的犯罪行为，其均要对自己的诈骗行为负责。但需要注意的是，若业务员在实施具体诈骗行为过程中，有其他业务员与其精诚合作，分别实施整体诈骗犯罪行为的一部分，具有共同犯罪的犯罪合意，则双方均要对此诈骗数额负责。

（四）不同层级财务人员、后勤人员等涉案数额的认定

在电信网络诈骗犯罪集团或团伙中，除了主导一切的首要分子，在犯罪行为中上传下达、独当一面、领导一个或多个团队的业务经理以及具体实施诈骗行为的业务员外，还存在诸多为犯罪集团或团伙提供技术支持、后勤保障、宣传、行政、后台客服等工作的人员，此类人员在犯罪行为中亦促进或加速了犯罪行为的进程及实施，对诈骗后果的完成起到推波助澜的作用，此类人员因为不参与具体的诈骗行为，故对其数额的认定存在困局，再加上此类人员并不固定，根据犯罪集团或团伙领导安排，统一调配，共同分享诈骗利益。

作为诈骗集团或团伙成员，即便没有诈骗业绩，其仍领取固定工资或按照一定比例提成来获取利益。故财务人员、后勤人员、技术人员、行政人员等亦应对其参与期间，其所服务的团队的犯罪数额负责，如为某一团队提供后勤服务的工作人员，其涉案数额应以其参与期间该团队的涉案数额来计算。若其为整个犯罪集团提供服务和帮助，如财务总监为整个犯罪集团提供服务，则其应对犯罪集团的全部数额负责，至于其刑罚轻重，量刑时需结合其在犯罪集团或团伙中所起作用大小、获取利益大小、退赔情况等综合加以判定。

（五）诈骗数额难以认定的情况

对诈骗罪的定罪量刑，我国刑事立法采用的"数额+情节"相结合的模式，不仅依据诈骗数额。在一些特殊情况下，若无法计算具体诈骗数额，则应结合行为人参与犯罪集团、犯罪团伙的时间长短及提成、奖金、所处层级、所起作用、行为方式、危害后果等，对其行为的社会危害性作

出综合判定,合理量刑。比如,依照 2016 年《办理电信网络诈骗意见》第 2 条的规定诈骗数额难以查证,但具有下列情形之一的,应当认定为《刑法》第 266 条规定的"其他严重情节",以诈骗罪(未遂)定罪处罚:(1)发送诈骗信息 5000 条以上的,或者拨打诈骗电话 500 人次以上的;(2)在互联网上发布诈骗信息,页面浏览量累计在 5000 次以上的。

具有上述情形,数量达到相应标准十倍以上的,应当认定为《刑法》第 266 条规定的"其他特别严重情节",以诈骗罪(未遂)定罪处罚。

上述"拨打诈骗电话",包括拨打诈骗电话和接听被害人回拨电话。反复拨打、接听同一电话号码,以及反复向同一被害人发送诈骗信息的,按拨打、接听电话次数、发送信息条数累计计算。

因犯罪嫌疑人、被告人故意隐匿、毁灭证据等,致拨打电话次数、发送信息条数的证据难以收集的,可以根据经查证属实的日拨打人次数、日发送信息条数,结合犯罪嫌疑人、被告人实施犯罪的时间以及犯罪嫌疑人、被告人的供述等相关证据,综合予以认定。

此外,电信网络诈骗犯罪案件中,被害人的损失数额,直接决定着诈骗行为的危害程度,以被害人损失数额认定诈骗数额可以在严惩犯罪的同时,最大化地保障被害人权益。司法实践中,被害人的损失数额与被告人实际获取的数额经常存在一定差额,如行为人将部分诈骗数额用于支付第三人提供银行卡、提供平台等,若以实际获取的数额认定诈骗数额,则因被告人诈骗行为而导致的被害人损失,并未得到刑法的全面评价,会不当地宽纵犯罪,也不利于被害人此部分损失的弥补。而且以被害人损失数额认定诈骗数额在相关规定中亦有体现,如《最高人民法院关于审理扰乱电信市场管理秩序案件具体应用法律若干问题的解释》第 9 条规定,以虚假、冒用的身份证件办理入网手续并使用移动电话,造成电信资费损失数额较大的,以诈骗罪定罪处罚。该解释亦将被害人的损失数额认定为诈骗数额。

九、电信网络诈骗共同犯罪案件退赔责任的性质厘定

退赔是指犯罪分子因其犯罪所得的赃款、赃物已被处置、毁损而无法退还被害人情况下,通过责令被告人以其合法财产弥补被害人损失的处分

措施。

在电信网络诈骗犯罪案件中，退赔具有多种功能：恢复被损害的社会关系、弥补被侵犯的法益，且体现犯罪分子主观恶性的降低。在某种程度上，退赔退赃在电信网络诈骗犯罪案件中，其重要性与定罪量刑可以并驾齐驱，甚至被害人更为关注。退赔不仅关系被告人、第三人、被害人等多元主体的财产权益，还深度影响本罪的定罪量刑，在司法实践中，宣判前被告人的主动退赔是常见的从宽处罚情节。

共同犯罪尤其是电信网络诈骗共同犯罪退赔责任的法律性质，实践中存在民事责任、刑事责任以及对物强制处分措施三种观点。第一种观点认为退赔责任属于刑事责任。刑罚的本质是报应，报应与惩罚是刑罚区别于其他法律后果的属性。同时刑罚还通过惩罚已有犯罪分子，进而威慑潜在犯罪分子，巩固公民对刑法权威的信任，产生预防犯罪的效果。退赔虽然是让诈骗分子失去本不属于自己的违法所得，但客观上具有惩罚性，令犯罪分子感到痛苦，因此，有的观点认为退赔是一种刑罚，是犯罪分子承担的刑事责任。第二种观点认为退赔责任属于民事责任。此种观点认为，被告人的退赔责任是法院对被害人财产权益弥补的一种追诉方式，此退赔责任与其他民事债权之间具有同质性，应受到同等保护，并未有特殊保护的必要，退赔包括"退"和"赔"两部分，"退"要求将追缴的赃款赃物的转化款、转化收益退还给被害人，"赔"是在赃款赃物退还不足情况下，通过其合法财产予以补偿的一种方式。在共同侵权的场合，需要侵权人之间承担连带责任及追偿制度，以便于最大化挽回被害人的损失，但退赔的责任主体之间缺乏追偿的正当性和合理性。第三种观点认为退赔责任属于对物强制处分措施。该观点认为恢复是退赔的直接目的。犯罪行为导致被害人财产受损，退赔的目的即是恢复社会秩序、弥补被害人财产损失，并且不依附于刑事定罪。退赔不等于赔偿，退赔的根源在于"任何人不得从不法行为中获益"，退赔具有法定性、强制性，而赔偿的目的是挽回被害人的经济损失。退赔责任的目标在于尽可能恢复犯罪行为侵害的财产权益，不让其从中获益及在此基础上再次实施犯罪。

但需要明确的是：首先，退赔责任不是刑事责任，根据《刑法》的规定，刑事责任是行为人因为犯罪行为而应当承担的法律责任，包括主刑与附加刑，主刑包括管制、拘役、有期徒刑、无期徒刑、死刑，而附加刑包括罚金、没收财产、剥夺政治权利、驱逐出境，均未包括退赔。惩罚性虽是刑罚的最突出属性，但并非刑罚所独有，不能据此认为退赔属于刑事责任。其次，退赔责任不是民事责任。刑事责任关注的是基于行为人的犯罪事实、犯罪性质、危害后果以及人身危险性而对其行为的价值判断，刑事诉讼中的追缴和责令退赔解决的是受害人与被告人之间的财产返还和赔偿问题，并不影响受害人通过民事诉讼程序向被告人之外的其他民事主体主张民事权利。可见退赔与通过民事诉讼程序由共同被告对被害人的损失承担连带赔偿责任不同，退赔责任是要求行为人承担的恢复被害人受损状态的一种强制手段，不是基于行为人与被害人之间的债权债务关系而生成。退赔具有强制性、法定性，不能基于当事人之间的自由意志而随意免除，区别于民事诉讼当中当事人之间协商后可以对抗的可协调义务，故退赔责任亦不是民事责任。最后，退赔本质上属于对物强制处分措施，旨在对违法行为进行制裁并对损害的社会秩序、财产权益进行有效弥补和恢复，是"任何人不得从不法行为中获利"的具体体现。

具体退赔责任方面，不同层级的犯罪分子应承担不同的退赔责任，理由如下：

一是从"部分行为、全部责任"的本质来看。共同犯罪并不意味着所有的犯罪分子均要承担同等责任，否则主从犯的界分以及行为的性质、危害程度等区分因素将失去意义。共同犯罪理论是共同犯罪行为人的行为与危害后果之间的因果关系问题，或者说是为了让不符合标准犯罪构成要件的帮助犯、教唆犯等也能被认定为犯罪。即使是未实施实行行为的帮助犯，其所参与的犯罪的全部危害后果也可以客观归责于他，包括但不限于犯罪数额。在通过共同犯罪理论解决了客观归责的问题后，各犯罪分子仍须依照行为所起作用、危害后果、所处层级等分别量刑并承担不同的退赔责任。

二是从公平正义的角度来看。电信网络诈骗共同犯罪案件中，不同层级的犯罪分子客观行为、主观恶性、犯罪情节、所起作用等存在不同，应在合理确定其罪责的基础上要求其承担与其罪行相适应的退赔责任。实践中，首要分子、其他主犯往往获取更多的非法利益，且其作为犯罪行为的主导者、主要利益的享受者，在恢复被害人财产权益层面，亦须承担更大的退赔责任。若要求从犯在对违法所得予以退赔的前提下，再对诈骗数额承担连带责任，明显加重了其责任负担。

三是从过错归责角度。被害人的财产损失主要由在共同犯罪行为中起决定或者主要作用的首要分子、主犯来主导的，此类人员的行为与被害人财产损失存在直接的因果关系，且被骗数额由此类人员掌控、支配，在追缴不足以退赔的情况下，损失差额亦应主要由主要过错方来承担，即由首要分子、其他主犯承担主要的退赔责任。

十、如何确定不同层级电信网络诈骗犯罪分子的退赔责任

电信网络诈骗犯罪案件被告人人数众多，多以犯罪团伙、犯罪集团的形式，通过公司化、集团化的形式实施具体的犯罪行为，全链条的犯罪分子成员中，既有统筹全局，对团伙、集团诈骗行为规划全局、掌管资金来源去向的组织者、领导者，此类人员在共同犯罪中多以首要分子、主犯出现；又有团伙、集团的骨干分子，作为分区经理、各级业务经理、团队长等角色出现，上传下达或者组织、领导其所在团队独立实施诈骗行为的犯罪分子，此类人员在共同犯罪中属于作用较大的主犯；还有作为具体实施诈骗行为的业务员，此类人员根据在共同犯罪中的作用、层级、参与时间、诈骗金额、获利大小等，多认定为从犯；另有事务性人员，如行政人员、财务人员、技术人员等，事务性人员不必然属于某个层级，根据事务性人员的参与时间、所起作用、获利大小等，可能构成主犯，也可能构成从犯。对不同层级如何确定刑事责任并要求其承担退赔责任，在案件审理中至关重要。由于刑事立法及规范性文件的规定不明，实践中退赔责任主体追究到哪一层级，及承担多大幅度的退赔责任，不同司法机关莫衷一是，严重影响司法裁判的统一性和权威性。

我国刑事立法及司法解释原则性规定对犯罪分子违法所得的一切财物予以追缴或责令退赔，但对共同犯罪中的共犯之间如何承担退赔责任、可否连带等并未予以明确，故司法实践中，退赔责任的分配争议大、问题多、事项杂，存在"连带责任说""独立责任说""分层区别说"等观点。"连带责任说"主张刑事犯罪作为危害更为严重的侵权行为，退赔应当参照民事侵权责任的相关规定，在共同犯罪退赔责任的处理过程中，各共同犯罪行为人应对共同犯罪的犯罪总额承担连带退赔责任；"独立责任说"

主张应严格界分刑事退赔与民事退赔的界限，二者基于不同的法律理念、行为本质、危害后果，应明确不同的退赔范围，刑事退赔的目的在于恢复被害人受损的法益，犯罪分子承担退赔责任应遵循罪责自负的原则，在判定违法所得范围后，对各自违法所得承担独立的退赔责任；"分层区别说"主张依照不同层级的犯罪分子的地位、作用、获利金额等，承担不同类型的退赔责任。

笔者认为，应当结合共同犯罪中各层级的电信诈骗犯罪分子的作用、地位、工作内容等，分类确定其退赔责任。对电信网络诈骗犯罪集团各层级犯罪分子的退赔责任，可进行如下区分。

（一）犯罪集团实控人、负责人的退赔责任

当前，电信网络诈骗犯罪分子多以犯罪集团的形式出现，具体犯罪分子中，负责集团整体组织工作、行为手段、设备购置、技术升级、人员配备、资金分配等整体工作的实控人、负责人，在《刑法》中被认定为首要分子。对于人数众多的电信网络诈骗犯罪案件，要坚持分类分层处理。坚持从严惩治的同时，突出打击重点，对电信网络诈骗犯罪链条上的不同环节行为准确定性、合理确定不同层级人员的刑事责任，做到罪刑相称。对于犯罪分子，要区分其在犯罪集团中的地位、作用、层级，准确认定其刑事责任。尤其是电信网络诈骗犯罪集团的首要分子、组织者、领导者、幕后"金主"以及骨干人员、惯犯、累犯等，要严厉打击，当严则严。根据《办理电信网络诈骗意见》第 4 条的规定，对组织、领导犯罪集团的首要分子，按照集团所犯的全部罪行处罚。对犯罪集团中组织、指挥、策划者和骨干分子依法从严惩处。考虑犯罪集团首要分子的地位、作用及层级，首要分子应对犯罪集团的诈骗总额承担退赔责任。

从主观故意的角度出发，电信网络诈骗集团实控人、负责人组织领导整个集团的诈骗活动，是刑法意义上的首要分子。电信网络诈骗集团的成立目的是实施诈骗，首要分子对集团的所有诈骗活动都处于概括明知的状态，并且积极领导、组织，为所有诈骗活动提供动力和条件，因此，首要分子在主观上对诈骗集团的所有诈骗行为都具有犯罪的故意。

从客观行为与因果关系的角度出发，电信网络诈骗犯罪集团实控人、负责人在对集团所有诈骗活动具有主观概括故意的基础上，通过组织、领

导的方式为集团所有诈骗行为提供了客观条件和便利，并不断加强和促进犯罪集团的整体诈骗犯意，组织、领导各层级犯罪分子按照犯罪集团的意图实施具体诈骗行为，此类行为既可以统一实施，又可以分工协作，如提供资金为实施诈骗行为作准备、设置犯罪集团整体组织架构、通过犯罪组织下达指令、雇用暴力力量维护集团秩序等。

从诈骗财产的支配程度的角度出发，诈骗集团的所有诈骗数额都是首要分子的违法所得。诈骗集团的提成、分成、工资等制度都是由首要分子作出决策，并且经过分成后，多数的诈骗财产都为首要分子所有。其对诈骗集团的财产具有支配权、管理权，故其应对犯罪集团的诈骗总额承担退赔责任。

从预防和打击犯罪的角度出发，让首要分子对诈骗集团所有诈骗数额负责，具有更好的惩治效果。首要分子是电信网络诈骗集团的组织者、领导者，是诈骗集团中社会危害性最大、主观恶性最深，也是获利最多的人员，让首要分子承担所有的退赔责任，能够削弱整个诈骗集团犯意并摧毁其经济基础，起到打击整个诈骗集团的效果，同时也威慑其他诈骗集团的首要分子，最大化地保障被害人权益。

因此，综合首要分子的主客观归责、对集团诈骗财产支配程度、预防打击犯罪等因素考虑，要求首要分子对诈骗集团的所有诈骗数额承担退赔责任具有合理性、公平性。

（二）犯罪集团除实控人外的骨干分子、各级业务经理等人员的退赔责任

在诈骗集团实际控制人、总体负责人之外，还有负责某方面事务以及负责某个地区的业务经理、骨干分子，此类人员是首要分子之外的主犯，包括负责组织、领导业务人员具体实施诈骗行为的，负责资金收取、转移的，负责软件开发、升级、平台维护、技术支持的，负责采购诈骗设备、"两卡"等事项的，负责设立网站、通讯群组以及宣传的，负责后勤保障、行政工作的等，对犯罪集团首要分子以外的主犯，以及犯罪团伙中的主犯，应在多大范围内承担退赔责任，是否应当与上级实际控制人共同承担连带责任？

根据《办理电信网络诈骗意见》的规定，对犯罪集团首要分子以外的

主犯，应当按照其所参与或者组织、指挥的全部犯罪处罚。同时规定，多人共同实施电信网络诈骗，犯罪嫌疑人、被告人应对其参与期间该诈骗团伙实施的全部诈骗犯罪行为承担责任。此类主犯参与诈骗行为期间，作为犯罪行为的组织者、领导者、实施者，应对其参与期间组织、领导的诈骗数额承担退赔责任。原因在于：

一是从退赔责任的本质来看。退赔责任是要求行为人承担的恢复被害人受损状态的一种强制手段，不是基于行为人与被害人之间的债权债务关系而生成，不能基于当事人之间的自由意志而随意免除，退赔具有强制性、法定性，不是当事人之间协商后可以对抗的可协调义务。此类主犯在其组织、领导的犯罪行为中起主导作用，其决定着行为的实施方式、诈骗对象、人员调配、资金移转等，对于诈骗行为的开展、推进、完成起到关键的作用，最终导致被害人财产损失状态的出现，故为了恢复被害人受损状态，其应履行其参与期间组织、领导的诈骗数额的退赔责任。

二是从共同犯罪的角度来看。电信网络诈骗犯罪行为中，"部分行为承担全部责任"的适用前提要求行为人之间存在犯意沟通，存在共谋。否则要求行为人对所有行为承担全部责任，进而要求其承担连带退赔责任，明显不符合共同犯罪的本质要求。《刑法》第 64 条规定，犯罪分子违法所得的一切财物应当予以追缴或者责令退赔；对被害人的合法财产，应当及时返还。电信网络诈骗有着团伙化、链条化特征，作为主犯的行为人，对其组织、领导及参与的犯罪行为，具有主导性、支配性，决定着犯罪行为的实施、违法所得的支配、人员的管理等，系整个犯罪链条的重要一环，理应对其组织、领导、参与的诈骗数额承担退赔责任。

三是从公平公正的角度来看。实践中，电信网络诈骗犯罪案件中，各诈骗分子获取的违法所得与诈骗总额之间存在较大出入，理想状态应该是各诈骗分子获取的违法所得相加等于诈骗总额，但鉴于中间成本以及其他支出，二者存在较大的偏差，尤其是部分主犯获取的违法所得与首要分子及业务员的收益相差悬殊，要求各个主犯均承担连带退赔责任，或者对涉案总额承担责任，会加重各犯罪分子的经济负担。一方面会严重制约其退赔的主动性、积极性；另一方面会导致其负隅顽抗，销毁证据、隐匿罪证等，不利于犯罪的惩治。

需要说明的是，若是多个被告人均系主犯，且主犯之间参与同一犯罪行为，则主犯之间可在共同犯罪的范围内承担共同退赔责任。

（三）从事诈骗行为之业务员的退赔责任

《办理电信网络诈骗意见》对首要分子及其他主犯的刑事责任作了规定，但并未对从犯的刑事责任以及退赔责任予以明确。实践中，业务员以及提供后勤服务、技术服务的人员在共同犯罪中，一般所起作用较小，认定为从犯的居多，对其退赔责任，是以其诈骗数额予以退赔还是以其获利作为退赔数额，实践中争议较大。

笔者认为，应要求其在实际获取的违法所得范围内承担退赔责任，理由如下：

其一，从共同犯罪本质的角度而言。电信网络诈骗犯罪案件中，业务员虽然参与了部分犯罪事实，但诈骗所得多流转到团伙的骨干成员或集团的首要分子等掌控中，业务员仅领取固定工资、提成，不能一概适用共同犯罪的理念，要求其对参与的诈骗数额承担退赔责任。此类业务员虽然具体参与电信网络诈骗犯罪行为，但其与其他团队或小组的业务员之间并无交叉、协助、提供帮助，各团队和小组之间分工明确，相互独立，各自实施本团队的电信网络诈骗行为，要求业务员对其他团队的诈骗数额负责，严重背离罪责自负原则。

其二，从执行的角度而言。司法实践中，应当注意审查在案证据，在查明事实的基础上明确各被告人的退赔责任，特别是在共同犯罪中从犯的退赔责任以及未同案审理的不同被告人的刑事责任，要注意避免重复判决退赔责任。若要求业务员就其诈骗数额承担退赔责任，会导致业务员承担的退赔责任之和远大于被害人损失数额，从而导致先被审判的被告人承担较重的退赔责任，而后被审判的主犯甚至首要分子，鉴于在前被审判的犯罪分子已经承担退赔责任，危害更大却承担更少的退赔责任，会产生消极的司法效果，亦与退赔责任的本质要求存在背离。此外，要求业务员承担过重的退赔责任，会引发能退赔的亦会千方百计转移财产、不予退赔，从而更加不利于被害人财产权益的恢复。

需要说明的是，若违法所得无法查清，或被告人拒不交代其违法所得数额，或被告人交代的数额与实际情形严重不符，则应结合行为人参与犯罪集团、犯罪团伙的时间长短及参与的主动性（系主动参与还是被动参与）、所起作用、诈骗金额、行为方式、危害后果等，对其行为造成被害人损失情况的影响程度作出判断，要求其承担一定比例的退赔责任，如其积极参与诈骗团伙或诈骗集团，且持续时间长、所起作用大，可要求其承担其所在团队涉案金额 50% 以下的退赔责任，若其系被动参与诈骗组织，且持续时间较短、所起作用不大，则可要求其承担其所在团队涉案金额 10% 以下的退赔责任。

（四）事务性人员的退赔责任

财务人员、后勤人员、行政人员等人员未必一定是从犯，也有可能是主犯，尤其是制定话术，对诈骗团伙、犯罪集团所有财务负责的财务人员，其对财产的来源、去向等心知肚明，明知诈骗团伙或犯罪集团的危害性，还积极参与，并在其中发挥较大的作用，对其认定要结合其参与时间、所起作用、危害后果等综合加以判定。

电信网络诈骗犯罪是近年来高发频发的一类犯罪，具有参与人数多、内部组织结构复杂及被害人面广的特点。为此，需要从惩治目的、本质出发，明晰退赔责任系独立的刑事对物处分措施，修正当前责任范围认定混淆退赔责任与刑事责任、民事责任的误区，重构以独立责任为原则、连带责任为补充的整体思路并完善相关规则，明确责任承担主体范围，厘清被告人违法所得数额的认定标准。同时，明晰处置违法所得的证明标准应区别于定罪量刑，对于取得型犯罪，违法所得计算不应扣除成本，对于个人违法所得数额，必要时可综合认定，以实现违法所得精准处置与有效处置的合理平衡。

《刑法》第 64 条以及《最高人民法院关于适用刑法第六十四条有关问题的批复》规定，对被告人适用追缴或者责令退赔的前提是被告人有非法占有、处置被害人财产的情形。从犯在电信网络诈骗的共同犯罪中不起主要作用，也不实际控制资金流向、用途和分配权限，实际违法所得相对较少，不考虑从犯的违法所得，而要求从犯一律对涉案数额承担连带退赃退赔责任，不符合上述司法规定，亦违反公平原则，同时也不利于其刑满后回归社会。因此，在电信网络诈骗共同犯罪中，对于被害人遭受的损失，各被告人之间退赃退赔责任并不完全一致，对于从犯应要求其在实际获取的违法所得范围内承担退赔责任。对于主犯，则应结合其在共同犯罪中所起作用、承担的角色、获取利益大小等合理确定其退赔责任。

同样，若违法所得无法查清，或被告人拒不交代其违法所得数额，或被告人交代的数额与实际情形严重不符，则应结合行为人参与犯罪集团、犯罪团伙的时间长短及参与的主动性（系主动参与还是被动参与）、行为类型、所起作用、危害后果等，对其行为造成被害人损失情况的影响程度作出判断，要求其承担一定比例的退赔责任。若其积极参与诈骗团伙或诈骗集团，且持续时间长、所起作用大，可要求其承担其提供服务（包括技术支持、支付结算等）对象涉案金额 50% 以下的退赔责任；若其系被动参与诈骗组织，且持续时间较短、所起作用不大，则可要求其承担其提供服务（包括技术支持、支付结算等）对象涉案金额 10% 以下的退赔责任。

十一、电信网络诈骗犯罪从犯退赔责任的内部分配

电信网络诈骗犯罪案件中，涉案行为人往往人数众多，不同行为人参与其中，层级不同、行为不同、作用不同、危害亦不同，要求其承担同等责任既不符合罪责刑相适应原则，又不利于司法实践的操作以及对被告人的矫正。责令退赔作为对物强制处分措施，要求行为人承担此类责任可否承担连带退赔责任或者在多大层面、范围承担连带退赔责任直接关系执行力度以及罪责均衡。鉴于我国立法及司法解释并未对共同犯罪之行为人的退赔责任进行明确规定，导致司法实践中各地司法机关处置结果相差较大。

对于退赔责任的分配。实践中，主要存在两种思路：一是完全连带责任。此种思路秉持"部分行为、全部责任"的理论原则，认为共同犯罪行为（电信网络诈骗犯罪行为）过程中，虽然行为人仅仅实施了整体（全部）犯罪行为的一部分，但行为人之间基于共同的犯意以及共同的犯罪行为，导致危害后果的发生，各个行为人的具体行为对危害后果的发生均具有促进力和推动力，故均需要承担全部退赔责任，被害人可以向主犯、从犯、胁从犯、教唆犯中的任意一方提出全额退赔的请求。全体责任的观点亦与民事共同侵权行为存在一致性。根据《民法典》第 1168 条的规定，二人以上共同实施侵权行为，造成他人损害的，应当承担连带责任。刑事犯罪作为相对于侵权行为，是侵害更为严重的行为类型，要求其承担连带

责任具有刑民责任承担的一致性和衔接性。为了公正起见，连带责任说还提出承担退赔责任超出自己违法所得的共犯人可向其他共犯人追偿。二是完全独立责任。此观点主张个人责任自负，要求每个行为人对自己的行为负责，即无论是主犯、从犯，还是胁从犯、教唆犯，均应在本人的责任范围内承担退赔责任，其退赔责任限定在其通过犯罪行为获取、占有、支配的违法所得数额范围内。

完全连带责任的弊端：一是违背退赔责任的法律属性。退赔责任本质上是对物强制处分措施，是基于"剥夺不法利益"需求而采取的处置措施。从犯通过犯罪行为获取的不法利益是要求其退赔的基础，若要求其承担连带退赔责任，实质上属于变相惩罚，此系刑事责任的法律属性。二是极易引发法律隐患。电信网络诈骗犯罪案件中，诈骗的违法所得大部分归属于主犯，要求从犯承担连带退赔责任，获利大的主犯若晚于从犯被抓捕，而在先审判的从犯承担大部分退赔责任的情况下，在刑罚执行期间，因从犯获利较小，则其继续退赔能力不足，获取减刑的概率较小。相反，获利更大的主犯在晚于从犯被审理的情况下，若其将剩余的诈骗款全部退赔，则其将获取较大的从轻空间，导致罪刑失衡。三是连带退赃、退赔后再起诉追偿没有民事诉讼依据。例如，江苏省无锡市中级人民法院（2007）锡民再终字第 17 号民事裁定书中，法院认为，根据《民事诉讼法》第 3 条的规定，刑事诉讼中共同犯罪人被检察机关责令退赃后，就退赃数额发生的追偿纠纷，不属于人民法院民事诉讼的受案范围，多退赃的共同犯罪人不能提起民事诉讼向其他共犯追偿。鉴于我国刑事立法及司法解释并未对退赔主体因承担较多退赔责任情况下的追偿制度予以规定，导致实践中司法机关对被告人之间因追偿而提起的诉讼，要么不予立案，要么不予支持，从而掣肘从犯退赔的积极性和主动性。

完全独立责任的弊端：一是违背共同犯罪的理论。电信网络诈骗犯罪案件中，各共同犯罪人分工协作、相互配合，共同实施整体、统一的犯罪行为，单个行为人既可能实施整体犯罪行为之一部分，又可能通过提供技术支持、后勤保障、支付结算等来为整体电信网络诈骗犯罪行为"添砖加瓦"，各阶段、各类型的犯罪行为均对诈骗结果起到推波助澜的直接关联作用，亦应承担相应的退赔责任。若不加区分，均要求对其个人的行为负责，则共同犯罪理论将丧失适用的空间。二是惩治与救济功能严重受限。

通过完全独立责任来惩治被告人，鉴于我国对诈骗罪的量刑标准主要依据的是"数额+情节"的裁判模式，尤其是数额标准具有客观性、直观性、易判性，是实践中最常用的量刑标准，若采取完全独立责任标准，则被告人的涉案金额及退赔金额均可能大幅降低，与其行为的性质、危害后果严重失衡，不利于惩治电信网络诈骗犯罪，且不利于对被害人权益的保障。此类案件中，主犯往往在境外实施犯罪或潜逃至境外，在主犯难以到案情况下，让行为人尤其是从犯仅在违法所得范围内承担退赔责任，则被害人被骗款项想要获得退赔的希望将更为渺茫。

对于电信网络诈骗犯罪从犯退赔责任的认定，可结合对物强制处分措施之法律属性，在最大限度排除财产侵害之不法状态的前提下，保持被害人权益及被告人合法权益的平衡。笔者认为，电信网络诈骗犯罪不同于传统的诈骗犯罪，电信网络诈骗犯罪多组成犯罪团伙、犯罪集团，通过链条化、产业化的运营模式进行经营，共犯之间的分工更加细化，鉴于犯罪集团、团伙内各个犯罪分子地位不同、行为不同、作用不同、获利不同，其承担的刑事责任以及退赔责任亦应有所区分。从犯退赔责任应依照行为模式具体分类：

一是从事具体实行行为的从犯，此类人员与电信网络诈骗行为密切相关，作为参与其中的一份子，直接关系诈骗行为的实施成效以及诈骗数额的多寡，对犯罪行为的发动以及诈骗结果的发生起到直接性的关联作用，其与其他行为人结成多层级的犯罪团队，如第一层级、第二层级、第三层级团队（第一层级团队包括若干个第二层级的团队，第二层级团队包括若干第三层级的团队，以此类推），若行为人作为具体实行犯，其既属于第三层级团队共同犯罪的一份子，又属于第一层级团队共同犯罪的一份子，鉴于其与第三层级团队共同犯罪关联性更强、联系更为紧密，则应要求从犯在其违法所得范围内承担退赔责任，而与其联系最为紧密的犯罪层级团队之主犯承担共同退赔责任。共同犯罪主从犯理论不仅要求对共犯在刑罚裁量方面体现差异化，还要求在退赔层面体现区别化，"违法是连带的，责任是个别的"，电信网络诈骗共同犯罪中的共同责任是指承担责任的连带性，而对于个人的退赔责任是基于其犯罪性质、所起作用、危害后果、工作内容等，要求其承担退赔责任。底层业务员不是电信网络诈骗犯罪中诈骗金额的主要获得者，其获取的利益是其退赔的基础，要求其承担连带责任或全部责任会适得其反，既无法合理划分各个被告人的退赔责任、精准剥夺其违法所得，又无法有效实现退赔目的，还会产生新的分配失衡，即使有能力退赔也会千方百计地予以隐藏、转移、拒不执行，反而不利于被害人权益的保障。

二是从事后勤、技术服务等协助工作的从犯，此类人员多以固定工资、提成作为获利基础，对诈骗犯罪行为的实施所起的促进作用、推动力相对较小，与被害人的财产损失之间多呈间接效用，因果关系相对较弱，再加上此类人员不属于高层人员，不参与行为模式的制定、具体行为的实施、诈骗金额的分配以及组织成员的安排，故此类从犯应在其违法所得范围内承担退赔责任。

十二、案发前退还的数额是否计入涉案数额

电信网络诈骗犯罪案件中，被告人在案发前归还的金额是否计入其涉案数额，实践中争议较大，主要存在以下两种观点：第一种观点认为，被告人在案发前归还的金额，应从涉案数额中扣除。由于诈骗罪是财产犯罪，侵犯的是公民的私法益，即财产所有权。当诈骗的财物是货币等种类物时，被侵犯的私法益可以通过自愿返还予以弥补，也可以认为自愿返还的财物不在行为人的非法占有目的范围之内，因此，将案发前归还的数额从涉案财产中扣除。诈骗罪的犯罪目的在于通过欺骗手段、非法占有他人钱款，考虑钱款属于种类物，被告人案发前将其部分归还，其最终非法占有的钱款是剩余的钱款，且从有利于被告人的角度，亦应将此部分予以扣除。第二种观点认为，诈骗罪属于结果犯，危害结果一经发生，犯罪就已经既遂，侵犯法益已成事实。无论对诈骗犯罪既遂是采取"获得说"还是"失控说"，都难以将"获得"和"失控"之后归还的财产从既遂的诈骗犯罪数额中予以扣减，在被告人实施诈骗行为骗取被害人钱款后，即构成诈骗罪的犯罪既遂，其案发前归还的金额，属于犯罪既遂后的处分行为，不应从涉案数额中扣除，但可作为量刑情节予以考量。

笔者认为，第一种观点更为合适，理由在于：

第一，从诈骗犯罪的本质的角度来看。诈骗罪侵犯的法益是公私财物所有权，该罪名保护公民对财产的所有权和占有权不受非法地剥夺和控

制。对被告人的刑事违法性和社会危害性评价，应以该罪名的规制目的和侵犯法益为前提，立足于具体的诈骗行为及逻辑结构，以有效实现修复及惩治之功效。本罪保护的重点是维护被害人的财产权益。诈骗罪涉案数额的认定，立足于被害人实际的经济损失，而认定的截止时间点为立案时。侦查机关立案时被害人的财产损失表明国家公权力介入时，基于被告人的诈骗行为，被害人已丧失对其财产权益的所有权，此时法益侵害已经完成，即使案发后被告人归还财物，但其对被害人的法益侵害已经完成，应当认定为诈骗数额。至于案发前已归还的数额，对于被害人而言，可有效弥补其被侵害的法益，此部分难以认定被告人具有非法占有目的。

第二，从规范的角度来看。我国关于诈骗罪的司法解释以及其他规范性法律文件，对案发前归还的财物通常规定应予以扣除。比如，1996 年《最高人民法院关于审理诈骗案件具体应用法律的若干问题的解释》（已失效）规定，对于多次进行诈骗，并以后次诈骗财物归还前次诈骗财物，在计算诈骗数额时，应当将案发前已经归还的数额扣除，按实际未归还的数额认定，量刑时可将多次行骗的数额作为从重情节予以考虑。2016 年发布的《办理电信网络诈骗意见》亦规定，实施电信网络诈骗犯罪，犯罪嫌疑人、被告人实际骗得财物的，以诈骗罪（既遂）定罪处罚。此外，2001 年《全国法院审理金融犯罪案件工作座谈会纪要》规定，在具体认定金融诈骗犯罪的数额时，应当以行为人实际骗取的数额计算，但应当将案发前已归还的数额扣除。1991 年最高人民法院研究室曾在《关于申付强诈骗案如何认定诈骗数额问题的电话答复》中指出，在具体认定诈骗犯罪数额时，应把案发前已被追回的被骗款额扣除，按最后实际诈骗所得数额计算。但在处罚时，对于这种情况应当作为从重情节予以考虑。涉及其他罪名的多项司法解释中亦有类似规定，比如，2022 年修正的《最高人民法院关于审理非法集资刑事案件具体应用法律若干问题的解释》第 8 条规定，集资诈骗的数额以行为人实际骗取的数额计算，在案发前已归还的数额应予扣除。集资诈骗罪与诈骗罪均侵犯了被害人的财产所有权，二者属于《刑法》规定的特别条款与普通条款的关系，在内容上具有重合性，在危害后果等方面具有一致性，集资诈骗罪要求案发前归还的数额应予扣除，考虑到二者犯罪行为的类似性、危害后果的同质性，对案发前财产的处置亦应保持一致。又如，2018 年最高人民检察院颁布的《检察机关办理电信网络诈骗案件指引》规定，以行为人实际骗取的数额计算，案发前已归还的数额应予扣除。

第三，从社会效果和司法效果的角度来看。首先，将案发前自愿归还的财产数额从诈骗数额中扣减，有利于形成示范效应，鼓励相关诈骗案件行为人及时归还财产，避免被追究刑事责任。其次，此种扣减方案也有利于预防刑事领域的矛盾纠纷，在可能涉及诈骗的民事纠纷中，若能认可通过及时的"法益恢复"出罪，以督促和鼓励涉嫌诈骗一方在对方尚未报案时，及时归还纠纷财产，既可以使其免于牢狱之灾，又能将纠纷止步于民事阶段。最后，从保障被告人合法权益的角度出发，实践中，存在同一笔资金在被告人与被害人之间多次往来的情况，本质上此类财产系同一笔财产，仅仅是基于各方面因素导致多次发送，若对案发前已退还的财产数额不予扣减，将会因款项的叠加而导致对被告人处罚过严。

第四，从诈骗罪的构成要件角度来看。成立诈骗罪要求行为人必须有非法占有目的，案发前自愿归还财产这一事实，可以视为对行为人非法占有目的的合理怀疑依据。若行为人在案发前将一定款项予以归还，表明行为人对此笔款项缺乏非法占有的目的，亦未对其实际占有，至少法院无法排除被告人对案发前已归还财产具有非法占有目的的合理怀疑，故无法将该部分数额认定为诈骗数额。刑罚在惩治被告人不法行为的过程中，不仅要兼顾惩治与矫正之功效，还要保证刑罚裁判的可接受性及公正性。行为人在案发前的归还行为能够有效弥补被害人之财产损失，本着司法裁判公正、良善之功效，应对其行为予以鼓励，从而有效弥补被害人权益损失，并激励他人有效退赔退赃，产生积极的引导效应和示范效应。

第五，从罪责刑相适应原则的角度来看。根据我国《刑法》第 5 条的规定，刑罚的轻重，应当与犯罪分子所犯罪行和承担的刑事责任相适应。法院要根据犯罪分子的行为、性质、情节、危害后果等，做到罪刑相称，罚当其罪。审理电信网络诈骗犯罪案件，被害人的财产权益是司法机关的关注重点，也是本罪启动及惩治的重心所在。法益侵害在不同罪名中有所不同，部分罪名法益侵害无法恢复，但也存在部分罪名，其法益侵害可以在案发前得以弥补、恢复，前者如故意杀人、故意伤害等罪名，后者如诈骗、集资诈骗等罪名。在诈骗案发前犯罪分子将被害人财物部分归还的情况下，被害人所受财产权益得到部分恢复，若将案发前已归还的数额纳入诈骗数额予以处置，实质上加重了对被告人的惩处力度，提升了其刑事责任，有违罪责刑相适应原则。

十三、"挪新还旧"式连环诈骗的数额计算

司法实践中"挪新还旧"式连环诈骗行为类型多样、法益侵害严重程度存在差异，且行为人多次挪用、"挪新还旧""拆东补西"式连环诈骗的行为使款项走向多元、复杂，这也给"挪新还旧"式连环诈骗的数额计算带来了更大的困扰。对"挪新还旧"式连环诈骗涉案金额的认定，笔者认为，应以案发时未归还的实际数额认定，理由如下：

其一，从法益侵害的角度来看。被告人虽有多次诈骗的具体行为，且可独立构成犯罪，但鉴于其侵害的对象具有同一性，无论是第一次诈骗，还是"挪新还旧"式方式实施诈骗（未增加诈骗金额的情况下），其本质上并没有创设、增加新的法益侵害。

其二，从钱款脱离被害人控制的风险角度来看。被告人多次实施诈骗行为，如果没有"挪新还旧"，则其创设了被害人财产权益丧失的侵害风险，且此风险随着次数的增加而增加，对法益的侵害会叠加，犯罪数额应累计计算，但在"挪新还旧"情形下，脱离被害人控制的钱款仅为归还前款后的剩余部分，归还部分并未增加或消减被害人权益损失风险，故仅需对增加的风险部分进行评价。

其三，从罪责刑相适应的角度来看。若累计计算被告人的诈骗数额，可能会导致罪刑不相称，如被害人拥有的钱款具有上限（如被害人有 10 万元），即使行为人每次诈骗 5 万元，后通过"挪新还旧"的方式归还前款，实施 10 次后，若按照累计计算的规则，则行为人的诈骗金额为 50 万元，对其要判处十年以上有期徒刑。事实上，即使行为人将被害人钱款全部骗取，依照相关司法解释及量刑规范化的规定，诈骗金额 10 万元，在三年以上五年以下量刑。累计计算会导致社会危害性更大的连续诈骗且拒不退还的行为与"挪新还旧"式连环诈骗的量刑相同，但二者实际的社会危害性相差迥异，这严重违背罪责刑相适应原则。此外，相对于持续性的、前后手相分离式的诈骗行为，"挪新还旧"式连环诈骗行为的主观恶性和危害后果显然较轻。

其四，从司法便利性、可操作性的角度来看。鉴于社会现实的多样性和复杂性，以及诈骗行为的多样性及诈骗后资金移转的多重性，有时难以查清行为人的诈骗次数及单笔诈骗金额，要求累计计算会显著增加公诉机关的举证负担，影响诉讼效率的提升。

其五，从刑事立法的角度来看。虽然我国刑事立法对案发前归还部分，整体上要予以刑法评价，但并不绝对，如逃税罪规定，经税务机关依法下达追缴通知后，补缴应纳税款，缴纳滞纳金，已经受行政处罚的，不予追究刑事责任。《最高人民法院关于审理非法集资刑事案件具体应用法律若干问题的解释》亦规定，集资诈骗的数额以行为人实际骗取的数额计算，案发前已归还的数额应予扣除。综上，对被告人"挪新还旧"式连环诈骗涉案金额的认定，应以未归还的实际数额来加以认定。

需要说明的是，对因公权力的介入或者被害人的私力救济等手段，而导致被告人不得不退还相关财产，鉴于其退还行为缺乏主动性，系被迫而为，反而可以证实其对相关财产具有非法占有目的，对其被迫退还的数额不应从诈骗总额中扣除。

十四、电信网络诈骗犯罪混合财产的性质厘定、有效界分

《刑法》第64条规定："犯罪分子违法所得的一切财物，应当予以追缴或者责令退赔；对被害人的合法财产，应当及时返还；违禁品和供犯罪所用的本人财物，应当予以没收。没收的财物和罚金，一律上缴国库，不得挪用和自行处理。"由该法条可知，犯罪分子持有的违禁品和供犯罪所用的本人财物，同犯罪分子的违法所得共同构成非法财产，应予追缴、退赔或者没收。

在电信网络诈骗犯罪案件中，不法分子为规避国内司法机关的打击并牟取非法利益，往往选择将诈骗活动转移至境外进行。据最高人民法院和最高人民检察院有关报告，有相当数量的人员非法跨越国境，藏匿于缅甸等地，建立犯罪集团或团伙，专门针对我国居民实施电信网络诈骗犯罪活动。电信网络诈骗犯罪涉案财产包括犯罪分子的犯罪所得以及犯罪分子用于犯罪的工具和其他具有经济价值的物品等。电信网络诈骗的违法所得可通过银行流水、被害人陈述和犯罪嫌疑人供述予以确定一个较为准确的数

值。涉案专门账户内无法说明合理来源的资金，应结合账户是否仅为被告人所控制和使用、涉案账户内资金流水是否发生于电信网络诈骗时间段、被告人是否有其他正当商业行为等综合认定。但供犯罪所用的本人财物难以划分，如前文所述，犯罪分子多以运营窝点的形式组织犯罪，其违法所得多与合法财产混同，为司法机关认定电信网络诈骗案件中的赃物赃款带来较大挑战。

混合财产的性质界定与划分，其核心是准确划定非法财产，一旦非法财产范围明晰，即可进一步依法定罪量刑。建议按以下三步走的方法：

第一，通过查明财产来源及用途来划定其性质。财产的性质往往不仅仅取决于其表面形式，还与其来源和用途密切相关。因此，通过深入查明财产的来源及用途，我们可以更准确地划定其性质，从而作出更为合理的界定。首先，明确财产的来源。这包括了解财产的原始所有者、获得方式以及获取途径。例如，一笔资金可能是通过合法的商业活动赚取的，也可能是通过非法手段如诈骗、抢劫等获得的。若能直接查明财产来源，则无须进行后续步骤。其次，若不能查明财产来源，此时可进一步调查财产的用途。财产的用途也是划定其性质的重要因素。财产的用途可能涉及多个方面，如消费、运营犯罪窝点等。若能查明财产是用于运营犯罪窝点、开发新型诈骗平台等，则应划定其为非法财产；若能排除所有非法用途，便进入下一步分析。

第二，若无法查明财产来源或用途，且犯罪嫌疑人亦无法作出合理说明，认定为非法财产具有极大的可能性。这种情况下，由于无法确定财产的来源和用途，且犯罪嫌疑人无法提供合理的解释，司法机关有理由怀疑这些财产是通过非法手段获得的。然而，需要注意的是，仅凭无法查明财产来源或用途，以及犯罪嫌疑人无法说明其财产来源，并不能直接认定这些财产为非法所得。因为在司法实践中，可能存在其他合理的解释，如财产继承、赠与等。因此，在认定非法财产时，司法机关需要综合考虑各种因素，如犯罪嫌疑人的经济状况、财产增长速度、与犯罪行为的关联度等，可利用大数据追踪分析等手段进行综合考量和全面判断。此外，为增强认定的准确性和公正性，司法机关在认定非法财产时，应严格遵循法定的程序和规范。例如，应当保障犯罪嫌疑人的合法权益，允许其提出异议和辩护。同时，也要加强证据的收集和审查，确保认定的依据充分、合理。

第三，针对来源不明的财产，可进行公示。对于既无法确定来源又无法查清性质的财产，司法机关可依据《民法典》第 315 条、第 318 条、第 319 条之规定，对案件中性质不明的财产进行公示。其目的在于让公众了解案件中的财产情况，同时也为犯罪嫌疑人和第三人提供了一个表达意见、维护权益的机会。通过公示，可以促使相关当事人主动提供线索，协助司法机关查清财产的来源和性质。同时，公示也有助于维护司法公正，确保案件处理的透明度和公信力。

为确保案件处理的效率，公示期的长短可适当调整，但需兼顾犯罪嫌疑人和第三人的合法权益。具体来说，过短的公示期可能无法充分发挥公示的作用，而过长的公示期则可能导致案件拖延，影响司法效率。因此，在设定公示期时，需要兼顾犯罪嫌疑人和第三人的合法权益，确保他们在合理的时间内能够表达自己的意见和诉求。此外，公示的具体操作也应遵循法律程序和规范。司法机关应当严格依照法律规定进行公示，确保公示内容的真实性和准确性。同时，对于涉及个人隐私和国家秘密的财产信息，应当采取适当的保护措施，避免泄露和滥用。

十五、电信网络诈骗犯罪既遂、未遂的认定

关于诈骗犯罪的既遂与未遂标准，我国刑法学界一直存在较大争议。主要存在三种观点：

第一种观点是控制说，即以行为人是否取得对财物的实际控制和支配作为区分标准；第二种观点是失控说，即应以财物的所有人或占有人是否失去对财物的控制作为诈骗行为既遂与未遂的标准；第三种观点是占有说，即以财物是否实际被行为人非法占有作为标准。司法实践具有复杂性、多样性，电信网络诈骗犯罪手段多样、犯罪主体人数众多、关联行为及犯罪相互交织，尤其是帮助取款人通过多种路径参与其中，更加剧了犯罪形态认定的难度。在电信网络诈骗犯罪案件中，由于犯罪行为与结果的发生之间有一定的时间间隔，同样存在犯罪未完成形态的认定问题。比如，被害人基于错误认识，将钱款汇入行为人指定的银行账户，行为人在取钱途中被抓获；或者被害人已经将钱款汇出，但因跨行、异地或设置到

账时间等因素，资金尚未到达行为人账户时行为人即被抓获。类似情况是否既遂，在三种观点下会得出不同答案：控制说认为，认定既遂要求行为人已经取得钱款，在被害人转账完成后，行为人尚未取得对资金的支配，此时应认定为犯罪未遂；失控说认为，当被害人转账完成后，已经失去对财物的掌控，此时应认定为既遂；占有说认为，行为人成立既遂以其实际占有财物为标准。

对此，笔者认为电信网络诈骗犯罪的既遂标准，应采取失控说，且应当结合具体类型，对类型化、多样化的犯罪形态加以具体认定，理由如下：

一是从犯罪本质的角度来看。电信网络诈骗犯罪侵犯的法益是公私财产权益，因行为人的诈骗行为导致被害人丧失其财产权益。但在电信网络诈骗犯罪案件中，行为人一般专门开设用于收款的中转账户，每次诈骗得手后即将资金迅速取出，即使被害人意识到被骗并报警，侦查机关通知银行对该账户采取冻结等措施往往为时已晚。这种情形中，即便行为人未及时将账户内的钱款取出，但是受害人已经基于错误认识将钱款转出，且钱款进入行为人所控制的账户，即可认定涉案钱款已经脱离受害人的实际控制，故认定为犯罪既遂为宜。

二是从犯罪构成的角度来看。诈骗罪（既遂）的犯罪构成要件是行为人以非法占有为目的，实施诈骗行为—被害人基于错误认识而处分财产—行为人或第三人取得财产—被害人遭受财产损失。在此行为过程中，判断诈骗行为是否足以使被害人产生认识错误，不能完全以一般人的标准为依据，还要考虑到被害人的个体情况，如精神状况、生活阅历、年龄、职业经历等，若被害人在行为人的欺骗行为支配下陷入错误认知，从而导致其财产损失，二者之间具有对应性、因果性，被害人丧失财产的情况下，法益侵害已经完成，构成要件行为也已实施完毕，应认定为犯罪既遂。

三是从被害人权益保障的角度来看。在被害人汇出资金，但尚未到达行为人账户的情况下，行为人对此笔资金只具有可期待的控制权，并未实际控制，被害人仍然享有通过银行、金融机构等方式主张权利、支配财物的可能性，因此应认定为未遂。而对于资金已经到达行为人账户，但行为人未取款即被抓获的情况，则需要分析不同的情形。一般情况下，资金进入行为人账户，行为人已经取得了对资金的占有和控制，可以随时取现或消费，被害人则完全丧失对财物的支配权，因而应当认定为犯罪既遂。

四是从规范性文件规定的角度来看。2018 年 11 月 9 日最高人民检察院出台的《检察机关办理电信网络诈骗案件指引》明确规定，电信网络诈骗应以被害人失去对被骗钱款的实际控制为既遂认定标准。一般情况下，诈骗款项转出后即时到账构成既遂。但随着银行自助设备、第三方支付平台陆续推出"延时到账""撤销转账"等功能，被害人通过自助设备、第三方支付平台向犯罪嫌疑人指定账户转账，可在规定时间内撤销转账，资金并未实时转出。此种情形下被害人并未对被骗款项完全失去控制，而犯罪嫌疑人亦未取得实际控制，应当认定为未遂。

需要说明的是，电信网络诈骗犯罪行为中，犯罪行为与财产权的丧失，既有空间间隔，又有时间间隔，对之，要结合具体情形，分别加以判定：类型一，被骗钱款直接打入诈骗行为人事先准备好的银行卡或第三方支付平台内，此时被害人完全丧失对钱款的占有及控制，此时应认定为诈骗罪既遂。类型二，被骗钱款直接打入提供帮助的犯罪分子提供的银行卡或第三方支付平台内，对此要结合提供帮助的犯罪分子是否与诈骗罪之行为人存在事前的通谋或犯意沟通判断。若二者事先没有共谋，则不成立共同犯罪，但钱款进入犯罪分子提供的银行卡或第三方支付平台账户后，被害人已经丧失了对此项财产的控制，而犯罪分子已经取得对资金的占有和控制，可以随时取现或消费，即使因为其他原因未能提取成功，亦是基于其他协助者之间内部的协调或原因导致，对被害人而言，已经造成了财产损失，危害具有等同性，法益侵害具有同质性，此时应认定为诈骗罪既遂。类型三，被害人因客观原因，未转账成功或者打入被告人银行账户后，需人脸识别等原因而无法取现时，鉴于被害人尚未丧失所有权或者可通过一定路径，恢复其权益，此时应认定为诈骗罪未遂。类型四，特殊情况下，通过自动柜台机向犯罪分子所控制的银行卡账户转账，该笔款项 24 小时后方可取现，被害人可在 24 小时内取消转账或者中止支付，此时款项处于银行机构的管控下，被害人并未丧失对其控制，此时犯罪分子被抓，此时应认定为诈骗罪未遂。类型五，在无法查证行为人诈骗数额的情况下，根据 2016 年《办理电信网络诈骗意见》，对于诈骗数额难以查证的，犯罪嫌疑人发送诈骗信息 5000 条以上，或者拨打诈骗电话 500 人次以上，或者在互联网上发布诈骗信息的页面浏览量累计 5000 次以上，可以认定为诈骗罪中"其他严重情节"，以诈骗罪（未遂）定罪处罚。具有上述情形，数量达到相应标准十倍以上的，应当认定为《刑法》第 266 条规定的"其他特别严重情节"，以诈骗罪（未遂）定罪处罚。类型六，在行为人赴境外实施诈骗活动的情形下，尽管难以查证其诈骗数额，但依据 2021 年《办理电信网络诈骗意见（二）》的规定，有证据证实行为人参加境外诈骗犯罪集团或犯罪团伙，在境外针对境内居民实施电信网络诈骗犯罪行为，诈骗数额难以查证，但一年内出境赴境外诈骗犯罪窝点累计时间 30 日以上或多次出境赴境外诈骗犯罪窝点的，应当认定为《刑法》第 266 条规定的"其他严重情节"，以诈骗罪依法追究刑事责任。有证据证明其出境从事正当活动的除外。因而此时应认定为诈骗罪既遂。

实践中，还包括一级卡、二级卡模式，即被害人将其款项转移至一级卡后，一级卡内资金需分散转移到多个二级卡内，通过不断分散转移并最终取现。但无论何种模式，当被害人将其款项转入被告人或其帮助取款人所控制的银行账户时，被害人已经丧失对其控制，犯罪行为已经完成，应认定为既遂。若要求结合一级卡、二级卡而认定为不同的犯罪形态会人为地增加公诉机关的举证责任，且实践中一级卡、二级卡、三级卡等界分困难。

十六、关联犯罪之行为人是否应承担上游诈骗犯罪的退赔责任

为有效加强对电信网络诈骗犯罪的全链条、一体化打击，铲除电信网络诈骗犯罪的源头和资金基础，亟须在从严惩治本罪的同时，强化对关联犯罪的查处及惩处力度。帮助信息网络犯罪活动罪，掩饰、隐瞒犯罪所得罪作为电信网络诈骗犯罪的主要关联犯罪，此类犯罪主体应否承担上游诈骗犯罪的退赔责任存在较大争议。比如，虽然帮助信息网络犯罪活动罪的行为人在收购、出租、出售信用卡时有概括故意，但是信用卡后续流水的数额往往是其难以控制的，行为人在整个电信网络诈骗的犯罪链条中所起到的作用较小，并未获得诈骗款项，其个人的非法收入、赔偿能力也较为有限，其承担退赔责任的范围及数量成为此类案件的审理重点。

实践中，电信网络诈骗犯罪与其关联犯罪相互交织，呈链条化、一体化的犯罪形态，涉及多个罪名，且上游诈骗犯罪涉案金额特别巨大，被害

人损失严重，如何最大程度追赃挽损、帮助上游诈骗犯罪被害人挽回损失成为审理此类案件的重要目标之一，关联犯罪之行为人是否应承担上游诈骗犯罪的退赔责任。实践中，主要存在两种观点：第一种观点认为，关联犯罪行为人与上游诈骗犯罪之间协同实现了对资金的转移和处置，关联犯罪行为人的行为对上游诈骗犯罪行为的实施起到促进、加速、协助作用，行为人明知其行为的危害性，还执意为之，应连带承担上游诈骗犯罪的退赔责任。第二种观点认为，关联犯罪行为人虽对上游诈骗犯罪资金的转移、藏匿、处置等起到帮助和促进作用，但二者之间缺乏犯意的共谋，且上游诈骗的犯罪所得与关联犯罪行为人的获利之间不具有等同性，鉴于诈骗数额为上游犯罪行为人掌控、处置，关联犯罪行为人获利较小，故关联犯罪之行为人应在其违法所得范围内承担退赔责任。

笔者赞同第二种观点，理由如下：

一是从犯意联络的角度来看。虽然关联犯罪之行为人的帮助行为客观上促进或加速了犯罪行为的实施，但关联犯罪行为人与上游犯罪行为人之间缺乏诈骗的犯意共谋，尚未构建起为共同实施某犯罪后果的统一意识，尤其是在上游诈骗犯罪分子未到案的情况下，更加不易查清二者之间的犯罪故意，若要求关联犯罪之行为人承担连带责任，鉴于此类人员在犯罪中实际获利不大，即使全额退赔违法所得也远远不及上游诈骗犯罪被害人的损失，会无限加重其责任，故关联犯罪行为人对缺乏犯意联络的上游诈骗犯罪行为的危害后果不应承担连带责任。

二是从罪责自负的角度来看。关联犯罪的客观行为通常表现为提供技术支持、提供银行卡、转移资金等行为，此类行为与被害人损失之间因果关联性较弱，且危害后果的发生是上游犯罪实行行为的结果，要求关联犯罪之行为人对上游犯罪承担退赔责任违背罪责自负原则，且此类行为人往往获利较小，行为人多为贪图小利的无业人员、贫困人员，要求此类人员承担数额巨大的退赔责任，既不客观，又不现实。而且根据《刑法》第64条的规定，犯罪分子违法所得的一切财物，应当予以追缴或者责令退赔。所谓违法所得的一切财物，是指犯罪分子因实施犯罪活动而获取的全部财物，包括金钱或者物品，如盗窃、抢劫获取的财物，贪污获取的金钱等。在电信网络诈骗犯罪活动中，关联犯罪之行为人，比如，帮助信息网络犯罪活动罪，掩饰、隐瞒犯罪所得罪的犯罪分子将他们获取的财物作为违法所得没有异议，对此部分予以退赔符合立法文意，但要求其承担上游诈骗犯罪之退赔责任，既缺乏法律依据，又缺乏执行可能性。

三是从执行效果的角度来看。要求关联犯罪行为人承担连带退赔责任易形成空判。关联犯罪行为人呈低龄化、低收入、低学历等特征，往往依赖提供银行卡或取现的行为获取数千元的收益。此类人员缺乏退赔能力，要求其承担上游诈骗犯罪动辄几十万、上百万甚至上亿的退赔责任，一方面不符合比例原则，显失公平，另一方面会导致此类人员不配合侦查、不配合指认上游犯罪分子、不配合退赔，甚至铤而走险，导致犯罪链条的真正惩治重点——上游电信网络诈骗犯罪证据收集难，并引发新的矛盾、冲突。

四是要求关联犯罪行为人承担连带退赔责任会导致重复退赔、超额退赔等问题。若上游诈骗犯罪分子与关联犯罪之行为人到案后均对上游诈骗犯罪被害人损失予以足额退赔，退赔数额会超过被害人损失数额。对此部分如何处理亦会成为新的执行难题。若以被害人损失为上下游犯罪分子退赔总额上限，实践中可能出现罪行较轻的犯罪分子先被定罪、退赔，罪行较重的主犯后到案被审判的情况，此时若先前罪行较轻的犯罪分子已经履行连带退赔责任，则后到案罪行较重的反而无须履行退赔责任，殊为不当。

五是根据 2016 年《办理电信网络诈骗意见》的规定，对犯罪集团首要分子以外的主犯，应当按照其所参与的或者组织、指挥的全部犯罪处罚。依据举重以明轻原则，即使是电信网络诈骗集团的主犯，亦仅需对其参与或者组织、指挥的犯罪承担刑事责任，则下游罪责较轻的犯罪分子更不应对上游被害人损失承担连带退赔责任。[1] 关联犯罪行为人的犯罪活动尽管可能与诈骗犯罪侵犯法益有密切关联性，但侵犯法益性质和危害后果具有明确差异，不应将其财产责任无限拓展至上游犯罪，不当加重行为人的退赔责任。笔者认为，此类人员应在其获利范围内承担退赔责任，但为了充分保障诈骗犯罪行为之被害人权益，可通过激励关联犯罪行为人在退赔违法所得的基础上，主动承担部分赔偿被害人损失的责任，此可以纳入

---

[1]　霍俊阁：《跨境电信网络诈骗犯罪非数额情节的分层适用》，载《重庆大学学报（社会科学版）》2024 年第 2 期。

自愿认罪认罚的量刑情节予以考量，体现自愿认罪认罚的主动性、积极性和悔过性。

需要说明的是，上游诈骗犯罪被害人的资金流入关联犯罪行为人之账户，考虑该项资金与上游诈骗犯罪的关联性、对应性，若能查证被害人权属，则应依照"被告人非法占有、处置被害人财产的，应当依法予以追缴或者责令退赔"，从而退赔被害人，若无法查证具体被害人，则应予以没收，上缴国库。

十七、电信网络诈骗犯罪案件中，被告人被扣押在案的银行卡里的余额如何处置

电信网络诈骗犯罪案件涉案财产种类繁多、权属多元、金额巨大，既包括犯罪分子的违法所得，又包括诈骗款项、犯罪工具、混合财产、合法债权等，在被害人难以一一查清、一一对应的情况下，对于犯罪分子被扣押在案的银行卡内的涉案资金如何处置，成为司法实践中的焦点、难点问题之一。

当前，对于此类问题，缺乏明确的法律规定，实践中存在不同认识，且做法迥异。笔者认为，要结合在案证据，根据不同类型加以区别处置。根据《刑法》第 64 条规定："犯罪分子违法所得的一切财物，应当予以追缴或者责令退赔；对被害人的合法财产，应当及时返还；违禁品和供犯罪所用的本人财物，应当予以没收。没收的财物和罚金，一律上缴国库，不得挪用和自行处理。"《最高人民法院、最高人民检察院关于办理诈骗刑事案件具体应用法律若干问题的解释》第 9 条规定："案发后查封、扣押、冻结在案的诈骗财物及其孳息，权属明确的，应当发还被害人；权属不明确的，可按被骗款物占查封、扣押、冻结在案的财物及其孳息总额的比例发还被害人，但已获退赔的应予扣除。"因此，对于银行卡内能够具体查明属于被害人的款项，应当判决发还被害人；对于无法查明具体被害人，但根据在案证据，能推定系违法所得的财物，宜判决按比例发还被害人。《办理电信网络诈骗意见》对此亦有规定，涉案银行账户或者涉案第三方支付账户内的款项，对权属明确的被害人的合法财产，应当及时返还。确因客观原因无法查实全部被害人，但有证据证明该账户系用于电信网络诈骗犯罪，且被告人无法说明款项合法来源的，根据《刑法》第 64 条的规

定，应认定为违法所得，予以追缴。至于追缴后是上缴国库还是发还被害人，笔者认为，应发还被害人。理由如下：一是最大化地弥补被害人的财产损失；二是公私权益的保障应优先保护私权益；三是只要有证据证明账户资金属于电信网络诈骗违法所得，即可依据"权属不明确的，可按被骗款物占查封、扣押、冻结在案的财物及其孳息总额的比例发还被害人"的相关规定，将相应财产发还被害人。

关键的问题在于，如何及时对涉案账户资金进行准确甄别，尤其是在资金冻结扩大化的现实困境下，在保障被害人财产权益的同时如何保护犯罪行为人的合法权益，理应成为司法实践关注的重点。根据《公安机关办理刑事案件适用查封、冻结措施有关规定》第3条规定，对于被冻结资金，除依法返还被害人或经查明确实与案件无关解冻外，公安机关一般不得在诉讼程序终结前作出其他处理。理论上，被冻结资金不能返还、解冻时，公安机关应当根据《刑事诉讼法》第245条，将涉案资金随案移送检察院。但公安机关随案移送的前提在于，案件已经侦查终结，并且犯罪事实清楚、证据确实充分。此时公安机关若无法查清涉案账户资金的性质，则将陷入两难境地，既无法随案移送，又不能随意返还。因而，无论是全额冻结还是限额冻结，公安机关都应当依据优势证据证明标准，及时审查冻结资金，决定是否应当全部或部分解冻。①

需要说明的是，银行卡内资金扣押机关应为本案的侦查机关，对于已被其他机关查封、扣押、冻结且未移送的财物及其孳息，不应认定为属于本案查封、扣押、冻结的财物及其孳息，人民法院不能对这些财物及其孳息作出判决。

十八、电信网络诈骗犯罪中虚拟财产如何处置

在电信网络诈骗犯罪案件中，犯罪分子骗取的对象既可能是钱款，又可能涉及虚拟财产，此牵涉对虚拟财产属性的判定，进而关系到罪名的认定以及虚拟财产的处置。

笔者认为，应明确电信网络诈骗犯罪虚拟财产法律适用标准，完善电

---

① 陈如超：《电信网络诈骗涉案资金冻结及其处置》，载《中国刑事法杂志》2023年第2期。

信网络诈骗犯罪虚拟财产处置机制。立法滞后于司法实践导致对诸多共性问题的规制严重不足，存在认定标准不明、核心要义存在歧义、构成要素模糊等一系列问题，严惩电信网络诈骗犯罪行为，需对虚拟财产性质进行合理界定，方可为有效处置奠定基础。

（一）统一虚拟财产的刑法打击尺度

虚拟财产作为一种经济领域发展过程中的新产物，必须正视它的存在、明确它的法律属性、研究它的规制方式，只有这样，才能将之规制在法律轨道之内，从而促进其合法、规范、有序发展。网络虚拟财产兼具虚拟性与现实性，其系虚拟空间中以客观物作为对象虚构出来的财产，但客观上其不是现实财产在虚拟空间的延伸，一旦脱离虚拟空间，其在客观世界中无法作为通用的货币进行交易，不具有独立的属性。本质上，网络虚拟财产存在于网络空间，以电子化、数字化的形式模拟现实，能够满足某类群体的现实需求，并可在群体之间作为电子财物进行买卖。虚拟财产与现实财产之间存在一定的对应关系，如游戏币，其与游戏的性质、适用条件、运营商等密切相关，能够满足用户一定需求。某种程度上，虚拟财产具有财物的特征，是客观真实存在的，只不过其不是以有形物的形态出现，但其仍具有可支配性、转移可行性、管理可能性。虚拟财产对其所有者而言，具有满足其精神及物质需求的一种特性，所有人可以将其放置于存储虚拟财产的账户中，并可与他人进行一定的交换甚至获取利益，具有将其转移的可能。

关于虚拟财产的法律属性，有将虚拟财产分别认定为财产权或信息权。亦有专家认为虚拟财产具有财产权和信息权的双重属性。对于诈骗虚拟财产，学界存在诈骗罪、盗窃罪、非法获取计算机信息系统数据罪、侵犯通信自由罪等不同观点。有学者认为，考虑虚拟财产的本质属性是财产价值，因而按照财产犯罪定性更为妥当。[①] 而且中国人民银行目前推行的数字人民币，就是以区块链数据为载体存在的，若仅仅将其认定为数据，则只能认定为非法获取计算机信息系统数据罪，鉴于数字人民币是国家发行的法定货币，其本质上侵害的客体是财产权，若诈骗虚拟财产或盗窃虚

[①] 陈兴良：《网络犯罪的刑法应对》，载《中国法律评论》2020 年第 1 期。

拟财产，不以诈骗罪或盗窃罪惩处将会导致刑法惩处丧失正当性和合理性。笔者认为，侵犯虚拟财产，应区别对待：一般情况下，应认定为非法获取计算机信息系统数据罪。从虚拟财产的法律属性来说，我国法律缺乏对虚拟财产是否具有财产价值的明确规定，鉴于虚拟财产不具有稀缺性，无法在自由市场交易，导致其缺乏实现价值和使用价值的统一，也就无法成为诈骗罪、盗窃罪的犯罪对象。考虑当前虚拟财产的财产属性未达成共识，但虚拟财产的数据存在形式是可以确定的，将非法获取虚拟财产的行为认定为计算机类犯罪具有合理性。

但特殊情况下，若虚拟财产的财产价值能够确定，可作为商品自由买卖，则诈骗或盗窃虚拟财产侵犯的是公私财产权益；若虚拟财产不具有价值属性，鉴于行为人需通过侵入计算机信息系统的方式来实现窃取虚拟财产的目的，其入侵行为已经对计算机管理系统造成侵害，扰乱了公共秩序，且虚拟财产从本质上来说，是电磁记录，属于电子数据的一种，亦属于计算机信息系统数据中的一类，故侵犯的是计算机信息系统的管理秩序。

从罪责刑相适应原则的角度来说，由于虚拟财产不具有价值属性，在网络世界里，其价值可能高达数百万元、数千万元，但网络世界的价值无法与现实世界对应，且虚拟财产可以无限产出，具有无限性，即使受害人损失再多的虚拟财产，对社会及他人而言，危害程度也相对有限。若依照诈骗罪或盗窃罪对其判处十年以上的有期徒刑或无期徒刑，与其行为性质、危害后果、社会危害性等不相匹配，若认定为非法获取计算机信息系统数据罪，则既可对犯罪行为予以惩治，又可保持刑法惩治的谦抑性。从与世界接轨的角度来说，网络具有即时性、虚拟性、流动性、跨国境性，网络犯罪问题已经成为世界各国面临的共同课题，对诈骗、盗窃虚拟财产，各国在惩处过程中具有一致性和相似性，《联合国打击网络犯罪公约》作为当前国际社会唯一的打击网络犯罪且生效的法律文件，规定对于妨害计算机信息系统、数据的完整性、机密性和可利用性的犯罪要予以刑法惩处，无论是直接侵犯计算机信息系统获取数据，还是在传输过程拦截、获取数据，均应认定为计算机犯罪，但没有要求缔约国将之认定为诈骗罪、盗窃罪。比如，德国将盗窃虚拟财产的行为认定为获取数据，而没有认定为盗窃罪。

(二) 拓展虚拟财产的处置模式

当前，虚拟财产之间的买卖、交易是客观存在的，并具有一定的普遍性，如游戏装备作为实践中的常见形态，一些大型游戏公司推出的游戏装备成为游戏爱好者交易的重要内容，游戏玩家对此类"武器""宝贝""服装"等视若珍宝，不但能在不同群体之间自由交易，而且可与公司之间进行交易，甚至某些公司会对游戏装备进行回收，实现了现实货币与虚拟财产之间的交易。

在电信网络诈骗犯罪活动中，某些犯罪分子骗取被害人的虚拟财产，若认为虚拟财产不具有财产属性，则该行为可能不构成犯罪，但被害人为了此虚拟财产花费了大量的财产，遭受了实际经济损失，如何有效地保障被害人权益成为难题。笔者认为，不能将诈骗、盗窃虚拟财产的行为均认定为非法获取计算机信息系统数据罪，毕竟，此类行为中，犯罪分子的目的不是扰乱公共秩序，而是侵占他人的财产权益，是要实现对虚拟财产的变现价值，将私权益认定为公权益来加以保障，一方面不利于充分地保障被害人的个人利益，另一方面也不利于被害人参与诉讼、维护自己的权益。

因此，要有条件地承认虚拟财产的财产性质，从而为计算机犯罪罪名无法覆盖的特定情形提供刑法保护。首先，虚拟财产应在网络及现实空间具有交易的可能性，具有财产属性。虚拟财产可否在市场（或网络市场）自由交易，决定着其是否具有财产属性。特殊情况下，某些虚拟财产在一定群体当中可以买卖，且其价值与现实价值具有对应性，并得到特定群体的认可，甚至有相关机构对其进行监管、评估，故虚拟财产若可与现实货币相互转化，具有一定的映射性，则可作为财产属性的价值物来认定。其次，虚拟财产应与货币在某种程度上具有可转换性。虚拟财产对于其所有者或使用者而言，就是一种权利凭证，其可以依赖此虚拟财产从事一定的行为、享有一定的权限，兼具物权及债权的属性。某种意义上，虚拟财产类似于代表一定财产属性的有价证券，对外起到债权债务关系的明示，对内系其权限行使的依据。最后，其价值可以量化。商品是为了出售而生产的具有一定使用价值的劳动产品，是用于交换且能满足某种需求的劳动产品，系价值和使用价值的统一体。虚拟财产可否被量化，将直接决定着其能否走入市场。作为交易的媒介物，若能够建立一定规范、设定统一的评价体系，则可以实现虚拟财产的买卖、交易、流通，诈骗虚拟财产则就侵犯他人的财产权益，可认定为诈骗罪。

笔者认为，虚拟财产价值的认定，可结合不同类型、不同适用空间、不同交易范围、不同设计公司或交易平台，而采用不同的定价方式。第一类是游戏公司或网络服务商设计的价格相对稳定的虚拟财产，如游戏装备、游戏币等，其销售及回收的价格相对稳定，对之可按照诈骗行为发生时的销售价格来认定其实际价值；第二类是被害人在其购买来自网络服务商或第三人的虚拟财产基础之上，对其添加诸多附加值，如对游戏装备进行升级或通过不断游戏等增加装备的价值等，对之应依照诈骗行为发生之时新装备的市场价格来加以认定。第三类是虚拟货币，相关司法案例对骗取他人虚拟货币的定性及涉案财产处置的裁判规则进行总结，形成如下裁判要旨可供参考：虚拟货币虽不能在市场上以货币的形式流通，但客观上具有价值，且可控制、可交易，符合财物的一般特征，应当认定为刑法意义上的财物，纳入侵犯财产类犯罪的保护对象。犯罪数额可按被告人销赃数额或者被害人合法取得虚拟货币的成本认定，对被害人的损失，可判处原物返还，或按被害人合法取得的成本退赔。同时，虚拟货币又是以特定形式表现的计算机信息系统数据，利用侵犯计算机信息系统等技术手段骗取他人虚拟货币的行为，可同时构成诈骗罪和非法获取计算机信息系统数据罪，应从一重罪论处。[①]

十九、未被追究刑事责任之电信网络诈骗涉案人员的退赔责任

通过对典型电信网络诈骗犯罪案件进行研究分析，发现未被追究刑事责任之电信网络诈骗犯罪涉案人员的退赔存在以下突出问题：一是退赔主体尚不明确。相对于定罪量刑，被害人更为关注的是被诈骗的损失能否挽回，除了电信网络诈骗犯罪的首要分子、主犯获取巨额利益之外，实施具体诈骗行为的业务员、财务人员以及技术人员、后勤人员、行政人员通过

[①] 参见浙江省杭州市中级人民法院（2022）浙01刑终123号刑事判决书。蒋科宇、蒋璐如：《骗取他人虚拟货币的定性及涉案财产处置》，载《人民司法》2023年第11期。

提成、奖金等也获取大量的违法所得。但由于电信网络诈骗犯罪人员众多，被追诉的人员仅仅是其中的部分人员，囿于证据收集的难度以及刑法的谦抑性，导致部分犯罪分子未被追究刑事责任。但此类人员是否应承担退赔责任以及如何承担，缺乏明确的法律规定。二是退赔范围不清。电信网络诈骗之涉案财产状况混乱，诈骗资金去向不明，不仅存在投资行为，还存在债转股、电子返现等行为，涉案财产具体形态既包括现金、工厂、债权，又包括股权、土地使用权等，且诈骗款经过多次流转、转化、混同等，部分款项进入作为中间人的第三方，如公司、个人甚至银行工作人员账户，此部分款项可否认定为涉案财产予以追缴，实践中争议较大。三是追缴机关不明。追缴作为《刑法》第 64 条规定的处置方式之一，对于追索犯罪分子财物、保障被害人权益具有重要意义，但实践中，各机关职能划分不清，分别依照部门法，对追缴规定的实施细则较为混乱、模糊，缺乏对拒不履行退缴义务主体的惩戒措施，导致涉案财产处置主体多元、追缴困难。四是退赔金额难以确定。鉴于电信网络诈骗通常以犯罪团伙或犯罪集团的形式来实施，涉及的被害人往往人数众多，少则数十人，多则成千上万，且分布全国各地，案发后，被害人查找难、金额确定难、退赔责任区别难。

对此，应对涉案人员的退赔机制进行体系化建构：

其一，明确追缴机关及其职责。我国立法缺乏对不负刑事责任的业务员的追缴机关及业务员不退缴的法律后果，对此，笔者认为追缴机关应限定为司法机关：首先，司法机关是电信网络诈骗犯罪行为之证据的收集者、犯罪嫌疑人的追捕者、具体案件的起诉者以及案件审理的最终裁判者。若限定为单一司法机关，会引发诸多问题，导致放纵对此问题的侦查、追缴、退赔。其次，需要明确最终处置及判处退赔责任的主体机关为法院。如果允许其他单位有权退赔，有可能导致有权机关将涉案财产对部分被害人分配，或仅要求部分行为人退赔，导致涉案财产处置不公正，难以充分保障被害人权益的平等实现。最后，为了增强追赃效果，应明确不同诉讼阶段不积极退缴的法律责任，对于未被起诉到法院的业务员、财务人员、行政人员、后勤人员以及获益的第三方，在侦查阶段如果不积极退缴，则可以对其立案侦查；在审查起诉阶段如果不予以退缴，则应撤销不起诉决定、提起公诉，本应予以取保候审的行为人则应变更强制措施、予以逮捕；在审判阶段，如果不予以退缴，则不能宣告缓刑，且不予以从宽处理。

其二，明确退赔责任主体、范围。被告人作为电信网络诈骗犯罪案件承担刑事责任、民事责任、退缴义务的主体，对其犯罪行为造成的损失负责是罪责自负原则及贯彻惩治犯罪、保障人权之刑事诉讼法精神的应有之义。但除了被告人之外，是否还有其他主体需要承担退缴义务？实践中，从事电信网络诈骗犯罪行为的人员既包括法人、总裁、董事长等实际控制人，又包括部门经理、总监及具体业务员，但刑事案件中，基于刑法谦抑性，受到惩治的一般是业务经理以上的中高层职员，从事具体业务的业务员，除了主观恶性极深、涉案金额巨大、社会危害极为严重的个别业务员可能作为被告人加以惩治之外，其他人员一般不会被起诉到法院。然而实践中从事电信网络诈骗业务的业务员作为犯罪行为的具体实施者，直接关系到涉案金额大小及被害人的数量，其通过诱骗被害人而获取巨额工资、奖金和提成；而财务人员对公司的运营模式、经营范围、资金来源去向知之甚深，对犯罪本质心知肚明，仍为犯罪行为推波助澜，有收益却无须对其行为承担责任严重违背罪责刑相适应原则，并导致众多涉案财产无法被追缴。对此，笔者认为，退赔责任主体除了被告人之外，还包括从事电信网络诈骗犯罪行为的业务员、财务人员、行政人员、后勤人员以及获益的第三方。因为从法律的指引作用、预测作用来看，法律可以通过对人们行为的规范发挥影响，在人们心中形成评价行为对错的标准和尺度，引导人们今后的行为。刑法作为国家重要的部门法，除了打击犯罪外，还担负着教育和指引人们行为的重要责任。所以将退赔主体限定为被告人将会引领不正当的社会风气，引导其他行为人效仿，对社会公众产生负面、不良的示范作用，严重损伤司法的公信力和法律的权威。将业务员、财务人员、行政人员、后勤人员纳入退赔主体范围是罪责自负原则的应有结果。行为人需对自己自由意志支配下的行为负责，业务员、财务人员、行政人员、后勤人员直接参与具体犯罪行为，且系犯罪行为的直接获益人，主观恶性极深、危害极大，虽然基于刑法的谦抑性没有对其予以刑事处罚，但并不代表其行为合法、违法所得合法有效。另外，获益的第三方，基于恢复法益侵害的角度，以及"不得从犯罪中获益"的原则，亦应在其获利范围内承担退赔责任。

其三，构建未被起诉的电信网络诈骗之行为主体的退缴钱款的处置机制。首先，电信网络诈骗犯罪案件中，对于未被起诉的业务员所得的提成、工资、分红，若审判阶段尚未追缴到案，或检察机关未将该款项移送到法院的，不能在本案判项中判决予以追缴，只能通过行政、民事途径予以处理。其次，在电信网络诈骗犯罪集团案件中，对于在检察机关已作出不起诉的嫌疑人已退赔的扣押在检察院的违法所得，若检察院将该违法所得移送到法院的，可以在本案判项中将被不起诉人员退缴的违法所得一并作为本案涉案款项发还被害人；若检察院未移送，则由检察院对该款项进行处理。

二十、财产托管制度

随着网络设备的迭代更新、网络技术的飞速发展以及支付结算方式的多元化，电信网络诈骗犯罪团伙、犯罪集团的犯罪手段更为隐蔽、犯罪方式更加精细、财产转移更加快捷、上下游协助更加便利，导致证据收集更加困难、财产溯源更加复杂、财产权属更难界分、责任承担更难分配。实践中，电信网络诈骗团伙、犯罪集团经济基础较为雄厚，往往将部分电信网络诈骗犯罪所得投资于相关领域、行业，设立公司、企业等（需要明确的是，此类公司、企业不是为了实施犯罪为主要活动而设立，否则成立的是个人犯罪；此类公司、企业主要活动具有合法性），甚至是当地的重点企业，关系当地重要商品、服务的供应。案发后，如何处置涉案财产成为棘手的难题，若对涉案公司、企业全部予以查封，则可能影响当地经济发展、社会稳定、公众就业。若对此部分财产放任自流，则会导致裁判后关联涉案财产被转移、藏匿、变卖，导致执行不能。为实现惩治犯罪及产权保护的价值平衡，笔者建议，可借鉴域内外先进经验，建立独具中国特色的托管制度，在维持企业正常运营、稳定就业的同时，为涉案财产的处置及财产刑的执行奠定基础，从而最大化地保障各方当事人的财产权益。具体而言，托管制度可从以下几方面构建。

（一）托管方与被托管方

企业托管关系重大，尤其是电信网络诈骗犯罪涉案公司、企业的托管数额特别巨大、法律关系复杂、权属多元，一旦托管不当，极易造成财产的移转、变卖、贬值和肆意处置。故被托管方应限定为具有雄厚经济实力、运营经验丰富且存续一定年限以上、信用良好的企业，最好在相关领域、行业处于前沿地位的公司、企业，如大型国企，若其对涉案企业财产肆意处置，责任主体易于认定、赔偿也更有保障。至于托管方和托管流程，既可由司法机关对涉案公司、企业进行托管，又可通过政府部门选择被托管方，选取过程中，要秉承公开、透明的原则，通过公开招标等形式以有效消除公众质疑。笔者建议，可允许部分被害人、第三人参与其中，与被托管方一起组成托管小组，对公司、企业的运营、发展群策群力、集思广益，既可有效对被托管方的运营、管理进行监督，又可有效加强被托管方与公检法之间的沟通。托管人的任职资格可以参照破产管理人，严格准入制度。

（二）被托管涉案公司、企业范围

并不是所有的电信网络诈骗犯罪涉案公司、企业均可托管，如虽有资金流入电信网络诈骗犯罪组织账户，但相关公司、企业系被迫而为，或者电信网络诈骗犯罪团伙、犯罪集团系该公司、企业设立的股东之一，其获取的经济利益系分红等取得，则对该公司、企业不应一概查控或托管。若可要求该公司、企业退赔诈骗团伙（或诈骗集团）的相应份额，则鉴于公司、企业运营的正当性、合规性，则无须将其查封。只有为电信网络诈骗犯罪团伙、犯罪集团提供较大数额资金，与电信网络诈骗具有较为紧密的关联性、涉及种类繁多、权属多元的涉案财产处置，才具备托管的条件。若公司、企业财产部分属于电信网络诈骗犯罪涉案财产，部分属于其他所有权人所有，且在其他所有权人的经营、管理之下，能够保持正常的运营、发展，且能够将电信网络诈骗犯罪涉案财产剥离、退赔，对此，则无须托管。

（三）被托管方的权利、义务、责任

被托管方在托管过程中，基于有利于企业发展的原则，可对公司、企业管理人员、组织架构进行改组，并可依照现代企业管理制度对其业务情况进行调整、完善，有权自主决定公司、企业的发展方向、经营范围、交易对象、管理人员，但需要严格依照公司权限行使职权，不能损害公司权益，不得肆意决定公司、企业的设立、破产、分立、兼并、重组等，政府监管部门、司法机关要加强监管，对于滥用职权、利用职务之便谋取个人私利、损害公司权益的行为要追究其法律责任。另外，被害人、第三人也可对被托管方的行为进行监督。

（四）处置涉案财产的步骤、程序

对涉案公司、企业进行实体处置，在超过规定数额或超越现行规定条件情况下，需经过托管方的同意，方可施行。具体步骤如下：首先，需要对拟处置的财产名称、数量、金额、方式、原因等详细列明，上报托管方；其次，托管方根据具体情况区别对待，如果系处置有效期届满的汇票、支票、本票等，且不涉及损害国家利益、被害人利益及影响诉讼行为，则托管方同意后即可处置；如果不利于企业发展及财产的保值增值，则不允许处置。

二十一、"综合认定法"在电信网络诈骗犯罪案件中的准确适用

电信网络诈骗犯罪案件中，诈骗资金数额是判断犯罪嫌疑人、被告人罪与非罪、罪轻罪重的关键考量因素之一。在传统印证证明规则模式下，司法机关对诈骗资金数额的确定存在过度依赖犯罪嫌疑人、被告人供述和辩解，证人证言，被害人陈述等言词类证据的特点。当下电信网络诈骗犯罪在互联网技术的推波助澜下越来越猖獗，其所表现出的非接触性、隐蔽性、被害人不特定性、涉案区域广泛性、犯罪组织集团性以及犯罪手段技术性等不同于传统诈骗犯罪的特性，使此类犯罪案件中被害人陈述及交易明细记录更加难以调取，如何认定诈骗资金数额成为实践中的难题。

《最高人民法院、最高人民检察院、公安部关于办理信息网络犯罪案件适用刑事诉讼程序若干问题的意见》《办理电信网络诈骗意见》针对特殊情况下的诈骗资金数额等，提出了结合银行账户交易记录、通话记录、电子数据等综合认定的方法，实务界称之为"综合认定法"，但涉及"综合认定法"的规定较为概括、模糊，导致各地法院裁判结果相差较大，亟须统一裁判尺度及适用标准。

（一）电信网络诈骗犯罪案件诈骗资金数额认定之困境

电信网络诈骗并非严格意义上的规范罪名，电信网络诈骗概念最早在2016年3月9日最高人民法院公布九起电信网络诈骗犯罪典型案例中有所体现。随后，伴随着党中央、国务院对电信网络诈骗犯罪行为打击力度的逐步加大，《办理电信网络诈骗意见》《办理电信网络诈骗意见（二）》《反电信网络诈骗法》等规范性文件和专门法律相继出台，对电信网络诈骗的内涵、外延有所涉及，如依照《反电信网络诈骗法》第2条的规定，电信网络诈骗，是指以非法占有为目的，利用电信网络技术手段，通过远程、非接触等方式，诈骗公私财物的行为。

电信网络诈骗具有技术性、远程性、非接触性、不特定性等特征，通常以犯罪团伙或犯罪集团的形式来实施，涉及的被害人往往人数众多，少则数十人，多则成千上万，且分布全国各地，其人机分离、人物分离的犯罪特点，导致事实认定难、被害人查找难、证据收集难、金额确定难、财产查控难、退赔责任区别难。电信网络诈骗犯罪的特殊样态给诈骗资金数额的认定带来了极大的冲击，主要体现在：

一是电信网络诈骗对象的不特定性，导致相关证据数量巨大。"数量"情节认定是关涉定罪量刑的难题，电信网络诈骗犯罪波及被害人众多，与被害人有关的"数量"情节相较其他非涉众型犯罪更为复杂。电信网络本身具有聚合效应，使网络犯罪中与定罪量刑相关的"数量"情节规模庞大，且难以查清。[1] 在惩治电信网络诈骗犯罪的案件办理工作中，基于现有的诉讼证明模式和证明理念，最大的证明难点之一是分散且人数众多的被害人陈述难以获取，因此，无法依照传统的印证证明模式对犯罪数额查证属实，形成被害人陈述—被告人供述—转账记录、银行流水等一系列证据链条，导致定罪量刑困难。[2]

二是电信网络诈骗犯罪的技术性特点，导致案件中电子证据多，提取困难，易被篡改。电信网络技术的飞速发展以及移动支付终端的普及应

---

① 参见刘品新：《网络犯罪证明简化论》，载《中国刑事法杂志》2017年第6期。

② 参见何邦武：《小额多笔网络电信售假和诈骗犯罪取证问题研究》，载《政治与法律》2016年第8期。

用，为电信网络诈骗犯罪的开展提供了技术可能。犯罪分子通过架设GOIP①、VOIP 等通讯设备，将境外电话号码显示为国内通讯号码，编制各种诈骗事由，利用网络平台、手机、电脑等移动终端以及微信、支付宝、第三方支付平台、第四方支付平台等支付终端，骗取被害人钱财。犯罪分子实施犯罪过程中，地址、电话号码、身份信息均可能是虚假的，再加上网络空间的虚拟性，导致犯罪过程极难留下犯罪痕迹，且电子证据极易被破坏、销毁、藏匿等，导致此类案件的侦查取证面临诸多困难。

三是电信网络诈骗犯罪的非接触性和远程性，导致案件直接证据少，间接证据多。电信网络诈骗犯罪的远程性、跨区域性越来越明显，甚至跨境犯罪层出不穷，犯罪分子通过远程操作网络平台实施诈骗行为，从行为谋划、沟通交流、资金转移、取现藏匿等方面分工明确，人员之间无须接触，犯罪分子与被害人之间存在时空隔离。电信网络诈骗的非接触性，意味着被害人不能指认具体的诈骗行为人，被害人陈述中本可确定的具体任务、要素、行为，在电信网络诈骗犯罪案件中部分缺失，且由于电信网络诈骗犯罪的虚拟性、非接触性，被害人陈述的证明力不如传统诈骗案件被害人。尤其是跨境电信网络诈骗犯罪，侦查机关跨境协助程序烦琐，且各国法律体制未必相同，就算最终查获到诈骗窝点，此期间诈骗团伙或犯罪集团也有充足时间转移赃款、销毁证据、逃匿等。

四是银行账户所涉资金来源复杂，导致权属界分难、退赔责任认定难。电信网络诈骗犯罪团伙或犯罪集团成员众多，通常包括数以百计的成员，包括不同层级、不同阶段参与的行为人，各阶段、各环节行为人，呈链式态势参与其中，有提供犯罪工具的，如卡农、卡商、卡头，有提供技术支持的，有提供互联网平台的，有提供犯罪场所的，还有提供后勤服务的。尤其是实行犯与上下游关联犯罪行为人的配合更为紧密，不同环节、不同阶段的行为人责任明确且高度分离，涉案款项移转及取现具有复杂性、快捷性，再加上涉案账户可能涉及不同法律关系的资金往来，如何合理确定涉案资金数额困难重重。在非法吸收公众存款罪、集资诈骗罪等涉众型经济犯罪中，尚有形式上具有公司企业外观和结构的境内单位，有相对完整的银行账户信息、投资人报案信息等供审计公司制作审计报告。而

---

① GOIP 是一种虚拟拨号设备，是诈骗分子使用的一种新型诈骗工具。

跨境电信网络诈骗犯罪行为人多在境外，且没有合法的公司企业外观和管理结构，一旦有风吹草动，证据即被销毁一空，导致证据收集难度极大。

基于上述情况，若缺乏针对电信网络诈骗犯罪的科学证明模式，在司法实践中可能会导致"两极化"结果：一方面是坚持传统的印证证明模式，基于被害人陈述和被告人供述认定犯罪数额，要求每一笔诈骗数额都能有被害人陈述—被告人供述—转账记录、银行流水的证据链条，以印证理念下能够查证属实的诈骗数额作为定罪量刑的标准，导致认定电信网络诈骗数额偏小；[①] 另一方面是基于严厉打击电信网络诈骗犯罪的需要，在案件具体审理中，即使缺少印证证明条件，法官亦根据自由心证作出有罪判决。此情形下，由于缺少体系化规制模式来约束此类超自由心证，[②] 可能出现刑事推定过度，难以排除合理怀疑风险。

（二）"综合认定法"在电信网络诈骗犯罪案件数额认定中的适用思路

电信网络诈骗犯罪所涉法律事实中关涉行为手段、犯罪对象、危害后果等方面的证据呈海量化、堆积化的趋势，且被害人分散各地难以确认，导致依照传统印证的证明方法来认定诈骗资金数额难以实现。"综合认定法"作为区别于传统印证模式的事实认定方法，是从理论层面对实践经验的一种概括及抽象总结，更加注重证据分析、证明方向的同一指向性以及证据之间的细节性、关联性，在挖掘证据潜在价值的基础上，综合认定犯罪事实。有学者指出，"综合认定"不再苛求某类证据在数量上的充分性以及高度的印证性，转而要求证据分析更重视指向的统一性和印证的"概括性"。[③] 但"综合认定法"的适用，亦需满足特定条件，依照法定条件、标准及证据体系加以运用：

1. 基本原则：坚持法定证明标准

"综合认定法"不追求证据之间的高度印证性，其更为重视证据之间证明对象的同一性、印证的概括性以及证据本身的细节性，充分挖掘既有

---

① 参见喻海松：《网络犯罪二十讲》，法律出版社 2018 年版，第 424 页。
② 参见何邦武：《"综合认定"的应然解读与实践进路》，载《河北法学》2019 年第 8 期。
③ 参见张平寿：《网络犯罪计量对象海量化的刑事规制》，载《政治与法律》2020 年第 1 期。

证据的潜在价值，利用逻辑思维和经验法则，全面审查在案证据的证明力以及证据的可采性。但是运用"综合认定法"审理电信网络诈骗犯罪案件时，仍应坚持法定证明标准。刑事诉讼中"犯罪事实清楚、证据确实充分"的证明标准要求将与定罪量刑相关的案件事实查清查实，并达到排除合理怀疑的程度。在电信网络诈骗犯罪案件的办理中，犯罪数额作为重要的案件事实，对确定犯罪嫌疑人、被告人罪与非罪、罪轻罪重产生着直接影响，对其确定不应成为刑事诉讼法定证明标准适用的例外，严厉打击电信网络诈骗犯罪的政策导向亦不应成为相关案件事实尚未查清就定案的充分条件。法官依然应在审查在案证据全面性与一致性的基础上，排除案件中的矛盾与合理怀疑，最终认定案件事实。需要说明的是，"综合认定法"本质上仍是一种证据分析方法和事实认定方法，其追求的是证据与事实之间的整体印证和综合印证，此模式下，由于被害人陈述缺失以及被告人对涉案金额的供述具有片面性、概括性，依据此类言词证据及与此相关的物证、书证、电子证据等直接证据证实犯罪事实的模式失效，从而要求发挥间接证据的补助效用，此与普通刑事案件所呈现的主要证据与待证事实之间存在直接印证不同。

2. 采用前提：印证证明模式适用存在困难

电信网络诈骗犯罪案件，被害人人数众多且分散各地、电子数据海量化、交易记录次数多、数额大、来源广、去向杂，导致侦查机关收集困难，尤其是要求其对跨区域的被害人逐一核查、获取陈述，既不客观，又不现实。"综合认定法"的适用需满足一定的前提要件，即要求确因被害人人数众多等客观条件限制，无法逐一收集被害人陈述的，法院可以依照收集在案的银行账户交易明细、通话记录、电子数据等来综合认定犯罪事实，对其运用具有后置性特点。若结合直接证据等通过印证模式加以证实，则无须采纳综合认定证明模式。实践中，电信网络诈骗犯罪案件依托的证据材料来源单一、被害人难以查证且分散各地，囿于诈骗数额、报案成本、违法成本等各种因素考量，部分被害人不愿报案、不愿出庭、不愿提供相关信息，对案件事实的还原及证实存在不确定性。若严格依照传统的印证模式，则诸多电信网络诈骗犯罪案件将难以办理。此种情形下，通过挖掘间接证据及证据细节的证明力，来综合认定案件事实是应势之举。

3. 证明体系：采纳多元的间接证据体系

"综合认定法"需要充分运用多元的间接证据，共同构建确实、充分的证据体系。对间接证据的运用，主要系通过一组间接证据形成证据链的方式来证明案件主要事实（单个间接证据仅可就案件的非主要事实进行证明），与直接证据使用的不同在于，间接证据的证明是多因一果，而直接证据则是单因一果（单称因果判断）。[①] 间接证据与案件事实之间存在一定的隔离，需要依赖其他证据的佐证或相互关联，共同指向同一待证事实，且能排除合理怀疑的，方可与主要事实之间形成具有证明力的证据链条。采用"综合认定法"并非要降低证明标准，而是有别于传统相互印证的证明模式，通过电子数据承载的海量信息之间的相互印证，并结合物证、书证、证人证言等综合加以认定。此种证明方式更加注重细节性信息的分析、审查和认定，并依赖证据链的共同指向来对犯罪事实加以认定。因此，在认定电信网络诈骗犯罪的诈骗资金数额时，应秉持更加多元的证据体系，通过补强间接证据，来增强因缺少被害人陈述而带来的证据链薄弱难题。单个间接证据的证明力有限，但综合全案间接证据产生的证明力具有累积效用和综合证明效用，能够与其他证据相互佐证，依赖逻辑思维和经验法则，有效排除证据体系中的冲突及矛盾，从而将证据证实对象指向同一事实。具体到个案中，要善于利用犯罪组织的提成规则、薪资表、提成表、银行流水、账户交易记录、通话记录等证据材料，并结合相关证人证言、被害人陈述、被告人供述等言词证据，综合认定诈骗资金数额。

需要说明的是，作为推定前提的基础事实必须保持其客观性、真实性，对此要有效运用物证、书证等客观性较强的证据，防止基础事实认定错误，从而影响推定事实的准确性。通过间接证据加以证明时，要依赖不同证据之间的关联性，从细节层面加以贯通。

4. 证明法则：运用逻辑思维、经验法则构筑盖然性法律事实

刑事诉讼中基于证据认定的是规范事实，是在客观事实基础上，用证据体系、证据规则、证据标准共同达到的最接近客观事实的规范事实，客观事实本身无法真正还原。因此，就证明本质属性而言，或然性（盖然

[①]　参见何邦武：《"综合认定"的应然解读与实践进路》，载《河北法学》2019 年第 8 期。

性）应是其本质属性。[①] 无论是印证证明模式，还是综合认定模式，都是通过证据体系、证据规则、证据标准限制和规范自由心证，构筑盖然性法律事实。印证证明模式强调"证据间相互印证为真"，"综合认定法"更加强调科学法则及其他经验法则。[②] "综合认定法"本质上是运用生活常识、科学经验、司法经验进行刑事推定，运用多元证据体系进行证明的认定方法，其并没有降低法定证明标准，而是提供了印证证明方式之外另一条达到排除合理怀疑的途径。无论是印证证明模式，还是综合认定模式，本质上都有概率堆叠的属性，构建基于证据的法律事实，尽可能接近真相，得到排除合理怀疑的最佳结论。

5. 类型设置：刑事推定在"综合认定法"中的类型化设置

"综合认定法"涵盖间接证据、生活常识、科学经验、司法经验等，通过刑事推定得出具有盖然性的法律事实。对此，要严格规范推定类型，限制其中恣意因素，以便得出的结论更具准确性、合理性。刑事推定类型具体包括以下几类：

第一类反推认定法。2016 年 12 月 19 日发布的《办理电信网络诈骗意见》第 6 条规定："办理电信网络诈骗案件，确因被害人人数众多等客观条件的限制，无法逐一收集被害人陈述的，可以结合已收集的被害人陈述，以及经查证属实的银行账户交易记录、第三方支付结算账户交易记录、通话记录、电子数据等证据，综合认定被害人人数及诈骗资金数额等犯罪事实。"该规定中运用的方法可以称之为反推认定，即由于被害人不愿意报案、被害人陈述缺失等原因，以被害人为起点的"正向"证据链条无法形成，则以犯罪嫌疑人、被告人处的证据为起点，如提成规则、薪资表、提成表、银行流水、账户交易记录、通话记录，综合反推诈骗集团的诈骗数额、被害人的总体损失数额。

第二类抽样认定法。2021 年 1 月 22 日印发的《人民检察院办理网络犯罪案件规定》第 22 条规定，若同类证据材料数量众多，在证明其是否有同样性质、特征或者功能时，因客观条件限制不能全部验证的，可以抽

---

① 参见罗纳德·J·艾伦、王进喜、杜国栋、梁良：《论司法证明的性质》，载《证据科学》2011 年第 6 期。

② 参见张迪：《网络犯罪综合认定模式检讨》，载《法学家》2023 年第 5 期。

样验证。2022 年 8 月 26 日，最高人民法院、最高人民检察院、公安部联合发布的《关于办理信息网络犯罪案件适用刑事诉讼程序若干问题的意见》第 20 条明确，司法人员可将抽样取证结果作为认定事实的材料，并进一步规范了相应的审查方式。

第三类概括认定法。基于证据、司法经验，对于认为主要是接收、流转涉案资金的账户，可以概括推定该账户接收的资金数额是犯罪数额。最高人民法院、最高人民检察院、公安部联合发布的《关于办理信息网络犯罪案件适用刑事诉讼程序若干问题的意见》第 21 条规定："对于涉案人数特别众多的信息网络犯罪案件，确因客观条件限制无法收集证据逐一证明、逐人核实涉案账户的资金来源，但根据银行账户、非银行支付账户等交易记录和其他证据材料，足以认定有关账户主要用于接收、流转涉案资金的，可以按照该账户接收的资金数额认定犯罪数额，但犯罪嫌疑人、被告人能够作出合理说明的除外。案外人提出异议的，应当依法审查。"此规定提出的认定方法，即为概括认定法。

6. 程序保障："综合认定法"适用时应充分保障被告人的诉讼权益

"综合认定法"运用经验法则、科学法则、司法经验等，在综合间接证据的基础上，作出合乎逻辑、符合经验法则及逻辑思维的盖然性结论。因此，"综合认定法"的运用其实包括经验法则、科学法则、司法经验等规律本身的证成以及运用经验法则推理的可靠性证成。首先要证明经验法则本身是否可靠，其次要证明通过该经验法则结合间接证据认定案件事实是否可靠。尤其是对于某些复杂的经验法则的正确运用，需要借助控辩双方对这两种情况进行动态的论辩方可实现。[1] 比如，在法官运用"综合认定法"中的概括推定时，应当引导控辩双方就"有关账户主要用于接收、流转涉案资金的"这一事实进行辩论，特别是针对其背后的经验法则进行论证，不能简单、粗暴地根据直觉运用许可性推定。在庭审中，可强化合议庭成员对经验法则可靠性的检验，并加强控辩双方就间接证据的当庭质证，充分保障被告人提出反证的权利，如果被告人对刑事推定提出有依据、有线索的反证时，可视为刑事推定成立存疑，应当要求公诉机关进一步补强有关证据。

---

[1]　参见张迪：《刑事证明中经验法则的精密运用》，载《法制与社会发展》2022 年第 5 期。

第四章　电信网络诈骗刑民责任衔接问题

一、电信网络诈骗及关联犯罪刑民责任衔接

实践中,电信网络诈骗犯罪分子得手后往往在极短时间内就将资金转移至境外,追回难度极大,这对电信网络诈骗犯罪案件的办理提出了更高的要求。因此,针对电信网络诈骗,除了要及时侦破并惩治违法犯罪外,更重要的是如何通过刑事诉讼中的追赃挽损机制追回被骗资金。而在被骗资金无法追回的情况下,如何通过民事诉讼填补电信网络诈骗受害人的经济损失,也是应当高度关注的问题。

电信网络诈骗及关联犯罪行为人员刑民责任衔接的主要问题在于,相关犯罪人员应否以及在多大范围内对电信网络诈骗被害人所遭受的财产损失承担赔偿责任,若应承担赔偿责任,是应通过刑事附带民事诉讼程序还是可以单独提起普通民事诉讼,二者先后关系如何。司法实践中,已经出现了在刑事案件尚未审结的情况下,原告依据《民法典》第 1168 条与《反电信网络诈骗法》第 46 条第 1 款的规定,要求为诈骗分子提供银行卡协助转移资金的行为人(即"卡农")、运营商承担民事赔偿责任的案件。该案件中,一审法院驳回了原告的诉讼请求,而二审法院则裁定驳回起诉。① 可见实践对于电信网络诈骗犯罪刑民责任处理问题仍存在较大分歧。

---

① 广东省佛山市顺德区人民法院(2021)粤 0606 民初 36040 号民事判决书,详见附件案例。

（一）电信网络诈骗犯罪中的刑事追赃挽损机制

对于刑事案件中被害人所遭受的财产损失，《刑法》规定了两种不同的处置规则：其一是《刑法》第64条关于追缴犯罪所得的规定，该条属于刑法涉案财物处置机制的组成部分，要求追缴犯罪分子的违法所得，被害人的合法财产应当及时返还；其二是《刑法》第36条有关赔偿被害人经济损失的规定。但二者在法律性质以及赔偿范围上均存在差异。

《刑法》第64条规定："犯罪分子违法所得的一切财物，应当予以追缴或责令退赔；对被害人的合法财产，应当及时返还。"刑法理论上通常将本条规定称为刑事特别没收制度，这是一种与民法上的不当得利制度类似的衡平机制，其目的在于剥夺犯罪人通过犯罪所获得的收益，其立法理念是"任何人都不得从犯罪中获益"。以此条规定为依据的退赃退赔本应以犯罪人的犯罪所得为限，但在电信网络诈骗犯罪案件中，直接实施诈骗行为之犯罪分子的违法所得往往流向境外难以追回，而与其违法所得直接来源于被害人损失不同，关联犯罪被告人的违法所得往往是诈骗分子预先支出的犯罪成本。因违法所得来源不同，使司法实践中不少法院在关联犯罪的违法所得方面采取了不同的处置态度。比如，有的法院在帮助信息网络犯罪活动罪案件中判决没收被告人违法所得并上缴国库，也有不少法院判决将帮助信息网络犯罪活动罪等关联犯罪被告人的违法所得发还给被害人。

另外，实践中还存在一种情况，帮助信息网络犯罪活动罪等关联犯罪被告人为了获得从宽量刑，主动在违法所得之外赔偿被害人经济损失。有的观点认为，该部分款项不属于《刑法》第64条"犯罪分子违法所得的财物"，法院缺乏接收和处置的依据，只能由被告人自行与众多被害人协商。但是，也有不少法院接收了上述款项，并依据《刑法》第64条的规定判决将违法所得上缴国库，超出违法所得部分的款项退赔给各被害人，或者判决将被告人所有违法所得及自愿退赔款项一并发还给各被害人。这反映出司法实践对于电信网络诈骗关联犯罪中违法所得的性质以及追缴、责令退赔相关条款的理解存在较大争议。另外，帮助信息网络犯罪活动罪等关联犯罪被告人所获得的收益，通常是诈骗行为人或其他犯罪链条上一环节行为人支付的"酬金"，其违法所得与被害人的巨额损失数额相比，往往不成比例，难以填补被害人损失。

除了通过剥夺违法所得返还被害人之外，《刑法》还在第36条规定："由于犯罪行为而使被害人遭受经济损失的……应根据情况判处赔偿经济损失。"《刑事诉讼法》第101条也规定："被害人由于被告人的犯罪行为而遭受物质损失的，在刑事诉讼过程中，有权提起附带民事诉讼。"司法实践中，电信网络诈骗团伙大量位于境外，实际抓捕到案程序较为烦琐，所需时间难以预估，因此，许多被害人将司法挽损目光转向位于境内的"两卡"人员、电信企业、银行等关联主体，而要基于这一规定追究关联犯罪行为人对电信网络诈骗被害人的赔偿责任，在法律适用方面存在一定障碍。

电信网络诈骗犯罪案件的被害人并非当然上下游关联犯罪的被害人。刑法意义上的被害人范围较为狭窄，原则上取决于对罪名保护法益的理解。例如，在财产犯罪领域中，财产犯罪的保护法益是否包括占有，关系到财产的占有人能否成为被害人进而适用司法解释的规则。而电信网络诈骗犯罪案件的常见关联犯罪罪名，如《刑法》第287条之二帮助信息网络犯罪活动罪，第312条掩饰、隐瞒犯罪所得、犯罪所得收益罪在刑法理论中通常被认为是妨害公共秩序、司法秩序等公共法益的罪名。因此，因相关犯罪行为而受到负面影响的个人，严格来说并不是刑法意义上上述罪名的被害人。从刑法结果归责的角度看，这些关联犯罪行为人虽然为电信网络诈骗犯罪的具体实施提供了条件，但其行为与电信网络诈骗犯罪的被害人财产损害之间介入了电信网络诈骗集团或诈骗团伙故意实施的诈骗犯罪行为，电信网络诈骗犯罪被害人的财产损失直接归责于实施电信网络诈骗行为的共同犯罪人，而无法溯及性地归责于其他关联犯罪行为人，因而在一般刑法意义上，电信网络诈骗犯罪被害人并非当然地属于关联犯罪的被害人。

但是，上述法律适用方面的问题并不影响《刑法》第36条适用于电信网络诈骗的关联犯罪行为人，《刑法》第36条规定的是犯罪人对被害人的民事赔偿责任。根据《民法典》第187条民事责任与刑事责任相互独立的规定，本条意义上的被害人不应等同于刑法意义上某一特定罪名的被害人，而应当被理解为遭受普遍意义上侵权行为的被害人，负有退赔义务主体不仅包括责任层面的共犯，还可以涵盖不法层面的共犯。根据《刑法》

及相关司法解释的规定，关联犯罪的成立以正犯结果或结果发生的盖然性作为评价标准，可见关联犯罪并没有完全脱离共犯的从属性，二者在不法层面上已成立共犯，仅因缺失犯罪共同故意，在责任层面不构成共犯，但关联犯罪与损害结果之间的因果关系并没有因此中断。关联犯罪同时属于侵权行为，应当承担相应的民事责任，不因刑事罪名不同而阻碍被害人行使民事索赔权利。[①] 关联犯罪行为人的犯罪行为或是为诈骗行为提供条件，或是为后续的财产转移创造条件，间接引起电信网络诈骗犯罪案件被害人的财产损失或者使得被害人追回损失更加困难，即使根据《刑法》的标准无法将财产损害结果归责于关联犯罪行为人，诈骗行为受害人仍可以基于民事侵权损害赔偿责任的有关规定要求关联犯罪行为人承担赔偿责任。

（二）电信网络诈骗相关民事责任法律依据

《反电信网络诈骗法》第 46 条第 1 款规定，组织、策划、实施、参与电信网络诈骗活动或者为电信网络诈骗活动提供相关帮助的违法犯罪人员，除依法承担刑事责任、行政责任以外，造成他人损害的，依照《民法典》等法律的规定承担民事责任。《办理电信网络诈骗意见》第 3 条中规定："金融机构、网络服务提供者、电信业务经营者等在经营活动中，违反国家有关规定，被电信网络诈骗犯罪分子利用，使他人遭受财产损失的，依法承担相应责任。"上述法律没有明确电信网络诈骗犯罪中帮助信息网络犯罪活动罪人员、电信业务经营者、金融机构、互联网服务提供者应当承担何种民事责任，因此，应当依据《民法典》等法律关于民事责任的规定进行具体评价。

首先，电信网络诈骗的违法犯罪分子是直接针对被害人实施侵权行为的人，正是其实施的电信网络诈骗行为侵害了被害人的财产权益，故其作为直接侵权人，当然也是返还财产、赔偿损失等侵权责任的首要承担者。《办理电信网络诈骗意见》明确规定，公安机关侦办电信网络诈骗案件，应当随案移送涉案赃款赃物，并附清单。人民检察院提起公诉时，应一并移交受理案件的人民法院，同时就涉案赃款赃物的处理提出意见。涉案银

[①] 鲍键、陈轶群：《电信网络诈骗关联犯罪刑民责任的衔接困境与协同路径》，载《中国检察官》2023 年第 17 期。

行账户或者涉案第三方支付账户内的款项，对权属明确的被害人的合法财产，应当及时返还。

其次，电信网络诈骗关联违法犯罪主体也可成为民事责任承担主体。由此产生的问题是，电信网络诈骗犯罪被害人在关联犯罪中处于何种地位，以及关联犯罪行为人对被害人是否有退赔责任。刑事司法实践中，有观点认为，电信网络诈骗行为构成犯罪的，只能通过诈骗罪涉案财物处理来解决对被害人财产的返还。例如，有判决依据《刑法》第 36 条第 1 款、第 64 条的规定责令掩饰、隐瞒犯罪所得行为人退赔被害人全部经济损失，有判决依据《刑法》第 64 条的规定责令帮助信息网络犯罪活动行为人退还与被害人损失等额的赃款。此外，也有的观点认为"掩饰、隐瞒犯罪所得罪被告人非法处置了被害人财产，应与实施电信网络诈骗犯罪的行为人承担连带退赔责任，除非上游犯罪已经形成有罪判决，且上下游犯罪获利情况均能查清"。现阶段绝大多数判决仅追缴关联犯罪被告人的非法所得，判项中不包含对被害人经济损失的赔偿。但是，关联犯罪行为人虽在主观层面与诈骗正犯不具有共同故意，但客观上参与了引起被害人财产损失的因果过程，对损害结果有因果上的贡献，也应当负有赔偿义务。

最后，电信业务经营者、银行业金融机构、非银行支付机构、互联网服务提供者依据《反电信网络诈骗法》《网络安全法》等法律法规，需承担一定的涉诈风险防范法律义务。如果上述企业在电信网络诈骗犯罪案件中，未尽到相关法律义务，对被害人最终产生的诈骗财产损失具有过错和原因力的，也应当对被害者承担民法上的侵权赔偿责任。

因此，虽然电信网络诈骗违法犯罪分子是首要的侵权责任承担者，但这些犯罪分子往往不易抓获，受害人甚至连诈骗分子是谁都不清楚。这种情形下，被害人可基于帮助信息网络犯罪活动罪等关联犯罪行为人以及电信业务经营者、银行业金融机构、非银行支付机构、互联网服务提供者对于其遭受电信网络诈骗行为具有过错为由起诉这些主体，要求他们承担民事责任。

（三）电信网络诈骗被害人民事救济机制

1. 电信网络诈骗相关民事责任中的过错原则

电信网络诈骗关联违法犯罪主体应当依据过错原则承担相应民事责

任。《民法典》第 1165 条第 1 款规定："行为人因过错侵害他人民事权益造成损害的，应当承担侵权责任。"除非法律特别规定适用过错推定责任或者无过错责任，否则侵权赔偿责任适用过错责任原则，以过错作为承担侵权赔偿责任的归责事由，电信网络诈骗犯罪案件相关主体并不存在特殊的例外情形。

对于不同主体应当承担的民事责任大小，通常应当适用一般过错原则。不论是帮助信息网络犯罪活动罪等关联犯罪行为人，还是为诈骗犯罪行为人提供相关产品服务的电信业务经营者、银行业金融机构、非银行支付机构、互联网服务提供者，如果就电信网络诈骗给被害人造成的损害具有过错的，均应当承担相应的侵权赔偿责任。

但是，对于电信企业、互联网企业等有特殊规定的主体，应当适用过错推定原则。例如，《个人信息保护法》第 69 条第 1 款规定："处理个人信息侵害个人信息权益造成损害，个人信息处理者不能证明自己没有过错的，应当承担损害赔偿等侵权责任。"如果查实电信企业或金融机构未按照《反电信网络诈骗法》第 29 条要求履行防范个人信息被用于电信网络诈骗的法律义务，在处理用户个人信息时，因未采取相应的安全保护措施致个人信息泄露、被他人非法窃取，从而使得犯罪分子利用获取的个人信息实施电信网络诈骗。此时，作为个人信息处理者的电信企业、互联网企业等主体要承担的是过错推定责任。

2. 电信网络诈骗相关民事责任中的共同侵权

在电信网络诈骗案件中，参与被害人整个被骗流程中的人群主要分为三类：电信网络诈骗集团或团伙中的主从犯、帮助信息网络犯罪活动罪等关联犯罪行为人以及违反《反电信网络诈骗法》规定未尽到合理注意义务的电信业务经营者、银行业金融机构、非银行支付机构、互联网服务提供者。这些主体具有过错的情形，在实践中一般分为两类：

一类是诈骗分子和关联犯罪行为人、电信业务经营者、金融机构等单位的内部人员里外勾结、合谋串通，共同实施电信网络诈骗活动。这种情形下，诈骗分子和这些主体之间就存在共同故意，因有意思联络而对被害人构成了共同加害行为。《民法典》第 1168 条规定："二人以上共同实施侵权行为，造成他人损害的，应当承担连带责任。"刑法上构成共同犯罪的成立必须具有共同犯意联络，而民法理论通说则认为，共同侵权行为既包括主观共同关联侵权行为，又包括客观共同关联侵权行为，前者强调意思联络，后者强调行为关联。电信业务经营者、金融机构等单位的"内鬼"与电信网络诈骗犯罪分子共同导致了电信网络诈骗被害人的财产损害，属于客观关联共同侵权。尽管关联犯罪行为人与电信网络诈骗分子不构成共同犯罪，但仍可以构成共同侵权，应对被害人承担连带责任。比如，电信业务经营者向诈骗分子销售或提供用于诈骗的号码资源、设备、软件；再如，金融机构的工作人员非法窃取用户注册信息或账户信息等敏感个人信息并出售给电信网络诈骗犯罪分子，后者利用这些个人信息成功实施诈骗行为。显然这种情形下，出售个人信息的金融机构人员构成电信网络诈骗行为的帮助犯，属于帮助的侵权行为。《民法典》第1169条第1款规定："教唆、帮助他人实施侵权行为的，应当与行为人承担连带责任。"此外，对于网络服务提供者而言，《民法典》第1197条规定："网络服务提供者知道或者应当知道网络用户利用其网络服务侵害他人民事权益，未采取必要措施的，与该网络用户承担连带责任。"因此，当网络服务提供者知道或者应当知道网络用户利用其网络服务实施网络诈骗活动侵害他人民事权益，没有采取必要措施的，就需要与诈骗分子承担连带责任。

但是，需要注意的是，连带赔偿责任是对受偿不能风险的弥补，要求关联犯罪行为人承担连带赔偿责任，在某种意义上意味着被害人受偿不能的风险转移由该关联犯罪行为人承担。在电信网络诈骗犯罪集团或诈骗团伙首要分子、主犯难以抓捕到案、大量诈骗所得被转移至境外的现实背景下，关联违法犯罪主体事实上需承担的赔偿责任与其在共同侵权中的责任严重不成比例。

实践中更常见、更具争议的情形不是电信业务经营者、金融机构、互联网服务提供者与诈骗分子共同实施电信网络诈骗行为，而是这些单位没有履行法定义务，尤其是违反了《网络安全法》《反电信网络诈骗法》等与网络安全、数据安全、防范电信网络诈骗相关的法律法规，从而使得电信网络诈骗分子得以最终成功实施侵权行为并给被害人造成损失。该种情形中，由于电信业务经营者、金融机构、互联网服务提供者存在违法情形，在民事案件中推定其存在过错，且在因果关系上该过错行为既与被害人的财产权益被侵害有责任成立上的因果关系，也与被害人的损失之间存在责任范围上的因果关系。故应当判决电信业务经营者、金融机构、互联网服务提供者按照过错、原因力来承担相应比例的侵权赔偿责任。

此外，鉴于电信网络诈骗犯罪案件具有明显的涉众性，关联违法犯罪行为主体为电信网络诈骗活动所提供的帮助往往具有"一对多"的特性，其所提供的帮助行为一般并不仅服务于单一的电信网络诈骗犯罪团伙，不仅仅是导致单一特定的财产损害结果发生。在电信网络诈骗链条涉及"两卡"人员、电信业务经营者、互联网服务提供者、金融机构等各类关联违法犯罪主体，且参与者无法完全到案的情况下，要完全精确地确定关联犯罪行为人的责任比例是较为困难的。司法实践中，部分法院采取直接酌定责任比例的方法，也有法院认为相关主体应当承担连带责任，判决被诉主体承担全部责任，由该主体通过另行诉讼向其他主体追偿。[①]

有学者提出，此时应当根据客观共同侵权理论，由相关主体承担连带责任。但是就对外责任承担而言，此类主体的过错程度明显低于第一类情形，此时要求这类主体承担连带赔偿责任有违公平原则，可能使最终责任比例非常小的被告也承担全部赔偿责任，并产生受偿不能的风险。并且，不管是连带责任还是过错责任，最终都需要单独评价不同主体的过错比例从而认定其应承担的赔偿责任大小。连带赔偿责任只是就共同侵权人与被害人的外部关系而言的，"外部的连带关系只是风险安排的体系，内部仍应是比例责任关系"[②]，即使要求关联违法犯罪主体承担连带赔偿责任，也仍需要根据其行为在造成电信网络诈骗犯罪被害人财产损害的整体因果过程中的贡献度与过错大小确定其最终承担的责任比例。因此，在被害人只起诉了部分主体的情况下，在程序上则应尽可能将所有共同侵权人作为被告列入，按照最终责任比例认定各自赔偿责任。

3. 电信网络诈骗相关民事责任中的过错评价

以被害人单独起诉银行要求赔偿诈骗损失的情形为例。银行涉及电信网络诈骗案件的，一般包括以下几种情形：一是犯罪分子使用技术手段伪造银行卡或存折，异地取款或消费导致被害人财产损失；二是犯罪分子通

---

① 重庆市第五中级人民法院（2020）渝05刑终233号刑事裁定书：陈某铧等人电信网络诈骗案。

② 叶金强：《共同侵权的类型要素及法律效果》，载《中国法学》2010年第1期。

过前期诈骗行为使被害人产生错误认识，诱导被害人本人进行转账或犯罪分子使用木马程序自行远程操作转账。在司法实践中，不论是属于哪一种类型案件，被害人若因遭受电信网络诈骗，将相关银行诉至法院，以银行未尽到法定义务为由要求其承担赔偿责任的，法院应在依法厘清金融机构涉诈风险防范义务边界、保护持卡人合法权益的基础上，区分情形判定银行是否存在过错。若银行机构因违约或未尽到电信网络诈骗防范法定义务或其他安全保障义务，造成损害结果的，应承担赔偿责任，但承担全部赔偿责任后，有权向其他共同侵权人追偿。

关于银行是否具有过错及过错大小，一般而言可以从以下几个方面进行考察：第一，考察被害人的财产损失与银行提供的服务是否存在因果关系。首先可考察被诉银行与被害人损失是否存在关联，如是否为被害人签约银行、是否为诈骗犯罪行为人使用的银行等。其次可考察银行是否履行了基本的安全保障义务，如银行提供的卡片、电子支付令牌等产品是否具有合格证书、是否符合或者超过行业的安全标准或是否具有相应的防伪、防复制、防窃取功能等。第二，考察银行是否履行了《反电信网络诈骗法》中金融机构防范电信网络诈骗相关法定义务。例如，银行是否建立符合电信网络诈骗活动特征的异常账户和可疑交易监测机制，对监测识别的异常账户和可疑交易，是否根据风险情况，采取核实交易情况、重新核验身份、延迟支付结算、限制或者中止有关业务等必要的防范措施。第三，考察银行是否尽到充分的风险提示义务。例如，在办理电子支付业务过程中，银行机构是否及时、具体告知相关电信网络诈骗风险，是否提示受害人妥善保管银行卡、密码以及电子支付动态口令，是否提示电子支付令牌仅供被害人本人使用，是否会在转账后及时通过短信等方式告知被害人余额变动，是否会在告知内容中进行"出现大额转账，谨防电信网络诈骗"等提醒。第四，考察银行机构本身风险防控能力。电信网络诈骗新形式、新手段层出不穷，犯罪分子会通过不同话术骗取相关信息以及在被害人手机安装各类病毒、木马软件等获取各类资料。不同银行、支付类金融机构在规模、能力方面参差不齐，需考察不同规模银行在涉诈风险防范方面的能力，综合判断是否尽到合理注意义务。

（四）电信网络诈骗关联犯罪行为人刑民责任衔接

1. 刑民责任衔接相关法律规定

《反电信网络诈骗法》第 46 条规定，为电信网络诈骗活动提供相关帮助的违法犯罪人员，除依法承担刑事责任、行政责任以外，造成他人损害的，依照《民法典》等法律的规定承担民事责任。《民法典》第 187 条规定："民事主体因同一行为应当承担民事责任、行政责任和刑事责任的，承担行政责任或者刑事责任不影响民事责任。"《刑事诉讼法》第 101 条第 1 款也规定："被害人由于被告人的犯罪行为而遭受物质损失的，在刑事诉讼过程中，有权提起附带民事诉讼。被害人死亡或者丧失行为能力的，被害人的法定代理人、近亲属有权提起附带民事诉讼。"随着电信网络诈骗犯罪团伙向境外转移，查实并抓捕诈骗分子的难度大幅提高，实践中很多被害人为挽回损失，选择对诈骗犯罪提供帮助的关联犯罪行为人提起民事诉讼。

2. 电信网络诈骗犯罪及关联犯罪刑民衔接之争

犯罪与侵权行为有着天然的联系，许多犯罪本身就是严重的民事侵权行为，尤其是经济类犯罪。为了能够在一个诉讼活动中解决因同一行为产生的刑事责任和民事责任，对应《刑法》第 36 条第 1 款关于犯罪行为经济损失的相关规定，《刑事诉讼法》设立了附带民事诉讼程序。但是，依据《最高人民法院关于适用〈中华人民共和国刑事诉讼法〉的解释》第 176 条的规定，因人身权利受到犯罪侵犯而遭受物质损失或者财物被犯罪分子毁坏而遭受物质损失的，可以提起附带民事诉讼；而非法占有、处置财产犯罪案件中，应当依法予以追缴或者责令退赔，不属于附带民事诉讼的受案范围。

当帮助信息网络犯罪活动罪等关联犯罪从诈骗罪这个非法占有财产类犯罪的共犯之中独立出来后，在《刑法》第 64 条和第 36 条第 1 款之间即产生了适用"真空"。一方面，司法实践中帮助信息网络犯罪活动罪等关联犯罪涉案财产相关判项中基本不包含责令退赔的内容，导致被害人的民事权利客观上未能通过责令退赔制度得到救济；另一方面，此类案件不属于附带民事诉讼的受案范围，也不能提起附带民事诉讼，无法通过刑事和民事司法制度共同保护被害人权利。由于电信网络诈骗刑事诉讼对被害人民事权利救济往往不足，导致被害人选择另行提起民事诉讼，该类案件在全国多地已有较多案例，但类案不同判的现象突出。例如，在"先刑后民"观念影响下，有的法院认为被害人损失应通过刑事诉讼予以追缴或责令退赔，不能通过民事诉讼途径解决，裁定驳回起诉。① 有法院持相反观点，认为"被害人对涉嫌诈骗犯罪之外的其他责任主体提起民事诉讼，无须以诈骗刑事案件的审理结果为依据，且刑事判决并未责令帮助信息网络犯罪活动罪的被告向原告退赔"②。还有法院根据《民法典》关于不当得利的规定，判决关联违法犯罪主体承担连带赔偿责任，③ 或者根据过错大小判决被告酌情承担一定比例的赔偿责任。④

但即便允许被害人通过"民事另诉"向关联主体主张侵权责任，仍有至少三方面问题无法绕过：一是诉讼时效性。帮助信息网络犯罪活动罪等关联犯罪涉及被害人人数众多，且具有显著的跨地域性，被害人分别提起民事诉讼消耗大量司法资源，并容易造成类案不同判，损害法律适用的统一性。二是程序公平性。民事法官受取证手段所限，难以完整、全面查明涉众型电信网络诈骗犯罪的案件事实，无法对众多被害人的权益进行平等保护。三是执行可能性。民事诉讼胜诉后，被害人申请强制执行再次面临诉累，如果无法执行到位，最终又沦为"空判"。这种"刑民并行"模式易造成司法资源反复消耗及程序空转，且不利于众多被害人的平等保护。

3. 通过认罪认罚制度推动刑民责任有效衔接

自 2020 年"断卡"行动开展以来，大量涉"两卡"违法犯罪案件进入司法程序，但未被起诉的行为人及缓刑考验期间内再犯罪问题屡有发生，且多发、高发态势仍未得到明显扭转，一定程度上反映出刑罚的处罚力度未能对潜在犯罪人群形成有效震慑，应当引起司法机关对电信网络诈骗"两卡"等关联犯罪刑罚的重新评估。另外，如前所述，根据《民法典》的规定，关联违法犯罪主体作为共同侵权人不管是承担连带责任还是按份责任，在实际的案件处理中难以得到实际执行。因此，在刑事诉讼过

---

① 广东省佛山市顺德区人民法院（2021）粤 0606 民初 36040 号民事裁定书，详见附件案例。
② 北京市平谷区人民法院（2023）京 0117 民初 5088 号民事判决书，详见附件案例。
③ 河南省信阳市平桥区人民法院（2023）豫 1503 民初 8959 号民事判决书，详见附件案例。
④ 福建省高级人民法院（2018）闽民再 193 号民事裁定书：施某红与中国电信股份有限公司石狮分公司财产损害赔偿纠纷案。

程中，要真正落实关联犯罪行为人的民事赔偿责任，真正发挥刑罚的震慑作用，需要在法律允许的裁量范围内充分协调刑民责任，以实现法律效果和社会效果的统一。

按照民事与刑事责任相互独立的原则，是否赔偿并不会影响刑事责任，其结果便往往是被告人因身陷囹圄失去赔偿意愿和能力，被害人无法获得充分且实际的赔偿，法院被未能执行的判决牵扯进社会矛盾。为此，在刑事程序法领域，有学者主张在刑事附带民事诉讼程序中采取刑民一体化的思路，以实体上的赔偿从宽调动加害人的赔偿积极性。[1] 也有学者认为，刑事诉讼中的民事赔偿是一个制度集合概念，它以刑事附带民事诉讼、刑事和解、调解等制度为基础，以认罪认罚从宽制度框架内"认罚从宽"侧面为重要组成部分，形成了赔偿—量刑密切相关的刑事司法制度体系。刑事诉讼中的民事赔偿通过弥补法益损害，为刑事责任的减轻提供基础，可以根据民事赔偿的具体情况对被告人给予从宽处罚。[2] 在刑事实体法领域，也有学者主张引入"法益恢复"的思想作为赔偿从宽、以刑促赔的实质根据，即在犯罪既遂后，行为人通过自主有效的事后行为消除危险或恢复法益，应予实质性的从宽评价。[3] 综合上述观点，司法机关在处理刑民交叉案件时，不应囿于刑民二元的惯性思维，应积极探索刑民一体化的完善思路，灵活运用认罪认罚从宽制度统筹协调刑民责任，协同发挥两种责任的功能作用，最大限度保障被害人合法权益。

值得一提的是，为了能够在刑事诉讼过程推动刑民责任的有机衔接，保障被害人民事权利的救济，浙江省杭州市余杭区人民检察院探索"附条件量刑建议"做法，将关联犯罪行为人赔偿被害人一定比例经济损失作为从宽量刑建议的生效条件写入具结书，让其直观感知到赔偿被害人经济损失对刑事责任承担的具体影响，促使其在刑事诉讼中自愿、及时赔偿被害人经济损失，从而获得量刑上的从宽。[4]

---

[1]　于同志：《重构刑民交叉案件的办理机制》，载《法律适用》2019 年第 16 期。

[2]　刘少军：《论"先民后刑"刑事附带民事诉讼程序的构建——兼论〈刑事诉讼法修正案〉对附带民事诉讼制度的改革》，载《政治与法律》2012 年第 11 期。

[3]　邵世星：《贯彻宽严相济刑事政策应注意民事责任的承担》，载《检察日报》2008 年 5 月 30 日。

[4]　鲍键、陈轶群：《电信网络诈骗关联犯罪刑民责任的衔接困境与协同路径》，载《中国检察官》2023 年第 17 期。

综合上述观点，司法实践中更为妥当的处理方式可通过以下两方面进行。一方面，在刑事案件中，通过认罪认罚制度由"两卡"等关联犯罪行为人根据责任比例进行赔偿。如上所述，电信网络诈骗关联犯罪与诈骗正犯的关系符合无意思联络的数人侵权行为，因此，可以参考《民法典》第1172条规定的"按份责任"，以关联行为与危害后果之间的作用力大小综合把握责任比例，并根据行为人主观恶性、犯罪情节、违法所得数额等进行酌情调整，将关联犯罪行为人的赔偿责任限定在充分、合理的范围内。在刑事诉讼中通过认罪认罚从宽制度的合理运用同步解决民事责任的问题，同时，发挥非刑罚化的刑事责任承担方式在犯罪预防中的积极作用。另一方面，关联犯罪行为人在刑事诉讼中对被害人进行合理赔偿后，人民法院可不再受理被害人对关联犯罪行为人另行提起的民事诉讼，最大限度减少"民事另诉"问题，避免程序空转造成司法资源的无端消耗。

随着社会经济的发展，单纯以刑法惩治犯罪的传统正在逐渐被打破，民法在防治犯罪中的作用日益扩大。促使犯罪行为人在刑事诉讼程序中主动赔偿因犯罪行为受到损失的被害人，既可以实质化挽回被害人损失，促进法益修复，又能通过加大犯罪成本，提高行为人及社会大众对法律规范的认识，以更小的社会成本达到惩罚和预防犯罪的目的，有效维护人民群众的合法利益和财产安全。

二、电信网络诈骗案件刑民诉讼程序的转化路径

（一）民事审判的"不告不理"原则导致涉嫌电信网络诈骗的民事案件向刑事案件转化难

在民事审判中，人民法院的审理对象限于原告的诉讼请求和其诉讼请求所依据的事实与证据，与诉讼请求无关的其他一切事实和证据都不在人民法院的审理范围之内，此谓"不告不理"原则，[①] 人民法院审理涉嫌电信网络诈骗的民事案件同样不能例外。当行为人的财产权益受到侵害之

---

① 张永泉：《法秩序统一视野下的诉讼程序与法律效果的多元性》，载《法学杂志》2017年第3期。

后，其选择通过民事诉讼的方式维护自身的合法权益，通常情况下原告仅会向法院提交侵权人损害其财产权益的事实与证据并以此来使人民法院支持其诉讼请求，人民法院因此也就当事人主张的事实与证据进行审理并依法作出判决。诈骗罪"数额+情节"的入罪标准决定了部分民事案件具备向刑事案件进行转化与衔接的空间。然而，人民法院的审理范围限于当事人的诉讼请求以及其诉讼请求所依据的事实和证据，这决定了民事案件涉刑因素发现难，人民法院不会主动审查侵权人行为是否构成犯罪，因此，即使民事案件具备涉刑因素，其一般情况下在民事案件处理过程中"识别难"，最终造成民事案件向刑事案件转化难。

（二）人民检察院履行法律监督职能不足加剧民事案件向刑事案件转化难

在审理涉嫌电信网络诈骗的民事案件过程中，人民法院如果发现该民事案件具备诈骗罪的入罪标准情形时，应裁定将案件移送到公安机关处理。但是，实践中有时会出现公安机关迟迟未处理的情形，公安机关既不及时立案，又不及时将不符合刑事案件标准的案件材料退回人民法院。导致公安机关迟迟未予处理的原因有很多，但是人民检察院法律监督职能发挥相对不足加剧了该情形。我国相关法律规定，人民检察院承担法律监督职能，其中就包括立案监督，立案监督职能发挥不足加剧了民事案件向刑事案件转化难。

（三）除民事公益诉讼案件外，民事诉讼提起主体的属性决定刑事案件向民事案件转化难

当涉嫌电信网络诈骗犯罪行为进入刑事程序之后，其通常情况下会经历侦查、审查起诉、审判等阶段，在任何阶段，若发现现有证据不符合诈骗罪入罪条件，应该撤销案件、法定不起诉或者宣告无罪。但其在民事上仍可能是一般违法行为，侵权人应承担民事侵权责任。然而，参与刑事诉讼中的公安机关、人民检察院、人民法院都无法在行为不构成犯罪的情况下直接向人民法院提起民事诉讼，因为根据我国《民事诉讼法》第3条的规定，人民法院受理公民之间、法人之间、其他组织之间以及他们相互之间因财产关系和人身关系提起的民事诉讼，只有公民、法人和其他组织可

以提起民事诉讼，上述国家机关除了人民检察院可以提起民事公益诉讼之外，均不符合提起民事诉讼的主体资格。因此，民事诉讼提起主体的属性决定了刑事案件向民事案件转化难。

（四）个人证据获取能力的不足增加刑事案件向民事案件转化的难度

当涉嫌电信网络诈骗的犯罪行为被公安机关、人民检察院或者人民法院认定不涉刑时，该行为在民法上仍应该受到规制，侵权人应该承担民事侵权责任。然而，限于个人与大型互联网公司、平台在技术、能力和信息掌握方面的巨大差距，个人要初步举证证明其权益受到损害的事实进而向人民法院提起民事诉讼存在诸多掣肘。此外，我国《民事诉讼法》规定，当事人对自己提出的主张，有责任提供证据；当事人及其诉讼代理人因客观原因不能自行收集的证据，或者人民法院认为审理案件需要的证据，人民法院应当调查收集。在刑事案件的处理过程中，公安机关、人民检察院和人民法院掌握了大量的犯罪嫌疑人的证据，受限于《民事诉讼法》的上述规定，其无法直接向受害人提供，受害人因为客观原因不能自行收集的证据，人民法院应当调查收集。该处存在的"悖论"：受害人在侵犯其财产权益方面证据收集能力存在不足，受害人只有提供初步的证据才能向人民法院提起民事诉讼；人民法院可以因为当事人受限于客观原因无法收集证据而主动调查收集证据，前提是当事人进入民事诉讼，最终导致刑事案件不成立时向民事案件转化难。

（五）侵犯公民财产权益行为的涉众性、远程性、非接触性引发刑事案件向民事案件转化难

当涉嫌电信网络诈骗犯罪的行为被相关国家机关认定不具有涉刑因素之后，该行为仍然应该在民事上受到规制，侵权人应该承担民事侵权责任。但是，电信网络诈骗行为大多数情况下涉及的人数众多，而且其具有的虚拟性、远程性、非接触性导致其侵犯被害人财产权益时，被害人难以一一查清且不易联系。因此国家机关在认定电信网络诈骗行为不构成犯罪的情形下，其无法联系被害人，以使个人通过民事诉讼途径来维护自身合法权益。此外，如果国家机关仅告知部分被害人，既不符合平等原则，也

不利于保护人权。

对此，建议强化涉电信网络诈骗犯罪案件的刑民诉讼程序转化与衔接：

1. 从民事诉讼到刑事诉讼

不同于其他民事案件，电信网络诈骗犯罪案件，刑民之间存在交叉性、复合性、竞合性，且在客观行为方面具有类似性，因此刑民之间存在转化与衔接的空间。

（1）案件处于民事审理阶段的转化与衔接。当行为人认为其财产权益受到侵害，选择到人民法院提起民事诉讼并使案件进入民事审理阶段之后，如果在该案件的审理过程中出现了诈骗罪的入罪情节，人民法院应该主动裁定将该案件移送到公安机关处理。但是在实践当中，针对电信网络诈骗的民事案件，该移送机制并不顺畅，当人民法院将卷宗材料移送到公安机关之后，公安机关有时会出现迟迟未处理的情形。如果公安机关认为案件不属于刑事案件，其应该及时将卷宗材料退回到人民法院，人民法院可以继续审理该案件；反之，如果公安机关认为案件属于刑事案件，其应该尽快予以处理并立案，其迟迟未处理将使当事人的合法权益得不到及时保护。此时，应该充分发挥人民检察院的法律监督职能，人民法院要与人民检察院加强协同沟通，促使人民检察院对公安机关行使立案监督职能，完善案件移送运转机制。

（2）案件处于民事裁判后执行前阶段的转化与衔接。电信网络诈骗的民事案件进入审理阶段之后，在宣判后、执行前阶段具体可分为两种情形：判决未生效和判决已生效。不同情形对应不同处理方式。当判决未生效，尚处于上诉阶段时，案件出现了诈骗罪的入罪情形，二审法院应该以原判决认定基本事实不清，裁定撤销原判决，发回原审人民法院重审，原审人民法院另行组成合议庭裁定将该案移送到公安机关处理。当判决已生效时，发现案件出现了诈骗罪的入罪情形，应该以有新的证据，足以推翻原判决向人民法院申请再审，人民法院应该启动审判监督程序，另行组成合议庭，裁定将该案件移送公安机关处理。同理，如果本院或者上级人民法院发现案件出现了诈骗罪的入罪情形，也应该按照《民事诉讼法》的规定启动审判监督程序，另行组成合议庭，裁定将该案件移送公安机关处理。

（3）案件处于民事执行阶段的转化与衔接。当案件进入民事执行阶段后，出现了诈骗罪的入罪情形，人民法院应该启动审判监督程序，另行组成合议庭，裁定将案件移送公安机关处理。鉴于刑事案件的社会危害性极为严重、造成的危害后果更加恶劣，建议对此种类型的案件应中止原判决、裁定的执行，对此我国《刑事诉讼法》第257条亦有规定"人民法院按照审判监督程序审判的案件，可以决定中止原判决、裁定的执行"。需要说明的是电信网络诈骗犯罪行为的证据材料在满足入罪情形下，可要求公安机关在一定期限内（如7天），作出是否刑事立案的决定，对于公安机关不予立案的情形，若法院不予认可，可要求检察院对此进行监督，由检察院最终作出是否受理的决定。既可最大化地规制电信网络诈骗行为，又可有效发挥检察机关的监督效用。

2. 从刑事诉讼到民事诉讼

前文已经谈到过，我国《刑法》明确了诈骗罪的入罪标准。人民法院在审理电信网络诈骗民事案件的过程中，该案件有可能出现诈骗罪的入罪情形，因此导致了民事案件向刑事案件的转化；反之，电信网络诈骗行为在最初作为刑事案件予以处理的过程中，处理该刑事案件的三方主体包括公安机关、检察院和法院，任何一方认为电信网络诈骗行为没有达到诈骗罪的数额或情节入罪标准时，该刑事案件就出现了向民事案件进行转化和衔接的空间。

（1）案件处于侦查阶段的转化与衔接。涉嫌电信网络诈骗的犯罪行为侦查阶段是由侦查机关负责的，如果在该阶段，侦查机关认为该行为无法达到诈骗罪入罪标准，侦查机关应该撤销案件。但该行为若构成侵权，则行为人仍应承担民事侵权责任。侦查机关在撤销案件之后，对于自身掌握的证据，应持开放态度，对于个人财产权益受到侵犯的个人调取证据的请求应该予以支持，支持被侵权人积极通过民事诉讼途径维护自身合法权益。此外，公安机关还可以依据《反电信网络诈骗法》第47条的规定，联系人民检察院，由其依法提起公益诉讼。

（2）案件处于审查起诉阶段的转化与衔接。针对电信网络诈骗犯罪行为，在审查起诉的过程中，若检察院认为该行为查证不属实的或者无罪或者证据不足的，依照《刑事诉讼法》的相关规定，检察院可以将该案件退回补充侦查，或者作出法定不起诉的决定。根据《反电信网络诈骗法》第47条规定，人民检察院在履行反电信网络诈骗职责中，对于侵害国家利益和社会公共利益的行为，可以依法向人民法院提起公益诉讼。因此，人民检察院除了依据《刑事诉讼法》对该刑事案件作出处理之外，其还可以依据《反电信网络诈骗法》主动提起民事公益诉讼。

（3）案件处于法院审判阶段的转化与衔接。审判阶段，若法院认为案件事实不清、证据不足，或者被告人未达到刑事责任年龄等情节，依据《刑事诉讼法》的相关规定，人民法院应该判决被告人无罪。虽然被告人无罪，但其行为在民事上仍然可能构成一般违法，其应承担民事侵权责任。为了保护个人财产权益和社会公共利益，人民法院同样可以通过发送司法建议的方式，建议人民检察院提起民事公益诉讼。

（4）案件处于判决后或者执行阶段的转化与衔接。若判决已经生效，发现被告人具有无罪的证据材料，不管是否到了刑事执行阶段，人民法院均可启动审判监督程序，另行组成合议庭，宣告被告人无罪；如果判决未生效即处于上诉阶段，二审法院可以依法宣告被告人无罪。一审法院和二审法院在宣告被告人无罪之后，为了保护个人财产权益和社会公共利益，人民法院同样可以通过发送司法建议的方式，建议人民检察院提起民事公益诉讼。

第五章　电信网络诈骗关联问题

一、电信网络诈骗中的行刑协同治理衔接

电信网络诈骗犯罪依托于通信设备或者互联网，将一个完整的犯罪过程分散至各个环节、不同领域、各个地域，传统单一部门或主体治理电信网络诈骗犯罪难以遏制其势头，需要跨部门协同治理，吸纳更多主体参与其中。

为了共同打击电信网络诈骗犯罪，2015 年 6 月，由公安部牵头，组织工业和信息化部、中国人民银行、最高人民法院、最高人民检察院、中国移动等 23 个部门和单位专门成立了打击治理电信网络新型违法犯罪工作部际联席会议。面对利用电信网络实施的新型违法犯罪活动的日益增多，2016 年部际联席会议办公室制定了《防范治理电信网络新型违法犯罪工作机制》，建立了 13 个具体的防范工作制度，将银行和通信两大系统整合进治理体系中来，并明确了主体责任和各部门责任。在实践中，电信网络诈骗的协同治理表现为行政执法与刑事司法衔接、检察公益诉讼等形式。

（一）行刑衔接机制的法律依据

电信网络诈骗不是单纯的诈骗犯罪，在《刑法》中涉及众多罪名，在主体上涵盖通信、金融、互联网领域从业者等行业主体，以及涉诈上下游产业链上的单位个人等非行业主体，责任体系涉及行政责任和刑事责任。《反电信网络诈骗法》出台后，在该法第六章通过专章规定了相关主体的法律责任，第 38 条明确规定，参与电信网络诈骗活动或为电信网络诈骗活

动提供帮助，构成犯罪的，将追究刑事责任，不构成犯罪的，给予拘留、罚款等行政处罚。但在具体实践当中，必然会出现某些电信网络诈骗行为既是行政违法行为，又因涉案金额、情节、社会危害性等因素，触犯《刑法》的相关规定。因而，在电信网络诈骗治理领域，行政执法和刑事司法极大可能会在实体层面和程序层面存在竞合和冲突的情况，应充分发挥行政规范的刑法前置法作用，基于法秩序统一性原理与刑法谦抑性原则，完善电信网络诈骗帮助行为行刑衔接机制，遵循行政监管为主、刑法规制为辅的阶梯式法律规制体系，避免刑事惩罚过度挤压行政处罚空间。

行刑衔接机制设立的初衷意在解决"以罚代刑"的实践困境。[①] 2001 年《人民检察院办理行政执法机关移送涉嫌犯罪案件的规定》（已失效）首次以行政法规的形式对行刑衔接作出规定。2009 年《行政处罚法》第 22 条进一步规定，行政机关在发现违法案件涉嫌犯罪时，有移送刑事司法程序的义务。2021 年新修订的《行政处罚法》第 27 条增设刑事司法机关向行政执法机关移送需要追究行政责任案件的内容，填补了行刑反向衔接机制的行政性立法空白。

针对电信网络诈骗等犯罪的特点，为加强部门间的协作配合，坚决有效遏制电信网络诈骗等犯罪活动，《办理电信网络诈骗意见》《办理电信网络诈骗意见（二）》的出台，为电信网络诈骗的证据认定以及共同犯罪、主从犯罪的认定和审查程序等提供了指引。2022 年《反电信网络诈骗法》的出台，进一步弥补了电信网络诈骗活动行政执法领域的立法缺位，明确了电信网络诈骗活动行政违法行为与刑事犯罪活动的界限。根据《反电信网络诈骗法》第 38 条规定，行为人为电信网络诈骗活动提供帮助，尚不构成犯罪的，由公安机关对其作出行政处罚即可。上述机制的建立和相关规范性文件的出台，为行政与司法衔接共同治理电信网络诈骗犯罪提供了实践基础和处理依据。

（二）行刑衔接机制的运行

在行刑衔接的具体运行上，公检法、网信、金融管理等机关部门发挥主要作用。国务院建立反电信网络诈骗工作机制，地方各级人民政府组织

---

① 练育强：《行政执法与刑事司法衔接制度沿革分析》，载《政法论坛》2017 年第 5 期。

本行政区域内的反电信网络诈骗工作。其中，由公安机关牵头负责具体工作，领导网信、金融管理、市场监管等有关部门在其业务领域内开展反电信网络诈骗工作。鉴于公安机关的特殊职能定位，从某种程度上说，其在整个电信网络诈骗治理领域发挥着主导的作用，在行刑衔接机制的参与主体中占据核心地位。尽管行刑衔接机制主要在行政执法机关和刑事司法机关之间运行，但并不意味着私人主体无法参与。在涉及报案处理、追赃分配等方面工作时，行刑衔接机制也应积极回应公众监督和保障受害人合法权益。因此，公民个人、企业、行业协会等均是电信网络诈骗治理领域行刑衔接机制的参与主体，但并不能直接参与，而是通过报案处理反馈、追赃分配通知等方式发挥辅助性作用，推动行刑衔接机制的有效落实。

对电信网络诈骗及其关联犯罪应坚持依法治理、系统治理、综合治理，对行为人犯罪情节轻微，依照《刑法》规定不需要判处刑罚或者免除刑罚的，检察机关在依法作出不起诉决定的同时，应当及时将案件移送公安机关或有关主管部门，提出对被不起诉人作出行政处罚的检察意见。2022 年 12 月施行的《反电信网络诈骗法》第 38 条、第 42 条、第 44 条分别对实施电信网络诈骗活动及为其提供支持帮助的违法行为，设置了相应的行政处罚。办案中，检察机关要加强与公安机关和有关主管部门的沟通，加强行刑衔接。同时，对于公安机关移送的案件，要将行为人是否受过行政处罚或刑事处罚作为案件审查的重要内容。对于行为人曾因实施电信网络诈骗及其关联行为，如帮助信息网络犯罪活动行为，掩饰、隐瞒犯罪所得行为，侵犯公民个人信息行为等，受过行政处罚或刑事处罚，又实施相关行为的，应当依法予以追诉，一般不作不起诉处理。

从现有的实践来看，电信网络诈骗治理领域行政执法和刑事司法衔接机制的运行主要是案件和线索的移送。涉案线索移送主要是指行政执法机关掌握的违法行为同时涉嫌刑事犯罪的线索，需要向公安机关移送。一般而言，行政执法机关发现的涉案线索主要有执法过程中发现的线索和接受举报的线索，其中后者的数量更多。因此，为更好地开展执法工作，工业和信息化部、公安部向公众提供了各类线索举报渠道。在案件处置上，涉案线索移送已经实现了第一次分流，而具体案件移送则是第二次分流。具体案件移送是指涉及电信网络诈骗的行政违法行为因涉案情节、金额、社会影响等因素，已涉嫌构成刑事犯罪，需追究刑事责任，行政执法机关必须向公安机关移送。与涉案线索移送相比，具体案件移送在证据要求上更为严苛，要求收集的犯罪证据合法充分，且能够证明有犯罪事实发生这一实质性条件。因此，行刑衔接程序中，相关证据转化是另一个需要关注的问题。无论是在行政执法领域还是在刑事司法领域，相关案件的证据都是影响案件处理结果的关键因素。因此，对于行刑衔接机制而言，最核心的证据问题就是行政执法机关收集的证据能否适用于刑事司法活动。这直接关乎行刑衔接机制自身体系的协调与统一。对于电信网络诈骗犯罪而言，如何审查证据以及认定案件事实是一重大难题，其影响罪与非罪的认定，进而影响行刑衔接机制的运行效率。

《刑事诉讼法》第 54 条第 2 款规定，行政机关在行政执法和查办案件过程中收集的物证、书证、电子证据等证明材料可以在刑事诉讼中作为证据适用，这为电信网络诈骗治理领域行刑衔接机制的有效运行提供了法律保障。但从实际效果来看，由于行政程序和刑事司法程序衔接过程中，存在不重视能证明相对人无罪的证据、非法手段收集的证据等诸多问题，行政机关收集的证据在刑事司法活动中无法发挥相应的功能。因而，一部分行政证据在刑事诉讼程序中难以适用，使事实认定得不到充分的合法证据支撑。① 面对此种情形，《人民检察院刑事诉讼规则》提供了解决方案，规定行政机关移送涉嫌犯罪案件的证据材料经刑事司法机关审查认定后，可继续用于后续的刑事诉讼程序。对于证据不充分或有瑕疵的情况，公安机关可商请移送案件的行政执法机关补充调查或说明情况。必要时，公安机关也可自行调查。这一解决方案有效推动了电信网络诈骗治理领域行刑衔接机制证据转化的质量和效率。②

《反电信网络诈骗法》第 38 条与《刑法》第 287 条之二共同构成了帮助信息网络犯罪活动行为之行刑责任治理的基本规范体系，而 2021 年《行政处罚法》为帮助信息网络犯罪活动行为的行刑反向衔接打通了制度通道。据此，对帮助信息网络犯罪活动行为的定性，不能仅停留于实体层面的刑事违法性判断，还需考察行为是否具有行政违法性。进而言之，基

① 蒲劲宏：《行政执法与刑事司法衔接中的证据适用规则：以公安行政执法为重点的分析》，载《证据科学》2022 年第 6 期。
② 闫海、王圭宇：《电信网络诈骗治理领域行刑衔接机制问题研究》，载《铁道警察学院学报》2023 年第 3 期。

于法秩序统一性原理，对帮助信息网络犯罪活动行为的治理，应"在行政与刑事实体法规范衔接、行政与刑事程序法规范衔接"两个轨道上同步进行。①

（三）电信网络诈骗行刑反向衔接

在电信网络诈骗领域行刑衔接机制的移送程序中，还包括刑事司法机关的"反向移送"。换言之，刑事司法机关在处理相关涉案线索和具体案件的过程中，发现某种情形并不构成犯罪，但又需要对其进行行政处罚的，应当将其移送给行政执法机关处理。2021年，《最高人民检察院关于推进行政执法与刑事司法衔接工作的规定》明确要求，人民检察院决定不起诉的案件，应当同时审查是否需要对不起诉人给予行政处罚，对不起诉人需要给予行政处罚的，经检察长批准，人民检察院应当向同级有关主管机关提出检察意见。2023年7月，最高人民检察院出台的《关于推进行刑双向衔接和行政违法行为监督 构建检察监督与行政执法衔接制度的意见》打开了行刑反向衔接的新局面。但从理论和实践来看，行刑反向衔接程序、证据转化和行政追责时效等问题，都还存在不少空白地带。

关于行刑反向衔接的适用范围问题。行刑反向衔接是刑事司法机关作出终局性决定后，才能再行判断行为人的行为是否需要科以行政处罚而启动的程序。根据所处阶段不同，可以区分为检察机关启动和法院启动的行刑反向衔接程序。

检察机关启动行刑反向衔接的主要法律依据是《刑事诉讼法》第177条第3款"对被不起诉人需要给予行政处罚、处分或者需要没收其违法所得的，人民检察院应当提出检察意见，移送有关主管机关处理"的规定。检察机关在刑事诉讼程序中可作出的不起诉决定包括法定不起诉、酌定不起诉和证据不足不起诉、附条件不起诉和特殊不起诉五种。其中，附条件不起诉和特殊不起诉因适用范围和情形特定，不在本文讨论范围；对于不构成犯罪的法定不起诉，以及犯罪情节轻微的酌定不起诉，可以作为行刑反向衔接的类型，但是，证据不足不起诉的场合，能否对被不起诉人提出

① 李煜兴：《行刑衔接的规范阐释及其机制展开——以新〈行政处罚法〉行刑衔接条款为中心》，载《中国刑事法杂志》2022年第4期。

反向衔接的检察意见存在较大分歧。有的观点认为，由于证据不足不起诉后如果发现新证据，检察机关可以重新起诉，从存疑时有利于被告人原则出发，检察机关作出证据不足不起诉后，不应再将被不起诉人移送行政处罚。但是，《刑事诉讼法》第 177 条第 3 款、《人民检察院刑事诉讼规则》第 373 条统一规定了"不起诉"与"检察意见"的要求，并未区分不起诉的类型。一方面，从证明标准看，鉴于刑事诉讼的证明标准高于行政处罚，未达到"证据确实、充分，排除合理怀疑"刑事证明标准的不起诉案件，未必不符合行政处罚的证明标准，而是需要行政程序判断，因此，证据不足不起诉可以作为行刑反向衔接的情形。另一方面，从后续程序看，发现新证据重新起诉并不影响行政处罚的作出。对于发现新的证据，符合起诉条件，依据《人民检察院刑事诉讼规则》第 369 条规定提起公诉的，并不意味着违反了行刑反向衔接的程序要求。刑事处罚和行政处罚是两种性质不同的处罚，行为人在受到行政处罚后再被刑事追诉处罚，并不违反该原则。当然，重新起诉后的定罪量刑时，应当酌情考虑行政处罚情况以及刑期折抵问题。不同于检察机关可以依据检察意见进行反向衔接，现有法律规范并未规定法院作出判决后反向衔接的具体路径。在反电信网络诈骗领域，法院对于行刑反向衔接的探索并不多见。

关于行刑反向衔接中的证据转化问题。行刑反向衔接中，原则上所有符合证据合法性、客观性、关联性的刑事证据都可以直接作为行政证据使用，但行政机关有权对证据独立判断并采信，具体可参照以下规则：

第一，刑事证据和行政证据本身具有可转化性。在行刑正向衔接中，符合条件的行政案件证据可以作为刑事案件证据使用。与之相对，反向衔接时，刑事证据也应当可以作为行政证据使用，例如，根据《最高人民检察院关于推进行政执法与刑事司法衔接工作的规定》第 8 条规定，为避免重复取证，节约司法资源，明确了对于办案过程中收集的相关证据材料，检察机关"可以"一并移送有关主管机关，由行政执法机关予以裁量使用。

第二，根据"举重以明轻"原则，行刑反向衔接时，行政机关可以使用全部刑事证据类型。刑事制裁的严厉性决定了刑事证据的收集规范更严、程序要求更高，刑事案件必须达到"排除合理怀疑"的程度，但没有达到刑事证明标准的证据却有可能达到了行政案件的证明标准。因此，反向衔接时，原则上不宜将言词类刑事证据直接排除在转化范围之外。值得注意的是，"可以转化"只是一种证据资格，并不意味着否定行政机关对证据的裁量权，从保障人权角度，根据非法证据排除规则被排除的刑事证据，亦不能作为行政证据使用。

关于行政处罚的追责时效问题。根据《行政处罚法》第 36 条规定，一般违法行为的行政追责时效为二年，涉及公民生命健康安全、金融安全且有危害后果的特殊情形，行政追责时效为五年，时效期限从违法行为发生之日起计算的规则，但《行政处罚法》并未对行政追责时效的中止或延长作出规定。在电信网络诈骗领域，由于刑事诉讼周期一般较长，行刑反向衔接程序中很容易出现是否超过行政追责时效的争议。由于需要经历刑事立案等诉讼程序，检察机关作出不起诉处理并移送行政机关时，距离"行为终了之日"很可能超过二年。此时，应当以"发现"违法行为确定追责时效。从行为与处罚结果相适应的公平性来看，应当通过对《行政处罚法》第 36 条"违法行为在二年内未被发现的"，作出符合实质公平的解释。具体而言，如果行为人的违法行为未经行政机关处理直接进入司法机关刑事程序，应以司法机关立案时间为"发现"时点，判断是否超过行政追责时效；如果行为人的违法行为由行政机关移送进入刑事程序的，应当以行政机关发现该违法事实的时间为"发现"时点，判断是否超过行政追责时效。《全国人大常委会法制工作委员会关于提请明确对行政处罚追诉时效"二年未被发现"认定问题的函的研究意见》中明确了《行政处罚法》规定"发现"违法违纪行为的主体是处罚机关或有权处罚的机关，包括公安、检察、法院、纪检监察部门和司法行政机关等。这一意见可以作为司法实践中执行追责时效制度的重要参考，《行政处罚法》第 36 条规定的"发现"也不应限定为行政机关，换言之，如果司法机关在违法行为发生后的二年内启动刑事程序侦查调查，便可以认定违法行为"被发现"，进而不超过行政追责时效。

二、电信网络诈骗中的检察公益诉讼

电信网络诈骗犯罪案件中刑事附带民事检察公益诉讼的法律依据源于《反电信网络诈骗法》，其第 47 条明确授权人民检察院在履行反电信网络诈骗职责中，对于侵害国家利益和社会公共利益的行为可以提起公益诉讼。《反电信网络诈骗法》并未明确相关公共利益保护组织，亦未明确检察机关的诉权顺位问题。从当前最高人民检察院和一些地方法院发布的典型案例来看，针对涉电信网络诈骗刑事案件，刑事附带民事公益诉讼主要针对的是侵犯公民个人信息罪、帮助信息网络犯罪活动罪等关联犯罪。当前已经有部分省市开展了电信网络诈骗领域检察公益诉讼探索，例如，浙江省三级检察机关联动、一体办理的针对电商云仓企业信息被批量盗取并出售的反电信网络诈骗行政公益诉讼案件。[①] 安徽省黄山市徽州区人民检察院办理的非法利用信息网络刑事附带民事公益诉讼案，[②] 广西壮族自治区浦北县人民检察院开展公民个人信息保护检察公益诉讼监督活动。贵州省剑河县人民检察院开展反电信网络诈骗公益诉讼社会治理听证会，该院向地方人民银行支行公开宣告送达检察建议。[③] 从上述司法实践来看，开展检察公益诉讼的对象已拓展到个人、金融机构、行政机关等多种主体，既有刑事附带民事公益诉讼，又有行政公益诉讼，包含开展听证会、送达检察建议、专项监督等各类方式。

虽然在法律层面上，《反电信网络诈骗法》对检察机关参与电信网络诈骗治理过程中的公益诉讼进行了赋权，但并未明确规定可以提起公益诉讼检察监督的具体情形，包括程序、范围等在内的详细流程仍需最高人民检察院等部门出台相关司法解释提供规范指引，各地也可以在现有法律框架下开展实务探索。

（一）对金融、电信、互联网主管部门履职漏洞启动行政公益诉讼

《反电信网络诈骗法》对金融、电信、互联网主管部门的监管责任作出了规定。如果相关金融、电信、互联网主管部门存在未按照《反电信网

---

①　《浙江检察机关办理反电信网络诈骗公益诉讼案》，载 https：//www.spp.gov.cn/zdgz/202212/t20221201_ 594369.shtml，最后访问时间：2024 年 7 月 6 日。

②　《扫码免费领礼品？实为电信诈骗！全市首例非法利用信息网络刑事附带民事公益诉讼案在徽州区宣判》，载 http：//www.huangshanhz.jcy.gov.cn/jcyw1/202306/t20230609_ 4174713.shtml，最后访问时间：2024 年 7 月 6 日。

③　《剑河县"法检"联手公开宣告送达反电信网络诈骗司法（检察）建议》，载 https：//www.sohu.com/a/615949686_ 121106687，最后访问时间：2024 年 7 月 6 日。

络诈骗法》要求履行监管义务，或存在监管不到位、不作为的情况，致使所监管领域相关服务被用于电信网络诈骗，造成大量诈骗案件发生并侵害社会公共利益的，检察机关可与相关行政执法部门合作，通过侦查监督、线索移交、检察意见等方式深入打击行业内部人员为电信网络诈骗提供帮助的行为。同时，检察机关可依法启动行政公益诉讼诉前程序，通过制发检察建议，督促行政机关依法履职，并联合各有关部门、行业召开听证会，协同推进金融、电信、互联网行业秩序健康发展。检察机关履行了行政公益诉讼诉前程序后，如行政机关仍存在下列情况，检察机关可依法向法院提起行政公益诉讼：（1）行政机关在收到检察机关的检察建议后，逾期未回复，也没有采取有效整改措施；（2）虽制定整改措施，但没有实质执行；（3）虽按期回复但未采取整改措施或者仅部分整改的。

（二）对电信网络诈骗下游犯罪分子提起民事公益诉讼——以帮助信息网络犯罪活动罪，掩饰、隐瞒犯罪所得罪为例

帮助信息网络犯罪活动罪，掩饰、隐瞒犯罪所得罪的犯罪分子，虽然不直接收取涉诈资金，但他们对电信网络诈骗起到极大的帮助与促进作用。为此，在办理电信网络诈骗犯罪案件时，对于帮助信息网络犯罪活动罪以及掩饰、隐瞒犯罪所得罪的犯罪分子，除了追究刑事责任外，同时也要追究民事责任，即让犯罪分子承担民事公益诉讼惩罚性赔偿。帮助信息网络犯罪活动罪以及掩饰、隐瞒犯罪所得罪的犯罪分子之所以会去参加犯罪，其目的就是获得不法利益，但考虑帮助信息网络犯罪活动案件的流水，犯罪分子无法控制，他们也无法直接获得涉案金额，更为妥当的处理方式是以其直接获取的非法利益为基数提出惩罚性赔偿。对于掩饰、隐瞒犯罪所得案件的犯罪分子，其对于转移、取款的金额具有主动权，为此，对于该类犯罪应当将掩饰、隐瞒犯罪所得的金额作为惩罚性赔偿的基数。对于电信网络诈骗犯罪案件收取的惩罚性赔偿金，建议设立专项基金账户，以充分地保障被害人权益。

（三）对侵犯公民信息权益的犯罪分子提起民事公益诉讼

对非法获取用户个人信息并打包转卖给诈骗分子用于诈骗的行为人，可以在追究其刑事责任的同时，辅以公益诉讼手段追究其民事责任。对

此，可以参考最高人民检察院发布的检察机关个人信息保护公益诉讼典型案例中的案例七——浙江省杭州市余杭区人民检察院诉某网络科技有限公司侵犯公民个人信息民事公益诉讼案件。在本案中，侵权方自愿签署和解协议并表示支付 50 万元的违约金用于支付全国性个人信息保护公益基金的公益支出。以违约金的形式固定侵犯公民个人信息的市场主体民事责任，同时建立专门的公益基金账户，统一收取，专门管理，在全国范围内进行专款专用。

（四）检察公益诉讼相关案例分析

案例一：江苏省南通市人民检察院督促规范固话批量申请业务防范电信网络诈骗行政公益诉讼案——利用"空壳公司"营业执照批量申请固话帮助实施电信网络诈骗。

【基本案情】2022 年以来，江苏省南通市检察机关共受理利用公司营业执照批量申请固话进行电信网络诈骗刑事案件 5 件 9 人，部分案件被告人利用"空壳公司"实施违法犯罪活动，造成受骗群众财产损失 560 余万元。其中，涂某等 3 人帮助信息网络犯罪活动案中，通过经营的"崇川区某包子店"执照办理电信固定电话线路 16 条、利用"贵州某有限公司"营业执照办理联通固定电话线路 60 条；高某帮助信息网络犯罪活动案，利用"南通某信息科技有限公司"营业执照办理联通固定电话线路 40 条；唐某等 3 人帮助信息网络犯罪活动案，利用"海口秀英区某科技工作室"营业执照办理联通固定电话线路 60 条。诈骗分子通过 VOIP 设备远程操控上述线路，拨打诈骗电话，更容易取得被害人的信任。涉案"空壳公司"在实际控制人被判处刑罚后仍然存续经营。

【检察官提醒】利用"空壳公司"批量申领固定电话并出租出售的行为，社会危害性大，情节严重的，构成诈骗罪或帮助信息网络犯罪活动罪。行政机关办理营业执照申请业务、通信行业从业人员办理批量固话申请业务时，要严格把关，认真落实《反电信网络诈骗法》，避免犯罪分子利用监管漏洞实施诈骗。广大民众接到陌生电话时需审慎交流，"不轻信、不透露、不转账"，守护好个人信息和"钱袋子"。

案例二：贵州省贵阳市南明区人民检察院督促规范涉诈企业营业执照监管行政公益诉讼案——出售"空壳公司"营业执照、对公账户帮助电信网络诈骗犯罪"洗钱"。

【基本案情】2019 年 6 月至 7 月间，周某某注册成立贵州优某电子商务有限公司、贵州然某电子商务有限公司、贵州阅某电子商务有限公司，在办理对公账户后，将三家公司营业执照、对公账户以 4000 元的价格贩卖给他人，后该对公账户被用于实施电信网络诈骗，受害人将被骗资金转入对公账户中。2022 年 7 月 25 日，周某某因买卖国家机关证件罪被判刑后，其注册成立的三家公司仍未撤销登记，存在着继续被用于犯罪活动的风险。

【检察官提醒】当前，一些犯罪分子盯上对公账户黑色交易，专门注册"空壳公司"并非法转让对公账户，为电信网络诈骗提供帮助。对此，行政机关需落实监管责任，依法及时对涉案企业撤销登记。广大经营者需增强法律意识，切勿贪图小利出租、出借、出售对公账户，触碰法律红线。广大民众和企业财务人员需增强识诈防诈意识，对公账户大额转账更需审慎核对，不给犯罪分子可乘之机。

三、电信网络诈骗关联问题典型案例

（一）电信网络诈骗刑民责任典型案例

1. 刑民交叉

案例一：霍某某侵权责任纠纷案①：按比例承担赔偿责任。

【案情】2020 年 7 月，原告霍某某通过手机下载某某应用程序。7 月 27 日其联系客服，咨询购买理财基金产品 17000 元，客服根据霍某某的购买金额匹配到商户韩某某。随后，霍某某通过转账方式将钱款支付到韩某某账户中。因所购基金未到账，霍某某找到客服，客服称霍某某款项未到账，提供韩某某电话、身份证号、民族、住址等身份信息让霍某某与其直接联系。霍某某称某某应用程序于 2021 年 9 月关闭，现已无法使用。被告韩某某称其自 2019 年 11 月起至 2020 年 8 月，将其办理的银行卡及 U 盾十余张售卖给一自称为"王某某"的客户获利约 2000 元。2020 年 10 月 29

---

① 北京市平谷区人民法院（2023）京 0117 民初 5088 号民事判决书。

日，因涉嫌帮助信息网络犯罪活动罪，韩某某被某某分局刑事拘留，于2020年11月28日被取保候审，2021年11月28日被解除取保候审。庭审中，韩某某自称非法所得1500元已上缴国库。

经查询，韩某某银行流水显示，自2020年2月4日起，该账号有大额资金频繁转入并在当日或次日转出，自7月24日起该账号又出现频繁资金转入转出，且均系当天转、当天出，其中霍某某分别于7月24日、7月25日、7月25日、7月25日、7月26日、7月27日转入2388元、13140元、5200元、5000元、15000元、17000元。霍某某称除最后一笔转账外，其他转账均取得基金并转卖他人，最后一笔未到账。2021年9月13日韩某某该银行卡被注销。

【诉讼请求】原告诉至法院要求判令被告返还原告款项17000元及其利息。

【裁判结果】被告赔偿原告经济损失3400元（20%责任）。

【裁判理由】原告霍某某在某某应用程序的指引下向韩某某银行账户转账，韩某某自认该银行卡已出售他人使用，结合应用程序对话信息、银行账户交易明细，可以认定霍某某主张的经济损失涉嫌电信网络诈骗犯罪行为，法院依法将相关线索、材料移送公安机关办理。同时，《最高人民法院关于在审理经济纠纷案件中涉及经济犯罪嫌疑若干问题的规定》第10条规定，人民法院在审理经济纠纷案件中，发现与本案有牵连，但与本案不是同一法律关系的经济犯罪嫌疑线索、材料，应将犯罪嫌疑线索、材料移送有关公安机关或检察机关查处，经济纠纷案件继续审理。本案霍某某诉请对象并非实施诈骗的直接责任人，霍某某被电信网络诈骗案件线索与本案并非同一法律关系，故本案继续审理。

对于韩某某是否应当承担侵权责任，法院认为，结合全案证据，能够证明韩某某向他人多次出售个人银行卡及个人信息，导致银行账户及个人信息被应用于非法目的，客观上为犯罪分子诈骗霍某某的资金提供了便利条件，对此，韩某某存在一定的过错，应承担相应的侵权赔偿责任。虽韩某某自称不清楚买受人购卡目的及售卡后续事项，但根据社会一般常识，购卡人频繁购买银行卡和个人信息，且每次邮寄地址不固定，作为理性自然人应当能够预见购卡人的非法目的，故对韩某某相关抗辩法院不予采信。韩某某虽提供证据证明因涉嫌帮助信息网络犯罪活动罪被刑事拘留、取保候审，但上述属于刑事强制措施，并非承担刑事责任的证据，且追究其刑事责任不影响其承担民事责任，故对韩某某的相关答辩意见，法院亦不予采纳。霍某某遭受案涉资金损失，直接原因系诈骗分子的犯罪行为导致，韩某某对此存在的过错程度，明显低于霍某某因轻信犯罪分子而自主转出资金从而导致被诈骗的过错，且庭审中霍某某自述其在受骗之前通过买入卖出的方式获得经济利益，银行交易明细亦有相应转账记录，故在本案中应当减轻韩某某的相应责任。综合全案证据，法院酌定韩某某承担20%的赔偿责任。

案例二：杨某侵权责任纠纷案①：连带赔偿责任。

【案情】2023年3月，原告杨某向公安机关报警，称被电信网络诈骗197255.3元，其中4万元流入被告张某某名下银行卡，111111.11元流入被告郭某某名下银行卡。经公安机关查实后，河南省信阳市平桥区人民检察院于2023年6月16日，以被告人张某某、郭某某犯帮助信息网络犯罪活动罪，向法院提起公诉。公诉机关指控，张某某、郭某某明知他人利用银行卡实施信息网络犯罪活动，仍将自己名下银行卡提供给他人使用。被告人张某某共提供4张银行卡，被告人郭某某共提供2张银行卡。

【诉讼请求】判令二被告返还原告被诈骗的197255.3元。

【裁判结果】河南省信阳市平桥区人民法院于2023年11月13日作出（2023）豫1503民初8959号民事判决，判决：一、被告张某某于本判决生效后10日内赔偿原告杨某4万元；二、被告郭某某于本判决生效后10日内赔偿原告杨某111111.11元；三、驳回原告杨某的其他诉讼请求。

【裁判理由】组织、策划、实施、参与电信网络诈骗活动或者为电信网络诈骗活动提供相关帮助的违法犯罪人员，除依法承担刑事责任、行政责任外，造成他人损害的，依据《民法典》等法律的规定承担民事责任。《民法典》规定，行为人因过错侵害他人民事权益造成损害的，应当承担侵权责任。教唆、帮助他人实施侵权行为的，应当与行为人承担连带责任。二人以上共同实施侵权行为，造成他人损害的，应当承担连带责任。被告张某某、郭某某明知他人利用信息网络实施犯罪，为其犯罪提供支付结算等帮助，情节严重，其行为已构成帮助信息网络犯罪活动罪，造成原

① 河南省信阳市平桥区人民法院（2023）豫1503民初8959号民事判决书。

告经济损失，应当就其过错向原告承担赔偿责任。虽被告张某某、郭某某认为由其个人赔偿不合理，其也是受害者，并且受到了法律的制裁，但从整个案件来看，被告是共同侵权人之一，不应区分责任比例，应对原告的财产损失承担连带赔偿责任。

原告杨某要求被告张某某、郭某某赔偿其经济损失 197255.3 元，但原告所提供的证据证明其中 4 万元流入被告张某某名下的银行账户，111111.11 元流入被告郭某某名下银行账户，故被告张某某、郭某某仅应对其银行账户所接收的款项对原告承担侵权赔偿责任。被告张某某应当赔偿原告 4 万元，被告郭某某应当赔偿原告 111111.11 元。

案例三：原告罗某与被告陈某、郭某侵权责任纠纷案：连带赔偿。

【案情】2020 年 12 月 14 日，原告罗某接收到平台推送信息，进入投资理财平台 "PUNDI" App，根据客服引导进行操作，将 907368.66 元款项转入被告陈某的中国农业银行账户。另查明，被告郭某自 2020 年 11 月以来会同被告陈某等在明知他人实施犯罪活动的情况下，仍提供本人银行卡帮助他人进行违法转账并从中获利。被告陈某提供本人 3 张银行卡，被告郭某提供本人 1 张银行卡，其中原告罗某属于被害人（重庆市九龙坡区被骗），本案 907368.66 元款项属于被告陈某提供的银行卡涉案流水范围。原告与二被告并不认识，也没有经济往来，不存在债权债务关系。再查明，陈某、郭某因涉嫌帮助信息网络犯罪活动罪分别于 2021 年 3 月 4 日、2021 年 3 月 2 日被公安机关抓获，并于 2022 年 7 月 21 日经重庆市九龙坡区人民法院（2022）渝 0107 刑初 50 号刑事判决书认定陈某、郭某构成帮助信息网络犯罪活动罪，并承担相应有期徒刑、并处罚金、追缴违法所得等刑事责任。

【裁判结果】一、被告陈某于本判决生效之日起 5 日内赔偿原告罗某907368.66 元；二、被告郭某于本判决生效之日起 5 日内就前述判项向原告罗某承担连带责任；三、驳回原告罗某的其他诉讼请求。

【裁判理由】本院认为，组织、策划、实施、参与电信网络诈骗活动或者为电信网络诈骗活动提供相关帮助的违法犯罪人员，除依法承担刑事责任、行政责任以外，造成他人损害的，依据《民法典》等法律的规定承担民事责任。《民法典》规定，行为人因过错侵害他人民事权益造成损害的，应当承担侵权责任。教唆、帮助他人实施侵权行为的，应当与行为人承担连带责任。二人以上共同实施侵权行为，造成他人损害的，应当承担连带责任。本案中，被告陈某在明知他人实施犯罪活动的情况下，仍提供本人银行卡帮助他人进行违法转账并从中获利，造成原告经济损失，应当就其过错向原告承担赔偿责任。被告郭某会同陈某在明知他人实施犯罪活动的情况下，仍提供本人银行卡帮助他人进行违法转账并从中获利，造成原告经济损失，应当就其教唆帮助过错向原告承担连带责任。原告向被告主张差旅费，没有事实依据和法律依据，法院不予支持。

2. 民事另诉

大多数司法案例认为，不属于民事诉讼的受理范围，裁定驳回起诉。具体可分为以下两种情形：第一种，法院认为起诉不符合法律、司法解释的规定，应予以驳回。比如，在广东省佛山市顺德区人民法院（2021）粤0606民初36040号民事裁定书中，原告以被告向犯罪分子提供银行卡，造成己方损失，且被告已经被以帮助信息网络犯罪活动罪定罪处罚为由，起诉"卡农"索赔。法院认为，刑事犯罪中，被告人占有及处置被害人的财产的，应予以追缴或责令退赔，不能通过民事诉讼途径解决。原告起诉不符合法律、司法解释的规定，应予以驳回。第二种，法院以诈骗犯罪分子的处理结果不明，案涉银行卡结算资金是否被追缴或退赔均处于不明状态为由，认为案件不宜作为民事案件处理，驳回原告起诉。比如，在辽宁省鞍山市中级人民法院（2021）辽03民终4804号民事裁定书中，法院认为，李某1（被告）因出售银行卡给李某2已被判处帮助信息网络犯罪活动罪，李某2另案处理。因梁某某（原告）汇款时案涉银行卡已被犯罪分子利用进行犯罪活动，故其与李某1之间并不是不当得利的民事法律关系。因李某2另案处理的结果目前尚不明确，包括梁某某汇入款项在内的案涉银行卡结算资金是否被追缴或退赔均处于不明状态。鉴于梁某某陈述的购买过程符合一般网络诈骗的特征，故法院认为本案不宜作民事案件处理，梁某某作为被害人应另行向相关部门报案以获得救济。

此外，还有法院认为应当先刑后民，刑事判决未对被害人进行经济赔偿的可以通过民事诉讼解决，以肖某某与林某某、赖某某等物权保护纠纷案为例。

2015年6月10日，肖某某向广州市公安局白云区分局某派出所报警，在派出所询问时陈述，"2015年6月8日晚，我爸爸接到电话，称他以前教书的单位有退休工资补发，需要办一张银行卡去办理业务，我爸爸就叫我帮忙去处理，我就按照我爸爸提供的电话打过去问，在电话中对方自称是教育局的工作人员，自称姓杨，他说跟我们是同一镇上的，因为我爸爸以前是教书的，之前我爸爸也寄资料回家办理，我就信以为真，在6月9日那天我就去农行办理了一张银行卡，我把账号发给对方。没多久对方就给我打电话，说今天之内要办好，要不今年退休工资就没得补了，他就在电话中教我操作，指引我在广州市白云区某农业银行柜员机插入银行卡，我就按照他说的去做，分两次转了13700元。转完账后银行的工作人员问我是不是给陌生人转账，我才惊醒过来，后来我给对方打电话，对方不接，发信息也不回，我知道被骗了。对方的联系电话是170773×××× 8，对方的银行账户为62×××76，户名不记得了"。2016年林某某、赖某某先后被逮捕，2017年2月22日法院作出（2017）粤0111刑初111号刑事判决书。判决查明，2015年至2016年5月间，林某某受同案人指使，由其指使被告人赖某某到工商银行、农业银行等处先后办理了多张银行卡，并将上述银行卡提供给同案人用于实施电信网络诈骗或者帮助同案人取款。同案人先后拨打电话以谎称他人家属受伤需缴纳手术费或补发工资为由，诱使肖某某、刘某某等人在本市白云区、海珠区、增城区等处向上述赖某某的银行账户转账，共骗得人民币26700元。林某某犯掩饰、隐瞒犯罪所得罪，被判处有期徒刑一年，并处罚金5000元，赖某某犯掩饰、隐瞒犯罪所得罪，被判处有期徒刑十个月，并处罚金3000元。原告肖某某诉请法院判令：（1）判令被告退还诈骗款人民币13700元；（2）判令被告自2015年6月9日至退还之日止，按照银行同期贷款利息支付被诈骗的利息；（3）本案诉讼费用由被告承担。

法院认为，公民的财产权受法律保护。《侵权责任法》第9条①规定，教唆、帮助他人实施侵权行为的，应当与行为人承担连带责任。被告林某某、赖某某提供银行卡给同案人用于实施电信网络诈骗或者帮助同案人取款的行为侵犯了原告肖某某的财产权，应与同案人连带赔偿原告肖某某的财产损失，被告林某某、赖某某应连带赔偿原告肖某某13700元并支付相应的利息。原告主张被告洪某某承担责任，但未能提供被告洪某某因此受

---

① 参见《民法典》第1169条。

到刑事审判的判决，仅从洪某某的供述并不能确定其与本案的诈骗行为有直接关系，根据先刑后民的原则，原告可待被告洪某某的刑事案件处理完之后再向其主张赔偿。综上所述，根据相关法律规定，判决如下：一、在本判决生效之日起 7 日内，林某某、赖某某连带赔偿肖某某 13700 元及利息，利息自 2015 年 6 月 9 日起按中国人民银行同期同类贷款基准利率计算至实际清偿之日止；二、驳回肖某某的其他诉讼请求。

3. 刑民结合

案例一：裴某、周某、刘某涉嫌掩饰、隐瞒犯罪所得案①。

2020 年 8 月，被害人罗某加入一个微信投资炒股群，经群内"热心网友"推荐，开始在某平台上申购数字货币，在向平台提供的账号转入 100 余万元后，发现"投资申购"的百万余元均不能提现，平台亦无法正常使用，罗某发现被骗后随即向公安机关报案。

2021 年 1 月，公安机关以裴某、周某等人涉嫌帮助信息网络犯罪活动罪移送湖北省荆州市荆州区人民检察院审查起诉。经审查认定，2019 年 10 月至案发前，裴某、周某、刘某以购买虚拟货币的方式，多次通过某数字资产交易平台帮助诈骗团伙转移资金。罗某被诈骗的百万余元，均通过多级账户转入三人使用的银行卡内，三人明知他人转入的资金系违法犯罪所得，仍予以转移，构成掩饰、隐瞒犯罪所得罪。

审查起诉阶段，承办检察官积极履行检察机关落实认罪认罚从宽制度的主导责任，充分向三名被告阐明认罪认罚依法从宽处理原则。经检察官释法说理，刘某当场表示认罪认罚，并主动退赔被害人罗某数万元，取得其谅解。结合刘某的涉案数额、犯罪情节、认罪态度等因素，检察机关最终依法对刘某作出不起诉决定。

因裴某、周某涉案数额属于情节严重情形，法定刑为三年以上七年以下有期徒刑，虽然两人均表示认罪，但对于量刑依然有所担忧。承办检察官积极鼓励二人退赔挽损，并向其解释认罪认罚与否面临的刑期差异。最终，周某希望主动适用认罪认罚从宽制度，并在律师的见证下，当即自愿签署《认罪认罚具结书》。

---

① 蒋长顺、彭静静：《剑指电信网络诈骗｜通过交易平台帮助诈骗团伙转移资金》，载《检察日报》2021 年 7 月 16 日。

案件审查结束后，荆州区人民检察院以裴某、周某涉嫌掩饰、隐瞒犯罪所得罪向法院提起公诉，并综合犯罪数额、情节等，对自愿认罪认罚的周某和未认罪认罚的裴某提出不同的量刑建议。庭审中，检察官用相互印证的证据链、有理有据的公诉意见有力证实了裴某的犯罪事实。在庭审的最后阶段，裴某当庭表示自愿认罪认罚。庭审结束后，裴某、周某的家属代为赔偿罗某全部损失共计近百万元，并取得罗某的谅解。随后，检察官依法调整了量刑建议，并被法院采纳。最终，法院作出判决，以掩饰、隐瞒犯罪所得罪判处裴某有期徒刑三年，缓刑五年，罚金 10 万元；周某有期徒刑三年，缓刑四年，罚金 2 万元。

（二）电信网络诈骗与侵犯公民个人信息犯罪典型案例

案例一：章某某等诈骗、侵犯公民个人信息案。

【裁判要旨】非法获取公民个人信息后，实施电信网络诈骗等犯罪，构成数罪的，依法予以并罚。

【基本案情】2016 年年初，被告人章某某到广东省河源市租住源城区建设大道德欣豪庭×栋×室，准备手机等作案工具并通过互联网非法购买公民个人信息 12555 条。2016 年 3 月至 4 月间，被告人章某某先后雇用被告人汪某某等三人在该房内，通过拨打章某某事先从网上购买的学生个人信息上的家长联系电话，冒充"学校教务处""教育局"工作人员，以获取国家教育补贴款为由，诱骗学生家长持银行卡到 ATM 机上转账至章某某掌控的银行账户，从中获取钱财。至被查获时，共拨打诈骗电话 4392 人次，骗取 116200 元。2016 年 4 月期间，被告人章某某还伙同他人利用同样的手段实施诈骗行为，至被查获时，共拨打诈骗电话 807 人次，骗取他人钱财近 3000 元。

福建省安溪县人民检察院于 2016 年 6 月 3 日以涉嫌诈骗罪、侵犯公民个人信息罪对章某某、汪某某等人批准逮捕。此案提起公诉后，2016 年 12 月 14 日，安溪县人民法院作出一审判决，以诈骗罪、侵犯公民个人信息罪判处被告人章某某有期徒刑五年，并处罚金人民币 38000 元；其他 3 名被告人以诈骗罪分别被判处一年至二年九个月不等有期徒刑，并处罚金。

【典型意义】随着现代通讯技术和互联网技术的快速发展，公民个人信息极易泄露。公民个人信息通过信息网络传播、交易，往往被不法分子大量窃取、利用，催生电信网络诈骗等关联犯罪，严重威胁公民人身安全、财产安全和社会管理秩序。打击利用互联网出售、提供、非法获取公民个人信息等侵犯公民个人信息犯罪，切断其与电信网络诈骗等犯罪的犯罪链条，从源头上预防和减少犯罪发生，具有重要意义。本案中章某某等人通过百度及 QQ 向他人购买学生个人信息，拨打学生家长电话，先后冒充学校及教育局工作人员，以领取学生助学补助金为幌子，骗取钱财，不仅侵犯了学生及学生家长的个人信息和财产安全，还破坏了学校的正常教学秩序和教育系统声誉，社会危害极大。本案的查处既震慑了利用互联网侵犯公民个人信息犯罪，也有力地打击了电信网络诈骗犯罪，取得了良好的法律效果和社会效果。

案例二：王某某等人诈骗、侵犯公民个人信息案。

【裁判要旨】利用物流公司"内鬼"出售的公民个人信息"盲发快递"，实施电信网络诈骗，应数罪并罚。

【基本案情】2020 年至 2021 年间，A 物流公司销售人员孙某某介绍该公司快递员张某向王某某出售公民个人信息，张某先后两次从同公司快递员李某处购买含有姓名、手机号码、快递地址等内容的公民寄递信息共计 10 万余条，并出售给王某某。张某非法销售公民寄递信息获利 8900 元，李某获利 5600 元。

2021 年 5 月至 6 月间，王某某与孙某某共谋，利用非法购买的大量公民寄递信息，通过 A 物流公司以货到付款形式，向全国 17 万余人寄递价值 2 元的足浴包，虚构存在商品购销关系，要求收件人支付每单 69 元的到付货款，通过上述方式实际骗取高某某等人 30 余万元。

【典型意义】

第一，依法严惩新型电信网络诈骗犯罪。近年来，电信网络诈骗手段快速翻新，迷惑性不断增加，防骗难度不断加大。对于各类新型电信网络诈骗犯罪，要加大办案力度，揭露诈骗本质，依法予以严惩，切实维护人民群众合法权益。

第二，依法严惩寄递行业"内鬼"。寄递公司内部人员利用职务便利，非法出售在工作中获取的公民个人信息，在多种电信网络诈骗犯罪中起到关键作用，应予依法严惩。同时构成诈骗罪和侵犯公民个人信息罪的，应当数罪并罚。

第三，公益诉讼与检察建议相结合，拓宽综合治理路径。检察机关对涉及不特定多数人个人信息泄露案件提起附带民事公益诉讼，并制发检察建议，督促相关企业完善公民个人信息保护措施，以能动履职提升检察综合治理效能。

（三）电信网络诈骗与网络非法集资犯罪典型案例

案例：崔某某等集资诈骗案。

【案件焦点】崔某某等人利用电信网络推广虚假的众筹平台以投资外汇的名义骗取公众钱款的行为应当如何定性。

【基本案情】2016 年 2 月、3 月，被告人崔某某、尹某、刘京某、王满某、张城某等人在广东合谋通过建立众筹平台项目骗取钱财，刘京某提出仿造英国甲公司网址，以××外汇众筹名义进行诈骗的初步方案并获得认可，后崔某某、刘京某着手雇人制作网页前端、数据后台、租用网络服务器、购买网站域名等构建诈骗网站平台前期工作，崔某某通过互联网购买他人身份证、银行卡、支付宝账户、手机卡、微信、QQ 号等匿名作案工具。后被告人张家某、李乐某夫妇经被告人尹某招募加入该犯罪团伙，刘钜某经被告人王满某招募加入该犯罪团伙。团伙成员经商议确定了成员分工及分赃比例。

该团伙使用仿造的××网站平台以专业团队代理炒外汇、帮助投资者理财的名义，通过 QQ、微信等网络工具向不特定人群群发信息、分享链接及二维码的方式进行推广，并以日息为投资额的 1.5% 到 3.5% 的高回报率及推荐奖金为诱饵，向社会不特定公众非法吸收资金，利用已吸收的集资款兑付集资参与人的利息及奖金，以制造集资参与人赚钱的假象进而骗取更多的集资款。为了逃避银行的监管及公安机关的查处，团伙成员使用上述购买的匿名移动终端、互联网聊天软件、收付款网银等作案设备用于汇转资金、联系集资参与人、登记住宿等活动，团伙成员集中住宿，不断变换住所、流窜作案。团伙成员将诈骗平台所骗得的支付宝、银行卡中的赃款通过周金某等人使用的 POS 机匿名刷卡套现分赃，后期由刘京某牵头帮助团伙成员购买比特币进行汇转洗钱分赃，作案后团伙成员将作案专用的电脑、手机、银行卡等工具予以丢弃。

2016 年 5 月 24 日，该团伙经合议后关闭该诈骗网站平台，并将网站平台数千万元集资款以资金或比特币方式进行分赃。该团伙骗取余某等5197名集资参与人的投资款共计 99850849.73 元，扣除以利息、奖金等形式的返利 63538491.52 元，实际造成经济损失 36312358.21 元，即本案集资诈骗数额为 36312358.21 元。

【裁判要旨】行为人通过犯意沟通，以非法占有集资参与人款项为目的，依托仿造的网络投资平台，以专业团队代理理财、高额回报、推荐奖金等噱头，诱骗不特定多数人参与"投资"，平台吸收的款项被行为人通过 POS 机匿名刷卡套现，购买比特币等形式分赃，上述行为满足非法集资"四性"要求，电信网络仅仅是行为人实施犯罪行为的载体和具体途径，其侵犯的法益是公民的财产所有权以及市场经济秩序，依照行为手段、危害后果、侵犯法益等，应以集资诈骗罪论处。

（四）网络非法吸收公众存款罪与集资诈骗罪典型案例

案例：徐某某等非法吸收公众存款案。

【案件焦点】徐某某等三人行为是构成非法吸收公众存款罪还是集资诈骗罪。

【基本案情】2017 年 5 月，被告人徐某某、陈某某、施某某经共谋后共同成立甲（厦门）电子商务有限公司（以下简称甲公司），注册地址为厦门市翔安区海鸣路×号××室，实际经营地为厦门市集美区乙中心×号楼××层和××层，并商定采用"三级分销、返积分"的模式吸引投资者进行投资，同时商定由被告人陈某某担任公司法定代表人、董事长，负责利用丙集团为公司宣传、供货，所占股份份额为 65%；被告人徐某某担任公司总经理，负责公司日常经营管理、注册成立和管理公司网站平台，所占股份份额为 25%；被告人施某某担任公司副总经理，负责协助被告人陈某某、徐某某开展公司相关业务工作，所占股份份额为 10%。之后，被告人徐某某、陈某某、施某某等人在未经国家有关部门批准的情况下，利用甲公司网站平台，以销售被告人陈某某实际控制的丙集团生产的金线莲为幌子，吸引全国各地投资人前往丙集团参观金线莲生产基地。在此期间，被告人徐某某、陈某某、施某某等人多次召开推介会向社会公众公开宣传、推广其公司所谓的"千城万店"投资项目，具体分为"3000 元、6000 元、10000 元、30000 元、50000 元"五个档次，鼓动投资者在其网站平台上注册会员并充值进行投资，并许诺每日返还投资款额 2% 的高额投资回报以及以投资者可以将部分投资转为丙集团原始股作为利诱，向社会公众吸收资金。投资者在甲公司网站平台上注册成为会员后，通过 POS 机刷卡支付或银行转账的方式将投资款转入被告人陈某某控制下的多个个人银行账户，用于购买上述投资项目。被告人徐某某、陈某某、施某某等人将上述投资额的 20% 支付给丙集团用于采购金线莲，并将剩余的 80% 投资款用于支付投资者每日 2% 的回报，直至资金链断裂。截至案发，被告人徐某某、陈某某、施某某等人通过上述方式，非法向被害人简某某等人吸收资金达人民币 108953410.06 元。

【裁判要旨】当前，随着网络技术的飞速发展及网络设备的迭代更新，通过网络形式实施的非法集资行为不断涌现，鉴于此类行为手段与电信网络诈骗存在交叉之处，故如何准确界分成为司法实践的一大难题。首先，网络非法集资与电信网络诈骗的界分要点在于侵犯的法益是财产权益还是市场经济秩序；其次，行为手段是否满足非法集资的"四性"要求，而非法吸收公众存款罪与集资诈骗罪的界分应结合行为人的主观意图、资金去向、投资项目等具体判定。行为人违反国家金融管理法律规定，未经有关部门依法批准，向社会公开宣传，承诺在一定期限内以货币或股权等给付回报，非法向社会不特定对象变相吸收资金，应当以非法吸收公众存款罪论处。

第六章　健全联合打击电信网络诈骗
犯罪的国际合作问题

　　我国对境内电信网络犯罪采取严厉打击态度，有效压缩了其生存空间，为逃避打击，犯罪团伙逐渐向境外转移，导致跨境电信网络诈骗犯罪案件数量持续上升，近年来呈现高发多发态势。跨境电信网络诈骗犯罪治理已经成为我国犯罪治理乃至社会治理一项紧迫任务。

　　在当前的跨境电信网络诈骗犯罪案件中，犯罪分子的不同成员、犯罪行为的不同环节以及犯罪相关设备、工具、软件都有可能分布在不同国家，这些跨境特征使得电信网络诈骗在全球扩散蔓延，越来越成为一个世界性的犯罪问题。由于不同国家刑事司法制度存在差异，对于电信网络诈骗的打击力度不同，单纯依靠某一国家自身的力量难以应对跨境电信网络诈骗，甚至某些国家可能因此成为跨境诈骗团伙逃避所属国打击的"避风港"。因此，面对电信网络诈骗的跨境化趋势，应当探索跨国协同治理路径，通过实践逐步完善国际刑事司法协助规则，探索构建双方、多方参与的跨境电信网络诈骗犯罪治理机制。具体而言，治理跨境电信网络诈骗犯罪，应该从明确跨境案件管辖规则入手，强化跨境警务合作和司法协作，在证据收集、情报共享、罪犯抓捕、侦查技术、追赃挽损等方面加强协作交流，形成跨境电信网络诈骗犯罪全球打击合力。

一、跨境电信网络诈骗犯罪的管辖

　　在国际视野中，刑事管辖权是一国基于国家主权派生出的权力，是国家在其统治领域内外行使司法权的前提，确定刑事管辖权的刑事管辖原则决定了刑法在空间上的效力范围，是国家行使刑事管辖权的基本依据，其主要功能是确定国家司法权与案件之间存在的连接点。

就跨境电信网络诈骗犯罪及关联犯罪案件的刑事管辖制度来说，实体法上的刑事管辖权与程序法上的刑事诉讼管辖权在原则与规则上的明确具有重要意义。一方面，刑事管辖原则的明确是我国在网络空间中行使国家主权——实体法上的刑事管辖权的立场基础，而刑事管辖权是我国制裁跨国电信网络诈骗犯罪及关联犯罪时实施刑罚权的前提，是我国参与打击跨境电信网络诈骗全球协作互助机制的关键一环。另一方面，程序法上的刑事诉讼管辖解决的是国内电信网络诈骗犯罪案件的"起点""入口"问题，是跨境电信网络诈骗犯罪及关联犯罪的侦查、起诉与审判具有合法性与合理性的前提。

实践中，随着境内对电信网络诈骗犯罪的打击力度持续加大，电信网络诈骗犯罪窝点向境外转移，呈现全球化趋势，给传统的国际刑事案件属地管辖原则带来冲击。一些国家确立的"长臂管辖"原则带有霸权主义色彩，加剧了国际刑事管辖权的冲突。

（一）跨境电信网络诈骗犯罪刑事管辖原则和规则

我国《刑法》第6条至第9条确立了包括属地管辖、属人管辖、保护管辖和普遍管辖在内的四个刑事管辖基本原则，其中属地管辖为主要原则，其他原则为补充性原则。属地原则指的是，根据《刑法》第6条的规定，只要是犯罪行为或者犯罪结果发生在我国领土范围内的，我国即有权管辖。

如前所述，为了应对包括电信网络诈骗在内各类信息网络犯罪链条化、跨地域化、涉众化新形势，《办理电信网络诈骗意见》《办理电信网络诈骗意见（二）》《最高人民法院、最高人民检察院、公安部关于办理信息网络犯罪案件适用刑事诉讼程序若干问题的意见》这几部法律文件逐步完善了境内及跨境电信网络诈骗案件管辖规则，调整了管辖思路。从适应犯罪发展趋势、有利于侦查与诉讼的角度，对电信网络诈骗犯罪及关联犯罪的管辖连接点和并案管辖标准进行了补充和完善，激活了电信网络诈骗上下游关联犯罪的关联管辖和一体化治理，有利于办案机关针对电信网络诈骗犯罪及关联的上下游犯罪进行"一体化"打击。其中，《办理电信网络诈骗意见》《办理电信网络诈骗意见（二）》《最高人民法院、最高人民检察院、公安部关于办理信息网络犯罪案件适用刑事诉讼程序若干问题的意见》还对跨地域、跨国境电信网络诈骗犯罪及其关联犯罪的并案处理、域外管辖作出了规定，旨在捍卫国家网络空间主权，积极促进国际合作，共同打击治理电信网络犯罪。

（二）现有管辖原则和规则难以应对国际刑事管辖冲突

跨境电信网络诈骗犯罪是一种典型的跨境网络犯罪，也是国际刑事管辖权冲突的"重灾区"。国际刑事管辖权冲突，是指在全球范围内，两个以上法域基于各自刑法关于空间效力的规定，对特定刑事案件同时具有刑事管辖权，进而形成相互冲突的法律现象。关于解决这类冲突的具体规则，国际刑法规范中并没有统一定论。面对包括电信网络诈骗犯罪在内的跨境网络犯罪，多国都具有管辖权并且提出实际管辖主张，如何解决管辖冲突并实现管辖权是一个具有普遍意义的问题。一般来说，处理跨境网络犯罪管辖冲突，应按照先后行使管辖权的顺序，即领域管辖权、登记国管辖权、属人管辖权、保护管辖权、普遍管辖权的次序排列，其中领域（属地）管辖权的实际行使居于优先地位。但是从目前各国实践看，对这一理论还缺少普遍共识和较高的国际认可程度。一些国家更加倾向于依照本国刑事管辖冲突解决规则对这类管辖冲突主张管辖权。在处理跨境电信网络诈骗犯罪案件时，上述刑法管辖原则在司法实践中的适用存在较多困难。

一是电信网络诈骗犯罪的扩张管辖导致属地管辖原则适用困难。根据《刑法》第6条的规定，只要是犯罪行为或者犯罪结果发生在我国领土范围内的，我国均有权管辖。就传统刑事案件而言，一国领域的范围与边界均为物理上、地理上可测量、已标识的土地与空间。然而，在互联网、电信网的虚拟空间中，国家的界限趋于模糊，物理上的连接点难以排除和限制各国的管辖权，导致传统的属地管辖规则面临挑战。根据《办理电信网络诈骗意见》《办理电信网络诈骗意见（二）》《最高人民法院、最高人民检察院、公安部关于办理信息网络犯罪案件适用刑事诉讼程序若干问题的意见》的规定，我国对电信网络诈骗犯罪案件的管辖采取了连接点较广泛的扩张性管辖原则。在司法实践中，跨境网络诈骗犯罪基于网络传播速度快、追踪定位难的特性，在传输过程中所覆盖的地理位置往往涉及多个主权国家和地区，并且在传输中无须经过各主权国家的同意，大部分国家对主权范围内的信息通信活动本身及其数据流享有管辖权，国际公法原则也并不禁止一个以上国家主张管辖权。在跨境电信网络诈骗犯罪链条中，受害方、服务器或服务器运营商以及被告方等各涉案方极有可能遍布多个主权国家或地区。为保护国内公民权益，针对跨境犯罪，尤其是跨境电信网络诈骗犯罪，相关国家纷纷在本国通过法律规范确立扩张性属地管辖权规则以便对相关犯罪进行刑事追责。在此趋向下，跨境电信网络诈骗犯罪地域交织带来的管辖竞合将不可避免。而目前国际上对刑事犯罪在网络空间异化产生的跨境电信网络诈骗犯罪管辖尚未形成广泛共识，加剧了管辖权的冲突。此外，在一些法制不健全的国家，电信网络诈骗的犯罪所得可能成为政府黑色收入的重要一环。因此，当地政府对其采取放任甚至放纵态度，受害国执法机构未经其同意无权进入该国惩治犯罪，使跨境电信网络诈骗集团躲在政府主权保护伞下越发猖獗。属地管辖规则的盲目扩张和网络空间的无界性交织，在司法适用中变相增加了跨境网络犯罪的打击难度。

二是保护管辖原则同样加剧了国际管辖权归属混乱的局面。保护管辖原则以被害人国籍或者受影响地为连接点，在网络空间中实际上给予了所有能够接入电信互联网的国家以刑事管辖权，电信网络诈骗关联犯罪的发生空间处于虚拟空间，贯通全球地域，联结各国公民。在刑事犯罪的视域中，每一个使用互联网和电信网的用户，都可能成为犯罪行为的受害者，每一个能够接入互联网的国家，原则上均有权主张管辖，这就导致了国际管辖权前所未有的混乱与冲突。比如，美国 1945 年经由"国际鞋业公司诉华盛顿州案"确立的饱受诟病的"长臂管辖规则"，其依据"效果原则"和"最低限度联系"原则对域外主体进行管辖，严重违反了不得在他国领土上行使国家权力的国际法原则。

三是普遍管辖原则未能充分发挥其联结各国力量共同打击全球化电信网络诈骗关联犯罪的功能。根据《刑法》第 9 条的规定，凡是我国缔结或者参加的国际条约中规定的罪行，不论罪犯是中国人还是外国人，也不论其罪行发生在我国领域内还是领域外，也不论其具体侵犯的是哪一个国家或者公民的利益，只要犯罪分子在我国境内被发现，在承担条约义务的范围内，如不引渡给有关国家，我国就应当行使刑事管辖权，按照我国的

《刑法》对罪犯予以惩处。普遍管辖原则的适用依据是国家之间签订的国际条约,普遍管辖的对象是特定的,即仅限于我国缔结或者参加的国际条约所规定的罪行,且在有关国际条约中我国声明保留的条款涉及的罪行除外。然而,目前关于跨境电信网络诈骗犯罪及关联犯罪,甚至是整个网络犯罪治理的问题,国际上尚未达成具有普遍约束力的国际条约,只有几部区域性的多边条约、公约,如《布达佩斯网络犯罪公约》《阿拉伯国家联盟打击信息技术犯罪公约》《上海合作组织成员国保障国际信息安全政府间合作协定》《非洲联盟网络安全和个人数据保护公约》等。值得一提的是,第 74 届联合国大会通过中国、俄罗斯等 47 国共同提出的《打击为犯罪目的使用通信技术的决议草案》,正式开启谈判制定打击网络犯罪全球性公约《联合国打击网络犯罪公约》的进程,该公约有望成为未来国际社会解决电信网络诈骗犯罪及关联犯罪,以及所有网络犯罪国际管辖争端的原则性国际条约。

此外,我国国内诉讼规则和侦查规则如何实现与相关国际条约规定内容的调试与衔接,是打击跨境电信网络诈骗犯罪的前提和基础。目前,关于跨境电信网络诈骗犯罪案件管辖问题,仅《办理电信网络诈骗意见》提到,在境外实施的电信网络诈骗等犯罪案件,可由公安部按照有利于查清犯罪事实、有利于诉讼的原则,指定有关公安机关立案侦查。《最高人民法院、最高人民检察院、公安部关于办理信息网络犯罪案件适用刑事诉讼程序若干问题的意见》提到,在境外实施的信息网络犯罪案件,公安部可以商最高人民检察院和最高人民法院指定侦查管辖。

(三) 电信网络诈骗犯罪刑事管辖困境的破解

在我国现有的跨境电信网络诈骗犯罪案件刑事管辖权立法框架下,需要秉承"一体化"打击思路,对属地管辖原则进行实质化解释,进一步明确属地管辖原则连接点的判断规则,建立明确有效的管辖冲突解决适用规则。

目前国际社会上存在的对跨境刑事案件管辖权冲突的主要解决规则分别是"优先管辖规则""实际控制规则"和"最密切联系规则"。很多时候"优先管辖规则"在具体操作问题上,仍然是依靠各国传统的刑事管辖权适用顺序以及各国间的协商来解决冲突。"最密切联系规则"在欧盟境内被广泛适用，依赖的则是欧盟区域内各国之间的高度信任以及司法体制的高度统一。[①] 而"实际控制"规则本身是从国际私法的适用法演变而来，在刑事司法体系中转变后类似于"扩张性属地管辖"规则。这三种管辖冲突解决规则在司法实践均取得过良好的适用效果，其本身的规则制定对我国构建管辖冲突解决规则具有一定的借鉴价值。

一是遵循境内电信网络诈骗犯罪及关联犯罪"一体化"打击、"全链条"管辖、"多主体"协作的打击思路。现行司法解释不断根据电信网络诈骗关联犯罪的特征和态势扩张连接点和管辖权的背后，是中国特色法治化建设进程中对网络主权、网络安全的强调和重视。明确跨境电信网络诈骗案件及关联犯罪的全链条管辖原则是打击跨境电信网络诈骗犯罪，保护我国人民群众财产安全的重要一环，应当承继境内电信网络诈骗治理的系统观念和全局观念，实现上中下游的全链条打击、境内境外一体治理，全方位抑制此类犯罪的发展空间。[②]

二是优先实质解释属地管辖规则。相较单纯照搬国际刑法三种刑事管辖冲突的适用规则，在我国处理跨境电信网络诈骗犯罪刑事管辖冲突时，建议结合"实际控制"规则、"最密切联系"规则以及我国国情，综合采取"实际控制及联系程度"判断规则，即发生网络犯罪时首先按照我国《刑事诉讼法》判断电信网络诈骗犯罪的任一环节是否发生在我国境内，相关人员或设备等物理要素是否处于我国实际控制之下。这种"实际控制"与本国公民是否受到实际侵害并无联系，即使我国并非实际受害国，但是该犯罪行为或者犯罪结果任何环节在我国刑事管辖权实际控制范围内，均可以适用。在上述"实际控制"规则的基础上，结合具体案情判断该实际控制环节与整个案件实际侵害对象的密切程度。这种刑事管辖冲突的解决规则，一方面能够衔接我国在电信网络诈骗犯罪方面确定的"扩张性属地管辖原则"的立法导向，实现对电信网络诈骗犯罪各环节的实际控制；另一方面通过密切联系程度的约束，限制了我国刑事管辖权的过度扩张，为我国在国际社会进一步开展国际刑事司法协助打下良好的基础。

[①]　参见虞文梁：《论网络犯罪刑事管辖权的国际冲突与规制》，载《环球法律评论》2022 年第 5 期。

[②]　周加海、喻海松、李振华：《〈关于办理信息网络犯罪案件适用刑事诉讼程序若干问题的意见〉的理解与适用》，载《中国应用法学》2022 年第 5 期。

三是补充适用"实害联系原则"。电信网络诈骗及关联犯罪产业化程度极高，最初受理地和主要犯罪行为地并不一定是最佳的管辖地点，可以参考国际刑法中的"实害联系原则"来进行管辖连接点的判断。"实害联系原则"是指在确定一国的刑事管辖权时，以犯罪行为对本国或公民是否具有实际的"侵害或影响关联性"为标准来确定是否具有刑事管辖权。[1]"实害联系原则"在跨境网络犯罪中的应用也是以属地管辖为基础。换言之，在网络空间背景下，属地管辖原则中的结果要素从广义的"影响"到"实害"的不同程度都会影响管辖的确定，且这种实害或者影响都必须与本国领域具有关联性。[2] 也就是说，在最初受理地和犯罪地不利于侦查和诉讼的情况下，或者犯罪地无法确定的情况下，应当综合分析犯罪行为导致了何种实际危害结果和不利影响，在管辖相关法律法规列举的连接点中选择危害结果的实际发生地与实际影响地，再参考各环节中资金、人员、技术等客观因素确定管辖。比如，司法实践中，电信网络诈骗犯罪案件相当比例由境外人员使用境外网络平台、设备实施，案件管辖往往存在争议。考虑境内跑分、两卡人员等涉案人员往往是侦查相关犯罪的重要线索来源，以其使用的信息网络系统所在地作为管辖连接点，更有利于案件办理。

四是积极提高普遍管辖原则的适用率。在我国司法实践中，普遍管辖规则的运用并不多。究其原因，一方面是由于前述几项管辖原则几乎可以涵盖并解决主要的刑事归责问题；另一方面就是目前我国加入的国际刑事司法类条约并不多，尤其是在网络犯罪方面，我国目前尚未加入具有较高影响力的《布达佩斯网络犯罪公约》等涉及网络犯罪的国际刑事司法合作规约。梳理跨境网络犯罪的惩治方式，不可否认的是其刑事归责的有效实现，很大程度上与是否存在一个相对统一的国际网络犯罪管辖条约有关。在电信网络诈骗犯罪跨境追诉方面，通过缔结或参加有关的跨境犯罪国际公约，能有效杜绝犯罪分子适用安全避风港原则逃避打击。因此，我国在跨境电信网络诈骗犯罪方面，应当积极落实普遍管辖原则，重视其在此类

---

[1] 参见刘艳红：《论刑法的网络空间效力》，载《中国法学》2018 年第 3 期。

[2] 参见虞文梁：《论网络犯罪刑事管辖权的国际冲突与规制》，载《环球法律评论》2022 年第 5 期。

网络犯罪刑事管辖权上的实际作用。

五是积极推进跨境电信网络诈骗犯罪打击的国际合作。应当在对内和对外两个层面强化国际合作，共同打击电信网络诈骗犯罪及关联犯罪。对内层面，国内法律体系引入与国际条约相衔接的跨境网络犯罪治理规则，如国际刑事诉讼移管、被判刑人移管等，以平衡本国与其他国家之间的利益；对外层面，积极促成全球性犯罪治理合作机制的构建和完善，携手各国力量，构建跨境电信网络诈骗犯罪乃至跨境网络犯罪打击共同体。面对电信网络诈骗犯罪及关联犯罪链条化、产业化、集团化的发展趋势，为了防止电信网络诈骗类关联犯罪的跨境蔓延，我国应当积极推动国际社会共同制定跨境网络犯罪相关国际条约，厘清跨国电信网络诈骗犯罪关联案件管辖与办理的规则制度，共建打击治理电信网络诈骗犯罪关联案件的国际合作机制，在预防、侦查、逮捕、退赃、处罚等各个环节实现国家间的信息互通、力量互助。

二、跨境电信网络诈骗犯罪的电子数据取证

以往国际刑事司法协助中调查取证的重点和难点多聚焦于查找、辨认涉案人员方面。随着信息化时代电信网络诈骗犯罪的出现和蔓延，原本调查取证工作的重点对象和遵循的规则已不能满足跨境电信网络诈骗犯罪对电子数据的调查取证需求。在网络虚拟空间中，跨境电信网络诈骗案件的犯罪行为、犯罪手段、犯罪工具均以数据的客观形式出现。这类电子数据构成了相关案件调查取证的主体。在司法实践中，要对跨境电信网络诈骗犯罪及关联犯罪主张刑事管辖权，其重要前置程序就是获取具有证明力的证据材料以明确该行为构成犯罪，而这种证据绝大部分以电子数据的形式加以呈现，这对我国进行电子数据跨境取证的刑事司法协助程序提出了更加严苛的要求。面对储存于境外的电子数据，境内侦查机关如何解决电子取证的法律与技术难题，是当下打击跨境电信网络诈骗犯罪的重要课题。目前，对于跨境电子数据取证的实践挑战主要包括线索（情报）获取、电子数据跨境取证、境外证据采信等方面。

（一）跨境电子数据取证相关法律依据

跨境取证是两个主权国家之间进行刑事司法协助的行为，从目前世界各国的法律制度来看，司法协助仍然是跨境取证的主要方式，多边条约或者双边条约是进行刑事司法协助的法律根据。

我国刑事案件的跨境取证法律依据，在国际层面，以《联合国打击跨国有组织犯罪公约》为主，以双边、多边刑事司法协助条约、协定为补充。一方面，跨境电信网络诈骗犯罪具有集团性、组织性，符合《联合国打击跨国有组织犯罪公约》对"有组织犯罪"的定义，从而使该公约成为包括我国在内各国和地区协作打击跨境电信网络诈骗犯罪所援引的主要依据。《联合国打击跨国有组织犯罪公约》第 18 条、第 19 条、第 20 条、第 27 条分别就司法协助、联合调查、特殊侦查手段、执法合作进行了规定，鼓励各国签订双边、多边司法协助条约、协定作为具体适用依据，为具有相同取证理念的国家寻求进一步的协作预留空间。总体而言，《联合国打击跨国有组织犯罪公约》兼顾了跨境电子取证与维护国家主权之间的平衡。另一方面，我国与其他国家缔结的双边、多边司法协助条约、协定为跨境调证协作提供了具体依据。截至目前，我国与 81 个国家缔结引渡条约、司法协助条约等共计 169 项。[①] 此外，我国就合作打击跨境电信网络诈骗犯罪积极与其他国家发布联合声明，例如，我国与老挝签署的《中华人民共和国和老挝人民民主共和国联合声明》表明了打击电信网络诈骗等跨境犯罪的坚定决心，我国与越南签署的《中华人民共和国和越南社会主义共和国联合声明》强调了执法合作安全以及打击电信网络诈骗犯罪的执法合作。

在国内层面，《国际刑事司法协助法》及国内电子数据取证相关立法[②]是我国侦查机关获取境外电子证据的主要法律依据，主要规定了两种跨境电子数据取证的途径，分别为请求刑事司法协助与单边跨境取证。

刑事司法协助模式是传统的跨境取证模式在网络空间的适用，是我国

---

① 陆丽环：《我国已与 81 个国家缔结引渡条约、司法协助条约等共 169 项 依法依规追逃追赃》，载中央纪委国家监委网站，最后访问时间：2024 年 7 月 6 日。

② 详见附件"电子数据跨境取证相关法律依据"。

当前进行跨境电子数据取证的主要模式。《国际刑事司法协助法》规定刑事司法协助程序是我国侦查机关获取境外证据的首要途径，其中第四章调查取证中，详细规定了涉外刑事案件的调查取证程序，第 25 条明确规定该程序适用于获取"电子数据"，即境外电子证据的获取同样需遵循上述法律要求。除此以外，《办理电信网络诈骗意见》以及 2021 年《人民检察院办理网络犯罪案件规定》都对刑事司法协助进行了规范。该种模式在尊重他国主权的同时，能够最大限度维护我国数据主权，是我国跨境电子数据取证途径中最重要也最受世界各国认可的取证模式。

另一种模式是单边跨境远程取证模式。除了刑事司法协助程序之外，我国相关立法还提出，对于某些储存在境外的电子数据可以通过网络远程提取。2014 年发布的《最高人民法院、最高人民检察院、公安部关于办理网络犯罪案件适用刑事诉讼程序若干问题的意见》（已失效）以及 2016 年发布的《最高人民法院、最高人民检察院、公安部关于办理刑事案件收集提取和审查判断电子数据若干问题的规定》都对单边跨境取证进行了规范，允许通过网络远程在线提取位于境外的电子数据。2018 年，公安部出台《公安机关办理刑事案件电子数据取证规则》，第 23 条将"网络在线提取的数据"调整限定为"公开发布的电子数据、境内远程计算机信息系统上的电子数据"。2021 年，最高人民检察院《人民检察院办理网络犯罪案件规定》第 56 条对跨境电子取证的原则进行了重申，明确了"尊重协作国司法主权"等原则。此种取证方式是为了满足当前网络时代背景下日渐庞大的跨境电子数据取证需求而创设的。网络在线数据取证与传统的跨境调查取证有明显差别，侦查机关工作人员在本国境内就可以通过网络获取位于境外服务器上的电子数据，更加高效便捷。下述 2 个案例就是这种远程跨境取证的司法实例。案件 1：直接浏览境外网址并通过截图、拍照等方式固定网页相关电子数据，如国某、罗某提供侵入、非法控制计算机信息系统的程序、工具罪案[1]，西宁市公安局网安民警通过在浏览器中输入国某等人宣传的境内网址跳转至购买网络攻击软件"神盾 DDOS"[2] 的境

---

[1]　参见青海省西宁市城西区人民法院（2018）青 0104 刑初 41 号刑事判决书。

[2]　DDOS（全称 Distribution Denial of Service，中文名为分布式拒绝服务攻击）是指处于不同位置的多个攻击者同时向一个或数个目标发动攻击，或者一个攻击者控制了位于不同位置的多台机器并利用这些机器对受害者同时实施攻击。

外网址，最终查询到网站服务地址注册人为国某。案例 2：通过登录境外平台远程提取相关电子数据，如方某某等诈骗罪、非法获取公民个人信息罪案①，如东县公安局通过犯罪嫌疑人方某某、杨某供述出的 IP 地址及账号、密码登录 VOS② 平台的美国服务器，对境外 VOS 平台数据进行远程勘验，提取诈骗分子通过方某某提供的 198 平台拨打诈骗电话的相关证据。

（二）跨境电子数据取证规则适用困境

1. 程序之困：刑事司法协助程序较为烦琐

一方面，缺乏线索共享机制。跨境电信网络诈骗犯罪往往是境外的犯罪分子针对国内公民实施的犯罪，提前获取境外诈骗犯罪集团的相关线索和情报，对于侦破案件至关重要。往往是国内出现被诈骗的受害者后，侦查机关收集相关犯罪线索，根据被害人的陈述去查找相关线索，本身具有滞后性。电信网络诈骗犯罪与传统犯罪具有很大区别，不及时收集情报将有可能错失最佳收集犯罪证据的时机。另一方面，刑事司法协助程序较为烦琐。在数字时代背景下，刑事司法协助程序未能适应跨境电子数据取证的快捷需求。当两国之间没有建立刑事司法合作关系时，我国执法机构将不得不花费大量时间开展调查取证合作，从而给犯罪分子销毁证据或匿名化处理留下空间。即使已经建立合作关系，《国际刑事司法协助法》第 25条规定，通过刑事司法协助的方式获取境外刑事证据时，需要办案机关、主管机关、对外联系机关等多个机关的相互配合。具体来说，比如，跨境电信网络诈骗犯罪的作案设备多在境外，侦查机关要想接入境外设备获取电子数据，需要先将有关协助请求书送到我国有关部门进行审核，再由我国职能机关向有关国家申请获批后方可进行。这就给犯罪分子转移窝点、销毁犯罪证据提供了充足的时间，即使案件侦破，亦很难保证证据的完整性、有效性。由于在刑事司法协助中必须遵循这种烦琐冗长的程序，以确保其合法性和有效性，导致我国在跨境刑事电子取证方面的质效亟须提升。

---

① 参见江苏省如东县人民法院（2016）苏 0623 刑初 368 号刑事判决书。
② VOS 是一款功能强大的 VOIP 运营支撑系统。

2. 适用之困：跨境电子数据远程取证规则较为模糊，合法性存疑

我国现行条约、立法对跨境电子数据的收集、保存和移送等方面的规定，仍处于初步概括阶段，导致实践中出现诸多问题。上述双边、多边司法协助条约、协定大多仅规定了协助取证、案件管辖、调取证据等刑事司法协助领域的常规事宜，而单边跨境远程取证模式的适用条件、程序等体现电子取证具体要求的事项则缺少规定。例如，《上海合作组织成员国保障国际信息安全政府间合作协定》《中国与东盟关于非传统安全领域合作联合宣言》等多边合作协定仅指明了信息共享、信息安全等较为宏观的内容。相较其他国家在国际司法协作程序中电子数据取证方面详细的范围、用途和明确的准据法规定，我国在这方面的规定仍然存在较大的完善空间。尤其是对于境外电子数据证据的获取需要通过何种程序，对于不同电子数据的证据能力是否具有不同的判定标准等方面的立法过于模糊，在司法实践中的指引规范作用不足。

3. 采信之困：获取的境外电子数据采信条件存在争议

由于各国提取、收集证据的规则、手段等并不相同，而在境外取证必然由当地的执法部门进行提取，他国提取的电子数据在我国能否作为犯罪嫌疑人定罪量刑的依据还需要探讨。一方面，对于单边远程取证模式而言，各国间尚未就通过单边取证措施获取电子证据的形式达成普遍共识，若相关国家尚未就此种取证手段形成共同签署的条约或协定，则通过该种手段获取的电子证据可能会因无法可依而面临被排除的后果。另一方面，在刑事司法协助程序中，请求国司法机关在取证阶段很难对协助国司法机关的取证过程进行监督与规范，而且无权行使管辖权。一旦协助国司法机关在取证过程中存在程序瑕疵，相应证据可能会面临被排除的风险。为了解决这些问题，2021 年《办理电信网络诈骗意见（二）》允许侦查机关以书面证明及证据印证的形式消除境外证据材料的瑕疵，以此降低控方的证明负担。

当前司法实践中，对于境外移交的证据材料，即使存在缺陷乃至明显缺陷，包括境外警方未提供相关证据的发现、收集、保管、移交情况等材料的，不宜一概否定其证据效力，也不宜一概作为非法证据排除。要允许公安机关对证据形式进行补正完善，对证据来源、移交过程等作出书面证明，两人以上签名并加盖公安机关印章，经审核能够证明案件事实的，可

以作为证据使用。此种处理方式并非降低证明标准，而是从侧面丰富境外证据相关采信规则的内容。①

(三) 跨境电信网络诈骗犯罪中电子数据取证规则完善

1. 推动建立便捷化的国际刑事司法协助程序

构建高效便捷刑事司法协助机制，旨在通过现有条约和立法，有效实现各国、各相关机构之间的跨境电信网络诈骗打击治理的协作。在国际层面，可以借助国际刑警组织等国际平台，充分参与并发挥其协调作用，在符合数据出境规则的基础上共享电子数据线索；我国应当积极参与联合国等国际组织下的条约谈判，广泛与其他国家或地区之间签订跨境电信网络诈骗打击治理相关条约，推动建立更为高效的刑事司法协助程序，形成常态化的跨境电信网络诈骗犯罪协调机制，及时分享犯罪线索、交流取证技术，通过电子签章等技术推进跨境电子数据取证法律文书和电子证据的线上交换，促进与其他国家之间跨境电子数据取证水平的提高，从而推动该制度的完善。

2. 完善我国境内存储的跨境电子数据取证规则

随着全球化的发展，非公开电子数据的跨境远程调取是否合法一直是极具争议的话题，尤其是在国家数据主权的限制下。我国《数据安全法》第 2 条、第 3 条规定了境内数据的范围，第 36 条对境内调取证据进行了规定，取消了个人和组织向境外提供数据的权限，但实际还是《国际刑事司法协助法》第 4 条要求的体现，规定了在我国境内的调查取证需经我国机关认可，并未对此有明确的出口管制措施要求。然而，对于境外违法取证的问题，我国并未确定相应罚则。在这种严格限制对外提供数据的模式下，难以在单边远程调取数据方面获得国际互惠。

基于此，根据对等原则，可以尝试对于跨境电子数据调取建立分级管理制度，建立对不同数据的分类取证模式。一方面，在涉及电信网络诈骗犯罪这类在多个国家肆虐的案件，为提高办案效率，可以探索企业协助调证模式。一些跨境互联网企业掌握网络技术、拥有网络资源和大量用户数

---

① 李睿懿、陈攀、王珂：《〈关于办理电信网络诈骗等刑事案件适用法律若干问题的意见（二）〉的理解与适用》，载《中国应用法学》2022 年第 6 期。

据，对侦查机关办理电信网络诈骗犯罪案件起到重要作用。可以通过加强公私合作的方式，强化跨境互联网企业配合执法和调查的义务。另一方面，从立法层面明确来源不明晰的电子数据跨境取证相关管辖范围和法律适用的规则。通过完善立法，弥补跨境刑事司法协作程序中有关电子数据取证详细范围、用途方面的空白，细化取证范围、取证用途和证据能力评估标准。具体而言，包括针对电子证据在境外的不同存在形态规定不同的取证程序和手段，建立专业机构对电子证据的证据能力进行评估等方面的法律法规。例如，跨境电信网络诈骗犯罪案件中，大部分来源不明或不合法的电子数据很大一部分存在于暗网中，如非法买卖的公民个人信息、黑灰产工具等。暗网数据具有空间边界模糊、动态性大、服务器地址和数据传输匿名等特点，不同于一般合法服务器的表层数据清晰可见，其取证需要通过专门工具或授权，甚至使用专业的操作，加大了执法机关的取证难度，此类数据是跨境电信网络诈骗犯罪及关联犯罪案件的重要证据来源之一。对于暗网这类来源不明或者存在合法性争议的数据，可设立更为明晰的管辖方式与取证方式，先行适用发现国法律，后续通过其他途径进行管辖权的转移或共同侦办来保证证据的合法性和有效性。

3. 尊重他国数据主权和证据合法性要求

我国侦查机关请求他国提供电子数据时，同样需要尊重他国数据主权，在该国法律规定框架内进行取证活动，通过建立国家间的证据调取、采信规范互认机制达成具体共识。

第一，对于境外主权国家法律不禁止提取和使用的境外网络上的各种电子数据，比如，通过对方国家网络公开信息查询到的数据，包括境外网站、境外服务器可直接在线提取的电子数据如照片以及通过犯罪嫌疑人提供的账号密码查阅收集到的银行流水信息、其他犯罪嫌疑人团伙成员的个人信息和授权其使用的信息等，若是已经有国家间刑事司法协助约定，则可以根据案件侦办需要，依照国内法由执法机关直接在境外网络服务器上调取，更快更有效进行电子数据的取证活动。

第二，采用司法协助方式获取的，符合双方境内立法或证据互认机制的、无须通过技术侦查方式获得的境外数据，可直接作为证据使用。双方通过签署司法协助条约，或者通过单独签署多边条约协定的方式，以跨境电信网络诈骗犯罪这一类案为起点，建立更为明确的多边电子数据刑事证据互认机制，明确以哪些方式和途径获取的哪类数据可以直接作为电子证据使用。取证请求国对他国提供的证据，在确认其内容真实性、取证手段符合当地法律规定与国际公约规定的情况下，可直接采信该境外电子数据作为证据。[①]

总之，我国可通过与相关国家构建多元的跨境电子数据取证的双边或多边条约协定，尽力使我国的有关政策主张在国际刑事法律合作中得到充分体现；同时，加强与国际组织的合作，介绍分享打击电信网络诈骗犯罪案件的成功经验，将我国倡导的电子数据取证规则在世界各国加以传播并推广，通过国际司法协助及其他形式的合作，推动形成电子数据取证管辖共识，共同打击跨境电信网络诈骗犯罪。

三、健全联合打击跨境电信网络诈骗犯罪的国际刑事司法合作模式及内容

刑事司法协助是指主权国家之间，根据国内法或达成的刑事司法协助条约或共同加入的国际条约，在追诉犯罪行为人、打击犯罪问题上进行的各种形式的配合与协助。刑事司法协助有广义和狭义之分，狭义的刑事司法协助主要包括刑事诉讼文书的送达、调查取证、解送被羁押证人出庭作证、移交物证和书证、冻结或扣押财产等。广义的刑事司法协助除上述内容外，还包括引渡、相互承认与执行判决和刑事诉讼移管等。国际刑事司法协助是打击跨境电信网络诈骗犯罪的重要手段之一，当犯罪分子转移至境外时，我国的司法机关只能通过两国签订的刑事司法协助条约请求犯罪分子所在国给予司法协助。目前我国跨境电信网络诈骗犯罪的国际刑事司法合作主要是在多边公约与双边条约框架下进行。截至目前，我国与81个国家缔结引渡条约、司法协助条约等共计169项。目前，关于电信网络诈骗犯罪的国际公约主要包括《联合国打击网络犯罪公约》《上海合作组织成员国保障国际信息安全政府间合作协定》《阿拉伯国家联盟打击信息技术犯罪公约》等。除此之外，我国还与其他国家订立了诸多的双边条约，与部分国家发表了联合声明。

---

① 叶媛博：《论多元化跨境电子取证制度的构建》，载《中国人民公安大学学报》2020年第4期。

在双方签订的条约基础之上，我国与境外执法部门联合执法，将部分境外的诈骗犯罪分子遣返、押解回国，打击了境外诈骗犯罪集团的嚣张气焰。2023 年以来，我国公安部与缅甸执法部门不断加强国际警务合作，部署指挥云南公安机关与缅甸相关地方执法部门持续深化边境警务执法合作，持续通报诈骗窝点和人员线索，并在我国驻缅甸大使馆的大力支持下，联合缅甸警方开展了一系列打击行动，取得丰硕成果。数万名涉电信网络诈骗犯罪嫌疑人被移交我方，一大批诈骗窝点被成功铲除，狠狠打击了境外诈骗团伙的嚣张气焰。

跨境电信网络诈骗犯罪国内刑事管辖权的确定，只是打击犯罪的第一步，保障这类犯罪在按照本国刑法适用方面有法可依。接下来在司法实践中，实现跨境电信网络诈骗犯罪有效打击需要重点考查三方面：一是保障刑事司法协助机制的适用，构建跨境电信网络诈骗犯罪实体法标准，并适度扩张双重犯罪标准；二是保证刑事司法协助机制的追赃效果，建立高效的跨境追赃挽损机制；三是强化刑事司法协助机制的惩治功能，加大对相关行为人的引渡惩处力度。

（一）刑事司法协助机制的适用：双重犯罪原则的扩张解释

双重犯罪原则是罪刑法定原则在刑事司法协助领域的体现，也是尊重国家司法主权和保障人权的需要。它要求刑事司法协助所针对的行为应当根据请求国法律和被请求国法律均构成犯罪，这是开展司法协助的前提。[①] 国情和法律制度的差异使得各国对同一犯罪行为的罪名设定不尽相同。比如，在被请求国新西兰被归类为计算机滥用的行为，在请求国美国则被认定为电信网络诈骗犯罪。按照请求国法律被认为是犯罪的行为，被请求国可能有相反的规定，从而引发法律层面的冲突。虽然对于电信网络诈骗各国普遍都规定为犯罪，但是其构成要件上的差异，如对于诈骗金额、诈骗情节规定不一致，可能会造成在一国已经构成诈骗罪的行为在另一国仅仅需要承担民事义务或者不构成犯罪。

---

① 郝家英：《电信网络诈骗犯罪跨境追赃与国际刑事司法合作》，载《北京警察学院学报》2021 年第 2 期。

(二) 刑事司法协助机制的追赃：建立高效的跨境追赃挽损机制

追缴跨境电信网络诈骗犯罪案件的赃款，不仅仅是弥补被害人经济损失的一项重要举措，还是收集犯罪嫌疑人定罪量刑的重要证据，但在实践中赃款的跨境追缴极为困难。跨境电信网络诈骗不但具有专门洗钱部门"水房"来进行洗钱，而且现在具有支付宝、微信、网银等快捷技术手段与先进技术的支持，使得追赃更加困难。

犯罪分子往往会在不同的国家开设不同的账户，在跨境电信网络诈骗犯罪案件涉案财产的认定以及没收程序的启动方面，可以尝试采取"两步走"的方式：第一步，明确涉案财产（包括实体财产和虚拟财产）是否满足双重犯罪条件，将部分符合条件的涉案财产，通过刑事司法协助程序进行追缴；对涉案金额较小、案件事实清晰无争议、资金流向明确的跨境电信网络诈骗犯罪案件，双方可以协商适用简易程序追回资产。对于案情复杂、涉案金额巨大且资金流向分散的案件，在尊重他国司法主权的基础上，依据当地法律向账户所在国提出申请，请求被请求国执法机关查封、扣押、冻结或者没收与犯罪有关的资产。第二步，对于不符合双重犯罪条件的资产追缴请求，基于跨境犯罪的特殊性，对涉案财产中被犯罪分子利用双重犯罪限制逃脱程序制裁的违法财产部分，加大信息技术侦查手段的强度和力度，聘请专业技术侦查人员详细分析各种访问行为、局域网址的设立、流动数据的源头和终端、相关服务器的传输存储功能等，最终获取明确的涉案财产来源非法的证据。在不侵害被请求国利害关系人合法权益的前提下，将上述证据作为追缴涉案财物的实质关联性证明，争取被请求国协助查封、扣押、冻结及没收违法所得。

另外，还可以建立相关资产分享制度和激励机制。犯罪资产共享是指犯罪资产流出国与流入国之间根据双边或多边公约，将没收的资产扣除必要费用后按比例分享的制度。犯罪资产共享不仅是国际刑事司法协助中普遍采用的机制，还同样体现在各国国内法中。比如，《国际刑事司法协助法》第49条规定可与外国协商确定资产分享比例；又如，我国与加拿大签署的《关于分享和返还被追缴资产的协定》，以被害人优先受偿原则为前提，将合法所有人的涉案财产返还后，剩余的难以认定甚至无法认定为合法所有人的财产，将会根据警务合作过程中协定缔约方的贡献程度进行分享。

打击跨境电信网络诈骗犯罪，需要被请求国投入大量的人力物力，而对相关涉案赃款的查控及移转，甚至可能影响到被请求国的经济利益，若不能对被请求国的行为予以补偿或激励，将会严重掣肘其开展相关活动的积极性、主动性。长此以往，将不利于国际司法协助的有效推进。故针对电信网络诈骗犯罪案件，建立资产分享制度，可有效调动被请求国的内在动力。在被害人优先受偿原则的前提下，即一般情况下涉案金额巨大且受害人众多，但是查获金额有限，在偿还被害人后资产不足或没有剩余资产，则资产分享制度同样无法起到有效的作用。因此，可以考虑对被请求方作出适当的补偿，而资金的来源则可以考虑建立相关专项资金，以优化资产分享的全面性和合理性。

| 第二编 |

电信网络诈骗犯罪典型案例精解

第一章　电信网络诈骗犯罪
常见疑难典型案例分析

一、王某某诈骗案
——电信网络诈骗犯罪的准确认定

【裁判要旨】

电信网络诈骗犯罪的认定，需重点考察犯罪对象的不特定性、行为手段的技术性、犯罪过程的远程性和非接触性等因素，在准确界分电信网络诈骗与普通诈骗的基础上，进而精准定罪量刑。此外，在电信网络诈骗犯罪案件中，区分主从犯应重点分析行为人的实际参与程度、犯罪行为具体样态、对结果所起的作用、是否为犯意发起人、诈骗能否成功等界分因素。

【基本案情】①

被告人王某某于 2015 年伙同"阿肯"等人成立了专门针对中国大陆居民为作案对象的一个电信网络诈骗组织。其间，招募黄某某（另案处理）负责团伙管理、"小竹"（另案处理）负责团伙会计、王某（另案处理）负责团伙转账，2015 年 8 月至 2017 年 3 月，该团伙在柬埔寨新金边、大金欧市等地利用租用的别墅作为作案场所，以黄某某、张某、朱某、彭某等人（均另案处理）作为一线、二线、三线话务员，分别冒充中国公安民警或检察官等身份，多次利用非法获取的中国境内的被害人个人信息，

---

① 参见四川省广安市中级人民法院（2019）川 16 刑初 4 号刑事判决书。

采用电信技术手段，通过拨打网络电话，从中国境外向中国境内多次拨打、接听不同的受害人电话，虚构被害人身份信息泄露、涉嫌信用卡恶意透支等虚假内容，要求被害人将资金汇入该团伙指定的所谓的"安全账户"内等方式，转走被害人汇入"安全账户"的资金。

2017年2月27日至3月4日，该团伙成员黄某某伙同他人分别冒充南充市公安局、上海市嘉定公安局民警和上海市嘉定区人民检察院的检察官，利用非法获得的广安市广安区居民房某身份信息，虚构"李某斌"涉嫌信用卡恶意透支犯罪案件，并以该案涉及透支金额2000万元中部分款项转账到房某账户为由，要求房某配合调查核实。房某根据该诈骗团伙要求将自己银行账户内资金，转到诈骗团伙提供的"安全账户"共计1051598元。

另查明，被告人王某某到案后主动检举柬埔寨从事电信网络诈骗的其他犯罪团伙，并安排人员寻找、辨认犯罪窝点，跟踪摸排，抓捕林某某、李某某等24名电信网络诈骗犯罪嫌疑人。

【裁判结果】

法院生效裁判认为：被告人王某某以非法占有为目的，在境外成立专门诈骗国内群众的诈骗集团，利用互联网、电信等技术手段，虚构事实，骗取不特定多数人财物，数额特别巨大，其行为已构成诈骗罪，依法应予惩处。四川省广安市人民检察院指控被告人王某某犯诈骗罪的事实清楚，证据确实、充分，罪名成立。被告人王某某系组织、领导犯罪集团的首要分子，系主犯，按照集团所犯的全部罪行处罚，该犯罪集团主要由王某某出资组建，在境外冒充司法机关工作人员实施电信网络诈骗活动，诈骗持续时间长，社会危害大，依法酌情从重处罚。被告人王某某到案后如实供述了自己的主要犯罪事实，系坦白，依法可以从轻处罚。被告人王某某检举他人重大犯罪行为并提供重要线索，安排人员协助司法机关抓捕犯罪嫌疑人，从而得以侦破其他具有全国影响力的案件，系重大立功，依法可以减轻处罚。据此，判处：一、被告人王某某犯诈骗罪，判处有期徒刑十年，并处罚金人民币60万元；二、扣押的现金、宝马730轿车一辆依法予以追缴，退赔被害人，不足部分继续追缴。扣押的手机依法予以没收。

【案例分析】

一、电信网络诈骗的认定要点

近年来，随着网络技术的迅猛发展和犯罪模式的持续演变，电信网络诈骗犯罪案件呈现高发态势，涉案金额和犯罪人数持续攀升。此类犯罪逐渐呈现出产业化、链条化、企业化的新特点，并衍生出众多关联案件，对社会治安造成严重影响。随着境外电信网络诈骗犯罪窝点的陆续被摧毁，一大批涉案犯罪分子被成功押解回国并进入司法程序。在此背景下，司法机关面临的重要挑战在于，如何在统一司法裁判尺度的基础上，从严惩治电信网络诈骗犯罪，同时筑牢防范电信网络诈骗犯罪的坚固防线，确保网络空间的安全稳定。这要求司法机关既要准确进行定罪量刑，又要尽最大努力追缴赃款、挽回损失，成为当前亟须理顺和解决的难题。

审理电信网络诈骗犯罪案件，应当坚持全链条全方位的从严打击，但面临的首要问题是如何准确认定电信网络诈骗犯罪以及其与普通诈骗的区别，只要在准确剖析电信网络诈骗特征的基础上，方可合理地辨析其与普通诈骗的区别，从而有针对性地加以处置。

2022 年 12 月 1 日起施行的《反电信网络诈骗法》，是我国迄今为止唯一一部专门规制电信网络诈骗犯罪的专门法律，该法第 2 条规定，电信网络诈骗，是指以非法占有为目的，利用电信网络技术手段，通过远程、非接触等方式，诈骗公私财物的行为。结合《刑法》《反电信网络诈骗法》《最高人民法院、最高人民检察院、公安部关于办理信息网络犯罪案件适用刑事诉讼程序若干问题的意见》《办理电信网络诈骗意见（二）》的相关规定，电信网络诈骗具有以下典型特征：

一是技术性。电信网络诈骗依赖于现代网络技术，利用网络的虚拟性、快捷性、"一对多"的行为属性，通过虚构事实、隐瞒真相的方式利用网络手段骗取被害人的信任。技术属性是电信网络诈骗犯罪与普通诈骗犯罪的重要区分要素。在此类案件中，犯罪分子利用网络平台，尤其是一些网络设备，如 GOIP 等，骗取不特定被害人的财产权益。

二是远程性、非接触性。不同于传统诈骗犯罪的"一对一""面对面"的诈骗模式，电信网络诈骗犯罪的犯罪分子可以人机分离、人财物分离，时空跨度大，犯罪环节多，无须与被害人接触，亦不需要在骗取被害人信任的基础上骗取财物，若犯罪分子通过面对面接触，或私下有实体层面的接触，则不属于电信网络诈骗犯罪行为。远程性是指犯罪分子可以通过技术手段，对不同地域、不同国家的被害人实施诈骗行为，导致被告人与被害人存在地域隔离，证据缺乏对应性、印证性，进而导致证据收集难、财产查控难、人员控制难等问题。

三是被害人的不特定性。电信网络诈骗犯罪行为侵害的对象具有涉众型、多数性、不特定性，每个人都可能成为潜在的受害者，如果是针对特定人通过信息技术手段实施的诈骗犯罪，不属于电信网络诈骗犯罪。鉴于电信网络诈骗犯罪作案手段隐蔽、电子数据易毁损、被害人人数众多，且犯罪分子虚构身份，借助网络平台实施诈骗行为，故对被害人和每笔赃款账户的资金来源、数据难以一一对应，导致涉案资金查清难、退赔难。

二、电信网络诈骗与普通诈骗的界分

电信网络诈骗与普通诈骗是特殊与一般的关系，电信网络诈骗犯罪作为诈骗犯罪的特殊形态，其行为样态、犯罪模式、组织结构、技术手段等具有显著的不同，不同于以往通过面对面取得被害人信任后、骗取钱财的模式，当前的电信网络诈骗犯罪行为主要通过各类平台发布虚假信息或者通过自媒体、聊天软件信息扩散功能引诱被害人投资、交付财产等形式。二者的区别主要表现在以下方面：

一是行为手段存在差异。普通诈骗一般采取"一对一""面对面"的诈骗模式，而电信网络诈骗犯罪具有"一对多"的犯罪形态，其行为手段借助网络平台、技术手段等，呈现扩散的形态，致使其危害后果呈指数化扩大，且此技术属性在犯罪过程中起到主导性作用，对犯罪结果的发生具有直接的促进力和支配性，如犯罪手段上具有"远程、非接触"特征，被告人充分利用了电话、短信、互联网等电信网络技术手段来实施诈骗。这里需要注意的是，并不是只要以电话和网络沟通手段介入的，就一律认定为电信网络诈骗，还需要结合案情来具体判断。电信网络诈骗充分利用网络平台的虚拟性、快捷性、隐匿性，被告人与被害人之间可以跨越地域，具有远程性和非接触性的特征。

二是犯罪对象存在异同。二者侵害的对象存在显著差异。电信网络诈骗犯罪的对象具有不特定性、多数性，对犯罪对象事前不设限、事中不阻止、行为扩散后不采取有效措施应对，在犯罪对象方面，电信网络诈骗中通常被告人与被害人并不熟识，但在普通诈骗中，被告人则往往与被害人系熟人或事前相识。

三是入罪标准存在不同。司法解释对诈骗罪设置了全国性的入罪标准，但此入罪标准具有一定的浮动区间，各省市可以根据本省的社情民意、具体情况，设置不同的入罪金额及量刑升档标准。而电信网络诈骗犯罪的入罪标准及量刑升档标准，具有全国统一性，如以3000元以上、3万元以上、50万元以上分别作为数额较大、数额巨大、数额特别巨大的犯罪数额。此设置可以有效规避不同省市的犯罪分子惩处不一致、打击门槛过低，以及不同省市分别审理带来的入罪及量刑差异等问题，且设置了不同于普通诈骗罪的入罪情形，如在互联网上发布诈骗信息，页面浏览量累计5000次以上的，诈骗数额难以查证的，以诈骗罪（未遂）定罪处罚。

四是法益侵害亦存在一定差异。电信网络诈骗犯罪侵害的法益是双重客体，既侵犯了被害人的财产权益，又侵犯了网络的公共安全。而普通诈骗罪侵害的法益是公私财产权益。

三、本案行为的具体认定

对本案是否属于电信网络诈骗犯罪，应重点审查犯罪对象是否具有不特定性，犯罪过程是否具有远程性、非接触性，行为手段是否具有技术性，通过综合研判电信网络诈骗与普通诈骗的界分要素，进而准确加以认定。

首先，本案被告人组成犯罪团伙，分工协作、各有侧重，采用电信技术手段，通过拨打网络电话，从境外向中国境内多次拨打不同地域的被害人电话，虚构被害人身份信息泄露、涉嫌信用卡恶意透支等事实，骗取被害人将资金汇入该团伙指定的所谓的"安全账户"，进而将相关财产占为己有。该行为手段具有技术性、远程性和非接触性，一方面，被告人通过提前获取的个人信息，冒充公安局工作人员，通过电话形式按照事先编排的话术，对被害人具体实施诈骗行为；另一方面被告人诈骗行为发生在境外，而诈骗对象在国境内，二者具有远程性，通过技术手段建立联系，不仅交流内容虚假、被告人的身份信息亦是虚假，二者之间还不具有接触性。

其次，本案犯罪团伙的诈骗对象具有多数性、涉众性。团伙的组织者将成员分成不同的团队，各团队成员各司其职，有负责收集公民个人信息，有负责安装技术设备，有负责第一轮诈骗行为，还有诈骗第二轮、第三轮诈骗的分工协助者，各个团队既相互独立，又相互交叉、助力，共同实施针对不特定被害人的诈骗行为。在犯罪行为实施之前，被告人对诈骗目标具有不确定性，随机按照事先收集的公民个人信息，随意拨打电话、实施诈骗行为。

总之，电信网络诈骗相较于传统诈骗，显著区别体现在其犯罪手法、行为模式和犯罪对象的特殊性。具体而言，电信网络诈骗的行为手段更为多样化，作案环节更加繁杂，且运用的技术手段更为先进，网络设备持续迭代更新。此外，无论是犯罪参与人还是受害人均人数众多，导致取证难度加大、责任认定变得更为复杂，以及财产处置过程更加烦琐。更为关键的是，电信网络诈骗犯罪行为具备技术性、非接触性、远程性和被害人的不确定性。通过审查被告人的诈骗行为及被害人处置财产的过程，特别是关注这些行为是否在同一时空发生、是否存在实际接触，从而准确区分普通诈骗与电信网络诈骗。同时，需对诈骗对象是否明确、具体进行判定，综合考量被告人与被害人的交流方式、财产交付形式及行为模式等因素，以确定诈骗目标是否固定且特定。

综合考虑以上因素，将本案认定为电信网络诈骗犯罪是恰当的、准确的。

二、杨某1、罗某某等诈骗案
——电信网络诈骗犯罪中主从犯刑事责任的认定①

【裁判要旨】

办理电信网络诈骗犯罪案件，应当充分贯彻宽严相济刑事政策。在审判过程中，要全面收集证据、准确甄别被告人在共同犯罪中的层级地位及作用大小，结合其认罪态度和悔罪表现，宽严相济，罚当其罪。对于电信网络诈骗犯罪集团、犯罪团伙的组织者、策划者、指挥者和骨干分子，应

---

① 本文作者：李超（北京市高级人民法院刑一庭法官助理）、董杰（北京市房山区人民法院法官）。

依法从严惩处。对于电信网络诈骗犯罪集团、犯罪团伙中的从犯，可依法从轻、减轻处罚。

【基本案情】①

2020 年 11 月，杨某 1 在缅北贺岛某酒店成立兴旺公司，专门从事"杀猪盘"式电信网络诈骗活动。公司下设旺财组、鸿运组、聚财组和财神组。罗某某负责四个组全部人员的管理。杨某 2 负责资金流转，同时担任旺财组组长。周某某系旺财组组员。各组组员以单身、离异女性为主要诈骗目标，先通过社交软件聊天建立信任，后将被害人推荐给组长（或代理）进行"精聊"，进一步诱导被害人通过诈骗软件投资，骗取被害人钱款。自 2020 年 11 月至 2021 年 3 月，杨某 1、杨某 2、罗某某共参与骗取数十名被害人人民币 360 多万元。周某某参与骗取多名被害人人民币 100 多万元。

【裁判结果】

法院生效裁判认为：杨某 1、罗某某、杨某 2、周某某在境外利用电信网络技术手段，虚构事实、隐瞒真相，骗取他人财物，数额特别巨大，其行为均已构成诈骗罪，依法应予以惩处。首先，本案多名同案（另案处理）的供述及证人证言均能证明四人实施了电信网络诈骗的具体行为；其次，公安机关从某公司调取的相关被害人注册信息显示涉及诈骗活动的公司负责人为杨某 1；最后，银行交易流水显示，部分被害人被骗的钱款均打入了同一人名下多个账户的情况十分频繁，上述部分收款账户的所有人都参与了杨某 1 的犯罪活动。综合全案证据分析，足以证明四人实施了电信网络诈骗的犯罪行为。杨某 1、罗某某、杨某 2 作为组织管理者，在共同犯罪过程中起主要作用，均为主犯。周某某在共同犯罪过程中起次要或辅助作用，为从犯，依法可减轻处罚。四人在境外实施电信网络诈骗，酌情予以从重处罚。据此，判处：一、被告人杨某 1 犯诈骗罪，判处有期徒刑十三年，剥夺政治权利三年，并处罚金人民币 13 万元。二、被告人罗某

---

① 参见北京市房山区人民法院（2022）京 0111 刑初 132 号刑事判决书、北京市第二中级人民法院（2023）京 02 刑终 154 号刑事裁定书。

某犯诈骗罪，判处有期徒刑十二年六个月，剥夺政治权利二年，并处罚金人民币 125000 元。三、被告人杨某 2 犯诈骗罪，判处有期徒刑十二年，剥夺政治权利二年，并处罚金人民币 12 万元。四、被告人周某某犯诈骗罪，判处有期徒刑四年六个月，并处罚金人民币 46000 元。五、责令被告人杨某 1、罗某某、杨某 2、周某某退赔被害人相应经济损失。（清单另附）六、随案移送的物品，依法予以处理。（清单另附）

一审宣判后，杨某 1、罗某某、杨某 2 提出上诉。

北京市第二中级人民法院经审理同意一审法院意见。除一审法院论述的理由外，二审法院认为，杨某 1、罗某某虽从缅甸主动回国，但到案后并未如实供述主要犯罪事实，依法不构成自首。故裁定驳回杨某 1、罗某某、杨某 2 的上诉，维持原判。

【案例分析】

当前，电信网络诈骗犯罪仍呈高发态势，随着我国打击力度不断加大，大批诈骗窝点向境外转移，跨境电信网络诈骗犯罪给我国刑事审判工作带来严峻的挑战，此类案件证据收集的复杂性和疑难性，亦给审判工作提出了更高的要求。本案的惩治对象是缅北电信网络诈骗犯罪团伙，如何在恪守证据裁判原则的前提下，对犯罪团伙成员在体现从严惩治精神的同时，实现对不同层级罪犯的区别对待、罪刑均衡，这是司法机关面临的一项挑战。

一、甄别被告人在共同犯罪中的地位作用，贯彻宽严相济刑事政策

办理电信网络诈骗犯罪案件，应当充分贯彻宽严相济刑事政策。在审判过程中，要全面收集证据、准确甄别被告人在共同犯罪中的层级地位及作用大小，结合其认罪态度和悔罪表现，区别对待，宽严相济，科学量刑，确保罚当其罪。

第一，对于电信网络诈骗犯罪集团、犯罪团伙的组织者、策划者、指挥者和骨干分子，应依法从严惩处。当前，电信网络诈骗犯罪团伙已形成规模，内部组织严密、分工明确，组织者掌控全局，培训者负责对新进人员培训话术，话务组负责实施具体的诈骗行为，转账组、取款组负责转移资金、统计账目收支情况等。各组采取组长负责制各司其职，根据业绩进行分成，呈现公司化、集团化管理模式。本案中，杨某 1 成立诈骗公司专

门从事诈骗活动，是犯罪团伙的组织者、策划者、指挥者。罗某某是主管，管理全部诈骗小组的组长和组员，有奖惩的权力，是犯罪团伙的管理者。杨某2负责所有诈骗资金的转移和套现，是犯罪团伙的骨干分子，上述人员均应作为惩治的"重点对象"，在刑罚适用上体现从严精神，并对诈骗团伙的全部诈骗所得承担连带赔偿责任。同时，"严"中也应有"宽"，对于主动回国投案自首、如实供述犯罪事实，且到案后揭发他人犯罪行为、有立功表现的同案主犯，积极释放司法善意，在实体上相较于其他主犯从宽处理，在程序上与其他不认罪的主犯分案审理，避免被同案犯打击报复。

第二，对于电信网络诈骗犯罪集团、犯罪团伙中的从犯，可依法从轻、减轻处罚。特别是参与时间相对较短、诈骗数额相对较低或者从事辅助性工作并领取少量报酬的被告人，应当综合考虑其在共同犯罪中的地位作用、社会危害程度、主观恶性、人身危险性、认罪悔罪表现等情节，进行从轻、减轻处罚。本案中，周某某及另案处理的10名同案犯，分别是各诈骗小组的组长（代理）或组员，在共同犯罪中起次要或辅助作用，均系从犯。结合各被告人参与诈骗时间的长短、获利的多寡、自首立功的表现、认罪悔罪的态度、是否为累犯等情节，分别给予了不同幅度的从轻或减轻处罚。同时，"宽"中应当有"严"，组长（代理）的量刑应重于组员，组长应对所在小组实施的全部诈骗活动共同承担退赔责任。

二、全面审查在案证据，准确认定诈骗数额

跨境电信网络诈骗犯罪因操作的服务器和IP地址大多在境外，隐蔽性强，证据不易收集、固定，且"洗钱"手段迅捷，所得资金一旦转入立即通过支付结算工具快速移转，以模糊资金的来源与去向，犯罪金额不易查实，故在证据审查与认定时应更加慎重、细致。

第一，审理跨境电信网络诈骗犯罪案件应注意审查证据形式，以保证程序公正。根据《刑事诉讼法》及相关司法解释的规定，对来自境外的证据材料，人民检察院应当随案移送有关材料来源、提供人、提取人、提取时间等情况的说明。当事人及其辩护人、诉讼代理人提供来自境外的证据材料，应当经所在国公证机关证明，所在国中央外交主管机关或者其授权机关认证，并经中华人民共和国驻该国使领馆认证。本案中，由于公诉机关指控被告人诈骗数额的部分证据系另案处理的同案犯提供的来自境外的证据材料，主要包括社交软件中的聊天记录及转账截图、各诈骗小组的账目登记及提成表等。该部分证据未履行相关的认证程序，检察机关也未就材料来源、提取情况等进行说明，无法确认其真实性，不能作为定案的依据。为准确认定犯罪数额，在一审审理期间，法院要求侦查机关调取了涉案账户的银行交易流水，经庭审举证质证，就银行流水与相关证据能够互相印证的部分予以确认，对各被告人的犯罪数额作出了相应调整。

第二，为骗取被害人信任而向其支付的货币，经查证属实可以从诈骗数额中予以扣除。为实施诈骗而购买作案工具、租用场地、交通工具甚至雇用他人等支出的诈骗成本不能从诈骗数额中扣除。但通过向被害人交付一定货币，进而骗取其信任并实施诈骗的，由于货币具有流通性和经济价值，该部分货币可以从诈骗数额中扣除，但扣除前应注意审查相关证据的真实性。本案中的犯罪团伙为获取被害人信任，一般会在诈骗初期以返利的形式向被害人支付少量货币，以引诱被害人相信骗局，进一步扩大投资。经查，有一部分返利确实实际支付给了被害人，在案有银行交易流水及被害人陈述可以确认，该部分返利可以从诈骗金额中扣除。但部分返利是犯罪分子伪造的银行交易信息截图，此类截图与真实的转账截图高度相似，极具迷惑性，而被害人实际未收到该笔转账，银行交易流水也无此笔交易，该部分返利未实际发生，不得从诈骗金额中扣除。在计算诈骗金额时，需结合在案其他证据进行审查，慎重处理返利、回扣等款项。

三、侯某某掩饰、隐瞒犯罪所得案
—— "人脸识别型"支付结算行为的司法认定

【裁判要旨】

"人脸识别型"支付结算的网络帮助行为，是认定为掩饰、隐瞒犯罪所得罪还是帮助信息网络犯罪活动罪，应当重点考察支付结算行为的犯罪后果、犯罪行为所处阶段、被帮助对象的行为、明知的注意义务高低等因素。若行为人除了提供银行卡之外，还通过人脸识别方式协助他人将上游犯罪的赃款取现，应认定为掩饰、隐瞒犯罪所得罪。

【基本案情】①

2021 年下半年至 2022 年间，被告人侯某某明知他人实施犯罪，仍将在北京市昌平区等地办理的中国农业银行、中国银行、北京农商银行、光大银行、江苏银行、交通银行、民生银行等银行卡及第三方支付账户多次有偿提供给他人使用，其间为配合转账提供刷脸、取现等帮助。现查实，中国银行卡为电信网络犯罪转移资金人民币 3 万余元，卡内支付结算金额共计人民币 20 万余元。全部银行卡及账户支付结算金额共计人民币 200 余万元。

【裁判结果】

法院生效裁判认为：被告人侯某某明知是犯罪所得，仍帮助他人予以转移，其行为已构成掩饰、隐瞒犯罪所得罪，依法应予惩处。北京市昌平区人民检察院指控被告人侯某某犯掩饰、隐瞒犯罪所得罪的事实清楚，证据确实、充分，罪名成立。鉴于被告人侯某某系从犯、自愿认罪认罚，对其予以从轻处罚；侯某某在侦查阶段辩称只提供了三张银行卡，到案后未如实供述主要犯罪事实；侯某某曾因故意犯罪被判处有期徒刑以上刑罚，刑罚执行完毕以后，在五年以内再犯应当判处有期徒刑以上刑罚之罪，系累犯，依法予以从重处罚。据此，判处：一、被告人侯某某犯掩饰、隐瞒犯罪所得罪，判处有期徒刑一年十个月，罚金人民币 2 万元。二、在案扣押手机一部，依法予以没收。

宣判后，被告人侯某某未提出上诉，公诉机关未提出抗诉，判决已发生法律效力。

【案例分析】

随着信息网络犯罪的持续高发，我国通过立法扩张进行了积极回应。《刑法修正案（九）》增设了拒不履行信息网络安全管理义务罪、非法利用信息网络罪以及帮助信息网络犯罪活动罪，不断完善信息网络犯罪罪名体系，有力打击信息网络犯罪。为强化司法指导，2019 年 10 月 25 日，最

---

① 参见北京市昌平区人民法院（2022）京 0114 刑初 580 号刑事判决书。

高人民法院、最高人民检察院联合发布了《关于办理非法利用信息网络、帮助信息网络犯罪活动等刑事案件适用法律若干问题的解释》，进一步明确了拒不履行网络安全管理义务罪、非法利用信息网络罪和帮助信息网络犯罪活动罪的定罪量刑标准及法律适用指引。但实践中信息网络犯罪类型多样、行为交叉，致使司法裁判中新增诸罪名之间、新增罪名与刑法分则其他罪名之间，如帮助信息网络犯罪活动罪与掩饰、隐瞒犯罪所得罪，诈骗罪之间的逻辑关系和识别规则等不易把握，各地法院对类似案件裁判结果相差较大，严重背离司法裁判的统一性和规范性。

一、"人脸识别型"支付结算行为关涉罪名的区分认定

为有效遏制电信网络诈骗犯罪的高发态势，司法机关多次开展"断卡""断号"行动。在网络犯罪链条化、产业化、技术化背景下，上游犯罪和下游犯罪呈现产业化的结构关联，链条节点行为人同时为多个犯罪活动提供帮助的情况普遍存在。在审理涉"人脸识别型"新型网络支付结算案件时，掩饰、隐瞒犯罪所得罪和帮助信息网络犯罪活动罪作为涉及此类案件的高发罪名，亟须在厘清二者界限的基础上，规范类案不同判的不合理现象。

1. 区分掩饰、隐瞒犯罪所得罪与帮助信息网络犯罪活动罪的法律依据

2022年3月22日《最高人民法院刑事审判第三庭、最高人民检察院第四检察厅、公安部刑事侦查局关于"断卡"行动中有关法律适用问题的会议纪要》规定："关于正确区分帮助信息网络犯罪活动罪、掩饰、隐瞒犯罪所得、犯罪所得收益罪与诈骗罪的界限……应当根据行为人的主观明知内容和实施的具体犯罪行为，确定其行为性质。以信用卡为例：（1）明知他人实施电信网络诈骗犯罪，参加诈骗团伙或者与诈骗团伙之间形成较为稳定的配合关系，长期为他人提供信用卡或者转账取现的，可以诈骗罪论处。（2）行为人向他人出租、出售信用卡后，在明知是犯罪所得及其收益的情况下，又代为转账、套现、取现等，或者为配合他人转账、套现、取现而提供刷脸等验证服务的，可以掩饰、隐瞒犯罪所得、犯罪所得收益罪论处。（3）明知他人利用信息网络实施犯罪，仅向他人出租、出售信用卡，未实施其他行为，达到情节严重标准的，可以帮助信息网络犯罪活动罪论处。"该会议纪要要求从行为人主观明知内容进行判断，引来了诸多争议。一方面，行为人主观方面的内容往往难以查清，只能综合考量其认

知能力、行为、供述等主客观因素予以推定；另一方面，客观行为是展现主观故意的关键，但客观行为具有复杂化、多样化、疑难化，司法实践中，存在将复杂问题简单化的倾向，不少案件直接将提供银行卡之后转账、取现或提供银行卡之后又刷脸验证的行为直接定性为掩饰、隐瞒犯罪所得罪，仅提供银行卡，未实施其他行为的，定性为帮助信息网络犯罪活动罪。这样的判断标准最终偏离立法原意，不利于两个罪名的准确界分。

因此，最高人民检察院于 2022 年 4 月 21 日发布 10 件打击治理电信网络诈骗及关联犯罪典型案例时提出："对于利用个人银行卡和收款码，帮助电信网络诈骗犯罪分子转移赃款的行为，加强全链条打击，可以掩饰、隐瞒犯罪所得罪论处。利用自己或他人的银行卡、收款码为诈骗犯罪分子收取、转移赃款，已经成为电信网络诈骗犯罪链条上的固定环节，应当予以严厉打击。对于这类犯罪行为，检察人员既要认定其利用银行卡和二维码实施收取、转账赃款的客观行为，又要根据被告人实施转账行为的次数、持续时间，资金流入的频率、数额，对帮助对象的了解程度，银行卡和二维码被封控提示等主客观因素综合认定其主观明知，对于构成掩饰、隐瞒犯罪所得罪的，依法可以该罪论处。"

倘若行为人提供银行卡等支付结算工具的行为在正犯既遂之前，后又提供刷脸验证，但没有实施转账、套现、取现等行为时，宜被认定为帮助信息网络犯罪活动罪，因为行为人对于涉案款项用途的认知并不充分。事实上，提供银行卡给他人时，行为人往往需要提供密码，而刷脸验证从本质上来说，也是"提供密码使他人顺利用卡"的一种变形方式。提供银行卡密码和刷脸验证这两个行为的社会危害性差别不大，行为人的主观认知也大致相当。对于基本相同的两个行为，处以量刑差别较大的不同罪名，有违罪责刑相适应原则。因此，司法实践中对两罪区分适用时，既要准确把握二者不同特征，又要灵活把握两者的量刑差异。

2. 掩饰、隐瞒犯罪所得罪与帮助信息网络犯罪活动罪的识别要素

各类新型网络支付结算行为可有效促进电信网络诈骗等网络犯罪的完成，刑事立法对该类行为进行了积极应对，通过设立帮助信息网络犯罪活动罪等新罪名来予以打击。现实中，行为人除了提供银行卡之外，还通过人脸识别方式转移上游犯罪的赃款，将该行为认定为诈骗罪共犯，掩饰、隐瞒犯罪所得罪还是帮助信息网络犯罪活动罪，实践中争议较大。对此，

需要结合前文所述的人脸识别后财产的不同控制状态、犯罪行为所处不同阶段、被帮助对象的不同行为属性、不同的明知注意义务识别要素,对二者进行准确界分。

二、新型网络支付结算行为所涉罪名的二元识别路径

帮助信息网络犯罪活动罪作为《刑法修正案(九)》新增的罪名,立法将其从共犯理论中抽离出来,设置为独立的罪名,实际上扩张了正犯的范围,限缩了共犯的范围。由此延伸的帮助信息网络犯罪活动罪与上游犯罪共犯(典型如诈骗罪共犯)以及掩饰、隐瞒犯罪所得罪的界分问题,成为实践中最棘手、最突出的焦点问题之一,亟须结合主客观因素方面厘清相关罪名界限,从而准确定罪量刑。根据《刑法》及相关司法解释、会议纪要的相关规定,并结合司法实践,笔者认为,应当从主观和客观两个层面对帮助信息网络犯罪活动罪与掩饰、隐瞒犯罪所得罪,诈骗罪共犯进行识别。

1. 主观要素:通谋和明知的识别

在主观要素方面,应从两方面进行区分。

首先,应当区分是否具有通谋行为。成立诈骗罪共犯,要求行为人与被帮助者存在诈骗的犯意联络或通谋行为。是否存在共谋、在何阶段存在共谋,直接关系到罪与非罪、此罪与彼罪的区分认定。若行为人与被帮助者在事前、事中就犯罪的实施、资金结算、技术支持等达成了合意,并实际提供了支持,则属于对具体诈骗行为的协商、谋划,可以认定行为人存在诈骗罪共犯的犯罪故意。若行为人事后与被帮助者共谋,鉴于被帮助者的事后行为属于事后不可罚行为,行为人此时的犯罪共谋指向的是事后对赃款赃物的掩饰、隐瞒行为,最终可能构成掩饰、隐瞒犯罪所得罪。至于帮助信息网络犯罪活动罪,鉴于其在实践中主要是通过技术支持和支付结算等提供帮助,二者之间缺乏共同实施同一犯罪行为的共谋。

其次,应当区分明知内容。帮助信息网络犯罪活动罪的明知是概括性明知,不要求行为人准确认识到被帮助者实施的犯罪类型、犯罪过程、危害后果、犯罪性质等,只要概括性地知道他人利用信息网络实施犯罪即可;而诈骗犯共犯,尤其是帮助犯的明知,要求行为人对协助主犯实施诈骗行为具有认知,即能够认识到其行为是诈骗罪犯罪行为的一部分。掩饰、隐瞒犯罪所得罪要求其对赃款的属性具有明确认知,必须认识到其掩

饰、隐瞒的对象是犯罪所得或犯罪所得收益，而不要求其必须与上游犯罪存在共谋或犯意联络。

2. 客观要素：侵犯法益、客观行为和对主犯行为的促进力的判断

在客观要素方面，应当从侵犯法益、客观行为、对主犯行为的促进力三个方面对三个罪名进行区分。

首先，侵犯法益不同。帮助信息网络犯罪活动罪侵犯的法益是社会管理秩序中的公共秩序，与传统犯罪不同，信息网络犯罪链条复杂，帮助行为"一对多""多对多"情形屡见不鲜，侵犯法益日益多元化、复杂化；诈骗罪侵犯的法益是公私财产权益。因此，二者保护法益存在较大区别，前者主要是为了有效维护社会管理秩序尤其是网络公共秩序，后者则是为了有效地保护个人或单位的财产权益；而掩饰、隐瞒犯罪所得罪侵犯的法益是社会管理秩序和国家司法机关的正常活动，严重妨害了司法机关对赃款的追查、追缴力度。

其次，客观行为不同。帮助信息网络犯罪活动罪的客观行为限定为信息网络犯罪活动的技术支持及广告推广、支付结算等帮助行为；掩饰、隐瞒犯罪所得罪要求对特定对象——犯罪所得、犯罪所得收益，予以窝藏、转移、收购、代为销售或者以其他方式掩饰、隐瞒。诈骗罪的具体行为没有限定，只要实施虚构事实、隐瞒真相的具体行为，并达到数额或情节要求即可，其行为方式及内容更加广泛，既包括通过网络手段实施的技术支持、支付结算等帮助行为，又包括非网络手段实施的协助行为，且其行为方式与技术手段并不必然相关，包罗万象、更加复杂。另外，《刑法》并未限定帮助信息网络犯罪活动罪及掩饰、隐瞒犯罪所得罪之帮助对象触犯的具体罪名，其帮助对象可以包容多种罪名，而诈骗罪的共犯必须依附于诈骗罪。

最后，危害行为对主犯认定的促进力不同。帮助信息网络犯罪活动罪要求行为人的危害行为对信息网络犯罪活动的实施具有促进力、支持力，可以加快、促进上游犯罪行为的实施，具有直接性、促进性、关联性；诈骗罪要求行为人积极参与或协助犯罪行为的完成即可，无须实质性地推动诈骗罪的成立，其行为依附于主犯，对犯罪行为的完成起次要作用、辅助作用；而掩饰、隐瞒犯罪所得罪的行为人就算与上游犯罪之行为人共同实施掩饰、隐瞒行为，鉴于上游犯罪的罪行吸收后续的掩饰、隐瞒行为（事

后不可罚行为），故掩饰、隐瞒犯罪的行为人与上游犯罪行为之间具有独立性，分别予以刑法评价。

结合本案情况，被告人侯某某不仅提供银行卡供上游犯罪分子多次有偿使用，还通过人脸识别的方式帮助上游犯罪的犯罪分子取现、配合转账，此行为导致上游犯罪的赃款处于失控状态，无法通过侦查手段有效查控，从而减少或制止赃款的流失，不仅扰乱了社会管理秩序，还不利于司法机关正常开展活动。本案被告人在上游犯罪诈骗行为已经实施完毕的情况下，此时涉案资金已经处于上游犯罪分子的控制之中，行为人作为完全刑事责任能力人，对其卡内大额流动、移转的财产属性属于违法所得具有确定性明知，仍一意孤行、积极参与，通过人脸识别的方式取现，故应认定为掩饰、隐瞒犯罪所得罪。

四、刘某某帮助信息网络犯罪活动案
——帮助信息网络犯罪活动罪的认定思路

【裁判要旨】

帮助信息网络犯罪活动罪系故意犯罪，要求行为人在主观上对他人利用其帮助行为实施犯罪具有明知，对于行为人主观明知的认定可以综合审查行为人获利情况、帮助行为本身的合理性及合法性等因素综合加以判断。

【基本案情】①

被告人刘某某于 2020 年 9 月至 10 月间，明知他人可能从事电信网络诈骗犯罪活动，向他人出售其名下浙商银行等信用卡 4 张及 U 盾。其中，出售的银行卡尾号为 7018 的浙商银行信用卡被用于实施电信网络诈骗，致使被害人姬某某被骗取的资金 2870100 元通过被告人刘某某的信用卡转出。2020 年 11 月 9 日，被告人刘某某被抓获归案，涉案资金未收缴。

---

① 参见北京市西城区人民法院（2021）京 0102 刑初 145 号刑事判决书。

【裁判结果】

法院生效裁判认为：被告人刘某某明知他人利用信息网络实施犯罪活动，为其犯罪提供支付结算帮助，情节严重，其行为构成帮助信息网络犯罪活动罪，依法应予以惩处。鉴于被告人刘某某具有如实供述、认罪认罚等情节，可依法对其从轻处罚。综上，判处：被告人刘某某判处有期徒刑一年六个月，并处罚金人民币 1 万元。

【案例分析】

伴随着互联网信息技术的快速发展和广泛应用，依托互联网平台实施违法犯罪行为的情况也越来越严重。相较于传统的犯罪形态，互联网犯罪除了技术性、隐蔽性更强，还显现出一定的跨地域、跨领域等特征，实施互联网犯罪的参与人员和帮助人员往往需要相互配合，各环节紧密联系。在这种背景下，将帮助实施信息网络犯罪活动的行为纳入《刑法》规制范畴具有必要性，故《刑法修正案（九）》新增设了帮助信息网络犯罪活动罪，以期更好地打击网络犯罪的帮助行为，维护信息网络秩序，保障信息网络健康发展。

根据《刑法》第 287 条之二的规定，构成帮助信息网络犯罪活动罪有两个重要的要素：其一是行为人在主观上对于他人利用帮助行为实施犯罪活动是明知的；其二是行为人实施了帮助他人利用信息网络实施犯罪的行为，且情节严重。

本案中被告人刘某某在客观方面的行为符合该罪的构成要件，案件的主要争议焦点在于，被告人刘某某主观明知如何认定。对此，可从以下几点进行考量：

一是帮助信息网络犯罪活动罪的行为人主观明知情况可以综合审查客观情况加以推定。《最高人民法院、最高人民检察院关于办理非法利用信息网络、帮助信息网络犯罪活动等刑事案件适用法律若干问题的解释》第 11 条明确规定了为他人实施犯罪提供技术支持或者帮助，可以认定行为人明知他人利用信息网络实施犯罪的七种情形。司法实践中，行为人为信息网络犯罪行为提供帮助的行为与正犯行为在空间上、时间上往往关联较远，提供帮助的行为人多以获取个人经济利益为目的，其主观上是否对于为他人犯罪提供帮助具有明知，可以结合其对他人所实际从事活动的认知情况、获利情况、往来联络情况等证据，综合审查判断。例如，行为人提供的帮助行为本身就是不合理、不合法的或者获取利益的方式和金额明显异常的，以上情形都可以作为判断行为人主观具有明知倾向的重要因素。

二是帮助信息网络犯罪活动罪属故意犯罪，必须明知他人利用信息网络实施犯罪，但是对具体犯罪类型不要求明知。在具体案件中，如果行为人对第三方利用自己提供的产品或者服务实施犯罪行为不知情，不应该以帮助信息网络犯罪活动罪追究其刑事责任，例如，提供中立技术的公司和个人，在客观方面，部分犯罪行为会利用其中立技术，但是上述公司和个人无犯意，亦不知情，不应认定其帮助行为构成犯罪。如果通过客观行为能够认定或者推定行为人对第三方利用其提供的产品或者服务实施犯罪的，符合构成该罪的主观要件。与此同时，帮助信息网络犯罪活动罪中，行为人的明知系可能性认知，该认知程度只需达到第三方实施犯罪即可，无须达到知晓第三方具体实施什么犯罪、怎么实施犯罪的程度。

三是基于帮助行为的辅助属性，行为人主观明知但不可存在共谋。《刑法》设立帮助信息网络犯罪活动罪后，刑法理论界还产生了帮助犯与正犯间关系的争议，有学者提出该罪仍然是作为正犯的帮助犯评价，只是分则单独规定了量刑规则。在帮助信息网络犯罪活动罪的构成要素中，不要求行为人必须明知正犯实施的具体犯罪以及犯罪的具体信息。假如行为人事先约定为信息网络犯罪正犯提供帮助，双方通过事先约定分工合作，共同完成谋定的犯罪行为，那么二者构成上游犯罪的共犯，网络犯罪共犯的认定规则与传统犯罪并无根本不同。

回归到本案，被告人刘某某向他人出售其名下信用卡 4 张及 U 盾，非法获利金额为人民币 1600 元，一方面 1600 元人民币的获利金额明显是不合理的，另一方面购买信用卡系非正常的社会活动所需要，信用卡是不允许进行市场交易的，且信用卡本身承载的支付结算功能是实施犯罪行为的重要环节，综合以上因素加以审查，能够推定被告人刘某某对于他人利用其出售的信用卡等实施犯罪行为是明知的。从行为后果看，被告人刘某某出售的信用卡被用于实施电信网络诈骗，且出售行为发生在上游电信网络诈骗犯罪实施之前，致使被骗资金 200 多万元通过该信用卡转出。综上，对被告人刘某某的行为以帮助信息网络犯罪活动罪定罪处罚是恰当的、准确的。

五、刘某某掩饰、隐瞒犯罪所得案
——帮助信息网络犯罪活动罪与掩饰、隐瞒犯罪所得罪的界分

【裁判要旨】

当犯罪所得来源于网络犯罪时，帮助信息网络犯罪活动罪与掩饰、隐瞒犯罪所得罪在客观行为、主观故意上有部分重合，实践中极易混淆。界分两罪时：

1. 客观层面，帮助信息网络犯罪活动行为与掩饰、隐瞒犯罪所得行为存在交叉竞合之处，但两罪保护的法益不同、对"犯罪所得"是否查实的依赖程度不同。

2. 主观层面，帮助信息网络犯罪活动罪要求明知他人行为为"犯罪行为+利用信息网络"实施；而掩饰、隐瞒犯罪所得罪不需要认识到上游犯罪的性质，认识到其经手的钱款为犯罪所得即可。

3. 与网络犯罪关系层面，网络犯罪共犯可分为共谋型、心照不宣型和明知型。帮助信息网络犯罪活动罪要求其帮助行为发生在行为前或行为中；而掩饰、隐瞒犯罪所得罪要求其帮助行为发生在犯罪终结后。此外，帮助信息网络犯罪活动罪以其帮助行为构成犯罪为原则，以无法查证为例外；掩饰、隐瞒犯罪所得罪以其上游犯罪事实成立为前提，以尚未依法裁判但查证属实为例外。

4. 量刑层面，掩饰、隐瞒犯罪所得罪在入罪数额上标准更低、刑罚更重，竞合时应以重罪即掩饰、隐瞒犯罪所得罪定性。

【基本案情】[①]

2019 年 7 月，被告人刘某某伙同卢某（另案处理）组织高某某、顾某（均已判刑）等人使用个人身份信息注册多个银行账户，用于接收网络诈骗犯罪所得。2019 年 8 月至 10 月，张某某等人分别被网络诈骗，并将被骗的 134.59 万元转入刘某某、高某某、顾某三人的银行账户。刘某某伙同

_____

① 参见北京市东城区人民法院（2021）京 0101 刑初 61 号刑事判决书。

高某某将上述 134.59 万元兑换为数字货币并予以转移。2020 年 9 月 23 日，被告人刘某某被民警抓获到案。

【裁判结果】

法院生效裁判认为：被告人刘某某伙同他人明知涉案资金系犯罪所得仍将其转化为数字货币予以转移，情节严重，已构成掩饰、隐瞒犯罪所得罪，依法应予刑罚处罚。北京市东城区人民检察院指控的事实清楚，证据确实、充分，指控罪名成立。被告人刘某某等人系通过将所收款项转换为数字货币并予以转移的方式，帮助上游犯罪转移诈骗所得，该行为已经超出了帮助信息网络犯罪活动罪中提供资金支付结算便利的范畴，符合掩饰、隐瞒犯罪所得罪的客观要件。鉴于被告人刘某某自愿退赔违法所得，可酌情予以从轻处罚。据此，法院判决：一、被告人刘某某犯掩饰、隐瞒犯罪所得罪，判处有期徒刑四年，并处罚金人民币 2 万元；二、在案扣押的被告人刘某某违法所得人民币 20 万元及苹果手机一部，依法予以没收。

宣判后，被告人未提出上诉，公诉机关未提出抗诉，判决已发生法律效力。

【案例分析】

当犯罪所得来源于网络犯罪时，帮助信息网络犯罪活动罪与掩饰、隐瞒犯罪所得罪在客观行为上存在部分重合，加之主观明知判断的模糊性，致使二者界限不清，司法中极易混淆。笔者从客观不法、主观有责、与网络犯罪关系、刑罚四个层面对两罪进行界分。

一、两罪在客观不法要素层面上的界分

客观不法要素层面，两罪在行为方式、保护法益及对"犯罪所得"查实的依赖程度上均有所区别。

1. 从行为方式看，帮助信息网络犯罪活动行为与掩饰、隐瞒行为存在交叉并各有侧重

帮助信息网络犯罪活动罪的客观行为表现为"为犯罪提供互联网接入、服务器托管、网络存储、通讯传输等技术支持，或者提供广告推广、支付结算等帮助，情节严重的"；掩饰、隐瞒犯罪所得罪客观行为表现为"予以窝藏、转移、收购、代为销售或者以其他方法掩饰、隐瞒"。从两罪

行为的对比可见：其一，两罪规制的均为事实层面上的"帮助行为"，帮助信息网络犯罪活动罪本身即属于规制帮助行为的专有罪名，而掩饰、隐瞒犯罪所得罪行为实质上为上游犯罪行为人隐藏犯罪所得提供帮助。其二，在提供帮助的方式上，帮助信息网络犯罪活动罪中"等行为"的泛化表述使其所涵盖的行为方式极为广泛，与通过网络手段实施的转移及其他方法行为存在交叉竞合之处。前者侧重网络犯罪的帮助行为；后者既可以通过网络空间实施掩饰、隐瞒行为，又可以通过现实空间、物质意义的窝藏、转移等行为实施掩饰、隐瞒行为。其三，两罪多在"提供支付结算帮助"与"转移、其他方法"上存在竞合。中国人民银行《支付结算办法》中规定，支付结算是指单位、个人在社会经济活动中使用票据、信用卡和汇兑、托收承付、委托收款等结算方式，进行货币给付及资金清算的行为。据此，仅提供银行卡的行为不属于支付结算行为，仅属于"等帮助"行为；对于提供银行卡后，继续配合他人进行转账、套现、刷脸等行为属于"支付结算"。而掩饰、隐瞒犯罪所得罪中的转移，即将款物从此处挪至他处，自然涵盖将货币转移的转账行为，同时根据《审理掩饰、隐瞒犯罪所得、犯罪所得收益案件适用法律的解释》第10条的规定，采取窝藏、转移、收购、代为销售以外的"其他方法"，如居间介绍买卖，收受，持有，使用，加工，提供资金账户，协助将财物转换为现金、金融票据、有价证券，协助将资金转移、汇往境外等应当认定为掩饰、隐瞒行为。所以，提供资金账户、协助转账的行为属于掩饰、隐瞒犯罪所得罪的具体行为方式。

2. 两罪保护的法益不同

两罪均属于妨害社会管理秩序罪，前者位于扰乱公共秩序罪一节，后者位于妨害司法罪一节。从立法目的来看，增设帮助信息网络犯罪活动罪的原因在于：其一，随着网络技术的发展，较之于传统帮助犯，网络帮助行为多表现为"一对多"，产业化、链条化趋势明显，帮助行为的危害由附属性演变为独立性；其二，网络犯罪中部分帮助行为打破了网络犯罪的技术壁垒，助推网络犯罪滋生蔓延，帮助行为的作用由从属性演变为主导性；其三，网络犯罪隐蔽性强，侦破难度大，因而上游犯罪难以查清，且双方缺少犯意联络、行为目的不同，难以查证双方共同故意，因而增设以"明知"为主观要件的帮助信息网络犯罪活动罪"摆脱对下游犯罪成罪与否（如罪量）及刑罚轻重的依赖"[1]，作为网络犯罪的"折翼罪名"，以此斩断网络犯罪链条，弥补在预防与惩治"外围"、中间性网络犯罪上的"短板"，帮助犯的处罚由补充性演变为兜底性。而关于掩饰、隐瞒犯罪所得罪的性质，理论界存在追求权说（认为法益是侵犯了被害人对财产的追求权）、收益说（认为本罪行为人取得不法利益）、事后共犯说（认为本罪属于事后共犯）、违法状态维持说（本罪使犯罪形成的违法状态得以维持、存续，法益是合法的财产状态）、物的包庇说（通过禁止对上游犯罪的事后援助而预防犯罪）及综合说（本罪同时具有财产犯罪和包庇犯罪的性质）等争论。在我国，现阶段通说以违法状态维持说为基础，同时考虑追求权说的综合说，[2] 即该罪的危害行为使犯罪所形成的财产得到维持和存续，妨碍了公安、司法机关的追查和追赃，属于妨害司法的行为。综上，帮助信息网络犯罪活动罪所保护的法益趋同于网络犯罪所侵害的法益；而掩饰、隐瞒犯罪所得罪的法益为司法机关对赃物的追缴权和上游犯罪被害人对财产损失的追索权。

3. 两罪对"犯罪所得"是否查实的依赖程度不同

掩饰、隐瞒犯罪所得罪的客观行为表现为掩饰、隐瞒犯罪所得，而帮助信息网络犯罪活动罪中"支付结算"及"等行为"中涉及的资金、物品均无性质要求。基于此，认定为掩饰、隐瞒犯罪所得罪，以查清所掩饰、隐瞒的款物为犯罪所得或犯罪所得收益为前提；而帮助信息网络犯罪活动罪中只要证明涉案款物与网络犯罪相关，行为人的行为对网络犯罪有所帮助、具有"正向"作用力即可。在司法实践中，因钱款为种类物，犯罪所得极易与合法财产发生混同，同时基于网络犯罪的特点，犯罪所得往往难以查实，在客观上无法证实款物系犯罪所得的前提下，不能认定为掩饰、隐瞒犯罪所得罪，可根据案件具体情况判断是否构成帮助信息网络犯罪活动罪。

二、两罪在主观有责要素层面上的界分

帮助信息网络犯罪活动罪与掩饰、隐瞒犯罪所得罪均为故意犯罪，主

---

[1] 陈洪兵：《帮助信息网络犯罪活动罪的"口袋化"纠偏》，载《湖南大学学报》2022年第2期。

[2] 张明楷：《刑法学》，法律出版社2021年版，第1443页。

观罪状均表述为"明知",但两罪故意的具体内涵、明知的具体内容明显不同。

1. 两罪"明知"的内容不同

帮助信息网络犯罪活动罪中"明知"表述为"明知他人利用信息网络实施犯罪",具体而言,要求明知他人行为为"犯罪行为+利用信息网络实施"。其中需要关注的是:其一,如何理解"犯罪",是否要求行为人认识到他人行为达到犯罪标准?对此,理论上存在共犯独立说(不要求正犯着手)、共犯从属说(至少要求正犯着手)的争论,其中共犯从属说又分为极端从属说(共犯须构成犯罪)和限制从属说(要求正犯行为具有构成要件符合性和违法性),针对帮助信息网络犯罪活动罪等正犯化的狭义共犯,亦存在最小从属说(仅要求正犯行为具有构成要件符合性)。[①] 笔者认为,"犯罪"不同于"违法",基于罪刑法定原则,原则上行为人应认识到他人行为构成犯罪。而对于实行行为,帮助信息网络犯罪活动行为人并不参与,对其也仅是模糊的性质认识,且实行行为程度在一段时间内是动态变化的,因而不能要求帮助信息网络犯罪活动行为人对实行行为程度有准确认识,仅认识到存在构成犯罪的可能性即可。一般而言,除行为人确有合理理由相信实行行为程度极轻微外,能够认识到行为性质属《刑法》分则规定的网络犯罪的,可推定能认识到构成犯罪的可能性。[②] 同时应区分"一对一"和"一对多":"一对一"帮助信息网络犯罪活动行为的违法性依附于实行行为,仅认为他人实施一般违法行为而提供帮助的不足以适用刑罚,需认识到他人可能构成犯罪;而"一对多"帮助信息网络犯罪活动行为,"低量的损害性结合规模性,最终造成法益侵害累积到严重程度,社会危害性愈发提升"[③],基于其累积的法益危险,情节严重的,可推定(不是直接否定)行为人认识到至少有一名被帮助对象的行为达到犯罪程度。对此,《最高人民法院、最高人民检察院关于办理非法利用信息网络、帮助信息网络犯罪活动等刑事案件适用法律若干问题的解释》第 12 条第 2

---

① 参见王昭武:《共犯最小从属说之再提倡》,载《政法论坛》2021 年第 2 期。

② 参见江珞伊:《违法性认识错误的司法困境与判断方法》,载《中外法学》2023 年第 1 期。

③ 皮勇:《论新型网络犯罪立法及其适用》,载《中国社会科学》2018 年第 10 期。

款也予以认可。① 其二，行为人需认识到他人利用信息网络实施。《最高人民法院、最高人民检察院关于办理非法利用信息网络、帮助信息网络犯罪活动等刑事案件适用法律若干问题的解释》第 11 条规定了推定行为人明知的几种情形，有观点认为其中的情形均为推定认识到他人实施违法/犯罪的要素，未涉及是否认识到他人利用信息网络实施。但第 11 条中明确规定该条的适用前提为"为他人实施犯罪提供技术支持或者帮助"，其中"技术"一词限定了"支持或者帮助"的类型，即帮助行为应与网络技术相关，可推定行为人应认识到他人是利用信息网络实施犯罪。

掩饰、隐瞒犯罪所得罪表述为"明知是犯罪所得及其产生的收益"，据此，行为人不需认识到上游犯罪的性质及程度，只要认识到其经手的钱款为犯罪所得或犯罪所得收益即可。对于行为人帮助他人实施转账等行为的，2022 年 3 月发布的《最高人民法院刑事审判第三庭、最高人民检察院第四检察厅、公安部刑事侦查局关于"断卡"行动中有关法律适用问题的会议纪要》第 5 条进一步规定，应当根据行为人的主观明知内容和实施的具体行为，确定其行为的性质；明知是犯罪所得及其收益的情况下，配合他人转账、套现、取现而提供刷脸等验证服务的，可以掩饰、隐瞒犯罪所得罪论处。

在对所帮助结算、转移的资金来源的认识上，帮助信息网络犯罪活动罪的范围更广泛，只需要认识到与实施信息网络犯罪相关即可，属于概括的认识；而掩饰、隐瞒犯罪所得罪的明知限定为犯罪所得及其产生的收益，认识上更具有针对性。同时，对于被帮助对象行为性质的认识上，帮助信息网络犯罪活动罪要求认识到属于网络犯罪，且可能达到犯罪程度，而掩饰、隐瞒犯罪所得罪不需要认识到犯罪性质，只要认识到款物为犯罪所得即可，对帮助对象的行为类型、具体罪名等并无限制。

2. 两罪"明知"的认定

两罪明知内容虽然不同，但实践中裁判文书缺乏对主观明知的分析论证，多采用刑事推定的方式对明知加以认定。关于帮助信息网络犯罪活动

---

① 该条规定：确因客观条件限制无法查证被帮助对象是否达到犯罪的程度，但相关数额总计达到前款第 2 项至第 4 项规定标准 5 倍以上，或者造成特别严重后果的，应当认定为帮助信息网络犯罪活动罪。

罪，《办理电信网络诈骗意见（二）》规定，明知他人利用信息网络实施犯罪，应当根据行为人收购、出售、出租支付结算账户等的次数、张数、个数，并结合行为人的认知能力、既往经历、交易对象、与实施信息网络犯罪的行为人的关系、提供帮助的时间和方式、获利情况以及行为人的供述等主客观因素，予以综合认定。《最高人民法院、最高人民检察院关于办理非法利用信息网络、帮助信息网络犯罪活动等刑事案件适用法律若干问题的解释》第11条亦规定了认定明知的6种具体情形；关于掩饰、隐瞒犯罪所得罪，根据相关司法解释规定，掩饰、隐瞒犯罪所得罪中的"明知"，应当结合被告人的认知能力，接触他人犯罪所得及其收益的情况，犯罪所得及其收益的种类、数额，犯罪所得及其收益的转换、转移方式以及被告人的供述等主客观因素进行认定。可见，在无证明行为人主观方面的直接证据时，两罪均需综合在案证据，基于客观行为对明知的内容进行推定。

从上述规定表述来看，帮助信息网络犯罪活动罪对明知被帮助对象实施网络犯罪的推定，一般注意到"交易方式明显异常或者提供了不应提供的工具"即可，注意义务相对较低；而掩饰、隐瞒犯罪所得罪要有进一步的思考，即认识到对方让其实施的行为是否具有"正当理由"，显然后者更为谨慎，注意义务更高。

三、两罪在与网络犯罪关系层面上的界分

实践中，两罪在客观上虽均表现为帮助行为，但行为人参与犯罪的阶段及对正犯的确认程度要求存在不同，且与网络犯罪帮助犯存在明显界限。

1. 两罪与网络犯罪帮助犯的区分

《刑法》第25条规定"共同犯罪是指二人以上共同故意犯罪"，构成网络犯罪帮助犯，主观上需与正犯具有"共同故意"。对于如何理解共同故意，司法中一般要求与被帮助对象存在共谋（事前或事中）。对此，笔者认为，从共犯的归责原理来看，"共犯论的核心，在于能否认定共犯行为引起了法益侵害的可归结于共犯的因果性问题"[①]。通过认定为共犯，将

---

① ［日］佐伯仁志：《刑法总论的思之道·乐之道》，于佳佳译，中国政法大学出版社2017年版，第370页。

行为叠加的损害结果归于共犯中的每个主体。从语义角度来看，"共同"是指"彼此都具有的"①，因而单方面故意不属于"共同故意"。基于此，结合语义范围及规制范畴的合理性，各个主体在故意内容上存在"共同"部分（包括完全共同和部分共同②）即可。双方进行"共谋"的可直接认定存在"共同故意"（可称之为共谋型），在双方无"共谋"或无证据证明存在"共谋"的情况下，在各主体均可认识到自己的行为、对方的行为内容、行为的叠加及可能的损害结果，希望或放任损害结果发生的，各主体的故意也存在"共同"之处（可称之为心照不宣型）。同时，需关注到部分特别规范将片面帮助犯按共犯论处（可称之为明知型），如《最高人民法院、最高人民检察院关于办理赌博刑事案件具体应用法律若干问题的解释》第4条规定"明知他人实施赌博犯罪活动，而为其提供资金、计算机网络、通讯、费用结算等直接帮助的，以赌博罪的共犯论处"。

综上，如有证据证明行为人与上游犯罪正犯存在事前、事中的共同故意，或属于特别规范规定的"以共犯论处"的，属于网络犯罪帮助犯。否则均不属于共犯范畴，根据明知内容可能构成帮助信息网络犯罪活动罪与掩饰、隐瞒犯罪所得罪。

2. 两罪行为人参与犯罪的阶段不同

帮助信息网络犯罪活动罪的增设是出于打击网络犯罪的初衷，将帮助犯单独量刑，设置较低的入罪门槛，实现对网络犯罪的"打早打小"，因帮助信息网络犯罪活动罪本质上属于网络犯罪的帮助行为，故其提供银行卡、人脸识别等帮助行为要求发生在行为前、行为中。而犯罪所得只能是通过犯罪行为直接获得的财物，因而掩饰、隐瞒犯罪所得罪的行为人是在上游犯罪已经既遂或者虽系犯罪未遂但上游犯罪行为已经终结后才参与进来。可见，帮助信息网络犯罪活动罪的帮助行为要求发生在上游犯罪行为前、行为中；而掩饰、隐瞒犯罪所得罪的帮助行为仅作用于他人犯罪终结后。

---

① 中国社会科学院语言研究所词典编辑室编：《现代汉语词典》，商务印书馆2005年版，第479页。

② 共犯理论中一直存在犯罪共同说、部分犯罪共同说和行为共同说的争论，笔者的观点为在行为共同说的基础上加入各主体在主观故意内容上存在"共同"部分的条件限定。

3. 两罪对正犯或本犯的确认程度要求不同

帮助信息网络犯罪活动罪以被帮助对象实施的行为可以确认为犯罪为原则，以无法查证为例外。《最高人民法院、最高人民检察院关于办理非法利用信息网络、帮助信息网络犯罪活动等刑事案件适用法律若干问题的解释》第12条、第13条规定，被帮助对象实施的犯罪行为可以确认，但尚未到案、尚未依法裁判或者因未达到刑事责任年龄等原因依法未予追究刑事责任的，不影响此罪的认定；确因客观条件限制无法查证被帮助对象是否达到犯罪的程度，但相关数额总计达到相应标准5倍以上，或者造成特别严重后果的，应当以此罪追究行为人的刑事责任。需要注意，适用该例外时，通常是"一对多"帮助信息网络犯罪活动行为，此种情形下虽无法查证被帮助对象构成犯罪，但帮助行为本身具有十分严重的社会危害性，达到独立刑事惩处的程度。

掩饰、隐瞒犯罪所得罪以上游犯罪依法裁判为前提，以查证属实为例外。《办理电信诈骗意见（二）》中规定，明知是电信网络诈骗犯罪所得及其产生的收益，实施帮助在不同账户间频繁划转以及多次使用或者使用多个他人账户提供转账等行为的，电信网络诈骗犯罪嫌疑人尚未到案或案件尚未依法裁判，但现有证据足以证明该犯罪行为确实存在的，不影响掩饰、隐瞒犯罪所得罪的认定。可见，一般而言认定掩饰、隐瞒犯罪所得罪以上游犯罪依法裁判、确认犯罪所得为前提，但即便未依法裁判，但对相关事实查证属实的，不影响认定。

四、两罪在刑罚层面上的界分

《刑法》第287条之二规定，帮助信息网络犯罪活动罪法定刑为三年以下有期徒刑或者拘役，并处或者单处罚金；入罪标准上，要求支付结算金额20万以上或者违法所得1万元以上等。《刑法》第312条规定，掩饰、隐瞒犯罪所得罪的刑期分为两档，情节严重的，处三年以上七年以下有期徒刑，并处罚金；根据最高人民法院的司法解释，该罪没有数额上的入罪门槛，当掩饰、隐瞒犯罪所得及其产生的收益价值总额达到10万元以上或者次数在10次以上，或者3次以上且价值总额达到5万元以上的，属情节严重。可见，掩饰、隐瞒犯罪所得罪在入罪标准方面比帮助信息网络犯罪活动罪更低，但刑罚更为严重。根据《刑法》第287条第3款的规定，在两罪竞合时，应按照重罪即掩饰、隐瞒犯罪所得罪定罪处罚。究其原因在于：

1. 掩饰、隐瞒犯罪所得罪比帮助信息网络犯罪活动罪的社会危害性更大

帮助信息网络犯罪活动罪的行为表述为"为犯罪提供技术支持，或者提供广告推广、支付结算等帮助"；掩饰、隐瞒犯罪所得罪的行为表述为"予以窝藏、转移、收购、代为销售或者以其他方法掩饰、隐瞒"。司法解释规定的"其他方法"，包括居间介绍买卖，收受，持有，使用，加工，提供资金账户，协助将财物转换为现金、金融票据、有价证券，协助将资金转移、汇往境外等。掩饰、隐瞒犯罪所得罪对犯罪所得的隐匿破坏了侦查机关的追查、追赃链条，且中断了监管部门对资金的监管。而帮助信息网络犯罪活动罪中提供银行卡给他人用于接收资金，或者帮助转账等行为，仍然具备追溯资金去向的可能。因此，掩饰、隐瞒犯罪所得罪的社会危害性更大。

2. 掩饰、隐瞒犯罪所得罪比帮助信息网络犯罪活动罪行为人的主观恶性更深

掩饰、隐瞒犯罪所得罪中行为人的目的是帮助他人隐藏犯罪所得，总体上更具积极性、主动性。反观帮助信息网络犯罪活动罪，实践中常见的是行为人收购、出售、出租银行卡从而获得一定收益，其意志要素往往不是帮助他人，而是追求因帮助行为而获得的收益，更突出"工具性"特点，主观恶性相对较小。

具体到本案中，被告人刘某某组织他人使用个人身份信息注册多个银行账户，用于接收网络诈骗犯罪所得，兑换为数字货币并予以转移。首先，在案并无证据证明被告人刘某某与上游诈骗犯罪行为人存在事前、事中的共同故意，因而不能认定为上游诈骗犯罪的帮助犯。其次，被告人转移犯罪所得的行为发生在上游犯罪终结后，满足掩饰、隐瞒犯罪所得罪的客观行为要件。且被告人积极通过转换数字货币的方式帮助转移犯罪所得，更加符合掩饰、隐瞒犯罪所得罪的"积极性"。最后，结合刘某某的认知能力，与涉案相关人员的关系，此前曾参与跑分的既往经历，转移钱款及数字货币的具体次数、频率及方式等因素，可以认定刘某某主观上对上游犯罪系电信网络诈骗及转移钱款系电信网络诈骗犯罪所得具有明知。同时，依据《刑法》第287条第3款的规定，在两罪竞合时，应按照重罪

即掩饰、隐瞒犯罪所得罪定罪处罚，故将被告人刘某某的行为认定为掩饰、隐瞒犯罪所得罪是恰当的。

六、张某某帮助信息网络犯罪活动案
——行为人利用第四方平台参与"跑分"后"黑吃黑"行为的认定

【裁判要旨】

1. "跑分"行为罪名认定，需重点判断行为发生时间、支付结算资金性质、上游犯罪的属性三方面因素。在时间层面，如果"跑分"行为发生在上游犯罪行为实施中、既遂前（未实施转账、套现、取现等行为），则应当认定为帮助信息网络犯罪活动罪；如果发生在上游犯罪既遂后，则应当认定为掩饰、隐瞒犯罪所得、犯罪所得收益罪。在资金属性层面，如果帮助转移的款项无法证明为犯罪所得、犯罪所得收益，不符合掩饰、隐瞒犯罪所得罪构成要件，应当以帮助信息网络犯罪活动罪定罪处罚。在上游犯罪性质方面，如果上游犯罪为网络赌博犯罪这一经营型犯罪，帮助转移的赌资属于非法往来款项，应当以帮助信息网络犯罪活动罪定罪处罚；如果上游犯罪为网络诈骗犯罪这一占有型犯罪，诈骗既遂后帮助转移的资金可以认定为犯罪所得，应当以掩饰、隐瞒犯罪所得罪定罪处罚。

2. "跑分"行为人所处层级较低，并未与上游犯罪分子形成长期、稳定的配合关系，可以认定与上游网络犯罪主犯之间缺少明确的犯罪意思联络，进而排除上游犯罪共同犯罪的认定。

3. "跑分"团伙成员与上游网络犯罪行为人之间、团伙成员彼此之间不存在所涉流动资金的委托保管关系，对团伙成员轮流保管的银行卡内资金，应依据民法"占有即所有"的规则认定权属。行为人秘密将团伙成员持有的银行卡内赃款转移至自己名下，属于在他人不知情情况下秘密占有情形，应认定为盗窃罪。

【基本案情】①

被告人张某某于 2020 年 6 月至 8 月初，伙同苏某某、黄某某等人（均已判刑），在位于浙江省瑞安市安阳街道佳欣华庭×幢×楼×室的出租房等地，明知他人实施信息网络犯罪，仍提供并使用本人及夏某某等人（均另案处理）名下银行账户参与第四方平台支付结算，涉案总金额人民币 1000万元以上，其中包含北京市东城区吴某、江西省上饶市朱某某被电信网络诈骗款项。被告人张某某自述获利 5000 元。

2020 年 8 月初，被告人张某某得知同案苏某某被浙江警方抓获后，于同年 8 月 8 日 22 时许，从苏某某女友处获得黄某某名下的银行卡，并从该银行卡账户内向其本人账户转账 10400 元，又从黄某某银行卡取现 2 万元。2020 年 8 月 28 日，电信网络诈骗被害人吴某向北京市公安局东城分局报案。被告人张某某于 2021 年 5 月 18 日在浙江省瑞安市平阳县被北京市公安局东城分局民警抓获。被告人张某某家属已代为退赃 2 万元。

【裁判结果】

法院生效裁判认为：被告人张某某伙同他人，明知他人利用信息网络实施犯罪，仍为其犯罪提供支付结算帮助，情节严重，其行为已构成帮助信息网络犯罪活动罪，张某某又以非法占有为目的，对他人犯罪所得及其产生的收益实施盗窃，数额较大，其行为已构成盗窃罪，依法均应予以惩处。北京市东城区人民检察院指控张某某犯帮助信息网络犯罪活动罪、盗窃罪的事实清楚，证据确实、充分，指控罪名成立。被告人张某某在判决宣告前一人犯数罪，应数罪并罚。辩护人所提张某某在帮助信息网络犯罪活动罪中系从犯的辩护意见，经查，在案有同案犯苏某某、黄某某的供述等证据，证明张某某在共同犯罪中，提供个人及他人银行卡，进行转账操作，系犯罪的积极参加者，起主要作用，故辩护人的该项辩护意见，不予采纳。鉴于被告人张某某自愿认罪认罚，家属代为退赔部分赃款，依法对其从轻处罚。辩护人的相关辩护意见，予以采纳。据此，判处：一、被告人张某某犯帮助信息网络犯罪活动罪，判处有期徒刑一年三个月，并处罚

---

① 参见北京市东城区人民法院（2021）京 0101 刑初 1025 号刑事判决书。

金人民币 1 万元；犯盗窃罪，判处有期徒刑一年二个月，并处罚金人民币 1 万元；决定执行有期徒刑二年二个月，并处罚金人民币 2 万元。二、责令被告人张某某退赔人民币 30400 元，发还电信网络诈骗被害人。在案扣押人民币 2 万元，并入执行。三、继续向被告人张某某追缴违法所得人民币 5000 元，予以没收。四、未随案移送的扣押物品由扣押机关依法处理。

一审宣判后，公诉机关未抗诉，被告人未提出上诉，判决已发生效力。

【案例分析】

"跑分"是指利用合法的个人银行账户或支付宝、微信等第三方支付账户将他人之代收款转账至指定账户，并收取佣金的行为，其作为典型的非法第四方平台支付（通过整合、连接各类机构的支付能力，为违法犯罪提供支付结算服务的非法支付方式）手段，已成为上游犯罪洗白资金、转移财产的重要手段，亟须有针对性地加以规制。

本案被告人通过"跑分"为上游犯罪提供帮助，后"黑吃黑"截取团伙成员卡内资金的行为，在定性过程中主要涉及以下争议：其一，提供并使用多个银行账户参与网络犯罪第四方平台支付结算的"跑分"行为，是构成帮助信息网络犯罪活动罪还是掩饰、隐瞒犯罪所得、犯罪所得收益罪，抑或是电信网络诈骗、网络赌博犯罪的共同犯罪。其二，截取、占有团伙成员银行卡内资金之"黑吃黑"的取财行为，是认定盗窃罪还是侵占罪。

一、"跑分"行为所涉罪名的区分要点

帮助信息网络犯罪活动罪与掩饰、隐瞒犯罪所得、犯罪所得收益罪作为"跑分"行为所涉的主要争议罪名，在法益侵害、客观行为等方面存在重合之处，尤其是帮助信息网络犯罪活动罪之罪状中列明的支付结算行为方式与掩饰、隐瞒犯罪所得、犯罪所得收益罪中通过转账取款的行为方式较为相似，司法实践中对于提供银行卡帮助网络犯罪进行支付结算的"跑分"行为的认定，成为司法机关亟须解决的焦点问题和难点问题。对之，结合刑法理论及司法实践，可从以下三个方面加以界分：

一是上游犯罪的属性存在差异。帮助信息网络犯罪活动罪要求上游犯罪成立为原则，不成立为例外。特殊情况下，即使没有明确的证据证实构成犯罪，亦可构成帮助信息网络犯罪活动罪。比如，《最高人民法院、最高人民检察院关于办理非法利用信息网络、帮助信息网络犯罪活动等刑事案件适用法律若干问题的解释》第12条明确规定，实施前款规定的行为，确因客观原因无法查证被帮助对象是否达到犯罪的程度，但相关数额总计达到前款第2项至第4项规定标准5倍以上，或者造成特别严重后果的，应当以帮助信息网络犯罪活动罪追究行为人的刑事责任。掩饰、隐瞒犯罪所得罪则要求上游犯罪必须以成立为前提，不存在上游犯罪不成立的例外情况。

二是客观行为发生时间存在不同。掩饰、隐瞒犯罪所得、犯罪所得收益罪侵犯的是复杂客体，同时具有妨害刑事追诉活动和非法牟利的双重属性，其客观行为往往发生于犯罪既遂之后。如果支付结算行为发生于既遂前，则无法认定为掩饰、隐瞒犯罪所得、犯罪所得收益罪。帮助信息网络犯罪活动罪要求支付结算行为发生于行为之前或行为过程中。

三是参与支付结算资金性质存在差异。只有帮助转移、支付结算的赃款为犯罪所得、犯罪所得收益时，才能认定为掩饰、隐瞒犯罪所得、犯罪所得收益罪；帮助信息网络犯罪活动罪提供支付结算转移的款项既可以是犯罪所得，又可以是经营所得、赌资等，既包括合法财产，又包括非法财产。故如果帮助转移的赃款仅为涉案资金，或者无法证明为犯罪所得、犯罪所得收益时，认定为帮助信息网络犯罪活动罪更为妥当。

就本案而言，被告人张某某通过"跑分"平台帮助赌客和博彩公司、网络诈骗被害人和行为人之间实现资金流动，涉案赃款的流动是上游犯罪行为人获得犯罪所得、犯罪所得收益的重要条件，被告人的帮助行为发生在赌博既遂之前，目的在于协助博彩公司、诈骗犯罪被告人实现资金的快速转移。电信网络诈骗犯罪属于占有型犯罪，帮助转移的资金可以认定为犯罪所得、犯罪所得收益，但网络赌博犯罪属于经营型犯罪，帮助转移的赌资属于非法往来款项，不能完全认定为犯罪所得、犯罪所得收益。具体到本案，张某某等人明知上游犯罪行为人欲实施犯罪活动，仍为其提供支付结算帮助，涉案金额高达1000万元，但在案证据虽可证实被告人提供支付结算服务转移的资金大部分属于网络赌博犯罪的赌资，但此类款项具体数额缺乏翔实的证据予以证实，且赌资不属于法律意义上的犯罪所得，故不构成掩饰、隐瞒犯罪所得、犯罪所得收益罪。根据刑法谦抑性原则，将被告人张某某利用"跑分"转移资金的支付结算行为，认定为帮助信息网络犯罪活动罪是恰当的。

二、"跑分"所涉信息网络犯罪帮助行为与上游犯罪共同犯罪的界分思路

传统的共同犯罪理论以各共同犯罪人之间存在意思联络为前提，共同犯罪故意是成立共同犯罪的必备要件。网络犯罪具有隐蔽性强、辐射范围广、侵害对象不特定等特性，上下游关联犯罪的行为人之间往往缺少明确的意思联络，尤其是帮助行为与上游犯罪的关联性证据链薄弱，即使上游犯罪或下游犯罪被查出，想要把上下游犯罪一网打尽也存在一定困难，导致对网络犯罪的惩治不尽如人意。为有效规制网络犯罪帮助行为，《刑法修正案（九）》增设帮助信息网络犯罪活动罪，并将该罪设置为轻罪，发挥"查漏补缺"功能，以满足惩治网络犯罪帮助行为的需要。根据《最高人民法院刑事审判第三庭、最高人民检察院第四检察厅、公安部刑事侦查局关于"断卡"行动中有关法律适用问题的会议纪要》规定，明知他人实施电信网络诈骗犯罪，参加诈骗团伙或者与诈骗团伙之间形成较为稳定的配合关系，长期为他人提供信用卡或者转账取现的，可以诈骗罪论处。可知，除了参加诈骗团伙这种犯意联络较为明确的共犯外，长期、稳定配合网络诈骗团伙，为其提供银行卡或者转账取现服务的，同样可以认定为诈骗罪共同犯罪。

本案中，处于犯罪链条顶端的上游犯罪与处于犯罪链条末端的被告人张某某之间因为"跑分"平台运营者的介入，削弱了张某某与主犯之间的犯罪意思联络，在案证据难以认定张某某知悉上游犯罪的类型和性质，导致被告人张某某与上游网络诈骗、赌博犯罪之行为人之间在同一网络场域内缺乏共同犯罪之主观沟通。张某某虽然提供银行卡参与第四方支付平台结算，但对该平台对接的上游犯罪团伙是用于实施赌博犯罪还是诈骗犯罪，是用于转移赌资还是为诈骗犯罪提供收款渠道，或者为其他犯罪行为人提供洗钱工具，并不关心，也缺乏事先明知的相关证据。同时，张某某并非"跑分"平台的主要经营者，并未与上游网络犯罪分子形成长期、稳定的配合关系，其在犯罪团伙中通过分层分包对网络赌博、电信网络诈骗提供支付结算帮助，仅参与分散转入其银行卡的赃款，所处层级较低，并未直接与上游犯罪分子产生联系，故认定张某某成立上游网络犯罪共同犯罪的证据不足，对其以帮助信息网络犯罪活动罪论处是适当的。

三、私下套取同伴银行账户之"黑吃黑"行为的准确定性

本案被告人张某某等人组成的犯罪团伙，由于经常分组倒班进行"跑分"，团伙成员的银行卡和手机由团伙成员统一、轮流保管，以便在不同的账户中实施转账分流操作。张某某私下从黄某某银行卡中取现并向自己银行卡账户转账行为的定性，有两种不同的意见：一种意见认为，张某某等人组成的犯罪团伙共同持有用于转账的银行卡，银行卡实行统一保管，且卡片背面附有密码，张某某作为银行卡的共同持有人、保管人，在其实施取现和转账之前就已与其他团伙成员共同占有了黄某某银行卡中的钱款，苏某某被公安机关抓获后，张某某将苏某某代为保管的黄某某银行卡内资金通过取现、转账的方式占为己有、拒不退还的行为，构成侵占罪；另一种意见认为，流入黄某某名下银行卡内的资金，应认定为由银行和黄某某共同控制支配，在苏某某被抓后，苏某某女朋友（未被证实直接参与"跑分"）代苏某某保管黄某某的银行卡，流入卡内的资金由苏某某女朋友事实占有，但黄某某并未丧失对自己卡内款项的占有权，张某某秘密将黄某某银行卡内的款项取出或者转入自己银行账户后，黄某某才失去对卡内资金的占有，因此，张某某的行为应认定为盗窃罪。

本案中，张某某等人共同轮流保管银行卡及绑定该卡的手机（密码贴附于银行卡背面），团伙成员可以随时持卡进行转账、取现，但此类案件中，团伙成员"共享"银行卡及密码，并进行轮流保管使用的行为，不属于法律认可的委托保管关系，违反了《刑法》的强制性规定以及《银行卡业务管理办法》《人民币银行结算账户管理办法》等金融层面规章制度规定的委托保管设定，因而团伙成员不属于银行卡所涉不法款项的共同占有人，且张某某与上游网络犯罪主犯之间不存在合法的委托保管关系，不具备成立侵占罪的前提和基础。

银行存款的归属应当按照民法上"占有即所有"的规则进行认定。本案中，黄某某卡内资金系通过电信网络诈骗、赌博等获取的不法财产，应认定为黄某某和银行共同占有，其他人不得随意侵犯占有卡内资金。张某某通过苏某某女友获得黄某某名下之银行卡，在同伙被公安机关抓获，且上游网络犯罪行为人和黄某某均不知情的情况下，秘密将部分网络犯罪赃款转移至自己名下，侵犯了团伙成员对不法财产的共同占有，属于他人不知情情况下的秘密窃取，且数额较大，应认定为盗窃罪。

七、贺某掩饰、隐瞒犯罪所得案

——行为人占有上游电信网络诈骗犯罪分子因账户冻结遗留款项的性质认定

【裁判要旨】

电信网络诈骗犯罪案件的下游犯罪中，行为人通过提供个人银行卡并代为取现获利，取现过程中涉案银行卡被冻结，对于银行卡解冻后，行为人将冻结款占为己有的行为，也应认定为掩饰、隐瞒犯罪所得罪，犯罪数额累计计算。

【基本案情】①

2022 年 10 月，被告人贺某明知他人从事犯罪活动，仍然将其在北京银行、北京农商银行、中国建设银行开立的三张银行卡交给他人使用，并代他人支取现金。经查，涉案银行卡收到顾某、李某、王某等 9 名电信网络诈骗被害人转入的钱款总计人民币 40 余万元。其间，贺某代他人从被诈骗钱款中取现人民币 7 万余元。

因其银行卡频繁资金流动被冻结，里面尚有上游诈骗犯罪的涉案款项 6 万元，在其银行卡被解冻后，被告人贺某明知该款项的来源、性质，仍将此 6 万元取现，并占为己有，用于其与王某甲（另案处理）共同生活支出。

2023 年 2 月 8 日，被告人贺某被民警抓获归案。2023 年 3 月 15 日，贺某的家属代为退缴涉案钱款人民币 60504.9 元。2023 年 6 月 20 日，王某甲退缴涉案钱款人民币 3 万元。

【裁判结果】

法院生效裁判认为：被告人贺某明知是他人犯罪所得而予以掩饰、隐瞒，其行为已构成掩饰、隐瞒犯罪所得罪，依法应予惩处。北京市西城区

---

① 参见北京市西城区人民法院（2023）京 0102 刑初 355 号刑事判决书。

人民检察院指控被告人贺某犯掩饰、隐瞒犯罪所得罪成立。鉴于被告人贺某如实供述自己的罪行，自愿认罪认罚，退缴全部违法所得，可对其从轻处罚，公诉机关对被告人贺某所提量刑建议适当，予以采纳；关于被告人贺某的辩护人所提贺某系胁从犯的辩护意见，与审理查明的事实及在案证据相悖，法院不予采纳；其他辩护意见，法院酌予采纳。据此，判处：被告人贺某犯掩饰、隐瞒犯罪所得罪，判处有期徒刑一年七个月，缓刑二年，并处罚金人民币 8000 元。

宣判后，被告人未提出上诉，公诉机关未提出抗诉，判决已发生法律效力。

【案例分析】

受"断卡"行动的影响，为电信网络诈骗犯罪分子非法提供"两卡"的违法犯罪行为迅速浮出水面，成为司法机关的打击重点，由此导致支付结算型关联犯罪的数量激增。本案系此类犯罪的典型案例，行为人实施的具体行为包括：其一，明知是电信网络诈骗犯罪所得，提供银行卡并有代为取现的行为；其二，明知是电信网络诈骗犯罪所得，待所提供银行卡解冻后，将卡内钱款占为已有的行为。前者系司法实践中的常见犯罪行为，通常以掩饰、隐瞒犯罪所得罪定罪处罚；后者则在实践中存在争议，也是本案的争议焦点所在，笔者将从共同犯罪和个人犯罪的界分作为切入点进行分析。

一、共同犯罪的排除适用

通过上文分析，本案中，被告人贺某非法占有涉案银行卡内冻结的款项人民币 6 万元，该钱款并非贺某提供银行卡代为取现的"劳务"所得，而是电信网络诈骗直接转入款项，对于非法占有该部分钱款是否应当评价为电信网络诈骗的共同犯罪，需要从共犯认定的具体要素加以分析。

1. 从认识因素层面分析

认定共同犯罪，行为人之间应当具有共同犯罪的意思联络，而且在客观上各行为人之间也存在多种形式的意思交流，行为人不仅认识到自己的行为可能产生的后果，还需要认识到共同犯罪人的行为可能引发的法律后果。本案中，贺某向他人提供自己的银行卡代为取现，在此过程中，其与对方仅存在取现的沟通交流，对于如何进行电信网络诈骗等并无意思联络，只负责收取劳务费实施取现行为，对于银行卡内冻结的人民币 6 万元，贺某也只能认识到这是上游电信网络诈骗款项。

2. 从意志因素层面分析

我国《刑法》第 25 条第 1 款规定，"共同犯罪是指二人以上共同故意犯罪"。根据主客观相统一原则，成立共同犯罪不仅要求各行为人共同实施针对同一犯罪客体的行为，还要求各行为人之间存在共同的犯罪故意，也就是行为人通过意思联络，明确彼此之间相互配合的主观认识，并且持有希望或者放任共同犯罪危害结果发生的心理态度。[1] 共同犯罪的行为人希望或者放任共同犯罪行为导致的危害结果的实现。对意志因素，即希望或者放任危害后果发生的心态的认定，需通过外在的客观行为综合加以认定。

本案中，被告人贺某将电信网络诈骗的人民币 6 万元据为己有，该行为客观上获取了电信网络诈骗的直接犯罪所得，但不能据此就认定为贺某构成电信网络诈骗犯罪的共犯。理由是：其一，贺某与电信网络诈骗犯罪人员素不相识，其在代为取现过程中与对方的交流也仅限于取现的帮助行为，贺某在主观上并没有与电信网络诈骗分子相互配合共同实施犯罪的认识，上游犯罪分子亦通过编造理由等方式竭力掩饰，防止贺某知悉涉案钱款的真实来源；其二，贺某并没有参与电信网络诈骗犯罪的意志决策，贺某只是上游电信网络诈骗犯罪分子获取犯罪所得购买服务的"工具"，贺某不是上游犯罪团伙中的一员。通俗而言，贺某在犯罪过程中能够认识到被冻结的人民币 6 万元"来路不正"，但不足以与他人相互配合实施电信网络诈骗，故其行为不成立上游诈骗罪的共同犯罪。

二、个人犯罪行为性质的认定

1. 非法占有冻结款项行为与上游犯罪的关联性分析

"信息流+资金流"是电信网络诈骗的两大要素，大量"实名不实人"的电话卡、银行卡、支付账户等，被犯罪分子购买后作为通信联络、转移资金的工具，形成黑灰产业链条，非法出售、转让、出租、出借上述卡户的行为成为信息网络诈骗犯罪的根源。本案中，被告人贺某非法占有的涉

---

[1]　陈兴良、张军、胡云腾主编：《人民法院刑事指导案例裁判要旨通纂》，北京大学出版社 2024 年版，第 936 页。

案银行卡内冻结的人民币 6 万元，属于上游电信网络诈骗犯罪的"资金流"，因涉案银行卡频繁取现，异常资金流动被监测到，进而被冻结，这部分冻结款项的性质属于电信网络诈骗资金，与贺某代为取现所获取的"佣金"的性质全然不同，故对该部分佣金的取现、占有行为需结合行为特征、主观意图等综合加以认定。

2. 回归本案

关于被告人贺某非法占有涉案银行卡内被冻结的人民币 6 万元的行为性质应当如何认定主要有三种观点：

观点一：盗窃罪。该观点认为，被告人贺某在主观上明知涉案银行卡内冻结款项并非其本人所有，仍持有非法占有目的，客观上实施了待银行卡解冻后将款项秘密转移为自己占有的具体行为。

观点二：侵占罪。该观点认为，涉案银行卡内冻结的款项人民币 6 万元属于贺某代为保管的他人财物，贺某将这部分款项据为己有，应当构成侵占罪。

观点三：掩饰、隐瞒犯罪所得罪。该观点认为，贺某明知涉案银行卡内冻结的款项人民币 6 万元系犯罪所得，仍旧将钱款取出用于个人及他人消费，系掩饰、隐瞒犯罪所得，违法所得数额应将该 6 万元与贺某代为取现数额累计计算。

笔者同意第三种观点。因为盗窃罪和侵占罪侵犯的都是他人的财产权益，从本案的犯罪事实看，涉案银行卡内冻结的款项人民币 6 万元系上游电信网络诈骗犯罪的"资金流"，是犯罪所得，其所有权人是上游犯罪的被害人，而享有占有权的人是上游犯罪的犯罪分子。鉴于上游犯罪分子因担心犯罪行为被发现，故未持续跟进涉案银行卡的解冻情况，也就意味着上游犯罪分子放弃了对冻结款项的占有，因此，这 6 万元既不属于银行的财产，又不是代为保管的他人财物，更不属于他人的埋藏物、遗失物等，贺某非法占有涉案银行卡内被冻结的人民币 6 万元的行为不符合盗窃罪或者侵占罪的构成要件。笔者认为，贺某的上述行为构成掩饰、隐瞒犯罪所得罪。具体而言，本案中，对于涉案银行卡内冻结款项的情况，上游犯罪分子是明知的，且因款项无法取出，进而放弃了对款项的控制权，在这种情况下将行为人的行为认定为盗窃或侵占均不合理。但行为人在主观上对于银行卡内冻结钱款系犯罪所得是明知的，仍然将款项取出后用于生活支出，也就是通过钱款支出的方式掩饰犯罪所得的性质，故应以掩饰、隐瞒犯罪所得罪进行评价，犯罪数额与取现数额累计计算。

需要说明的是，若银行卡由上游犯罪行为人掌管、使用，提供银行卡的下游犯罪的行为人，通过挂失重新办理银行卡或秘密窃取的方式将该款项占为己有，构成盗窃罪，因为此种情形下，上游犯罪的行为人对其通过诈骗等行为骗取的汇入此银行卡内的款项，享有占有权，且此项占有权优先于下游犯罪行为人享有的权属，他人（包括银行卡的所有人）通过秘密窃取的方式占为己有，构成盗窃罪；若银行卡由下游犯罪之所有人掌管，其无论是否明知汇入其银行卡的款项性质，若其将该款项据为己有，且达到数额较大，拒不退还，则构成侵占罪。当然，若掌管银行卡的所有人明知汇入其银行卡的款项属于上游诈骗犯罪的违法所得，仍将该款项取现并占为己有，其行为亦属于掩饰、隐瞒犯罪所得的具体行为，构成掩饰、隐瞒犯罪所得罪，根据想象竞合犯的理论，从一重处罚。

该案系涉"两卡"犯罪典型案例，行为人明知涉案银行卡内冻结款项系上游电信网络犯罪所得，仍待解冻后据为己有，其虽直接占有了上游犯罪的电信网络诈骗款项，但其并无就该钱款的获取，而与上游犯罪的犯罪分子之间进行犯意沟通，也不符合盗窃他人钱款的行为特征，故以掩饰、隐瞒犯罪所得罪定罪量刑更为妥当。

八、杨某某诈骗案
——电信网络诈骗犯罪涉案金额证明方法的正当性补足

【裁判要旨】

为有效解决电信网络诈骗犯罪海量证据难以核查、被害人陈述难以调取、涉案金额难以厘定等系列难题，采用"综合认定法"来加以判定时，可在证据裁判规则之下，适用二阶层的证据采纳模式，从证据能力和证明力两方面对证据进行审查判断。在案件基础事实有关键证据予以证明的情形下，审查证据与待证事实的关联程度，各证据之间的衔接性、印证性，通过合理推定拟制待证事实为真，形成适用法律、运用裁判规则的小前提。对辩方提出的反证，综合考量银行账户交易记录、电子数据、转账记录、通话记录等客观证据来补足证明方法的正当性。

【基本案情】①

被告人杨某某系北京中委勘察设计院（以下简称北京中委）实际控制人，2019 年 3 月至 2021 年 8 月，杨某某伙同河北众伟国培职业技能鉴定中心法定代表人丁某某（另案处理），在北京市丰台区及河北省高碑店市等地分设四个战区，并招募电话销售人员，采取拨打电话、微信聊天等电信网络技术手段，按照预先制定的话术内容，向建筑等行业的不特定人员进行虚假宣传，谎称能够办理国家颁发、认可的资格证书，骗取黄某某、闫某某等数千名被害人的钱款共计人民币 7000 余万元。

被告人杨某某于 2021 年 8 月 12 日被公安机关查获归案。

【裁判结果】

法院生效裁判认为：被告人杨某某伙同他人以非法占有为目的，利用电信网络技术手段实施诈骗，数额特别巨大，其行为已构成诈骗罪，依法应予惩处。北京市人民检察院第二分院指控杨某某犯诈骗罪事实清楚，证据确实、充分，指控罪名成立。关于辩护人所提侦查机关对杨某某、丁某某等人存在疲劳审讯、逼供情形，相关口供不能作为定案依据的辩护意见，经查，公安机关在审讯过程中保障了被告人必要的休息时间，没有证据证明存在逼供的情况，相关供述内容亦由被告人签字确认，不属于以非法方法收集证据的情形，排除相关供述的依据不足，故该节辩护意见，法院不予采纳。

关于被告人杨某某所提其行为不构成诈骗罪的辩解及其辩护人所提相关辩护意见，经查，在案有司法机关依法调取且能相互印证的被害人陈述、证人证言、另案处理的被告人供述、书证、鉴定意见等证据，足以证明杨某某明知北京中委所办理的由全国职业资格考试认证中心、中国建设

---

① 参见北京市第二中级人民法院（2022）京 02 刑初 70 号刑事判决书、北京市高级人民法院（2023）京刑终 53 号刑事裁定书。

教育协会培训中心等颁发的涉案证书，与住建部、人社部等国家机关所颁发的证书有着本质不同，仍然伙同丁某某在北京市、河北省等地分设战区，招募电话销售人员，采取拨打电话、微信聊天等电信网络技术手段，按照预先制定的虚假话术，虚构可办理国家颁发、国家认可、全国通用、联网查询的建设领域等各类证书的事实，令被害人陷入错误认识，进而交费办证，骗取他人钱款。北京中委虽给部分客户办理了退款或部分退款，但同时也设置退款障碍，对相当一部分提出退款要求的客户采取拖延、推诿、不予回复等方式阻挠，是否退款、退款多少往往取决于客户态度是否强烈、是否可能报警等。杨某某等人明知所办证件与客户实际要求不符且有多名客户要求退款，仍不断完善、强化具有欺诈内容的话术体系，继续联系客户办理涉案证书以获取财产利益，故杨某某具有非法占有他人财物的主观故意，其行为符合诈骗罪的构成要件。北京中委人员从企查查等软件搜集不特定的建筑等行业从业人员信息，录入公司系统，公司业务员根据上述搜集的信息，采用拨打电话、微信聊天等电信网络技术手段，诈骗被害人的财物，属于电信网络诈骗的性质。根据《办理电信网络诈骗意见》相关规定，办理电信网络诈骗案件，确因被害人人数众多等客观条件的限制，无法逐一收集被害人陈述的，可以结合已收集的被害人陈述及经查证属实的其他证据，综合认定被害人人数及诈骗资金数额等犯罪事实。目前已经取证的被害人绝大部分意识到被骗，虽有部分被害人基于认知程度差异或尚未使用证书等原因没有意识到被骗，但纵观本案整体的诈骗模式，该客观情况并不影响对杨某某非法占有目的和诈骗行为的认定。本案中公安机关委托鉴定机构提取到了财务人员电脑中业务员业绩统计表等电子数据，相关业绩统计数额均经过业务员本人核对，能够客观、全面反映骗取钱款情况。审计机关以该电子数据中业务员业绩统计表为依据，结合其他证据进行了专项司法审计，并根据各被告人的职务、任职时间等，分别认定犯罪数额和违法所得数额等，结合该审计结论及其他证据综合确定涉案被告人的犯罪事实。综上，杨某某所提辩解及其辩护人所提相关辩护意见均不能成立，法院不予采纳。据此，判处：一、被告人杨某某犯诈骗罪，判处无期徒刑，剥夺政治权利终身，并处没收个人全部财产。二、责令被告人杨某某退赔被害人经济损失。三、在案扣押、冻结、查封之款物依法处理。

宣判后，杨某某向北京市高级人民法院提出上诉。北京市高级人民法院认为，一审判决法院根据杨某某犯罪的事实，犯罪的性质、情节和对于社会的危害程度所作的判决，定罪及适用法律正确，量刑及责令退赔适当，审判程序合法，应予维持。

【案例分析】

本案系北京市近年来审结的涉案金额最大、涉及地域最广、涉案人员最多的电信网络诈骗犯罪案件之一，主犯被判处无期徒刑，剥夺政治权利终身，并处没收个人全部财产，也是近年来北京市电信网络诈骗犯罪案件中处刑最重的案件之一。当前，电信网络诈骗呈高发多发态势，链条性、跨地域性、涉众型等特征凸显，犯罪手段日益隐蔽化、精细化、产业化、集群化，加大了证据收集及惩治的难度。通常情况下，行为人对犯罪金额的抗辩主要集中于消极抗辩和积极抗辩两类事由，消极抗辩事由即辩称行为人的行为系民事欺诈，行为人未实施刑事诈骗行为，案件纠纷可通过协商退费、民事诉讼等方式解决；积极抗辩事由即辩称被害人未主动报案，公安机关采用电话记录、工作记录等形式取证程序违法，且公诉机关未向法庭提交完整的被害人、被告人、诈骗金额明细，审计报告完整性、有效性存疑，故无法认定被害人损失数额以及诈骗资金之具体数额。

本案的焦点问题是，在无法查清被害人情形下，法院审查被告人抗辩事由时，如何补足电信网络诈骗犯罪金额证明方法的正当性。

一、电信网络诈骗犯罪涉案金额抗辩事由之审查

2016 年《办理电信网络诈骗意见》第 6 条规定："办理电信网络诈骗案件，确因被害人人数众多等客观条件的限制，无法逐一收集被害人陈述的，可以结合已收集的被害人陈述，以及经查证属实的银行账户交易记录、第三方支付结算账户交易记录、通话记录、电子数据等证据，综合认定被害人人数及诈骗资金数额等犯罪事实。"诈骗罪作为侵犯财产类犯罪，犯罪金额是认定被告人罪刑的重要事实依据，但电信网络诈骗犯罪因其远程性、非接触性、虚拟性，往往涉案被害人人数众多、金额巨大、资金往来复杂，需全面梳理在案证据，明晰组织架构，结合被告人供述、证人证言、电子数据等证据综合判断。实践中，在无法查清被害人情形下，如何认定电信网络诈骗的犯罪金额存在以下难点：

1. 资金溯源难：财产混同属性难以界分。电信网络诈骗犯罪分子依靠一套成熟的诈骗方案，利用较低的时间成本快速扩张，不断复制，犯罪成本低，危害后果大，涉及范围广，在短时间内攫取高额利润。涉案资金经不同的银行卡、网络平台等频繁流转并快速取现，进而对涉案资金实施隐匿、转移及再投资等行为，如将犯罪所得及产生的孳息融入合法商业活动，并与第三方资产混同，致使电信网络诈骗涉案资金来源庞杂、黑白混同、刑民交叉、权属不清，导致涉案资金认定难、处置难、被害人权益弥补难。

2. 行为认定难：虚拟空间身份难以确定。电信网络诈骗在产业链犯罪模式下，分工趋于精细化，行为人通过企业化、规模化的犯罪团伙，利用虚构身份、虚拟空间骗取不特定的被害人。被害人分散各地且人数众多，资金往来次数多、金额大、移转快，导致诈骗行为与犯罪对象难以对应、诈骗金额与被害人损失难以查清、退赔标准及退赔金额难以厘定。

3. 规则适用难：举证责任分配存在分歧。在无法查清被害人的情形下，审判机关依据何种证明方法来认定电信网络诈骗案件犯罪金额存在争议。我国刑事诉讼模式下，公诉机关承担案件定性、财产处置的举证责任，但特殊情况下，辩方亦需承担例外情形下的证明责任，如何对辩方的举证责任合理予以确定，成为司法机关面临的重要课题。

传统的诈骗犯罪数额认定，一般要求有相互印证的被害人陈述、被告人供述、转账记录、交易凭证等证据，注重多元证据之间的相互印证。但对于被害人数众多、电子证据海量化的电信网络诈骗犯罪案件而言，行为人银行账户收取的资金明细难以与被害人陈述的数额逐条对应，且庭审出示的证据多为间接证据，无法直接采用传统的印证模式对涉案金额等加以证实。对此，如何结合电信网络诈骗犯罪案件特点，采用综合认定法，合理运用刑事推定规则，对诈骗资金数额加以认定，成为突破海量电子证据、排除合理怀疑，积极应对被告人及其辩护人积极抗辩事由和消极抗辩事由的基本路径。

二、电信网络诈骗犯罪涉案金额证明方法之合理适用

刑事案件证明标准包括两个层面：一是可信度，具有较强的主观性，因人、因事、因时而异；二是确定性，以一定的主观性为特征，可供当事人实际参照。只有确定性与可信度之结合，才构成了稳定的、完整的证明

标准。① 证明责任是证明主体对己方主张提供证据并证实其真实性的责任，负有证明责任的主体，对已有证据进行审查判断，通过证据裁判规则进行逻辑推理，最后对案件事实的真实性予以确认。刑事诉讼中，证明责任主要在公诉机关，辩方通常情况下无须对消极抗辩承担证明责任，但对积极抗辩（尤其是自行主张）则须承担证明责任。检察院作为公诉机关，承担证明被告人构成犯罪及涉案财产权属、性质、来源的举证责任。在待证事实真伪不明时，证明责任主要在控方非辩方。适用"综合认定法"应坚持以法定证明标准为前提，在此基础上合理运用刑事推定规则，在不降低证明标准的情况下，通过合理推定实现对电信网络诈骗资金数额的准确认定。

1. 坚持法定证明标准

办理被害人人数众多的电信网络诈骗犯罪案件，应坚持法定证明标准。犯罪数额作为重要的案件事实，对确定犯罪嫌疑人、被告人罪与非罪、罪轻罪重具有重要意义，严厉打击电信网络诈骗犯罪的政策导向不应成为相关案件事实尚未查清就定案的理由。在传统印证证明模式的要求下，囿于被害人陈述难以一一调取、电子证据难以固定，控方所承担的举证责任如严格依照印证模式加以认定，诸多电信网络诈骗犯罪案件将难以认定。

"综合认定法"本质上仍是一种证据分析方法和事实认定方法，其追求的是证据与事实之间的整体印证和综合印证，电信网络诈骗犯罪案件中，由于被害人陈述缺失以及被告人对涉案金额的供述具有片面性、概括性，依据此类言词证据与相关物证、书证、电子证据等证据来证实犯罪事实的模式失效，从而要求充分发挥间接证据的补助效用，此与普通刑事案件所呈现的主要证据与待证事实之间存在直接印证不同，更为重视证据之间证明对象的同一性、印证的概括性以及证据本身的细节性，充分挖掘既有证据的潜在价值，利用逻辑思维和经验法则，全面审查在案证据的证明力以及证据的可采性。在坚持法定证明标准的同时，从严惩治电信网络诈骗犯罪行为。需要说明的是，坚持法定证明标准并不一定意味着完全由控方承担所有举证责任，也不一定意味着只能通过在案证据相互印证的方式来排除案件中的合理怀疑，通过刑事推定等亦可实现证据裁判的功效。

---

① 蒋晓亮：《论我国刑事涉案财物执行中的案外人救济》，载《法律适用》2016 年第 8 期。

2. 在案件基础事实有关键证据予以证明情形下，允许合理事实推定

推定作为由控方承担全部举证责任的例外性制度，其以推理为桥梁、以逻辑思维和经验法则为准则，是公正和效率"折中"后的产物，常应用于一些犯罪手段隐蔽、取证困难的犯罪案件中，对于实现司法公正、提高司法效率发挥着重要作用。考虑电信网络诈骗犯罪的特殊性，在具体责任分配过程中，可允许控方在承担举证责任过程中，根据经验法则和逻辑思维，合理采用刑事推定规则。具体适用过程中，可通过正面证成与反向排除合理怀疑相结合的方式来加以论证。首先，存在电信网络诈骗犯罪的基础事实，该事实既可以是单一的基础事实，又可以是交织的多种基础事实，此事实与待证事实之间存在高度可能性，是认定待证事实的基础和前提。其次，要求基础事实与待证事实之间存在前者引发后者发生的常态性及高度可能，二者之间属于多发、常发态势。最后，行为人及其辩护人可以提出合理怀疑，从反向推倒公诉机关指控。合理怀疑要具备客观性、真实性。虚假事实不可能推翻已经收集的客观证据，只有真实、客观的怀疑才具备这种可能，当然这种怀疑依赖的是达到内心确认的法律真实，其与客观真实未必一定画等号。合理怀疑可从反面论证现有证据链得出的结论不具有唯一性。

在电信网络诈骗犯罪案件的办理中，当控方能够证明有关账户的作用主要为接收、流转涉案资金，即完成了对基础事实的证明，在没有其他在案证据能够证明账户内部分钱款来源合法的情况下，自动推定该账户所接收的资金为涉案资金。此时，由犯罪嫌疑人、被告人一方对相关涉案钱款进行"说明合法来源"或"作出合理说明"。但需要注意的是，由于犯罪嫌疑人、被告人一方处于举证的劣势地位，因此不应将"说明合法来源"或"作出合理说明"单纯理解为要求被告方提供相关证据进行证明，而应将最低限度设置为要求犯罪嫌疑人、被告人提供证据或线索，能够说明涉案账户内部分钱款来源合法。如果犯罪嫌疑人、被告人一方无法提供相关证据或线索，则推定事实成立并排除了合理怀疑，达到了"案件事实清楚，证据确实、充分"的法定证明标准。

三、电信网络诈骗犯罪涉案金额证明方法之正当性补足

证据要转化为法院据以认定案件事实的根据，必须具备双重证据资格：一是证明力，也就是在经验上和逻辑上发挥证明作用的能力；二是证

据能力，也就是在法律上能够为法院所接纳的资格和条件。在电信网络诈骗犯罪案件中，适用推定证明方法时，可参考两阶层的证据采纳规则，从证据能力和证明力两方面对证据进行审查判断。对证据的证明力，应结合案件的具体情况，从各证据与待证事实的关联程度、各证据之间的联系等方面进行审查判断。证据之间具有内在联系，共同指向同一待证事实，且能排除合理怀疑的，才能作为定案的根据。具体到电信网络诈骗犯罪案件的办理，在案件基本事实有关键证据予以证明的情形下，可通过合理推定初步拟制待证事实为真，形成适用法律、运用裁判规则的小前提。同时允许被告人提出反证，对辩方提出的反证，综合考量银行账户交易记录、电子数据、转账记录、通话记录等客观证据的内在关联及证明目的的同一指向性，进行全面的审查，进而对证明方法的正当性进行补足，防止降低刑事案件证明标准。

1. 证据间有内在联系：涉及诈骗行为及被害人受损的基础事实有关键证据予以证明

在确定电信网络诈骗犯罪事实及涉案金额时，公诉机关应提供认定案件事实及金额的关键证据，对金额认定、财产权属、处置方式等承担举证责任。为此，公诉机关要全面搜集与此相关的证据材料，包括涉及非法占有目的、诈骗行为、诈骗数额、资金流向、银行卡流水等相关证据，既要注重书面证据，又不能忽视电子证据、言词证据等，以确保证据收集的全面性、针对性、有效性。实践中，电信网络诈骗犯罪案件中被害人分散各地，逐一搜集言词证据不具有现实性，在搜集证实诈骗事实、犯罪金额的相关证据材料时，可重点审查被告人与被害人因诈骗行为而形成的资金往来明细、电子转账凭证，以及被告人与被害人的聊天记录、第三方支付结算账户交易记录等。具体而言，在对证据提取时，涉及行为人使用的电脑、手机等电子设备，应当及时扣押，固定提取原始证据。在对被害人陈述进行取证时，可选取被骗金额高、距离近，涉案行为手段具有典型性的被害人陈述作为证据材料，在法庭质证时作为典型性代表予以出示。通过关键证据的收集、固定、移送、出示，确保基础事实有联系紧密的关键证据予以证明。

2. 证据指向同一待证事实：在关键证据指向同一待证事实时允许合理推定

基于电信网络诈骗犯罪的特点，应秉持更加多元的证据体系，在缺少被害人证据时，通过其他证据补强其证明力，从间接证据的细节性层面补强其他证据的证明效果，单个间接证据的证明力有限，但综合全案的间接证据会产生证明力的累积效用和印证效用，从而与其他证据相互佐证，依赖逻辑思维和经验法则，有效排除证据体系中的冲突及矛盾，从而将证据证实对象指向同一事实。若在案的多份关键证据，均表明行为人账户内的犯罪金额与电信网络诈骗犯罪事实具有对应性，如提取的电子数据经业务员核对无误，能客观、全面反映钱款流入情况，取得钱财后的用途和去向，且根据被告人的职务、任职时间等，对账户内的合法收入已予以刨除，根据证据间的内在联系性、多份证据的共同指向性等特征，可推定流入账户的钱款为诈骗资金。

3. 在案证据能排除合理怀疑：允许被告人对案件基础事实提出线索或证据予以反驳

被告人对公诉机关的指控可提出证据或线索予以反驳，如对涉案财产的来源进行说明，提供单项或多项资金交易明细的证据材料，对财产权属提出异议。只要被告人提供的证据或证明材料具有客观性、真实性，具有合理的怀疑，即应依据有利于被告人的原则以及排除合理怀疑原则，对其反证予以采纳。与民事诉讼依照优势证据证明标准不同，刑事诉讼要求根据证据链得到的审判结论具有唯一性，不能有其他合理怀疑。审判机关对案件事实进行认定时，不仅要考虑单个证据的证明力，还要结合整个证据链依照逻辑规则进行分析、论证、判断，依靠缜密的法律思维及经验法则对各种可能性进行探求。在辩方有确有证据，证明涉案账户中钱款系合法收入的情况下，对合法收入的部分应予以剔除。

四、回归本案：杨某某涉案金额的具体认定

本案的争议焦点是公诉机关没有向法庭提交完整的被害人、被告人、涉案金额的明细，指控的诈骗资金数额能否确认？笔者认为，电信网络诈骗犯罪案件中，被害人人数众多且分散各地，再加上犯罪分子犯罪手段多样、隐蔽性强，电子数据易隐匿、销毁，难以一一查证，可结合被害人陈述、已经查证属实的银行卡交易明细、微信聊天记录、电子数据等，综合认定被告人的诈骗数额。

本案中，公安机关委托鉴定机构提取到了财务人员电脑中业务员业绩统计表等电子数据，相关业绩统计数额均经过业务员本人核对，能够客观、全面反映骗取钱款情况。审计机关以该电子数据中业务员业绩统计表为依据，结合其他证据进行了专项司法审计，并根据各被告人的职务、任职时间等，分别认定犯罪数额和违法所得数额等，可作为确定涉案被告人诈骗资金数额的关键证据。此外，本案还综合考虑了被告人供述及辩解、证人证言等言词证据，并结合涉案账户的资金往来明细、交易记录等重要证据予以佐证，同时允许被告人提出反证或反驳，其可对公诉机关及审计报告的指控数额提出异议，如提供相反线索或证据去论证涉案款项中的某笔或多笔资金不属于诈骗金额，但被告人在庭审质证过程中，并未提出有效的相反线索或证据材料，故认定杨某某的证据材料足以排除合理怀疑，将被告人诈骗行为实施期间，其银行卡内收取的款项认定为诈骗资金数额，具有正当性和合理性。

九、马某 1、张某诈骗案

—— "综合认定法" 在电信网络诈骗犯罪涉案数额认定中的具体适用

【裁判要旨】

采用 "综合认定法" 的证明方式，应当坚持法定证明标准，综合运用多元的间接证据体系，通过实践经验、科学规律、司法经验等，依赖逻辑思维、经验法则加以构筑。电信网络诈骗犯罪案件中综合运用法的刑事推定可类型化区分为反推认定法、抽样认定法、概括认定法等。在刑事诉讼程序中运用 "综合认定法"，要充分保障被告人的程序性权利，允许被告人予以反证。在必要情况下，要同时对经验法则本身和运用经验法则推定的可靠性进行证明。

【基本案情】①

2021 年至 2022 年期间，被告人马某 1、张某与他人结伙先后成立某某公司 3、某某公司 4，雇用涂某（已判决）负责人事事宜，雇用樊某、熊某、杨某、杜某 1、杜某 2、薛某、袁某、刘某、曾某（均已判决）等人

① 参见上海市宝山区人民法院（2023）沪 0113 刑初 444 号刑事判决书。

为业务员，通过电话、微信等方式联系被害人，谎称公司可帮助证书挂靠第三方合作企业获取高额回报，并假扮第三方企业提出挂靠需求，欺骗被害人办理证书，骗取证书办理费用。

2022年9月，被告人马某1成立某某公司1，雇用涂某负责人事事宜，雇用杨某、杜某1、杜某2、袁某、马某2、吴某1（均已判决）等人为业务员，采用上述相同方式实施诈骗。

2022年9月，被告人张某、樊某、熊某成立某某公司2，雇用薛某、刘某、曾某（均已判决）为业务员，采用上述相同方式实施诈骗。

经审计，被告人马某1骗取被害人钱款共计102万余元，被告人张某骗取被害人钱款共计73万余元。

被告人马某1、张某均于2022年11月2日被抓获。

【裁判结果】

法院生效裁判认为：被告人马某1、张某结伙或分别伙同他人，以非法占有为目的，虚构事实、隐瞒真相，骗取他人财物，数额特别巨大，其行为均已构成诈骗罪，依法应予惩处。公诉机关指控的罪名成立。二名被告人庭前所作有罪供述与同案关系人的供述相互印证，证实被告人马某1、张某结伙他人，以办理证书、提供挂靠兼职服务可获取高额报酬为名，利用拨打电话等电信技术手段对不特定多数人实施诈骗，骗取被害人证书办理费用的犯罪手法。上述犯罪手法与被害人陈述的被骗过程一致，且有微信聊天记录等客观证据予以佐证。被告人马某1、张某各自使用的微信聊天记录中均涉及上述犯罪手法，故其以业务员违规、个人行为免责的辩解，与事实和法律不符，不予采纳。上述犯罪手法具有远程、非接触性特征，个别被害人经电话、微信联系，上门沟通后被骗亦不能否定本案电信网络诈骗犯罪的属性。故公诉机关结合已收集的被害人陈述，以及经查证属实的银行账户交易记录、电子数据等证据，并经具有资质的审计机构和人员依法审计综合认定的二名被告人所涉犯罪数额，法院予以确认。辩护人的相关辩护意见，不予采纳。在共同犯罪中，被告人马某1、张某起主要作用，依法应当承担主犯的罪责。被告人马某1、张某于本案审理过程中检举揭发的他人犯罪线索尚未查证属实，故不能认定其等有立功表现。据此，判处：一、被告人马某1犯诈骗罪，判处有期徒刑十年九个月，并处罚金人民币 10 万元。二、被告人张某犯诈骗罪，判处有期徒刑十年三个月，并处罚金人民币 10 万元。三、责令二名被告人继续退赔各被害人的经济损失；扣押在案的作案工具依法没收。

【案例分析】

近年来，电信网络诈骗持续高发，犯罪手段迭代更新、犯罪模式日新月异、犯罪形态持续严峻，呈现出产业化、公司化、链条化的模式，衍生出相互关联的多种样态的犯罪链条，严重侵害公众的财产安全，引发一系列的关联犯罪。电信网络诈骗特别是跨境电信网络诈骗通常以团伙或犯罪集团的形式来实施，涉及的被害人往往人数众多，少则数十人，多则成千上万，且分布全国各地，其人机分离、人物分离的犯罪特点，导致事实认定难、被害人查找难、证据收集难、金额确定难、财产查控难、退赔责任区别难。如何实现对电信网络诈骗犯罪的上下游一体化打击，合理厘定事实认定、刑罚裁量、责任承担，形成全链条、一体化的打击合力，研究解决案件管辖、诉讼程序衔接、法律适用等方面的问题，实现法律效果、政治效果、社会效果的有机统一，对于打击犯罪、保障被害人的权益、实现社会治理，具有重要的实践意义及社会价值。

一、认定涉案金额存在的难题

一是物联网技术的发展以及移动支付终端的普及，为电信网络诈骗犯罪的开展提供了契机。电信网络诈骗犯罪的远程性、跨区域性越来越明显，甚至跨境犯罪层出不穷，犯罪分子通过远程操作网络平台实施诈骗行为，从行为谋划、沟通交流、资金转移、取现藏匿等分工明确，且人员之间无须接触以及相互关联，造就犯罪分子与被害人之间存在时空隔离，诈骗涉案财产的犯罪主体、涉案金额的认定困难重重。

二是电信网络诈骗的远程性和非接触性，导致被害人确定难，无法一一对应。实践中，犯罪分子实施犯罪过程中，被告人的身份、地址、电话号码、身份信息都可能是虚假的，再加上网络空间的虚拟性，导致犯罪过程极难留下犯罪痕迹，且电子证据极易被破坏、销毁、藏匿等，导致此类案件的侦查及取证面临诸多困境。尤其是跨境电信网络诈骗犯罪，侦查机关跨境协助程序烦琐，且各国法律体制未必相同，就算最终可查获诈骗窝点，此期间诈骗团伙或犯罪集团有充足时间转移赃款、销毁证据。

三是银行账户所涉资金权属复杂，界分困难。新型电信网络诈骗犯罪过程中，犯罪团伙或犯罪集团内部人员分工明确，尤其是实行犯与上下游关联犯罪的衔接、关联更为紧密，各环节、各具体犯罪的行为人责任明确且高度分离，涉案款项移转及取现具有复杂性、快捷性，再加上涉案账户可能涉及不同法律关系的资金往来，如何合理确定涉案金额困难重重。

二、对涉案金额的综合认定

为依法查明案件事实，防止遗漏案件被害人，准确发还涉案款物，侦查机关应一并要求被害人提供身份证明材料、资金发还申请及附属证明材料、银行账户信息等资料。而在认定不同层级的被告人之刑事责任及退赔责任，则需明确被告人的涉案金额，对此，需对证实涉案金额及被害人的关键证据予以收集、质证。其中，包括证实被告人与被害人因诈骗行为而导致的资金往来明细、电子转账凭证等，以及被告人与被害人的聊天记录、第三方支付结算账户交易记录等，

具体认定过程中，相关司法解释规定了刑事推定的数额认定方法，2022年《最高人民法院、最高人民检察院、公安部关于办理信息网络犯罪案件适用刑事诉讼程序若干问题的意见》第21条规定："对于涉案人数特别众多的信息网络犯罪案件，确因客观条件限制无法收集证据逐一证明、逐人核实涉案账户的资金来源，但根据银行账户、非银行支付账户等交易记录和其他证据材料，足以认定有关账户主要用于接收、流转涉案资金的，可以按照该账户接收的资金数额认定犯罪数额，但犯罪嫌疑人、被告人能够作出合理说明的除外。案外人提出异议的，应当依法审查"。2021年《办理电信网络诈骗意见（二）》第3条则进一步简化了跨境电信网络诈骗案件的罪量证明，即无须举证证明行为人的具体诈骗行为及其产生的后果，只要有证据证明"行为人参加境外诈骗犯罪集团或犯罪团伙，在境外针对境内居民实施电信网络诈骗犯罪行为"，且能够证明行为人"一年内出境赴境外诈骗犯罪窝点累计时间30日以上或多次出境赴境外诈骗犯罪窝点的"，就应当认定为《刑法》第266条规定的"其他严重情节"。

根据《办理电信网络诈骗意见》第6条的规定："办理电信网络诈骗案件，确因被害人人数众多等客观条件的限制，无法逐一收集被害人陈述的，可以结合已收集的被害人陈述，以及经查证属实的银行账户交易记录、第三方支付结算账户交易记录、通话记录、电子数据等证据，综合认

定被害人人数及诈骗资金数额等犯罪事实。"此规定中"综合认定"实际上是指在无明确直接证据证明犯罪数额时，可以结合证据类型、适用方式，依照逻辑思维和经验法则，推定待证事实成立的一种证明方式。

刑事推定是指基于基础事实，推定待证事实成立的一种证明方式，是在全面考量在案证据的基础上，依据经验法则中事实间高概率的"伴生关系"[1]，从在案证据能够确认的基础事实中综合认定待证事实，经验法则、逻辑法则、人情事理等都可能成为根据。[2] 刑事推定融刑法与刑事诉讼法于一体，包括事实推定和法律推定两种类型，电信网络诈骗犯罪案件中，涉及的主要是事实推定。

刑事推定，通过正面证成与反向排除合理怀疑相结合的方式来加以论证。刑事推定赖以产生的理论基础不仅仅在于基础事实与推定事实之间形式上或个案中的联系，还有着更深刻的法理基础，即体现为事物之间的联系、社会政策的要求、诉讼的公正性与合理性要求等。[3] 首先，存在电信网络诈骗犯罪的基础事实，该事实既可以是单一的基础事实，又可以是交织的多种基础事实。该事实一方面其是危害结果认定的客观基础；另一方面其与危害结果之间的因果关系具有直接性和可判断性。此事实与待证事实之间存在高度可能性，亦是认定待证事实的基础和前提。间接证据或其他证据可以起到二次校验的效用。其次，需要明确的是，并不是存在基础事实，就一定可以认定待证事实。实践中，要求基础事实与待证事实之间存在前者引发后者发生的高度可能，二者之间属于多发、常发态势。最后，行为人及其辩护人可以提出合理怀疑，从反向推倒公诉机关指控。合理怀疑要具备客观性、真实性。虚假事实不可能推翻已经收集的客观证据，只有真实、客观的怀疑才具备这种可能，当然这种怀疑依赖的是达到内心确认的法律真实，其与客观真实未必一定画等号。合理怀疑可从反面证实现有证据链得出的结论不具有唯一性。审判人员对案件事实进行认定时，不仅要考虑单个证据的证明力，还要结合整个证据链依照逻辑规则进

---

① 参见何家弘、刘品新：《证据法学》，法律出版社 2013 年版，第 260 页。
② 参见褚福民：《刑事推定的基本理论——以中国问题为中心的理论阐述》，中国人民大学出版社 2012 年版，第 42 页。
③ 李学军、贺娇：《推定在电信网络诈骗及其关联犯罪案件证明中的适用与规制完善》，载《法学论坛》2024 年第 2 期。

行分析、论证、判断，依靠缜密的法律思维及经验法则对各种可能性进行探求。与民事诉讼依照优势证据证明标准不同，刑事诉讼要求根据证据链得到的审判结论具有唯一性，不能有其他合理可能。民事优势证据证明标准要求即使一方证据的证明力仅有 51%，依旧可以胜诉。但在刑事诉讼中，即使证据的整体证明力达到 90%，如果不能排除其他可能结果，依旧无法定罪。

被告人对公诉机关的指控可提出证据或线索予以反驳，如对涉案财产的来源进行说明，提供单项或多项资金交易明细的证据材料，只要被告人提供的证据或证明材料具有客观性、真实性，具有合理的怀疑，则应依据有利于被告人的原则以及排除合理怀疑的原则，对其反驳予以采纳。

三、"综合认定法"在本案诈骗资金数额认定中的具体运用

电信网络诈骗犯罪案件人数众多、层级分明，行为人的诈骗资金数额，需要结合犯罪层级、行为类型、危害后果等综合加以判定：

1. 主犯涉案数额的认定

根据《办理电信网络诈骗意见》第 4 条的规定，多人共同实施电信网络诈骗，犯罪嫌疑人、被告人应对其参与期间该犯罪团伙实施的全部犯罪行为承担责任。对该规定，笔者认为，一方面对多人共同实施犯罪的团伙，主犯应对其参与期间其所在团队的诈骗数额或者其组织、指挥的全部诈骗数额负责；另一方面要构建分级分类的处罚机制，不能要求所有参与人员一概承担全部刑事责任，还要基于参与时间、促进客观因果的推进力与主观故意内容等综合认定，否则既有悖于罪责刑相适应原则，又与罪责自负原则严重背离。

对于犯罪团伙中的主犯，应对其参与期间所在团队的诈骗数额或者其组织、指挥的全部诈骗数额负责，理由如下：

一是从罪责自负的角度来看。根据我国《刑法》第 26 条的规定，对于第 3 款（首要分子）规定之外的主犯，应当按照其所参与的或者组织、指挥的全部犯罪处罚。电信网络诈骗犯罪团伙往往借鉴公司、企业的运营模式来实施诈骗行为，组织体系呈金字塔的架构，成员之间分工明确、组织严密，最上层的组织者、领导者负责公司的总体规划、资金分配、人事管理、诈骗对象、行为手段等，中层领导者上传下达，如业务经理作为中层领导者，负责该团队的电信网络诈骗活动，包括诈骗的手段、话术的策

划、技术的支持、后勤的保障等，而业务员通过诈骗行为不断完善诈骗模式，呈现专业化、职业化趋势。成员之间依照分工各自实施整体犯罪行为的一部分，既有诈骗团伙的实际控制人等上层控制人，又有业务经理等中层管理者及基层具体业务员，上下级之间层级分明、管控严格、运作有序。故无论是上层的组织者、领导者，还是业务经理，对其组织、指挥的犯罪行为或其参与的团队行为具有决策性、支配性，对其控制下或具体参与的犯罪行为负责是罪责自负原则的具体体现。

二是从因果关系的角度来看。行为人的犯罪行为与被害人的损失后果之间是否存在紧密的关联性，决定着其是否应承担刑事责任以及刑事责任的大小。考虑到电信网络诈骗犯罪案件中，犯罪分子经常在团伙内部再分立为不同层级的犯罪小组，此不同层级的小组成员在诈骗场地、诈骗对象、诈骗行为、诈骗数额等方面相互独立，客观上与其他层级小组的犯罪行为相互隔离，缺乏协助及相互促进作用的推动力，要求处于同一层级的不同小组彼此承担刑事责任既不符合因果关系的相关规定，又有违罪责自负原则。

三是从便利司法实践的角度来看。电信网络诈骗犯罪案件具有虚拟性、非接触性、远程控制性，作案工具、服务器等甚至设置在境外，侦查部门很难查获该方面物证，而且作案人员众多、流动性大，团伙成员并不固定，行骗人员与被骗对象之间难以形成一一对应关系，无法确定各成员具体的诈骗数额。若以主犯本人诈骗数额来加以认定，但实践中各层级主犯的职责多样，未必具体参与诈骗行为；若以成员诈骗数额之和来认定主犯数额，考虑到组织成员更替频繁，难以逐一认定具体成员诈骗数额。而以主犯参与期间其所在团队的诈骗数额或者其组织、指挥的全部诈骗数额来认定，不但可以便利司法实践中对涉案金额的认定，而且可要求其承担退赔责任，从而最大化地保障被害人权益。

2. 本案被告人涉案资金数额的具体厘定

具体到本案中，争议焦点是公诉机关没有向法庭提交完整的被害人、被告人、诈骗资金数额的具体明细，被告人涉案金额如何确认？伴随着网络技术日新月异、犯罪模式不断更新，电信网络诈骗犯罪案件持续高发，涉案金额屡创新高、犯罪人数居高不下，呈现出产业化、链条化、企业化的新特征，再加上此类案件依赖网络空间，具有非接触性、远程性、虚拟性，且涉及分散在全国各地的不特定的被害人，涉案资金来源复杂，且在第三方支付平台甚至第四方支付平台的推波助澜之下，查证难度高、证据收集难、犯罪数额认定难。

本案中，首先，本案被告人对诈骗组织的组织架构、业务开展、资金支配、行为模式等具有掌控性、支配力，其可以统一管理、支配、指挥、诈骗团伙行为模式、犯罪对象、资金分配等，在共同犯罪中起主导性作用，应认定为主犯，故其涉案金额应认定为其参与期间所在团队的诈骗数额或者其组织、指挥的全部诈骗数额。其次，本案因案情复杂、涉案金额巨大、刑民交织，被害人人数众多且分散各地，难以查清，导致无法逐一收集被害人陈述，满足"综合认定法"的适用前提。本案运用的是"综合认定法"中的反推法，公安机关委托鉴定机构提取到了财务人员电脑中业务员业绩统计表等电子数据，相关业绩统计表经过业务员本人核对，能够客观、全面反映骗取钱款情况。审计机关以该电子数据中业务员业绩统计表为依据，结合其他证据进行了专项司法审计，并根据各被告人的职务、任职时间等，分别认定犯罪数额和违法所得数额等，可作为确定涉案被告人诈骗资金数额的关键证据。此外，本案综合考虑了被告人供述及辩解、证人证言等言词证据，以及涉案账户资金往来明细、交易记录等证据，依照刑事推定规则，严格依照逻辑思维和经验法则，排除了合理怀疑，足以证实被告人的涉案金额是准确的。

十、杨某1、罗某某、杨某2、周某某诈骗案
——刑事推定在电信网络诈骗犯罪数额认定中的准确适用

【裁判要旨】

在电信网络诈骗犯罪数额难以查清时，可以运用刑事推定认定犯罪数额。推定需满足基础事实具有多元证据加以证实、基础事实与推定事实之间存在常态性两个条件。在司法实践中提炼、总结与电信网络诈骗犯罪赃款高度关联的客观情形，属于此类情形的资金数额，可直接认定为诈骗数额。同时允许犯罪嫌疑人、被告人一方提供线索或证据对推定的诈骗数额

予以反驳，辩解合理的可推翻或酌减推定数额。

【基本案情】①

2020 年 11 月，被告人杨某 1 在缅北贺岛大宇国际银泰酒店四楼成立兴旺公司，专门从事"杀猪盘"式电信网络诈骗。公司下设旺财组、鸿运组、聚财组和财神组四个组。被告人罗某某负责管理四个组的全部人员，被告人杨某 2 负责洗钱，同时担任旺财组组长。被告人周某某系旺财组组员。各组组员通过陌陌、SOUL 等社交软件寻找诈骗目标，主要是单身、离异女性，先通过聊天建立起信任，然后将被害人推荐给组长或代理进行精聊，进一步诱导被害人通过生物科技、蚂蚁金服等诈骗软件投资，骗取被害人钱款。经查，2020 年 11 月至 2021 年 3 月，被告人杨某 1、杨某 2、罗某某共参与骗取李某某、杨某 3、贺某等数十名被害人人民币 360 多万元。被告人周某某共参与骗取甘某某、王某某等多名被害人人民币 100 多万元。

2021 年 9 月 9 日，被告人杨某 1、罗某某、杨某 2、周某某被传唤到案。

【裁判结果】

法院生效裁判认为：被告人杨某 1、罗某某、杨某 2、周某某在境外利用电信网络技术手段，虚构事实、隐瞒真相，骗取他人财物，数额特别巨大，其行为均已构成诈骗罪，依法均应予以惩处。北京市房山区人民检察院指控被告人杨某 1、罗某某、杨某 2、周某某犯诈骗罪的罪名成立，法院予以支持。其中，由于公诉机关指控被告人犯罪的上下分记录等部分证据是被告人提供的来自境外的证据材料，根据相关司法解释的规定该证据材料应当经所在国公证机关证明，所在国中央外交主管机关或者其授权机关认证，并经中华人民共和国驻该国使领馆认证。该部分证据材料未履行相关的认证程序，不能作为定案的依据。在法院审理期间，法院要求侦查机关调取了相关的银行交易流水，该流水能够证明本案的犯罪数额，经庭审质证可以作为定案的依据，故法院依据银行交易流水等证据对被告人的犯

---

① 参见北京市房山区人民法院（2022）京 0111 刑初 132 号刑事判决书。

罪数额作出相应调整。

关于被告人杨某 1、杨某 2、罗某某所提其没有实施诈骗行为的辩解，首先，本案陈某某、江某某、李某某、娄某某、林某等多人的供述或证言均能证明三被告人实施了电信网络诈骗的犯罪行为；其次，公安机关从成都美洽网络科技有限公司调取的相关被害人注册信息显示涉及诈骗活动的公司负责人为杨某 1；最后，结合本案的银行交易流水看，部分被害人被骗的钱款均打入了同一人名下多个账户的情况十分频繁，另根据被告人供述，上述部分收款账户的所有人参与了杨某 1 的犯罪活动。综合全案证据分析，足以证明被告人杨某 1、杨某 2、罗某某实施了电信网络诈骗的犯罪行为。被告人杨某 1、杨某 2、罗某某是组织管理者，在共同犯罪过程中起主要作用，均为主犯。

据此，判处：一、被告人杨某 1 犯诈骗罪，判处有期徒刑十三年，剥夺政治权利三年，并处罚金人民币 13 万元。二、被告人罗某某犯诈骗罪，判处有期徒刑十二年六个月，剥夺政治权利二年，并处罚金人民币 125000 元。三、被告人杨某 2 犯诈骗罪，判处有期徒刑十二年，剥夺政治权利二年，并处罚金人民币 12 万元。四、被告人周某某犯诈骗罪，判处有期徒刑四年六个月，并处罚金人民币 46000 元。五、责令被告人杨某 1、罗某某、杨某 2、周某某退赔被害人相应经济损失。六、随案移送的物品，依法予以处理。宣判后被告人未上诉，公诉机关未抗诉，该案现已生效。

【案例分析】

近年来，电信网络诈骗犯罪持续高发，电信网络诈骗特别是跨境电信网络诈骗通常以团伙或犯罪集团的形式实施，涉及的被害人往往人数众多，少则数十人，多则成千上万，且分布全国各地，其所具有的人机分离、人物分离的犯罪特点，导致司法裁判中事实认定难、被害人查找难、证据收集难、金额确定难。但与之相对的是，犯罪数额直接反映犯罪行为的社会危害性，是判断犯罪嫌疑人、被告人罪与非罪、罪轻罪重的关键考量因素之一。对此，《办理电信网络诈骗意见》《最高人民法院、最高人民检察院、公安部关于办理信息网络犯罪案件适用刑事诉讼程序若干问题的意见》，最高人民检察院《人民检察院办理网络犯罪案件规定》等规范中均对此问题进行了回应，学界将从这一系列规定中概括出的认定网络犯罪数额的方法称为"综合认定法","综合认定法"的核心是运用刑事推定解决网络犯罪数额认定的难题。但是目前相关规范对刑事推定的规定与解释比较概括、抽象、模糊，在司法实践中缺乏可操作性与指引性，刑事推定的适用亟须进一步规范与阐述。其中的重点问题具体包括：（1）刑事推定适用的前提与基础；（2）刑事推定中基础事实与待证事实的关联性；（3）如何平衡刑事推定中的不确定性风险。

一、刑事推定适用的基础与前提

在电信网络诈骗案件的犯罪数额无法完全查清之时，根据《办理电信网络诈骗意见》第 6 条规定："办理电信网络诈骗案件，确因被害人人数众多等客观条件的限制，无法逐一收集被害人陈述的，可以结合已收集的被害人陈述，以及经查证属实的银行账户交易记录、第三方支付结算账户交易记录、通话记录、电子数据等证据，综合认定被害人人数及诈骗资金数额等犯罪事实。"此规定中"综合认定"实际上是指在无明确直接证据证明犯罪数额时，可以结合证据类型、适用方式，依照逻辑思维和经验法则，推定待证事实成立的一种证明方式。

刑事推定是指基于基础事实，推定待证事实成立的一种证明方式，是在全面考量在案证据的基础上，依据经验法则中事实间高概率的"伴生关系"[1]，从在案证据能够确认的基础事实中综合认定待证事实，经验法则、逻辑法则、人情事理等都可能成为根据。[2] 刑事推定融刑法与刑事诉讼法于一体，包括事实推定和法律推定两种类型，电信网络诈骗犯罪案件中，涉及的主要是事实推定。具体而言，刑事推定是在事实 A 与事实 B 之间建立法律关系，方式是提取事实 B 的前提事实中高度盖然性特征，然后根据这些特征去找寻事实 A，如果事实 A 能够满足这些特征，就认为 A 可以推定 B。刑事推定不是证据裁判原则的例外，其是以间接证据为基础，通过逻辑思维及经验法则，以定罪事实为对象，允许被告人提出反驳，通过实质审查，构建严谨的证据体系。

刑事推定的基础是事物之间的普遍联系，其底层逻辑是运用长期以来

---

① 参见何家弘、刘品新：《证据法学》，法律出版社 2013 年版，第 260 页。
② 参见褚福民：《刑事推定的基本理论——以中国问题为中心的理论阐述》，中国人民大学出版社 2012 年版，第 42 页。

积累的经验去解决证明难题。其中，必须正视的是，"推定"与"确定"不同，推定中必然带有一定的不确定性，可以说刑事推定是在直接证据缺失时的无奈之举，因而只有在案件中缺少直接证据，无法"确定"待证事实时方可适用刑事推定，且在刑事推定中需着重关注如何平衡推定中不确定性的风险。

二、刑事推定中基础事实与待证事实的关联性

刑事证据包括直接证据和间接证据，刑事推定一般适用于直接证据缺少的前提下，因而推定中主要依赖间接证据，综合比对证据间的联系及证明对象的同一性和指向性，依赖证据整体效应来证明犯罪事实。作为推定前提的基础事实，需有客观证据予以确认，在基础事实认定的基础上，结合公诉方提出的其他间接证据，依赖逻辑思维和经验法则去论证基础事实与待证事实之间的关联性。基础事实与推定事实之间要求具有内在联系，二者之间具有前者引发后者的高度盖然性，基础事实与推定事实之间构建合乎逻辑的常态联系，这种常态性是基于长期、反复的社会实践检验，符合人类认知规律且经检验论证的经验做法。通过间接证据的证明力提炼、推定基础事实所反映或存在的高度关联性。

被害人人数众多的电信网络诈骗犯罪案件中，由于被害人分布区域广泛且具有不特定性，被害人方证据也呈现出海量化的特点，控方往往无法对被害人方证据收集全面。取证工作的现实困境使得以往由控方承担全部证明责任的传统证明模式受到严重挑战，控方指控，尤其是对于犯罪数额的指控难以达到刑事诉讼的法定证明标准。电信网络诈骗犯罪中适用刑事推定，应当采用类型化基础事实与推定事实的客观情形，在司法实践中提炼、总结与电信网络诈骗赃款高度关联的客观情形，属于此类情形的资金数额，应直接认定为诈骗数额。具体而言，可以通过诈骗集团内部提成比例与薪资情况，倒推诈骗总数额，然后与诈骗集团账户中的资金流动情况进行比对，推定诈骗数额；可以根据诈骗分子供述，在确定诈骗集团主要用于接收被骗资金的账户之后，推定账户内流入资金、从诈骗集团流入下游洗钱集团的资金均为诈骗资金。

综上，在电信网络诈骗犯罪数额的刑事推定中需满足基础事实具有多元证据加以证实、基础事实与推定事实之间存在常态性（经验法则上的高度盖然性）两个条件，采用类型化刑事推定适用前提的方式，对与电信网

络诈骗赃款高度关联的客观情形中的资金数额，可直接推定为诈骗数额。

三、刑事推定允许被告人提出反证

推定规则模式下，公诉机关作为举证责任主体的职责并未改变，其仍要承担证实案件事实且达到排除合理怀疑证明标准的举证责任。在传统印证证明模式的要求下，办理受害人人数众多的电信网络诈骗犯罪案件，控方所承担的举证责任过重，难以达到"排除合理怀疑"的法定证明标准，一定程度上造成了放纵犯罪的结果。但需要注意的是，坚持法定证明标准并不一定意味着完全由控方承担所有举证责任，也不一定意味着只能通过在案证据相互印证的方式来排除案件中的合理怀疑。在适用刑事推定时，应当保留被告人说明合法来源的权利，适当将部分证明责任转移给被告人。刑事推定作为由控方承担全部举证责任的例外性制度，常应用于一些犯罪手段隐蔽、取证困难的犯罪案件中，对于实现司法公正、提高司法效率发挥着重要作用。在控方完成对基础事实的证明后，可结合基础事实与待证事实间关联的常态性和前者引发后者的高度盖然性，推定待证事实成立，但因推定事实仅是"高概率"的，未必是完全确定的，因而应允许被告人对该推定事实提出反证或予以反驳。

在电信网络诈骗犯罪案件的办理中，当控方能够证明有关账户的作用主要为接收、流转涉案资金，即完成了对基础事实的证明，在没有其他在案证据能够证明账户内部分钱款来源合法的情况下可以推定该账户所接收的资金均为涉案资金。此时，由犯罪嫌疑人、被告人一方对相关涉案钱款进行"说明合法来源"或"作出合理说明"。但需要注意的是，由于犯罪嫌疑人、被告人一方本身处于举证的劣势地位，因此，不应将"说明合法来源"或"作出合理说明"单纯理解为要求被告方提供相关证据进行证明，而应将其最低限度设定为要求犯罪嫌疑人、被告人提供能够说明涉案账户内部分钱款确实来源合法并且可供公安司法机关进一步查证属实的线索。如果犯罪嫌疑人、被告人一方无法提供相关证据或线索，则推定事实成立并排除了合理怀疑，达到了犯罪事实清楚、证据确实充分的法定证明标准。被告人的反驳，既可以通过反证的方式提出，又可以通过反驳的方式予以证实，只要其提出的反证或反驳对公诉人推定的事实形成合理的怀疑即可。

据此，在本案被告人涉案金额的认定方面，在满足本案基础事实的前提下，结合资金往来明细、交易记录以及部分被害人的陈述、同案犯的供述等多元证据，采取刑事推定证明方式，可综合认定被告人诈骗资金数额等犯罪事实。

首先，被害人难以查清，符合刑事推定的适用前提条件。本案被告人杨某1在境外成立公司，专门从事"杀猪盘"式电信网络诈骗。其组织多名成员通过陌陌、SOUL等社交软件寻找单身、离异女性作为诈骗对象，先通过聊天建立起信任，然后将被害人推荐给组长或代理进行精聊，进一步诱导被害人通过生物科技、蚂蚁金服等诈骗软件投资，骗取被害人钱款。由于被告人在境外通过多种网络平台对不特定的被害人实施诈骗，导致被害人人数难以查清、数额难以厘定，通过传统的印证模式证明方法难以查明诈骗金额，符合综合认定法中刑事推定的前提条件。

其次，基础事实具有多元证据加以证实。基础事实层面，公诉机关通过出示的同案代某、张某等的供述，被害人李某某、甘某某、贺某等多人的陈述，报案材料，手机联系记录，证实了诈骗行为以及被害人款项打入被告人公司账户的事实存在。此基础事实既有被告人供述予以证实，又有部分被害人陈述、通话记录、银行交易明细等予以佐证，并经公安机关从成都美洽网络科技有限公司调取的相关被害人注册信息显示涉及诈骗活动的公司负责人为杨某1，故多元证据均证实基础事实的存在。

再次，基础事实与推定事实之间存在常态性。经庭审质证的证据证实诈骗行为及被害人被骗成立的基础上，鉴于一定时期内多名被害人及陌生款项打入被告人杨某1控制的银行账户，在被告人杨某1与被害人以及他人之间不存在正当的交易往来、资金借贷等法律关系的情况下，且上述事实发生在被告人诈骗行为持续期间，不仅有银行交易流水、手机联系记录等证据予以证实，还有言词证据、报案材料等证据予以补充，考虑到基础事实与待证事实（汇入被告人银行账户的资金是诈骗资金）存在常态性、高概率的可能，可以推定账户内资金为被告人诈骗数额。

最后，允许被告人提供线索或证据予以反驳。其可以提供证据证实涉案款项中的某笔或多笔不属于诈骗金额，对公诉机关及审计报告的指控数额提出异议，但被告人在庭审质证过程中，并未提出有效的线索或证据材料予以反驳。

综上，本案采用刑事推定证明方法，依照逻辑思维和经验法则，综合考量物证、书证、电子证据、言词证据等多元证据，同时允许被告人提出反证，足以认定被告人银行卡内收取的款项为诈骗资金数额。

十一、王某1、王某2等诈骗、非法利用信息网络案
——前罪缓刑撤销后数罪并罚的准确适用

【裁判要旨】

同级法院可否撤销同级或上级法院的缓刑决定，要结合立法本质、行为的社会危害性以及司法公正等因素综合考量，既可撤销缓刑，数罪并罚，判处实刑，又可撤销缓刑，数罪并罚后继续宣告缓刑。但最终刑事责任承担既不能轻纵犯罪，又不能轻罪重判。

【基本案情】①

一、诈骗

2022年12月至2023年2月间，被告人王某1、陶某某、王某2与王某3、谢某某、管某某明知他人从事电信网络诈骗，仍提供手机卡，利用手机、音频线架设"手机口"通话设备实现语音中转，为上游诈骗分子拨打电信网络诈骗电话提供通讯帮助。其中，被告人王某1参与诈骗数额共计人民币（以下币种相同）1164103元，被告人陶某某参与诈骗数额共计273863元，被告人王某2参与诈骗数额共计115302元。具体事实如下：

1.2022年12月24日，被告人王某1、陶某某共同采用上述方法，为上游诈骗分子拨打电信网络诈骗电话提供通讯帮助，致使广东省佛山市的被害人陈某某被骗12500元、陕西省咸阳市的被害人杨某某被骗81366元。

2.2022年12月25日，被告人王某1、陶某某与王某3共同采用上述方法，为上游诈骗分子拨打电信诈骗电话提供通讯帮助，致使安徽省祁门县被害人任某被骗64695元。

3.2023年1月13日，被告人陶某某、王某2共同采用上述方法，为上游诈骗分子拨打电信网络诈骗电话提供通讯帮助，致使江苏省无锡市的

---

① 参见江苏省南京市六合区人民法院（2023）苏0116刑初189号刑事判决书。

被害人苏某被骗 115302 元。

4. 2023 年 1 月 14 日，被告人王某 1、王某 3、谢某某、管某某共同采用上述方法，为上游诈骗分子拨打电信网络诈骗电话提供通讯帮助，致使安徽省滁州市的被害人王某 4 被骗 13432 元、安徽省亳州市的被害人王某 5 被骗 345397 元。

5. 2023 年 1 月 15 日，被告人王某 1 与王某 3、管某某共同采用上述方法，为上游诈骗分子拨打电信网络诈骗电话提供通讯帮助，致使江苏省宜兴市的被害人张某被骗 24110 元、江苏省张家港市的被害人陈某某被骗 121076 元、安徽省肥西县的被害人刘某被骗 161391 元、江苏省镇江市的被害人周某被骗 172030 元。

6. 2023 年 2 月 7 日，被告人王某 1 与王某 3 共同采用上述方法，为上游诈骗分子拨打电信网络诈骗电话提供通讯帮助，致使江苏省淮安市的被害人周某 2 被骗 41100 元。

7. 2023 年 2 月 13 日，被告人王某 1 与谢某某共同采用上述方法，为上游诈骗分子拨打电信网络诈骗电话提供通讯帮助，致使江苏省无锡市的被害人朱某某被骗 127006 元。

二、非法利用信息网络

2022 年 11 月至 12 月间，被告人陶某某为获得非法利益，明知上家提供的信息链接内容涉及赌博等违法犯罪活动，组织被告人王某 2、王某 1、靳某某利用手机短信向他人群发上述信息链接，后被告人王某 2 组织被告人徐某、时某某与金某某（另案处理），被告人靳某某组织被告方某某，被告人王某 1 组织王某 3、谢某某发送上述信息。被告人陶某某违法所得 39670 元，被告人王某 2 违法所得 119170 元，被告人王某 1 违法所得 199767 元，被告人靳某某违法所得 69074 元，被告人方某某违法所得 48115 元，被告人时某某违法所得 22347 元，被告人徐某违法所得 15856 元。

2023 年 2 月 8 日、2 月 9 日、2 月 21 日，被告人徐某、王某 2、王某 1 分别被公安机关抓获归案；同年 2 月 14 日，被告人时某某主动向公安机关投案；2 月 21 日，被告人陶某某、方某某经公安机关电话传唤到案；4 月 19 日，被告人靳某某经公安机关电话传唤到案。上述七名被告人归案后均如实供述了相关事实。案发后，被告人靳某某退出违法所得 2 万元，被告人徐某退出违法所得 16000 元，被告人时某某退出违法所得 11000 元，被告人王某 1 退出违法所得 4000 元，均扣押在公安机关。

另查明，公安机关依法扣押被告人陶某某、徐某、时某某、王某 2、王某 1 随身物品手机各一部，另，自被告人王某 2 处扣押作案工具手机 4 部及手机电线 2 根、笔记本 3 本。

【裁判结果】

法院生效裁判认为：被告人王某 1、陶某某、王某 2 诈骗他人财物，其中，被告人王某 1 诈骗数额特别巨大，被告人陶某某、王某 2 诈骗数额巨大，其行为均已构成诈骗罪；被告人陶某某、王某 2、王某 1、靳某某、方某某、时某某、徐某利用信息网络为实施违法犯罪活动发布信息，情节严重，其行为均已构成非法利用信息网络罪，应予依法惩处。公诉机关指控的事实清楚，证据确实、充分，指控的罪名成立，法院予以支持，但认定被告人靳某某具有自首情节，法院不予支持。

关于辩解及辩护意见，经查：（1）公诉机关指控被告人靳某某违法所得 6 万余元中包括其充值手机卡费用，该部分费用系其为实施犯罪而支出的成本，在认定其违法所得时依法不应扣除，故被告人靳某某及辩护人提出的相关辩解及辩护意见，不予采纳。（2）被告人靳某某当庭对其主要犯罪事实予以否认，不符合自首成立的条件，辩护人提出认定自首情节的辩护意见，不予采纳。（3）综合考量被告人靳某某的犯罪情节以及在共同犯罪中的地位、作用等因素，不宜适用缓刑，故对辩护人提出的适用缓刑的辩护意见，不予采纳。（4）辩护人提出的被告人靳某某退出部分违法所得、平时表现良好等从轻处罚情节的辩护意见属实，予以采纳。被告人王某 1、陶某某、王某 2 与他人共同实施诈骗犯罪行为，系共同犯罪，三被告人在共同犯罪中起次要作用，均系从犯，依法分别予以减轻处罚。被告人陶某某、王某 2、王某 1、靳某某、方某某、时某某、徐某分别共同实施非法利用信息网络犯罪，系共同犯罪。被告人陶某某、王某 2、王某 1、靳某某在共同犯罪中起主要作用，均系主犯；被告人方某某、时某某、徐某在共同犯罪中起次要作用，均系从犯，依法分别予以从轻处罚。被告人陶某某、王某 2、王某 1 系判决宣告以前一人犯数罪，应当数罪并罚。被告人陶某某在缓刑考验期限内发现判决宣告以前还有其他罪没有判决，应当撤销缓刑，数罪并罚。被告人陶某某、王某2、王某1、徐某到案后能如实供述自己的罪行，愿意接受处罚，依法分别予以从轻处罚；被告人方某某、时某某自动投案，到案后能如实供述自己的罪行，系自首，愿意接受处罚，依法分别予以从轻处罚。被告人王某1、靳某某、时某某退出部分违法所得，被告人徐某退出全部违法所得，酌情分别予以从轻处罚。公诉机关的量刑建议适当。据此，判决：一、被告人王某1犯诈骗罪，判处有期徒刑四年，并处罚金人民币5万元；犯非法利用信息网络罪，判处有期徒刑十个月，并处罚金人民币5万元，数罪并罚，决定执行有期徒刑四年二个月，并处罚金人民币10万元。二、被告人陶某某犯诈骗罪，判处有期徒刑二年六个月，并处罚金人民币2万元；犯非法利用信息网络罪，判处有期徒刑一年，并处罚金人民币5万元；撤销前罪"犯帮助信息网络犯罪活动罪，被判处有期徒刑六个月，缓刑一年，并处罚金人民币5000元"的宣告缓刑部分，数罪并罚，决定执行有期徒刑三年二个月，并处罚金人民币75000元。三、被告人王某2犯诈骗罪，判处有期徒刑一年八个月，并处罚金人民币1万元；犯非法利用信息网络罪，判处有期徒刑十个月，并处罚金人民币5万元，数罪并罚，决定执行有期徒刑二年，并处罚金人民币6万元。四、被告人靳某某犯非法利用信息网络罪，判处有期徒刑十个月，并处罚金人民币5万元。五、被告人方某某犯非法利用信息网络罪，判处有期徒刑六个月，并处罚金人民币2万元。六、被告人时某某犯非法利用信息网络罪，判处有期徒刑六个月，并处罚金人民币2万元。七、被告人徐某犯非法利用信息网络罪，判处有期徒刑六个月，缓刑一年，并处罚金人民币2万元。八、扣押的违法所得人民币51000元，予以没收，上缴国库；继续追缴被告人王某1违法所得人民币195767元，追缴被告人陶某某违法所得人民币39670元，追缴被告人王某2违法所得人民币119170元，追缴被告人靳某某违法所得人民币49074元，追缴被告人方某某违法所得48115元，追缴被告人时某某违法所得11347元，追缴后，上缴国库；扣押的作案工具手机4部及手机线2根，依法没收；扣押的随身物品手机、笔记本发还各被告人。

宣判后，被告人未提出上诉，公诉机关未提出抗诉，判决已发生法律效力。

【案例分析】

同级法院可否撤销缓刑、判处实刑

在本案审理过程中，合议庭可否撤销缓刑，判处较重的实刑，存在重大分歧。对此存在两种观点：一是本案前刑（罪）宣告缓刑，对之虽可以撤销，但不应该对其判处实刑，变更为实刑加重了对被告人的处罚，且同级法院无权变更，而应宣告缓刑；二是本案可在撤销缓刑的同时，数罪并罚并结合具体情形，决定是判处实刑还是宣告缓刑。

笔者赞成第二种观点，理由如下：

第一，从社会危害性的角度来看。行为具有一定的社会危害性是犯罪最基本的特征。我国《刑法》中的社会危害性是质与量两方面的统一、定性与定量两方面的结合，在危害行为具备刑事违法性之后，就需从行为对社会的危害程度上判断《刑法》规定的（危害）行为是否达到了刑罚裁量的程度，是否符合某一具体犯罪构成要件中"情节恶劣""情节严重""数额较大"等构成要件的要求。作为犯罪构成中"量"的因素，其表征行为的社会危害性的大小及严重程度。若仅有危害行为但尚未达《刑法》惩治程度时，行为就不具有刑法意义上的社会危害性，因而也就不能认定为犯罪。社会危害性之评价应当以评价行为之危害结果为原则，对行为及其行为的反伦理性评价为例外。危害结果包括实害结果和危险，物质性危害结果和精神性危害结果两类。《刑法》中的危害结果应当以现实的、物质的危害结果为主要评价对象。具体到诈骗罪，考查被告人诈骗行为的社会危害性，需结合其诈骗的数额、次数、动机、主观恶性等因素综合加以认定。本案中，被告人在两个月内，提供手机卡，利用手机、音频线架设"手机口"通话设备实现语音中转，为上游诈骗分子拨打电信网络诈骗电话提供通讯帮助，作为整体诈骗行为的一部分，有预谋地促进、加速诈骗行为的实施，诈骗金额特别巨大，至今未全部退赔，严重侵害他人的财产权益；被告人曾因帮助信息网络犯罪活动罪被判处有期徒刑六个月，还不思悔改，再次实施应判处有期徒刑以上的诈骗罪、非法利用信息网络罪，主观恶性极大，行为具有严重的社会危害性。

第二，从立法的角度来看。根据我国《刑法》的规定，对犯罪分子宣告缓刑，需要满足三个条件：（1）犯罪分子必须是被判处三年以下有期徒刑的刑罚；（2）犯罪分子不能是累犯；（3）根据犯罪分子的犯罪情节和悔罪表现，适用缓刑不致再危害社会。[①]其中，第三个条件是适用缓刑的实质条件。本案中，被告人明知他人从事电信网络诈骗，还有预谋、有计划地准备犯罪工具、架设"手机口"通话设备，多次为上游诈骗分子提供帮助，主观恶性极大，具有再次实施犯罪行为的可能，不符合宣告缓刑的条件。另外，《刑法》第77条规定，被宣告缓刑的犯罪分子，在缓刑考验期限内犯新罪或者发现判决宣告以前还有其他罪没有判决的，应当撤销缓刑，对新犯的罪或者新发现的罪作出判决，把新罪和后罪所判处的刑罚，依照本法第69条的规定，决定执行的刑罚。因此，考虑到被告人在缓刑考验期内多次实施诈骗犯罪行为的社会危害性，不符合宣告缓刑的条件，故应撤销缓刑，数罪并罚，但立法及司法解释均未限定应由哪个司法机关撤销缓刑。笔者认为，根据立法精神、公正审理以及司法实践的需要，对撤销缓刑的法院层级不应有限制，这也是为了更好地贯彻罪刑法定原则以及便利司法实践的需要，可以更好地彰显刑法的威慑力。若必须由作出缓刑裁判的上级法院撤销，则可能会存在多种弊端，若前罪由高级人民法院裁判，后罪由基层人民法院审理，假如必须由上级法院撤销缓刑，则应移交最高人民法院，这一做法有无意义，最高人民法院是否有精力处理如此烦琐的刑事案件？

　　第三，从司法公正的角度来看。现代意义上的公正有两层含义：一是公平；二是正义。前者体现为程序公正，后者体现为实体公正。司法公正要求审判机关在保证诉讼各方平等行使权利的基础上，在司法活动中不偏不倚，重罪重判，轻罪轻判，罪刑相称，罚当其罪。首先，罪行的轻重是行为人承担刑事责任的前提和基础，它要求对犯罪分子追究刑事责任的范围不能脱离法定刑的幅度。其次，刑事责任大小的依据不仅包含"已然"之罪，还包括预防"未然"之罪，如果责任重而刑罚轻或者责任轻而刑罚重，宣告刑与犯罪人应当承担的刑事责任不相适应，这就直接违反了《刑法》第5条"刑罚的轻重，应当与犯罪分子所犯罪行和承担的刑事责任相适应"的规定，从而偏离罪责刑相适应原则和刑罚适用的目的。再次，罪

[①]　高铭暄、马克昌主编：《刑法学》（第三版），北京大学出版社、高等教育出版社2007年版，第327页。

行大小决定法定刑的轻重，法定刑提供一定幅度的刑罚处罚范围，至于在法定范围内或者法定刑以下对犯罪分子适用何种刑罚或者多长刑期，只能由刑事责任的大小来决定。刑事责任虽然是基于实施犯罪行为而产生，但是刑事责任的大小并不完全取决于已然的犯罪行为。鉴于某些犯罪构成要件涵盖多种并列选择的事实情况，只要具备其中一种便能满足法律的要求，在行为具有多种选择事实的前提下，用以认定犯罪从而充足构成要件要求的事实情况总和，称为定罪情节；定罪剩余的事实理所当然地转化为量刑情节。最后，宣告刑的轻重与犯罪分子所承担的刑事责任程度相适应，是刑罚个别化原则的基本要求。刑罚个别化，是指审判机关在对犯罪分子适用刑罚时，应当根据行为的社会危害性程度以及行为人的人身危险性程度，在相应的法定刑范围内或者法定刑以下，判处适当的刑罚或者刑期。行为的社会危害性，是指犯罪行为给社会已经造成的危害，属于"已然"的领域；行为人的人身危险性，是指再次犯罪的可能性，属于"未然"的领域，二者的有机统一是评价行为人承担刑事责任大小的根据。因此，责任应与刑罚成正比。有责任则有刑罚，而且倘若认为有责任，则应在责任范围内予以处罚，以期公平。为了更好地保证司法公正，追究被告人的刑事责任要结合行为的社会危害性、行为人的人身危险性、危害后果等综合加以判定，力求罪刑相称、罚当其罪。

在本案中，被告人为获取非法利益，明知上家提供的信息链接内容涉及赌博等违法犯罪活动，还组织多人向不特定被害人发送上述信息链接。并在明知诈骗犯罪分子实施电信网络诈骗犯罪行为的情形下，架设"手机口"通话设备实现语音中转，为上游诈骗分子拨打诈骗电话提供通讯帮助，其行为与诈骗犯罪分子的行为形成合力，对犯罪结果的发生具有促进力、关联性，社会危害极大，且此类行为人具有再犯罪的危险，缺乏悔罪表现，故应撤销缓刑，数罪并罚，判处实刑。

十二、黄某、林某等诈骗案
——网络平台服务领域民事欺诈与刑事诈骗的合理界分

【裁判要旨】

网络平台服务领域民事欺诈与刑事诈骗在主观层面的主要界分要素，系是否具有非法占有目的。对非法占有目的的审查，要重点关注行为人是否具有交易意图、是否具有履约能力、是否付出对价、取得财物后的处置方式。民事欺诈与刑事诈骗在主观层面的积极性、追求程度存在差异，前者并非总呈现出主动性的特点。相对而言，刑事诈骗则是一种更为积极主动的行为，其核心目的是非法占有他人财产，通常不打算或仅打算以极小代价作为成本。

在客观层面的界分要素包括欺骗内容、服务目的以及危害程度。诈骗的内容系核心事实、整体性内容，欺诈的内容为边缘事实、局部性内容。诈骗罪的被害人服务目的表现为完全落空。服务型民事欺诈虽然在服务过程中含有欺骗成分，但被害人服务目的一定程度可以得到满足。危害后果程度界分方面：二者是"质"与"量"的二维差异。

【基本案情】①

2020年8月至2021年10月，黄某以杭州景瑄公司的名义组织被告人王某甲、林某、何某某、夏某某、吴某甲、段某某、戚某某进行软件开发设计。其间开发出内容雷同的"贷你无忧""今日快贷""人人花"等多款软件，该软件在界面显著位置以"贷款额度""立即提现""安全可靠、极速到账"等内容对外宣传，骗取有网络贷款需求的被害人的信任，误以为该软件是贷款软件而进行注册，填写个人信息、绑定银行卡，并按照软件的诱导进行操作，被扣取81元至297.8元不等的钱款，被害人被扣款后发现软件无贷款功能。至案发，黄某等人共计骗取王某乙等321485名被害人资金，合计166961986.7元。被告人周某明知黄某等人利用信息网络实

---

① 参见吉林省四平市中级人民法院（2023）吉03刑初1号刑事判决书。

施犯罪，仍作为中介人员对该公司的软件对外提供推广服务，并从中获利15万元。

被告人王某丙系东方电子支付有限公司员工，明知黄某的皮包公司开发设计的 App 存在投诉率高等问题，仍利用职务上的便利为黄某提供服务，黄某为感谢王某丙提供的帮助，多次委托王某甲送给王某丙贿赂款合计 265000 元。被告人李某某受黄某指使，购买 8 家公司的营业执照、对公账户为黄某诈骗所用。李某某明知黄某利用信息网络实施犯罪，而为其提供以武某某、吴某乙、华某某等 8 人身份信息办理的 32 张银行卡用于资金结算。其间李某某指使武某某、郝某某利用银行卡取现 110 余万元。另查明：2019 年 10 月至 12 月，黄某以其自己名字担任法定代表人注册成立景佳萱（海南）征信服务有限公司，利用上述同样手段制作"信而有钱"等App 对外实施诈骗，共骗取 79371 名被害人资金，合计 27907848.03 元。

【裁判结果】

法院生效裁判认为：被告人黄某以非法占有为目的，伙同被告人王某甲、林某、何某某、夏某某、吴某甲、戚某某、段某某使用欺骗的方法，骗取他人财物，数额特别巨大，其行为均已构成诈骗罪。被告人周某明知黄某等人从事利用信息网络实施犯罪，而为其提供广告推广，情节严重，其行为已构成帮助信息网络犯罪活动罪。被告人王某丙利用职务上的便利非法收受他人财物，为他人谋取利益，数额较大，其行为已构成非国家工作人员受贿罪。被告人李某某多次购买国家机关证件，明知是他人犯罪所得而帮助其转移资金，其行为已分别构成买卖国家机关证件罪，掩饰、隐瞒犯罪所得罪，应依法并罚。对上述被告人均应依法惩处。起诉书指控李某某构成帮助信息网络犯罪活动罪的证据不足，不能认定为犯罪。黄某与王某甲、林某、何某某、夏某某、吴某甲、戚某某、段某某构成诈骗共同犯罪。黄某在共同犯罪中起主要作用，系主犯，王某甲、林某、何某某、夏某某、吴某甲、段某某、戚某某在共同犯罪中起次要作用，系从犯，依法应当减轻处罚。王某甲在准备投案过程中被侦查机关抓获，能够如实供述犯罪事实，系自首，可依法从轻处罚。王某丙被采取强制措施后，如实供述司法机关不掌握的犯罪事实，系自首，可依法从轻处罚。林某、何某某、夏某某、吴某甲、戚某某、段某某、周某到案后如实供述自己的罪行，可从轻处罚。王某甲、林某、何某某、夏某某、吴某甲、戚某某、段某某、周某、王某丙、李某某自愿认罪认罚，可从宽处罚。据此，判处：一、被告人黄某犯诈骗罪，判处无期徒刑，剥夺政治权利终身，并处罚金人民币1000万元；犯对非国家工作人员行贿罪，判处有期徒刑一年，并处罚金人民币10万元，决定执行无期徒刑，剥夺政治权利终身，并处罚金人民币1010万元。二、被告人王某甲犯诈骗罪，判处有期徒刑四年，并处罚金人民币5万元。三、被告人林某犯诈骗罪，判处有期徒刑三年六个月，并处罚金人民币3万元。四、被告人何某某犯诈骗罪，判处有期徒刑三年六个月，并处罚金人民币3万元。五、被告人夏某某犯诈骗罪，判处有期徒刑三年三个月，并处罚金人民币3万元。六、被告人吴某甲犯诈骗罪，判处有期徒刑三年三个月，并处罚金人民币3万元。七、被告人戚某某犯诈骗罪，判处有期徒刑三年三个月，并处罚金人民币3万元。八、被告人段某某犯诈骗罪，判处有期徒刑三年三个月，并处罚金人民币2万元。九、被告人周某犯帮助信息网络犯罪活动罪，判处有期徒刑一年四个月，并处罚金人民币3万元。十、被告人王某丙犯非国家工作人员受贿罪，判处有期徒刑六个月，并处罚金人民币10万元。十一、被告人李某某犯买卖国家机关公文证件罪，判处有期徒刑八个月，并处罚金人民币1万元；犯掩饰、隐瞒犯罪所得罪，判处有期徒刑三年，并处罚金人民币3万元，决定执行有期徒刑三年三个月，并处罚金人民币4万元。十二、本案扣押的赃款除依法返还已查明报案的被害人外（由侦查机关用扣押的现金依法返还），其余扣押赃款由侦查机关依法提存，等待查明其他被害人后返还。十三、涉案扣押的宝马机动车依法没收，待折价提存返还其他被害人。十四、涉案扣押的其他物品由侦查机关依法处理。十五、继续追缴黄某违法所得，依法由侦查机关提存待返还被害人；违法所得追缴不足部分由侦查机关对黄某合法财产依法提存后，予以退赔被害人。

宣判后，各被告人均未上诉，检察机关未抗诉，判决已经发生法律效力。

【案例分析】

随着互联网技术的迅猛发展，网络犯罪也日趋产业化、智能化和多样化。近年来，随着互联网的普及和民间借贷市场的迅速崛起，各类助贷

App 如雨后春笋般涌现。一些不法分子借此机会，假借助贷之名，利用人们对小额钱款损失不够重视的心理，企图以小额诈骗的方式逃避法律的制裁。诈骗罪作为侵犯财产型犯罪，既涉及刑事责任，又涉及民事责任，极易与欺诈等民事侵权行为存在交叉竞合，如何对二者有效界分，成为司法机关亟须解决的难题。

本案中，被告人黄某开发让被害人误以为是贷款软件的产品，诱使被害人注册、操作、被扣除少量钱款的行为，是民事欺诈还是诈骗罪，是本案的焦点问题。

一、网络平台服务领域民事欺诈与诈骗罪的界分要素

根据《刑法》第 266 条的规定，诈骗罪是指以非法占有的目的，采用虚构事实或隐瞒真相的欺骗方法，使财物的所有人或保管人陷于认识错误，从而骗取其数额较大的财物的行为。在司法实践中，存在利用网络平台实施的多种类型的诈骗活动，此类诈骗行为借助网络平台的虚拟性、快捷性、被害人的不特定性，导致证据收集难、固定难、被害人确定难，从而成为犯罪分子的多发领域。

本案系典型的网络平台服务型诈骗。对于此类案件，究竟是认定为民事欺诈还是刑事诈骗，往往存在争议，本文立足案件事实，从主观方面、客观行为以及危害程度三方面对二者进行要素界分。

1. 主观界分要素：非法占有目的

网络平台服务领域民事欺诈与刑事诈骗在主观层面的主要界分要素，系是否具有非法占有目的。在客观方面，民事欺诈与刑事诈骗存在高度的相似性，如均具有一定的欺骗性，均损害了市场公平交易以及诚信原则，均可能造成被害人财产损失，因此无法仅凭客观行为模式来区分二者。对二者区分的关键是主观上是否具有非法占有目的。诈骗罪的目的是实现对被害人财产的非法占有，而民事欺诈是行为人通过夸大其词或虚构部分事实，从而诱使对方作出错误意思表示的行为，从中赚取一定利益的行为。所有权包含占有、使用、收益和处分四项权能。刑事诈骗与民事欺诈均能实现对财物的非法占有状态，但相较之下，刑事诈骗侧重于取得财产权属，即控制财物的所有权，而不仅限于对财物的占有。《刑法》中的"占有"与民法中的"占有"概念在内涵上有所区别。此外，民事欺诈与刑事诈骗在主观上的积极性、追求程度存在差异。在涉及服务领域的诈骗案件

中，审查行为人是否具备非法占有的主观意图以及客观上是否实施了非法占有行为至关重要。其中，对非法占有目的的审查，要重点关注行为人是否具有交易意图、是否具有履约能力、是否付出对价、取得财物后的处置方式，从多角度审查行为人的主观意图，从而在主观层面对民事欺诈与刑事诈骗进行有效界分。

2. 客观界分要素：欺骗内容、服务目的

一是欺骗内容的属性界分。一方面，刑事诈骗的内容系核心事实，民事欺诈的内容为边缘事实。虽然网络平台服务领域民事欺诈与刑事诈骗在客观行为往往存在同质性，但基于二者行为内核的本质性差异，导致二者在行为模式方面依旧存在本质差异。易言之，在网络平台服务型诈骗中，刑事诈骗虚构的对象是服务的核心内容和目的性事实，而民事欺诈虚构的，往往系服务的次要和边缘性事实。另一方面，刑事诈骗内容为整体性内容，而民事欺诈内容为局部性内容。民事欺诈与刑事诈骗，尽管都涉及欺骗行为，但二者在欺骗范畴上存在差异。具体而言，民事欺诈主要关注个别或局部事实的误导，而刑事诈骗则涉及整体或全部事实的欺诈。在探讨二者的界定时，应详细剖析欺骗行为的具体内容。

二是服务目的的实现程度界分。民事欺诈以获取经济利益为指引，对服务内容进行夸大或是虚构性地宣传，从而引导被害人作出错误意识表示，但其侵权范畴仍局限于民事领域，即其服务目的一定程度可以得到实现，而非完全落空。与其截然不同的是，刑事诈骗的被害人服务目的呈现的是完全落空。刑事诈骗行为人在占有他人财产后，未能按约提供对方所期望的服务，且在收受对方财物后拒绝返还，导致对方签订合同的预期目的无法实现。与此不同，服务型民事欺诈虽然在服务过程中含有欺骗成分，但被害人服务目的一定程度可以得到满足。当服务方无法提供约定服务时，对方可要求其退还支付的钱款，这表明服务方对于要求支付的财物（服务费）并无非法占有之意图。

3. 危害程度界分要素："质"与"量"的二维差异

在刑事诈骗的运行逻辑中，被害人基于行为人的虚构事实或是隐瞒真相，产生错误认识，并处分财产，最终遭受财产损失。其中，损害结果或称危害结果是诈骗逻辑链的最后一环，亦是评价行为系民事欺诈还是刑事诈骗的重要因素。民事欺诈与刑事诈骗在危害程度上存在显著差异。所谓欺骗程度是指行为人采用的欺骗方法，是否达到使他人产生认识错误并处分财物的程度。欺诈行为的核心目的在于谋取经济利益，在网络平台服务型欺诈中，行为人在提供服务活动中存在过度夸大事实或隐瞒真相的行为，并以此误导消费者、获取不正当经济利益，损害他人合法权益、市场经济秩序和公平竞争原则。刑事诈骗中的欺骗行为已达到足以左右交易结果的程度，致使被害人交付钱款后无法获取相应对价。在刑民交叉的案件中，如果行为人采用的欺骗手段达到了使他人产生认识错误并处分财物的程度，则构成刑事诈骗；如果行为人虽然采用欺骗手段，但并没有达到使他人无对价交付财物的程度，则只是民事欺诈，尚不构成刑事诈骗。由此，以"质"与"量"为区分视角，能有效区分欺诈与诈骗的欺骗程度。

二、界分要素的具体运行逻辑：对本案行为人的具体分析

1. 主观界分要素的具体分析

非法占有目的属于主观要素，根据主观见之于客观、客观反映主观的基本原理，对其判定，需要结合行为人的交易意图、履约能力、是否支付对价、取得财物后的处理方式等加以判定。本案中，经庭审质证的被告人夏某某、李某某、王某甲等人供述及相关书证等证实，黄某授意李某某通过购买手段，诱使大学生前往海南等地注册公司。李某某随后将公司8件套转售给黄某，黄某再利用公司名义与支付公司签订服务协议、推广使用软件。在整个诈骗过程中，被害人并未接触到黄某本人及杭州景瑄公司的任何信息。此外，被告人黄某缺乏履约能力，其开发的多款软件，以能"立即提现""安全可靠、极速到账"等内容对外宣传，骗取有网络贷款需求被害人的信任，使之误以为该软件是贷款软件而进行注册，但此类软件均无贷款功能，黄某等缺乏以此作为履约、对价交付的意图，且在取得相关款项后，黄某随即指使他人取现、让其家人存款，具有非法占有之目的。

2. 客观界分要素的具体分析

一是本案被告人欺骗的事实系核心事实、整体事实。黄某辩护人辩称黄某公司所从事的业务为助贷业务，但根据相关规定，真正的助贷业务应指资金方与具备专业技术能力的第三方中介机构（即助贷机构）通过商务合同明确双方权利与义务，共同为目标客户提供贷款服务的合作模式。在此模式下，助贷机构负责提供初筛等贷前服务，而资金方则负责完成授信

审查、风险控制等业务并发放全额贷款资金。然而，黄某公司并不具备助贷机构应有的专业技术能力，且实际上并未与持牌金融机构建立合作关系。因此，黄某公司并不符合助贷机构的定义。对于本案中的被害人，黄某公司虚构了服务的主要目的和核心事实，未能实质性地提供贷款帮助。值得注意的是，黄某公司所虚构的并非服务的次要或边缘性事实，如贷款时间长短等细节问题，而是关于服务本身能否实现的关键性事实。

二是本案被害人服务目的完全无法实现。诈骗罪的被害人服务目的呈完全性落空。本案中，黄某公司收取被害人费用后，向客户提供的"征信评估报告"对客户贷款不会产生任何实质帮助，该软件的服务并未达到被害人希望快速获得贷款的目的。在被害人合同目的落空后，交付的对价服务费被被告人非法占有。

三是本案被告人开设的网络平台系虚构的阴阳 App 软件。经过审查被告人王某甲、林某、夏某某、何某某、周某的供述，以及公司内部沟通群的聊天内容，均证实被告人具有设计阴阳 App 软件的行为，该软件设计的目的是欺骗支付公司和推广公司，使其为被告人提供服务。其中，黄某在明知其开发的 App 软件无法通过支付公司与推广公司的正常审核流程的情况下，采取了 A/B 面的策略，即一套软件存在两个或以上版本。他们将没有虚假宣传内容的 App 截图（或 App 软件）提交给支付公司和推广公司进行审核，而审核通过后，则在线上运行包含诱导性虚假宣传内容的版本。公司的后台可以根据实际需要，随时在两个版本之间进行切换。因此，网络平台本身就是虚假的，被告人实际上完全控制了交易活动的结果。被害人名义上是参加网络平台交易而遭受财物损失，实际上则是因为被欺骗而交付财物。同时被告人通过网络平台的欺骗行为，无对价地取得他人财物，因而构成诈骗罪。

三、危害后果程度界分要素的具体分析

本案中，黄某组织他人开发的涉案 App，存在大量"贷款额度""放款快""利息低"的虚假宣传内容，而正是这些宣传内容使被害人产生了对公司 App 可以成功办理贷款的错误认识。上述虚假宣传导致数十万消费者受骗，具有明显的欺骗性，因此，不能简单地把黄某公司的行为认定为虚假宣传。黄某公司主观目的不是获取一定的经济利益，亦不是为了促成合同的订立，而是在未付出相应对价服务的前提下，获取被害人的全部服务费用，被告人的欺骗行为已达到足以左右交易结果的程度，具有对被害人被骗钱财的非法占有目的，因此，本案属于刑事诈骗犯罪，而非涉欺诈的普通民事纠纷。

十三、李某某侵犯公民个人信息刑事附带民事公益诉讼案
——责任聚合理论下刑民责任承担之协同路径

【裁判要旨】

刑民责任承担方面，应加强刑罚裁量与民事责任承担的协同效用，促使当事人主动履行民事责任，实现公益救济的实体价值；刑事没收违法所得与民事损害赔偿金性质不同、适用目的不同，可以同时判令行为人承担，不应相互折抵；在社会公共利益受损数额难以确定时，可以依据侵权人的获利情况确定民事责任之赔偿金额。

【基本案情】①

被告人李某某在北京市通州区马驹桥地区其工作的电玩城及其暂住地内，通过"暗网"以虚拟币支付等方式非法购买包含姓名、手机号等内容的公民个人信息，储存在电脑内，再通过聊天工具与购买公民个人信息的买家沟通并将非法购买的个人信息出售，通过虚拟币、银行卡及支付宝转账方式收取钱款。经查，李某某从 2020 年 9 月至 2021 年 5 月向他人出售公民个人信息获利共计人民币 106859.84 元。2021 年 6 月 14 日，李某某被查获，公安机关起获并扣押其下载、储存公民个人信息的笔记本电脑 1 台，用于与买家沟通、发送公民个人信息的手机 2 部。经鉴定，扣押笔记本电脑内提取公民个人信息经排重后共计 900 余万条。

【裁判结果】

法院生效裁判认为，被告人李某某非法获取及出售公民个人信息，情节特别严重，其行为已构成侵犯公民个人信息罪，依法应予惩处。北京市

---

① 参见北京市顺义区人民法院（2021）京 0113 刑初 1205 号刑事附带民事判决书。

顺义区人民检察院对被告人李某某犯侵犯公民个人信息罪的指控事实清楚，证据确实、充分，罪名成立。鉴于被告人李某某到案后能够如实供述自己的罪行，且自愿认罪认罚，已缴纳赔偿款，依法对其从宽处罚，其辩护人的相关辩护意见，酌予采纳。李某某无减轻处罚情节，其辩护人所提对其减轻处罚并判处有期徒刑二年六个月的辩护意见，无法律依据，不予采纳。

《民法典》第 111 条规定，自然人信息受法律保护，任何组织、个人不得非法买卖、提供或者公开他人个人信息。被告人李某某非法获取并出售公民个人信息的行为不仅侵害了不特定公民的个人信息和隐私等权利，还危害不特定公民的生命财产安全，严重损害社会公共利益，不仅应承担刑事责任，还应当承担民事侵权责任。北京市顺义区人民检察院在履行职责中发现被告人李某某的行为损害社会公共利益，经依法公告，在没有法律规定的机关和有关组织提起诉讼的情况下，向法院提起附带民事公益诉讼，其诉讼主体资格符合法律规定。《民法典》第 179 条规定，承担民事责任的方式主要有停止侵害、排除妨碍、消除危险、返还财产、恢复原状、赔偿损失、赔礼道歉等。公益诉讼起诉人要求李某某支付赔偿金、删除非法持有的公民个人信息并公开赔礼道歉的诉讼请求于法有据，法院予以支持。关于诉讼代理人所提被告人李某某应在地市级媒体赔礼道歉的意见，经查，李某某非法获取及出售的公民个人信息数量巨大，被侵害主体遍布全国多个省份，危害不特定公民人身权益和财产权益，公益诉讼起诉人要求被告人李某某在国家级媒体上赔礼道歉的诉讼请求，于法有据，李某某的诉讼代理人的相关意见，不予采纳。

《民法典》第 187 条规定，民事主体因同一行为应当承担民事责任、行政责任和刑事责任的，承担行政责任或者刑事责任不影响承担民事责任；民事主体的财产不足以支付的，优先用于承担民事责任。法院依据《刑法》的有关规定对李某某判处罚金、没收其违法所得不影响其承担赔偿损失的民事责任。李某某家属缴纳的钱款人民币 106859.84 元，应作为公民个人信息损失赔偿款，上缴国库。据此，判处：一、被告人李某某犯侵犯公民个人信息罪，判处有期徒刑三年，并处罚金人民币 11 万元；二、继续追缴被告人李某某的违法所得人民币 106859.84 元，依法予以没收；三、在案扣押的作案工具电脑 1 台及手机 2 部，依法予以没收；四、被告李某某于本判决生效之日起 10 日内，赔偿公民个人信息损失人民币 106859.84 元（已缴纳），上缴国库；五、被告李某某于本判决生效之日起 10 日内，删除其非法持有的公民个人信息数据；六、被告李某某于本判决生效之日起10 日内，在国家级新闻媒体就侵犯公民个人信息行为向社会公众公开赔礼道歉（赔礼道歉声明的内容经本院审核）。

一审宣判后，公诉机关未抗诉，被告人即附带民事公益诉讼被告李某某未提出上诉，判决已发生效力。

【案例分析】

本案是北京市审理的第一例侵犯公民个人信息刑事附带民事公益诉讼案件，因涉及被害人人数众多、涉案信息数量巨大、社会影响极为恶劣而引发媒体及公众的广泛关注。

本案在审理过程中，涉及两个焦点问题：一是本案作为北京市审理的第一例相关案件，刑事附带民事公益诉讼的程序启动依据何在，即可否适用刑事附带民事公益诉讼的问题；二是刑事没收违法所得与民事损害赔偿两种财产责任共同适用是否与"一事不再罚"原则相悖，即刑事附带民事公益诉讼中，迥异的刑民责任如何承担与协同的问题。

一、程序启动：侵犯公民个人信息案件可否适用刑事附带民事公益诉讼

本案在受理之初存在的首要争议是，侵犯公民个人信息犯罪可否提起附带民事公益诉讼。

根据《民事诉讼法》第 58 条规定，法律规定的机关和有关组织可以对污染环境、侵害众多消费者合法权益等损害社会公共利益的行为向人民法院提起诉讼。2020 年修正的《最高人民法院、最高人民检察院关于检察公益诉讼案件适用法律若干问题的解释》第 20 条将检察院提起附带民事公益诉讼的范围扩展至"破坏生态环境和资源保护，食品药品安全领域侵害众多消费者合法权益，侵害英雄烈士等的姓名、肖像、名誉、荣誉等损害社会公共利益的犯罪行为"。然而，上述条款的不完全列举中，个人信息保护并未被纳入其中，其是否属于条款中"等"的范围有待进一步明确。2021 年颁布生效的《个人信息保护法》于第 70 条规定了人民检察院、法律规定的消费者组织和由国家网信部门确定的组织可以依法向人民法院

提起诉讼，从而将侵犯公民个人信息，损害社会公共利益的行为也纳入了公益诉讼范围，但前置法与《刑法》的衔接仍需进一步解释。

笔者认为，前述"等"应作"等外"理解，侵犯公民个人信息犯罪涉及损害社会公共利益时，存在提起附带民事公益诉讼的必要性和合理性。

首先，从立法目的来看。民事公益诉讼与一般民事诉讼的重大区别，即在于公益诉讼涉及国家利益和社会公共利益。[①] 拓展公益诉讼的案件领域是人民群众对社会公益保护的迫切需求，党的十九届四中全会亦强调"拓展公益诉讼案件范围"，公民个人信息作为与人民群众生活息息相关的重大民生领域，若对"等"字作封闭理解，则不利于在社会经济飞速发展的当下保持公益诉讼适用的调适性和扩张性。故对依据新修订法律的明确规定或者全国人大授权等，而探索开展的检察民事公益诉讼领域，原则上可以适用相关规定。[②] 刑事附带民事公益诉讼本质上属于公益诉讼的一种，从文义解释的角度，亦应被纳入规制范畴。

其次，从危害后果来看。大数据时代背景下，网络独有的"一对多"属性，导致侵犯公民个人信息行为的对象具有不特定性、多数性，危害后果具有严重性。同时还存在引发电信网络诈骗等下游链条犯罪的可能，所侵害对象显然已不限于个人权益，而是涉及更高层面的国家利益与社会公共利益，足以满足提起附带民事公益诉讼"损害社会公共利益"之实体要件。本案被告人李某某非法获取并出售的公民个人信息高达900余万条，在侵害不特定公民的个人信息和隐私等权利之余，也间接危害到了不特定公民的生命财产安全，严重损害社会公共利益。因此，通过刑事附带民事公益诉讼对不特定被害人权益加以保障具有合理性、规范性和必要性。当然，并非所有涉及侵犯公民个人信息的案件均需提起公益诉讼，而仍需以"公共利益"为衡量因素。在具体案涉行为判断上，笔者认为不应机械地考虑案涉公民个人信息的条数规模，还应根据行为人获利金额、信息敏感程度、是否涉及特殊群体或重点领域等因素综合认定。

最后，从现实需求来看。公民个人信息安全所面临的侵害具有采取公

---

① 参见肖建国：《民事公益诉讼的基本模式研究——以中、美、德三国为中心的比较法考察》，载《中国法学》2007年第5期。

② 最高人民法院环境资源审判庭：《最高人民法院 最高人民检察院检察公益诉讼司法解释理解与适用》，人民法院出版社2021年版，第289页。

力救济的必要性。一方面，人工智能、算法技术的开发和广泛应用使得侵害个人信息的行为更具隐蔽性，个人难以察觉权利受损；另一方面，诉讼成本高昂、举证困难使个人维权受阻。面对大规模侵害个人信息侵权行为，传统私益诉讼已难以全面保护个人信息权益。此外，大数据及数字经济时代，个人信息呈现出更加明显的公益属性，尤其是诸多个人信息聚合的大数据，在区块链技术等的推波助澜下，可准确预测国家运行、企业经营、社会发展的整体趋势和特征，某种程度上，个人信息已成为国家、企业的重要战略资源，涉及国家安全、企业发展、个人权益，故在惩治犯罪的同时，亟须加强对社会公共利益的一体化保护。

二、疏治联动：责任聚合理论下刑民责任的共同承担与衔接配合

1. 责任聚合理论之具体剖析

同一法律事实基于不同的法律规定及多重的损害后果，而应当承担多种不同内容的法律责任，此即法律责任聚合。[1] 法律作为一种抽象的行为规范，往往从不同的角度对各种社会生活关系进行着多元立体的综合调整，刑民交叉案件导致的民事责任与刑事责任聚合即为其最常见样态。除本案涉及的侵犯公民个人信息犯罪外，环境污染、食品安全等其他涉及社会公共利益的犯罪亦存在不同方面的责任聚合问题。责任聚合的特殊之处即在于，同一违法行为导致的多种法律责任多为并存，彼此并不冲突。以本案为例，同时适用没收违法所得与民事赔偿金的法理逻辑在于，刑民两种责任在构成要件、承担主体、承担方式等各方面都存在质的显著差异，判然有别。从功能上看，二者亦发挥着不同效用。民事责任侧重于协调个体之间的利益关系，体现微观秩序，而刑事责任侧重于规制国家与个体间的利益关系，体现宏观秩序。

正因如此，有学者敏锐指出："不同法律责任的相互替代会使得法律的救济、预防与惩罚功能大打折扣。"[2] 每一部门法都有其调整的社会关系范围，行为已经受到过某一部门法的调整并不能成为其逃避其他部门法调整的理由。责任聚合理论下的刑事附带民事公益诉讼要求依据不同部门法

---

[1] 肖建国、宋春龙：《责任聚合下民刑交叉案件的诉讼程序——对"先刑后民"的反思》，载《法学杂志》2017年第3期。

[2] 参见张新宝、庄超：《扩张与强化：环境侵权责任的综合适用》，载《中国社会科学》2014年第3期。

规定，给予相应行为应有的全面法律评价。

2. 功能协同：刑民责任之宏观协同

诉讼价值的大小主要结合公平与效率两方面来考量，在公平方面要求彰显实体价值，即刑罚惩治应具有及时性、针对性和全面性，能够全面覆盖行为人造成的危害后果，且惩治力度（如责任承担方面）也应大于其造成的危害后果。但既有程序中，刑事责任对应的自由刑、生命刑、财产刑与民事责任对应的停止侵害、排除妨碍、消除危险、恢复原状、惩罚性赔偿等分属不同责任体系，刑民责任之承担多相互分离，导致单一的刑事程序或民事公益程序均存在惩治不足。如涉及不特定被害人的侵犯公民个人信息案件，仅依赖刑事诉讼程序，虽然效率更高且惩治力度较大，但其针对重心是特定法益受损后的责任承担及惩治，被害人权益缺乏有效保障，虽有效率却难以兼顾公平。单独依赖民事公益诉讼虽可通过多样化的责任承担方式对被害人损失加以填补，但存在效率低、执行成效差的缺陷，导致有失公平且欠效率。可见，若缺乏刑民责任的协同承担，单一的刑事诉讼或民事公益诉讼都不足以对社会公共利益实现有效保障，亦难以兼顾公平与效率的有机统一。

通过刑事附带民事公益诉讼协同解决刑民责任承担，具有以下优势：一是通过刑事诉讼一体解决刑民证据转化问题。鉴于刑事诉讼证明标准高于民事诉讼证明标准，经刑事诉讼质证的证据可在民事侵权认定中直接加以适用，避免重复质证或庭审带来的司法资源浪费。二是刑民程序复合可有效统一司法裁判尺度，在事实认定、证据采信、司法裁量、责任认定等多个方面保持统一性、协调性、统筹性，避免裁判结果之迥异，并进而影响到司法公信力与权威性。三是可有效实现"以民促改"，实现法律惩戒与预防功能。刑民责任协同承担的最终目的是将认罪认罚、刑罚裁量与民事责任承担相融合，以民事责任承担的力度、进度、完成度作为刑罚从宽的重要考量因素，并将民事责任承担的执行情况作为对其减刑、假释的重要因素。通过刑民责任的联动协同，激励被告人积极作为、主动履行民事责任，促进社会公共利益的恢复及社会关系的修复，并有效震慑、制约潜在的犯罪人。

3. 责任协同：刑民责任之微观协同

第一，合理规范刑事没收违法所得与民事损害赔偿的责任承担。

本案中，公诉机关诉请没收被告人违法所得的同时，要求被告人赔偿对社会公共利益造成的损失，此项涉及刑事财产责任与民事侵权责任的双重请求，是否应当支持，实践中存在不同看法。笔者认为，刑事附带民事公益诉讼中，没收违法所得与民事损害赔偿应当同时承担，且二者间不存在折抵问题。

首先，从制度价值而言，刑事附带民事公益诉讼的目的之一，即在于最大限度实现公平与效率的平衡，而相互折抵说则与此诉讼目的明显相悖，并将导致同一案件在不同程序中的"类案不同判"现象，危害法秩序统一。如同一案件分别通过刑事诉讼及民事公益诉讼先后起诉，不仅要承担刑事责任，还要承担民事责任。若对此案件采用刑事附带民事公益诉讼处置，却采用折抵说，会导致同一案件，仅因为程序适用不同，就遭受完全不同的法律后果，将严重违背法律适用的统一性、公正性和规范性。

其次，从犯罪惩治角度而言，行为人对于自己同一侵害事实所产生的刑事责任和民事责任分别承担有助于实现更好的矫治效果。虽然理论界及实务界对违法所得的性质存在诸多讨论，但对没收违法所得的规范意旨"任何人不得从违法行为中获利"却并无争论。对于被告人违法所得的处理具有"强制返还不当得利"属性。违法所得系通过国家力量强制将违法行为（包括犯罪行为）所获取的本不属于行为人的利益追缴，以将被破坏的秩序恢复如初，同时通过这种处置告诫不法行为人，其不法获利终将被追讨，以实现"衡平"及"犯罪一般预防"的作用。而刑事附带民事公益诉讼中损害赔偿是对侵权行为给社会公共利益造成损失的补偿。因此，在刑事附带民事公益诉讼模式下，对违法所得的没收系对行为人因犯罪行为而获取的不当利益的追缴，要求行为人承担损害赔偿是对行为人因侵权行为造成损失的补偿，同时判令被告人（附带民事公益诉讼被告）承担刑民责任可以加大侵权（犯罪）成本、震慑犯罪、以儆效尤。

最后，从部门法衔接角度而言，刑民责任协同具有坚实的前置法基础。《民法典》第 187 条明确规定，民事主体因同一行为应当承担民事责任、行政责任和刑事责任的，承担行政责任或者刑事责任不影响承担民事责任。具体到损害赔偿数额方面，由于侵犯公民个人信息案件往往涉及众多被害人，同时社会公共利益损失概念较为抽象，实践中，受损数额难以界定、查明，若难以依照受损数额要求行为人承担赔偿责任，可依照《民法典》第1182条"侵害他人人身权益造成财产损失的，按照被侵权人因此受到的损失或者侵权人因此获得的利益赔偿"的规定，要求侵权人依照获利情况承担损害赔偿责任。前置法的明细规定为刑事附带民事公益诉讼之民事责任承担奠定了扎实的法律基础，也为刑民责任协同配合提供了明确的法律依据。

综上，鉴于没收违法所得和承担侵权损害赔偿分属刑事责任与民事责任，在责任协同模式下，二者因性质截然不同而可共同承担，并不违反"一事不再罚"原则。本案判令被告人赔偿损失的同时，没收其违法所得，不仅可实现惩治的全面性和针对性，还有助于社会预防及公益救济功能的有效实现。

第二，有效发挥刑事罚金刑与民事责任承担的矫治合力。

刑事附带民事公益诉讼作为两种不同性质诉讼的复合，不仅要注重刑事与民事责任的共同承担，还要注重两种责任的协同及相互关联。

首先，应梳理罚金与侵权责任赔偿之间的关系。罚金刑作为附加刑，可附加适用，也可独立适用。罚金刑的本质在于通过强制犯罪人向国家缴纳一定的金钱，使犯罪人的财产遭受损失，从而实现刑罚的惩罚。[1] 罚金刑不仅具有经济惩罚性，还在一定程度上兼具对违法行为的否定评价及对国家利益的赔偿性质。"从根本上讲，一切诉讼无不以对公益的保护为目的。"[2] 刑事诉讼及民事公益诉讼原则上都保护公益，不管是前者的"罚"，还是后者的"补"，目的均在于保护社会公共利益。而对于侵犯公民个人信息犯罪而言，由于行为人实施该类犯罪多是为了谋取非法利益，具有明显的牟利性，因此更有必要加大财产刑的适用力度，让行为人在经济上得不偿失，进而剥夺其再次实施此类犯罪的经济能力。[3] 而在民事责任承担方面，被追诉人在侵害个人信息财产权益、人身权益的同时，严重损害社会公共利益，在承担刑事责任的同时亦应承担民事侵权责任。鉴于侵犯公民个人信息刑事附带民事公益诉讼案件中，涉及不特定被害人的财产权益，且信息扩散范围广、消除难，故要求被追诉人停止侵害、排除妨碍、

---

① 高铭暄、孙晓：《宽严相济刑事政策与罚金刑改革》，载《法学论坛》2009年第2期。
② 王太高：《论行政公益诉讼》，载《法学研究》2002年第5期。
③ 周加海、邹涛、喻海松：《〈关于办理侵犯公民个人信息刑事案件适用法律若干问题的解释〉的理解与适用》，载《人民司法》2017年第19期。

赔礼道歉的同时，需赔偿涉及社会公共利益的相关损失，进而通过刑事罚金刑与民事赔偿损失的协同效用，加大被追诉人的犯罪成本，实现公益与私益保护的平衡。

其次，合理考量民事责任承担对刑罚轻重的正反效应。刑事附带民事公益诉讼涵盖"刑事诉讼—民事公益诉讼"双重维度结构，在程序"刑民并进"的同时，刑民责任之间也相互存在正反效应。对此，要充分发挥刑罚与民事责任承担之间的对应关系，充分考虑被告人认罪认罚、赔偿损失、赔礼道歉等量刑情节，以及被告人是否属于累犯、有无劣迹等。若被告人积极承担民事责任，如足额履行损失赔偿责任、主动赔礼道歉充分消除不利影响的，可在刑事量刑部分酌情从轻。如本案裁判中，即结合被告人已缴纳赔偿款等民事责任承担情况，从宽处罚。反之，则需从严量刑，以彰显刑法的惩戒与教育功能。民事责任承担之所以可对刑罚产生影响，主要是因为相对于对被告人定罪量刑，社会公众更为关注的是侵权导致的危害后果能否得以消除，受损的社会公共利益能否恢复如初。民事责任承担越积极主动或效果越好，则刑罚从轻比例应越大，以此鼓励被告人积极履行相关民事义务。刑民复合诉讼程序中彰显刑民责任的协同效力，一则符合罪刑相适应原则，二则体现了部门法的融通性，三则既妥当处罚行为人，又兼顾危害后果之修复，全面彰显司法的实质正义。

第二章　最高人民法院发布的
指导性案例、典型案例

一、最高人民法院第 35 批指导性案例

指导性案例 192 号：

李某祥侵犯公民个人信息刑事附带民事公益诉讼案

（最高人民法院审判委员会讨论通过　2022 年 12 月 26 日发布）

关键词　刑事/侵犯公民个人信息/刑事附带民事公益诉讼/人脸识别/人脸信息

裁判要点

使用人脸识别技术处理的人脸信息以及基于人脸识别技术生成的人脸信息均具有高度的可识别性，能够单独或者与其他信息结合识别特定自然人身份或者反映特定自然人活动情况，属于刑法规定的公民个人信息。行为人未经公民本人同意，未具备获得法律、相关部门授权等个人信息保护法规定的处理个人信息的合法事由，利用软件程序等方式窃取或者以其他方法非法获取上述信息，情节严重的，应依照《最高人民法院、最高人民检察院关于办理侵犯公民个人信息刑事案件适用法律若干问题的解释》第五条第一款第四项等规定定罪处罚。

相关法条

《中华人民共和国刑法》第 253 条之一

基本案情

2020 年 6 月至 9 月间，被告人李某祥制作一款具有非法窃取安装者相册照片功能的手机"黑客软件"，打包成安卓手机端的"APK 安装包"，发布于暗网"茶马古道"论坛售卖，并伪装成"颜值检测"软件发布于"芥子论坛"（后更名为"快猫社区"）提供访客免费下载。用户下载安装"颜值检测"软件使用时，"颜值检测"软件会自动在后台获取手机相册里的照片，并自动上传到被告人搭建的腾讯云服务器后台，从而窃取安装者相册照片共计 1751 张，其中部分照片含有人脸信息、自然人姓名、身份号码、联系方式、家庭住址等公民个人信息 100 余条。

2020 年 9 月，被告人李某祥在暗网"茶马古道"论坛看到"黑客资料"帖子，后用其此前在暗网售卖"APK 安装包"部分所得购买、下载标题为"社工库资料"数据转存于"MEGA"网盘，经其本人查看，确认含有个人真实信息。2021 年 2 月，被告人李某祥明知"社工库资料"中含有户籍信息、QQ 账号注册信息、京东账号注册信息、车主信息、借贷信息等，仍将网盘链接分享至其担任管理员的"翠湖庄园业主交流"QQ 群，提供给群成员免费下载。经鉴定，"社工库资料"经去除无效数据并进行合并去重后，包含各类公民个人信息共计 8100 万余条。

上海市奉贤区人民检察院以社会公共利益受到损害为由，向上海市奉贤区人民法院提起刑事附带民事公益诉讼。

被告人李某祥对起诉指控的基本犯罪事实及定性无异议，且自愿认罪认罚。

辩护人提出被告人李某祥系初犯，到案后如实供述所犯罪行，且自愿认罪认罚等辩护意见，建议对被告人李某祥从轻处罚，请求法庭对其适用缓刑。辩护人另辩称，检察机关未对涉案 8100 万余条数据信息的真实性核实确认。

裁判结果

上海市奉贤区人民法院于 2021 年 8 月 23 日以（2021）沪 0120 刑初 828 号刑事判决，认定被告人李某祥犯侵犯公民个人信息罪，判处有期徒刑三年，宣告缓刑三年，并处罚金人民币一万元；扣押在案的犯罪工具予以没收。判决李某祥在国家级新闻媒体上对其侵犯公民个人信息的行为公开赔礼道歉、删除"颜值检测"软件及相关代码、删除腾讯云网盘上存储的涉案照片、删除存储在"MEGA"网盘上相关公民个人信息，并注销侵权所用 QQ 号码。一审判决后，没有抗诉、上诉，判决现已生效。

裁判理由

法院生效裁判认为：本案争议焦点为利用涉案"颜值检测"软件窃取的"人脸信息"是否属于刑法规制范畴的"公民个人信息"。法院经审理认为，"人脸信息"属于刑法第二百五十三条之一规定的公民个人信息，利用"颜值检测"黑客软件窃取软件使用者"人脸信息"等公民个人信息的行为，属于刑法中"窃取或者以其他方法非法获取公民个人信息"的行为，依法应予惩处。主要理由如下：第一，"人脸信息"与其他明确列举的个人信息种类均具有明显的"可识别性"特征。《最高人民法院、最高人民检察院关于办理侵犯公民个人信息刑事案件适用法律若干问题的解释》（以下简称《解释》）中列举了公民个人信息种类，虽未对"人脸信息"单独列举，但允许依法在列举之外认定其他形式的个人信息。《解释》中对公民个人信息的定义及明确列举与民法典等法律规定中有关公民个人信息的认定标准一致，即将"可识别性"作为个人信息的认定标准，强调信息与信息主体之间被直接或间接识别出来的可能性。"人脸信息"属于生物识别信息，其具有不可更改性和唯一性，人脸与自然人个体一一对应，无需结合其他信息即可直接识别到特定自然人身份，具有极高的"可识别性"。第二，将"人脸信息"认定为公民个人信息遵循了法秩序统一性原理。民法等前置法将"人脸信息"作为公民个人信息予以保护。民法典第一千零三十四条规定了个人信息的定义和具体种类，个人信息保护法进一步将"人脸信息"纳入个人信息的保护范畴，侵犯"人脸信息"的行为构成侵犯自然人人格权益等侵权行为的，须承担相应的民事责任或行政、刑事责任。第三，采用"颜值检测"黑客软件窃取"人脸信息"具有较大的社会危害性和刑事可罚性。因"人脸信息"是识别特定个人的敏感信息，亦是社交属性较强、采集方便的个人信息，极易被他人直接利用或制作合成，从而破解人脸识别验证程序，引发侵害隐私权、名誉权等违法行为，甚至盗窃、诈骗等犯罪行为，社会危害较大。被告人李某祥操纵黑客软件伪装的"颜值检测"软件窃取用户自拍照片和手机相册中的存储照片，利用了互联网平台的开放性，以不特定公众为目标，手段隐蔽、欺骗性强、窃取面广，具有明显的社会危害性，需用刑法加以规制。

关于辩护人提出本案公民个人信息数量认定依据不足的辩护意见，法院经审理认为，公安机关侦查过程中采用了抽样验证的方法，随机挑选部分个人信息进行核实，能够确认涉案个人信息的真实性，被告人、辩护人亦未提出涉案信息不真实的线索或证据。司法鉴定机构通过去除无效信息，并采用合并去重的方法进行鉴定，检出有效个人信息8100万余条，公诉机关指控的公民个人信息数量客观、真实，且符合《解释》中确立的对批量公民个人信息具体数量的认定规则，故对辩护人的辩护意见不予采纳。

综上，被告人李某祥违反国家有关规定，非法获取并向他人提供公民个人信息，情节特别严重，其行为已构成侵犯公民个人信息罪。被告人李某祥到案后能如实供述自己的罪行，依法可以从轻处罚，且自愿认罪认罚，依法可以从宽处理。李某祥非法获取并向他人提供公民个人信息的侵权行为，侵害了众多公民个人信息安全，损害社会公共利益，应当承担相应的民事责任。故依法作出上述判决。

（生效裁判审判人员：李晓杰、管玉洁、高晔涛）

指导性案例 193 号：

闻某等侵犯公民个人信息案

（最高人民法院审判委员会讨论通过 2022 年 12 月 26 日发布）

关键词 刑事/侵犯公民个人信息/居民身份证信息

裁判要点

居民身份证信息包含自然人姓名、人脸识别信息、身份号码、户籍地址等多种个人信息，属于《最高人民法院、最高人民检察院关于办理侵犯公民个人信息刑事案件适用法律若干问题的解释》第五条第一款第四项规定的"其他可能影响人身、财产安全的公民个人信息"。非法获取、出售或者提供居民身份证信息，情节严重的，依照刑法第二百五十三条之一第一款规定，构成侵犯公民个人信息罪。

相关法条

《中华人民共和国刑法》第 253 条之一

基本案情

2019 年 6 月至 8 月间，被告人闻某（时任上海好体信息科技有限公司运营总监）经事先联系，与微信、QQ 名为"发乐"、"来立中"、"我怕冷风吹"等人约定，以人民币 6 元/张的价格为上述人员批量注册激活该公司"爱球钱包"App 应用的"中银通·魔方元"联名预付费卡，并从上述人员处通过利用微信、QQ 获得百度网盘分享链接的方式获取公民个人信息（居民身份证正反面照片），由被告人朱某东从该网盘链接中下载至移动硬盘内，交由中银通工作人员用于批量注册激活。

2019 年 9 月至 2020 年 2 月间，被告人朱某东在被告人闻某离职后，负责上述联名预付费卡的批量注册激活工作，以人民币 6 元/张的价格以上述相同方式继续从"发乐"、"来立中"、"我怕冷风吹"等人处通过利用微信、QQ 获得百度网盘分享链接的方式获取公民个人信息（居民身份证正反面照片）并存储于其百度网盘内，后下载至其电脑硬盘内，交由中银通工作人员用于批量注册激活。

2019 年 10 月，被告人朱某东与张某（另案处理）经事先用微信联系，朱某东以人民币 6 元/张的价格以上述相同方式从张某处通过利用 QQ 获得百度网盘分享链接的方式获取公民个人信息（居民身份证正反面照片）并存储于其百度网盘内，后下载至其电脑硬盘内，交由中银通工作人员用于批量注册激活。

2019 年 12 月，被告人张某涛通过其所在的 QQ 群向他人购买公民个人信息数据并转存在其百度网盘账号内，同时将数据分多次转卖给张某，分多次收取费用共计人民币 19600 元。

经核实，从被告人闻某"ErnieGullit"网盘内清点公民个人信息（居民身份证正反面照片）10000 余组，从被告人朱某东"zhuxudn"网盘内清点公民个人信息（居民身份证正反面照片）3000 余组，从张某分享给朱某东的网盘内清点公民个人信息（居民身份证正反面照片）41654 组，从被告人张某涛的网盘内清点公民个人信息 60101 组。

上海市虹口区人民检察院指控被告人闻某、朱某东、张某涛犯侵犯公民个人信息罪，情节特别严重，其行为均应当以侵犯公民个人信息罪追究其刑事责任。

被告人闻某及朱某东的辩护人均提出本案指控的公民信息种类应认定为《最高人民法院、最高人民检察院关于办理侵犯公民个人信息刑事案件适用法律若干问题的解释》（以下简称《解释》）第五条第一款第五项中的普通信息范围，并非第五条第一款第四项中的特定信息种类范围，故根据现查获的数量，尚未构成情节特别严重。

裁判结果

上海市虹口区人民法院于 2021 年 8 月 30 日以（2020）沪 0109 刑初 957 号刑事判决，认定被告人闻某犯侵犯公民个人信息罪，判处有期徒刑三年，并处罚金人民币一万元；被告人朱某东犯侵犯公民个人信息罪，判处有期徒刑三年三个月，并处罚金人民币一万元；被告人张某涛犯侵犯公民个人信息罪，判处有期徒刑三年，并处罚金人民币二万元；违法所得及作案工具予以追缴没收。宣判后，被告人闻某、朱某东提起上诉。上海市第二中级人民法院于 2021 年 11 月 11 日以（2021）沪 02 刑终 1055 号刑事裁定，驳回上诉，维持原判。

裁判理由

法院生效裁判认为：本案争议焦点在于涉案居民身份证信息是否属于《解释》第五条第一款第四项中"其他可能影响人身、财产安全的公民个人信息"。根据《解释》第五条第一款第四项规定，非法获取、出售或者提供住宿信息、通讯信息、健康生理信息、交易信息等其他可能影响人身、财产安全的公民个人信息五百条以上的可认定为"情节严重"。同款第五项规定，非法获取、出售或者提供第三项、第四项规定以外的公民个人信息五千条以上的可认定为"情节严重"。即，如果认定涉案居民身份证信息属于《解释》第五条第一款第四项中"其他可能影响人身、财产安全的公民个人信息"的，那么交易五百条以上个人信息即可认定"情节严重"，五千条以上构成"情节特别严重"。

一审法院经审理认为，居民身份证上的住址是公民的实际居住地址或者名义户籍地址，无论何者，均与公民及其家人的人身安全、财产安全存在十分紧密而又重要的联系，家庭住址被非法曝光、泄露将对公民个人及其家人的人身安全、财产安全造成重大隐患，为精准实施各类违法犯罪行为大开方便之门，故理应予以重点保护，从举轻以明重的一般法理解释原则出发，其重要性也应高于作为公民临时性、过去性住所的"住宿信息"，故应被认定为《解释》第五条第一款第四项中所规定的信息种类。

二审法院经审理认为，居民身份证除包含户籍地址信息外，还是公民的姓名、人脸信息、唯一身份号码等信息的综合体，是公民重要的身份证件，在信息网络社会，居民身份证信息整体均系敏感信息，可用来注册、认证、绑定网络账号。公民的人脸信息、身份号码、姓名、地址信息结合后所形成的公民个人信息具备唯一性，可与公民个人精准匹配，并可诱发公民其他个人信息的进一步泄露，对公民个人信息权益侵害极大，应将居民身份证信息整体认定为涉公民人身、财产安全的信息。一审、二审法院虽认定思路和认定标准不同，但结论一致，认定一审法院对闻某、朱某东的定罪和适用法律正确，结合其犯罪手段、情节所作量刑并无不当，且审判程序合法。据此，裁定驳回上诉，维持原判。

（生效裁判审判人员：张松、白楠、张鹏飞）

指导性案例 194 号：

熊某恒等侵犯公民个人信息案

（最高人民法院审判委员会讨论通过　2022 年 12 月 26 日发布）

关键词　刑事/侵犯公民个人信息/微信号/社交媒体账号/非法获取/合理处理

裁判要点

1. 违反国家有关规定，购买已注册但未使用的微信账号等社交媒体账号，通过具有智能群发、添加好友、建立讨论群组等功能的营销软件，非法制作带有公民个人信息可用于社交活动的微信账号等社交媒体账号出售、提供给他人，情节严重的，属于刑法第二百五十三条之一第一款规定的"违反国家有关规定，向他人出售或者提供公民个人信息"行为，构成侵犯公民个人信息罪。

2. 未经公民本人同意，或未具备具有法律授权等个人信息保护法规定的理由，通过购买、收受、交换等方式获取在一定范围内已公开的公民个人信息进行非法利用，改变了公民公开个人信息的范围、目的和用途，不属于法律规定的合理处理，属于刑法第二百五十三条之一第三款规定的"以其他方法非法获取公民个人信息"行为，情节严重的，构成侵犯公民个人信息罪。

相关法条

《中华人民共和国刑法》第 253 条之一

基本案情

2020 年 6 月份，被告人熊某恒邀集被告人熊某林、熊某浪、熊某强一起从事贩卖载有公民个人信息可用于社交活动的成品微信号的经营活动，因缺乏经验，在此期间获利较少。为谋取更多利益，2020 年 9 月底，被告人熊某恒、熊某林、熊某浪、熊某强共同出资在网上购买了一款名叫"微骑兵"的软件（一款基于电脑版微信运行拥有多开、多号智能群发、加人、拉群、退群、清粉的营销软件），用于非法添加微信好友，并制作成品微信号予以贩卖。2020 年 10 月份，被告人熊某恒的朋友秦某斌（在逃）投入 5 万元（占股百分之四十），熊某恒投入 2 万元（占股百分之二十），被告人熊某林、熊某浪、熊某强分别投入一定数量的电脑及手机（分别占股百分之十），被告人范某聪未投资（占股百分之五），另百分之五的股份收益用于公司日常开支。后结伙共同购置办公桌、电脑、二手手机等物品，租赁江西省丰城市河洲街道物华路玲珑阁楼，挂牌成立了"丰城市昌文贸易公司"。由秦某斌负责对外采购空白微信号、销售成品微信号。被告人熊某恒负责公司内部管理，并负责聘请公司员工。被告人熊某林、熊某浪、熊某强、范某聪与聘请的公司员工均直接参与，用"微骑兵"软件非法制作成品微信号。制作好的成品微信号通过秦某斌高价卖出，从中非法获取利益。

2021年1月，被告人熊某恒、熊某林、熊某浪、熊某强、范某聪与秦某斌结伙，在贩卖成品微信号的同时，通过网上购买的方式，非法获取他人求职信息（含姓名、性别、电话号码等公民个人基本身份信息）后，将求职人员的信息分发给公司工作人员。以员工每添加到一名求职人员的微信号，赚约10元不等佣金的奖励方法，让员工谎称自己是"公共科技传媒"的工作人员，并通过事先准备好的"话术"以刷单兼职为理由，让求职者添加"导师"的微信，招揽被害人进群，致使部分被害人上当受骗。

经营期间，被告人熊某恒、熊某林、熊某浪、熊某强、范某聪与秦某斌在支付工资及相关开支后，其获得的分红款共计人民币20余万元，按各自所占股份份额予以分配。具体获利数额如下：被告人熊某恒5.8万余元，被告人熊某林2.9万余元、被告人熊某浪2.9万余元、被告人熊某强2.9万余元、被告人范某聪1.45万余元。

裁判结果

江西省丰城市人民法院于2021年9月23日以（2021）赣0981刑初376号刑事判决，认定被告人熊某恒犯侵犯公民个人信息罪，判处有期徒刑三年零二个月，并处罚金人民币十万元；被告人熊某林犯侵犯公民个人信息罪，判处有期徒刑一年零十个月，并处罚金人民币六万元；被告人熊某浪犯侵犯公民个人信息罪，判处有期徒刑一年零十个月，并处罚金人民币六万元；被告人熊某强犯侵犯公民个人信息罪，判处有期徒刑一年零十个月，并处罚金人民币六万元；被告人范某聪犯侵犯公民个人信息罪，判处有期徒刑十个月，并处罚金人民币三万元（已缴纳）；被告人范某聪退缴的违法所得人民币1.45万元予以没收，依法上缴国库；继续追缴被告人熊某恒的违法所得人民币5.8万元、被告人熊某林的违法所得人民币2.9万元、被告人熊某浪的违法所得人民币2.9万元、被告人熊某强的违法所得人民币 2.9 万元予以没收，依法上缴国库；扣押的手机予以没收，由扣押机关依法处理。

裁判理由

生效裁判认为，被告人熊某恒等人违反国家有关规定，结伙出资购买空白微信号和一款智能群发、加人、拉群的营销软件，以及通过网络购买他人求职信息等方式，非法添加微信好友，制作成品微信号出售或者将非法获取的公民个人信息提供给他人，并从中获利，情节特别严重，其行为均已构成侵犯公民个人信息罪。本罪中的公民个人信息是指与公民个人密切相关的、不愿该信息被特定人群以外的其他人群所知悉的信息，非法获取的公民个人信息如属于公民隐私类信息或泄露后可能会产生极其不良后果的信息，不仅严重侵害公民个人信息安全和合法权益，也为网络赌博、电信网络诈骗等违法犯罪活动提供了帮助，严重扰乱了社会公共秩序，具有极大的社会危害性。微信不仅作为一种通讯工具，同时还具备社交、支付等功能。微信号和手机实名绑定，与银行卡绑定，和自然人一一对应，故微信号可认为是公民个人信息。

被告人违法处理已公开的个人信息并从中获利，违背了该信息公开的目的或者明显改变其用途，该信息被进一步利用后危及个人的人身或财产安全，情节特别严重，其行为构成侵犯公民个人信息罪。

综上，各被告人在未取得权利人同意及授权的前提下，非法获取他人微信号并转卖牟利，或者非法处理已公开的公民个人信息，使他人个人信息陷入泄露、失控风险，并从中获取巨额违法所得，其行为违反国家规定，侵犯了公民个人信息权利，构成侵犯公民个人信息罪。

（生效裁判审判人员：王跃华、胡一波、李鸾芳）

指导性案例 195 号：

罗某君、瞿某珍侵犯公民个人信息刑事附带民事公益诉讼案

（最高人民法院审判委员会讨论通过　2022 年 12 月 26 日发布）

关键词　刑事/侵犯公民个人信息/验证码/出售

裁判要点

服务提供者专门发给特定手机号码的数字、字母等单独或者其组合构成的验证码具有独特性、隐秘性，能够单独或者与其他信息结合识别特定自然人身份或者反映特定自然人活动情况的，属于刑法规定的公民个人信息。行为人将提供服务过程中获得的验证码及对应手机号码出售给他人，情节严重的，依照侵犯公民个人信息罪定罪处罚。

相关法条

《中华人民共和国刑法》第 253 条之一

基本案情

2019 年 12 月，被告人罗某君了解到通过获取他人手机号和随机验证码用以注册新的淘宝、京东等 App 账号（简称"拉新"）可以赚钱，其便与微信昵称"悠悠 141319"（身份不明）、"A 我已成年爱谁睡"（身份不明）、"捷京淘"（身份不明）、"胖娥"（身份不明）、"河北黑志伟 80 后的见证"（身份不明）等专门从事"拉新"的人联系。"悠悠 141319"等人在知道罗某君手里有许多学员为电信员工，学员可以直接获取客户的手机号码和随机验证码等资源时，利用罗某君担任电信公司培训老师的便利，约定由罗某君建立、管理、维护微信群，并在群内公布"拉新"的规则、需求和具体价格；学员则根据要求，将非法获取的客户手机号码和随机验证码发送至群内；"悠悠 141319"等人根据发送的手机号及验证码注册淘宝、京东 App 等新账号。罗某君可对每条成功"拉新"的手机号码信息，获取 0.2-2 元/条报酬；而学员以每条 1 至 13 元不等的价格获取报酬，该报酬由罗某君分发或者直接由"悠悠 141319"等人按照群内公布的价格

发送给学员。

2019 年 12 月至 2021 年 7 月期间，被告人罗某君利用株洲联盛通信有限责任公司渌口手机店、中国移动营业厅销售员瞿某珍和谢某、黄某、贺某青（三人均已被行政处罚）等人的职务之便，非法获取并且贩卖被害人彭某某、谭某某等个人信息手机号码和随机验证码给"悠悠 141319"等人。其中，被告人罗某君获利 13000 元，被告人瞿某珍获利 9266.5 元。

案发后，被告人瞿某珍已退缴违法所得 9926.5 元，罗某君已退缴违法所得 13000 元。被告人罗某君、瞿某珍均如实供述自己的犯罪事实并自愿认罪认罚。

另查明，株洲市渌口区人民检察院于 2021 年 7 月 22 日公告了案件情况，公告期内未有法律规定机关和有关组织提起民事公益诉讼，即株洲市渌口区人民检察院系提起附带民事公益诉讼的适格主体。

裁判结果

湖南省株洲市渌口区人民法院于 2021 年 11 月 30 日以（2021）湘0212 刑初 149 号刑事判决，认定被告人罗某君犯侵犯公民个人信息罪，判处有期徒刑八个月，并处罚金人民币二万元。被告人瞿某珍犯侵犯公民个人信息罪，判处有期徒刑六个月，并处罚金人民币一万五千元。作案工具 OPPORENO 手机 1 台、华为 P30Pro 手机 1 台，予以没收，依法处理。被告人罗某君的违法所得人民币 13000 元、瞿某珍违法所得人民币 9266.5元，予以没收，上缴国库。

裁判理由

法院生效裁判认为：被告人罗某君违反国家有关规定，设立出售、提供公民个人信息的通讯群组，情节严重，其行为同时构成非法利用信息网络罪和侵犯公民个人信息罪，依法应以侵犯公民个人信息罪定罪；被告人瞿某珍违反国家有关规定，在提供服务过程中将获得的公民个人信息出售给他人，情节严重，其行为已构成侵犯公民个人信息罪。公诉机关指控的犯罪事实和罪名成立，予以支持。

在共同犯罪中，被告人罗某君、瞿某珍所起作用相当，均应以主犯论。被告人瞿某珍在提供服务过程中将获得的公民个人信息出售给他人，应从重处罚；罗某君、瞿某珍到案后，如实交代全部犯罪事实，均系坦白，积极退缴全部赃款，且认罪认罚，可以从宽处理。公诉机关的量刑建议适当，予以采纳。罗某君辩护人提出手机号和验证码不属于个人信息，且"拉新"未造成具体损失的辩护意见。经查，个人信息是以电子或者其他方式记录的能够单独或者与其他信息结合识别特定自然人的各种信息，包括电话号码等；验证码系专门发给特定手机号的独一无二的数字组合，且依规不能发送给他人，证明验证码系具有识别、验证个人身份的通信内容，即二者均为能识别自然人身份的个人信息；侵犯公民个人信息罪不以造成具体损失为构成要件，故该辩护意见不予采纳。罗某君辩护人提出罗某君没有自行提供手机号和验证码。经查，罗某君不仅纠集瞿某珍等人"拉新"，还专门设立了提供、出售公民个人信息违法犯罪的通讯群组，并因此获利，依法应当从重处罚，故该意见不予采纳。罗某君辩护人提出对罗某君适用缓刑的意见。经查，综合本案的犯罪情节、对于社会的危害程度及被告人的悔罪表现，对被告人罗某君不适用缓刑，故该意见不予采纳。但其提出罗某君其他可从轻处罚的辩护意见与事实相符，予以采纳。瞿某珍辩护人提出瞿某珍有立功情节。经查，瞿某珍提供了罗某君的住址及联系方式等基本信息，系其应当交代的、与本人犯罪事实有关联的事实，不构成立功，故该意见不予采纳。其提出的可从轻处罚的辩护意见与事实相符，予以采纳。被告人罗某君、瞿某珍侵犯公民个人信息，其在承担刑事责任的同时，还应承担相应的民事责任。鉴于二被告对侵权行为均无异议，且均表示愿意公开赔礼道歉，以及永久删除涉案个人信息，故对附带民事公益诉讼起诉人的诉请，予以支持。

（生效裁判审判人员：王欣、周晓玲、赖国清、刘智群、刘云、袁水莲、曹玉婷）

二、最高人民法院发布的跨境电信网络诈骗及其关联犯罪典型案例

案例一

被告人谢某浩、陈某旺诈骗、偷越国（边）境，

被告人林某掩饰、隐瞒犯罪所得案

【基本案情】

2017 年 7 月至 2019 年 5 月，被告人谢某浩、陈某旺多次违反国（边）境管理法规，在我国云南省与缅甸佤邦交界处往返偷渡。2018 年 6 月起，以谢某浩、陈某旺为首的犯罪集团长期盘踞于缅甸北部，并从国内纠集大量人员实施跨国电信网络诈骗犯罪活动。其中，谢某浩负责人员接送、业务培训、协调当地关系等；陈某旺作为部门主管，负责人员管理、账目核对等；另有他人负责人员招募。该犯罪集团成员利用网络聊天软件添加被害人为好友后，诱使被害人到"TNT 国际娱乐""鼎吉国际""红玺国际"等平台进行赌博，之后通过后台操控的方式，先让被害人获取蝇头小利，待被害人加大充值投注后，再将被害人资金转入犯罪集团控制的银行账户。2018 年 6 月至 2018 年 12 月、2019 年 2 月至 2019 年 5 月期间，谢某浩诈骗金额共计人民币 1051 万余元，陈某旺诈骗金额共计人民币 997 万余元。

2018 年，被告人林某明知被告人谢某浩处理的资金系犯罪所得，仍数次使用他人多张银行卡帮助谢某浩转账，共转移诈骗资金人民币 907 万余元。

【裁判结果】

本案经江西省万年县人民法院一审，江西省上饶市中级人民法院二审，现已发生法律效力。

法院认为，被告人谢某浩、陈某旺多次违反国（边）境管理法规，偷越国（边）境，情节严重，其行为均已构成偷越国（边）境罪。谢某浩、陈某旺伙同他人以非法占有为目的，在缅甸组织电信网络诈骗集团，骗取他人财物，数额特别巨大，其行为均已构成诈骗罪，依法应数罪并罚。谢某浩、陈某旺在共同犯罪中系主犯。综上，对被告人谢某浩以诈骗罪、偷越国（边）境罪数罪并罚，决定执行有期徒刑十五年，并处罚金人民币53万元；对被告人陈某旺以诈骗罪、偷越国（边）境罪数罪并罚，决定执行有期徒刑十三年，并处罚金人民币32万元。被告人林某明知是犯罪所得而予以转移，情节严重，以掩饰、隐瞒犯罪所得罪判处有期徒刑六年，并处罚金人民币10万元。

【典型意义】

近年来，一些不法分子为逃避国内打击、谋取非法利益，纷纷将诈骗窝点转移至境外，相当一部分人员偷越国境后盘踞在缅甸北部等地成立犯罪集团或组成犯罪团伙，对境内居民实施电信网络诈骗犯罪。此类犯罪集团、团伙往往组织严密、层级分明，成员之间分工明确，从人员招募、接送到"话术"、业务培训，再到资金管理、转移等均有专人负责，各环节分工配合完成犯罪，严重危害人民群众利益。人民法院坚持"出重拳""下重手"，依法从严惩处跨境电信网络诈骗犯罪及其关联、衍生犯罪，加大财产刑的适用力度，注重追赃挽损，尽最大努力为受骗群众挽回经济损失。

本案是一起有组织、有规模偷渡至境外实施跨境电信网络诈骗犯罪，且有境内人员协同作案的典型案例。被告人谢某浩、陈某旺非法偷渡至境外成立诈骗集团，从境内招募人员作案，诈骗人数众多，涉案金额特别巨大，二人均系犯罪集团首要分子。人民法院依法对谢某浩、陈某旺以偷越国（边）境罪和诈骗罪数罪并罚，并科处相应的罚金刑；同时全力追赃挽损，持续追缴涉诈资金，已向查实的被骗群众发还人民币323万余元，最大程度挽回了被骗群众的经济损失，实现了政治效果、法律效果和社会效果的有机统一。

案例二

被告人向某星等 24 人诈骗、组织他人
偷越国（边）境、偷越国（边）境案

【基本案情】

2019 年 6 月 18 日至 2020 年 4 月 2 日期间，被告人向某星为谋取非法利益，多次与被告人粟某华、王某楠、李某威等人结伙或组织他人从云南省瑞丽市等地偷越国境至缅甸木姐，形成以向某星为首要分子，以粟某华、王某楠、李某威等人为骨干成员的电信网络诈骗犯罪集团。该诈骗集团成员往往通过在专用 QQ 群内发布"充值投注"和"淘宝刷单"赚钱等虚假消息，诱骗被害人到"亚太金融""平安金融"等诈骗网站投资，之后采用修改网站后台数据等方式造成被害人资金损失或账号异常，再以继续充值才能解封账号或交付佣金才能提现为由诱骗被害人继续转款，对被害人实施诈骗。事后，向某星通过洗钱团队将诈骗钱款转入他人银行账户予以转移。经查，该诈骗集团诈骗金额共计人民币 309 万余元。

【裁判结果】

本案由云南省德宏傣族景颇族自治州中级人民法院一审，云南省高级人民法院二审，现已发生法律效力。

法院认为，被告人向某星等 24 人违反国（边）境管理法规，多次或三人以上结伙偷越国（边）境，情节严重，其行为已构成偷越国（边）境罪；向某星等人以非法占有为目的，在境外实施电信网络诈骗活动，骗取不特定多数人财物，数额特别巨大，其行为已构成诈骗罪；其间，向某星、王某楠等人还多次组织他人偷越国（边）境，其行为已构成组织他人偷越国（边）境罪，依法应数罪并罚。其中，被告人向某星系犯罪集团的首要分子，对其按照集团所犯的全部罪行处罚，以诈骗罪、偷越国（边）境罪、组织他人偷越国（边）境罪数罪并罚，判处有期徒刑十六年，并处罚金人民币 335000 元。被告人粟某华、李某威系主犯，按照其所参与或组

织、指挥的全部犯罪处罚，以偷越国（边）境罪、组织他人偷越国（边）境罪、诈骗罪数罪并罚，分别判处有期徒刑十年六个月至七年六个月不等，并处罚金人民币 225000 元至 125000 元不等。

【典型意义】

当前，跨境电信网络诈骗犯罪猖獗，为维持诈骗集团高效运转，获取更多非法利益，一些诈骗集团不断通过"高薪"诱惑等方式从国内组织、拉拢、引诱、介绍他人偷越国（边）境，为境外犯罪集团输送人力，大肆对境内居民实施诈骗，严重危害国家安全、社会稳定和人民群众生命财产安全。这些行为不仅触犯了《刑法》，也违反了《出入境管理法》《治安管理处罚法》《反电信网络诈骗法》等法律，必须依法予以打击。

本案是一起组织他人偷渡出境参加电信网络诈骗犯罪集团，继而大肆对境内居民实施诈骗的典型案例，以被告人向某星为首的"犯罪链条"完整到案。人民法院根据各被告人所犯罪行及其在犯罪集团中的地位、作用等，依法准确认定被告人向某星为首要分子，对其按照集团所犯的全部罪行处罚；认定被告人粟某华、李某威为主犯，按照其所参与或组织、指挥的全部犯罪处罚。依法从严惩处跨境电信网络诈骗犯罪的组织者、策划者、指挥者和骨干分子，释放从重惩治的强烈信号，并通过加大罚金刑力度，进一步剥夺犯罪分子再犯能力。

案例三

被告人曾某、钟某华、王某等 67 人诈骗，偷越国（边）境，帮助信息网络犯罪活动，掩饰、隐瞒犯罪所得，引诱他人吸毒案

【基本案情】

2019 年 2 月，被告人曾某、钟某华从云南省非法偷越国境至缅甸，后在缅甸勐波成立"财神国际"集团，从国内大量招募人员从事电信网络诈骗犯罪活动。同年 3 月起，被告人王某、高某丽等 54 人单独或结伙偷越国

境至缅甸勐波加入"财神国际",担任该犯罪集团骨干成员。"财神国际"成员伪装"高富帅"等虚假身份通过社交软件添加境内居民为好友,以聊感情、谈恋爱等方式逐步骗取被害人信任,诱骗被害人在虚假赌博平台充值投注,之后通过后台修改数据操控开奖结果的方式将被害人充值的资金转入"财神国际"控制的银行账户,对被害人实施诈骗。

被告人方某、彭某等人明知曾某成立的"财神国际"利用信息网络实施诈骗犯罪,仍为该集团提供资金账户、帮助转移犯罪所得;被告人叶某真、唐某波等人明知他人利用信息网络实施犯罪,仍按照要求制作、出售恶意程序为犯罪提供技术支持;被告人郭某根等人明知是电信网络诈骗犯罪所得,仍提供银行卡用于转账进行掩饰、隐瞒;被告人苏某铮在参加"财神国际"诈骗犯罪集团期间,还引诱他人吸毒。

2019年4月至2020年10月,"财神国际"诈骗犯罪集团共诈骗被害人196人,诈骗金额共计人民币2796万余元。

【裁判结果】

本案经宁夏回族自治区西吉县人民法院一审,宁夏回族自治区固原市中级人民法院二审,现已发生法律效力。

法院认为,被告人曾某、钟某华、王某等人以非法占有为目的,采用虚构事实的方法,在境外利用电信网络技术手段,骗取不特定多数人财物,数额特别巨大,其行为已构成诈骗罪;违反国(边)境管理法规,偷越国(边)境,情节严重,其行为已构成偷越国(边)境罪,依法应数罪并罚。其中,被告人曾某系组织、领导犯罪集团的首要分子,以诈骗罪、偷越国(边)境罪数罪并罚,决定执行有期徒刑十五年六个月,并处没收个人全部财产。被告人钟某华、王某等在共同犯罪中系主犯,以诈骗罪、偷越国(边)境罪数罪并罚,分别决定执行有期徒刑十二年至一年不等,并处罚金人民币51万元至25000元不等。被告人方某、彭某等人与上游诈骗犯罪构成共同犯罪,系从犯,以诈骗罪分别判处有期徒刑八年至六个月不等,并处罚金人民币30万元至2万元不等。被告人叶某真、唐某波等人明知他人利用信息网络实施犯罪,仍为其提供技术支持,情节严重,以帮助信息网络犯罪活动罪分别判处有期徒刑三年至一年六个月不等,并处罚金人民币10万元至2万元不等。被告人郭某根等人明知是电信网络诈骗犯罪所得，仍予以掩饰、隐瞒，以掩饰、隐瞒犯罪所得罪分别判处有期徒刑三年至一年不等，并处罚金人民币 10 万元至 2 万元不等。被告人苏某铮在参加诈骗犯罪集团期间还引诱他人吸毒，依法应数罪并罚，以诈骗罪、偷越国（边）境罪、引诱他人吸毒罪判处有期徒刑十年，并处罚金人民币 32 万元。

【典型意义】

境外电信网络诈骗犯罪集团大肆组织招募人员，或出境前往诈骗窝点实施犯罪，或在境内为境外诈骗犯罪提供帮助，逐步形成完整的黑灰产业链，社会危害十分严重。鉴于此，人民法院将跨境诈骗犯罪集团的组织者、领导者、首要分子及境内协同人员等作为打击重点，坚决依法从重处罚，并根据犯罪集团成员在整个犯罪链条中的地位、作用等准确区分诈骗共同犯罪、帮助信息网络犯罪活动罪及掩饰、隐瞒犯罪所得、犯罪所得收益罪等，准确打击，罚当其罪。

本案是一起在境外成立诈骗犯罪集团，大肆招募境内人员出境实施诈骗犯罪活动的典型案例。人民法院依法认定被告人曾某为犯罪集团的首要分子，予以从重处罚；根据主观明知程度、在犯罪链条中所起的作用等因素准确认定被告人方某等为诈骗罪共犯，被告人叶某真等构成帮助信息网络犯罪活动罪，被告人郭某根等构成掩饰、隐瞒犯罪所得罪，并分别判处相应的刑罚，实现了对犯罪链条的全面、精准打击。

案例四

被告人高某诈骗案

【基本案情】

2021 年 2 月，被告人高某因受"高薪"引诱，偷渡至缅甸加入电信网络诈骗犯罪集团。该诈骗集团层级分明，分为若干团队，各团队设有团长、总监、经理、组长、业务员等不同等级，并制定具体的诈骗目标数额，对于不服从管理或未完成目标数额的业务员，通过罚款、体罚、殴打等方式予以惩戒。高某加入诈骗集团后，根据上级安排，冒用他人身份打造"高端"人设，通过 K 歌类娱乐软件寻找女性作为诈骗目标，诱导被害人至社交软件聊天，使用内部"话术"与对方培养感情。待取得被害人信任后，以投资名义诱使被害人在该诈骗集团控制的 App 平台充值、投资，此后再以交税和保证金为由诱骗被害人继续充值。经查，高某在参加诈骗集团期间诈骗金额共计 17 余万美元。此后，高某欲从犯罪集团逃跑，但未能成功，被抓回殴打，之后其联系国内家人向诈骗集团支付高额"赎金"才得以回国。

2021 年 8 月 31 日，被告人高某接到公安机关电话后，主动到公安机关投案，并如实供述了上述犯罪事实。同时，其还供称该诈骗集团通过强制"团建"、吸毒等手段控制集团成员，并要求业务提成只能用于电信网络诈骗园区消费，不允许邮寄回国。

【裁判结果】

本案经江苏省睢宁县人民法院审理，现已发生法律效力。

法院认为，被告人高某以非法占有为目的，骗取他人财物，数额特别巨大，其行为已构成诈骗罪。高某在共同犯罪中系从犯，且具有自首、认罪认罚等情节，决定以诈骗罪判处有期徒刑四年三个月，并处罚金人民币15000 元，同时依法追缴其犯罪所得，退赔被害人。

【典型意义】

境外诈骗犯罪集团往往以所谓的"高工资、低门槛、工作时间灵活"等虚假招聘信息，诱惑境内人员非法偷渡至境外"淘金"。行为人到达境外犯罪窝点后，自愿或被迫从事电信网络诈骗活动，不仅触犯法律，自身生命财产安全还遭到严重威胁，最终害人害己。

本案是一起受"高薪"诱惑偷渡至境外参加电信诈骗集团的典型案例。被告人高某明知偷渡至缅甸系从事违法犯罪活动，仍积极赴境外诈骗窝点从事"杀猪盘"诈骗，欲逃离回国时被限制人身自由、殴打，直至交纳高额"赎金"才得以回国。人民法院根据高某参与诈骗的具体情况认定其构成诈骗罪，并综合考虑其从犯地位及自首、认罪认罚等情节予以从宽处罚，在对跨境电信网络诈骗犯罪"毫不姑息""绝不手软"的同时，充分贯彻宽严相济刑事政策，确保罪责刑相适应。

案例五

被告人杨某石诈骗，被告人魏某掩饰、隐瞒犯罪所得案

【基本案情】

2019 年 9 月至 2020 年 2 月，被告人杨某石明知李某冬、"兵"（另案处理）实施电信网络诈骗犯罪，仍将其非法获取的 500 余万条公民个人信息出售给二人，非法获利人民币 330 万余元。2020 年 2 月 25 日，李某冬被公安机关抓获，杨某石开始直接向境外电信网络诈骗团伙出售公民个人信息。经查，2020 年 2 月 25 日至案发，境外王某电信网络诈骗团伙、"老钱"电信网络诈骗团伙、"成哥"电信网络诈骗团伙使用杨某石提供的公民个人信息实施诈骗 441 起，累计诈骗金额达人民币 1188 万余元。

2020 年 1 月以来，被告人魏某受被告人杨某石指使，多次使用他人的银行卡将杨某石出售公民个人信息犯罪所得（人民币 897 万余元）取现后交给杨某石。

【裁判结果】

本案由云南省德宏傣族景颇族自治州中级人民法院审理，现已发生法律效力。

法院认为，被告人杨某石明知他人实施电信网络诈骗犯罪，仍非法获取并向他人出售公民个人信息，且被境外电信网络诈骗集团利用实施诈骗犯罪，诈骗金额特别巨大，其行为应以共同犯罪论处，决定以诈骗罪判处有期徒刑十年六个月，并处罚金人民币 30 万元。被告人魏某明知资金是他人犯罪所得，仍帮助取现予以转移，情节严重，以掩饰、隐瞒犯罪所得罪判处有期徒刑三年六个月，并处罚金人民币 5 万元。

【典型意义】

电信网络诈骗犯罪持续高发多发，滋生了一系列黑灰产业，不少犯罪分子采用各种方式为诈骗犯罪"输血供粮"。明知他人实施电信网络诈骗犯罪，仍向他人出售或提供非法获取的居民身份证号、手机号等个人信息，为下游诈骗活动提供"诈骗线索"，或出售、提供非法获取的他人社交软件注册信息等被下游诈骗犯罪用作"诈骗工具"，不仅侵犯了公民个人信息安全，还严重侵害了人民群众的生命财产安全，必须依法从严惩处。

本案是一起明知他人实施电信网络诈骗犯罪，仍为其大量非法获取、向其出售公民个人信息，构成诈骗罪共犯的典型案例。被告人杨某石大量非法获取公民个人信息，向境内外电信网络诈骗犯罪集团或团伙出售，售出的信息被用于实施诈骗犯罪，诈骗金额特别巨大，非法获利数额巨大。人民法院综合考虑杨某石对下游诈骗犯罪的主观明知程度、行为次数和手段、获利情况以及行为的社会危害程度等，依法认定其构成诈骗罪共犯，予以从重处罚。

案例六

被告人潘某杰组织他人偷越国（边）境案

【基本案情】

2021年2月，被告人潘某杰以缅甸有"高薪"工作机会为由，邀约同村村民潘某旭、潘某德、张某阳（均已判刑）等人去缅甸非法务工。三人同意后，潘某杰便与"对方公司"人员商定路线、交通、住宿、接头等事宜。同年3月，"对方公司"人员陆续向潘某杰转款共计约人民币15000元，由潘某杰负责安排出境人员行程。之后，潘某杰带领潘某旭等三人从江西省湖口县出发，到达云南省芒市。"对方公司"人员在芒市与潘某杰接头，后带领四人偷渡至缅甸，送至一电信网络诈骗窝点。在犯罪窝点期间，潘某杰等四人均被限制人身自由，被胁迫参与电信网络诈骗犯罪活动。同年 7 月，四人交付赎金后得以脱身，其中潘某杰本人交付人民币 15 万元赎金。之后，潘某旭等三人立即回国，潘某杰滞留在缅甸，后于 2023 年 4 月从缅甸果敢清水河口岸入境并主动到公安机关投案，到案后如实供述犯罪事实。

【裁判结果】

本案由江西省湖口县人民法院审理，现已发生法律效力。

法院认为，被告人潘某杰违反国（边）境管理法规，非法组织三人偷越国（边）境，其行为已构成组织他人偷越国（边）境罪。潘某杰虽投案自首，且自愿认罪认罚，但其曾因偷越国（边）境被行政处罚，一年内又再次组织他人偷越国（边）境，依法不适用缓刑，以组织他人偷越国（边）境罪判处有期徒刑一年一个月，并处罚金人民币 5000 元。

【典型意义】

近年来，在境外长期盘踞着大量电信网络诈骗团伙或犯罪集团，这些犯罪窝点之所以屡打不绝、屡禁不止，是因为境内外"蛇头"团伙为其源源不断输送"新鲜血液"。"蛇头"团伙往往以"高薪"为由，通过熟人介绍、软件聊天等方式，拉拢、诱骗、组织他人非法偷渡至境外诈骗犯罪窝点。诈骗犯罪集团接手后，采用控制人身自由等方式强迫偷渡人员从事电信网络诈骗等犯罪活动。

本案是一起受境外犯罪集团引诱，组织招募境内人员偷渡出境，后被强迫实施电信网络诈骗犯罪的典型案例。被告人潘某杰在境外犯罪集团的引诱和指挥下，组织同村村民偷渡出境非法"务工"，不仅"淘金"梦碎，还落入诈骗犯罪集团的陷阱，严重威胁自身及他人生命财产安全。人民法院依法认定潘某杰构成组织他人偷越国（边）境罪，并综合考虑其"屡犯不改"等情节，决定对其不适用缓刑，通过从严打击电信网络诈骗的衍生犯罪，坚决铲除相关"人力供应链"。同时，也教育提醒广大人民群众要自觉增强防范意识，不要轻信"境外高薪"骗局，一旦身陷境外诈骗窝点，将付出沉重代价。

案例七

<h1>被告人林某程、蒋某建偷越国（边）境案</h1>

【基本案情】

2020年10月，被告人林某程、蒋某建明知出境至缅甸系从事违法犯罪活动，仍在他人的"高薪"利诱下决定偷渡前往缅甸。二人到达云南省昆明市后，经介绍安排，在"蛇头"带领下，从昆明市乘车前往中缅边境地区，随后徒步爬山进入缅甸境内，相关路途费用均由蒋某建垫付。到达缅甸境内后，二人被安排在佤邦地区勐波县一赌场内望风，后又被贩卖至一电信网络诈骗窝点进行诈骗业务培训。林某程缴纳人民币2万元赎金后得以离开诈骗窝点，同年11月8日，从佤邦邦康市界河边乘坐橡皮艇非法入境。2021年6月3日，蒋某建经云南省孟连口岸勐阿通道入境。

【裁判结果】

本案由福建省福清市人民法院审理，现已发生法律效力。

法院认为，被告人林某程、蒋某建违反国（边）境管理法规，偷越国（边）境，情节严重，其行为均已构成偷越国（边）境罪。林某程、蒋某建主动投案，归案后自愿认罪认罚，蒋某建主动预缴纳罚金。综上，对被告人林某程以偷越国（边）境罪判处拘役四个月，并处罚金人民币5000元，与其所犯危险驾驶罪并罚，决定执行拘役六个月，并处罚金人民币1万元；对被告人蒋某建以偷越国（边）境罪判处拘役五个月，缓刑十个月，并处罚金人民币5000元。

【典型意义】

盘踞在缅甸等地的诈骗犯罪集团往往通过虚假"高薪"招聘或亲友"现身说财"等方式，引诱境内人员出境"轻松赚大钱"。一些人员为获取高收入，明知出境从事电信网络诈骗等违法犯罪活动，仍铤而走险，自愿跟着"蛇头"翻山渡海奔赴境外。待到境外后，赚钱不成反被控制人身自由，直至缴纳大量赎金才得以脱身回国。因其行为触犯了我国相关法律、法规，还将接受相应的法律制裁。

本案是一起为获取"高薪"报酬，主动偷渡至境外参加电信网络诈骗等违法犯罪的典型案例。被告人林某程、蒋某建为赚钱发财，明知出境从事电信网络诈骗等违法犯罪活动，仍自愿垫付资金偷渡至缅甸，结果被境外人员贩卖至犯罪窝点，在缴纳赎金后才得以脱身。人民法院依法认定二名被告人构成偷越国（边）境罪，并综合考虑二人主动投案自首、认罪认罚、积极预缴纳罚金等情节，在量刑上予以从宽，一方面体现了对电信网络诈骗关联犯罪行为严惩不贷的原则，另一方面充分落实了宽严相济的刑事政策。

案例八

<h3 style="text-align:center">被告人潘某平等 3 人侵犯公民个人信息案</h3>

【基本案情】

2020 年年底至 2021 年年初，被告人潘某平雇用被告人潘某辉、潘某兴在福建省泉州市洛江区双阳街道一小区内从事非法买卖微信注册信息活动。其间，潘某平负责购买作案用的手机、电脑等工具，并在网上购买微信注册信息；潘某辉、潘某兴按照潘某平的安排，对购买的微信注册信息进行登录、维护，并在境外的电信网络诈骗高发地区微信群内发布售卖信息的广告，而后协助潘某平出售信息。三人售出的微信注册信息被他人利用实施电信网络诈骗犯罪。经查，潘某平、潘某辉、潘某兴共计买入微信注册信息 1548 条，卖出 1214 条，非法获利人民币 3 万余元。三人买卖的微信注册信息中，1335 条包含手机号码信息，639 条绑定居民身份证号码及姓名。

【裁判结果】

本案由福建省泉州市洛江区人民法院审理，现已发生法律效力。

法院认为，被告人潘某平、潘某辉、潘某兴违反国家有关规定，非法获取并出售公民个人信息，情节严重，其行为均已构成侵犯公民个人信息罪。在共同犯罪中，潘某平起主要作用，系主犯；潘某辉、潘某兴系从犯。三人明知他人利用公民个人信息实施犯罪，仍予以出售，主观恶性及社会危害性大，酌情从重处罚。综上，对被告人潘某平、潘某辉、潘某兴以侵犯公民个人信息罪判处有期徒刑一年八个月至八个月不等，并处罚金人民币 1 万元至 3000 元不等。

【典型意义】

电信网络诈骗犯罪手段迭代翻新极快，不仅有"广撒网"的"盲骗"，还有"量身定制"的"精骗"，催生了侵犯公民个人信息等关联犯罪，逐渐形成上游非法收集、中游代理商转手倒卖、下游诈骗犯罪非法利用的黑灰产业链，严重侵害公民个人信息安全，甚至危及公民生命财产安全。人民法院始终坚持全链条、全方位打击方针，不断加大对侵犯公民个人信息等关联犯罪的打击力度，切实保护公民个人信息安全，铲除电信网络诈骗犯罪的滋生土壤，防止犯罪蔓延。

本案是一起非法获取、出售公民个人信息，并将信息用于电信网络诈骗犯罪的典型案例。被告人潘某平、潘某辉、潘某兴大量非法获取包含居民身份证号码、姓名及手机号的微信注册信息，并在境外电信网络诈骗高发地区的微信群内发布广告进行售卖，售出的部分信息被他人用于实施电信网络诈骗犯罪，构成"情节严重"。人民法院依法以侵犯公民个人信息罪对三人定罪处罚，同时，综合考虑三人对下游诈骗犯罪的明知程度，予以酌情从重处罚，切实保护公民个人信息安全，从源头上遏制电信网络诈骗犯罪高发多发态势。

三、人民法院依法惩治电信网络诈骗犯罪及其关联犯罪典型案例

案例一

被告人易某锋、连某仁等 38 人诈骗，组织他人偷越国境，
偷越国境，帮助信息网络犯罪活动，掩饰、隐瞒犯罪所得案

【基本案情】

被告人易某锋在缅甸创建"远峰集团"，采取公司化运作模式，编写话术剧本，开展业务培训，配备作案工具，制定奖惩制度，形成组织严密、结构完整的犯罪集团。易某锋作为诈骗犯罪集团的"老板"，组织、领导该集团实施跨国电信网络诈骗，纠集被告人连某仁加入该集团并逐步成为负责人，二人系诈骗集团的首要分子。被告人林某兴担任主管，负责管理组长，进行业务培训指导；被告人闫某、伏某杰、秦某、黄某权等人担任代理或组长，招募管理组员并督促、指导组员实施诈骗；被告人易某锋为实施诈骗提供技术支持。2018 年 8 月至 2019 年 12 月，该集团先后招募、拉拢多名我国公民频繁偷越国境，往返我国和缅甸之间，用网络社交软件海量添加好友后，通过"杀猪盘"诈骗手段诈骗 81 名被害人钱财共计 1820 余万元。

【裁判结果】

本案由江西省抚州市中级人民法院一审，江西省高级人民法院二审。现已发生法律效力。

法院认为，以被告人易某锋、连某仁为首的犯罪集团以非法占有为目的，采取虚构事实、隐瞒真相的方法，骗取他人财物，数额特别巨大，其行为均已构成诈骗罪。易某锋、连某仁还多次组织他人偷越国境，并偷越国境，其行为又构成组织他人偷越国境罪、偷越国境罪。易某锋、连某仁

系诈骗集团首要分子，按照集团所犯的全部罪行处罚。被告人林某兴、闫某、伏某杰、秦某、黄某权、易某锋等人是诈骗集团的骨干分子，系主犯，按照其所参与的或组织指挥的全部犯罪处罚。根据各被告人的犯罪事实、犯罪性质、情节和社会危害程度，以诈骗罪、组织他人偷越国境罪、偷越国境罪判处被告人易某锋无期徒刑，剥夺政治权利终身，并处没收个人全部财产。以诈骗罪、组织他人偷越国境罪、偷越国境罪判处被告人连某仁有期徒刑十六年，并处罚金人民币58万元；以诈骗罪、偷越国境罪等判处被告人林某兴等主犯十三年二个月至十年二个月不等有期徒刑，并处罚金。

【典型意义】

以被告人易某锋、连某仁为首的电信网络诈骗犯罪集团，利用公司化运作模式实施诈骗，集团内部层级严密，分工明确，组织特征鲜明。该诈骗集团将作案窝点设在境外，从国内招募人员并组织偷越国境，对我境内居民大肆实施诈骗，被骗人数众多，涉案金额特别巨大。跨境电信网络诈骗犯罪集团社会危害性极大，系打击重点，对集团首要分子和骨干成员必须依法从严惩处。人民法院对该诈骗集团首要分子易某锋、连某仁分别判处无期徒刑和有期徒刑十六年，对其余骨干成员均判处十年以上有期徒刑，充分体现了依法从严惩处的方针，最大限度彰显了刑罚的功效。

案例二

被告人罗某、郑某星等 21 人诈骗案

【基本案情】

2018 年以来，黄某某组织数百人在柬埔寨、蒙古等国实施跨境电信网络诈骗犯罪并形成犯罪集团，该诈骗集团设立业务、技术、后勤、后台服务等多个部门。其中，业务部门负责寻找被害人，通过微信聊天等方式，诱骗被害人到虚假交易平台投资。后台服务部门接单后，通过制造行情下

跌等方式骗取被害人钱款。该犯罪集团诈骗被害人钱财共计 6 亿余元。2019 年 3 月至 10 月，被告人罗某、王某菲等 19 人先后加入该集团的后台服务部门，罗某任后台服务部门负责人，负责全面工作；王某菲系后台服务部门的骨干成员，负责安排代理和接单人员对接等工作；其余被告人分别负责钱款统计、客服、接单等工作。罗某等人涉案诈骗金额 1.7 亿余元。被告人郑某星、郑某 2 人系地下钱庄人员，明知罗某等人实施诈骗，仍长期将银行卡提供给罗某等人使用，并对罗某等人诈骗钱款进行转移。

【裁判结果】

本案由江苏省南通市通州区人民法院一审，江苏省南通市中级人民法院二审。现已发生法律效力。

法院认为，被告人罗某等人明知犯罪集团组织实施电信网络诈骗犯罪，仍积极参加，诈骗数额特别巨大，其行为均已构成诈骗罪。根据各被告人的犯罪事实、犯罪性质、情节和社会危害程度，以诈骗罪判处被告人罗某有期徒刑十五年，并处罚金人民币 100 万元；以诈骗罪判处被告人王某菲、郑某星等人十二年至三年不等有期徒刑，并处罚金。

【典型意义】

电信网络诈骗一般是长期设置窝点作案，有明确的组织、指挥者，骨干成员固定，结构严密，层级分明，各个环节分工明确，各司其职，衔接有序，多已形成犯罪集团。其中起组织、指挥作用的，依法认定为犯罪集团首要分子。其中起主要作用的骨干成员，包括各个环节的负责人，一般认定为主犯，按照其所参与或者组织、指挥的全部犯罪处罚。本案中，黄某某犯罪集团各部门之间分工明确，相互协作，共同完成电信网络诈骗犯罪，其中后台服务部门和地下钱庄均系犯罪链条上不可或缺的一环。人民法院对负责后台服务的负责人罗某、骨干成员王某菲、地下钱庄人员郑某星依法认定为主犯，均判处十年以上有期徒刑，体现了对电信网络犯罪集团首要分子和骨干成员依法严惩的方针。

案例三

被告人施某善等 12 人诈骗案

【基本案情】

2019 年 3 月至 5 月，被告人施某善指使并帮助被告人刘某等偷越国境到缅甸，搭建虚假期货投资平台，组建以被告人沈某等为组长、被告人余某等为组员的电信诈骗团队，通过建立股票交流微信群方式，将多名被害人拉入群内开设直播间讲解股票、期货投资课程，骗取被害人信任后，冒用广州金控网络科技有限公司名义，以投资期货为由，诱骗被害人向虚假交易平台汇入资金，后关闭平台转移资金。该团伙诈骗被害群众 29 人钱款共计 820 余万元。案发后，被告人施某善、刘某等的亲属代为退赔 76 万余元。

【裁判结果】

本案由山东省济南市市中区人民法院一审。现已发生法律效力。

法院认为，被告人施某善、刘某纠集沈某等 10 人以非法占有为目的，采取虚构事实、隐瞒真相的方法，在境外通过网络手段向不特定多数人骗取财物，数额特别巨大，其行为均已构成诈骗罪。施某善、刘某在共同犯罪中系主犯。刘某具有自首情节并如实供述其所知晓的施某善控制的赃款下落，为公安机关提供了侦查线索，对刘某依法予以减轻处罚。施某善等人通过亲属或本人退缴部分或全部赃款，依法予以从轻处罚。根据各被告人的犯罪事实、犯罪性质、情节和社会危害程度，以诈骗罪判处被告人施某善有期徒刑十一年六个月，并处罚金人民币 30 万元；以诈骗罪判处被告人刘某、沈某、余某等人九年六个月至三年不等有期徒刑，并处罚金。

【典型意义】

本案被告人施某善、刘某组织人员前往境外实施电信网络诈骗犯罪，骗取境内被害群众钱款 800 余万元。人民法院准确认定案件事实，彻查涉案赃款流向，与公安、检察机关协调配合，及时查扣、冻结涉案赃款 463 万余元，并灵活运用刑罚调整功能，鼓励被告人退赃退赔。在审判阶段，被告人施某善、刘某等人的亲属代为退赔部分赃款，人民法院按照比例发还各被害人，不足部分责令本案主犯继续退赔，本案从犯在各自分得赃款范围内承担连带退赔责任。全案共计挽回财产损失 539 余万元，追赃挽损率较高。人民法院在依法审判案件的同时，坚持司法为民和全力追赃挽损，鼓励被告人积极退赃退赔，及时返还被害人，最大限度挽回被害群众的经济损失，取得了良好的法律效果和社会效果。

案例四

被告人吴某成等 5 人诈骗案

【基本案情】

2020 年 10 月，被告人吴某成为非法牟利，伙同吴某东在抖音上私信被害人，在得知被害人系未成年人后，假称被害人中奖并要求添加 QQ 好友领奖，之后向被害人发送虚假的中奖转账截图，让被害人误认为已转账。当被害人反馈未收到转账时，吴某成等便要求被害人使用家长的手机，按其要求输入代码才能收到转账，诱骗被害人向其提供的银行卡或支付宝、微信账户转账、发红包，骗取被害人钱财。被告人邱某友、李某华、吕某泽按照吴某成的安排，为吴某成提供银行卡、支付宝、微信账户，帮助收款、转款，并按照诈骗金额分成。2020 年 10 月至 2021 年 1 月期间，吴某成等人共计骗取 5 名被害人（10 周岁至 11 周岁之间）的钱财 6 万余元。

【裁判结果】

本案由重庆市武隆区人民法院一审，重庆市第三中级人民法院二审。现已发生法律效力。

法院认为，被告人吴某成、吴某东以非法占有为目的，利用电信网络技术手段，虚构事实，骗取他人财物；被告人邱某友、李某华、吕某泽明知他人实施电信网络犯罪，帮助接收、转移诈骗犯罪所得，五被告人的行为均已构成诈骗罪。被告人吴某成在共同犯罪中系主犯。吴某成等人对未成年人实施诈骗，酌情从重处罚。根据各被告人的犯罪事实、犯罪性质、情节和社会危害程度，以诈骗罪判处被告人吴某成有期徒刑三年六个月，并处罚金人民币 35000 元；以诈骗罪判处被告人吴某东等人二年四个月有期徒刑至三个月拘役，并处罚金。

【典型意义】

本案被告人吴某成等人利用未成年人涉世未深、社会经验欠缺、容易轻信对方、易受威胁等特点实施诈骗，严重侵害未成年人合法权益，犯罪情节恶劣。《办理电信网络诈骗意见》规定，诈骗残疾人、老年人、未成年人、在校学生、丧失劳动能力人的财物，或者诈骗重病患者及其亲属财物的，酌情从重处罚。人民法院对吴某成依法从重处罚，充分体现了人民法院坚决保护未成年人合法权益，严厉惩处针对未成年人犯罪的鲜明立场。

案例五

被告人黄某等 3 人诈骗案

【基本案情】

被告人黄某、刘某杰、许某在湖北省武汉市成立"武汉以沫电子商务有限公司"，招聘业务员从事诈骗犯罪活动。三人分工配合共同完成诈骗，并按诈骗金额比例提成，同时还发展"代理公司"，提供诈骗话术、培训诈骗方法，提供各种技术支持和资金结算服务，并从"代理公司"诈骗金额中提成。该公司由业务员冒充美女主播等身份，按照统一的诈骗话术在网络社交平台诱骗被害人交友聊天，谎称送礼物，得知被害人收货地址后，制造虚假发货信息以诱骗被害人在黄某管理的微店购买商品回送业务员，微店收款后安排邮寄假名牌低价物品给被害人博取信任。之后，业务员再将被害人信息推送至刘某杰等人负责的直播平台，按诈骗话术以直播打赏 PK 为由，诱骗被害人在直播平台充值打赏。2020 年 4 月至 9 月，黄某和刘某杰诈骗涉案金额 365.2 万元，许某诈骗涉案金额 454.2 万元。审判阶段许某退缴赃款 8.1 万余元。

【裁判结果】

本案由安徽省明光市人民法院一审。现已发生法律效力。

法院认为，被告人黄某、刘某杰、许某以非法占有为目的，伙同他人利用电信网络实施诈骗，数额特别巨大，其行为均已构成诈骗罪。在共同犯罪中，黄某、刘某杰、许某均系主犯。许某自愿认罪认罚，积极退缴赃款，依法予以从轻处罚。根据各被告人的犯罪事实、犯罪性质、情节和对社会的危害程度，以诈骗罪分别判处被告人黄某、刘某杰有期徒刑十二年，并处罚金人民币 18 万元；以诈骗罪判处被告人许某有期徒刑十一年六个月，并处罚金人民币 15 万元。

【典型意义】

当前，电信网络诈骗的手法持续演变升级，犯罪分子紧跟社会热点，随时变化诈骗手法和"话术"，令人防不胜防。本案被告人将传统的结婚交友类"杀猪盘"诈骗，与当下流行的网络购物、物流递送、直播打赏等相结合，多环节包装实施连环诈骗，迷惑性很强。希望广大网友提高警惕，不要轻信网络社交软件结识的陌生人，保护好个人信息，保持清醒，明辨是非，谨防上当受骗。

案例六

被告人赵某云等 9 人诈骗案

【基本案情】

2019 年 6 月至 10 月，被告人赵某云、杨某强等人出资组建诈骗团伙，先后招募郭某清、兰某峰担任团队组长，招募丁某某等多人为成员实施诈骗犯罪。该团伙通过社交软件聊天骗得被害人信任后，向被害人发送二维码链接，让被害人下载虚假投资软件，待被害人投资后，采取控制后台数据等方式让被害人"投资亏损"，以此实施诈骗。同年9月5日，丁某某得知被害人赵某某拟进一步投资60余万元后，在电话中向赵某某坦承犯罪，提醒其停止投资、向平台申请退款并向公安机关报案。之后，丁某某自行脱离犯罪团伙。

【裁判结果】

本案由江苏省南京市江宁区人民法院一审，南京市中级人民法院二审。现已发生法律效力。

一审法院认为，被告人赵某云、杨某强、丁某某等人以非法占有为目的，利用电信网络技术手段多次实施诈骗，数额特别巨大或巨大，其行为均已构成诈骗罪。在共同犯罪中，被告人赵某云、杨某强起主要作用，系主犯，应当按照其所参与或组织、指挥的全部犯罪处罚；被告人丁某某等人起次要作用，系从犯，依法可从轻或减轻处罚。以诈骗罪判处被告人赵某云、杨某强等人十年六个月至一年一个月不等有期徒刑，并处罚金；以诈骗罪判处被告人丁某某有期徒刑三年九个月，并处罚金。

宣判后，丁某某上诉提出，其主动提醒被害人并自行脱离犯罪团伙的行为构成自首、犯罪中止和立功，原审量刑过重，请求从轻处罚。

二审法院认为，根据相关法律规定，被告人丁某某预警行为不构成自首、犯罪中止和立功，但其预警行为客观上避免了被害人损失扩大，也使被害人得以挽回部分损失，对案件破获及经济挽损等方面起到积极作用，应得到法律的正面评价，结合丁某某大学刚毕业，加入诈骗团伙时间较短，自愿认罪并取得被害人谅解等情节，对丁某某依法予以减轻处罚并适用缓刑。据此，以诈骗罪改判丁某某有期徒刑二年六个月，缓刑三年，并处罚金人民币2万元。

【典型意义】

电信网络诈骗犯罪的涉案人员在共同犯罪中的地位作用、行为的危害程度、主观恶性和人身危险性等方面有一定区别。人民法院对电信网络诈骗犯罪在坚持依法从严惩处的同时，也注重宽以济严，确保效果良好。本案被告人赵某云系从严惩处的对象，对诈骗团伙所犯全部罪行承担刑事责任。被告人丁某某刚刚进入社会，系初犯，参与犯罪时间较短，且在作案过程中主动向被害人坦承犯罪并示警，避免被害人损失进一步扩大，后主动脱离犯罪团伙，到案后真诚认罪悔罪，对于此类人员应坚持教育、感化、挽救方针，落实宽严相济刑事政策，用好认罪认罚从宽制度，彰显司法温度，进而增加社会和谐因素。

案例七

被告人邓某辉等6人诈骗、侵犯公民个人信息案

【基本案情】

2018年5月、6月，被告人邓某辉、林某明共谋采用"猜猜我是谁"的方式骗取他人钱财。二人共同出资，邓某辉购买手机、电话卡等作案工具，纠集被告人陈某、张某坤等人，利用邓某辉购买的涉及姓名、电话、住址等内容的公民个人信息，拨打诈骗电话，让被害人猜测自己的身份，当被害人误以为系自己的某个熟人后，被告人即冒充该熟人身份，编造理由让被害人转账。2018年6月至8月，邓某辉等人采用此种方式大量拨打诈骗电话，骗取被害人罗某某等5人共计39.2万元。案发后，从邓某辉处查获其购买的公民个人信息39482条。

【裁判结果】

本案由四川省泸州市纳溪区人民法院一审，泸州市中级人民法院二审。现已发生法律效力。

法院认为，被告人邓某辉、林某明等人以非法占有为目的，虚构事实，隐瞒真相，采用冒充熟人拨打电话的手段骗取他人财物，其行为均已构成诈骗罪；被告人邓某辉非法获取公民个人信息，情节严重，其行为还构成侵犯公民个人信息罪，依法应当数罪并罚。在共同犯罪中，邓某辉、

林某明等人均系主犯。根据各被告人的犯罪事实、犯罪性质、情节和社会危害程度，以诈骗罪、侵犯公民个人信息罪判处被告人邓某辉有期徒刑九年六个月，并处罚金人民币 65000 元；以诈骗罪判处被告人林某明等人七年至二年不等有期徒刑，并处罚金。

【典型意义】

本案被告人借助非法获取的公民个人信息，拨打诈骗电话，通过准确说出被害人个人信息的骗术，骗得被害人信任，实施精准诈骗。侵犯公民个人信息系电信网络诈骗的上游关联犯罪，二者合流后，使得电信网络诈骗犯罪更易得逞，社会危害性更重。《办理电信网络诈骗意见》规定，使用非法获取的公民个人信息，实施电信网络诈骗犯罪，构成数罪的，应依法数罪并罚。法院对被告人邓某辉以诈骗罪和侵犯公民个人信息罪予以并罚，是从严惩处、全面惩处电信网络诈骗犯罪及其关联犯罪的具体体现。

案例八

被告人陈某等 5 人侵犯公民个人信息案

【基本案情】

被告人陈某任职的广东海越信息科技有限公司（以下简称广东海越公司）与中国联合网络通信有限公司韶关分公司（以下简称中国联通韶关分公司）签订服务协议，由广东海越公司负责中国联通韶关分公司的线上订单交付服务。2019 年 11 月至 2021 年 4 月间，陈某利用担任广东海越公司电话卡配送员、配送组长、片区主管的职务便利，先后招揽被告人李某剑、左某、梁某俊、曾某明等人，在向手机卡用户交付手机卡过程中，未经用户同意，擅自获取用户的实名制手机号码和验证码，出售给他人用于注册微信、京东、抖音等账号，其中一个手机号码注册微信账号后被用于实施电信网络诈骗，骗取被害人廖某某 10 万元。被告人陈某等人涉案非法所得 20.1 万余元至 1.5 万余元不等。

【裁判结果】

本案由广东省江门市新会区人民法院一审。现已发生法律效力。

法院认为，被告人陈某、梁某俊、曾某明、左某违反国家有关规定，向他人出售或者提供公民个人信息，情节特别严重，被告人李某剑违反国家有关规定，向他人出售或者提供公民个人信息，情节严重，其行为均已构成侵犯公民个人信息罪。被告人陈某等人将在提供服务过程中获取的公民个人信息出售和提供给他人，依法应当从重处罚。鉴于各被告人自愿认罪，积极退赃，依法可予以从轻处罚。根据各被告人的犯罪事实、犯罪性质、情节和社会危害程度，以侵犯公民个人信息罪分别判处被告人陈某、梁某俊、曾某明有期徒刑三年九个月，并处罚金；判处被告人左某有期徒刑三年，缓刑三年，并处罚金；判处被告人李某剑有期徒刑一年六个月，缓刑一年六个月，并处罚金。

【典型意义】

被告人陈某等人作为通信企业从业人员，利用职务便利，未经用户同意，擅自获取用户的实名制手机号码和验证码，非法出售给他人用于注册微信、抖音等账号，谋取非法利益，且其中一个手机号码和验证码注册的微信被诈骗分子利用，导致被害人廖某某被骗走巨款。为加大对公民个人信息的保护力度，最高人民法院、最高人民检察院制定出台的《关于办理侵犯公民个人信息刑事案件适用法律若干问题的解释》，将在履行职责或者提供服务过程中获得的公民个人信息出售或者提供给他人的，入罪的数量、数额标准减半计算。依法对被告人陈某等行业"内鬼"从重处罚，充分体现了人民法院坚决保护公民个人信息安全的态度，也是对相关行业从业人员的警示教育。

案例九

被告人隆某柒帮助信息网络犯罪活动案

【基本案情】

2021年4月，被告人隆某柒通过微信与他人联系，明知对方系用于实施信息网络犯罪，仍商定以每张每月100元的价格将自己的银行卡出租给对方使用。之后，隆某柒将其办理的9张银行卡的账号、密码等信息提供给对方，其中6张银行卡被对方用于接收电信网络诈骗等犯罪资金，隆某柒获利共计5000余元。

【裁判结果】

本案由重庆市丰都县人民法院一审。现已发生法律效力。

法院认为，被告人隆某柒明知他人利用信息网络实施犯罪，为他人提供帮助，其行为已构成帮助信息网络犯罪活动罪。隆某柒经公安人员电话通知到案，如实供述自己的罪行，构成自首，且自愿认罪认罚并积极退赃，依法予以从轻处罚。根据被告人的犯罪事实、犯罪性质、情节和社会危害程度，以帮助信息网络犯罪活动罪判处被告人隆某柒有期徒刑一年十个月，并处罚金人民币4000元。

【典型意义】

非法交易银行卡、手机卡即"两卡"现象泛滥，大量"两卡"被用于犯罪，是电信网络诈骗犯罪持续高发多发的重要推手之一。加强对电信网络诈骗犯罪的源头治理，必须依法打击涉"两卡"犯罪。《办理电信网络诈骗意见（二）》规定，为他人利用信息网络实施犯罪而收购、出售、出租信用卡（银行账户、非银行支付账户、具有支付结算功能的互联网账号密码、网络支付接口、网上银行数字证书）5张（个）以上，或者手机卡（流量卡、物联网卡）20张以上的，以帮助信息网络犯罪活动罪追究刑事责任。本案准确适用这一规定，对被告人隆某柒依法定罪处罚。本案警示大家，千万不要因贪图蝇头小利而触犯法律底线，以免给自己和家人造成无可挽回的后果。

案例十

被告人薛某帮助信息网络犯罪活动案

【基本案情】

2020 年 9 月初，被告人薛某从淘宝上以 13000 元的价格购买了一套"多卡宝"设备，并通过其亲朋办理或购买电话卡 26 张。后薛某通过聊天软件联系他人租用"多卡宝"设备，并约定租金和支付渠道。2020 年 9 月 8 日至 11 日，薛某先后在湖北省襄阳市襄城区、樊城区等地架设"多卡宝"设备供他人拨打网络电话，非法获利 28310 元。不法分子利用薛某架设的"多卡宝"设备，实施电信网络诈骗犯罪 6 起，诈骗财物共计 16 万余元。

【裁判结果】

本案由湖北省老河口市人民法院一审。现已发生法律效力。

法院认为，被告人薛某明知他人利用信息网络实施犯罪，为他人犯罪提供通讯传输等技术支持和帮助，情节严重，其行为已构成帮助信息网络犯罪活动罪。薛某到案后自愿认罪认罚，并退赔全部违法所得，依法予以从轻处罚。根据被告人的犯罪事实、犯罪性质、情节和社会危害程度，以帮助信息网络犯罪活动罪判处被告人薛某有期徒刑九个月，并处罚金人民币 5000 元。

【典型意义】

电信网络诈骗犯罪的分工日益精细化，催生了大量为不法分子实施诈骗提供帮助并从中获利的黑灰产业，此类黑灰产业有反向作用，成为电信网络诈骗犯罪多发高发的重要推手。打击电信网络诈骗犯罪，必须依法惩处其上下游关联犯罪，斩断电信网络诈骗犯罪的帮助链条，铲除其赖以滋生的土壤，实现打击治理同步推进。《办理电信网络诈骗意见》和《办理电信网络诈骗意见（二）》对于惩处电信网络诈骗犯罪的关联犯罪作出了明确规定。本案中，被告人薛某为电信网络诈骗犯罪提供技术支持，对其以帮助信息网络犯罪活动罪定罪处罚，体现了人民法院全面惩处电信网络诈骗关联犯罪的立场。

案例十一

陈某辉等 7 人诈骗、侵犯公民个人信息案

【基本案情】

2015 年 11 月至 2016 年 8 月，被告人陈某辉、黄某春、陈某生、郑某锋、熊某、郑某聪、陈某地等人交叉结伙，通过网络购买学生信息和公民购房信息，分别在江西省九江市、江西省新余市、广西壮族自治区钦州市、海南省海口市等地租赁房屋作为诈骗场所，分别冒充教育局、财政局、房产局的工作人员，以发放贫困学生助学金、购房补贴为名，将高考学生作为主要诈骗对象，拨打诈骗电话 2.3 万余次，骗取他人钱款共计 56 万余元，并造成被害人徐某玉死亡。

【裁判结果】

本案由山东省临沂市中级人民法院一审，山东省高级人民法院二审。现已发生法律效力。

法院认为，被告人陈某辉等人以非法占有为目的，结成电信诈骗犯罪团伙，冒充国家机关工作人员，虚构事实，拨打电话骗取他人钱款，其行为均构成诈骗罪。陈某辉还以非法方法获取公民个人信息，其行为又构成侵犯公民个人信息罪。陈某辉在江西省九江市、江西省新余市的诈骗犯罪中起组织、指挥作用，系主犯。陈某辉冒充国家机关工作人员，骗取在校学生钱款，并造成被害人徐某玉死亡，酌情从重处罚。据此，以诈骗罪、

侵犯公民个人信息罪判处被告人陈某辉无期徒刑，剥夺政治权利终身，并处没收个人全部财产；以诈骗罪判处被告人郑某锋、黄某春等人十五年至三年不等有期徒刑。

【典型意义】

电信网络诈骗类案件近年高发、多发，严重侵害人民群众的财产安全和合法权益，破坏社会诚信，影响社会的和谐稳定。山东高考考生徐某玉因家中筹措的9000余元学费被诈骗，悲愤之下引发猝死，舆论反应强烈，对电信网络诈骗犯罪案件的打击问题再次引发了社会的广泛关注。为加大打击惩处力度，2016年12月，最高人民法院、最高人民检察院、公安部共同制定出台了《办理电信网络诈骗意见》，明确对诈骗造成被害人自杀、死亡或者精神失常等严重后果的，冒充司法机关等国家机关工作人员实施诈骗的，组织、指挥电信网络诈骗犯罪团伙的，诈骗在校学生财物的，要酌情从重处罚。本案是适用该意见审理的第一例大要案，在罪责刑相适应原则的前提下，对被告人陈某辉顶格判处，充分体现了对电信网络诈骗犯罪分子依法从严惩处的精神。

案例十二

杜某禹侵犯公民个人信息案

【基本案情】

被告人杜某禹通过植入木马程序的方式，非法侵入山东省2016年普通高等学校招生考试信息平台网站，取得该网站管理权，非法获取2016年山东省高考考生个人信息64万余条，并向另案被告人陈某辉出售上述信息10万余条，非法获利14100元，陈某辉利用从杜某禹处购得的上述信息，组织多人实施电信诈骗犯罪，拨打诈骗电话共计1万余次，骗取他人钱款20余万元，并造成高考考生徐某玉死亡。

【裁判结果】

本案由山东省临沂市罗庄区人民法院一审，当庭宣判后，被告人杜某禹表示服判不上诉。现已发生法律效力。

法院认为，被告人杜某禹违反国家有关规定，非法获取公民个人信息64万余条，出售公民个人信息10万余条，其行为已构成侵犯公民个人信息罪。被告人杜某禹作为从事信息技术的专业人员，应当知道维护信息网络安全和保护公民个人信息的重要性，但利用技术专长，非法侵入高等学校招生考试信息平台的网站，窃取考生个人信息并出卖谋利，严重危害网络安全，对他人的人身财产安全造成重大隐患。据此，以侵犯公民个人信息罪判处被告人杜某禹有期徒刑六年，并处罚金人民币6万元。

【典型意义】

侵犯公民个人信息犯罪被称为网络犯罪的"百罪之源"，由此滋生了电信网络诈骗、敲诈勒索、绑架等一系列犯罪，社会危害十分严重，确有打击必要。本案系被害人徐某玉被诈骗案的关联案件，被告人杜某禹窃取并出售公民个人信息的行为，给另案被告人陈某辉精准实施诈骗犯罪得以骗取他人钱财提供了便利条件，杜某禹应当对其出售公民个人信息行为所造成的恶劣社会影响承担相应的责任。法院在审理过程中适用《最高人民法院、最高人民检察院关于办理侵犯公民个人信息刑事案件适用法律若干问题的解释》相关规定，案件宣判后，被告人认罪服判未上诉，取得了良好的法律效果和社会效果。

案例十三

陈某慧等7人诈骗案

【基本案情】

被告人陈某慧纠集范某杰、高某忠、叶某锋、熊某江等人结成诈骗团伙，群发"奔跑吧兄弟"等虚假中奖信息，诱骗收到信息者登录"钓鱼网站"填写个人信息认领奖品，后以兑奖需要交纳保证金、公证费、税款等为由，骗取被害人财物，再通过冒充律师、法院工作人员以被害人未按要求交纳保证金或领取奖品构成违约为由，恐吓要求被害人交纳手续费，2016年6月至8月间，共骗取被害人蔡某妍等63人共计681310元，骗取其他被害人财物共计359812.21元。蔡某妍得知受骗后，于2016年8月29日跳海自杀。陈某慧还通过冒充"爸爸去哪儿"等综艺节目发送虚假中奖诈骗信息共计73万余条。

【裁判结果】

本案由广东省揭阳市中级人民法院一审，广东省高级人民法院二审。现已发生法律效力。

法院认为，被告人陈某慧等人以非法占有为目的，结成电信诈骗犯罪团伙，采用虚构事实的方法，通过利用"钓鱼网站"链接、发送诈骗信息、拨打诈骗电话等手段针对不特定多数人实施诈骗，其行为均已构成诈骗罪。陈某慧纠集其他同案人参与作案，在共同诈骗犯罪中起主要作用，系主犯，又有多个酌情从重处罚情节。据此，以诈骗罪判处被告人陈某慧无期徒刑，剥夺政治权利终身，并处没收个人全部财产；以诈骗罪判处被告人范某杰等人十五年至十一年不等有期徒刑。

【典型意义】

本案作为高考学生被骗后猝死、自杀等重大案件之一，经媒体报道后，舆论高度关注，法院审理过程中适用《办理电信网络诈骗意见》规定，以陈某慧组织、指挥电信诈骗团伙，有利用"钓鱼网站"链接，冒充司法机关工作人员，诈骗未成年人、在校学生，造成一名被害人自杀等多个从重处罚情节，在陈某慧实施诈骗既有既遂又有未遂，且达到同一量刑幅度的情况下，以诈骗罪既遂处罚，充分体现了对此类犯罪从严惩处的精神。

案例十四

李某权等 69 人诈骗案

【基本案情】

被告人李某权曾从事传销活动，掌握了传销组织的运作模式，在该模式下建立起 140 余人的诈骗犯罪集团。李某权作为诈骗犯罪集团的总经理，全面负责掌握犯罪集团的活动，任命被告人吴某琼、吴某飞、闫某霞、闫某飞、骆某、胡某安等人为主要管理人员，设立诈骗窝点并安排主要管理人员对各个窝点进行监控和管理，安排专人传授犯罪方法，收取诈骗所得资金，分配犯罪所得。该犯罪集团采用总经理—经理—主任—业务主管—业务员的层级传销组织管理模式，对新加入成员要求每人按照 2900 元一单的数额缴纳入门费，按照一定的比例数额层层返利，向组织交单作为成员晋升的业绩标准，层层返利作为对各层级的回报和利益刺激，不断诱骗他人加入该诈骗集团。2016 年 1 月至 12 月 15 日间，该犯罪集团在宁夏回族自治区固原市设立十个诈骗窝点，由多名下线诈骗人员从"有缘网""百合网"等婚恋交友网站上获取全国各地被害人信息，利用手机微信、QQ 等实时通讯工具将被害人加为好友，再冒充单身女性以找对象、交朋友为名取得被害人信任，能骗来加入组织的加入组织，不能骗来的向其索要路费、电话费、疾病救治费等费用，对不特定的被害人实施诈骗活动，诈骗犯罪活动涉及全国 31 个省市自治区，诈骗非法所得 920 余万元。

【裁判结果】

本案由宁夏回族自治区固原市原州区人民法院一审，固原市中级人民法院二审。现已发生法律效力。

法院认为，以被告人李某权为首的 69 名被告人以非法占有为目的，采取虚构事实和隐瞒真相的方式，骗取他人财物，其行为均已构成诈骗罪。本案属于三人以上为共同实施犯罪而组成的较为固定的犯罪组织，系犯罪集团。李某权对整个犯罪集团起组织、领导作用，是犯罪集团的首要分子，按照集团所犯的全部罪行处罚。被告人吴某琼、骆某、闫某飞、闫某霞、吴某飞、胡某安等协助首要分子对整个犯罪集团进行组织、领导、策划，是犯罪集团的骨干分子，系主犯，按照其所参与的或组织指挥的全部犯罪处罚。其他一般犯罪成员按照其在犯罪集团中所起的作用及其个人诈骗数额予以量刑。据此，以诈骗罪判处被告人李某权有期徒刑十四年，并处罚金人民币10万元；以诈骗罪判处被告人吴某琼等人十二年至一年三个月不等有期徒刑。

【典型意义】

本案以被告人李某权为首的69人犯罪集团利用传销模式发展诈骗成员，计酬返利，不断发展壮大，集团内部层级严密，分工明确，组织特征鲜明。该诈骗集团的犯罪手段新颖，利用社会闲散青年创业找工作的想法，以偏远经济欠发达地区作为犯罪场所，在全国范围内不断诱骗他人加入诈骗集团，利用手机微信、QQ等互联网软件，冒充单身女性，以索要交通费、疾病救治费等为名通过网络诈骗不特定被害人钱财，遍及全国31个省市自治区，造成了恶劣的社会影响。人民法院在审理过程中，对案件的事实、证据、适用法律、定罪、量刑等方面进行全面审查，最终对各被告人判处相应的刑罚，有力打击了猖獗的电信网络诈骗犯罪，维护了社会秩序，挽回了人民群众财产损失。

案例十五

陈某等9人诈骗案

【基本案情】

被告人陈某伙同被告人张某、姚某峰等人于2012年9月在湖北省武汉市成立了"武汉康伴益生科技有限公司"和"武汉益生康伴商贸有限公司"。陈某等人以合法公司为掩护，在武汉市江岸区和江汉区分别设立两个窝点，组织朱某娇、夏某禄、刘某等100余名团伙成员实施电信诈骗。

该团伙购买电脑、电话、手机等工具后，为每名团伙成员注册微信，统一使用伪造的"马某长""吕某荫"等人的图片为微信头像和以"秦小姐的补肾方""马氏中医补肾方""吕柳荫膏滋团队"等为微信昵称，专门以患有各种男女生理疾病或脱发人群为目标，在网络、微信公众号等载体上发布治疗男女生理疾病或治疗脱发的广告，诈骗被害人浏览广告并填写联系电话或添加微信号，之后由团伙成员假扮名医或医疗机构专业人员的亲属、学生，根据"话术剧本"，使用电话或微信对被害人进行"问诊"，向被害人介绍产品，让被害人发送舌苔照片和手指甲照片，再以客服名义对被害人进行"问诊"，以"指导老师""健康顾问"名义与被害人沟通，取得信任后诱骗被害人购买不具有药品功效的保健品或食品。自 2016 年 6 月 16 日至 11 月 1 日间，陈某、姚某峰、张某组织该团伙成员共计诈骗被害人 8945 人，诈骗钱款 1000 余万元。

【裁判结果】

本案由内蒙古自治区达拉特旗人民法院一审，鄂尔多斯市中级人民法院二审。现已发生法律效力。

法院认为，被告人陈某等人以非法占有为目的，通过虚构事实、隐瞒真相的方式，利用电信网络技术手段，骗取他人财物，数额特别巨大，其行为均已构成诈骗罪。其中，被告人陈某系共同犯罪中的主犯，应按照其组织的全部犯罪处罚。据此，以诈骗罪判处被告人陈某有期徒刑十三年，并处罚金人民币 40 万元；以诈骗罪判处被告人姚某峰等人十二年至三年不等有期徒刑。

【典型意义】

当前，一些诈骗分子利用广大群众特别是一些患有特殊疾病或者中老年群众关注自身身体健康的心理，专门针对这些群体，推销所谓的"药品"或者是不具有药品功效的保健品、食品，骗取巨额款项，社会影响极为恶劣。本案以被告人陈某为首的诈骗集团成立公司为掩护，专门以各种男女生理疾病人群为目标，通过在网络、微信等载体发布虚假广告，假扮名医利用电话或微信"问诊"，采用扩大病情、发送"成功案例"等手段实施诈骗，受害人遍布全国多地，涉案金额高达 1000 余万元，系特大电信诈骗案件，与本案关联的其他 7 起窝案、串案经依法审理，85 名涉案被告人均以诈骗罪定罪处罚。

案例十六

黄某良等 9 人诈骗案

【基本案情】

被告人黄某良、吴某金、廖某冬、龙某腾、梁某卫等人谎称一批"海外要员""海外老人"要回国，每人都有一笔巨额款项要带回我国发放给老百姓，联系指使童某侠（另案处理，已判刑）、被告人韩某军等人从事"民族资产解冻大业"，并向童某侠、韩某军二人发送"国际梅协民族资产解冻委员会""中华人民共和国委员会馈赠资金发放证明书""馈赠资金各类收取费用通知""国家外汇管理局中国银行总行证明"等文件，任命童某侠、韩某军二人为"国际梅协民族资产解冻委员会"总指挥、副总指挥，以有巨额民族资产需要解冻为由，指使童某侠、韩某军吸收会员收取会员费。自 2015 年 12 月至 2016 年 5 月，童某侠、韩某军向全国各地人员收取会费并许诺发放巨额"民族资产解冻善款"，共向全国数十个省份近百万人次收取会费 6300 余万元，二人将 2800 余万元转账汇入黄某良、吴某金、龙某腾等人指定的银行账户。

【裁判结果】

本案由内蒙古自治区鄂尔多斯市中级人民法院一审，内蒙古自治区高级人民法院二审。现已发生法律效力。

法院认为，被告人黄某良等人以非法占有为目的，虚构民族资产解冻可获得巨额回报的事实，骗取他人财物，数额特别巨大，其行为均已构成诈骗罪。其中，被告人黄某良指使龙某腾、梁某卫等人冒充其助理给童某侠、韩某军打电话，并多次使用或指使他人使用涉案银行卡在 POS 机上刷卡套现，系共同犯罪中的主犯。据此，以诈骗罪判处被告人黄某良、吴某金、廖某冬无期徒刑，剥夺政治权利终身，并处没收个人全部财产；以诈骗罪判处被告人龙某腾等人十五年至四年不等有期徒刑。

【典型意义】

"民族资产解冻"类诈骗犯罪早已有之，随着打击力度的加大，此类犯罪的发案率已经大幅下降甚至在一些地方已经销声匿迹，但近年来随着信息技术的发展，此类犯罪又借助现代通信和金融工具进行传播，逐渐演变成集返利、传销、诈骗为一体的混合型犯罪，极具诱惑性和欺骗性。犯罪分子往往抓住被害人以小博大、以小钱换大钱的心理，唆使被害人加入由被告人虚构的所谓"民族大业""民族资产解冻"项目或"精准扶贫"等其他假借国家大政方针和社会热点的虚假项目，允诺被害人可以小投入获得大回报，积极组织和发展会员，以办证费、手续费、保证金等名目骗取他人财物。此类诈骗犯罪迷惑性强、传播速度快，往往在短时间内就能造成众多人员受骗，且涉案金额巨大，严重侵害人民群众财产安全，严重损害政府公信力，严重危害社会安定。被告人黄某良等人作为幕后的策划者、组织者和操纵者，指挥、指使童某侠、韩某军以代理人身份骗取他人巨额财物并从中获取了巨额钱财，系"民族资产解冻"类犯罪链条的最顶端，也是打击的重点，人民法院对黄某良等人依法判处重刑，可谓罚当其罪。

案例十七

童某侠等7人诈骗案

【基本案情】

被告人童某侠（女）以前曾参与过号称"民族大业"的活动，随着类似活动的演变，从2015年12月开始，有所谓的"海外老人""海外要员"与童某侠联系，声称海外有3000多亿元人民币要发放给老百姓，但不愿意通过政府，想邀请童某侠具体实施。童某侠表示同意后，对方发给童某侠

"大陆民族资产解冻委员会总指挥"的任命书。为获取群众信任，童某侠等人在微信群内散发大量伪造的"任命书""委托书""中央军库派令""梅花令"等身份证明及文件，伪造国务院、财政部、国家扶贫开发领导小组文件，以受中央领导和军委指示及国务院的指派来解冻民族资产为由，对外宣称只要民众交纳报名费、办证费、会员费加入"中华民族大业"组织后，就可以获得等次不同的扶贫款和奖励等高额回报。在童某侠的领导下，被告人邰某、张某峰等人先后加入"民族大业"组织，积极从事"解冻民族资产"活动。童某侠所领导的整个组织实行层级负责制，管理层下设省、市团队负责人，每个团队下设若干大组长，大组长下设小组长，小组长之下就是会员。该组织运行方式为"海外老人"们的助理将包含"民族资产解冻"内容的宣传资料发送到童某侠邮箱，管理层人员把项目内容加工整理后以童某侠名义在手机微信群里发布，要求会员按项目内容交纳几十元、几百元不等的办证费，称在短时间内可获得几十万元、几百万元不等的高额回报。该组织还以到人民大会堂开会为由收取统一服装费，以公证、转账手续费、保证金等理由收取费用。会员所交的费用由各省、市负责人汇总后转款到童某侠的银行卡上，童某侠再把款项转到相应项目的"海外老人"助理的银行卡上，"海外老人"及其助理使用 POS 机套现后将资金隐匿。童某侠所发展的"民族大业"组织遍布全国十多个省市，共骗取他人财物合计 9500 余万元，其中 4800 余万元转入"海外老人"助理的银行账户。

【裁判结果】

本案由湖南省桑植县人民法院一审，张家界市中级人民法院二审。现已发生法律效力。

法院认为，被告人童某侠等人以非法占有为目的，利用"民族资产解冻"的幌子，虚构事实骗取他人财物，诈骗金额特别巨大，其行为均已构成诈骗罪。童某侠利用虚假的任命身份等文件，以"民族资产解冻"的名义开展各种以小博大的收费活动，在被群众揭穿及公安机关介入后，又编造谎言继续实施欺骗行为，且系犯罪组织的领导者，纠集、支配其他组织成员。据此，以诈骗罪判处被告人童某侠有期徒刑十三年，剥夺政治权利三年，并处罚金人民币 20 万元；以诈骗罪判处被告人张某峰等人六年至三年不等有期徒刑。

【典型意义】

本案系被告人黄某良等人诈骗案的关联案件，被告人童某侠系受"民族资产解冻"类犯罪代理人，即受幕后组织操纵者黄某良等人的指使，负责推广虚假项目，发展、管理会员，收取钱财的管理人员。各级代理人对幕后组织操纵者言听计从，建微信群、拉人头，大肆发展下线，收取各种名目的费用，沦为诈骗犯罪分子的工具。部分代理人甚至在识破幕后操纵者的骗局后，自行巧立名目，捏造各种虚假项目继续实施诈骗。代理人的存在，对于"民族资产解冻"类诈骗犯罪能够在短时间内迅速层层发展下线，呈裂变式传播，不断扩大涉案被害人规模起到巨大作用，危害后果十分严重，是司法机关依法从严打击的对象。

案例十八

朱某等人诈骗案

【基本案情】

2013 年 5 月，被告人朱某出资组建榆林农惠现货交易平台，纠集和聘用被告人艾某、陈某、姚某林加入，与代理商勾结，先以可提供所谓的内幕交易信息为由，诱骗客户进入电子商务平台进行交易，后通过指令操盘手，采用抛单卖出或用虚拟资金购进产品的手段，控制产品大盘行情向客户期望走势相反的方向发展，通过虚假的产品行情变化，达到使被诱骗加入平台交易的客户亏损的目的。朱某等人有时也刻意在客户小额投资后，促其盈利，以骗其投入大额资金，谋取大额客损。2013 年 9 月至 2014 年 2 月间，朱某、艾某、陈某、姚某林通过上述以虚拟资金操控交易平台的手段，共骗取客户资金 215 余万元。按照事先与代理商约定的比例计算，朱某、艾某、陈某、姚某林从中获得诈骗资金约 75 万元。

【裁判结果】

本案由湖南省南县人民法院一审,益阳市中级人民法院二审。现已发生法律效力。

法院认为,被告人朱某以非法占有为目的,纠集和聘用被告人艾某、陈某、姚某林,利用电子商务平台,操纵农产品行情诱骗客户交易,从客损中获利,数额特别巨大,其行为均已构成诈骗罪。在共同犯罪中,朱某纠集人员参与犯罪,发起、组织和统筹运作交易活动,艾某通过给操盘手下达指令控制平台虚拟行情走势,实施欺诈行为,均系主犯。据此,以诈骗罪判处被告人朱某有期徒刑十四年,以诈骗罪判处被告人艾某、陈某、姚某林十一年至四年不等有期徒刑,并处 10 万元至 6 万元不等罚金。

【典型意义】

电信网络诈骗案件的犯罪手法隐蔽性强,花样翻新快。本案中,被告人先成立网上交易平台,利用业务员及代理商吸收客户,以提供虚假内幕交易信息为由,骗取客户进入平台交易,当客户高价买入相关农产品后,再指令操盘手运作人为造成跌势,迫使客户低价卖出,以谋取大额客损。此种新型网络诈骗犯罪手段更加隐蔽,迷惑性强,容易使人上当受骗。虽然被告人是借助电子商务平台进行交易,但其行为本质仍在于虚构事实、隐瞒真相,以达到非法占有他人财物的目的,其行为完全符合诈骗罪特征,本案定罪准确。

案例十九

邵某雄诈骗案

【基本案情】

2014 年年底,被告人邵某雄受他人纠集,明知是通过电信诈骗活动收取的赃款,仍然从银行取出汇入上线指定的银行账户,并从中收取取款金额的 10% 作为报酬。之后，邵某雄发展张某作为下线，向张某提供了数套银行卡，承诺支付取款金额的 5% 作为报酬，同时要求张某继续发展多名下线参与取款。通过上述方式，邵某雄逐步形成了相对固定的上下线关系。自 2014 年 12 月至 2015 年 7 月，被告人邵某雄参与作案 38 起，涉案金额 48.44 万元。2016 年 2 月，邵某雄到公安机关投案。

【裁判结果】

本案由湖南省津市市人民法院一审，被告人邵某雄服判未上诉。现已发生法律效力。

法院认为，被告人邵某雄以非法占有为目的，伙同他人利用电信网络采取虚构事实的方法，骗取他人财物，数额巨大，其行为已构成诈骗罪。本案系通过拨打电话、发短信对不特定的人进行诈骗，且系多次诈骗，酌情对被告人邵某雄从重处罚。本案系共同犯罪，在犯罪过程中，邵某雄仅参与了转移诈骗赃款的过程，起辅助作用，系从犯，可从轻处罚。且邵某雄有自首情节，可依法从轻处罚。据此，以诈骗罪判处被告人邵某雄有期徒刑五年三个月，并处罚金人民币 5 万元。

【典型意义】

围绕电信网络诈骗犯罪，诱发、滋生了大量上下游关联违法犯罪，这些关联犯罪为诈骗犯罪提供各种"服务"和"支持"，形成以诈骗为中心的系列"黑灰色"犯罪产业链，如出售、提供公民个人信息以及帮助转移赃款等活动。《办理电信网络诈骗意见》对于全面惩处关联犯罪作出了明确规定。本案中，被告人邵某雄明知赃款是诈骗犯罪所得，仍为诈骗分子转移犯罪赃款提供帮助和支持，对其以诈骗罪的共犯判处，体现了司法机关对电信网络诈骗关联犯罪从严惩处的态度。

案例二十

杨某巍诈骗案

【基本案情】

2018 年 7 月，被告人杨某巍伙同他人在海南省儋州市兰洋镇，利用电信网络，实施招嫖诈骗活动。杨某巍等人冒充可上门提供性服务的女性，使用作案微信与被害人聊天，获取被害人信任后，其他同伙负责给被害人打电话并发送二维码诱骗被害人转账付款，诈骗所得款由杨某巍分得20%。通过以上方式，杨某巍共计骗取被害人 12696 元。

【裁判结果】

本案由海南省儋州市人民法院一审，被告人杨某巍服判未上诉。现已发生法律效力。

法院认为，被告人杨某巍以非法占有为目的，伙同他人通过互联网发布虚假信息，实施诈骗，骗取他人数额较大的财物，其行为已构成诈骗罪。杨某巍在犯罪过程中负责使用作案微信与被害人聊天，并分得诈骗所得款的20%，在共同犯罪中是主犯，且系诈骗累犯，依法应从重处罚。据此，以诈骗罪判处被告人杨某巍有期徒刑二年一个月，并处罚金人民币 2万元。

【典型意义】

近年来，微信招嫖类诈骗案件在多地发生。作为一种新型的诈骗案件，因案件受害人系招嫖被骗，发案后心存顾虑，多选择吃哑巴亏而不予报案，导致侦破和打击难度加大。此类案件虽然案值不大，但严重败坏了社会风气，对当地治安形势造成恶劣影响。本案的审理体现了人民法院对此类新型诈骗犯罪行为从严打击的决心和力度。

案例二十一

黄某明、陶某新等非法利用信息网络案
——发布有关销售管制物品的信息，情节严重的，构成非法利用信息网络罪

【基本案情】

2017 年 7 月至 2019 年 2 月，被告人黄某明使用昵称为"刀剑阁"的微信，在朋友圈发布其拍摄的管制刀具图片、视频和文字信息合计 12322 条，用以销售管制刀具，并从中非法获利。被告人陶某新、李某祥、陶某、曾某杰在微信朋友圈发布从他人的微信朋友圈转载的管制刀具图片、视频和文字信息，数量分别为 6677 条、16540 条、15210 条、5316 条，用以销售管制刀具，并从中非法获利。

2018 年 5 月至 7 月，宋某林（已判刑）先后三次通过微信联系陶某新，购买管制刀具。陶某新通过微信与黄某明联系，由黄某明直接发货给宋某林，被告人陶某新从中赚取差价。宋某林购得刀具后实施了故意伤害致人死亡的犯罪行为。黄某明违法所得人民币 329 元，陶某新违法所得人民币 858 元。

【裁判结果】

江苏省盐城市滨海县人民法院判决认为：被告人黄某明、陶某新、李某祥、曾某杰、陶某利用信息网络，发布有关销售管制物品的违法犯罪信息，其行为已构成非法利用信息网络罪。被告人黄某明、陶某新归案后，如实供述自己的犯罪事实，构成坦白，且认罪认罚，依法可以从轻处罚。被告人李某祥、曾某杰、陶某自动投案，如实供述自己的犯罪事实，构成自首，且认罪认罚，依法可以从轻处罚。以非法利用信息网络罪分别判处被告人黄某明、陶某新有期徒刑八个月，并处罚金人民币 1 万元；被告人李某祥、曾某杰、陶某有期徒刑七个月，缓刑一年，并处罚金人民币 1 万元。同时，禁止被告人李某祥、曾某杰、陶某在缓刑考验期内从事网络销售及相关活动。该判决已发生法律效力。

案例二十二

谭某羽、张某等非法利用信息网络案
——为实施诈骗活动发布信息，情节严重的，构成非法利用信息网络罪

【基本案情】

2016 年 12 月，为获取非法利益，被告人谭某羽、张某商定在网络上从事为他人发送"刷单获取佣金"的诈骗信息业务，即通过"阿里旺旺"向不特定的淘宝用户发送信息，信息内容大致为"亲，我是×××，最近库存压力比较大，请你来刷单，一单能赚 10~30 元，一天能赚几百元，详情加 QQ×××，阿里旺旺不回复"。通常每 100 个人添加上述信息里的 QQ 号，谭某羽、张某即可从让其发送信息的上家处获取平均约 5000 元的费用。谭某羽、张某雇用被告人秦某发等具体负责发送诈骗信息。张某主要负责购买"阿里旺旺"账号、软件、租赁电脑服务器等；秦某发主要负责招揽、联系有发送诈骗信息需求的上家、接收上家支付的费用及带领其他人发送诈骗信息。

2016 年 12 月至 2017 年 3 月，谭某羽、张某通过上述方式共非法获利人民币 80 余万元，秦某发在此期间以"工资"的形式非法获利人民币约 2 万元。被害人王某甲、洪某因添加谭某羽、张某等人组织发送的诈骗信息中的 QQ 号后分别被骗 31000 元和 30049 元。

【裁判结果】

江苏省沭阳县人民法院一审判决、宿迁市中级人民法院二审判决认为：被告人谭某羽、张某、秦某发以非法获利为目的，通过信息网络发送刷单诈骗信息，其行为本质上属于诈骗犯罪预备，构成非法利用信息网络罪。虽然本案中并无证据证实具体实施诈骗的行为人归案并受到刑事追究，但这并不影响非法利用信息网络罪的成立。谭某羽、张某、秦某发共同实施故意犯罪，系共同犯罪。在共同犯罪中，谭某羽、张某起主要作用，均系主犯；秦某发起次要作用，属从犯，依法予以从轻处罚。综合考

虑各被告人归案后如实供述罪行以及谭某羽、张某赔偿部分受害人经济损失的情节，以非法利用信息网络罪判处被告人张某有期徒刑二年一个月，并处罚金人民币 10 万元；被告人谭某羽有期徒刑一年十个月，并处罚金人民币 8 万元；被告人秦某发有期徒刑一年四个月，并处罚金人民币 3 万元。

案例二十三

赵某帮助信息网络犯罪活动案
——为他人实施信息网络犯罪提供支付结算帮助，情节严重的，
构成帮助信息网络犯罪活动罪

【基本案情】

被告人赵某经营的网络科技有限公司的主营业务为第三方支付公司网络支付接口代理。赵某在明知申请支付接口需要提供商户营业执照、法人身份证等五证信息和网络商城备案域名，且明知非法代理的网络支付接口可能被用于犯罪资金走账和洗钱的情况下，仍通过事先购买的企业五证信息和假域名备案在第三方公司申请支付账号，以每个账号收取 2000 元至 3500 元不等的接口费将账号卖给他人，并收取该账号入金金额千分之三左右的分润。

2016 年 11 月 17 日，被害人赵某被骗 600 万元。其中，被骗资金 50 万元经他人账户后转入在第三方某股份有限公司开户的某贸易有限公司商户账号内流转，该商户账号由赵某通过上述方式代理。

【裁判结果】

浙江省义乌市人民法院判决认为：被告人赵某明知他人利用信息网络实施犯罪，为其犯罪提供支付结算的帮助，其行为已构成帮助信息网络犯罪活动罪。被告人赵某到案后如实供述自己的罪行，依法可以从轻处罚。以帮助信息网络犯罪活动罪判处被告人赵某有期徒刑七个月，并处罚金人民币 3000 元。该判决已发生法律效力。

案例二十四

侯某元、刘某祈等帮助信息网络犯罪活动案

——为他人实施信息网络犯罪提供开办银行卡帮助，
情节严重的，构成帮助信息网络犯罪活动罪

【基本案情】

2018 年 5 月 28 日，被告人侯某元、刘某祈在我国台湾地区受人指派，带领被告人刘某民、蔡某彦等进入我国大陆到银行办理银行卡，用于电信网络诈骗等违法犯罪活动。刘某民、蔡某彦明知开办的银行卡可能用于电信网络诈骗等犯罪活动，但为了高额回报，依然积极参加。当日下午，抵达杭州机场，后乘坐高铁来到金华市区并入住酒店。当晚，侯某元、刘某祈告知其他人办理银行卡时谎称系来大陆投资，并交代了注意事项及具体操作细节。5 月 29 日上午，在金华多家银行网点共开办了 12 张银行卡，并开通网银功能。

另，2018 年 5 月 14 日至 18 日，被告人侯某元、刘某祈以同样的方式在金华市区义乌两地办理银行卡，并带回我国台湾地区。

【裁判结果】

浙江省金华市婺城区人民法院判决认为：被告人侯某元、刘某祈、蔡某彦、刘某民明知开办的银行卡可能用于实施电信网络诈骗等犯罪行为，仍帮助到大陆开办银行卡，情节严重，其行为均已构成帮助信息网络犯罪活动罪。以帮助信息网络犯罪活动罪判处被告人侯某元、刘某祈有期徒刑一年二个月，并处罚金人民币 1 万元；被告人蔡某彦、刘某民有期徒刑九个月，并处罚金人民币 5000 元。该判决已发生法律效力。

第三章　最高人民检察院发布的典型案例

案例一

刘某某等人诈骗案

——跨境电诈集团以冒充公司负责人方式诱骗财务人员大额转账

【基本案情】

2018 年 11 月，刘某某纠集张某某、何某某前往柬埔寨王国西哈努克港市组建电信网络诈骗犯罪集团。其间，刘某某提供前期运营资金、安排人员培训和联系洗钱团伙（俗称"水房"）等。自 2019 年 3 月起，刘某某与张某某、何某某指挥上述诈骗集团采用下列方式实施诈骗：一线话务人员冒充各类科技公司财务人员拨打目标公司财务人员座机电话，向对方虚构将有业务款转账至目标公司等事实，诱使对方使用 QQ 进行联系；二线话务人员以科技公司财务人员名义与对方进行 QQ 聊天，伺机获取对方收款账户信息等，再制作并发送虚假跨行转账凭证，并谎称转账款将延时到账；三线话务人员使用与目标公司法定代表人姓名相同的 QQ 昵称冒充目标公司法定代表人加入前述双方 QQ 聊天，采用佯装确认前述转账事宜等方法骗取对方信任，再询问并掌握目标公司账户余额等信息后，以需向其他公司支付业务款等虚构事实诱骗对方将钱款转账至洗钱团伙控制的账户。

经查，2019 年 3 月至 7 月，该诈骗犯罪集团共骗取北京、上海、新疆等地 147 家被害单位人民币（以下币种同）9683 万余元。

【检察履职】

2020 年 3 月 4 日、2022 年 7 月 15 日，上海市公安局徐汇分局先后将张某某、何某某涉嫌诈骗案，刘某某涉嫌诈骗案移送上海市徐汇区人民检察院审查起诉，鉴于三人可能被判处无期徒刑以上刑罚，该院报送上海市人民检察院第一分院审查起诉。检察机关通过自行侦查完善证据链，证明刘某某是犯罪集团的策划者、组织者、领导者。2020 年 9 月 27 日、2022 年 8 月 29 日，上海市人民检察院第一分院分别以诈骗罪对刘某某、张某某、何某某提起公诉，并认定刘某某为诈骗犯罪集团首要分子，张某某、何某某为主犯。

2021 年 8 月 25 日、2022 年 11 月 23 日，上海市第一中级人民法院先后作出判决，以诈骗罪判处刘某某无期徒刑，剥夺政治权利终身，并处没收个人全部财产；判处张某某有期徒刑十五年，剥夺政治权利四年，并处罚金 250 万元；判处何某某有期徒刑十四年，剥夺政治权利四年，并处罚金 100 万元。

该犯罪集团其余 90 余名成员陆续到案，分别由上海市徐汇区人民法院、上海市闵行区人民法院、上海市普陀区人民法院判处有期徒刑十个月至有期徒刑十四年不等。现判决均已生效。

【典型意义】

1. 依法严惩跨境电信网络诈骗犯罪集团及其组织领导者。近年来，跨境电信网络诈骗犯罪持续高发，呈现规模化、集团化特点，危害性明显增大。对于跨境电信网络诈骗犯罪集团，特别是隐藏在幕后的策划者、组织者、领导者，要用足用好法律武器，持续保持高压严惩态势，形成有力震慑。

2. 积极开展自行侦查，加大指控犯罪力度。跨境电信网络诈骗犯罪集团的首要分子往往藏匿幕后、远程指挥，指控证明犯罪难度较大。检察机关在引导公安机关侦查取证的基础上，加大自行侦查力度，通过调取同案犯供述、补充询问证人、收集客观证据等，全力查证首要分子犯罪事实，依法予以严惩。

【检察官提醒】

通过社交软件冒充企业负责人，诱骗财务人员大额转账，是当前较高发的诈骗犯罪类型。这类案件涉案金额普遍较大，给企业带来巨大经济损失。广大企业负责人和财务人员要提高防范意识，谨慎处理企业和个人信息，对以网络身份开展的商业交往提高警惕、谨慎核实，切实规范财务制度，降低企业被骗风险。一旦被骗，要第一时间报警，同时注意保留证据材料，以便公安机关采取止付等措施及时止损，并为打击犯罪提供证据。

案例二

郑某等 7 人诈骗、偷越国（边）境案

——偷渡至境外电诈园区，"赌诈结合"对境内被害人实施电信网络诈骗

【基本案情】

"纵横公司"系盘踞缅北掸邦大其力市金鑫科技园区多个诈骗团伙之一，该团伙以直营和代理的方式组建诈骗团队，招揽人员在网络上冒充成功人士，通过 MarryU、陌陌、探探等聊天软件寻找女性作为诈骗对象，以交友聊天的方式获取对方信任，后诱骗被害人至该诈骗团伙控制的名为"永胜国际"等赌博网站进行投注，通过控制赌博网站后台的方式骗取被害人钱款。

2020 年 4 月，郑某、杨某等 7 人先后偷渡至缅北掸邦大其力市金鑫科技园区，郑某担任园区物业经理，负责园区人员出入审核管理及园区内设施维修，杨某等人担任"纵横公司"组长、业务员，通过网络找寻被害人，并以恋爱交友为名，诱骗被害人至"永胜国际"等赌博网站实施诈骗，共骗取 26 名被害人 840 余万元。

【检察履职】

2022 年 8 月 12 日、2023 年 2 月 2 日，上海市公安局闵行分局以郑某、

杨某等 7 人涉嫌诈骗罪、偷越国（边）境罪向上海市闵行区人民检察院提请逮捕。2022 年 8 月 19 日、2023 年 2 月 9 日，上海市闵行区人民检察院依法批准逮捕。同时，引导公安机关侦查取证，调取出入境记录、资金交易等信息，建立数据证据模型，夯实客观证据基础，明确犯罪团伙组织架构；深入研判，追诉漏犯 40 余人，扩大认定被害人至 26 人。2022 年 11 月 17 日、2023 年 6 月 30 日，上海市闵行区人民检察院先后对郑某、杨某等 7 人以诈骗罪、偷越国（边）境罪提起公诉，其中 2 人系检察机关追诉到案的漏犯。

2023 年 2 月 2 日、9 月 18 日，上海市闵行区人民法院先后作出一审判决，以诈骗罪、偷越国（边）境罪分别判处郑某、杨某有期徒刑四年六个月、三年六个月，并处罚金 122000 元、62000 元；判处唐某等 5 人有期徒刑三年十个月至四年六个月不等，并处罚金。目前判决已生效。后续追漏到案的团伙成员已部分提起公诉，正在法院审理中。

【典型意义】

1. 依法严惩赴境外窝点实施诈骗的犯罪分子。随着国内电信网络诈骗犯罪打击力度加大，境内大批诈骗窝点向境外转移。部分境内人员法治意识淡薄，在"高薪报酬"诱惑下，赴境外窝点实施电信网络诈骗犯罪，对此应予依法严惩。

2. 深挖犯罪线索，积极追诉漏罪漏犯。全面梳理证据，明晰组织架构，通过深入研判，追诉犯罪团伙其他成员，督促公安机关加大侦办力度，明确犯罪嫌疑人身份，及时抓捕归案，实现全面打击。

【检察官提醒】

境外不是淘金天堂，更不是法外之地。境外诈骗犯罪集团往往打着高薪旗号吸引人员前往"淘金"，实则实施诈骗活动。贪图"高薪"赴境外诈骗窝点，涉嫌违法犯罪，将受到法律严厉制裁。诈骗团伙摸准赌客"以小博大"的心理，以"赌诈结合"方式引诱赌客参与，并非法占有赌资。这种手段使赌客"十赌九输"，部分人欠下巨额债务后倾家荡产。广大网民要自觉抵制不良诱惑，拒绝一切赌博行为，防止陷入"赌诈"陷阱。

案例三

<h2 style="text-align:center">王某某等人诈骗、侵犯公民个人信息案</h2>

——利用物流公司"内鬼"出售的公民个人信息
"盲发快递",实施电信网络诈骗

【基本案情】

2020 年至 2021 年间,A 物流公司销售人员孙某某介绍该公司快递员张某向王某某出售公民个人信息,张某先后两次从同公司快递员李某处购买含有姓名、手机号码、快递地址等内容的公民寄递信息共计 10 万余条,并出售给王某某。张某非法销售公民寄递信息获利 8900 元,李某获利 5600 元。

2021 年 5 月至 6 月,王某某与孙某某共谋,利用非法购买的大量公民寄递信息,通过 A 物流公司以货到付款形式,向全国 17 万余人寄递价值 2 元的足浴包,虚构存在商品购销关系,要求收件人支付每单 69 元的到付货款,通过上述方式实际骗取高某某等人 30 余万元。

【检察履职】

2021 年 7 月 21 日,北京市公安局海淀分局以被告人王某某涉嫌侵犯公民个人信息罪移送北京市海淀区人民检察院审查逮捕。检察机关引导公安机关追查为王某某提供快递信息的同案犯孙某某等人,并围绕王某某、孙某某寄送快递诈骗案展开深入调查。2021 年 9 月 27 日、12 月 1 日,北京市公安局海淀分局先后以被告人王某某、孙某某、张某、李某涉嫌侵犯公民个人信息罪、诈骗罪移送海淀区人民检察院审查起诉。2021 年 12 月 30 日,海淀区人民检察院以王某某、孙某某犯侵犯公民个人信息罪、诈骗罪,张某、李某犯侵犯公民个人信息罪向海淀区人民法院提起公诉,同时提起附带民事公益诉讼。

2022 年 11 月 30 日,海淀区人民法院作出一审判决,以侵犯公民个人信息罪、诈骗罪分别判处王某某、孙某某有期徒刑七年、五年,并处罚金

9 万元、6 万元；以侵犯公民个人信息罪判处张某、李某有期徒刑三年，并处罚金 3 万元；责令王某某退赔 30 万元发还各被害人；判处附带民事公益诉讼被告王某某、孙某某、张某、李某赔偿公民个人信息损失 14500 元，在国家级新闻媒体就侵犯公民个人信息行为向社会公众公开赔礼道歉，删除非法获取的个人信息并注销涉案微信账号。王某某、张某、李某对刑事部分判决提出上诉。2023 年 3 月 23 日，北京市第一中级人民法院驳回上诉，维持刑事部分原判。

检察机关结合案件，向孙某某等人所在的 A 物流公司制发检察建议，督促物流企业完善公民个人信息保护措施，消除信息泄露安全隐患。A 物流公司根据检察建议，对个人信息等敏感数据查询予以实时监测与管控，规范员工账号权限，通过提升技术识别能力和处置效率、引入客户黑名单制度等加强对"盲发快递"的风险防控，切实履行物流公司保护公民个人信息的社会责任。

【典型意义】

1. 依法严惩新型电信网络诈骗犯罪。近年来，电信网络诈骗手段快速翻新，迷惑性不断增加，防骗难度不断加大。对于各类新型电信网络诈骗犯罪，要加大办案力度，揭露诈骗本质，依法予以严惩，切实维护人民群众合法权益。

2. 依法严惩寄递行业"内鬼"。寄递公司内部人员利用职务便利，非法出售在工作中获取的公民个人信息，在多种电信网络诈骗犯罪中起到关键作用，应予依法严惩。同时构成诈骗罪和侵犯公民个人信息罪的，应当数罪并罚。

3. 公益诉讼与检察建议相结合，拓宽综合治理路径。检察机关对涉及不特定多数人个人信息泄露案件提起附带民事公益诉讼，并制发检察建议，督促相关企业完善公民个人信息保护措施，以能动履职提升检察综合治理效能。

【检察官提醒】

近年来"盲发快递"类诈骗犯罪时有发生。犯罪分子非法获取大量有货到付款习惯的电商用户个人信息，再将显著低价商品标以高价，向不特定人员寄递，在用户没有实际购买商品的情况下骗取到付货款。广大消费者要对来路不明的快递保持警惕，尤其对于"货到付款"快递，务必认真查验核实。

案例四

李某等人诈骗案

——搭建虚拟投资平台，以诱导反向操作、频繁交易、
购买波动股等方式实施电信网络诈骗

【基本案情】

2020 年 12 月至 2021 年 7 月，李某伙同多人搭建"富途""佰盛"等多个虚拟股票配资平台，陆续招募杨某、钱某、孙某等人作为上述平台代理方。平台方统一提供资金账户用于平台出入金，代理方虚构自己系正规券商旗下代理、提供高杠杆配资等事实，隐瞒资金实际不流入股市的真相，组织业务员通过发送虚假盈利图片、谎称有"内幕消息"等方式引诱被害人至平台充值，并扮演"荐股老师""老师助理"指示、诱导被害人反向操作、频繁交易、购买波动股，造成被害人本金及手续费等损失，所得款项由平台方及代理方按约定比例分成。经查，被害人陈某某、沈某某等 100 余人在上述平台充值后损失 440 余万元。

【检察履职】

本案由浙江省杭州市公安局余杭区分局立案侦查。经公安机关商请，余杭区人民检察院提前介入，引导公安机关围绕聊天记录等电子数据，收集、固定犯罪嫌疑人发布虚假盈利图片以及诱导被害人频繁交易、购买波动股等作案手段，准确认定电信网络诈骗犯罪事实。审查起诉阶段，检察机关通过自行侦查，查明尚未归案的代理商刘某，并向公安机关制发《要求说明不立案理由通知书》。2022 年 4 月至 2023 年 6 月，余杭区人民检察院以诈骗罪对李某、杨某、刘某、钱某等 36 人提起公诉。对 4 名情节轻微

的业务员作出相对不起诉决定。在该案赃款已基本被挥霍、仅查扣 17 万余元的情况下，检察机关充分适用认罪认罚从宽制度，督促各被告人、被不起诉人退赃退赔共计 295 万余元，为被害人追回大部分经济损失。

2023 年 3 月至 7 月，余杭区人民法院以诈骗罪判处李某等 36 人有期徒刑十一年八个月至一年六个月不等，并处罚金 12 万元至 2 万元不等，检察机关立案监督的代理商刘某犯诈骗罪，被判处有期徒刑十一年六个月，并处罚金 12 万元。上述判决均已生效。

【典型意义】

1. 依法准确认定新型电信网络诈骗犯罪。本案被告人未使用拒绝提现、后台操控数据等传统诈骗手段，而是通过诱导被害人反向操作、频繁交易、重仓交易、购买波动股等，迅速放大亏损风险，并从被害人"亏损"的本金和手续费中直接获利，应以诈骗罪依法惩处。

2. 用足用好认罪认罚从宽制度督促退赃退赔。准确适用认罪认罚从宽制度，全流程督促犯罪嫌疑人、被告人在捕、诉、审各环节退赃退赔，并根据其在共同犯罪中的地位、作用以及退赃退赔态度，依法提出不同幅度的从宽量刑建议。

【检察官提醒】

诈骗分子采用推荐股票，收取开仓费、递延费等更为隐蔽的方式逐步造成被害人亏损，这种新型"投资理财"骗局手段隐蔽，很多被害人误以为自己股票交易亏损，被骗钱财而不自知。对于此类"投资理财"骗局，要保持高度警惕，增强对新型电信网络诈骗犯罪的识别能力。

案例五

鲍某等人侵犯公民个人信息案

——冒充证券公司客服以提供股票咨询为名获取
"微信号四件套"，为上游犯罪团伙"引流"

【基本案情】

2020年10月，鲍某成立A公司，招募龚某某为经理，孔某某等20余人为话务员。同年11月，鲍某通过网络接单为他人提供公民个人信息，并收取高额费用。鲍某组织话务员冒充证券公司客服，按上游犯罪团伙提供的电话号码拨打电话，以"免费提供股票咨询"等话术，引诱对方添加微信好友，以获取对方微信号、微信昵称、手机号码、微信实名认证信息（俗称"微信号四件套"）及朋友圈截图、微信和支付宝实名认证截图等信息，诱骗被害人添加上游犯罪团伙提供的"客户经理"微信号，进入"股票交流"微信群。至2021年8月2日案发，鲍某接受上游犯罪团伙提供的电话号码约72万条，先后提供"微信号四件套"信息约13800条，非法获利68万余元。龚某某、孔某某等人按照工资底薪、提成等非法获利3万元至9000余元不等。

经查，鲍某团伙添加被害人李某某、朱某某为微信好友后，以"荐股"为由向二人推送上游犯罪团伙的微信名片，导致二人遭遇虚假投资理财诈骗，被诈骗金额共计8万余元。

【检察履职】

2021年11月8日，安徽省宣城市公安局宣州分局以鲍某等6人涉嫌帮助信息网络犯罪活动罪移送宣城市宣州区人民检察院审查起诉。检察机关经审查认为，鲍某等人为信息网络犯罪活动提供引流帮助，以"荐股"等名义将被害人引入上游犯罪分子微信群，同时符合帮助信息网络犯罪活动罪和非法利用信息网络罪的构成要件。鲍某等人还非法获取他人微信号等公民个人信息提供给上线，构成侵犯公民个人信息罪，且属情节特别严重。根据择一重处原则，本案以侵犯公民个人信息罪论处。2022 年 4 月 29 日，宣州区人民检察院以侵犯公民个人信息罪对鲍某等 6 人提起公诉。

同年 5 月 30 日，宣州区人民法院作出一审判决，以侵犯公民个人信息罪判处鲍某有期徒刑三年二个月，判处龚某某有期徒刑二年二个月，判处孔某某等四人有期徒刑一年六个月至八个月不等，并处罚金。各被告人均未上诉，现判决已生效。

【典型意义】

依法严惩倒卖公民个人信息为诈骗提供帮助的犯罪活动。"吸粉"引流是电信网络诈骗犯罪的上游关键环节，已形成黑灰产业链。成立公司、招募人员，形成较稳定"引流"团队，非法获取客户微信号并提供给上线，既为诈骗犯罪提供了帮助，又侵害了公民个人信息安全，同时触犯多个罪名的，应当择一重罪，依法从严惩处，从源头斩断电信网络诈骗犯罪黑灰产业链条。

【检察官提醒】

社交媒体账号、人脸、指纹、GPS 定位等信息如被非法获取、出售、散布，易被利用实施精准诈骗。公众要切实提升个人信息保护意识，不轻信虚假信息，不轻易添加来路不明"好友"，不随意下载不明链接软件，避免个人信息被不法分子利用，给自身人身和财产带来损害。

案例六

李某等人诈骗，侵犯公民个人信息，掩饰、隐瞒犯罪所得案
——利用"AI"语音机器人自动拨打电话，
精准推送虚假贷款 App 实施电信网络诈骗

【基本案情】

2018 年 7 月，李某成立声通公司，帮助诈骗团伙作网络贷款推广。李

某按照诈骗团伙要求编写自动应答话术并录入应答语音，根据诈骗团伙提供的电话号码筛选有贷款、买房、教育需求的对象，从江苏 A 科技公司、济南 B 科技公司购买 VOS 计费网络电话通话线路并充值话费后，利用"AI"语音机器人自动拨打电话形成语音和文本通话记录。诈骗团伙通过分析通话情况确定贷款意向强弱等级，并按照精心策划的自动应答话术套路，添加贷款意愿强的被害人微信等联系方式，推送下载使用诈骗团伙专门制作的虚假贷款 App。在申请贷款的过程中，App 会自动推送"办理会员""缴纳解冻银行账户费用""验证还款能力"等链接，被害人点击链接支付上述费用即被骗。经查，共有 1437 名被害人被骗取 3586 万余元。

为获取非法利益，陈某甲、张某明知李某帮助诈骗团伙作网络贷款推广，仍按照李某安排增加"AI"语音智能机器人，在线运行 3000 余台专门为"境外客户"服务，并管理境外诈骗团伙 60 余个微信群和 50 余个 QQ 群。偶某某明知李某为电信网络诈骗团伙提供帮助，仍提供本人 2 张银行卡供李某使用，帮助李某取现转移赃款 154 万余元。鄢某某、陈某乙按照犯罪团伙要求制作、维护"人人贷""360 借条"等虚假贷款 App。

另外，李某以每条 0.03 元至 0.5 元不等价格向江苏 A 科技公司经理胡某、济南 B 科技公司技术人员赵某某购买从科技公司 VOS 计费平台导出的公民电话号码并出售牟利。鄢某某非法从网上购买公民姓名、电话号码等个人信息共 103 万余条并出售牟利。为逃避监管，李某以 1800 元每套的价格购买 17 套电话卡和银行卡，用于接收诈骗团伙支付的"AI"机器人租赁费，并在收款后乔装到 ATM 机取现。

【检察履职】

2020 年 5 月 22 日、10 月 14 日，贵州省安顺市公安局经开分局对李某等人以涉嫌诈骗罪、妨害信用卡管理罪、侵犯公民个人信息罪、帮助信息网络犯罪活动罪提请安顺市西秀区人民检察院批准逮捕。同年 5 月 29 日、10 月 20 日，西秀区人民检察院先后对各犯罪嫌疑人批准逮捕，并继续引导公安机关围绕各犯罪嫌疑人地位作用、犯罪数额等侦查取证，全面查清诈骗犯罪链条、违法所得数额、侵犯公民个人信息数量等事实。同年 10 月 30 日、12 月 18 日，安顺市公安局经开分局将上述犯罪嫌疑人移送审查起诉。2021 年 4 月 16 日，西秀区人民检察院对李某等 8 人提起公诉，同时对胡某、赵某某提起刑事附带民事公益诉讼。

2021年8月9日、2022年12月1日，西秀区人民法院判决李某构成诈骗罪、侵犯公民个人信息罪，数罪并罚决定执行有期徒刑十七年，并处罚金560万元；鄢某某构成诈骗罪、侵犯公民个人信息罪，数罪并罚决定执行有期徒刑九年，并处罚金65万元；偶某某构成掩饰、隐瞒犯罪所得罪，判处有期徒刑六年六个月，并处罚金100万元；张某、陈某甲、陈某乙构成诈骗罪，判处有期徒刑六年至三年不等，并处罚金；胡某、赵某某构成侵犯公民个人信息罪，分别判处有期徒刑四年、三年，并处罚金，同时判令二人支付与罚金同等数额赔偿金，在市级媒体公开登报道歉。部分被告人提出上诉。因偶某某在二审中认罪认罚，主动缴纳罚金，安顺市中级人民法院依法改判为五年零六个月，其余被告人维持原判。

【典型意义】

1. 依法全链条打击电信网络诈骗及其关联犯罪。溯源个人信息泄露渠道和人员，对线路提供商等"内鬼"非法买卖、出售或非法获取公民信息牟利的，以侵犯公民个人信息罪依法严惩。对明知是诈骗犯罪，相对稳定为诈骗团伙提供技术支持或特定帮助行为，已成为诈骗链条上固定环节的，以诈骗罪共犯追责。对明知实施电信网络诈骗犯罪，仍提供信用卡并帮助取现的，以掩饰、隐瞒犯罪所得罪依法严惩。

2. 依法严惩打着"技术中立"幌子的犯罪活动。一些科技公司、技术人员受诈骗团伙委托，设计、开发虚假软件，成为诈骗团伙"重要帮凶"，不仅让诈骗犯罪更易实施、得逞，还极大地增加了司法办案难度。对打着"技术中立"幌子为犯罪团伙开发软件或提供其他技术支持的，应当依法严惩，符合诈骗罪构成的，依法以诈骗罪共犯论处。

【检察官提醒】

申请贷款一定要通过正规渠道、官方平台，切勿从非正规渠道下载安装所谓贷款App，谨防陷入贷款骗局。保护好个人信息，谨慎在网络公开身份、照片、声音、视频等，避免被犯罪分子反向利用、精准施诈。

科技公司、技术人员应依法合规使用信息网络技术，"技术中立"无法掩盖违法犯罪，必将受到法律制裁。正规运营的科技企业，也要高度重视刑事风险，对客户违反常理的需求保持警惕，一旦发现技术可能被用于电信网络诈骗等违法犯罪，要及时停止开发、确认项目风险，采取应对措施。

案例七

钟某某等 6 人掩饰、隐瞒犯罪所得案

——设立运营"跑分团伙"为电信网络诈骗违法犯罪"洗钱"

【基本案情】

2021 年 6 月至 8 月，钟某某为谋取非法利益，伙同冯某某、吴某（皆另案处理），在明知是犯罪所得情况下，仍招募供卡人并组织安排人员为上家转移资金。钟某某负责与上家及币商对接，联系资金的下发和转出；冯某某负责组织、安排及管理转账现场，二人对非法获利进行分成；吴某负责招募供卡人，按照供卡人转账流水的一定比例收取提成；孙某某、郭某、黎某某、王某负责具体操作电脑或供卡人的手机实施转账；龚某某按照吴某的要求带供卡人到现场转账并记账，从吴某处领取好处费。经查，41 名电信网络诈骗被害人的钱款 106 万余元被以上述方式转移。其中，钟某某、孙某某参与全部犯罪事实，郭某、黎某某、王某、龚某某参与部分事实，犯罪数额分别为 59 万余元、49 万余元、44 万余元、30 万余元。

【检察履职】

2022 年 6 月 7 日，江苏省南京市公安局水上分局以钟某某等 6 人涉嫌掩饰、隐瞒犯罪所得罪向南京市鼓楼区人民检察院移送审查起诉。检察机关围绕跑分团伙组织模式、层级架构、职责分工、违法所得等进行证据收集审查，对其作案模式及犯罪数额认定构建完整证据体系。结合认罪认罚从宽制度，积极开展追赃挽损，经教育督促，涉案 6 人均退赃退赔、认罪认罚。2022 年 9 月 7 日，检察机关以被告人钟某某等 5 人涉嫌掩饰、隐瞒犯罪所得罪向鼓楼区人民法院提起公诉。考虑到龚某某系从犯，认罪认

罚，有坦白、积极退赔等情节，且系专科院校在读学生，经督促已退赃退赔 105000 元，对其依法作出相对不起诉决定。

2022 年 10 月 26 日，鼓楼区人民法院作出一审判决，以掩饰、隐瞒犯罪所得罪，判处被告人钟某某有期徒刑五年二个月，并处罚金 10 万元；判处孙某某、郭某、黎某某、王某有期徒刑三年二个月至二年不等，并处罚金。以上被告人均未上诉，判决已生效。

【典型意义】

1. 依法严惩为电信网络诈骗"洗钱"的犯罪行为。一些不法分子受经济利益驱使，为违法犯罪提供银行卡、手机卡或非银行支付账户，并协助转账、取现，帮助掩饰、隐瞒犯罪所得及其产生的收益，成为信息网络犯罪重要"帮凶"。"洗钱"活动为打击治理上游诈骗犯罪制造障碍，增加追赃挽损难度。对于专业化"洗钱"团伙，特别是组织者、策划者和骨干分子，应当予以依法严惩。

2. 对涉案在校学生坚持惩处与挽救相结合。贯彻宽严相济刑事政策，坚持惩处与挽救相结合，对涉案在校学生，且参与时间较短、作用较小、积极认罪悔罪的，综合考虑其认知程度、社会阅历、主观恶性等，依法从宽处理。

【检察官提醒】

电信诈骗、网络赌博等犯罪团伙为通过"跑分"将赃款洗白，以"利用银行账户转账，轻松月入过万"为诱饵，招募"跑分"人员。不少人被蝇头小利蒙蔽，成为犯罪"帮凶"，受到法律严惩。广大民众要提升法律意识，切勿为了蝇头小利，随意出售、出租银行卡、电话卡以及微信、支付宝等具有支付功能的账户，沦为帮助诈骗犯罪的"工具人"，最终害人害己。

案例八

王某等人诈骗案

——打着投资虚拟币的"幌子"实施电信网络诈骗

【基本案情】

2018 年，王某在浙江省杭州市上城区先后注册成立了杭州展融公司等多家企业，开发运营"币海网""比特网"等网络平台，并在搜索引擎置顶查询网页，宣称上述平台系提供中介撮合服务的正规虚拟币交易平台，并通过收集有投资意向的被害人联系方式、添加被害人微信等，以提供分析导师、帮助被害人获得高额收益为幌子，诱骗被害人在上述平台注册充值。在被害人转入资金后，王某等人通过诱导被害人反向投资，造成被害人"亏损"假象，以强行平仓、频繁操作产生高额手续费，或限制提现等多种方式非法占有被害人钱款。至 2019 年 6 月，王某等人共骗取 1000 余名被害人 5538 万余元。经查，"币海网""比特网"交易行情均系借用其他网络平台数据加工而成，平台内客户交易数据与外界虚拟币交易行情并无关联，被害人投资资金直接进入王某等人控制的银行账户。

【检察履职】

本案由浙江省杭州市公安局上城区分局立案侦查。侦查阶段，上城区人民检察院、公安局发挥侦诉协作机制作用，共同分析研判，及时冻结王某等 69 人拟向境外账户转移的 3200 万余元赃款。2019 年 9 月，公安机关以王某等 80 人涉嫌诈骗罪分批移送起诉。2020 年 3 月至 2021 年 6 月，杭州市人民检察院和上城区人民检察院分别对王某等 77 人提起公诉；对 3 名情节较轻、主动退赔退赃的人员，上城区人民检察院依法作出不起诉决定。其间，检察机关会同公安、法院准确适用认罪认罚从宽制度，督促各犯罪嫌疑人退赃退赔 490 余万元。通过进一步引导侦查，另查明公司财务人员赵某某名下的房产实为主犯王某利用涉案赃款出资购买并实际控制，该房产被依法及时查封。

2021 年 5 月至 12 月，杭州市中级人民法院、上城区人民法院以诈骗罪判处王某无期徒刑，剥夺政治权利终身，并处没收个人全部财产；判处范某等 76 人有期徒刑十年至一年六个月不等，并处罚金 40 万元至 15000 元不等。2021 年 12 月 21 日，考虑到王某在二审期间积极退赃退赔等情节，浙江省高级人民法院将被告人王某刑期改判为有期徒刑十五年，其余维持原判。二审判决后，王某被查封房产经司法拍卖变现 1538 万余元。被害人损失的 5538 万元全部追回。2022 年 8 月，上城区人民法院将上述款项发还被害人。

【典型意义】

1. 依法严惩打着虚拟货币"幌子"的电信网络诈骗犯罪。虚拟币价值波动较大，容易使人产生可以快速积累财富的刺激感。电信网络诈骗犯罪分子利用投资者幻想一夜暴富的心理，建立虚假的虚拟币交易平台实施诈骗，对此应予依法严惩。

2. 精准发力追赃挽损，挽回人民群众损失。检察机关加强与侦查、审判机关的衔接配合，高度重视审查涉案资金去向，积极协同研究案件追赃挽损路径及涉案财物处置方案，全流程接续追赃，最大程度挽回人民群众财产损失。

【检察官提醒】

投资理财应选择正规途径，谨防陷入虚拟币投资"陷阱"。虚拟币相关业务属于非法金融活动。虚拟币无真实价值支撑，价格极易被操纵，相关交易活动存在重大风险，投资者切莫参与虚拟币投机炒作，不要相信高收益、高回报的承诺，谨防从投资者变成受害人。

案例九

王某某涉嫌掩饰、隐瞒犯罪所得案
——对于为上游犯罪提供帮助的轻微不法行为，
检察机关在依法相对不起诉后及时移送行政机关作出处罚

【基本案情】

2023 年 3 月，王某某添加某兼职群微信好友。3 月 14 日，王某某按照微信好友的指示携带身份证件和 1 张银行卡到达指定地点并入住宾馆。3 月 15 日，王某某再次按照对方要求到达指定地点，配合到某银行 ATM 机验卡，确认银行卡可以正常使用，并将身份证件和银行卡交予对方。王某某通过手机银行查到其银行卡内转入 5 万元后，对方持王某某银行卡至某银行 ATM 机上取款 5000 元，因系统维护无法继续取钱。王某某配合对方到银行柜台帮助取款，在等待取款过程中，对方告知王某某警察要来，让其快速离开。王某某将身份证和银行卡留在银行柜台，跟随对方快速离开银行。王某某从中非法获利 500 余元。经查，王某某银行卡内转入款项系电信网络诈骗受害人资金。2023 年 4 月，王某某被抓获归案。公安机关将涉案银行卡中的 4.5 万元冻结止付，王某某在审查起诉阶段自愿退赔 5000 元，并退缴其全部违法所得。

【检察履职】

2023 年 7 月 26 日，北京市公安局东城分局以王某某涉嫌掩饰、隐瞒犯罪所得罪，移送东城区人民检察院审查起诉。东城区人民检察院经审查认为，王某某具有认罪认罚、坦白、初犯、从犯、为了兼职获利且获利较少、全额退缴违法所得、积极主动退赔被害人损失 5000 元等情况，犯罪情节轻微。同时，王某某取保候审期间积极改过自新，找到固定工作，再犯可能性较低，拟对王某某作出不起诉决定。同年 8 月 25 日，东城区人民检察院组织召开王某某涉嫌掩饰、隐瞒犯罪所得罪拟不起诉公开听证，邀请人民监督员作为听证员参会，听证员一致同意检察机关处理意见。同年 9

月 8 日，东城区人民检察院以王某某犯罪情节轻微，依照《刑法》规定不需要判处刑罚，对其作出不起诉决定，并依法向北京市公安局东城分局制发对王某某作行政处罚和涉案财产处置的检察意见书。

同日，北京市公安局东城分局依据《反电信网络诈骗法》第 31 条第 1 款、第 44 条规定，作出对王某某行政拘留 10 日并处罚款 1000 元的行政处罚。

【典型意义】

1. 准确理解贯彻宽严相济刑事政策。在电信网络诈骗犯罪治理中，要依法严惩为诈骗团伙提供"跑分洗钱"等帮助的关联犯罪。其中，对于为"跑分洗钱"团伙提供银行卡并配合转账、取款的"卡农"，要综合考虑其提供银行卡数量、取款金额、违法所得、犯罪后果等，结合其是否系初犯、认罪认罚、退赃退赔、再犯可能性等情况认定刑事责任。

2. 积极推动反诈领域行刑反向衔接。非法买卖、出租、出借银行卡的行为，违反《反电信网络诈骗法》第 31 条第 1 款的规定。对于犯罪情节轻微不起诉的案件，检察机关应当根据《反电信网络诈骗法》第 44 条的规定，及时制发检察意见书，将案件移送公安机关作出行政处罚，并对涉案财产处置提出意见，持续跟踪督促落实，确保行为人受到应有法律惩处。

【检察官提醒】

广大民众切勿因蝇头小利出售、出租银行卡，甚至配合实施转账、套现、取现等行为。实施上述行为可能面临刑事、行政处罚，缴纳远高于犯罪所得的罚金、罚款，还可能面临一系列金融惩戒、电信网络惩戒、信用惩戒。

案例十

江苏省南通市人民检察院督促规范固话

批量申请业务防范电信网络诈骗行政公益诉讼案

——利用"空壳公司"营业执照批量申请固话帮助实施电信网络诈骗

【基本案情】

2022 年以来，江苏省南通市检察机关共受理利用公司营业执照批量申请固话进行电信网络诈骗刑事案件 5 件 9 人，部分案件被告人利用"空壳公司"实施违法犯罪活动，造成受骗群众财产损失 560 余万元。其中，涂某等 3 人帮助信息网络犯罪活动案，通过经营的"崇川区某包子店"执照办理电信固定电话线路 16 条、利用"贵州某有限公司"营业执照办理联通固定电话线路 60 条；高某帮助信息网络犯罪活动案，利用"南通某信息科技有限公司"营业执照办理联通固定电话线路 40 条；唐某等 3 人帮助信息网络犯罪活动案，利用"海口秀英区某科技工作室"营业执照办理联通固定电话线路 60 条。诈骗分子通过 VOIP 设备远程操控上述线路，拨打诈骗电话，更容易取得被害人的信任。涉案"空壳公司"在实际控制人被判处刑罚后仍然存续经营。

【检察履职】

2023 年 6 月，江苏省南通市崇川区人民检察院刑事检察部门在办理唐某等 3 人帮助信息网络犯罪活动案中发现案件线索，移送至公益诉讼检察部门，该院依据级别管辖规定向南通市人民检察院移送线索。南通市人民检察院审查发现，全市其他县区还存在同类案件，遂于 2023 年 7 月 31 日决定立案，由市、县两级检察院成立一体化办案组开展初步调查。

办案组先后赴相关运营商调取涉案公司申领固定电话的基础资料，证实营业厅工作人员未按照反诈机制规定对批量安装固话严格审批和现场核查，对异常开办申请仍予以办理，对安装地址与申请地址不一致、明显不合理的安装现场未严格核查；对已装固话异常呼出情形未及时采取措施。

在此基础上，办案组通过查阅涉案营业执照的申请材料，查明部分公司属于"空壳公司"，刑事判决后仍处于正常经营状态，存在被电信诈骗团伙继续利用的风险。

2023 年 9 月 1 日，南通市人民检察院召集市场监管局、工信局、通信行业管理办公室等部门以及相关运营商进行磋商，对各行政机关监管责任和企业的主体责任等进行确认，并听取人大代表、政协委员、人民监督员、"益心为公"志愿者意见。相关部门均认可查明的案件事实，就整改方向达成共识。9 月 13 日，南通市人民检察院依法向市场监管局制发行政公益诉讼诉前检察建议，建议依据《公司法》《市场主体登记管理条例》等规定，对"空壳公司"及借用营业执照的行为予以查处，落实公示企业信息、经营异常名录、严重违法企业名单等制度，建立常态化行刑数据移送机制，堵塞监管漏洞。9 月 14 日，南通市人民检察院依法向江苏省通信管理局制发行政公益诉讼诉前检察建议，并根据《人民检察院检察建议工作规定》，由江苏省人民检察院转送江苏省通信管理局，建议其对涉案电信经营者相关行为进行处理，完善批量申请固话的审批程序、现场核查及异常监控。

收到检察建议书后，南通市场监管局迅速将相关营业执照移交所在地进行撤销登记，组织全市开展"空壳公司"排查。江苏省通信管理局约谈了相关运营商负责人，责令对相关人员进行问责，同时督促各运营商对相关工作机制查漏补缺，强化固话开户审核业务，堵塞行业漏洞。

【典型意义】

1. 强化刑事检察和公益诉讼检察衔接协作，从前端强化对电信行业的监督治理。境外诈骗分子指挥境内不法人员注册"空壳公司"申办批量固定电话，实施电信网络诈骗，更具迷惑性。电信业务经营者应当落实《反电信网络诈骗法》，强化固话开户审核。检察机关在依法刑事打击的同时，对未落实上述反诈义务的经营者，可以发挥公益诉讼检察职能，监督其依法整改。

2. 推动多部门协同履职，构筑防诈反诈协作长效机制。防范电信网络诈骗需要强化执法司法协同联动。检察机关督促市场监管部门及时查处涉案"空壳公司"，并以个案办理为契机，推动建立常态化行刑数据移送机制,在追究犯罪分子刑事责任的同时,消除涉案"空壳公司"再次被用于电信网络诈骗的风险。

【检察官提醒】

利用"空壳公司"批量申领固定电话并出租出售的行为,社会危害性大,情节严重的,构成诈骗罪或帮助信息网络犯罪活动罪。行政机关办理营业执照申请业务、通信行业从业人员办理批量固话申请业务时,要严格把关,认真落实《反电信网络诈骗法》,避免犯罪分子利用监管漏洞实施诈骗。广大民众接到陌生电话时需审慎交流,"不轻信、不透露、不转账",守护好个人信息和"钱袋子"。

案例十一

贵州省贵阳市南明区人民检察院督促规范
涉诈企业营业执照监管行政公益诉讼案
——出售"空壳公司"营业执照、对公账户
帮助电信网络诈骗犯罪"洗钱"

【基本案情】

2019 年 6 月至 7 月间,周某某注册成立贵州优某电子商务有限公司、贵州然某电子商务有限公司、贵州阅某电子商务有限公司,在办理对公账户后,将三家公司营业执照、对公账户以 4000 元的价格贩卖给他人,后该对公账户被用于实施电信网络诈骗,受害人将被骗资金转入对公账户中。2022 年 7 月 25 日,周某某因买卖国家机关证件罪被判刑后,其注册成立的三家公司仍未撤销登记,存在着继续被用于犯罪活动的风险。

【检察履职】

贵州省贵阳市南明区人民检察院刑事检察部门在审查周某某刑事犯罪案中发现该案线索后,移送公益诉讼部门立案审查。公益诉讼部门调查查明：周某某为获取非法利益，注册并非法转让上述三家公司营业执照及对公账户。周某某被判处刑罚后，上述三家公司仍处于存续状态。依照《反电信网络诈骗法》第6条、第17条第2款之规定，南明区市场监管局作为市场登记主管部门，应当依法履行反电信网络诈骗职责，及时对涉诈企业营业执照撤销登记，并依照规定与金融、电信等部门共享信息。但该局并未依法履行上述职责，导致涉诈风险持续存在。

2023年8月10日，南明区人民检察院根据《反电信网络诈骗法》《市场主体登记管理条例》等相关规定，向南明区市场监管局制发行政公益诉讼诉前检察建议，建议该局对周某某非法转让营业执照的行为予以查处，依法启动撤销登记程序，将涉诈企业列入严重违法高风险提示，将相关信息移送金融机构、电信部门。

2023年10月10日，南明区市场监管局书面回复称，已对周某某擅自转让营业执照的违规行为予以立案调查，并根据检察建议加强反诈宣传和风险防控。南明区人民检察院还与区法院、公安局、市场监管局、金融业代表召开联席会，围绕非法转让营业执照用于电信网络诈骗这一问题进行会商，要求加强各部门执法信息的衔接和移送，避免产生监管盲区，形成打击治理合力。

2023年10月31日，南明区人民检察院对案件效果进行跟踪监督，三家涉案公司已被列入严重违法高风险提示，另有九家公司被撤销登记。

【典型意义】

1. 融合履职，与市场监管部门联动治理"空壳公司"。随着电信网络诈骗犯罪打击治理力度不断加大，社会公众对向私人账户转账的警惕性越来越高，但是向对公账户转账警惕性较低。检察机关强化刑事检察与公益诉讼检察一体履职，在严厉打击犯罪的同时，针对涉案营业执照和对公账户存在监管盲区的问题，通过制发检察建议等方式，督促市场主体登记机关落实监管责任，依法撤销登记，降低再次被利用的风险。

2. 协同发力，共同构建电信网络诈骗源头治理防范共同体。检察机关与法院、公安、行政主管部门、金融机构协同联动，一方面，畅通信息共享渠道，常态化开展涉诈企业营业执照、对公账户监管；另一方面，加强法治宣传，将反诈宣传充分融入各部门日常履职工作，开展新设市场主体涉电信网络诈骗违法犯罪警示教育。

【检察官提醒】

当前，一些犯罪分子盯上对公账户黑色交易，专门注册"空壳公司"并非法转让对公账户，为电信网络诈骗提供帮助。对此，行政机关需落实监管责任，依法及时对涉案企业撤销登记。广大经营者需提高法律意识，切勿贪图小利出租、出借、出售对公账户，触碰法律红线。广大民众和企业财务人员需增强识诈防诈意识，对公账户大额转账更需审慎核对，不给犯罪分子可乘之机。

案例十二

魏某双等60人诈骗案
—— 以投资虚拟货币等为名搭建虚假交易平台跨境实施电信网络诈骗

【基本案情】

被告人魏某双，无固定职业；被告人罗某俊，无固定职业；被告人谢某林，无固定职业；被告人刘某飞，无固定职业；其他56名被告人基本情况略。

2018年9月至2019年9月间，被告人魏某双、罗某俊、谢某林、刘某飞等人在黄某海（在逃）等人的纠集下，集中在柬埔寨王国首都金边市，以投资区块链、欧洲平均工业指数为幌子，搭建虚假的交易平台，冒充专业指导老师诱使被害人在平台上开设账户并充值，被害人所充值钱款流入该团伙实际控制的对公账户。之后，被告人又通过事先掌握的虚拟货币或者欧洲平均工业指数走势，诱使被害人反向操作，制造被害人亏损假象，并在被害人向平台申请出款时，以各种事由推诿，非法占有被害人钱款，谋取非法利益。

在黄某海组织策划下，被告人魏某双、罗某俊、谢某林、刘某飞担任团队经理负责各自团队的日常运营；其余56名被告人分别担任业务组长、业务员具体实施诈骗活动。该团伙为躲避追查，以 2 个月至 3 个月为一个作案周期。2019 年 10 月，该团伙流窜至蒙古国首都乌兰巴托市准备再次实施诈骗时，被当地警方抓获并移交我国。

经查，该团伙骗取河北、内蒙古、江苏等地 700 余名被害人，共计人民币 1.2 亿余元。

【检察履职】

本案由江苏省无锡市公安局经济开发区分局立案侦查。2019 年 11 月 21 日，无锡市滨湖区人民检察院介入案件侦查，引导公安机关深入开展侦查，将诈骗金额从最初认定的人民币 1200 万余元提升到 1.2 亿余元。2020 年 2 月 11 日，公安机关以魏某双等 60 人涉嫌诈骗罪移送起诉。办案过程中，检察机关分别向公安机关发出《应当逮捕犯罪嫌疑人建议书》《补充移送起诉通知书》，追捕追诉共计 32 名犯罪团伙成员（另案处理）。同年 5 月 9 日，检察机关以诈骗罪对魏某双等 60 人依法提起公诉。2021 年 9 月 29 日，无锡市滨湖区人民法院以诈骗罪判处被告人魏某双有期徒刑十二年，并处罚金人民币 60 万元；判处被告人罗某俊有期徒刑十一年三个月，并处罚金人民币 50 万元；判处被告人谢某林有期徒刑十年，并处罚金人民币 10 万元；判处被告人刘某飞有期徒刑八年，并处罚金人民币 50 万元；其余 56 名被告人分别被判处有期徒刑十年三个月至二年不等，并处罚金人民币 30 万元至 1 万元不等。1 名被告人上诉，无锡市中级人民法院裁定驳回上诉，维持原判。

针对本案办理所反映的金融投资诈骗犯罪发案率高、社会公众对这类投资陷阱防范意识不强等问题，无锡市检察机关与公安机关、地方金融监管部门召开联席会议并会签协作文件，构建了打击治理虚假金融投资诈骗犯罪信息共享、线索移送、共同普法、社会治理等 8 项机制，提升发现、查处、打击这类违法犯罪的质效。检察机关会同有关部门线上依托各类媒体宣传平台，线下进社区、进企业、进校园，向社会公众揭示电信网络诈骗、非法金融活动的危害，加强对金融投资知识的普及，提高投资风险防范意识。

【典型意义】

1. 依法从严追捕追诉，全面追查犯罪资金，严厉打击跨境电信网络诈骗犯罪集团。当前，跨境电信网络诈骗集团案件高发，犯罪分子往往多国流窜作案，多地协同实施，手段不断翻新，严重危害人民群众财产安全和社会安定。对此，检察机关要加强与公安机关协作，深挖细查案件线索，对于集团内犯罪分子，公安机关应当提请逮捕而未提请的、应当移送起诉而未移送的，依法及时追捕、追诉。注重加强追赃挽损，主动引导公安机关全面追查、准确认定、依法扣押犯罪资金，不给犯罪分子在经济上以可乘之机，切实维护受骗群众的财产利益。

2. 加强以案释法，会同相关部门开展金融知识普及，引导社会公众提升投资风险防范意识。当前，投资类诈骗已经成为诈骗的重要类型。特别是犯罪集团以投资新业态、新领域为幌子，通过搭建虚假的交易平台实施诈骗，隐蔽性强、受害人众多、涉案金额往往特别巨大。为此，检察机关要会同相关部门加强以案释法，揭示投资型诈骗的行为本质和危害实质，加强对金融创新产品、新业态领域知识的普及介绍，提示引导社会公众提高风险防范意识，充分了解投资项目，合理预期未来收益，选择正规途径理性投资，自觉抵制虚拟货币交易等非法金融活动，切实维护自身合法权益。

案例十三

邱某儒等 31 人诈骗案
——虚构艺术品交易平台以投资理财为名实施网络诈骗

【基本案情】

被告人邱某儒，系广东创意文化产权交易中心有限公司（以下简称广文公司）股东；被告人陶某龙，系广文公司后援服务中心总经理；被告人刘某，系广东省深圳市恒古金实业有限公司（以下简称恒古金公司）股东、法定代表人；被告人郑某辰，系广东省惠州惠赢浩源商务服务有限公司（以下简称惠赢公司）法定代表人；被告人蒋某，系广西元美商务服务有限公司（以下简称元美公司）实际控制人；其他 26 名被告人基本情况略。

2016 年 3 月，被告人邱某儒设立广文公司后，通过组织人员、租赁办公场所、购买交易软件、租用服务器，搭建了以"飞天蜡像"等虚构的文化产品为交易对象的类期货交易平台。陶某龙等人通过一级运营中心恒古金公司刘某发展了惠赢公司、元美公司等 30 余家会员单位。为实现共同骗取投资者财物的目的，会员单位在多个股票投资聊天群中选择投资者，拉入事先设定的聊天群。同时，安排人员假扮"老师"和跟随老师投资获利的"投资者"，发送虚假盈利截图，以话术烘托、虚构具有盈利能力等方式，骗取投资者的信任，引诱投资者在平台上入金交易。

交易过程中，广文公司和会员单位向投资者隐瞒"平台套用国际期货行情趋势图、并无实际交易"等事实，通过后台调整艺术品价格，制造平台交易平稳、未出现大跌的假象。投资者因此陷入错误认识，认为在该平台交易较为稳妥，且具有较大盈利可能性，故在平台上持续多笔交易，付出高额的手续费。邱某儒、陶某龙、刘某、郑某辰、蒋某等人通过上述手段骗取黄某等 6628 名投资者共计人民币 4.19 亿余元。

【检察履职】

本案由广东省深圳市公安局南山分局立案侦查。2017 年 2 月，深圳市检察机关介入案件侦查，引导公安机关围绕犯罪主体、诈骗手法、诈骗金额等问题夯实证据并及时追缴赃款。深圳市公安局南山分局于 2017 年 7 月至 2018 年 6 月分批以诈骗罪将邱某儒等 237 人向深圳市南山区人民检察院移送起诉。由于邱某儒以及陶某龙、刘某等 7 人（系广文公司后援服务中心及相关内设部门、恒古金公司主要成员），郑某辰、蒋某等 23 人（系会员单位主要负责人）涉案金额特别巨大，深圳市南山区人民检察院依法报送深圳市人民检察院审查起诉。根据级别管辖和指定管辖，其余 206 人分别由南山区人民检察院、龙岗区人民检察院审查起诉。2018 年 2 月至 12 月，深圳市人民检察院以诈骗罪对邱某儒、陶某龙、刘某、郑某辰、蒋某等 31 人分批向深圳市中级人民法院提起公诉。

2019 年 1 月至 7 月，深圳市中级人民法院以非法经营罪判处邱某儒有期徒刑七年，并处罚金人民币 2800 万元；以诈骗罪判处陶某龙、刘某等 7 人有期徒刑十年至三年六个月不等，并处罚金人民币 30 万元至 10 万元不等；以非法经营罪判处郑某辰、蒋某等 23 人有期徒刑八年至二年三个月不等，并处罚金人民币 1000 万元至 5 万元不等。一审判决后，邱某儒、陶某龙等 10 人提出上诉，深圳市人民检察院审查认为邱某儒、郑某辰、蒋某等 24 人虚构交易平台，通过多次赚取高额手续费的方式达到骗取投资钱款目的，其行为构成诈骗罪，一审判决认定为非法经营罪确有错误，依法提出抗诉，广东省人民检察院支持抗诉。2020 年 5 月至 2021 年 5 月，广东省高级人民法院作出二审判决，驳回邱某儒、陶某龙等 10 人上诉，对邱某儒、郑某辰、蒋某等 24 人改判诈骗罪，分别判处有期徒刑十三年至三年不等，并处罚金人民币 2800 万元至 5 万元不等。

办案过程中，深圳市检察机关引导公安机关及时提取、梳理交易平台电子数据，依法冻结涉案账户资金共计人民币 8500 万余元，判决生效后按比例返还被害人，并责令各被告人继续退赔。深圳市检察机关向社会公开发布伪交易平台类电信网络诈骗典型案例，开展以案释法，加强防范警示。

【典型意义】

1. 以频繁交易方式骗取高额手续费行为迷惑性强，要全面把握交易平台运行模式，准确认定这类行为诈骗本质。在投资型网络诈骗中，犯罪分子往往以"空手套白狼""以小套大"等方式实施诈骗。但在本案中，犯罪分子利用骗术诱导投资者频繁交易，通过赚取高额手续费的方式达到骗取钱款目的。与传统诈骗方式相比，这种"温水煮青蛙"式的诈骗欺骗性、迷惑性更强，危害群体范围也更大。检察机关在审查案件时，要围绕"平台操控方式、平台盈利来源、被害人资金流向"等关键事实，准确认定平台运作的虚假性和投资钱款的非法占有性，全面认定整个平台和参与成员的犯罪事实，依法予以追诉。法院判决确有错误的，依法提起抗诉，做到不枉不纵、罚当其罪。

2. 准确区分诈骗集团中的犯罪分子的分工作用，依法全面惩治各个层级的诈骗犯罪分子。电信网络诈骗集团往往层级多、架构复杂、人员多，对于参与其中的犯罪分子的分工作用往往难以直接区分。对此，检察机关要围绕平台整体运作模式和不同层级犯罪分子之间的行为关联，准确区分集团内部犯罪分子的分工作用。既要严厉打击在平台上组织开展诈骗活动的指挥者，又要依法惩治在平台上具体实施诈骗行为的操作者，还要深挖诈骗平台背后的实质控制者，实现对诈骗犯罪集团的全面打击。

3. 强化追赃挽损，维护人民群众合法权益。投资类诈骗案件往往具有涉案人数多、犯罪事实多、涉案账户多等特点，在办理这类案件时，检察机关要把追赃挽损工作贯穿办案全过程，会同公安机关及时提取、梳理投资平台的后台电子数据。从平台资金账户、犯罪分子个人账户入手，倒查资金流向，及时冻结相关的出入金账户；通过资金流向发现处置线索，及时扣押涉案相关财物，阻断诈骗资金的转移和处置，最大限度挽回被害人的财产损失。

案例十四

张某等 3 人诈骗案，戴某等 3 人掩饰、隐瞒犯罪所得案
——冒充明星以投票打榜为名骗取未成年人钱款

【基本案情】

被告人张某，男，系大学专科在读学生；被告人易某，男，无固定职业；被告人刘某甲，男，无固定职业；被告人戴某，男，无固定职业；被告人黄某俊，男，无固定职业；被告人范某田，男，无固定职业。

被告人张某、易某、刘某甲单独或合谋，购买使用明星真实名字作为昵称、明星本人照片作为头像的 QQ 号。之后，上述人员通过该 QQ 号之前组织的多个"明星粉丝 QQ 群"添加被害人为好友，在群里虚构明星身份，以给明星投票的名义骗取被害人钱款。

2020 年 6 月，被告人张某通过上述虚假明星 QQ 号，添加被害人刘某乙（女，13 岁，初中生）为好友。张某虚构自己系明星本人的身份，以给其网上投票为由，将拟骗取转账金额人民币 10099 元谎称为"投票编码"，

向刘某乙发送投票二维码实为收款二维码，诱骗刘某乙使用其母微信账号扫描该二维码，输入"投票编码"后完成所谓的"投票"，实则进行资金转账。在刘某乙发现钱款被转走要求退款时，张某又继续欺骗刘某乙，称添加"退款客服"后可退款。刘某乙添加"退款客服"为好友后，易某、刘某甲随即谎称需要继续投票才能退款，再次诱骗刘某乙通过其母支付宝扫码转账人民币1万余元。经查，被告人张某、易某、刘某甲等人通过上述手段骗取5名被害人钱款共计人民币9万余元。其中，4名被害人系未成年人。

应张某等人要求，被告人戴某主动联系黄某俊、范某田，利用自己的收款二维码，帮助张某等人转移上述犯罪资金，并收取佣金。其间，因戴某、黄某俊、范某田收款二维码被封控提示可能用于违法犯罪，不能再进账，他们又相继利用家人收款二维码继续协助转账。

【检察履职】

本案由黑龙江省林区公安局绥阳分局立案侦查。2020年9月28日，公安机关将本案移送绥阳县人民检察院起诉。同年10月28日，检察机关以诈骗罪对张某、易某、刘某甲提起公诉；以掩饰隐瞒犯罪所得罪对戴某、黄某俊、范某田提起公诉。同年12月16日，绥阳县人民法院以诈骗罪分别判处张某、易某、刘某甲有期徒刑四年六个月至三年不等，并处罚金人民币3万元至1万元不等；以掩饰、隐瞒犯罪所得罪分别判处戴某、黄某俊、范某田有期徒刑三年至拘役三个月不等，并处罚金人民币15000元至1000元不等。被告人戴某提出上诉，林区中级人民法院裁定驳回上诉，维持原判。其余被告人未上诉，判决已生效。

案发后，检察机关主动联系教育部门，走进被害人所在的学校，通过多种方式开展法治宣传教育活动，教育引导学生自觉抵制不良"饭圈"文化影响，理性对待明星打赏，提高网上识骗防骗的意识和能力。

【典型意义】

1. 依法从严打击以"饭圈"消费为名针对未成年人实施的诈骗犯罪。在"饭圈"经济的助推下，集资为明星投票打榜、购买明星代言产品成为热潮，不少未成年人沉溺于此。一些犯罪分子盯住未成年人社会经验少、防范意识差、盲目追星等弱点，以助明星消费为幌子实施的诈骗犯罪时有发生，不仅给家庭造成经济损失，还使未成年人产生心理阴影。检察机关要加强对未成年人合法权益的特殊保护，依法从严惩治此类犯罪行为。坚持惩防结合，结合司法办案，引导未成年人自觉抵制不良"饭圈"文化影响，理性对待明星打赏活动，切实增强网络防范意识，防止被诱导参加所谓的应援集资，落入诈骗陷阱。

2. 对于利用个人银行卡和收款码，帮助电信网络诈骗犯罪分子转移赃款的行为，加强全链条打击，可以掩饰、隐瞒犯罪所得罪论处。利用自己或他人的银行卡、收款码为诈骗犯罪分子收取、转移赃款，已经成为电信网络诈骗犯罪链条上的固定环节，应当予以严厉打击。对于这类犯罪行为，检察人员既要认定其利用银行卡和二维码实施收取、转账赃款的客观行为，又要根据被告人实施转账行为的次数，持续时间，资金流入的频率、数额，对帮助对象的了解程度，银行卡和二维码被封控提示等主客观因素综合认定其主观明知，对于构成掩饰、隐瞒犯罪所得罪的，依法可以该罪论处。

案例十五

刘某峰等 37 人诈骗案
——以组建网络游戏情侣为名引诱玩家高额充值骗取钱款

【基本案情】

被告人刘某峰，系辽宁盘锦百思网络科技有限公司（以下简称百思公司）实际控制人；杨某明等 36 名被告人均系百思公司员工。

2018 年 8 月至 2019 年 4 月，百思公司代理运营推广江苏某网络科技有限公司 2 的两款网络游戏，被告人刘某峰招聘杨某明等 36 人具体从事游戏推广工作。为招揽更多的玩家下载所推广的游戏并充值，刘某峰指使杨某明等员工冒充年轻女性，在热门网络游戏中发送"寻求男性游戏玩家组建游戏情侣"的消息与被害人取得联系。在微信添加为好友后，再向被害人发送游戏链接，引诱被害人下载所推广的两款网络游戏。在游戏中，被告人与被害人组建游戏情侣，假意与被害人发展恋爱关系，通过发送虚假的机票订单信息截图、共享位置截图等方式骗取被害人的信任，诱骗被害人向游戏账号以明显超过正常使用范围的数额充值。部分被告人还以给付见面诚意金、报销飞机票等理由，短时间多次向被害人索要钱款，诱使被害人以向游戏账号充值的方式支付钱款。经查，刘某峰等人骗取 209 名被害人共计人民币 189 万余元。

【检察履职】

本案由天津市公安局津南分局立案侦查。2019 年 9 月 9 日，公安机关以刘某峰等 37 人涉嫌诈骗罪移送天津市津南区人民检察院起诉。同年 12 月 2 日，检察机关以诈骗罪对刘某峰等 37 人提起公诉。2020 年 12 月 21 日，天津市津南区人民法院以诈骗罪分别判处刘某峰等 37 人有期徒刑十三年至一年不等，并处罚金人民币 30 万元至 1 万元不等。刘某峰提出上诉，2021 年 3 月 3 日，天津市第二中级人民法院裁定驳回上诉，维持原判。

结合本案办理，检察机关制作反诈宣传视频，深入大中专院校、街道社区进行宣传，警示游戏玩家警惕"游戏托"诈骗，对游戏中发布的信息要仔细甄别，理性充值，避免遭受财产损失。同时，检察人员深入游戏研发企业座谈，提出企业在产品研发、市场推广中存在的法律风险，督促企业规范产品推广，审慎审查合作方的推广模式，合理设定推广费用，加强产品推广过程中的风险管控。

【典型意义】

1. 以游戏充值方式骗取行为人资金，在"游戏托"诈骗中较为常见，要准确认定其诈骗本质，依法从严惩治。"游戏托"诈骗是新近出现的一种诈骗方式。犯罪分子在网络游戏中扮演异性角色，以"奔现交友"（系网络用语，指由线上虚拟转为线下真实交友恋爱）等话术骗取被害人信任，以游戏充值等方式诱骗被害人支付明显超出正常范围的游戏费用，具有较强的隐蔽性和欺骗性。检察机关要透过犯罪行为表象，通过对交友话术欺骗性、充值数额异常性、获利手段非法性等因素进行综合分析，认定其诈骗犯罪本质，依法予以严厉打击。

2. 强化安全防范意识，提高游戏玩家自我防范能力。网络游戏用户规模大、人数多，犯罪分子在网络游戏中使用虚假身份，运用诈骗"话术"，极易使游戏玩家受骗。对于广大游戏玩家而言，应当提高安全防范意识，对于游戏中发布的信息仔细甄别，对于陌生玩家的主动"搭讪"保持必要的警惕，以健康心态参与网络游戏，理性有节制进行游戏充值，防止落入犯罪分子编织的"陷阱"。

3. 推动合规建设，促进网络游戏行业规范健康发展。结合司法办案，检察机关协同有关部门要进一步规范网络游戏行业，严格落实备案制度，完善游戏推广机制，加强对游戏过程中违法犯罪信息的监控查处，推动网络游戏企业加强合规建设，督促企业依法依规经营。

案例十六

吴某强、吴某祥等 60 人诈骗案
——虚构基因缺陷引诱被害人购买增高产品套餐骗取钱款

【基本案情】

被告人吴某强，系广州助高健康生物科技有限公司（以下简称助高公司）法定代表人、总经理；被告人吴某祥，系助高公司副总经理，吴某强之弟；其余 58 名被告人均系助高公司员工。

2016 年 9 月，被告人吴某强注册成立助高公司，组建总裁办、广告部、服务部、销售部等部门，逐步形成以其为首要分子，吴某祥等人为骨干成员的电信网络诈骗犯罪集团。该犯罪集团针对急于增高的青少年，委托他人生产并低价购进"黄精高良姜压片""氨基酸固体饮料""骨胶原蛋白 D"等不具有增高效果的普通食品，在其包装贴上"助高特效产品"标识，将上述食品从进价每盒人民币 20 余元抬升至每盒近 600 元，以增高套餐的形式将产品和服务捆绑销售，在互联网上推广。

为进一步引诱客户购买产品，助高公司私下联系某基因检测实验室工作人员，编造客户存在"骨密度低"等基因缺陷并虚假解读基因检测报

告，谎称上述产品和服务能够帮助青少年在 3 个月内增高 5~8 厘米，骗取被害人信任并支付高额货款，以此实施诈骗。当被害人以无实际效果为由要求退款时，助高公司销售及服务人员或继续欺骗被害人升级套餐，或以免费更换服务方案等方式安抚、欺骗被害人，直至被害人放弃。经查，该犯罪集团骗取 13239 名被害人共计人民币 5633 万余元。

【检察履职】

本案由江苏省盐城市大丰区公安局立案侦查。2020 年 1 月，公安机关以吴某强、吴某祥等 117 人涉嫌诈骗罪提请盐城市大丰区人民检察院批准逮捕。检察机关审查后，对吴某强、吴某祥等 60 人批准逮捕，对参与时间短、情节轻微、主观无诈骗故意的 57 人不批准逮捕；对 2 名与助高公司共谋、编造虚假基因检测报告的人员监督立案（另案处理）。同年 6 月 16 日至 20 日，公安机关先后将吴某强、吴某祥等 60 人移送检察机关起诉。同年 7 月 13 日至 7 月 18 日，检察机关先后对吴某强、吴某祥等 60 名被告人以诈骗罪提起公诉。2021 年 2 月 9 日，盐城市大丰区人民法院以诈骗罪判处吴某强有期徒刑十四年，罚金人民币 300 万元；判处吴某祥有期徒刑十二年，罚金人民币 200 万元；其他 58 人有期徒刑九年至二年不等，并处罚金人民币 9 万元至 2 万元不等。部分被告人提出上诉，盐城市中级人民法院对其中一名被告人根据最终认定的诈骗金额调整量刑；对其他被告人驳回上诉，维持原判。

【典型意义】

1. 准确认定网络销售型诈骗中行为人对所出售商品"虚构事实"的行为，依法区分罪与非罪、此罪与彼罪的界限。在网络销售型诈骗中，被告人为了达到骗取钱款的目的，需要对其出售的商品进行虚假宣传，其中存在着与民事欺诈、虚假广告罪之间的界分问题。在办理这类案件时，检察人员要从商品价格、功能、后续行为等角度综合考虑。对于被告人出售商品价格与成本价差距过于悬殊、对所销售商品功效以及对购买者产生影响"漠不关心"、采用固定销售"话术""剧本"套路被害人反复购买、被害人购买商品所希望达到目的根本无法实现的，结合被告人供述，可认定其具有非法占有目的，依法以诈骗罪论处。行为人为了拓宽销路、提高销量,对所出售的商品作夸大、虚假宣传的,可按民事欺诈处理;情节严重的,符合虚假广告罪构成要件的,依法可以虚假广告罪论处。行为人明知他人从事诈骗活动,仍为其提供广告等宣传的,可以诈骗罪共犯论处。

2. 对于涉案人数较多的电信网络诈骗案件,区分对象分层处理。电信网络诈骗案件层级多、人员多,对此检察机关要区分人员地位作用、分层分类处理,不宜一刀切。对于参与时间较短、情节较轻、获利不多的较低层次人员,贯彻"少捕慎诉慎押"的刑事司法政策,依法从宽处理。对于犯罪集团中的组织者、骨干分子和幕后"金主",依法从严惩处。对于与诈骗分子同谋,为诈骗犯罪提供虚假证明、技术支持等帮助,依法以诈骗罪共犯论处,做到罚当其罪。

案例十七

罗某杰诈骗案
——利用虚拟货币为境外电信网络诈骗团伙跨境转移资金

【基本案情】

被告人罗某杰,男,1993 年 9 月 4 日出生,无固定职业。

2020 年 2 月 13 日,被告人罗某杰在境外与诈骗分子事前通谋,计划将诈骗资金兑换成虚拟货币"泰达币",并搭建非法跨境转移通道。罗某杰通过境外地下钱庄人员戴某明和陈某腾(均为外籍,另案处理),联系到中国籍虚拟货币商刘某辉(另案处理),共同约定合作转移诈骗资金。同年 2 月 15 日,被害人李某等通过网络平台购买口罩被诈骗分子骗取人民币 110.5 万元后,该笔资金立即转入罗某杰控制的一级和二级账户,罗某杰将该诈骗资金迅速转入刘某辉账户;刘某辉收到转账后,又迅速向陈某腾的虚拟货币钱包转入 14 万余个"泰达币",陈某腾扣除提成,即转给罗某杰 13 万个"泰达币"。后罗某杰将上述 13 万个"泰达币"变现共计人民币 142 万元。同年 5 月 11 日,公安机关抓获罗某杰,并从罗某杰处扣押、冻结该笔涉案资金。

【检察履职】

本案由山东省济宁市公安局高新技术产业开发区分局立案侦查。2020年5月14日，济宁高新技术产业开发区人民检察院介入案件侦查。同年8月12日，公安机关以罗某杰涉嫌诈骗罪移送起诉。因移送的证据难以证明罗某杰与上游诈骗犯罪分子有共谋，同年9月3日，检察机关以掩饰、隐瞒犯罪所得罪提起公诉，同时开展自行侦查，进一步补充收集到罗某杰与诈骗犯罪分子事前联络、在犯罪团伙中专门负责跨境转移资金的证据，综合全案证据，认定罗某杰为诈骗罪共犯。2021年7月1日，检察机关变更起诉罪名为诈骗罪。同年8月26日，济宁高新技术产业开发区人民法院以诈骗罪判处罗某杰有期徒刑十三年，并处罚金人民币10万元。罗某杰提出上诉，同年10月19日，济宁市中级人民法院裁定驳回上诉，维持原判。

结合本案办理，济宁市检察机关与外汇监管部门等金融监管机构召开座谈会，建议相关单位加强反洗钱监管和金融情报分析，构建信息共享和监测封堵机制；加强对虚拟货币交易的违法性、危害性的社会宣传，提高公众防范意识。

【典型意义】

1. 利用虚拟货币非法跨境转移资金，严重危害经济秩序和社会稳定，应当依法从严惩治。虚拟货币因具有支付工具属性、匿名性、难追查等特征，往往被电信网络诈骗犯罪团伙利用，成为非法跨境转移资金的工具，严重危害正常金融秩序，影响案件侦办和追赃挽损工作开展。检察机关要依法加大对利用虚拟货币非法跨境转移资金行为的打击力度，同步惩治为资金转移提供平台支持和交易帮助的不法虚拟货币商，及时阻断诈骗集团的资金跨境转移通道。

2. 专门为诈骗犯罪分子提供资金转移通道，形成较为稳定协作关系的，应以诈骗罪共犯认定。跨境电信网络诈骗犯罪案件多是内外勾结配合实施，有的诈骗犯罪分子在境外未归案，司法机关难以获取相关证据，加大了对在案犯罪嫌疑人行为的认定难度。检察机关在办理此类案件时，要坚持主客观相统一原则，全面收集行为人与境外犯罪分子联络、帮助转移资金数额、次数、频率等方面的证据，对于行为人长期帮助诈骗团伙转账、套现、取现，或者提供专门资金转移通道，形成较为稳定协作关系的，在综合全案证据基础上，应认定其与境外诈骗分子具有通谋，以诈骗罪共犯认定，实现罪责刑相适应。

案例十八

徐某等 6 人侵犯公民个人信息案

——行业"内鬼"利用非法获取的公民个人信息激活手机
"白卡"用于电信网络诈骗犯罪

【基本案情】

被告人徐某，系浙江杭州某科技公司负责人；被告人郑某，系浙江诸暨某通信营业网点代理商；被告人马某辉，无固定职业；被告人时某华，系江苏某人力资源公司员工；被告人耿某军，系江苏某劳务公司员工；被告人赵某，系上海某劳务公司员工。

2019 年 12 月，被告人徐某、郑某合谋在杭州市、湖州市、诸暨市等地非法从事手机卡"养卡"活动。先由郑某利用担任手机卡代理商的便利，申领未实名验证的手机卡（又称"白卡"）；再以每张卡人民币 35 元至 40 元的价格交由职业开卡人马某辉；马某辉通过在江苏省的劳务公司员工时某华、耿某军等人，以办理"健康码"、核实健康信息等为由，非法采集劳务公司务工人员身份证信息及人脸识别信息，对"白卡"进行注册和实名认证。为规避通信公司对外省开卡的限制，时某华、耿某军利用郑某工号和密码登录内部业务软件，将手机卡开卡位置修改为浙江省。此外，马某辉还单独从赵某处购买公民个人信息 400 余条用于激活"白卡"。

经查，上述人员利用非法获取的公民个人信息办理手机卡共计 3500 余张。其中，被告人徐某、郑某、马某辉非法获利共计人民币 147705 元，被告人时某华、耿某军非法获利共计人民币 59700 元，被告人赵某非法获利共计人民币 7220 元。上述办理的手机卡中，有 55 张卡被用于电信网络诈骗犯罪，涉及 68 起诈骗案件犯罪数额共计人民币 284 万余元。

【检察履职】

本案由浙江省杭州市公安局钱塘新区分局（现为杭州市公安局钱塘分局）立案侦查。2020 年 12 月 10 日，杭州市经济技术开发区人民检察院（现为杭州市钱塘区人民检察院）介入案件侦查。2021 年 2 月 4 日，公安机关以徐某等 6 人涉嫌侵犯公民个人信息罪移送起诉。刑事检察部门在审查过程中发现，被告人利用工作便利，非法获取公民个人信息注册手机卡，侵犯了不特定公民的隐私权，损害了社会公共利益，将案件线索同步移送本院公益诉讼检察部门。公益诉讼检察部门以刑事附带民事公益诉讼立案后，开展了相关调查核实工作。

2021 年 11 月 30 日、12 月 1 日，检察机关以徐某等 6 人涉嫌侵犯公民个人信息罪提起公诉，同时提起刑事附带民事公益诉讼。同年 12 月 31 日，杭州市钱塘区人民法院以侵犯公民个人信息罪对徐某等 6 名被告人判处有期徒刑三年至七个月不等，并处罚金人民币 9 万元至 1 万元不等。同时，判决被告人徐某等 6 人连带赔偿人民币 14 万余元，并在国家级新闻媒体上进行公开赔礼道歉。被告人未上诉，判决已生效。

针对通信公司网点人员"养卡"的问题，检察机关与有关通信公司座谈，建议加强开卡和用卡环节内部监管，切断电信网络诈骗犯罪黑产链条。针对不法分子通过"地推"（"地推"是指通过实地宣传进行市场营销推广人员的简称）获取大学生、老年人、务工人员等群体个人信息的情况，检察人员在辖区大学城、社区、园区企业开展普法宣传，通过以案释法，提升民众的防范意识和能力。

【典型意义】

1. 公民个人信息成为电信网络诈骗犯罪的基础工具，对于侵犯公民个人信息的行为，坚持源头治理和全链条打击。当前，非法泄露公民个人信息已成为大多数电信网络诈骗犯罪的源头行为。有的犯罪分子把非法获取的公民个人信息用于注册手机卡、银行卡作为实施诈骗的基础工具；有的利用这些信息对被害人进行"画像"实施精准诈骗。检察机关要把惩治侵犯公民个人信息作为打击治理的重点任务，既要通过查办电信网络诈骗犯罪，追溯前端公民个人信息泄露的渠道和人员，又要通过查办侵犯公民个人信息犯罪，深挖关联的诈骗等犯罪线索，实现全链条打击。特别是对于行业"内鬼"泄露公民个人信息的，要坚持依法从严追诉，从重提出量刑建议，加大罚金刑力度，提高犯罪成本。

2. 发挥刑事检察和公益诉讼检察双向合力，加强对公民个人信息的全面司法保护。加强公民个人信息司法保护，是检察机关的重要职责。《个人信息保护法》明确授权检察机关可以提起这一领域的公益诉讼。检察机关刑事检察和公益诉讼检察部门要加强协作配合，强化信息互通、资源共享、线索移送、人员协作和办案联动，形成办案双向合力，切实加强对公民个人信息的全面司法保护。

案例十九

施某凌等 18 人妨害信用卡管理案
——多人参与、多途径配合搭建专门运输通道向境外运送银行卡套件

【基本案情】

被告人施某凌，无固定职业；被告人王某韬，无固定职业；被告人吴某鑫，无固定职业；被告人蔡某向，某快递点经营者；被告人施某补，无固定职业；被告人郑某，某快递点经营者；被告人施某莉，无固定职业；其他 11 名被告人基本情况略。

2018 年 7 月至 2019 年 10 月间，时在菲律宾的被告人施某凌以牟利为目的，接受被告人王某韬以及"周生""龙虾"（均系化名，在逃）等人的委托，提供从国内运送信用卡套件到菲律宾马尼拉市的物流服务。

被告人施某凌接到订单后，直接或者通过被告人吴某鑫联系全国各地 1000 多名长期收集、贩卖银行卡的不法人员，通过物流快递和水客携带运输的方式，将购买的大量他人银行卡、对公账户通过四个不同层级，接力传递，运送至菲律宾。具体运输流程如下：首先由施某凌等人将从"卡商"处收购的大量银行卡以包裹形式运送至蔡某向等人经营的位于福建晋江、石狮一带的物流点；其次由被告人施某补等人将包裹从上述物流点取

回进而拆封、统计、整理后，乘坐大巴车携带运往郑某等人经营的广东深圳、珠海一带的物流点；再次由往来珠海到澳门的"水客"以"蚂蚁搬家"方式，或由被告人郑某通过货车夹带方式，将包裹运往被告人施某莉在澳门设立的中转站；最后由施某莉组织将包裹从澳门空运至菲律宾。包裹到达菲律宾境内后，吴某鑫再组织人员派送给王某韬以及"周生""龙虾"等人。

经查，被告人施某凌等人参与运转的涉案银行卡套件多达5万余套，获利共计人民币616万余元。

【检察履职】

本案由福建省晋江市公安局立案侦查。2019年11月1日晋江市人民检察院介入案件侦查。公安机关于2020年4月20日、10月4日以妨害信用卡管理罪将本案被告人分两批移送起诉。检察机关于同年8月18日、11月4日以妨害信用卡管理罪对被告人分批提起公诉，晋江市人民法院对两批案件并案审理。2021年5月6日，晋江市人民法院以妨害信用卡管理罪判处施某凌、王某韬、吴某鑫、蔡某向、施某补、郑某、施某莉等18人有期徒刑九年至二年三个月不等，并处罚金人民币20万元至2万元不等。部分被告人上诉，同年9月13日，泉州市中级人民法院二审维持原判决。

根据本案所反映出的物流行业经营的风险问题，晋江市检察机关会同当地商务、交通运输、海关、邮政部门联合制发了《晋江市物流行业合规建设指引（试行）》，通过建立健全物流行业合规风险管理体系，加强对行业风险的有效识别和管理，促进物流行业合规建设。同时，督促物流企业加强内部人员法治教育，加大以案释法，切实推进行业规范经营发展。

【典型意义】

1. 严厉打击境内运输银行卡犯罪行为，全力阻断境外电信网络诈骗犯罪物料运转通道。当前，境外电信网络诈骗犯罪分子为了转移诈骗资金，需要获取大量的国内公民银行卡，银行卡的转移出境成为整个犯罪链条中的关键环节。实践中，犯罪分子往往将物流寄递作为运输的重要渠道，通过陆路、水路、航空多种方式流水作业，将银行卡运送到境外。为此，检察机关要深入推进"断卡"行动，加强物流大数据研判分析，掌握银行卡在境内运转轨迹，依法严厉打击买卖、运输银行卡的犯罪行为，尤其是要切断境内外转运的关键节点，阻断银行卡跨境运转通道。

2. 推动社会综合治理，促进物流寄递业规范经营。物流寄递具有触角长、交付快、覆盖面广等特点，因而在运输银行卡过程中容易被犯罪分子利用。对此，检察机关要结合办案，主动加强沟通，推动物流寄递业加强行业监管，压实企业主体责任，严把寄递企业"源头关"、寄递物品"实名关"、寄递过程"安检关"。对于发现的涉大量银行卡的包裹，相关企业要加强重点检查，及时向寄递人核实了解情况，必要时向公安机关反映，防止银行卡非法转移。结合典型案例，督促物流企业加强培训宣传，通过以案释法，提高从业人员的法治意识和安全防范能力，防止成为电信网络诈骗犯罪的"帮凶"。

案例二十

唐某琪、方某帮助信息网络犯罪活动案
——非法买卖 GOIP 设备并提供后续维护支持，
为电信网络诈骗犯罪提供技术帮助

【基本案情】

被告人唐某琪，系广东深圳乔尚科技有限公司（以下简称乔尚公司）法定代表人；被告人方某，系浙江杭州三汇信息工程有限公司（以下简称三汇公司）销售经理。

被告人唐某琪曾因其销售的 GOIP 设备涉及违法犯罪被公安机关查扣并口头警告，之后其仍以乔尚公司名义向方某购买该设备，并通过网络销售给他人。方某明知唐某琪将 GOIP 设备出售给从事电信网络诈骗犯罪的人员，仍然长期向唐某琪出售。自 2019 年 12 月至 2020 年 10 月，唐某琪从方某处购买 130 台 GOIP 设备并销售给他人，并提供后续安装、调试及配置系统等技术支持。其间，公安机关在广西北海、钦州以及贵州六盘水、铜仁等地查获唐某琪、方某出售的 GOIP 设备 20 台。经查，其中 5 台

设备被他人用于实施电信网络诈骗，造成张某淘、李某兰等人被诈骗人民币共计 34 万余元。

【检察履职】

本案由广西壮族自治区北海市公安局立案侦查。2020 年 9 月 27 日，北海市人民检察院介入案件侦查。2021 年 1 月 25 日，公安机关以唐某琪、方某涉嫌帮助信息网络犯罪活动罪移送起诉，北海市人民检察院将本案指定由海城区人民检察院审查起诉。检察机关经审查认为，唐某琪曾因其销售的 GOIP 设备涉及违法犯罪被公安机关查扣并口头警告，后仍然实施有关行为；方某作为行业销售商，明知 GOIP 设备多用于电信网络诈骗犯罪且收到公司警示通知的情况下，对销售对象不加审核，仍然长期向唐某琪出售，导致所出售设备被用于电信网络诈骗犯罪，造成严重危害，依法均应认定为构成帮助信息网络犯罪活动罪。同年 6 月 21 日，检察机关以帮助信息网络犯罪活动罪对唐某琪、方某提起公诉。同年 8 月 2 日，北海市海城区人民法院以帮助信息网络犯罪活动罪分别判处被告人唐某琪、方某有期徒刑九个月、八个月，并处罚金人民币 12000 元、1 万元。唐某琪提出上诉，同年 10 月 18 日，北海市中级人民法院裁定驳回上诉，维持原判。

【典型意义】

1. GOIP 设备被诈骗犯罪分子使用助推电信网络诈骗犯罪，要坚持打源头斩链条，防止该类网络黑灰产滋生发展。当前，GOIP 设备在电信网络诈骗犯罪中被广泛使用，尤其是一些诈骗团伙在境外远程控制在境内安装的设备，加大反制拦截和信号溯源的难度，给案件侦办带来诸多难题。检察机关要聚焦违法使用 GOIP 设备所形成的黑灰产业链，既要从严惩治不法生产商、销售商，又要注重惩治专门负责设备安装、调试、维修以及提供专门场所放置设备的不法人员，还要加大对为设备运转提供大量电话卡的职业"卡商"的打击力度，全链条阻断诈骗分子作案工具来源。

2. 坚持主客观相统一，准确认定帮助信息网络犯罪活动罪中的"明知"要件。行为人主观上明知他人利用信息网络实施犯罪是认定帮助信息网络犯罪活动罪的前提条件。对于这一明知条件的认定，要坚持主客观相统一原则予以综合认定。对于曾因实施有关技术支持或帮助行为，被监管部门告诫、处罚的，仍然实施有关行为的，如没有其他相反证据，可依法认定其明知。对于行业内人员出售、提供相关设备工具被用于网络犯罪的，要结合其从业经历、对设备工具性能了解程度、交易对象等因素，可依法认定其明知，但有相反证据的除外。

案例二十一

周某平、施某青帮助信息网络犯罪活动案
——冒用他人信息实名注册并出售校园宽带账号为电信网络诈骗犯罪提供工具

【基本案情】

被告人周某平，系某通信公司宽带营业网点负责人；被告人施某青，系某通信公司驻某大学营业网点代理商上海联引通信技术有限公司工作人员。

2019 年上半年起，被告人周某平在网上获悉他人求购宽带账号的信息后，向施某青提出购买需求。施某青利用负责面向在校学生的"办理手机卡加 1 元即可办理校园宽带"服务的工作便利，在学生申请手机卡后，私自出资 1 元利用申请手机卡的学生信息办理校园宽带账号 500 余个，以每个宽带账号人民币 200 元的价格出售给周某平，由周某平联系买家出售。周某平、施某青作为电信行业从业人员，明知宽带账号不能私下买卖，且买卖后极有可能被用于电信网络诈骗等犯罪，仍私下办理并出售给上游买家。同时，为帮助他人逃避监管或规避调查，两人还违规帮助上游买家架设服务器，改变宽带账号的真实 IP 地址，并对服务器进行日常维护。周某平、施某青分别获利人民币 8 万余元、10 万余元。经查，二人出售的一校园宽带账号被他人用于电信网络诈骗，致一被害人被骗人民币 158 万余元。

【检察履职】

本案由上海市公安局闵行分局立案侦查。2021 年 6 月 4 日，公安机关

以周某平、施某青涉嫌帮助信息网络犯罪活动罪移送闵行区人民检察院起诉。同年 6 月 30 日，检察机关对周某平、施某青以帮助信息网络犯罪活动罪提起公诉。同年 7 月 12 日，闵行区人民法院以帮助信息网络犯罪活动罪判处周某平有期徒刑八个月，并处罚金人民币 1 万元；判处施某青有期徒刑七个月，并处罚金人民币 1 万元。被告人未上诉，判决已生效。

针对本案办理中所暴露的宽带运营服务中的管理漏洞问题，检察机关主动到施某青所在通信公司走访，通报案件情况，指出该公司在业务运营中存在的用户信息管理不严、业务办理实名认证落实不到位等问题，建议完善相关业务监管机制，加强用户信息管理。该公司高度重视，对涉案的驻某高校营业厅处以年度考评扣分的处罚，并规定"1 元加购宽带账户"的业务必须由用户本人到现场拍照确认后，方可办理。检察机关还结合开展"反诈进校园"活动，提示在校学生加强风险意识，防范个人信息泄露，重视名下个人账号管理使用，防止被犯罪分子利用。

【典型意义】

1. 非法买卖宽带账号并提供隐藏 IP 地址等技术服务，属于为网络犯罪提供技术支持或帮助，应当依法从严惩治。宽带账号直接关联到用户网络个人信息，关系互联网日常管理维护，宽带账号实名制是互联网管理的一项基本要求。电信网络从业人员利用职务便利，冒用校园用户信息开通宽带账户倒卖，为犯罪分子隐藏真实身份提供技术支持帮助，侵犯用户的合法权益、影响网络正常管理，也给司法办案制造了障碍。对于上述行为，情节严重的，构成帮助信息网络犯罪活动罪，应当依法追诉；对于行业内部人员利用工作便利实施上述行为的，依法从严惩治。

2. 规范通信运营服务，严格行业内部人员管理，加强源头治理，防范网络风险。加强通信行业监管是打击治理电信网络诈骗的重要内容。网络黑灰产不断升级发展，给电信行业监管带来不少新问题。对此，检察机关要结合办案所反映出的风险问题，会同行业主管部门督促业内企业严格落实用户实名制，规范用户账号管理；建立健全用户信息收集、使用、保密管理机制，及时堵塞风险漏洞，对于频繁应用于诈骗等违法犯罪活动的高风险业务及时清理规范。要督促有关企业加强对内部人员管理，加大违法违规案例曝光，强化警示教育，严格责任追究，构筑企业内部安全"防火墙"。

3. 加强校园及周边综合治理，深化法治宣传教育，共同筑牢网络安全的校园防线。当前，校园及周边电信网络诈骗及其关联案件时有发生，一些在校学生不仅容易成为诈骗的对象，还容易为了眼前小利沦为诈骗犯罪的"工具人"。要深化检校协作，结合发案情况，深入开展校园及周边安全风险排查整治，深入开展"反诈进校园"活动，规范校园内电信、金融网点的设立、运营，重视加强就业兼职等重点领域的法治教育。

┃第三编┃

反电信网络诈骗相关法律规范

第一章　法　　律

一、中华人民共和国刑法（节录）

（1979 年 7 月 1 日第五届全国人民代表大会第二次会议通过
1997 年 3 月 14 日第八届全国人民代表大会第五次会议修订 根据
1998 年 12 月 29 日第九届全国人民代表大会常务委员会第六次会
议通过的《全国人民代表大会常务委员会关于惩治骗购外汇、逃
汇和非法买卖外汇犯罪的决定》、1999 年 12 月 25 日第九届全国
人民代表大会常务委员会第十三次会议通过的《中华人民共和国
刑法修正案》、2001 年 8 月 31 日第九届全国人民代表大会常务委
员会第二十三次会议通过的《中华人民共和国刑法修正案（二）
》、2001 年 12 月 29 日第九届全国人民代表大会常务委员会第二
十五次会议通过的《中华人民共和国刑法修正案（三）》、2002 年
12 月 28 日第九届全国人民代表大会常务委员会第三十一次会议
通过的《中华人民共和国刑法修正案（四）》、2005 年 2 月 28 日
第十届全国人民代表大会常务委员会第十四次会议通过的《中华
人民共和国刑法修正案（五）》、2006 年 6 月 29 日第十届全国人
民代表大会常务委员会第二十二次会议通过的《中华人民共和国
刑法修正案（六）》、2009 年 2 月 28 日第十一届全国人民代表大
会常务委员会第七次会议通过的《中华人民共和国刑法修正案

（七）》、2009年8月27日第十一届全国人民代表大会常务委员会第十次会议通过的《全国人民代表大会常务委员会关于修改部分法律的决定》、2011年2月25日第十一届全国人民代表大会常务委员会第十九次会议通过的《中华人民共和国刑法修正案（八）》、2015年8月29日第十二届全国人民代表大会常务委员会第十六次会议通过的《中华人民共和国刑法修正案（九）》、2017年11月4日第十二届全国人民代表大会常务委员会第三十次会议通过的《中华人民共和国刑法修正案（十）》、2020年12月26日第十三届全国人民代表大会常务委员会第二十四次会议通过的《中华人民共和国刑法修正案（十一）》、2023年12月29日第十四届全国人民代表大会常务委员会第七次会议通过的《中华人民共和国刑法修正案（十二）》修正)

第六条 凡在中华人民共和国领域内犯罪的，除法律有特别规定的以外，都适用本法。

凡在中华人民共和国船舶或者航空器内犯罪的，也适用本法。

犯罪的行为或者结果有一项发生在中华人民共和国领域内的，就认为是在中华人民共和国领域内犯罪。

第七条 中华人民共和国公民在中华人民共和国领域外犯本法规定之罪的，适用本法，但是按本法规定的最高刑为三年以下有期徒刑的，可以不予追究。

中华人民共和国国家工作人员和军人在中华人民共和国领域外犯本法规定之罪的，适用本法。

第八条 外国人在中华人民共和国领域外对中华人民共和国国家或者公民犯罪，而按本法规定的最低刑为三年以上有期徒刑的，可以适用本法，但是按照犯罪地的法律不受处罚的除外。

第九条 对于中华人民共和国缔结或者参加的国际条约所规定的罪行，中华人民共和国在所承担条约义务的范围内行使刑事管辖权的，适用本法。

第十条 凡在中华人民共和国领域外犯罪，依照本法应当负刑事责任的，虽然经过外国审判，仍然可以依照本法追究，但是在外国已经受过刑罚处罚的，可以免除或者减轻处罚。

第十一条　享有外交特权和豁免权的外国人的刑事责任，通过外交途径解决。

第十二条　中华人民共和国成立以后本法施行以前的行为，如果当时的法律不认为是犯罪的，适用当时的法律；如果当时的法律认为是犯罪的，依照本法总则第四章第八节的规定应当追诉的，按照当时的法律追究刑事责任，但是如果本法不认为是犯罪或者处刑较轻的，适用本法。

本法施行以前，依照当时的法律已经作出的生效判决，继续有效。

第十七条　已满十六周岁的人犯罪，应当负刑事责任。

已满十四周岁不满十六周岁的人，犯故意杀人、故意伤害致人重伤或者死亡、强奸、抢劫、贩卖毒品、放火、爆炸、投放危险物质罪的，应当负刑事责任。

已满十二周岁不满十四周岁的人，犯故意杀人、故意伤害罪，致人死亡或者以特别残忍手段致人重伤造成严重残疾，情节恶劣，经最高人民检察院核准追诉的，应当负刑事责任。

对依照前三款规定追究刑事责任的不满十八周岁的人，应当从轻或者减轻处罚。

因不满十六周岁不予刑事处罚的，责令其父母或者其他监护人加以管教；在必要的时候，依法进行专门矫治教育。

第十七条之一　已满七十五周岁的人故意犯罪的，可以从轻或者减轻处罚；过失犯罪的，应当从轻或者减轻处罚。

第十八条　精神病人在不能辨认或者不能控制自己行为的时候造成危害结果，经法定程序鉴定确认的，不负刑事责任，但是应当责令他的家属或者监护人严加看管和医疗；在必要的时候，由政府强制医疗。

间歇性的精神病人在精神正常的时候犯罪，应当负刑事责任。

尚未完全丧失辨认或者控制自己行为能力的精神病人犯罪的，应当负刑事责任，但是可以从轻或者减轻处罚。

醉酒的人犯罪，应当负刑事责任。

第十九条　又聋又哑的人或者盲人犯罪，可以从轻、减轻或者免除处罚。

第二十二条 为了犯罪，准备工具、制造条件的，是犯罪预备。

对于预备犯，可以比照既遂犯从轻、减轻处罚或者免除处罚。

第二十三条 已经着手实行犯罪，由于犯罪分子意志以外的原因而未得逞的，是犯罪未遂。

对于未遂犯，可以比照既遂犯从轻或者减轻处罚。

第二十四条 在犯罪过程中，自动放弃犯罪或者自动有效地防止犯罪结果发生的，是犯罪中止。

对于中止犯，没有造成损害的，应当免除处罚；造成损害的，应当减轻处罚。

第二十五条 共同犯罪是指二人以上共同故意犯罪。

二人以上共同过失犯罪，不以共同犯罪论处；应当负刑事责任的，按照他们所犯的罪分别处罚。

第二十六条 组织、领导犯罪集团进行犯罪活动的或者在共同犯罪中起主要作用的，是主犯。

三人以上为共同实施犯罪而组成的较为固定的犯罪组织，是犯罪集团。

对组织、领导犯罪集团的首要分子，按照集团所犯的全部罪行处罚。

对于第三款规定以外的主犯，应当按照其所参与的或者组织、指挥的全部犯罪处罚。

第二十七条 在共同犯罪中起次要或者辅助作用的，是从犯。

对于从犯，应当从轻、减轻处罚或者免除处罚。

第二十八条 对于被胁迫参加犯罪的，应当按照他的犯罪情节减轻处罚或者免除处罚。

第二十九条 教唆他人犯罪的，应当按照他在共同犯罪中所起的作用处罚。教唆不满十八周岁的人犯罪的，应当从重处罚。

如果被教唆的人没有犯被教唆的罪，对于教唆犯，可以从轻或者减轻处罚。

第三十条 公司、企业、事业单位、机关、团体实施的危害社会的行为，法律规定为单位犯罪的，应当负刑事责任。

第三十一条 单位犯罪的，对单位判处罚金，并对其直接负责的主管人员和其他直接责任人员判处刑罚。本法分则和其他法律另有规定的，依照规定。

第三十二条　刑罚分为主刑和附加刑。

第三十三条　主刑的种类如下：

（一）管制；

（二）拘役；

（三）有期徒刑；

（四）无期徒刑；

（五）死刑。

第三十四条　附加刑的种类如下：

（一）罚金；

（二）剥夺政治权利；

（三）没收财产。

附加刑也可以独立适用。

第三十五条　对于犯罪的外国人，可以独立适用或者附加适用驱逐出境。

第三十六条　由于犯罪行为而使被害人遭受经济损失的，对犯罪分子除依法给予刑事处罚外，并应根据情况判处赔偿经济损失。

承担民事赔偿责任的犯罪分子，同时被判处罚金，其财产不足以全部支付的，或者被判处没收财产的，应当先承担对被害人的民事赔偿责任。

第三十七条　对于犯罪情节轻微不需要判处刑罚的，可以免予刑事处罚，但是可以根据案件的不同情况，予以训诫或者责令具结悔过、赔礼道歉、赔偿损失，或者由主管部门予以行政处罚或者行政处分。

第三十七条之一　因利用职业便利实施犯罪，或者实施违背职业要求的特定义务的犯罪被判处刑罚的，人民法院可以根据犯罪情况和预防再犯罪的需要，禁止其自刑罚执行完毕之日或者假释之日起从事相关职业，期限为三年至五年。

被禁止从事相关职业的人违反人民法院依照前款规定作出的决定的，由公安机关依法给予处罚；情节严重的，依照本法第三百一十三条的规定定罪处罚。

其他法律、行政法规对其从事相关职业另有禁止或者限制性规定的，从其规定。

第五十二条 判处罚金，应当根据犯罪情节决定罚金数额。

第五十三条 罚金在判决指定的期限内一次或者分期缴纳。期满不缴纳的，强制缴纳。对于不能全部缴纳罚金的，人民法院在任何时候发现被执行人有可以执行的财产，应当随时追缴。

由于遭遇不能抗拒的灾祸等原因缴纳确实有困难的，经人民法院裁定，可以延期缴纳、酌情减少或者免除。

第五十九条 没收财产是没收犯罪分子个人所有财产的一部或者全部。没收全部财产的，应当对犯罪分子个人及其扶养的家属保留必需的生活费用。

在判处没收财产的时候，不得没收属于犯罪分子家属所有或者应有的财产。

第六十条 没收财产以前犯罪分子所负的正当债务，需要以没收的财产偿还的，经债权人请求，应当偿还。

第六十四条 犯罪分子违法所得的一切财物，应当予以追缴或者责令退赔；对被害人的合法财产，应当及时返还；违禁品和供犯罪所用的本人财物，应当予以没收。没收的财物和罚金，一律上缴国库，不得挪用和自行处理。

第六十五条 被判处有期徒刑以上刑罚的犯罪分子，刑罚执行完毕或者赦免以后，在五年以内再犯应当判处有期徒刑以上刑罚之罪的，是累犯，应当从重处罚，但是过失犯罪和不满十八周岁的人犯罪的除外。

前款规定的期限，对于被假释的犯罪分子，从假释期满之日起计算。

第六十六条 危害国家安全犯罪、恐怖活动犯罪、黑社会性质的组织犯罪的犯罪分子，在刑罚执行完毕或者赦免以后，在任何时候再犯上述任一类罪的，都以累犯论处。

第六十七条 犯罪以后自动投案，如实供述自己的罪行的，是自首。对于自首的犯罪分子，可以从轻或者减轻处罚。其中，犯罪较轻的，可以免除处罚。

被采取强制措施的犯罪嫌疑人、被告人和正在服刑的罪犯，如实供述司法机关还未掌握的本人其他罪行的，以自首论。

犯罪嫌疑人虽不具有前两款规定的自首情节，但是如实供述自己罪行的，可以从轻处罚；因其如实供述自己罪行，避免特别严重后果发生的，可以减轻处罚。

第六十八条　犯罪分子有揭发他人犯罪行为，查证属实的，或者提供重要线索，从而得以侦破其他案件等立功表现的，可以从轻或者减轻处罚；有重大立功表现的，可以减轻或者免除处罚。

第六十九条　判决宣告以前一人犯数罪的，除判处死刑和无期徒刑的以外，应当在总和刑期以下、数刑中最高刑期以上，酌情决定执行的刑期，但是管制最高不能超过三年，拘役最高不能超过一年，有期徒刑总和刑期不满三十五年的，最高不能超过二十年，总和刑期在三十五年以上的，最高不能超过二十五年。

数罪中有判处有期徒刑和拘役的，执行有期徒刑。数罪中有判处有期徒刑和管制，或者拘役和管制的，有期徒刑、拘役执行完毕后，管制仍须执行。

数罪中有判处附加刑的，附加刑仍须执行，其中附加刑种类相同的，合并执行，种类不同的，分别执行。

第七十条　判决宣告以后，刑罚执行完毕以前，发现被判刑的犯罪分子在判决宣告以前还有其他罪没有判决的，应当对新发现的罪作出判决，把前后两个判决所判处的刑罚，依照本法第六十九条的规定，决定执行的刑罚。已经执行的刑期，应当计算在新判决决定的刑期以内。

第七十一条　判决宣告以后，刑罚执行完毕以前，被判刑的犯罪分子又犯罪的，应当对新犯的罪作出判决，把前罪没有执行的刑罚和后罪所判处的刑罚，依照本法第六十九条的规定，决定执行的刑罚。

第七十二条　对于被判处拘役、三年以下有期徒刑的犯罪分子，同时符合下列条件的，可以宣告缓刑，对其中不满十八周岁的人、怀孕的妇女和已满七十五周岁的人，应当宣告缓刑：

（一）犯罪情节较轻；

（二）有悔罪表现；

（三）没有再犯罪的危险；

（四）宣告缓刑对所居住社区没有重大不良影响。

宣告缓刑，可以根据犯罪情况，同时禁止犯罪分子在缓刑考验期限内从事特定活动，进入特定区域、场所，接触特定的人。

被宣告缓刑的犯罪分子，如果被判处附加刑，附加刑仍须执行。

第七十三条 拘役的缓刑考验期限为原判刑期以上一年以下，但是不能少于二个月。

有期徒刑的缓刑考验期限为原判刑期以上五年以下，但是不能少于一年。

缓刑考验期限，从判决确定之日起计算。

第七十四条 对于累犯和犯罪集团的首要分子，不适用缓刑。

第七十五条 被宣告缓刑的犯罪分子，应当遵守下列规定：

（一）遵守法律、行政法规，服从监督；

（二）按照考察机关的规定报告自己的活动情况；

（三）遵守考察机关关于会客的规定；

（四）离开所居住的市、县或者迁居，应当报经考察机关批准。

第七十六条 对宣告缓刑的犯罪分子，在缓刑考验期限内，依法实行社区矫正，如果没有本法第七十七条规定的情形，缓刑考验期满，原判的刑罚就不再执行，并公开予以宣告。

第七十七条 被宣告缓刑的犯罪分子，在缓刑考验期限内犯新罪或者发现判决宣告以前还有其他罪没有判决的，应当撤销缓刑，对新犯的罪或者新发现的罪作出判决，把前罪和后罪所判处的刑罚，依照本法第六十九条的规定，决定执行的刑罚。

被宣告缓刑的犯罪分子，在缓刑考验期限内，违反法律、行政法规或者国务院有关部门关于缓刑的监督管理规定，或者违反人民法院判决中的禁止令，情节严重的，应当撤销缓刑，执行原判刑罚。

第八十七条 犯罪经过下列期限不再追诉：

（一）法定最高刑为不满五年有期徒刑的，经过五年；

（二）法定最高刑为五年以上不满十年有期徒刑的，经过十年；

（三）法定最高刑为十年以上有期徒刑的，经过十五年；

（四）法定最高刑为无期徒刑、死刑的，经过二十年。如果二十年以后认为必须追诉的，须报请最高人民检察院核准。

第八十八条 在人民检察院、公安机关、国家安全机关立案侦查或者在人民法院受理案件以后，逃避侦查或者审判的，不受追诉期限的限制。

被害人在追诉期限内提出控告，人民法院、人民检察院、公安机关应当立案而不予立案的，不受追诉期限的限制。

第八十九条　追诉期限从犯罪之日起计算；犯罪行为有连续或者继续状态的，从犯罪行为终了之日起计算。

在追诉期限以内又犯罪的，前罪追诉的期限从犯后罪之日起计算。

第九十三条　本法所称国家工作人员，是指国家机关中从事公务的人员。

国有公司、企业、事业单位、人民团体中从事公务的人员和国家机关、国有公司、企业、事业单位委派到非国有公司、企业、事业单位、社会团体从事公务的人员，以及其他依照法律从事公务的人员，以国家工作人员论。

第九十六条　本法所称违反国家规定，是指违反全国人民代表大会及其常务委员会制定的法律和决定，国务院制定的行政法规、规定的行政措施、发布的决定和命令。

第九十七条　本法所称首要分子，是指在犯罪集团或者聚众犯罪中起组织、策划、指挥作用的犯罪分子。

第一百七十七条之一　（妨害信用卡管理罪）有下列情形之一，妨害信用卡管理的，处三年以下有期徒刑或者拘役，并处或者单处一万元以上十万元以下罚金；数量巨大或者有其他严重情节的，处三年以上十年以下有期徒刑，并处二万元以上二十万元以下罚金：

（一）明知是伪造的信用卡而持有、运输的，或者明知是伪造的空白信用卡而持有、运输，数量较大的；

（二）非法持有他人信用卡，数量较大的；

（三）使用虚假的身份证明骗领信用卡的；

（四）出售、购买、为他人提供伪造的信用卡或者以虚假的身份证明骗领的信用卡的。

（窃取、收买、非法提供信用卡信息罪）窃取、收买或者非法提供他人信用卡信息资料的，依照前款规定处罚。

银行或者其他金融机构的工作人员利用职务上的便利，犯第二款罪的，从重处罚。

第一百九十一条　（洗钱罪）为掩饰、隐瞒毒品犯罪、黑社会性质的组织犯罪、恐怖活动犯罪、走私犯罪、贪污贿赂犯罪、破坏金融管理秩序犯罪、金融诈骗犯罪的所得及其产生的收益的来源和性质，有下列行为之一的，没收实施以上犯罪的所得及其产生的收益，处五年以下有期徒刑或者拘役，并处或者单处罚金；情节严重的，处五年以上十年以下有期徒刑，并处罚金：

（一）提供资账账户的；

（二）将财产转换为现金、金融票据、有价证券的；

（三）通过转账或者其他支付结算方式转移资金的；

（四）跨境转移资产的；

（五）以其他方法掩饰、隐瞒犯罪所得及其收益的来源和性质的。

单位犯前款罪的，对单位判处罚金，并对其直接负责的主管人员和其他直接责任人员，依照前款的规定处罚。

第一百九十二条 （集资诈骗罪）以非法占有为目的，使用诈骗方法非法集资，数额较大的，处三年以上七年以下有期徒刑，并处罚金；数额巨大或者有其他严重情节的，处七年以上有期徒刑或者无期徒刑，并处罚金或者没收财产。

单位犯前款罪的，对单位判处罚金，并对其直接负责的主管人员和其他直接责任人员，依照前款的规定处罚。

第一百九十三条 （贷款诈骗罪）有下列情形之一，以非法占有为目的，诈骗银行或者其他金融机构的贷款，数额较大的，处五年以下有期徒刑或者拘役，并处二万元以上二十万元以下罚金；数额巨大或者有其他严重情节的，处五年以上十年以下有期徒刑，并处五万元以上五十万元以下罚金；数额特别巨大或者有其他特别严重情节的，处十年以上有期徒刑或者无期徒刑，并处五万元以上五十万元以下罚金或者没收财产：

（一）编造引进资金、项目等虚假理由的；

（二）使用虚假的经济合同的；

（三）使用虚假的证明文件的；

（四）使用虚假的产权证明作担保或者超出抵押物价值重复担保的；

（五）以其他方法诈骗贷款的。

第一百九十四条 （票据诈骗罪）有下列情形之一，进行金融票据诈骗活动，数额较大的，处五年以下有期徒刑或者拘役，并处二万元以上二十万元以下罚金；数额巨大或者有其他严重情节的，处五年以上十年以下有期徒刑，并处五万元以上五十万元以下罚金；数额特别巨大或者有其他特别严重情节的，处十年以上有期徒刑或者无期徒刑，并处五万元以上五十万元以下罚金或者没收财产：

（一）明知是伪造、变造的汇票、本票、支票而使用的；

（二）明知是作废的汇票、本票、支票而使用的；

（三）冒用他人的汇票、本票、支票的；

（四）签发空头支票或者与其预留印鉴不符的支票，骗取财物的；

（五）汇票、本票的出票人签发无资金保证的汇票、本票或者在出票时作虚假记载，骗取财物的。

（金融凭证诈骗罪）使用伪造、变造的委托收款凭证、汇款凭证、银行存单等其他银行结算凭证的，依照前款的规定处罚。

第一百九十五条　（信用证诈骗罪）有下列情形之一，进行信用证诈骗活动的，处五年以下有期徒刑或者拘役，并处二万元以上二十万元以下罚金；数额巨大或者有其他严重情节的，处五年以上十年以下有期徒刑，并处五万元以上五十万元以下罚金；数额特别巨大或者有其他特别严重情节的，处十年以上有期徒刑或者无期徒刑，并处五万元以上五十万元以下罚金或者没收财产：

（一）使用伪造、变造的信用证或者附随的单据、文件的；

（二）使用作废的信用证的；

（三）骗取信用证的；

（四）以其他方法进行信用证诈骗活动的。

第一百九十六条　（信用卡诈骗罪）有下列情形之一，进行信用卡诈骗活动，数额较大的，处五年以下有期徒刑或者拘役，并处二万元以上二十万元以下罚金；数额巨大或者有其他严重情节的，处五年以上十年以下有期徒刑，并处五万元以上五十万元以下罚金；数额特别巨大或者有其他特别严重情节的，处十年以上有期徒刑或者无期徒刑，并处五万元以上五十万元以下罚金或者没收财产：

（一）使用伪造的信用卡，或者使用以虚假的身份证明骗领的信用卡的；

（二）使用作废的信用卡的；

（三）冒用他人信用卡的；

（四）恶意透支的。

前款所称恶意透支，是指持卡人以非法占有为目的，超过规定限额或者规定期限透支，并且经发卡银行催收后仍不归还的行为。

盗窃信用卡并使用的，依照本法第二百六十四条的规定定罪处罚。

第一百九十七条 （有价证券诈骗罪）使用伪造、变造的国库券或者国家发行的其他有价证券，进行诈骗活动，数额较大的，处五年以下有期徒刑或者拘役，并处二万元以上二十万元以下罚金；数额巨大或者有其他严重情节的，处五年以上十年以下有期徒刑，并处五万元以上五十万元以下罚金；数额特别巨大或者有其他特别严重情节的，处十年以上有期徒刑或者无期徒刑，并处五万元以上五十万元以下罚金或者没收财产。

第一百九十八条 （保险诈骗罪）有下列情形之一，进行保险诈骗活动，数额较大的，处五年以下有期徒刑或者拘役，并处一万元以上十万元以下罚金；数额巨大或者有其他严重情节的，处五年以上十年以下有期徒刑，并处二万元以上二十万元以下罚金；数额特别巨大或者有其他特别严重情节的，处十年以上有期徒刑，并处二万元以上二十万元以下罚金或者没收财产：

（一）投保人故意虚构保险标的，骗取保险金的；

（二）投保人、被保险人或者受益人对发生的保险事故编造虚假的原因或者夸大损失的程度，骗取保险金的；

（三）投保人、被保险人或者受益人编造未曾发生的保险事故，骗取保险金的；

（四）投保人、被保险人故意造成财产损失的保险事故，骗取保险金的；

（五）投保人、受益人故意造成被保险人死亡、伤残或者疾病，骗取保险金的。

有前款第四项、第五项所列行为，同时构成其他犯罪的，依照数罪并罚的规定处罚。

单位犯第一款罪的，对单位判处罚金，并对其直接负责的主管人员和其他直接责任人员，处五年以下有期徒刑或者拘役；数额巨大或者有其他严重情节的，处五年以上十年以下有期徒刑；数额特别巨大或者有其他特别严重情节的，处十年以上有期徒刑。

保险事故的鉴定人、证明人、财产评估人故意提供虚假的证明文件，为他人诈骗提供条件的，以保险诈骗的共犯论处。

第二百二十四条 （合同诈骗罪）有下列情形之一，以非法占有为目的，在签订、履行合同过程中，骗取对方当事人财物，数额较大的，处三年以下有期徒刑或者拘役，并处或者单处罚金；数额巨大或者有其他严重情节的，处三年以上十年以下有期徒刑，并处罚金；数额特别巨大或者有其他特别严重情节的，处十年以上有期徒刑或者无期徒刑，并处罚金或者没收财产：

（一）以虚构的单位或者冒用他人名义签订合同的；

（二）以伪造、变造、作废的票据或者其他虚假的产权证明作担保的；

（三）没有实际履行能力，以先履行小额合同或者部分履行合同的方法，诱骗对方当事人继续签订和履行合同的；

（四）收受对方当事人给付的货物、货款、预付款或者担保财产后逃匿的；

（五）以其他方法骗取对方当事人财物的。

第二百二十五条 （非法经营罪）违反国家规定，有下列非法经营行为之一，扰乱市场秩序，情节严重的，处五年以下有期徒刑或者拘役，并处或者单处违法所得一倍以上五倍以下罚金；情节特别严重的，处五年以上有期徒刑，并处违法所得一倍以上五倍以下罚金或者没收财产：

（一）未经许可经营法律、行政法规规定的专营、专卖物品或者其他限制买卖的物品的；

（二）买卖进出口许可证、进出口原产地证明以及其他法律、行政法规规定的经营许可证或者批准文件的；

（三）未经国家有关主管部门批准非法经营证券、期货、保险业务的，或者非法从事资金支付结算业务的；

（四）其他严重扰乱市场秩序的非法经营行为。

第二百五十三条之一 （侵犯公民个人信息罪）违反国家有关规定，向他人出售或者提供公民个人信息，情节严重的，处三年以下有期徒刑或者拘役，并处或者单处罚金；情节特别严重的，处三年以上七年以下有期徒刑，并处罚金。

违反国家有关规定，将在履行职责或者提供服务过程中获得的公民个人信息，出售或者提供给他人的，依照前款的规定从重处罚。

窃取或者以其他方法非法获取公民个人信息的，依照第一款的规定处罚。

单位犯前三款罪的，对单位判处罚金，并对其直接负责的主管人员和其他直接责任人员，依照各该款的规定处罚。

第二百六十六条 （诈骗罪）诈骗公私财物，数额较大的，处三年以下有期徒刑、拘役或者管制，并处或者单处罚金；数额巨大或者有其他严重情节的，处三年以上十年以下有期徒刑，并处罚金；数额特别巨大或者有其他特别严重情节的，处十年以上有期徒刑或者无期徒刑，并处罚金或者没收财产。本法另有规定的，依照规定。

第二百八十条 （伪造、变造、买卖国家机关公文、证件、印章罪）（盗窃、抢夺、毁灭国家机关公文、证件、印章罪）伪造、变造、买卖或者盗窃、抢夺、毁灭国家机关的公文、证件、印章的，处三年以下有期徒刑、拘役、管制或者剥夺政治权利，并处罚金；情节严重的，处三年以上十年以下有期徒刑，并处罚金。

（伪造公司、企业、事业单位、人民团体印章罪）伪造公司、企业、事业单位、人民团体的印章的，处三年以下有期徒刑、拘役、管制或者剥夺政治权利，并处罚金。

（伪造、变造、买卖身份证件罪）伪造、变造、买卖居民身份证、护照、社会保障卡、驾驶证等依法可以用于证明身份的证件的，处三年以下有期徒刑、拘役、管制或者剥夺政治权利，并处罚金；情节严重的，处三年以上七年以下有期徒刑，并处罚金。

第二百八十条之一 （使用虚假身份证件、盗用身份证件罪）在依照国家规定应当提供身份证明的活动中，使用伪造、变造的或者盗用他人的居民身份证、护照、社会保障卡、驾驶证等依法可以用于证明身份的证件，情节严重的，处拘役或者管制，并处或者单处罚金。

有前款行为，同时构成其他犯罪的，依照处罚较重的规定定罪处罚。

第二百八十六条 （破坏计算机信息系统罪）违反国家规定，对计算机信息系统功能进行删除、修改、增加、干扰，造成计算机信息系统不能正常运行，后果严重的，处五年以下有期徒刑或者拘役；后果特别严重的，处五年以上有期徒刑。

违反国家规定，对计算机信息系统中存储、处理或者传输的数据和应用程序进行删除、修改、增加的操作，后果严重的，依照前款的规定处罚。

故意制作、传播计算机病毒等破坏性程序，影响计算机系统正常运行，后果严重的，依照第一款的规定处罚。

单位犯前三款罪的，对单位判处罚金，并对其直接负责的主管人员和其他直接责任人员，依照第一款的规定处罚。

第二百八十六条之一　（拒不履行信息网络安全管理义务罪）网络服务提供者不履行法律、行政法规规定的信息网络安全管理义务，经监管部门责令采取改正措施而拒不改正，有下列情形之一的，处三年以下有期徒刑、拘役或者管制，并处或者单处罚金：

（一）致使违法信息大量传播的；

（二）致使用户信息泄露，造成严重后果的；

（三）致使刑事案件证据灭失，情节严重的；

（四）有其他严重情节的。

单位犯前款罪的，对单位判处罚金，并对其直接负责的主管人员和其他直接责任人员，依照前款的规定处罚。

有前两款行为，同时构成其他犯罪的，依照处罚较重的规定定罪处罚。

第二百八十七条　（利用计算机实施有关犯罪的规定）利用计算机实施金融诈骗、盗窃、贪污、挪用公款、窃取国家秘密或者其他犯罪的，依照本法有关规定定罪处罚。

第二百八十七条之一　（非法利用信息网络罪）利用信息网络实施下列行为之一，情节严重的，处三年以下有期徒刑或者拘役，并处或者单处罚金：

（一）设立用于实施诈骗、传授犯罪方法、制作或者销售违禁物品、管制物品等违法犯罪活动的网站、通讯群组的；

（二）发布有关制作或者销售毒品、枪支、淫秽物品等违禁物品、管制物品或者其他违法犯罪信息的；

（三）为实施诈骗等违法犯罪活动发布信息的。

单位犯前款罪的，对单位判处罚金，并对其直接负责的主管人员和其他直接责任人员，依照第一款的规定处罚。

有前两款行为，同时构成其他犯罪的，依照处罚较重的规定定罪处罚。

第二百八十七条之二 （帮助信息网络犯罪活动罪）明知他人利用信息网络实施犯罪，为其犯罪提供互联网接入、服务器托管、网络存储、通讯传输等技术支持，或者提供广告推广、支付结算等帮助，情节严重的，处三年以下有期徒刑或者拘役，并处或者单处罚金。

单位犯前款罪的，对单位判处罚金，并对其直接负责的主管人员和其他直接责任人员，依照第一款的规定处罚。

有前两款行为，同时构成其他犯罪的，依照处罚较重的规定定罪处罚。

第二百八十八条 （扰乱无线电通讯管理秩序罪）违反国家规定，擅自设置、使用无线电台（站），或者擅自使用无线电频率，干扰无线电通讯秩序，情节严重的，处三年以下有期徒刑、拘役或者管制，并处或者单处罚金；情节特别严重的，处三年以上七年以下有期徒刑，并处罚金。

单位犯前款罪的，对单位判处罚金，并对其直接负责的主管人员和其他直接责任人员，依照前款的规定处罚。

第二百九十三条之一 （催收非法债务罪）有下列情形之一，催收高利放贷等产生的非法债务，情节严重的，处三年以下有期徒刑、拘役或者管制，并处或者单处罚金：

（一）使用暴力、胁迫方法的；

（二）限制他人人身自由或者侵入他人住宅的；

（三）恐吓、跟踪、骚扰他人的。

第二百九十五条 （传授犯罪方法罪）传授犯罪方法的，处五年以下有期徒刑、拘役或者管制；情节严重的，处五年以上十年以下有期徒刑；情节特别严重的，处十年以上有期徒刑或者无期徒刑。

第三百零三条 （赌博罪）以营利为目的，聚众赌博或者以赌博为业的，处三年以下有期徒刑、拘役或者管制，并处罚金。

（开设赌场罪）开设赌场的，处五年以下有期徒刑、拘役或者管制，并处罚金；情节严重的，处五年以上十年以下有期徒刑，并处罚金。

（组织参与国（境）外赌博罪）组织中华人民共和国公民参与国（境）外赌博，数额巨大或者有其他严重情节的，依照前款的规定处罚。

第三百一十条　（窝藏、包庇罪）明知是犯罪的人而为其提供隐藏处所、财物，帮助其逃匿或者作假证明包庇的，处三年以下有期徒刑、拘役或者管制；情节严重的，处三年以上十年以下有期徒刑。

犯前款罪，事前通谋的，以共同犯罪论处。

第三百一十二条　（掩饰、隐瞒犯罪所得、犯罪所得收益罪）明知是犯罪所得及其产生的收益而予以窝藏、转移、收购、代为销售或者以其他方法掩饰、隐瞒的，处三年以下有期徒刑、拘役或者管制，并处或者单处罚金；情节严重的，处三年以上七年以下有期徒刑，并处罚金。

单位犯前款罪的，对单位判处罚金，并对其直接负责的主管人员和其他直接责任人员，依照前款的规定处罚。

第三百一十八条　（组织他人偷越国（边）境罪）组织他人偷越国（边）境的，处二年以上七年以下有期徒刑，并处罚金；有下列情形之一的，处七年以上有期徒刑或者无期徒刑，并处罚金或者没收财产：

（一）组织他人偷越国（边）境集团的首要分子；

（二）多次组织他人偷越国（边）境或者组织他人偷越国（边）境人数众多的；

（三）造成被组织人重伤、死亡的；

（四）剥夺或者限制被组织人人身自由的；

（五）以暴力、威胁方法抗拒检查的；

（六）违法所得数额巨大的；

（七）有其他特别严重情节的。

犯前款罪，对被组织人有杀害、伤害、强奸、拐卖等犯罪行为，或者对检查人员有杀害、伤害等犯罪行为的，依照数罪并罚的规定处罚。

第三百一十九条　（骗取出境证件罪）以劳务输出、经贸往来或者其他名义，弄虚作假，骗取护照、签证等出境证件，为组织他人偷越国（边）境使用的，处三年以下有期徒刑，并处罚金；情节严重的，处三年以上十年以下有期徒刑，并处罚金。

单位犯前款罪的，对单位判处罚金，并对其直接负责的主管人员和其他直接责任人员，依照前款的规定处罚。

第三百二十条　（提供伪造、变造的出入境证件罪）（出售出入境证件罪）为他人提供伪造、变造的护照、签证等出入境证件，或者出售护照、签证等出入境证件的，处五年以下有期徒刑，并处罚金；情节严重的，处五年以上有期徒刑，并处罚金。

第三百二十一条 （运送他人偷越国（边）境罪）运送他人偷越国（边）境的，处五年以下有期徒刑、拘役或者管制，并处罚金；有下列情形之一的，处五年以上十年以下有期徒刑，并处罚金：

（一）多次实施运送行为或者运送人数众多的；

（二）所使用的船只、车辆等交通工具不具备必要的安全条件，足以造成严重后果的；

（三）违法所得数额巨大的；

（四）有其他特别严重情节的。

在运送他人偷越国（边）境中造成被运送人重伤、死亡，或者以暴力、威胁方法抗拒检查的，处七年以上有期徒刑，并处罚金。

犯前两款罪，对被运送人有杀害、伤害、强奸、拐卖等犯罪行为，或者对检查人员有杀害、伤害等犯罪行为的，依照数罪并罚的规定处罚。

第三百二十二条 （偷越国（边）境罪）违反国（边）境管理法规，偷越国（边）境，情节严重的，处一年以下有期徒刑、拘役或者管制，并处罚金；为参加恐怖活动组织、接受恐怖活动培训或者实施恐怖活动，偷越国（边）境的，处一年以上三年以下有期徒刑，并处罚金。

第四百一十五条 （办理偷越国（边）境人员出入境证件罪）（放行偷越国（边）境人员罪）负责办理护照、签证以及其他出入境证件的国家机关工作人员，对明知是企图偷越国（边）境的人员，予以办理出入境证件的，或者边防、海关等国家机关工作人员，对明知是偷越国（边）境的人员，予以放行的，处三年以下有期徒刑或者拘役；情节严重的，处三年以上七年以下有期徒刑。

第四百一十七条 （帮助犯罪分子逃避处罚罪）有查禁犯罪活动职责的国家机关工作人员，向犯罪分子通风报信、提供便利，帮助犯罪分子逃避处罚的，处三年以下有期徒刑或者拘役；情节严重的，处三年以上十年以下有期徒刑。

二、中华人民共和国反电信网络诈骗法

（2022 年 9 月 2 日第十三届全国人民代表大会
常务委员会第三十六次会议通过）

第一章　总　　则

第一条　为了预防、遏制和惩治电信网络诈骗活动，加强反电信网络诈骗工作，保护公民和组织的合法权益，维护社会稳定和国家安全，根据宪法，制定本法。

第二条　本法所称电信网络诈骗，是指以非法占有为目的，利用电信网络技术手段，通过远程、非接触等方式，诈骗公私财物的行为。

第三条　打击治理在中华人民共和国境内实施的电信网络诈骗活动或者中华人民共和国公民在境外实施的电信网络诈骗活动，适用本法。

境外的组织、个人针对中华人民共和国境内实施电信网络诈骗活动的，或者为他人针对境内实施电信网络诈骗活动提供产品、服务等帮助的，依照本法有关规定处理和追究责任。

第四条　反电信网络诈骗工作坚持以人民为中心，统筹发展和安全；坚持系统观念、法治思维，注重源头治理、综合治理；坚持齐抓共管、群防群治，全面落实打防管控各项措施，加强社会宣传教育防范；坚持精准防治，保障正常生产经营活动和群众生活便利。

第五条　反电信网络诈骗工作应当依法进行，维护公民和组织的合法权益。

有关部门和单位、个人应当对在反电信网络诈骗工作过程中知悉的国家秘密、商业秘密和个人隐私、个人信息予以保密。

第六条　国务院建立反电信网络诈骗工作机制，统筹协调打击治理工作。

地方各级人民政府组织领导本行政区域内反电信网络诈骗工作，确定反电信网络诈骗目标任务和工作机制，开展综合治理。

公安机关牵头负责反电信网络诈骗工作，金融、电信、网信、市场监管等有关部门依照职责履行监管主体责任，负责本行业领域反电信网络诈骗工作。

人民法院、人民检察院发挥审判、检察职能作用，依法防范、惩治电信网络诈骗活动。

电信业务经营者、银行业金融机构、非银行支付机构、互联网服务提供者承担风险防控责任，建立反电信网络诈骗内部控制机制和安全责任制度，加强新业务涉诈风险安全评估。

第七条　有关部门、单位在反电信网络诈骗工作中应当密切协作，实现跨行业、跨地域协同配合、快速联动，加强专业队伍建设，有效打击治理电信网络诈骗活动。

第八条　各级人民政府和有关部门应当加强反电信网络诈骗宣传，普及相关法律和知识，提高公众对各类电信网络诈骗方式的防骗意识和识骗能力。

教育行政、市场监管、民政等有关部门和村民委员会、居民委员会，应当结合电信网络诈骗受害群体的分布等特征，加强对老年人、青少年等群体的宣传教育，增强反电信网络诈骗宣传教育的针对性、精准性，开展反电信网络诈骗宣传教育进学校、进企业、进社区、进农村、进家庭等活动。

各单位应当加强内部防范电信网络诈骗工作，对工作人员开展防范电信网络诈骗教育；个人应当加强电信网络诈骗防范意识。单位、个人应当协助、配合有关部门依照本法规定开展反电信网络诈骗工作。

第二章　电信治理

第九条　电信业务经营者应当依法全面落实电话用户真实身份信息登记制度。

基础电信企业和移动通信转售企业应当承担对代理商落实电话用户实名制管理责任，在协议中明确代理商实名制登记的责任和有关违约处置措施。

第十条　办理电话卡不得超出国家有关规定限制的数量。

对经识别存在异常办卡情形的，电信业务经营者有权加强核查或者拒绝办卡。具体识别办法由国务院电信主管部门制定。

国务院电信主管部门组织建立电话用户开卡数量核验机制和风险信息共享机制，并为用户查询名下电话卡信息提供便捷渠道。

第十一条　电信业务经营者对监测识别的涉诈异常电话卡用户应当重新进行实名核验，根据风险等级采取有区别的、相应的核验措施。对未按规定核验或者核验未通过的，电信业务经营者可以限制、暂停有关电话卡功能。

第十二条　电信业务经营者建立物联网卡用户风险评估制度，评估未通过的，不得向其销售物联网卡；严格登记物联网卡用户身份信息；采取有效技术措施限定物联网卡开通功能、使用场景和适用设备。

单位用户从电信业务经营者购买物联网卡再将载有物联网卡的设备销售给其他用户的，应当核验和登记用户身份信息，并将销量、存量及用户实名信息传送给号码归属的电信业务经营者。

电信业务经营者对物联网卡的使用建立监测预警机制。对存在异常使用情形的，应当采取暂停服务、重新核验身份和使用场景或者其他合同约定的处置措施。

第十三条　电信业务经营者应当规范真实主叫号码传送和电信线路出租，对改号电话进行封堵拦截和溯源核查。

电信业务经营者应当严格规范国际通信业务出入口局主叫号码传送，真实、准确向用户提示来电号码所属国家或者地区，对网内和网间虚假主叫、不规范主叫进行识别、拦截。

第十四条　任何单位和个人不得非法制造、买卖、提供或者使用下列设备、软件：

（一）电话卡批量插入设备；

（二）具有改变主叫号码、虚拟拨号、互联网电话违规接入公用电信网络等功能的设备、软件；

（三）批量账号、网络地址自动切换系统，批量接收提供短信验证、语音验证的平台；

（四）其他用于实施电信网络诈骗等违法犯罪的设备、软件。

电信业务经营者、互联网服务提供者应当采取技术措施，及时识别、阻断前款规定的非法设备、软件接入网络，并向公安机关和相关行业主管部门报告。

第三章　金融治理

第十五条　银行业金融机构、非银行支付机构为客户开立银行账户、支付账户及提供支付结算服务，和与客户业务关系存续期间，应当建立客户尽职调查制度，依法识别受益所有人，采取相应风险管理措施，防范银行账户、支付账户等被用于电信网络诈骗活动。

第十六条　开立银行账户、支付账户不得超出国家有关规定限制的数量。

对经识别存在异常开户情形的，银行业金融机构、非银行支付机构有权加强核查或者拒绝开户。

中国人民银行、国务院银行业监督管理机构组织有关清算机构建立跨机构开户数量核验机制和风险信息共享机制，并为客户提供查询名下银行账户、支付账户的便捷渠道。银行业金融机构、非银行支付机构应当按照国家有关规定提供开户情况和有关风险信息。相关信息不得用于反电信网络诈骗以外的其他用途。

第十七条　银行业金融机构、非银行支付机构应当建立开立企业账户异常情形的风险防控机制。金融、电信、市场监管、税务等有关部门建立开立企业账户相关信息共享查询系统，提供联网核查服务。

市场主体登记机关应当依法对企业实名登记履行身份信息核验职责；依照规定对登记事项进行监督检查，对可能存在虚假登记、涉诈异常的企业重点监督检查，依法撤销登记的，依照前款的规定及时共享信息；为银行业金融机构、非银行支付机构进行客户尽职调查和依法识别受益所有人提供便利。

第十八条　银行业金融机构、非银行支付机构应当对银行账户、支付账户及支付结算服务加强监测，建立完善符合电信网络诈骗活动特征的异常账户和可疑交易监测机制。

中国人民银行统筹建立跨银行业金融机构、非银行支付机构的反洗钱统一监测系统，会同国务院公安部门完善与电信网络诈骗犯罪资金流转特点相适应的反洗钱可疑交易报告制度。

对监测识别的异常账户和可疑交易，银行业金融机构、非银行支付机构应当根据风险情况，采取核实交易情况、重新核验身份、延迟支付结算、限制或者中止有关业务等必要的防范措施。

银行业金融机构、非银行支付机构依照第一款规定开展异常账户和可疑交易监测时，可以收集异常客户互联网协议地址、网卡地址、支付受理终端信息等必要的交易信息、设备位置信息。上述信息未经客户授权，不得用于反电信网络诈骗以外的其他用途。

第十九条　银行业金融机构、非银行支付机构应当按照国家有关规定，完整、准确传输直接提供商品或者服务的商户名称、收付款客户名称及账号等交易信息，保证交易信息的真实、完整和支付全流程中的一致性。

第二十条　国务院公安部门会同有关部门建立完善电信网络诈骗涉案资金即时查询、紧急止付、快速冻结、及时解冻和资金返还制度，明确有关条件、程序和救济措施。

公安机关依法决定采取上述措施的，银行业金融机构、非银行支付机构应当予以配合。

第四章　互联网治理

第二十一条　电信业务经营者、互联网服务提供者为用户提供下列服务，在与用户签订协议或者确认提供服务时，应当依法要求用户提供真实身份信息，用户不提供真实身份信息的，不得提供服务：

（一）提供互联网接入服务；

（二）提供网络代理等网络地址转换服务；

（三）提供互联网域名注册、服务器托管、空间租用、云服务、内容分发服务；

（四）提供信息、软件发布服务，或者提供即时通讯、网络交易、网络游戏、网络直播发布、广告推广服务。

第二十二条　互联网服务提供者对监测识别的涉诈异常账号应当重新核验，根据国家有关规定采取限制功能、暂停服务等处置措施。

互联网服务提供者应当根据公安机关、电信主管部门要求，对涉案电话卡、涉诈异常电话卡所关联注册的有关互联网账号进行核验，根据风险情况，采取限期改正、限制功能、暂停使用、关闭账号、禁止重新注册等处置措施。

第二十三条 设立移动互联网应用程序应当按照国家有关规定向电信主管部门办理许可或者备案手续。

为应用程序提供封装、分发服务的，应当登记并核验应用程序开发运营者的真实身份信息，核验应用程序的功能、用途。

公安、电信、网信等部门和电信业务经营者、互联网服务提供者应当加强对分发平台以外途径下载传播的涉诈应用程序重点监测、及时处置。

第二十四条 提供域名解析、域名跳转、网址链接转换服务的，应当按照国家有关规定，核验域名注册、解析信息和互联网协议地址的真实性、准确性，规范域名跳转，记录并留存所提供相应服务的日志信息，支持实现对解析、跳转、转换记录的溯源。

第二十五条 任何单位和个人不得为他人实施电信网络诈骗活动提供下列支持或者帮助：

（一）出售、提供个人信息；

（二）帮助他人通过虚拟货币交易等方式洗钱；

（三）其他为电信网络诈骗活动提供支持或者帮助的行为。

电信业务经营者、互联网服务提供者应当依照国家有关规定，履行合理注意义务，对利用下列业务从事涉诈支持、帮助活动进行监测识别和处置：

（一）提供互联网接入、服务器托管、网络存储、通讯传输、线路出租、域名解析等网络资源服务；

（二）提供信息发布或者搜索、广告推广、引流推广等网络推广服务；

（三）提供应用程序、网站等网络技术、产品的制作、维护服务；

（四）提供支付结算服务。

第二十六条 公安机关办理电信网络诈骗案件依法调取证据的，互联网服务提供者应当及时提供技术支持和协助。

互联网服务提供者依照本法规定对有关涉诈信息、活动进行监测时，发现涉诈违法犯罪线索、风险信息的，应当依照国家有关规定，根据涉诈风险类型、程度情况移送公安、金融、电信、网信等部门。有关部门应当建立完善反馈机制，将相关情况及时告知移送单位。

第五章　综合措施

第二十七条　公安机关应当建立完善打击治理电信网络诈骗工作机制，加强专门队伍和专业技术建设，各警种、各地公安机关应当密切配合，依法有效惩处电信网络诈骗活动。

公安机关接到电信网络诈骗活动的报案或者发现电信网络诈骗活动，应当依照《中华人民共和国刑事诉讼法》的规定立案侦查。

第二十八条　金融、电信、网信部门依照职责对银行业金融机构、非银行支付机构、电信业务经营者、互联网服务提供者落实本法规定情况进行监督检查。有关监督检查活动应当依法规范开展。

第二十九条　个人信息处理者应当依照《中华人民共和国个人信息保护法》等法律规定，规范个人信息处理，加强个人信息保护，建立个人信息被用于电信网络诈骗的防范机制。

履行个人信息保护职责的部门、单位对可能被电信网络诈骗利用的物流信息、交易信息、贷款信息、医疗信息、婚介信息等实施重点保护。公安机关办理电信网络诈骗案件，应当同时查证犯罪所利用的个人信息来源，依法追究相关人员和单位责任。

第三十条　电信业务经营者、银行业金融机构、非银行支付机构、互联网服务提供者应当对从业人员和用户开展反电信网络诈骗宣传，在有关业务活动中对防范电信网络诈骗作出提示，对本领域新出现的电信网络诈骗手段及时向用户作出提醒，对非法买卖、出租、出借本人有关卡、账户、账号等被用于电信网络诈骗的法律责任作出警示。

新闻、广播、电视、文化、互联网信息服务等单位，应当面向社会有针对性地开展反电信网络诈骗宣传教育。

任何单位和个人有权举报电信网络诈骗活动，有关部门应当依法及时处理，对提供有效信息的举报人依照规定给予奖励和保护。

第三十一条　任何单位和个人不得非法买卖、出租、出借电话卡、物联网卡、电信线路、短信端口、银行账户、支付账户、互联网账号等，不得提供实名核验帮助；不得假冒他人身份或者虚构代理关系开立上述卡、账户、账号等。

对经设区的市级以上公安机关认定的实施前款行为的单位、个人和相关组织者，以及因从事电信网络诈骗活动或者关联犯罪受过刑事处罚的人员，可以按照国家有关规定记入信用记录，采取限制其有关卡、账户、账号等功能和停止非柜面业务、暂停新业务、限制入网等措施。对上述认定和措施有异议的，可以提出申诉，有关部门应当建立健全申诉渠道、信用修复和救济制度。具体办法由国务院公安部门会同有关主管部门规定。

第三十二条 国家支持电信业务经营者、银行业金融机构、非银行支付机构、互联网服务提供者研究开发有关电信网络诈骗反制技术，用于监测识别、动态封堵和处置涉诈异常信息、活动。

国务院公安部门、金融管理部门、电信主管部门和国家网信部门等应当统筹负责本行业领域反制技术措施建设，推进涉电信网络诈骗样本信息数据共享，加强涉诈用户信息交叉核验，建立有关涉诈异常信息、活动的监测识别、动态封堵和处置机制。

依据本法第十一条、第十二条、第十八条、第二十二条和前款规定，对涉诈异常情形采取限制、暂停服务等处置措施的，应当告知处置原因、救济渠道及需要提交的资料等事项，被处置对象可以向作出决定或者采取措施的部门、单位提出申诉。作出决定的部门、单位应当建立完善申诉渠道，及时受理申诉并核查，核查通过的，应当即时解除有关措施。

第三十三条 国家推进网络身份认证公共服务建设，支持个人、企业自愿使用，电信业务经营者、银行业金融机构、非银行支付机构、互联网服务提供者对存在涉诈异常的电话卡、银行账户、支付账户、互联网账号，可以通过国家网络身份认证公共服务对用户身份重新进行核验。

第三十四条 公安机关应当会同金融、电信、网信部门组织银行业金融机构、非银行支付机构、电信业务经营者、互联网服务提供者等建立预警劝阻系统，对预警发现的潜在被害人，根据情况及时采取相应劝阻措施。对电信网络诈骗案件应当加强追赃挽损，完善涉案资金处置制度，及时返还被害人的合法财产。对遭受重大生活困难的被害人，符合国家有关救助条件的，有关方面依照规定给予救助。

第三十五条 经国务院反电信网络诈骗工作机制决定或者批准，公安、金融、电信等部门对电信网络诈骗活动严重的特定地区，可以依照国家有关规定采取必要的临时风险防范措施。

第三十六条 对前往电信网络诈骗活动严重地区的人员，出境活动存在重大涉电信网络诈骗活动嫌疑的，移民管理机构可以决定不准其出境。

因从事电信网络诈骗活动受过刑事处罚的人员，设区的市级以上公安机关可以根据犯罪情况和预防再犯罪的需要，决定自处罚完毕之日起六个月至三年以内不准其出境，并通知移民管理机构执行。

第三十七条　国务院公安部门等会同外交部门加强国际执法司法合作，与有关国家、地区、国际组织建立有效合作机制，通过开展国际警务合作等方式，提升在信息交流、调查取证、侦查抓捕、追赃挽损等方面的合作水平，有效打击遏制跨境电信网络诈骗活动。

第六章　法律责任

第三十八条　组织、策划、实施、参与电信网络诈骗活动或者为电信网络诈骗活动提供帮助，构成犯罪的，依法追究刑事责任。

前款行为尚不构成犯罪的，由公安机关处十日以上十五日以下拘留；没收违法所得，处违法所得一倍以上十倍以下罚款，没有违法所得或者违法所得不足一万元的，处十万元以下罚款。

第三十九条　电信业务经营者违反本法规定，有下列情形之一的，由有关主管部门责令改正，情节较轻的，给予警告、通报批评，或者处五万元以上五十万元以下罚款；情节严重的，处五十万元以上五百万元以下罚款，并可以由有关主管部门责令暂停相关业务、停业整顿、吊销相关业务许可证或者吊销营业执照，对其直接负责的主管人员和其他直接责任人员，处一万元以上二十万元以下罚款：

（一）未落实国家有关规定确定的反电信网络诈骗内部控制机制的；

（二）未履行电话卡、物联网卡实名制登记职责的；

（三）未履行对电话卡、物联网卡的监测识别、监测预警和相关处置职责的；

（四）未对物联网卡用户进行风险评估，或者未限定物联网卡的开通功能、使用场景和适用设备的；

（五）未采取措施对改号电话、虚假主叫或者具有相应功能的非法设备进行监测处置的。

第四十条　银行业金融机构、非银行支付机构违反本法规定，有下列情形之一的，由有关主管部门责令改正，情节较轻的，给予警告、通报批评，或者处五万元以上五十万元以下罚款；情节严重的，处五十万元以上五百万元以下罚款，并可以由有关主管部门责令停止新增业务、缩减业务类型或者业务范围、暂停相关业务、停业整顿、吊销相关业务许可证或者吊销营业执照，对其直接负责的主管人员和其他直接责任人员，处一万元以上二十万元以下罚款：

（一）未落实国家有关规定确定的反电信网络诈骗内部控制机制的；

（二）未履行尽职调查义务和有关风险管理措施的；

（三）未履行对异常账户、可疑交易的风险监测和相关处置义务的；

（四）未按照规定完整、准确传输有关交易信息的。

第四十一条 电信业务经营者、互联网服务提供者违反本法规定，有下列情形之一的，由有关主管部门责令改正，情节较轻的，给予警告、通报批评，或者处五万元以上五十万元以下罚款；情节严重的，处五十万元以上五百万元以下罚款，并可以由有关主管部门责令暂停相关业务、停业整顿、关闭网站或者应用程序、吊销相关业务许可证或者吊销营业执照，对其直接负责的主管人员和其他直接责任人员，处一万元以上二十万元以下罚款：

（一）未落实国家有关规定确定的反电信网络诈骗内部控制机制的；

（二）未履行网络服务实名制职责，或者未对涉案、涉诈电话卡关联注册互联网账号进行核验的；

（三）未按照国家有关规定，核验域名注册、解析信息和互联网协议地址的真实性、准确性，规范域名跳转，或者记录并留存所提供相应服务的日志信息的；

（四）未登记核验移动互联网应用程序开发运营者的真实身份信息或者未核验应用程序的功能、用途，为其提供应用程序封装、分发服务的；

（五）未履行对涉诈互联网账号和应用程序，以及其他电信网络诈骗信息、活动的监测识别和处置义务的；

（六）拒不依法为查处电信网络诈骗犯罪提供技术支持和协助，或者未按规定移送有关违法犯罪线索、风险信息的。

第四十二条 违反本法第十四条、第二十五条第一款规定的，没收违法所得，由公安机关或者有关主管部门处违法所得一倍以上十倍以下罚款，没有违法所得或者违法所得不足五万元的，处五十万元以下罚款；情节严重的，由公安机关并处十五日以下拘留。

第四十三条　违反本法第二十五条第二款规定，由有关主管部门责令改正，情节较轻的，给予警告、通报批评，或者处五万元以上五十万元以下罚款；情节严重的，处五十万元以上五百万元以下罚款，并可以由有关主管部门责令暂停相关业务、停业整顿、关闭网站或者应用程序，对其直接负责的主管人员和其他直接责任人员，处一万元以上二十万元以下罚款。

第四十四条　违反本法第三十一条第一款规定的，没收违法所得，由公安机关处违法所得一倍以上十倍以下罚款，没有违法所得或者违法所得不足二万元的，处二十万元以下罚款；情节严重的，并处十五日以下拘留。

第四十五条　反电信网络诈骗工作有关部门、单位的工作人员滥用职权、玩忽职守、徇私舞弊，或者有其他违反本法规定行为，构成犯罪的，依法追究刑事责任。

第四十六条　组织、策划、实施、参与电信网络诈骗活动或者为电信网络诈骗活动提供相关帮助的违法犯罪人员，除依法承担刑事责任、行政责任以外，造成他人损害的，依照《中华人民共和国民法典》等法律的规定承担民事责任。

电信业务经营者、银行业金融机构、非银行支付机构、互联网服务提供者等违反本法规定，造成他人损害的，依照《中华人民共和国民法典》等法律的规定承担民事责任。

第四十七条　人民检察院在履行反电信网络诈骗职责中，对于侵害国家利益和社会公共利益的行为，可以依法向人民法院提起公益诉讼。

第四十八条　有关单位和个人对依照本法作出的行政处罚和行政强制措施决定不服的，可以依法申请行政复议或者提起行政诉讼。

第七章　附　　则

第四十九条　反电信网络诈骗工作涉及的有关管理和责任制度，本法没有规定的，适用《中华人民共和国网络安全法》、《中华人民共和国个人信息保护法》、《中华人民共和国反洗钱法》等相关法律规定。

第五十条　本法自 2022 年 12 月 1 日起施行。

三、中华人民共和国个人信息保护法

(2021 年 8 月 20 日第十三届全国人民代表大会常务委员会第三十次会议通过)

第一章　总　　则

第一条　为了保护个人信息权益，规范个人信息处理活动，促进个人信息合理利用，根据宪法，制定本法。

第二条　自然人的个人信息受法律保护，任何组织、个人不得侵害自然人的个人信息权益。

第三条　在中华人民共和国境内处理自然人个人信息的活动，适用本法。

在中华人民共和国境外处理中华人民共和国境内自然人个人信息的活动，有下列情形之一的，也适用本法：

（一）以向境内自然人提供产品或者服务为目的；

（二）分析、评估境内自然人的行为；

（三）法律、行政法规规定的其他情形。

第四条　个人信息是以电子或者其他方式记录的与已识别或者可识别的自然人有关的各种信息，不包括匿名化处理后的信息。

个人信息的处理包括个人信息的收集、存储、使用、加工、传输、提供、公开、删除等。

第五条　处理个人信息应当遵循合法、正当、必要和诚信原则，不得通过误导、欺诈、胁迫等方式处理个人信息。

第六条　处理个人信息应当具有明确、合理的目的，并应当与处理目的直接相关，采取对个人权益影响最小的方式。

收集个人信息，应当限于实现处理目的的最小范围，不得过度收集个人信息。

第七条　处理个人信息应当遵循公开、透明原则，公开个人信息处理规则，明示处理的目的、方式和范围。

第八条　处理个人信息应当保证个人信息的质量，避免因个人信息不准确、不完整对个人权益造成不利影响。

第九条　个人信息处理者应当对其个人信息处理活动负责，并采取必要措施保障所处理的个人信息的安全。

第十条　任何组织、个人不得非法收集、使用、加工、传输他人个人信息，不得非法买卖、提供或者公开他人个人信息；不得从事危害国家安全、公共利益的个人信息处理活动。

第十一条　国家建立健全个人信息保护制度，预防和惩治侵害个人信息权益的行为，加强个人信息保护宣传教育，推动形成政府、企业、相关社会组织、公众共同参与个人信息保护的良好环境。

第十二条　国家积极参与个人信息保护国际规则的制定，促进个人信息保护方面的国际交流与合作，推动与其他国家、地区、国际组织之间的个人信息保护规则、标准等互认。

第二章　个人信息处理规则

第一节　一般规定

第十三条　符合下列情形之一的，个人信息处理者方可处理个人信息：

（一）取得个人的同意；

（二）为订立、履行个人作为一方当事人的合同所必需，或者按照依法制定的劳动规章制度和依法签订的集体合同实施人力资源管理所必需；

（三）为履行法定职责或者法定义务所必需；

（四）为应对突发公共卫生事件，或者紧急情况下为保护自然人的生命健康和财产安全所必需；

（五）为公共利益实施新闻报道、舆论监督等行为，在合理的范围内处理个人信息；

（六）依照本法规定在合理的范围内处理个人自行公开或者其他已经合法公开的个人信息；

（七）法律、行政法规规定的其他情形。

依照本法其他有关规定，处理个人信息应当取得个人同意，但是有前款第二项至第七项规定情形的，不需取得个人同意。

第十四条 基于个人同意处理个人信息的，该同意应当由个人在充分知情的前提下自愿、明确作出。法律、行政法规规定处理个人信息应当取得个人单独同意或者书面同意的，从其规定。

个人信息的处理目的、处理方式和处理的个人信息种类发生变更的，应当重新取得个人同意。

第十五条 基于个人同意处理个人信息的，个人有权撤回其同意。个人信息处理者应当提供便捷的撤回同意的方式。

个人撤回同意，不影响撤回前基于个人同意已进行的个人信息处理活动的效力。

第十六条 个人信息处理者不得以个人不同意处理其个人信息或者撤回同意为由，拒绝提供产品或者服务；处理个人信息属于提供产品或者服务所必需的除外。

第十七条 个人信息处理者在处理个人信息前，应当以显著方式、清晰易懂的语言真实、准确、完整地向个人告知下列事项：

（一）个人信息处理者的名称或者姓名和联系方式；

（二）个人信息的处理目的、处理方式，处理的个人信息种类、保存期限；

（三）个人行使本法规定权利的方式和程序；

（四）法律、行政法规规定应当告知的其他事项。

前款规定事项发生变更的，应当将变更部分告知个人。

个人信息处理者通过制定个人信息处理规则的方式告知第一款规定事项的，处理规则应当公开，并且便于查阅和保存。

第十八条 个人信息处理者处理个人信息，有法律、行政法规规定应当保密或者不需要告知的情形的，可以不向个人告知前条第一款规定的事项。

紧急情况下为保护自然人的生命健康和财产安全无法及时向个人告知的，个人信息处理者应当在紧急情况消除后及时告知。

第十九条 除法律、行政法规另有规定外，个人信息的保存期限应当为实现处理目的所必要的最短时间。

第二十条　两个以上的个人信息处理者共同决定个人信息的处理目的和处理方式的，应当约定各自的权利和义务。但是，该约定不影响个人向其中任何一个个人信息处理者要求行使本法规定的权利。

个人信息处理者共同处理个人信息，侵害个人信息权益造成损害的，应当依法承担连带责任。

第二十一条　个人信息处理者委托处理个人信息的，应当与受托人约定委托处理的目的、期限、处理方式、个人信息的种类、保护措施以及双方的权利和义务等，并对受托人的个人信息处理活动进行监督。

受托人应当按照约定处理个人信息，不得超出约定的处理目的、处理方式等处理个人信息；委托合同不生效、无效、被撤销或者终止的，受托人应当将个人信息返还个人信息处理者或者予以删除，不得保留。

未经个人信息处理者同意，受托人不得转委托他人处理个人信息。

第二十二条　个人信息处理者因合并、分立、解散、被宣告破产等原因需要转移个人信息的，应当向个人告知接收方的名称或者姓名和联系方式。接收方应当继续履行个人信息处理者的义务。接收方变更原先的处理目的、处理方式的，应当依照本法规定重新取得个人同意。

第二十三条　个人信息处理者向其他个人信息处理者提供其处理的个人信息的，应当向个人告知接收方的名称或者姓名、联系方式、处理目的、处理方式和个人信息的种类，并取得个人的单独同意。接收方应当在上述处理目的、处理方式和个人信息的种类等范围内处理个人信息。接收方变更原先的处理目的、处理方式的，应当依照本法规定重新取得个人同意。

第二十四条　个人信息处理者利用个人信息进行自动化决策，应当保证决策的透明度和结果公平、公正，不得对个人在交易价格等交易条件上实行不合理的差别待遇。

通过自动化决策方式向个人进行信息推送、商业营销，应当同时提供不针对其个人特征的选项，或者向个人提供便捷的拒绝方式。

通过自动化决策方式作出对个人权益有重大影响的决定，个人有权要求个人信息处理者予以说明，并有权拒绝个人信息处理者仅通过自动化决策的方式作出决定。

第二十五条 个人信息处理者不得公开其处理的个人信息，取得个人单独同意的除外。

第二十六条 在公共场所安装图像采集、个人身份识别设备，应当为维护公共安全所必需，遵守国家有关规定，并设置显著的提示标识。所收集的个人图像、身份识别信息只能用于维护公共安全的目的，不得用于其他目的；取得个人单独同意的除外。

第二十七条 个人信息处理者可以在合理的范围内处理个人自行公开或者其他已经合法公开的个人信息；个人明确拒绝的除外。个人信息处理者处理已公开的个人信息，对个人权益有重大影响的，应当依照本法规定取得个人同意。

第二节 敏感个人信息的处理规则

第二十八条 敏感个人信息是一旦泄露或者非法使用，容易导致自然人的人格尊严受到侵害或者人身、财产安全受到危害的个人信息，包括生物识别、宗教信仰、特定身份、医疗健康、金融账户、行踪轨迹等信息，以及不满十四周岁未成年人的个人信息。

只有在具有特定的目的和充分的必要性，并采取严格保护措施的情形下，个人信息处理者方可处理敏感个人信息。

第二十九条 处理敏感个人信息应当取得个人的单独同意；法律、行政法规规定处理敏感个人信息应当取得书面同意的，从其规定。

第三十条 个人信息处理者处理敏感个人信息的，除本法第十七条第一款规定的事项外，还应当向个人告知处理敏感个人信息的必要性以及对个人权益的影响；依照本法规定可以不向个人告知的除外。

第三十一条 个人信息处理者处理不满十四周岁未成年人个人信息的，应当取得未成年人的父母或者其他监护人的同意。

个人信息处理者处理不满十四周岁未成年人个人信息的，应当制定专门的个人信息处理规则。

第三十二条 法律、行政法规对处理敏感个人信息规定应当取得相关行政许可或者作出其他限制的，从其规定。

第三节 国家机关处理个人信息的特别规定

第三十三条 国家机关处理个人信息的活动，适用本法；本节有特别规定的，适用本节规定。

第三十四条　国家机关为履行法定职责处理个人信息，应当依照法律、行政法规规定的权限、程序进行，不得超出履行法定职责所必需的范围和限度。

第三十五条　国家机关为履行法定职责处理个人信息，应当依照本法规定履行告知义务；有本法第十八条第一款规定的情形，或者告知将妨碍国家机关履行法定职责的除外。

第三十六条　国家机关处理的个人信息应当在中华人民共和国境内存储；确需向境外提供的，应当进行安全评估。安全评估可以要求有关部门提供支持与协助。

第三十七条　法律、法规授权的具有管理公共事务职能的组织为履行法定职责处理个人信息，适用本法关于国家机关处理个人信息的规定。

第三章　个人信息跨境提供的规则

第三十八条　个人信息处理者因业务等需要，确需向中华人民共和国境外提供个人信息的，应当具备下列条件之一：

（一）依照本法第四十条　的规定通过国家网信部门组织的安全评估；

（二）按照国家网信部门的规定经专业机构进行个人信息保护认证；

（三）按照国家网信部门制定的标准合同与境外接收方订立合同，约定双方的权利和义务；

（四）法律、行政法规或者国家网信部门规定的其他条件。

中华人民共和国缔结或者参加的国际条约、协定对向中华人民共和国境外提供个人信息的条件等有规定的，可以按照其规定执行。

个人信息处理者应当采取必要措施，保障境外接收方处理个人信息的活动达到本法规定的个人信息保护标准。

第三十九条　个人信息处理者向中华人民共和国境外提供个人信息的，应当向个人告知境外接收方的名称或者姓名、联系方式、处理目的、处理方式、个人信息的种类以及个人向境外接收方行使本法规定权利的方式和程序等事项，并取得个人的单独同意。

第四十条　关键信息基础设施运营者和处理个人信息达到国家网信部门规定数量的个人信息处理者，应当将在中华人民共和国境内收集和产生的个人信息存储在境内。确需向境外提供的，应当通过国家网信部门组织的安全评估；法律、行政法规和国家网信部门规定可以不进行安全评估的，从其规定。

第四十一条 中华人民共和国主管机关根据有关法律和中华人民共和国缔结或者参加的国际条约、协定，或者按照平等互惠原则，处理外国司法或者执法机构关于提供存储于境内个人信息的请求。非经中华人民共和国主管机关批准，个人信息处理者不得向外国司法或者执法机构提供存储于中华人民共和国境内的个人信息。

第四十二条 境外的组织、个人从事侵害中华人民共和国公民的个人信息权益，或者危害中华人民共和国国家安全、公共利益的个人信息处理活动的，国家网信部门可以将其列入限制或者禁止个人信息提供清单，予以公告，并采取限制或者禁止向其提供个人信息等措施。

第四十三条 任何国家或者地区在个人信息保护方面对中华人民共和国采取歧视性的禁止、限制或者其他类似措施的，中华人民共和国可以根据实际情况对该国家或者地区对等采取措施。

第四章　个人在个人信息处理活动中的权利

第四十四条 个人对其个人信息的处理享有知情权、决定权，有权限制或者拒绝他人对其个人信息进行处理；法律、行政法规另有规定的除外。

第四十五条 个人有权向个人信息处理者查阅、复制其个人信息；有本法第十八条第一款、第三十五条规定情形的除外。

个人请求查阅、复制其个人信息的，个人信息处理者应当及时提供。

个人请求将个人信息转移至其指定的个人信息处理者，符合国家网信部门规定条件的，个人信息处理者应当提供转移的途径。

第四十六条 个人发现其个人信息不准确或者不完整的，有权请求个人信息处理者更正、补充。

个人请求更正、补充其个人信息的，个人信息处理者应当对其个人信息予以核实，并及时更正、补充。

第四十七条 有下列情形之一的，个人信息处理者应当主动删除个人信息；个人信息处理者未删除的，个人有权请求删除：

（一）处理目的已实现、无法实现或者为实现处理目的不再必要；

（二）个人信息处理者停止提供产品或者服务，或者保存期限已届满；

（三）个人撤回同意；

（四）个人信息处理者违反法律、行政法规或者违反约定处理个人信息；

（五）法律、行政法规规定的其他情形。

法律、行政法规规定的保存期限未届满，或者删除个人信息从技术上难以实现的，个人信息处理者应当停止除存储和采取必要的安全保护措施之外的处理。

第四十八条　个人有权要求个人信息处理者对其个人信息处理规则进行解释说明。

第四十九条　自然人死亡的，其近亲属为了自身的合法、正当利益，可以对死者的相关个人信息行使本章规定的查阅、复制、更正、删除等权利；死者生前另有安排的除外。

第五十条　个人信息处理者应当建立便捷的个人行使权利的申请受理和处理机制。拒绝个人行使权利的请求的，应当说明理由。

个人信息处理者拒绝个人行使权利的请求的，个人可以依法向人民法院提起诉讼。

第五章　个人信息处理者的义务

第五十一条　个人信息处理者应当根据个人信息的处理目的、处理方式、个人信息的种类以及对个人权益的影响、可能存在的安全风险等，采取下列措施确保个人信息处理活动符合法律、行政法规的规定，并防止未经授权的访问以及个人信息泄露、篡改、丢失：

（一）制定内部管理制度和操作规程；

（二）对个人信息实行分类管理；

（三）采取相应的加密、去标识化等安全技术措施；

（四）合理确定个人信息处理的操作权限，并定期对从业人员进行安全教育和培训；

（五）制定并组织实施个人信息安全事件应急预案；

（六）法律、行政法规规定的其他措施。

第五十二条 处理个人信息达到国家网信部门规定数量的个人信息处理者应当指定个人信息保护负责人，负责对个人信息处理活动以及采取的保护措施等进行监督。

个人信息处理者应当公开个人信息保护负责人的联系方式，并将个人信息保护负责人的姓名、联系方式等报送履行个人信息保护职责的部门。

第五十三条 本法第三条第二款规定的中华人民共和国境外的个人信息处理者，应当在中华人民共和国境内设立专门机构或者指定代表，负责处理个人信息保护相关事务，并将有关机构的名称或者代表的姓名、联系方式等报送履行个人信息保护职责的部门。

第五十四条 个人信息处理者应当定期对其处理个人信息遵守法律、行政法规的情况进行合规审计。

第五十五条 有下列情形之一的，个人信息处理者应当事前进行个人信息保护影响评估，并对处理情况进行记录：

（一）处理敏感个人信息；

（二）利用个人信息进行自动化决策；

（三）委托处理个人信息、向其他个人信息处理者提供个人信息、公开个人信息；

（四）向境外提供个人信息；

（五）其他对个人权益有重大影响的个人信息处理活动。

第五十六条 个人信息保护影响评估应当包括下列内容：

（一）个人信息的处理目的、处理方式等是否合法、正当、必要；

（二）对个人权益的影响及安全风险；

（三）所采取的保护措施是否合法、有效并与风险程度相适应。

个人信息保护影响评估报告和处理情况记录应当至少保存三年。

第五十七条 发生或者可能发生个人信息泄露、篡改、丢失的，个人信息处理者应当立即采取补救措施，并通知履行个人信息保护职责的部门和个人。通知应当包括下列事项：

（一）发生或者可能发生个人信息泄露、篡改、丢失的信息种类、原因和可能造成的危害；

（二）个人信息处理者采取的补救措施和个人可以采取的减轻危害的措施；

（三）个人信息处理者的联系方式。

个人信息处理者采取措施能够有效避免信息泄露、篡改、丢失造成危害的，个人信息处理者可以不通知个人；履行个人信息保护职责的部门认为可能造成危害的，有权要求个人信息处理者通知个人。

第五十八条　提供重要互联网平台服务、用户数量巨大、业务类型复杂的个人信息处理者，应当履行下列义务：

（一）按照国家规定建立健全个人信息保护合规制度体系，成立主要由外部成员组成的独立机构对个人信息保护情况进行监督；

（二）遵循公开、公平、公正的原则，制定平台规则，明确平台内产品或者服务提供者处理个人信息的规范和保护个人信息的义务；

（三）对严重违反法律、行政法规处理个人信息的平台内的产品或者服务提供者，停止提供服务；

（四）定期发布个人信息保护社会责任报告，接受社会监督。

第五十九条　接受委托处理个人信息的受托人，应当依照本法和有关法律、行政法规的规定，采取必要措施保障所处理的个人信息的安全，并协助个人信息处理者履行本法规定的义务。

第六章　履行个人信息保护职责的部门

第六十条　国家网信部门负责统筹协调个人信息保护工作和相关监督管理工作。国务院有关部门依照本法和有关法律、行政法规的规定，在各自职责范围内负责个人信息保护和监督管理工作。

县级以上地方人民政府有关部门的个人信息保护和监督管理职责，按照国家有关规定确定。

前两款规定的部门统称为履行个人信息保护职责的部门。

第六十一条　履行个人信息保护职责的部门履行下列个人信息保护职责：

（一）开展个人信息保护宣传教育，指导、监督个人信息处理者开展个人信息保护工作；

（二）接受、处理与个人信息保护有关的投诉、举报；

（三）组织对应用程序等个人信息保护情况进行测评，并公布测评结果；

（四）调查、处理违法个人信息处理活动；

（五）法律、行政法规规定的其他职责。

第六十二条 国家网信部门统筹协调有关部门依据本法推进下列个人信息保护工作：

（一）制定个人信息保护具体规则、标准；

（二）针对小型个人信息处理者、处理敏感个人信息以及人脸识别、人工智能等新技术、新应用，制定专门的个人信息保护规则、标准；

（三）支持研究开发和推广应用安全、方便的电子身份认证技术，推进网络身份认证公共服务建设；

（四）推进个人信息保护社会化服务体系建设，支持有关机构开展个人信息保护评估、认证服务；

（五）完善个人信息保护投诉、举报工作机制。

第六十三条 履行个人信息保护职责的部门履行个人信息保护职责，可以采取下列措施：

（一）询问有关当事人，调查与个人信息处理活动有关的情况；

（二）查阅、复制当事人与个人信息处理活动有关的合同、记录、账簿以及其他有关资料；

（三）实施现场检查，对涉嫌违法的个人信息处理活动进行调查；

（四）检查与个人信息处理活动有关的设备、物品；对有证据证明是用于违法个人信息处理活动的设备、物品，向本部门主要负责人书面报告并经批准，可以查封或者扣押。

履行个人信息保护职责的部门依法履行职责，当事人应当予以协助、配合，不得拒绝、阻挠。

第六十四条 履行个人信息保护职责的部门在履行职责中，发现个人信息处理活动存在较大风险或者发生个人信息安全事件的，可以按照规定的权限和程序对该个人信息处理者的法定代表人或者主要负责人进行约谈，或者要求个人信息处理者委托专业机构对其个人信息处理活动进行合规审计。个人信息处理者应当按照要求采取措施，进行整改，消除隐患。

履行个人信息保护职责的部门在履行职责中，发现违法处理个人信息涉嫌犯罪的，应当及时移送公安机关依法处理。

第六十五条 任何组织、个人有权对违法个人信息处理活动向履行个人信息保护职责的部门进行投诉、举报。收到投诉、举报的部门应当依法及时处理，并将处理结果告知投诉、举报人。

履行个人信息保护职责的部门应当公布接受投诉、举报的联系方式。

第七章　法律责任

第六十六条　违反本法规定处理个人信息，或者处理个人信息未履行本法规定的个人信息保护义务的，由履行个人信息保护职责的部门责令改正，给予警告，没收违法所得，对违法处理个人信息的应用程序，责令暂停或者终止提供服务；拒不改正的，并处一百万元以下罚款；对直接负责的主管人员和其他直接责任人员处一万元以上十万元以下罚款。

有前款规定的违法行为，情节严重的，由省级以上履行个人信息保护职责的部门责令改正，没收违法所得，并处五千万元以下或者上一年度营业额百分之五以下罚款，并可以责令暂停相关业务或者停业整顿、通报有关主管部门吊销相关业务许可或者吊销营业执照；对直接负责的主管人员和其他直接责任人员处十万元以上一百万元以下罚款，并可以决定禁止其在一定期限内担任相关企业的董事、监事、高级管理人员和个人信息保护负责人。

第六十七条　有本法规定的违法行为的，依照有关法律、行政法规的规定记入信用档案，并予以公示。

第六十八条　国家机关不履行本法规定的个人信息保护义务的，由其上级机关或者履行个人信息保护职责的部门责令改正；对直接负责的主管人员和其他直接责任人员依法给予处分。

履行个人信息保护职责的部门的工作人员玩忽职守、滥用职权、徇私舞弊，尚不构成犯罪的，依法给予处分。

第六十九条　处理个人信息侵害个人信息权益造成损害，个人信息处理者不能证明自己没有过错的，应当承担损害赔偿等侵权责任。

前款规定的损害赔偿责任按照个人因此受到的损失或者个人信息处理者因此获得的利益确定；个人因此受到的损失和个人信息处理者因此获得的利益难以确定的，根据实际情况确定赔偿数额。

第七十条　个人信息处理者违反本法规定处理个人信息，侵害众多个人的权益的，人民检察院、法律规定的消费者组织和由国家网信部门确定的组织可以依法向人民法院提起诉讼。

第七十一条 违反本法规定，构成违反治安管理行为的，依法给予治安管理处罚；构成犯罪的，依法追究刑事责任。

第八章 附 则

第七十二条 自然人因个人或者家庭事务处理个人信息的，不适用本法。

法律对各级人民政府及其有关部门组织实施的统计、档案管理活动中的个人信息处理有规定的，适用其规定。

第七十三条 本法下列用语的含义：

（一）个人信息处理者，是指在个人信息处理活动中自主决定处理目的、处理方式的组织、个人。

（二）自动化决策，是指通过计算机程序自动分析、评估个人的行为习惯、兴趣爱好或者经济、健康、信用状况等，并进行决策的活动。

（三）去标识化，是指个人信息经过处理，使其在不借助额外信息的情况下无法识别特定自然人的过程。

（四）匿名化，是指个人信息经过处理无法识别特定自然人且不能复原的过程。

第七十四条 本法自 2021 年 11 月 1 日起施行。

四、中华人民共和国数据安全法

（2021 年 6 月 10 日第十三届全国人民代表大会常务委员会
第二十九次会议通过）

第一章 总 则

第一条 为了规范数据处理活动，保障数据安全，促进数据开发利用，保护个人、组织的合法权益，维护国家主权、安全和发展利益，制定本法。

第二条　在中华人民共和国境内开展数据处理活动及其安全监管，适用本法。

在中华人民共和国境外开展数据处理活动，损害中华人民共和国国家安全、公共利益或者公民、组织合法权益的，依法追究法律责任。

第三条　本法所称数据，是指任何以电子或者其他方式对信息的记录。

数据处理，包括数据的收集、存储、使用、加工、传输、提供、公开等。

数据安全，是指通过采取必要措施，确保数据处于有效保护和合法利用的状态，以及具备保障持续安全状态的能力。

第四条　维护数据安全，应当坚持总体国家安全观，建立健全数据安全治理体系，提高数据安全保障能力。

第五条　中央国家安全领导机构负责国家数据安全工作的决策和议事协调，研究制定、指导实施国家数据安全战略和有关重大方针政策，统筹协调国家数据安全的重大事项和重要工作，建立国家数据安全工作协调机制。

第六条　各地区、各部门对本地区、本部门工作中收集和产生的数据及数据安全负责。

工业、电信、交通、金融、自然资源、卫生健康、教育、科技等主管部门承担本行业、本领域数据安全监管职责。

公安机关、国家安全机关等依照本法和有关法律、行政法规的规定，在各自职责范围内承担数据安全监管职责。

国家网信部门依照本法和有关法律、行政法规的规定，负责统筹协调网络数据安全和相关监管工作。

第七条　国家保护个人、组织与数据有关的权益，鼓励数据依法合理有效利用，保障数据依法有序自由流动，促进以数据为关键要素的数字经济发展。

第八条　开展数据处理活动，应当遵守法律、法规，尊重社会公德和伦理，遵守商业道德和职业道德，诚实守信，履行数据安全保护义务，承担社会责任，不得危害国家安全、公共利益，不得损害个人、组织的合法权益。

　　第九条　国家支持开展数据安全知识宣传普及，提高全社会的数据安全保护意识和水平，推动有关部门、行业组织、科研机构、企业、个人等共同参与数据安全保护工作，形成全社会共同维护数据安全和促进发展的良好环境。

　　第十条　相关行业组织按照章程，依法制定数据安全行为规范和团体标准，加强行业自律，指导会员加强数据安全保护，提高数据安全保护水平，促进行业健康发展。

　　第十一条　国家积极开展数据安全治理、数据开发利用等领域的国际交流与合作，参与数据安全相关国际规则和标准的制定，促进数据跨境安全、自由流动。

　　第十二条　任何个人、组织都有权对违反本法规定的行为向有关主管部门投诉、举报。收到投诉、举报的部门应当及时依法处理。

　　有关主管部门应当对投诉、举报人的相关信息予以保密，保护投诉、举报人的合法权益。

第二章　数据安全与发展

　　第十三条　国家统筹发展和安全，坚持以数据开发利用和产业发展促进数据安全，以数据安全保障数据开发利用和产业发展。

　　第十四条　国家实施大数据战略，推进数据基础设施建设，鼓励和支持数据在各行业、各领域的创新应用。

　　省级以上人民政府应当将数字经济发展纳入本级国民经济和社会发展规划，并根据需要制定数字经济发展规划。

　　第十五条　国家支持开发利用数据提升公共服务的智能化水平。提供智能化公共服务，应当充分考虑老年人、残疾人的需求，避免对老年人、残疾人的日常生活造成障碍。

　　第十六条　国家支持数据开发利用和数据安全技术研究，鼓励数据开发利用和数据安全等领域的技术推广和商业创新，培育、发展数据开发利用和数据安全产品、产业体系。

　　第十七条　国家推进数据开发利用技术和数据安全标准体系建设。国务院标准化行政主管部门和国务院有关部门根据各自的职责，组织制定并适时修订有关数据开发利用技术、产品和数据安全相关标准。国家支持企业、社会团体和教育、科研机构等参与标准制定。

第十八条　国家促进数据安全检测评估、认证等服务的发展，支持数据安全检测评估、认证等专业机构依法开展服务活动。

国家支持有关部门、行业组织、企业、教育和科研机构、有关专业机构等在数据安全风险评估、防范、处置等方面开展协作。

第十九条　国家建立健全数据交易管理制度，规范数据交易行为，培育数据交易市场。

第二十条　国家支持教育、科研机构和企业等开展数据开发利用技术和数据安全相关教育和培训，采取多种方式培养数据开发利用技术和数据安全专业人才，促进人才交流。

第三章　数据安全制度

第二十一条　国家建立数据分类分级保护制度，根据数据在经济社会发展中的重要程度，以及一旦遭到篡改、破坏、泄露或者非法获取、非法利用，对国家安全、公共利益或者个人、组织合法权益造成的危害程度，对数据实行分类分级保护。国家数据安全工作协调机制统筹协调有关部门制定重要数据目录，加强对重要数据的保护。

关系国家安全、国民经济命脉、重要民生、重大公共利益等数据属于国家核心数据，实行更加严格的管理制度。

各地区、各部门应当按照数据分类分级保护制度，确定本地区、本部门以及相关行业、领域的重要数据具体目录，对列入目录的数据进行重点保护。

第二十二条　国家建立集中统一、高效权威的数据安全风险评估、报告、信息共享、监测预警机制。国家数据安全工作协调机制统筹协调有关部门加强数据安全风险信息的获取、分析、研判、预警工作。

第二十三条　国家建立数据安全应急处置机制。发生数据安全事件，有关主管部门应当依法启动应急预案，采取相应的应急处置措施，防止危害扩大，消除安全隐患，并及时向社会发布与公众有关的警示信息。

第二十四条　国家建立数据安全审查制度，对影响或者可能影响国家安全的数据处理活动进行国家安全审查。

依法作出的安全审查决定为最终决定。

第二十五条 国家对与维护国家安全和利益、履行国际义务相关的属于管制物项的数据依法实施出口管制。

第二十六条 任何国家或者地区在与数据和数据开发利用技术等有关的投资、贸易等方面对中华人民共和国采取歧视性的禁止、限制或者其他类似措施的，中华人民共和国可以根据实际情况对该国家或者地区对等采取措施。

第四章 数据安全保护义务

第二十七条 开展数据处理活动应当依照法律、法规的规定，建立健全全流程数据安全管理制度，组织开展数据安全教育培训，采取相应的技术措施和其他必要措施，保障数据安全。利用互联网等信息网络开展数据处理活动，应当在网络安全等级保护制度的基础上，履行上述数据安全保护义务。

重要数据的处理者应当明确数据安全负责人和管理机构，落实数据安全保护责任。

第二十八条 开展数据处理活动以及研究开发数据新技术，应当有利于促进经济社会发展，增进人民福祉，符合社会公德和伦理。

第二十九条 开展数据处理活动应当加强风险监测，发现数据安全缺陷、漏洞等风险时，应当立即采取补救措施；发生数据安全事件时，应当立即采取处置措施，按照规定及时告知用户并向有关主管部门报告。

第三十条 重要数据的处理者应当按照规定对其数据处理活动定期开展风险评估，并向有关主管部门报送风险评估报告。

风险评估报告应当包括处理的重要数据的种类、数量，开展数据处理活动的情况，面临的数据安全风险及其应对措施等。

第三十一条 关键信息基础设施的运营者在中华人民共和国境内运营中收集和产生的重要数据的出境安全管理，适用《中华人民共和国网络安全法》的规定；其他数据处理者在中华人民共和国境内运营中收集和产生的重要数据的出境安全管理办法，由国家网信部门会同国务院有关部门制定。

第三十二条 任何组织、个人收集数据，应当采取合法、正当的方式,不得窃取或者以其他非法方式获取数据。

法律、行政法规对收集、使用数据的目的、范围有规定的,应当在法律、行政法规规定的目的和范围内收集、使用数据。

第三十三条　从事数据交易中介服务的机构提供服务,应当要求数据提供方说明数据来源,审核交易双方的身份,并留存审核、交易记录。

第三十四条　法律、行政法规规定提供数据处理相关服务应当取得行政许可的,服务提供者应当依法取得许可。

第三十五条　公安机关、国家安全机关因依法维护国家安全或者侦查犯罪的需要调取数据,应当按照国家有关规定,经过严格的批准手续,依法进行,有关组织、个人应当予以配合。

第三十六条　中华人民共和国主管机关根据有关法律和中华人民共和国缔结或者参加的国际条约、协定,或者按照平等互惠原则,处理外国司法或者执法机构关于提供数据的请求。非经中华人民共和国主管机关批准,境内的组织、个人不得向外国司法或者执法机构提供存储于中华人民共和国境内的数据。

第五章　政务数据安全与开放

第三十七条　国家大力推进电子政务建设,提高政务数据的科学性、准确性、时效性,提升运用数据服务经济社会发展的能力。

第三十八条　国家机关为履行法定职责的需要收集、使用数据,应当在其履行法定职责的范围内依照法律、行政法规规定的条件和程序进行;对在履行职责中知悉的个人隐私、个人信息、商业秘密、保密商务信息等数据应当依法予以保密,不得泄露或者非法向他人提供。

第三十九条　国家机关应当依照法律、行政法规的规定,建立健全数据安全管理制度,落实数据安全保护责任,保障政务数据安全。

第四十条　国家机关委托他人建设、维护电子政务系统,存储、加工政务数据,应当经过严格的批准程序,并应当监督受托方履行相应的数据安全保护义务。受托方应当依照法律、法规的规定和合同约定履行数据安全保护义务,不得擅自留存、使用、泄露或者向他人提供政务数据。

第四十一条　国家机关应当遵循公正、公平、便民的原则,按照规定及时、准确地公开政务数据。依法不予公开的除外。

第四十二条　国家制定政务数据开放目录，构建统一规范、互联互通、安全可控的政务数据开放平台，推动政务数据开放利用。

第四十三条　法律、法规授权的具有管理公共事务职能的组织为履行法定职责开展数据处理活动，适用本章规定。

第六章　法律责任

第四十四条　有关主管部门在履行数据安全监管职责中，发现数据处理活动存在较大安全风险的，可以按照规定的权限和程序对有关组织、个人进行约谈，并要求有关组织、个人采取措施进行整改，消除隐患。

第四十五条　开展数据处理活动的组织、个人不履行本法第二十七条、第二十九条、第三十条规定的数据安全保护义务的，由有关主管部门责令改正，给予警告，可以并处五万元以上五十万元以下罚款，对直接负责的主管人员和其他直接责任人员可以处一万元以上十万元以下罚款；拒不改正或者造成大量数据泄露等严重后果的，处五十万元以上二百万元以下罚款，并可以责令暂停相关业务、停业整顿、吊销相关业务许可证或者吊销营业执照，对直接负责的主管人员和其他直接责任人员处五万元以上二十万元以下罚款。

违反国家核心数据管理制度，危害国家主权、安全和发展利益的，由有关主管部门处二百万元以上一千万元以下罚款，并根据情况责令暂停相关业务、停业整顿、吊销相关业务许可证或者吊销营业执照；构成犯罪的，依法追究刑事责任。

第四十六条　违反本法第三十一条规定，向境外提供重要数据的，由有关主管部门责令改正，给予警告，可以并处十万元以上一百万元以下罚款，对直接负责的主管人员和其他直接责任人员可以处一万元以上十万元以下罚款；情节严重的，处一百万元以上一千万元以下罚款，并可以责令暂停相关业务、停业整顿、吊销相关业务许可证或者吊销营业执照，对直接负责的主管人员和其他直接责任人员处十万元以上一百万元以下罚款。

第四十七条　从事数据交易中介服务的机构未履行本法第三十三条规定的义务的，由有关主管部门责令改正，没收违法所得，处违法所得一倍以上十倍以下罚款，没有违法所得或者违法所得不足十万元的，处十万元以上一百万元以下罚款，并可以责令暂停相关业务、停业整顿、吊销相关业务许可证或者吊销营业执照；对直接负责的主管人员和其他直接责任人员处一万元以上十万元以下罚款。

第四十八条 违反本法第三十五条规定，拒不配合数据调取的，由有关主管部门责令改正，给予警告，并处五万元以上五十万元以下罚款，对直接负责的主管人员和其他直接责任人员处一万元以上十万元以下罚款。

违反本法第三十六条规定，未经主管机关批准向外国司法或者执法机构提供数据的，由有关主管部门给予警告，可以并处十万元以上一百万元以下罚款，对直接负责的主管人员和其他直接责任人员可以处一万元以上十万元以下罚款；造成严重后果的，处一百万元以上五百万元以下罚款，并可以责令暂停相关业务、停业整顿、吊销相关业务许可证或者吊销营业执照，对直接负责的主管人员和其他直接责任人员处五万元以上五十万元以下罚款。

第四十九条 国家机关不履行本法规定的数据安全保护义务的，对直接负责的主管人员和其他直接责任人员依法给予处分。

第五十条 履行数据安全监管职责的国家工作人员玩忽职守、滥用职权、徇私舞弊的，依法给予处分。

第五十一条 窃取或者以其他非法方式获取数据，开展数据处理活动排除、限制竞争，或者损害个人、组织合法权益的，依照有关法律、行政法规的规定处罚。

第五十二条 违反本法规定，给他人造成损害的，依法承担民事责任。

违反本法规定，构成违反治安管理行为的，依法给予治安管理处罚；构成犯罪的，依法追究刑事责任。

第七章 附 则

第五十三条 开展涉及国家秘密的数据处理活动，适用《中华人民共和国保守国家秘密法》等法律、行政法规的规定。

在统计、档案工作中开展数据处理活动，开展涉及个人信息的数据处理活动，还应当遵守有关法律、行政法规的规定。

第五十四条 军事数据安全保护的办法，由中央军事委员会依据本法另行制定。

第五十五条 本法自 2021 年 9 月 1 日起施行。

五、中华人民共和国刑事诉讼法（节录）

（1979 年 7 月 1 日第五届全国人民代表大会第二次会议通过
根据 1996 年 3 月 17 日第八届全国人民代表大会第四次会议
《关于修改〈中华人民共和国刑事诉讼法〉的决定》第一次修正
根据 2012 年 3 月 14 日第十一届全国人民代表大会第五次会议
《关于修改〈中华人民共和国刑事诉讼法〉的决定》第二次修正
根据 2018 年 10 月 26 日第十三届全国人民代表大会常务委员会第
六次会议《关于修改〈中华人民共和国刑事诉讼法〉的决定》第
三次修正）

第十九条 刑事案件的侦查由公安机关进行，法律另有规定的除外。

人民检察院在对诉讼活动实行法律监督中发现的司法工作人员利用职权实施的非法拘禁、刑讯逼供、非法搜查等侵犯公民权利、损害司法公正的犯罪，可以由人民检察院立案侦查。对于公安机关管辖的国家机关工作人员利用职权实施的重大犯罪案件，需要由人民检察院直接受理的时候，经省级以上人民检察院决定，可以由人民检察院立案侦查。

自诉案件，由人民法院直接受理。

第二十条 基层人民法院管辖第一审普通刑事案件，但是依照本法由上级人民法院管辖的除外。

第二十四条 上级人民法院在必要的时候，可以审判下级人民法院管辖的第一审刑事案件；下级人民法院认为案情重大、复杂需要由上级人民法院审判的第一审刑事案件，可以请求移送上一级人民法院审判。

第二十五条 刑事案件由犯罪地的人民法院管辖。如果由被告人居住地的人民法院审判更为适宜的，可以由被告人居住地的人民法院管辖。

第二十六条 几个同级人民法院都有权管辖的案件，由最初受理的人民法院审判。在必要的时候，可以移送主要犯罪地的人民法院审判。

第二十七条 上级人民法院可以指定下级人民法院审判管辖不明的案

件，也可以指定下级人民法院将案件移送其他人民法院审判。

第五十条 可以用于证明案件事实的材料，都是证据。

证据包括：

（一）物证；

（二）书证；

（三）证人证言；

（四）被害人陈述；

（五）犯罪嫌疑人、被告人供述和辩解；

（六）鉴定意见；

（七）勘验、检查、辨认、侦查实验等笔录；

（八）视听资料、电子数据。

证据必须经过查证属实，才能作为定案的根据。

第五十一条 公诉案件中被告人有罪的举证责任由人民检察院承担，自诉案件中被告人有罪的举证责任由自诉人承担。

第五十二条 审判人员、检察人员、侦查人员必须依照法定程序，收集能够证实犯罪嫌疑人、被告人有罪或者无罪、犯罪情节轻重的各种证据。严禁刑讯逼供和以威胁、引诱、欺骗以及其他非法方法收集证据，不得强迫任何人证实自己有罪。必须保证一切与案件有关或者了解案情的公民，有客观地充分地提供证据的条件，除特殊情况外，可以吸收他们协助调查。

第五十三条 公安机关提请批准逮捕书、人民检察院起诉书、人民法院判决书，必须忠实于事实真象。故意隐瞒事实真象的，应当追究责任。

第五十四条 人民法院、人民检察院和公安机关有权向有关单位和个人收集、调取证据。有关单位和个人应当如实提供证据。

行政机关在行政执法和查办案件过程中收集的物证、书证、视听资料、电子数据等证据材料，在刑事诉讼中可以作为证据使用。

对涉及国家秘密、商业秘密、个人隐私的证据，应当保密。

凡是伪造证据、隐匿证据或者毁灭证据的，无论属于何方，必须受法律追究。

第五十五条 对一切案件的判处都要重证据，重调查研究，不轻信口供。只有被告人供述，没有其他证据的，不能认定被告人有罪和处以刑罚；没有被告人供述，证据确实、充分的，可以认定被告人有罪和处以刑罚。

证据确实、充分，应当符合以下条件：

（一）定罪量刑的事实都有证据证明；

（二）据以定案的证据均经法定程序查证属实；

（三）综合全案证据，对所认定事实已排除合理怀疑。

第五十六条 采用刑讯逼供等非法方法收集的犯罪嫌疑人、被告人供述和采用暴力、威胁等非法方法收集的证人证言、被害人陈述，应当予以排除。收集物证、书证不符合法定程序，可能严重影响司法公正的，应当予以补正或者作出合理解释；不能补正或者作出合理解释的，对该证据应当予以排除。

在侦查、审查起诉、审判时发现有应当排除的证据的，应当依法予以排除，不得作为起诉意见、起诉决定和判决的依据。

第五十七条 人民检察院接到报案、控告、举报或者发现侦查人员以非法方法收集证据的，应当进行调查核实。对于确有以非法方法收集证据情形的，应当提出纠正意见；构成犯罪的，依法追究刑事责任。

第五十八条 法庭审理过程中，审判人员认为可能存在本法第五十六条规定的以非法方法收集证据情形的，应当对证据收集的合法性进行法庭调查。

当事人及其辩护人、诉讼代理人有权申请人民法院对以非法方法收集的证据依法予以排除。申请排除以非法方法收集的证据的，应当提供相关线索或者材料。

第五十九条 在对证据收集的合法性进行法庭调查的过程中，人民检察院应当对证据收集的合法性加以证明。

现有证据材料不能证明证据收集的合法性的，人民检察院可以提请人民法院通知有关侦查人员或者其他人员出庭说明情况；人民法院可以通知有关侦查人员或者其他人员出庭说明情况。有关侦查人员或者其他人员也可以要求出庭说明情况。经人民法院通知，有关人员应当出庭。

第六十条 对于经过法庭审理，确认或者不能排除存在本法第五十六条规定的以非法方法收集证据情形的，对有关证据应当予以排除。

第一百零一条 被害人由于被告人的犯罪行为而遭受物质损失的，在刑事诉讼过程中，有权提起附带民事诉讼。被害人死亡或者丧失行为能力的，被害人的法定代理人、近亲属有权提起附带民事诉讼。

如果是国家财产、集体财产遭受损失的，人民检察院在提起公诉的时候，可以提起附带民事诉讼。

第一百零二条　人民法院在必要的时候，可以采取保全措施，查封、扣押或者冻结被告人的财产。附带民事诉讼原告人或者人民检察院可以申请人民法院采取保全措施。人民法院采取保全措施，适用民事诉讼法的有关规定。

第一百零三条　人民法院审理附带民事诉讼案件，可以进行调解，或者根据物质损失情况作出判决、裁定。

第一百零四条　附带民事诉讼应当同刑事案件一并审判，只有为了防止刑事案件审判的过分迟延，才可以在刑事案件审判后，由同一审判组织继续审理附带民事诉讼。

第一百零九条　公安机关或者人民检察院发现犯罪事实或者犯罪嫌疑人，应当按照管辖范围，立案侦查。

第一百一十二条　人民法院、人民检察院或者公安机关对于报案、控告、举报和自首的材料，应当按照管辖范围，迅速进行审查，认为有犯罪事实需要追究刑事责任的时候，应当立案；认为没有犯罪事实，或者犯罪事实显著轻微，不需要追究刑事责任的时候，不予立案，并且将不立案的原因通知控告人。控告人如果不服，可以申请复议。

第一百一十三条　人民检察院认为公安机关对应当立案侦查的案件而不立案侦查的，或者被害人认为公安机关对应当立案侦查的案件而不立案侦查，向人民检察院提出的，人民检察院应当要求公安机关说明不立案的理由。人民检察院认为公安机关不立案理由不能成立的，应当通知公安机关立案，公安机关接到通知后应当立案。

第一百一十八条　讯问犯罪嫌疑人必须由人民检察院或者公安机关的侦查人员负责进行。讯问的时候，侦查人员不得少于二人。

犯罪嫌疑人被送交看守所羁押以后，侦查人员对其进行讯问，应当在看守所内进行。

第一百一十九条　对不需要逮捕、拘留的犯罪嫌疑人，可以传唤到犯罪嫌疑人所在市、县内的指定地点或者到他的住处进行讯问，但是应当出示人民检察院或者公安机关的证明文件。对在现场发现的犯罪嫌疑人，经出示工作证件，可以口头传唤，但应当在讯问笔录中注明。

传唤、拘传持续的时间不得超过十二小时；案情特别重大、复杂，需要采取拘留、逮捕措施的，传唤、拘传持续的时间不得超过二十四小时。

不得以连续传唤、拘传的形式变相拘禁犯罪嫌疑人。传唤、拘传犯罪嫌疑人，应当保证犯罪嫌疑人的饮食和必要的休息时间。

第一百二十条 侦查人员在讯问犯罪嫌疑人的时候，应当首先讯问犯罪嫌疑人是否有犯罪行为，让他陈述有罪的情节或者无罪的辩解，然后向他提出问题。犯罪嫌疑人对侦查人员的提问，应当如实回答。但是对与本案无关的问题，有拒绝回答的权利。

侦查人员在讯问犯罪嫌疑人的时候，应当告知犯罪嫌疑人享有的诉讼权利，如实供述自己罪行可以从宽处理和认罪认罚的法律规定。

第一百二十一条 讯问聋、哑的犯罪嫌疑人，应当有通晓聋、哑手势的人参加，并且将这种情况记明笔录。

第一百二十二条 讯问笔录应当交犯罪嫌疑人核对，对于没有阅读能力的，应当向他宣读。如果记载有遗漏或者差错，犯罪嫌疑人可以提出补充或者改正。犯罪嫌疑人承认笔录没有错误后，应当签名或者盖章。侦查人员也应当在笔录上签名。犯罪嫌疑人请求自行书写供述的，应当准许。必要的时候，侦查人员也可以要犯罪嫌疑人亲笔书写供词。

第一百二十三条 侦查人员在讯问犯罪嫌疑人的时候，可以对讯问过程进行录音或者录像；对于可能判处无期徒刑、死刑的案件或者其他重大犯罪案件，应当对讯问过程进行录音或者录像。

录音或者录像应当全程进行，保持完整性。

第一百二十四条 侦查人员询问证人，可以在现场进行，也可以到证人所在单位、住处或者证人提出的地点进行，在必要的时候，可以通知证人到人民检察院或者公安机关提供证言。在现场询问证人，应当出示工作证件，到证人所在单位、住处或者证人提出的地点询问证人，应当出示人民检察院或者公安机关的证明文件。

询问证人应当个别进行。

第一百二十五条 询问证人，应当告知他应当如实地提供证据、证言和有意作伪证或者隐匿罪证要负的法律责任。

第一百二十六条　本法第一百二十二条的规定，也适用于询问证人。

第一百二十七条　询问被害人，适用本节各条规定。

第一百二十八条　侦查人员对于与犯罪有关的场所、物品、人身、尸体应当进行勘验或者检查。在必要的时候，可以指派或者聘请具有专门知识的人，在侦查人员的主持下进行勘验、检查。

第一百二十九条　任何单位和个人，都有义务保护犯罪现场，并且立即通知公安机关派员勘验。

第一百三十条　侦查人员执行勘验、检查，必须持有人民检察院或者公安机关的证明文件。

第一百三十二条　为了确定被害人、犯罪嫌疑人的某些特征、伤害情况或者生理状态，可以对人身进行检查，可以提取指纹信息，采集血液、尿液等生物样本。

犯罪嫌疑人如果拒绝检查，侦查人员认为必要的时候，可以强制检查。

检查妇女的身体，应当由女工作人员或者医师进行。

第一百三十三条　勘验、检查的情况应当写成笔录，由参加勘验、检查的人和见证人签名或者盖章。

第一百三十四条　人民检察院审查案件的时候，对公安机关的勘验、检查，认为需要复验、复查时，可以要求公安机关复验、复查，并且可以派检察人员参加。

第一百三十五条　为了查明案情，在必要的时候，经公安机关负责人批准，可以进行侦查实验。

侦查实验的情况应当写成笔录，由参加实验的人签名或者盖章。

侦查实验，禁止一切足以造成危险、侮辱人格或者有伤风化的行为。

第一百三十六条　为了收集犯罪证据、查获犯罪人，侦查人员可以对犯罪嫌疑人以及可能隐藏罪犯或者犯罪证据的人的身体、物品、住处和其他有关的地方进行搜查。

第一百三十七条　任何单位和个人，有义务按照人民检察院和公安机关的要求，交出可以证明犯罪嫌疑人有罪或者无罪的物证、书证、视听资料等证据。

第一百三十八条　进行搜查，必须向被搜查人出示搜查证。

在执行逮捕、拘留的时候，遇有紧急情况，不另用搜查证也可以进行搜查。

第一百三十九条 在搜查的时候，应当有被搜查人或者他的家属，邻居或者其他见证人在场。

搜查妇女的身体，应当由女工作人员进行。

第一百四十条 搜查的情况应当写成笔录，由侦查人员和被搜查人或者他的家属，邻居或者其他见证人签名或者盖章。如果被搜查人或者他的家属在逃或者拒绝签名、盖章，应当在笔录上注明。

第一百四十一条 在侦查活动中发现的可用以证明犯罪嫌疑人有罪或者无罪的各种财物、文件，应当查封、扣押；与案件无关的财物、文件，不得查封、扣押。

对查封、扣押的财物、文件，要妥善保管或者封存，不得使用、调换或者损毁。

第一百四十二条 对查封、扣押的财物、文件，应当会同在场见证人和被查封、扣押财物、文件持有人查点清楚，当场开列清单一式二份，由侦查人员、见证人和持有人签名或者盖章，一份交给持有人，另一份附卷备查。

第一百四十三条 侦查人员认为需要扣押犯罪嫌疑人的邮件、电报的时候，经公安机关或者人民检察院批准，即可通知邮电机关将有关的邮件、电报检交扣押。

不需要继续扣押的时候，应即通知邮电机关。

第一百四十四条 人民检察院、公安机关根据侦查犯罪的需要，可以依照规定查询、冻结犯罪嫌疑人的存款、汇款、债券、股票、基金份额等财产。有关单位和个人应当配合。

犯罪嫌疑人的存款、汇款、债券、股票、基金份额等财产已被冻结的，不得重复冻结。

第一百四十五条 对查封、扣押的财物、文件、邮件、电报或者冻结的存款、汇款、债券、股票、基金份额等财产，经查明确实与案件无关的，应当在三日以内解除查封、扣押、冻结，予以退还。

第一百四十六条 为了查明案情，需要解决案件中某些专门性问题的时候，应当指派、聘请有专门知识的人进行鉴定。

第一百四十七条　鉴定人进行鉴定后，应当写出鉴定意见，并且签名。

鉴定人故意作虚假鉴定的，应当承担法律责任。

第一百四十八条　侦查机关应当将用作证据的鉴定意见告知犯罪嫌疑人、被害人。如果犯罪嫌疑人、被害人提出申请，可以补充鉴定或者重新鉴定。

第一百四十九条　对犯罪嫌疑人作精神病鉴定的期间不计入办案期限。

第一百五十条　公安机关在立案后，对于危害国家安全犯罪、恐怖活动犯罪、黑社会性质的组织犯罪、重大毒品犯罪或者其他严重危害社会的犯罪案件，根据侦查犯罪的需要，经过严格的批准手续，可以采取技术侦查措施。

人民检察院在立案后，对于利用职权实施的严重侵犯公民人身权利的重大犯罪案件，根据侦查犯罪的需要，经过严格的批准手续，可以采取技术侦查措施，按照规定交有关机关执行。

追捕被通缉或者批准、决定逮捕的在逃的犯罪嫌疑人、被告人，经过批准，可以采取追捕所必需的技术侦查措施。

第一百五十一条　批准决定应当根据侦查犯罪的需要，确定采取技术侦查措施的种类和适用对象。批准决定自签发之日起三个月以内有效。对于不需要继续采取技术侦查措施的，应当及时解除；对于复杂、疑难案件，期限届满仍有必要继续采取技术侦查措施的，经过批准，有效期可以延长，每次不得超过三个月。

第一百五十二条　采取技术侦查措施，必须严格按照批准的措施种类、适用对象和期限执行。

侦查人员对采取技术侦查措施过程中知悉的国家秘密、商业秘密和个人隐私，应当保密；对采取技术侦查措施获取的与案件无关的材料，必须及时销毁。

采取技术侦查措施获取的材料，只能用于对犯罪的侦查、起诉和审判，不得用于其他用途。

公安机关依法采取技术侦查措施，有关单位和个人应当配合，并对有关情况予以保密。

第一百五十三条 为了查明案情，在必要的时候，经公安机关负责人决定，可以由有关人员隐匿其身份实施侦查。但是，不得诱使他人犯罪，不得采用可能危害公共安全或者发生重大人身危险的方法。

对涉及给付毒品等违禁品或者财物的犯罪活动，公安机关根据侦查犯罪的需要，可以依照规定实施控制下交付。

第一百五十四条 依照本节规定采取侦查措施收集的材料在刑事诉讼中可以作为证据使用。如果使用该证据可能危及有关人员的人身安全，或者可能产生其他严重后果的，应当采取不暴露有关人员身份、技术方法等保护措施，必要的时候，可以由审判人员在庭外对证据进行核实。

第一百五十五条 应当逮捕的犯罪嫌疑人如果在逃，公安机关可以发布通缉令，采取有效措施，追捕归案。

各级公安机关在自己管辖的地区以内，可以直接发布通缉令；超出自己管辖的地区，应当报请有权决定的上级机关发布。

第一百五十六条 对犯罪嫌疑人逮捕后的侦查羁押期限不得超过二个月。案情复杂、期限届满不能终结的案件，可以经上一级人民检察院批准延长一个月。

第一百五十七条 因为特殊原因，在较长时间内不宜交付审判的特别重大复杂的案件，由最高人民检察院报请全国人民代表大会常务委员会批准延期审理。

第一百五十八条 下列案件在本法第一百五十六条规定的期限届满不能侦查终结的，经省、自治区、直辖市人民检察院批准或者决定，可以延长二个月：

（一）交通十分不便的边远地区的重大复杂案件；

（二）重大的犯罪集团案件；

（三）流窜作案的重大复杂案件；

（四）犯罪涉及面广，取证困难的重大复杂案件。

第一百五十九条 对犯罪嫌疑人可能判处十年有期徒刑以上刑罚，依照本法第一百五十八条规定延长期限届满，仍不能侦查终结的，经省、自治区、直辖市人民检察院批准或者决定，可以再延长二个月。

第一百六十条 在侦查期间，发现犯罪嫌疑人另有重要罪行的，自发现之日起依照本法第一百五十六条的规定重新计算侦查羁押期限。

犯罪嫌疑人不讲真实姓名、住址，身份不明的，应当对其身份进行调查，侦查羁押期限自查清其身份之日起计算，但是不得停止对其犯罪行为的侦查取证。对于犯罪事实清楚，证据确实、充分，确实无法查明其身份的，也可以按其自报的姓名起诉、审判。

第一百六十一条　在案件侦查终结前，辩护律师提出要求的，侦查机关应当听取辩护律师的意见，并记录在案。辩护律师提出书面意见的，应当附卷。

第一百六十二条　公安机关侦查终结的案件，应当做到犯罪事实清楚，证据确实、充分，并且写出起诉意见书，连同案卷材料、证据一并移送同级人民检察院审查决定；同时将案件移送情况告知犯罪嫌疑人及其辩护律师。

犯罪嫌疑人自愿认罪的，应当记录在案，随案移送，并在起诉意见书中写明有关情况。

第一百七十一条　人民检察院审查案件的时候，必须查明：

（一）犯罪事实、情节是否清楚，证据是否确实、充分，犯罪性质和罪名的认定是否正确；

（二）有无遗漏罪行和其他应当追究刑事责任的人；

（三）是否属于不应追究刑事责任的；

（四）有无附带民事诉讼；

（五）侦查活动是否合法。

第一百七十三条　人民检察院审查案件，应当讯问犯罪嫌疑人，听取辩护人或者值班律师、被害人及其诉讼代理人的意见，并记录在案。辩护人或者值班律师、被害人及其诉讼代理人提出书面意见的，应当附卷。

犯罪嫌疑人认罪认罚的，人民检察院应当告知其享有的诉讼权利和认罪认罚的法律规定，听取犯罪嫌疑人、辩护人或者值班律师、被害人及其诉讼代理人对下列事项的意见，并记录在案：

（一）涉嫌的犯罪事实、罪名及适用的法律规定；

（二）从轻、减轻或者免除处罚等从宽处罚的建议；

（三）认罪认罚后案件审理适用的程序；

（四）其他需要听取意见的事项。

人民检察院依照前两款规定听取值班律师意见的，应当提前为值班律师了解案件有关情况提供必要的便利。

第一百七十四条 犯罪嫌疑人自愿认罪，同意量刑建议和程序适用的，应当在辩护人或者值班律师在场的情况下签署认罪认罚具结书。

犯罪嫌疑人认罪认罚，有下列情形之一的，不需要签署认罪认罚具结书：

（一）犯罪嫌疑人是盲、聋、哑人，或者是尚未完全丧失辨认或者控制自己行为能力的精神病人的；

（二）未成年犯罪嫌疑人的法定代理人、辩护人对未成年人认罪认罚有异议的；

（三）其他不需要签署认罪认罚具结书的情形。

第一百七十五条 人民检察院审查案件，可以要求公安机关提供法庭审判所必需的证据材料；认为可能存在本法第五十六条规定的以非法方法收集证据情形的，可以要求其对证据收集的合法性作出说明。

人民检察院审查案件，对于需要补充侦查的，可以退回公安机关补充侦查，也可以自行侦查。

对于补充侦查的案件，应当在一个月以内补充侦查完毕。补充侦查以二次为限。补充侦查完毕移送人民检察院后，人民检察院重新计算审查起诉期限。

对于二次补充侦查的案件，人民检察院仍然认为证据不足，不符合起诉条件的，应当作出不起诉的决定。

第一百七十六条 人民检察院认为犯罪嫌疑人的犯罪事实已经查清，证据确实、充分，依法应当追究刑事责任的，应当作出起诉决定，按照审判管辖的规定，向人民法院提起公诉，并将案卷材料、证据移送人民法院。

犯罪嫌疑人认罪认罚的，人民检察院应当就主刑、附加刑、是否适用缓刑等提出量刑建议，并随案移送认罪认罚具结书等材料。

第一百七十七条 犯罪嫌疑人没有犯罪事实，或者有本法第十六条规定的情形之一的，人民检察院应当作出不起诉决定。

对于犯罪情节轻微，依照刑法规定不需要判处刑罚或者免除刑罚的，人民检察院可以作出不起诉决定。

人民检察院决定不起诉的案件，应当同时对侦查中查封、扣押、冻结的财物解除查封、扣押、冻结。对被不起诉人需要给予行政处罚、处分或者需要没收其违法所得的，人民检察院应当提出检察意见，移送有关主管机关处理。有关主管机关应当将处理结果及时通知人民检察院。

第一百七十八条 不起诉的决定，应当公开宣布，并且将不起诉决定书送达被不起诉人和他的所在单位。如果被不起诉人在押，应当立即释放。

第一百七十九条 对于公安机关移送起诉的案件，人民检察院决定不起诉的，应当将不起诉决定书送达公安机关。公安机关认为不起诉的决定有错误的时候，可以要求复议，如果意见不被接受，可以向上一级人民检察院提请复核。

第一百八十一条 对于人民检察院依照本法第一百七十七条第二款规定作出的不起诉决定，被不起诉人如果不服，可以自收到决定书后七日以内向人民检察院申诉。人民检察院应当作出复查决定，通知被不起诉的人，同时抄送公安机关。

第一百八十二条 犯罪嫌疑人自愿如实供述涉嫌犯罪的事实，有重大立功或者案件涉及国家重大利益的，经最高人民检察院核准，公安机关可以撤销案件，人民检察院可以作出不起诉决定，也可以对涉嫌数罪中的一项或者多项不起诉。

根据前款规定不起诉或者撤销案件的，人民检察院、公安机关应当及时对查封、扣押、冻结的财物及其孳息作出处理。

第二百七十七条 对犯罪的未成年人实行教育、感化、挽救的方针，坚持教育为主、惩罚为辅的原则。

人民法院、人民检察院和公安机关办理未成年人刑事案件，应当保障未成年人行使其诉讼权利，保障未成年人得到法律帮助，并由熟悉未成年人身心特点的审判人员、检察人员、侦查人员承办。

第二百七十八条 未成年犯罪嫌疑人、被告人没有委托辩护人的，人民法院、人民检察院、公安机关应当通知法律援助机构指派律师为其提供辩护。

第二百七十九条 公安机关、人民检察院、人民法院办理未成年人刑事案件，根据情况可以对未成年犯罪嫌疑人、被告人的成长经历、犯罪原因、监护教育等情况进行调查。

第二百八十条 对未成年犯罪嫌疑人、被告人应当严格限制适用逮捕措施。人民检察院审查批准逮捕和人民法院决定逮捕，应当讯问未成年犯罪嫌疑人、被告人，听取辩护律师的意见。

对被拘留、逮捕和执行刑罚的未成年人与成年人应当分别关押、分别管理、分别教育。

第二百八十一条 对于未成年人刑事案件，在讯问和审判的时候，应当通知未成年犯罪嫌疑人、被告人的法定代理人到场。无法通知、法定代理人不能到场或者法定代理人是共犯的，也可以通知未成年犯罪嫌疑人、被告人的其他成年亲属，所在学校、单位、居住地基层组织或者未成年人保护组织的代表到场，并将有关情况记录在案。到场的法定代理人可以代为行使未成年犯罪嫌疑人、被告人的诉讼权利。

到场的法定代理人或者其他人员认为办案人员在讯问、审判中侵犯未成年人合法权益的，可以提出意见。讯问笔录、法庭笔录应当交给到场的法定代理人或者其他人员阅读或者向他宣读。

讯问女性未成年犯罪嫌疑人，应当有女工作人员在场。

审判未成年人刑事案件，未成年被告人最后陈述后，其法定代理人可以进行补充陈述。

询问未成年被害人、证人，适用第一款、第二款、第三款的规定。

第二百八十二条 对于未成年人涉嫌刑法分则第四章、第五章、第六章规定的犯罪，可能判处一年有期徒刑以下刑罚，符合起诉条件，但有悔罪表现的，人民检察院可以作出附条件不起诉的决定。人民检察院在作出附条件不起诉的决定以前，应当听取公安机关、被害人的意见。

对附条件不起诉的决定，公安机关要求复议、提请复核或者被害人申诉的，适用本法第一百七十九条、第一百八十条的规定。

未成年犯罪嫌疑人及其法定代理人对人民检察院决定附条件不起诉有异议的，人民检察院应当作出起诉的决定。

第二百八十三条 在附条件不起诉的考验期内，由人民检察院对被附条件不起诉的未成年犯罪嫌疑人进行监督考察。未成年犯罪嫌疑人的监护人，应当对未成年犯罪嫌疑人加强管教，配合人民检察院做好监督考察工作。

附条件不起诉的考验期为六个月以上一年以下，从人民检察院作出附条件不起诉的决定之日起计算。

被附条件不起诉的未成年犯罪嫌疑人，应当遵守下列规定：

（一）遵守法律法规，服从监督；

（二）按照考察机关的规定报告自己的活动情况；

（三）离开所居住的市、县或者迁居，应当报经考察机关批准；

（四）按照考察机关的要求接受矫治和教育。

第二百八十四条　被附条件不起诉的未成年犯罪嫌疑人，在考验期内有下列情形之一的，人民检察院应当撤销附条件不起诉的决定，提起公诉：

（一）实施新的犯罪或者发现决定附条件不起诉以前还有其他犯罪需要追诉的；

（二）违反治安管理规定或者考察机关有关附条件不起诉的监督管理规定，情节严重的。

被附条件不起诉的未成年犯罪嫌疑人，在考验期内没有上述情形，考验期满的，人民检察院应当作出不起诉的决定。

第二百八十五条　审判的时候被告人不满十八周岁的案件，不公开审理。但是，经未成年被告人及其法定代理人同意，未成年被告人所在学校和未成年人保护组织可以派代表到场。

第二百八十六条　犯罪的时候不满十八周岁，被判处五年有期徒刑以下刑罚的，应当对相关犯罪记录予以封存。

犯罪记录被封存的，不得向任何单位和个人提供，但司法机关为办案需要或者有关单位根据国家规定进行查询的除外。依法进行查询的单位，应当对被封存的犯罪记录的情况予以保密。

第二百八十七条　办理未成年人刑事案件，除本章已有规定的以外，按照本法的其他规定进行。

第二百九十八条　对于贪污贿赂犯罪、恐怖活动犯罪等重大犯罪案件，犯罪嫌疑人、被告人逃匿，在通缉一年后不能到案，或者犯罪嫌疑人、被告人死亡，依照刑法规定应当追缴其违法所得及其他涉案财产的，人民检察院可以向人民法院提出没收违法所得的申请。

公安机关认为有前款规定情形的，应当写出没收违法所得意见书，移送人民检察院。

没收违法所得的申请应当提供与犯罪事实、违法所得相关的证据材料，并列明财产的种类、数量、所在地及查封、扣押、冻结的情况。

人民法院在必要的时候，可以查封、扣押、冻结申请没收的财产。

第二百九十九条 没收违法所得的申请，由犯罪地或者犯罪嫌疑人、被告人居住地的中级人民法院组成合议庭进行审理。

人民法院受理没收违法所得的申请后，应当发出公告。公告期间为六个月。犯罪嫌疑人、被告人的近亲属和其他利害关系人有权申请参加诉讼，也可以委托诉讼代理人参加诉讼。

人民法院在公告期满后对没收违法所得的申请进行审理。利害关系人参加诉讼的，人民法院应当开庭审理。

第三百条 人民法院经审理，对经查证属于违法所得及其他涉案财产，除依法返还被害人的以外，应当裁定予以没收；对不属于应当追缴的财产的，应当裁定驳回申请，解除查封、扣押、冻结措施。

对于人民法院依照前款规定作出的裁定，犯罪嫌疑人、被告人的近亲属和其他利害关系人或者人民检察院可以提出上诉、抗诉。

第三百零一条 在审理过程中，在逃的犯罪嫌疑人、被告人自动投案或者被抓获的，人民法院应当终止审理。

没收犯罪嫌疑人、被告人财产确有错误的，应当予以返还、赔偿。

六、中华人民共和国网络安全法

(2016年11月7日第十二届全国人民代表大会
常务委员会第二十四次会议通过)

第一章 总 则

第一条 为了保障网络安全，维护网络空间主权和国家安全、社会公共利益，保护公民、法人和其他组织的合法权益，促进经济社会信息化健康发展，制定本法。

第二条　在中华人民共和国境内建设、运营、维护和使用网络，以及网络安全的监督管理，适用本法。

第三条　国家坚持网络安全与信息化发展并重，遵循积极利用、科学发展、依法管理、确保安全的方针，推进网络基础设施建设和互联互通，鼓励网络技术创新和应用，支持培养网络安全人才，建立健全网络安全保障体系，提高网络安全保护能力。

第四条　国家制定并不断完善网络安全战略，明确保障网络安全的基本要求和主要目标，提出重点领域的网络安全政策、工作任务和措施。

第五条　国家采取措施，监测、防御、处置来源于中华人民共和国境内外的网络安全风险和威胁，保护关键信息基础设施免受攻击、侵入、干扰和破坏，依法惩治网络违法犯罪活动，维护网络空间安全和秩序。

第六条　国家倡导诚实守信、健康文明的网络行为，推动传播社会主义核心价值观，采取措施提高全社会的网络安全意识和水平，形成全社会共同参与促进网络安全的良好环境。

第七条　国家积极开展网络空间治理、网络技术研发和标准制定、打击网络违法犯罪等方面的国际交流与合作，推动构建和平、安全、开放、合作的网络空间，建立多边、民主、透明的网络治理体系。

第八条　国家网信部门负责统筹协调网络安全工作和相关监督管理工作。国务院电信主管部门、公安部门和其他有关机关依照本法和有关法律、行政法规的规定，在各自职责范围内负责网络安全保护和监督管理工作。

县级以上地方人民政府有关部门的网络安全保护和监督管理职责，按照国家有关规定确定。

第九条　网络运营者开展经营和服务活动，必须遵守法律、行政法规，尊重社会公德，遵守商业道德，诚实信用，履行网络安全保护义务，接受政府和社会的监督，承担社会责任。

第十条　建设、运营网络或者通过网络提供服务，应当依照法律、行政法规的规定和国家标准的强制性要求，采取技术措施和其他必要措施，保障网络安全、稳定运行，有效应对网络安全事件，防范网络违法犯罪活动，维护网络数据的完整性、保密性和可用性。

第十一条　网络相关行业组织按照章程，加强行业自律，制定网络安全行为规范，指导会员加强网络安全保护，提高网络安全保护水平，促进行业健康发展。

第十二条 国家保护公民、法人和其他组织依法使用网络的权利，促进网络接入普及，提升网络服务水平，为社会提供安全、便利的网络服务，保障网络信息依法有序自由流动。

任何个人和组织使用网络应当遵守宪法法律，遵守公共秩序，尊重社会公德，不得危害网络安全，不得利用网络从事危害国家安全、荣誉和利益，煽动颠覆国家政权、推翻社会主义制度，煽动分裂国家、破坏国家统一，宣扬恐怖主义、极端主义，宣扬民族仇恨、民族歧视，传播暴力、淫秽色情信息，编造、传播虚假信息扰乱经济秩序和社会秩序，以及侵害他人名誉、隐私、知识产权和其他合法权益等活动。

第十三条 国家支持研究开发有利于未成年人健康成长的网络产品和服务，依法惩治利用网络从事危害未成年人身心健康的活动，为未成年人提供安全、健康的网络环境。

第十四条 任何个人和组织有权对危害网络安全的行为向网信、电信、公安等部门举报。收到举报的部门应当及时依法作出处理；不属于本部门职责的，应当及时移送有权处理的部门。

有关部门应当对举报人的相关信息予以保密，保护举报人的合法权益。

第二章　网络安全支持与促进

第十五条 国家建立和完善网络安全标准体系。国务院标准化行政主管部门和国务院其他有关部门根据各自的职责，组织制定并适时修订有关网络安全管理以及网络产品、服务和运行安全的国家标准、行业标准。

国家支持企业、研究机构、高等学校、网络相关行业组织参与网络安全国家标准、行业标准的制定。

第十六条 国务院和省、自治区、直辖市人民政府应当统筹规划，加大投入，扶持重点网络安全技术产业和项目，支持网络安全技术的研究开发和应用，推广安全可信的网络产品和服务，保护网络技术知识产权，支持企业、研究机构和高等学校等参与国家网络安全技术创新项目。

第十七条 国家推进网络安全社会化服务体系建设，鼓励有关企业、机构开展网络安全认证、检测和风险评估等安全服务。

第十八条 国家鼓励开发网络数据安全保护和利用技术，促进公共数据资源开放，推动技术创新和经济社会发展。

国家支持创新网络安全管理方式，运用网络新技术，提升网络安全保护水平。

第十九条 各级人民政府及其有关部门应当组织开展经常性的网络安全宣传教育，并指导、督促有关单位做好网络安全宣传教育工作。

大众传播媒介应当有针对性地面向社会进行网络安全宣传教育。

第二十条 国家支持企业和高等学校、职业学校等教育培训机构开展网络安全相关教育与培训，采取多种方式培养网络安全人才，促进网络安全人才交流。

第三章　网络运行安全

第一节　一般规定

第二十一条 国家实行网络安全等级保护制度。网络运营者应当按照网络安全等级保护制度的要求，履行下列安全保护义务，保障网络免受干扰、破坏或者未经授权的访问，防止网络数据泄露或者被窃取、篡改：

（一）制定内部安全管理制度和操作规程，确定网络安全负责人，落实网络安全保护责任；

（二）采取防范计算机病毒和网络攻击、网络侵入等危害网络安全行为的技术措施；

（三）采取监测、记录网络运行状态、网络安全事件的技术措施，并按照规定留存相关的网络日志不少于六个月；

（四）采取数据分类、重要数据备份和加密等措施；

（五）法律、行政法规规定的其他义务。

第二十二条 网络产品、服务应当符合相关国家标准的强制性要求。网络产品、服务的提供者不得设置恶意程序；发现其网络产品、服务存在安全缺陷、漏洞等风险时，应当立即采取补救措施，按照规定及时告知用户并向有关主管部门报告。

网络产品、服务的提供者应当为其产品、服务持续提供安全维护；在规定或者当事人约定的期限内，不得终止提供安全维护。

网络产品、服务具有收集用户信息功能的，其提供者应当向用户明示并取得同意；涉及用户个人信息的，还应当遵守本法和有关法律、行政法规关于个人信息保护的规定。

第二十三条　网络关键设备和网络安全专用产品应当按照相关国家标准的强制性要求，由具备资格的机构安全认证合格或者安全检测符合要求后，方可销售或者提供。国家网信部门会同国务院有关部门制定、公布网络关键设备和网络安全专用产品目录，并推动安全认证和安全检测结果互认，避免重复认证、检测。

第二十四条　网络运营者为用户办理网络接入、域名注册服务，办理固定电话、移动电话等入网手续，或者为用户提供信息发布、即时通讯等服务，在与用户签订协议或者确认提供服务时，应当要求用户提供真实身份信息。用户不提供真实身份信息的，网络运营者不得为其提供相关服务。

国家实施网络可信身份战略，支持研究开发安全、方便的电子身份认证技术，推动不同电子身份认证之间的互认。

第二十五条　网络运营者应当制定网络安全事件应急预案，及时处置系统漏洞、计算机病毒、网络攻击、网络侵入等安全风险；在发生危害网络安全的事件时，立即启动应急预案，采取相应的补救措施，并按照规定向有关主管部门报告。

第二十六条　开展网络安全认证、检测、风险评估等活动，向社会发布系统漏洞、计算机病毒、网络攻击、网络侵入等网络安全信息，应当遵守国家有关规定。

第二十七条　任何个人和组织不得从事非法侵入他人网络、干扰他人网络正常功能、窃取网络数据等危害网络安全的活动；不得提供专门用于从事侵入网络、干扰网络正常功能及防护措施、窃取网络数据等危害网络安全活动的程序、工具；明知他人从事危害网络安全的活动的，不得为其提供技术支持、广告推广、支付结算等帮助。

第二十八条　网络运营者应当为公安机关、国家安全机关依法维护国家安全和侦查犯罪的活动提供技术支持和协助。

第二十九条　国家支持网络运营者之间在网络安全信息收集、分析、通报和应急处置等方面进行合作，提高网络运营者的安全保障能力。

有关行业组织建立健全本行业的网络安全保护规范和协作机制，加强对网络安全风险的分析评估，定期向会员进行风险警示，支持、协助会员应对网络安全风险。

第三十条　网信部门和有关部门在履行网络安全保护职责中获取的信息，只能用于维护网络安全的需要，不得用于其他用途。

第二节　关键信息基础设施的运行安全

第三十一条　国家对公共通信和信息服务、能源、交通、水利、金融、公共服务、电子政务等重要行业和领域，以及其他一旦遭到破坏、丧失功能或者数据泄露，可能严重危害国家安全、国计民生、公共利益的关键信息基础设施，在网络安全等级保护制度的基础上，实行重点保护。关键信息基础设施的具体范围和安全保护办法由国务院制定。

国家鼓励关键信息基础设施以外的网络运营者自愿参与关键信息基础设施保护体系。

第三十二条　按照国务院规定的职责分工，负责关键信息基础设施安全保护工作的部门分别编制并组织实施本行业、本领域的关键信息基础设施安全规划，指导和监督关键信息基础设施运行安全保护工作。

第三十三条　建设关键信息基础设施应当确保其具有支持业务稳定、持续运行的性能，并保证安全技术措施同步规划、同步建设、同步使用。

第三十四条　除本法第二十一条的规定外，关键信息基础设施的运营者还应当履行下列安全保护义务：

（一）设置专门安全管理机构和安全管理负责人，并对该负责人和关键岗位的人员进行安全背景审查；

（二）定期对从业人员进行网络安全教育、技术培训和技能考核；

（三）对重要系统和数据库进行容灾备份；

（四）制定网络安全事件应急预案，并定期进行演练；

（五）法律、行政法规规定的其他义务。

第三十五条　关键信息基础设施的运营者采购网络产品和服务，可能影响国家安全的，应当通过国家网信部门会同国务院有关部门组织的国家安全审查。

第三十六条　关键信息基础设施的运营者采购网络产品和服务，应当按照规定与提供者签订安全保密协议，明确安全和保密义务与责任。

第三十七条　关键信息基础设施的运营者在中华人民共和国境内运营中收集和产生的个人信息和重要数据应当在境内存储。因业务需要，确需向境外提供的，应当按照国家网信部门会同国务院有关部门制定的办法进行安全评估；法律、行政法规另有规定的，依照其规定。

第三十八条　关键信息基础设施的运营者应当自行或者委托网络安全服务机构对其网络的安全性和可能存在的风险每年至少进行一次检测评估，并将检测评估情况和改进措施报送相关负责关键信息基础设施安全保护工作的部门。

第三十九条　国家网信部门应当统筹协调有关部门对关键信息基础设施的安全保护采取下列措施：

（一）对关键信息基础设施的安全风险进行抽查检测，提出改进措施，必要时可以委托网络安全服务机构对网络存在的安全风险进行检测评估；

（二）定期组织关键信息基础设施的运营者进行网络安全应急演练，提高应对网络安全事件的水平和协同配合能力；

（三）促进有关部门、关键信息基础设施的运营者以及有关研究机构、网络安全服务机构等之间的网络安全信息共享；

（四）对网络安全事件的应急处置与网络功能的恢复等，提供技术支持和协助。

第四章　网络信息安全

第四十条　网络运营者应当对其收集的用户信息严格保密，并建立健全用户信息保护制度。

第四十一条　网络运营者收集、使用个人信息，应当遵循合法、正当、必要的原则，公开收集、使用规则，明示收集、使用信息的目的、方式和范围，并经被收集者同意。

网络运营者不得收集与其提供的服务无关的个人信息，不得违反法律、行政法规的规定和双方的约定收集、使用个人信息，并应当依照法律、行政法规的规定和与用户的约定，处理其保存的个人信息。

第四十二条　网络运营者不得泄露、篡改、毁损其收集的个人信息；

未经被收集者同意，不得向他人提供个人信息。但是，经过处理无法识别特定个人且不能复原的除外。

网络运营者应当采取技术措施和其他必要措施，确保其收集的个人信息安全，防止信息泄露、毁损、丢失。在发生或者可能发生个人信息泄露、毁损、丢失的情况时，应当立即采取补救措施，按照规定及时告知用户并向有关主管部门报告。

第四十三条　个人发现网络运营者违反法律、行政法规的规定或者双方的约定收集、使用其个人信息的，有权要求网络运营者删除其个人信息；发现网络运营者收集、存储的其个人信息有错误的，有权要求网络运营者予以更正。网络运营者应当采取措施予以删除或者更正。

第四十四条　任何个人和组织不得窃取或者以其他非法方式获取个人信息，不得非法出售或者非法向他人提供个人信息。

第四十五条　依法负有网络安全监督管理职责的部门及其工作人员，必须对在履行职责中知悉的个人信息、隐私和商业秘密严格保密，不得泄露、出售或者非法向他人提供。

第四十六条　任何个人和组织应当对其使用网络的行为负责，不得设立用于实施诈骗，传授犯罪方法，制作或者销售违禁物品、管制物品等违法犯罪活动的网站、通讯群组，不得利用网络发布涉及实施诈骗，制作或者销售违禁物品、管制物品以及其他违法犯罪活动的信息。

第四十七条　网络运营者应当加强对其用户发布的信息的管理，发现法律、行政法规禁止发布或者传输的信息的，应当立即停止传输该信息，采取消除等处置措施，防止信息扩散，保存有关记录，并向有关主管部门报告。

第四十八条　任何个人和组织发送的电子信息、提供的应用软件，不得设置恶意程序，不得含有法律、行政法规禁止发布或者传输的信息。

电子信息发送服务提供者和应用软件下载服务提供者，应当履行安全管理义务，知道其用户有前款规定行为的，应当停止提供服务，采取消除等处置措施，保存有关记录，并向有关主管部门报告。

第四十九条　网络运营者应当建立网络信息安全投诉、举报制度，公布投诉、举报方式等信息，及时受理并处理有关网络信息安全的投诉和举报。

网络运营者对网信部门和有关部门依法实施的监督检查，应当予以配合。

第五十条 国家网信部门和有关部门依法履行网络信息安全监督管理职责，发现法律、行政法规禁止发布或者传输的信息的，应当要求网络运营者停止传输，采取消除等处置措施，保存有关记录；对来源于中华人民共和国境外的上述信息，应当通知有关机构采取技术措施和其他必要措施阻断传播。

第五章　监测预警与应急处置

第五十一条 国家建立网络安全监测预警和信息通报制度。国家网信部门应当统筹协调有关部门加强网络安全信息收集、分析和通报工作，按照规定统一发布网络安全监测预警信息。

第五十二条 负责关键信息基础设施安全保护工作的部门，应当建立健全本行业、本领域的网络安全监测预警和信息通报制度，并按照规定报送网络安全监测预警信息。

第五十三条 国家网信部门协调有关部门建立健全网络安全风险评估和应急工作机制，制定网络安全事件应急预案，并定期组织演练。

负责关键信息基础设施安全保护工作的部门应当制定本行业、本领域的网络安全事件应急预案，并定期组织演练。

网络安全事件应急预案应当按照事件发生后的危害程度、影响范围等因素对网络安全事件进行分级，并规定相应的应急处置措施。

第五十四条 网络安全事件发生的风险增大时，省级以上人民政府有关部门应当按照规定的权限和程序，并根据网络安全风险的特点和可能造成的危害，采取下列措施：

（一）要求有关部门、机构和人员及时收集、报告有关信息，加强对网络安全风险的监测；

（二）组织有关部门、机构和专业人员，对网络安全风险信息进行分析评估，预测事件发生的可能性、影响范围和危害程度；

（三）向社会发布网络安全风险预警，发布避免、减轻危害的措施。

第五十五条 发生网络安全事件，应当立即启动网络安全事件应急预案，对网络安全事件进行调查和评估，要求网络运营者采取技术措施和其他必要措施，消除安全隐患，防止危害扩大，并及时向社会发布与公众有关的警示信息。

第五十六条　省级以上人民政府有关部门在履行网络安全监督管理职责中，发现网络存在较大安全风险或者发生安全事件的，可以按照规定的权限和程序对该网络的运营者的法定代表人或者主要负责人进行约谈。网络运营者应当按照要求采取措施，进行整改，消除隐患。

第五十七条　因网络安全事件，发生突发事件或者生产安全事故的，应当依照《中华人民共和国突发事件应对法》、《中华人民共和国安全生产法》等有关法律、行政法规的规定处置。

第五十八条　因维护国家安全和社会公共秩序，处置重大突发社会安全事件的需要，经国务院决定或者批准，可以在特定区域对网络通信采取限制等临时措施。

第六章　法律责任

第五十九条　网络运营者不履行本法第二十一条、第二十五条规定的网络安全保护义务的，由有关主管部门责令改正，给予警告；拒不改正或者导致危害网络安全等后果的，处一万元以上十万元以下罚款，对直接负责的主管人员处五千元以上五万元以下罚款。

关键信息基础设施的运营者不履行本法第三十三条、第三十四条、第三十六条、第三十八条规定的网络安全保护义务的，由有关主管部门责令改正，给予警告；拒不改正或者导致危害网络安全等后果的，处十万元以上一百万元以下罚款，对直接负责的主管人员处一万元以上十万元以下罚款。

第六十条　违反本法第二十二条第一款、第二款和第四十八条第一款规定，有下列行为之一的，由有关主管部门责令改正，给予警告；拒不改正或者导致危害网络安全等后果的，处五万元以上五十万元以下罚款，对直接负责的主管人员处一万元以上十万元以下罚款：

（一）设置恶意程序的；

（二）对其产品、服务存在的安全缺陷、漏洞等风险未立即采取补救措施，或者未按照规定及时告知用户并向有关主管部门报告的；

（三）擅自终止为其产品、服务提供安全维护的。

第六十一条 网络运营者违反本法第二十四条第一款规定，未要求用户提供真实身份信息，或者对不提供真实身份信息的用户提供相关服务的，由有关主管部门责令改正；拒不改正或者情节严重的，处五万元以上五十万元以下罚款，并可以由有关主管部门责令暂停相关业务、停业整顿、关闭网站、吊销相关业务许可证或者吊销营业执照，对直接负责的主管人员和其他直接责任人员处一万元以上十万元以下罚款。

第六十二条 违反本法第二十六条规定，开展网络安全认证、检测、风险评估等活动，或者向社会发布系统漏洞、计算机病毒、网络攻击、网络侵入等网络安全信息的，由有关主管部门责令改正，给予警告；拒不改正或者情节严重的，处一万元以上十万元以下罚款，并可以由有关主管部门责令暂停相关业务、停业整顿、关闭网站、吊销相关业务许可证或者吊销营业执照，对直接负责的主管人员和其他直接责任人员处五千元以上五万元以下罚款。

第六十三条 违反本法第二十七条规定，从事危害网络安全的活动，或者提供专门用于从事危害网络安全活动的程序、工具，或者为他人从事危害网络安全的活动提供技术支持、广告推广、支付结算等帮助，尚不构成犯罪的，由公安机关没收违法所得，处五日以下拘留，可以并处五万元以上五十万元以下罚款；情节较重的，处五日以上十五日以下拘留，可以并处十万元以上一百万元以下罚款。

单位有前款行为的，由公安机关没收违法所得，处十万元以上一百万元以下罚款，并对直接负责的主管人员和其他直接责任人员依照前款规定处罚。

违反本法第二十七条规定，受到治安管理处罚的人员，五年内不得从事网络安全管理和网络运营关键岗位的工作；受到刑事处罚的人员，终身不得从事网络安全管理和网络运营关键岗位的工作。

第六十四条 网络运营者、网络产品或者服务的提供者违反本法第二十二条第三款、第四十一条至第四十三条规定，侵害个人信息依法得到保护的权利的，由有关主管部门责令改正，可以根据情节单处或者并处警告、没收违法所得、处违法所得一倍以上十倍以下罚款，没有违法所得的，处一百万元以下罚款，对直接负责的主管人员和其他直接责任人员处一万元以上十万元以下罚款；情节严重的，并可以责令暂停相关业务、停业整顿、关闭网站、吊销相关业务许可证或者吊销营业执照。

违反本法第四十四条规定，窃取或者以其他非法方式获取、非法出售或者非法向他人提供个人信息，尚不构成犯罪的，由公安机关没收违法所得，并处违法所得一倍以上十倍以下罚款，没有违法所得的，处一百万元以下罚款。

第六十五条　关键信息基础设施的运营者违反本法第三十五条规定，使用未经安全审查或者安全审查未通过的网络产品或者服务的，由有关主管部门责令停止使用，处采购金额一倍以上十倍以下罚款；对直接负责的主管人员和其他直接责任人员处一万元以上十万元以下罚款。

第六十六条　关键信息基础设施的运营者违反本法第三十七条规定，在境外存储网络数据，或者向境外提供网络数据的，由有关主管部门责令改正，给予警告，没收违法所得，处五万元以上五十万元以下罚款，并可以责令暂停相关业务、停业整顿、关闭网站、吊销相关业务许可证或者吊销营业执照；对直接负责的主管人员和其他直接责任人员处一万元以上十万元以下罚款。

第六十七条　违反本法第四十六条规定，设立用于实施违法犯罪活动的网站、通讯群组，或者利用网络发布涉及实施违法犯罪活动的信息，尚不构成犯罪的，由公安机关处五日以下拘留，可以并处一万元以上十万元以下罚款；情节较重的，处五日以上十五日以下拘留，可以并处五万元以上五十万元以下罚款。关闭用于实施违法犯罪活动的网站、通讯群组。

单位有前款行为的，由公安机关处十万元以上五十万元以下罚款，并对直接负责的主管人员和其他直接责任人员依照前款规定处罚。

第六十八条　网络运营者违反本法第四十七条规定，对法律、行政法规禁止发布或者传输的信息未停止传输、采取消除等处置措施、保存有关记录的，由有关主管部门责令改正，给予警告，没收违法所得；拒不改正或者情节严重的，处十万元以上五十万元以下罚款，并可以责令暂停相关业务、停业整顿、关闭网站、吊销相关业务许可证或者吊销营业执照，对直接负责的主管人员和其他直接责任人员处一万元以上十万元以下罚款。

电子信息发送服务提供者、应用软件下载服务提供者，不履行本法第四十八条第二款规定的安全管理义务的，依照前款规定处罚。

第六十九条　网络运营者违反本法规定，有下列行为之一的，由有关主管部门责令改正；拒不改正或者情节严重的，处五万元以上五十万元以下罚款，对直接负责的主管人员和其他直接责任人员，处一万元以上十万元以下罚款：

（一）不按照有关部门的要求对法律、行政法规禁止发布或者传输的信息，采取停止传输、消除等处置措施的；

（二）拒绝、阻碍有关部门依法实施的监督检查的；

（三）拒不向公安机关、国家安全机关提供技术支持和协助的。

第七十条　发布或者传输本法第十二条第二款和其他法律、行政法规禁止发布或者传输的信息的，依照有关法律、行政法规的规定处罚。

第七十一条　有本法规定的违法行为的，依照有关法律、行政法规的规定记入信用档案，并予以公示。

第七十二条　国家机关政务网络的运营者不履行本法规定的网络安全保护义务的，由其上级机关或者有关机关责令改正；对直接负责的主管人员和其他直接责任人员依法给予处分。

第七十三条　网信部门和有关部门违反本法第三十条规定，将在履行网络安全保护职责中获取的信息用于其他用途的，对直接负责的主管人员和其他直接责任人员依法给予处分。

网信部门和有关部门的工作人员玩忽职守、滥用职权、徇私舞弊，尚不构成犯罪的，依法给予处分。

第七十四条　违反本法规定，给他人造成损害的，依法承担民事责任。

违反本法规定，构成违反治安管理行为的，依法给予治安管理处罚；构成犯罪的，依法追究刑事责任。

第七十五条　境外的机构、组织、个人从事攻击、侵入、干扰、破坏等危害中华人民共和国的关键信息基础设施的活动，造成严重后果的，依法追究法律责任；国务院公安部门和有关部门并可以决定对该机构、组织、个人采取冻结财产或者其他必要的制裁措施。

第七章　附　则

第七十六条　本法下列用语的含义：

（一）网络，是指由计算机或者其他信息终端及相关设备组成的按照一定的规则和程序对信息进行收集、存储、传输、交换、处理的系统。

（二）网络安全，是指通过采取必要措施，防范对网络的攻击、侵入、干扰、破坏和非法使用以及意外事故，使网络处于稳定可靠运行的状态，以及保障网络数据的完整性、保密性、可用性的能力。

（三）网络运营者，是指网络的所有者、管理者和网络服务提供者。

（四）网络数据，是指通过网络收集、存储、传输、处理和产生的各种电子数据。

（五）个人信息，是指以电子或者其他方式记录的能够单独或者与其他信息结合识别自然人个人身份的各种信息，包括但不限于自然人的姓名、出生日期、身份证件号码、个人生物识别信息、住址、电话号码等。

第七十七条　存储、处理涉及国家秘密信息的网络的运行安全保护，除应当遵守本法外，还应当遵守保密法律、行政法规的规定。

第七十八条　军事网络的安全保护，由中央军事委员会另行规定。

第七十九条　本法自 2017 年 6 月 1 日起施行。

第二章 司法解释

一、最高人民法院关于审理掩饰、隐瞒犯罪所得、犯罪所得收益刑事案件适用法律若干问题的解释

(2015 年 5 月 11 日最高人民法院审判委员会第 1651 次会议通过,
根据 2021 年 4 月 7 日最高人民法院审判委员会第 1835 次会议
《关于修改〈关于审理掩饰、隐瞒犯罪所得、犯罪所得收益
刑事案件适用法律若干问题的解释〉的决定》修正,
2021 年 4 月 13 日最高人民法院公告公布,
自 2021 年 4 月 15 日起施行)

为依法惩治掩饰、隐瞒犯罪所得、犯罪所得收益犯罪活动,根据刑法有关规定,结合人民法院刑事审判工作实际,现就审理此类案件具体适用法律的若干问题解释如下:

第一条 明知是犯罪所得及其产生的收益而予以窝藏、转移、收购、代为销售或者以其他方法掩饰、隐瞒,具有下列情形之一的,应当依照刑法第三百一十二条第一款的规定,以掩饰、隐瞒犯罪所得、犯罪所得收益罪定罪处罚:

(一)一年内曾因掩饰、隐瞒犯罪所得及其产生的收益行为受过行政处罚,又实施掩饰、隐瞒犯罪所得及其产生的收益行为的;

(二)掩饰、隐瞒的犯罪所得系电力设备、交通设施、广播电视设施、公用电信设施、军事设施或者救灾、抢险、防汛、优抚、扶贫、移民、救

济款物的；

（三）掩饰、隐瞒行为致使上游犯罪无法及时查处，并造成公私财物损失无法挽回的；

（四）实施其他掩饰、隐瞒犯罪所得及其产生的收益行为，妨害司法机关对上游犯罪进行追究的。

人民法院审理掩饰、隐瞒犯罪所得、犯罪所得收益刑事案件，应综合考虑上游犯罪的性质、掩饰、隐瞒犯罪所得及其收益的情节、后果及社会危害程度等，依法定罪处罚。

司法解释对掩饰、隐瞒涉及计算机信息系统数据、计算机信息系统控制权的犯罪所得及其产生的收益行为构成犯罪已有规定的，审理此类案件依照该规定。

依照全国人民代表大会常务委员会《关于〈中华人民共和国刑法〉第三百四十一条、第三百一十二条的解释》，明知是非法狩猎的野生动物而收购，数量达到五十只以上的，以掩饰、隐瞒犯罪所得罪定罪处罚。

第二条　掩饰、隐瞒犯罪所得及其产生的收益行为符合本解释第一条的规定，认罪、悔罪并退赃、退赔，且具有下列情形之一的，可以认定为犯罪情节轻微，免予刑事处罚：

（一）具有法定从宽处罚情节的；

（二）为近亲属掩饰、隐瞒犯罪所得及其产生的收益，且系初犯、偶犯的；

（三）有其他情节轻微情形的。

第三条　掩饰、隐瞒犯罪所得及其产生的收益，具有下列情形之一的，应当认定为刑法第三百一十二条第一款规定的"情节严重"：

（一）掩饰、隐瞒犯罪所得及其产生的收益价值总额达到十万元以上的；

（二）掩饰、隐瞒犯罪所得及其产生的收益十次以上，或者三次以上且价值总额达到五万元以上的；

（三）掩饰、隐瞒的犯罪所得系电力设备、交通设施、广播电视设施、公用电信设施、军事设施或者救灾、抢险、防汛、优抚、扶贫、移民、救济款物，价值总额达到五万元以上的；

（四）掩饰、隐瞒行为致使上游犯罪无法及时查处，并造成公私财物重大损失无法挽回或其他严重后果的；

（五）实施其他掩饰、隐瞒犯罪所得及其产生的收益行为，严重妨害司法机关对上游犯罪予以追究的。

司法解释对掩饰、隐瞒涉及机动车、计算机信息系统数据、计算机信息系统控制权的犯罪所得及其产生的收益行为认定"情节严重"已有规定的，审理此类案件依照该规定。

第四条 掩饰、隐瞒犯罪所得及其产生的收益的数额，应当以实施掩饰、隐瞒行为时为准。收购或者代为销售财物的价格高于其实际价值的，以收购或者代为销售的价格计算。

多次实施掩饰、隐瞒犯罪所得及其产生的收益行为，未经行政处罚，依法应当追诉的，犯罪所得、犯罪所得收益的数额应当累计计算。

第五条 事前与盗窃、抢劫、诈骗、抢夺等犯罪分子通谋，掩饰、隐瞒犯罪所得及其产生的收益的，以盗窃、抢劫、诈骗、抢夺等犯罪的共犯论处。

第六条 对犯罪所得及其产生的收益实施盗窃、抢劫、诈骗、抢夺等行为，构成犯罪的，分别以盗窃罪、抢劫罪、诈骗罪、抢夺罪等定罪处罚。

第七条 明知是犯罪所得及其产生的收益而予以掩饰、隐瞒，构成刑法第三百一十二条规定的犯罪，同时构成其他犯罪的，依照处罚较重的规定定罪处罚。

第八条 认定掩饰、隐瞒犯罪所得、犯罪所得收益罪，以上游犯罪事实成立为前提。上游犯罪尚未依法裁判，但查证属实的，不影响掩饰、隐瞒犯罪所得、犯罪所得收益罪的认定。

上游犯罪事实经查证属实，但因行为人未达到刑事责任年龄等原因依法不予追究刑事责任的，不影响掩饰、隐瞒犯罪所得、犯罪所得收益罪的认定。

第九条 盗用单位名义实施掩饰、隐瞒犯罪所得及其产生的收益行为，违法所得由行为人私分的，依照刑法和司法解释有关自然人犯罪的规定定罪处罚。

第十条 通过犯罪直接得到的赃款、赃物，应当认定为刑法第三百一十二条规定的"犯罪所得"。上游犯罪的行为人对犯罪所得进行处理后得到的孳息、租金等，应当认定为刑法第三百一十二条规定的"犯罪所得产生的收益"。

明知是犯罪所得及其产生的收益而采取窝藏、转移、收购、代为销售以外的方法，如居间介绍买卖，收受，持有，使用，加工，提供资金账户，协助将财物转换为现金、金融票据、有价证券，协助将资金转移、汇往境外等，应当认定为刑法第三百一十二条规定的"其他方法"。

第十一条　掩饰、隐瞒犯罪所得、犯罪所得收益罪是选择性罪名，审理此类案件，应当根据具体犯罪行为及其指向的对象，确定适用的罪名。

二、最高人民法院、最高人民检察院关于办理非法利用信息网络、帮助信息网络犯罪活动等刑事案件适用法律若干问题的解释

法释〔2019〕15 号

（2019 年 6 月 3 日最高人民法院审判委员会第 1771 次会议、

2019 年 9 月 4 日最高人民检察院第十三届检察委员会

第二十三次会议通过，2019 年 10 月 21 日

最高人民法院、最高人民检察院公告公布，

自 2019 年 11 月 1 日起施行）

为依法惩治拒不履行信息网络安全管理义务、非法利用信息网络、帮助信息网络犯罪活动等犯罪，维护正常网络秩序，根据《中华人民共和国刑法》《中华人民共和国刑事诉讼法》的规定，现就办理此类刑事案件适用法律的若干问题解释如下：

第一条　提供下列服务的单位和个人，应当认定为刑法第二百八十六条之一第一款规定的"网络服务提供者"：

（一）网络接入、域名注册解析等信息网络接入、计算、存储、传输服务；

（二）信息发布、搜索引擎、即时通讯、网络支付、网络预约、网络

购物、网络游戏、网络直播、网站建设、安全防护、广告推广、应用商店等信息网络应用服务；

（三）利用信息网络提供的电子政务、通信、能源、交通、水利、金融、教育、医疗等公共服务。

第二条 刑法第二百八十六条之一第一款规定的"监管部门责令采取改正措施"，是指网信、电信、公安等依照法律、行政法规的规定承担信息网络安全监管职责的部门，以责令整改通知书或者其他文书形式，责令网络服务提供者采取改正措施。

认定"经监管部门责令采取改正措施而拒不改正"，应当综合考虑监管部门责令改正是否具有法律、行政法规依据，改正措施及期限要求是否明确、合理，网络服务提供者是否具有按照要求采取改正措施的能力等因素进行判断。

第三条 拒不履行信息网络安全管理义务，具有下列情形之一的，应当认定为刑法第二百八十六条之一第一款第一项规定的"致使违法信息大量传播"：

（一）致使传播违法视频文件二百个以上的；

（二）致使传播违法视频文件以外的其他违法信息二千个以上的；

（三）致使传播违法信息，数量虽未达到第一项、第二项规定标准，但是按相应比例折算合计达到有关数量标准的；

（四）致使向二千个以上用户账号传播违法信息的；

（五）致使利用群组成员账号数累计三千以上的通讯群组或者关注人员账号数累计三万以上的社交网络传播违法信息的；

（六）致使违法信息实际被点击数达到五万以上的；

（七）其他致使违法信息大量传播的情形。

第四条 拒不履行信息网络安全管理义务，致使用户信息泄露，具有下列情形之一的，应当认定为刑法第二百八十六条之一第一款第二项规定的"造成严重后果"：

（一）致使泄露行踪轨迹信息、通信内容、征信信息、财产信息五百条以上的；

（二）致使泄露住宿信息、通信记录、健康生理信息、交易信息等其他可能影响人身、财产安全的用户信息五千条以上的；

（三）致使泄露第一项、第二项规定以外的用户信息五万条以上的；

（四）数量虽未达到第一项至第三项规定标准，但是按相应比例折算合计达到有关数量标准的；

（五）造成他人死亡、重伤、精神失常或者被绑架等严重后果的；

（六）造成重大经济损失的；

（七）严重扰乱社会秩序的；

（八）造成其他严重后果的。

第五条　拒不履行信息网络安全管理义务，致使影响定罪量刑的刑事案件证据灭失，具有下列情形之一的，应当认定为刑法第二百八十六条之一第一款第三项规定的"情节严重"：

（一）造成危害国家安全犯罪、恐怖活动犯罪、黑社会性质组织犯罪、贪污贿赂犯罪案件的证据灭失的；

（二）造成可能判处五年有期徒刑以上刑罚犯罪案件的证据灭失的；

（三）多次造成刑事案件证据灭失的；

（四）致使刑事诉讼程序受到严重影响的；

（五）其他情节严重的情形。

第六条　拒不履行信息网络安全管理义务，具有下列情形之一的，应当认定为刑法第二百八十六条之一第一款第四项规定的"有其他严重情节"：

（一）对绝大多数用户日志未留存或者未落实真实身份信息认证义务的；

（二）二年内经多次责令改正拒不改正的；

（三）致使信息网络服务被主要用于违法犯罪的；

（四）致使信息网络服务、网络设施被用于实施网络攻击，严重影响生产、生活的；

（五）致使信息网络服务被用于实施危害国家安全犯罪、恐怖活动犯罪、黑社会性质组织犯罪、贪污贿赂犯罪或者其他重大犯罪的；

（六）致使国家机关或者通信、能源、交通、水利、金融、教育、医疗等领域提供公共服务的信息网络受到破坏，严重影响生产、生活的；

（七）其他严重违反信息网络安全管理义务的情形。

第七条　刑法第二百八十七条之一规定的"违法犯罪"，包括犯罪行为和属于刑法分则规定的行为类型但尚未构成犯罪的违法行为。

第八条 以实施违法犯罪活动为目的而设立或者设立后主要用于实施违法犯罪活动的网站、通讯群组，应当认定为刑法第二百八十七条之一第一款第一项规定的"用于实施诈骗、传授犯罪方法、制作或者销售违禁物品、管制物品等违法犯罪活动的网站、通讯群组"。

第九条 利用信息网络提供信息的链接、截屏、二维码、访问账号密码及其他指引访问服务的，应当认定为刑法第二百八十七条之一第一款第二项、第三项规定的"发布信息"。

第十条 非法利用信息网络，具有下列情形之一的，应当认定为刑法第二百八十七条之一第一款规定的"情节严重"：

（一）假冒国家机关、金融机构名义，设立用于实施违法犯罪活动的网站的；

（二）设立用于实施违法犯罪活动的网站，数量达到三个以上或者注册账号数累计达到二千以上的；

（三）设立用于实施违法犯罪活动的通讯群组，数量达到五个以上或者群组成员账号数累计达到一千以上的；

（四）发布有关违法犯罪的信息或者为实施违法犯罪活动发布信息，具有下列情形之一的：

1. 在网站上发布有关信息一百条以上的；

2. 向二千个以上用户账号发送有关信息的；

3. 向群组成员数累计达到三千以上的通讯群组发送有关信息的；

4. 利用关注人员账号数累计达到三万以上的社交网络传播有关信息的；

（五）违法所得一万元以上的；

（六）二年内曾因非法利用信息网络、帮助信息网络犯罪活动、危害计算机信息系统安全受过行政处罚，又非法利用信息网络的；

（七）其他情节严重的情形。

第十一条 为他人实施犯罪提供技术支持或者帮助，具有下列情形之一的，可以认定行为人明知他人利用信息网络实施犯罪，但是有相反证据的除外：

（一）经监管部门告知后仍然实施有关行为的；

（二）接到举报后不履行法定管理职责的；

（三）交易价格或者方式明显异常的；

（四）提供专门用于违法犯罪的程序、工具或者其他技术支持、帮助的；

（五）频繁采用隐蔽上网、加密通信、销毁数据等措施或者使用虚假身份，逃避监管或者规避调查的；

（六）为他人逃避监管或者规避调查提供技术支持、帮助的；

（七）其他足以认定行为人明知的情形。

第十二条　明知他人利用信息网络实施犯罪，为其犯罪提供帮助，具有下列情形之一的，应当认定为刑法第二百八十七条之二第一款规定的"情节严重"：

（一）为三个以上对象提供帮助的；

（二）支付结算金额二十万元以上的；

（三）以投放广告等方式提供资金五万元以上的；

（四）违法所得一万元以上的；

（五）二年内曾因非法利用信息网络、帮助信息网络犯罪活动、危害计算机信息系统安全受过行政处罚，又帮助信息网络犯罪活动的；

（六）被帮助对象实施的犯罪造成严重后果的；

（七）其他情节严重的情形。

实施前款规定的行为，确因客观条件限制无法查证被帮助对象是否达到犯罪的程度，但相关数额总计达到前款第二项至第四项规定标准五倍以上，或者造成特别严重后果的，应当以帮助信息网络犯罪活动罪追究行为人的刑事责任。

第十三条　被帮助对象实施的犯罪行为可以确认，但尚未到案、尚未依法裁判或者因未达到刑事责任年龄等原因依法未予追究刑事责任的，不影响帮助信息网络犯罪活动罪的认定。

第十四条　单位实施本解释规定的犯罪的，依照本解释规定的相应自然人犯罪的定罪量刑标准，对直接负责的主管人员和其他直接责任人员定罪处罚，并对单位判处罚金。

第十五条　综合考虑社会危害程度、认罪悔罪态度等情节，认为犯罪情节轻微的，可以不起诉或者免予刑事处罚；情节显著轻微危害不大的，不以犯罪论处。

第十六条 多次拒不履行信息网络安全管理义务、非法利用信息网络、帮助信息网络犯罪活动构成犯罪，依法应当追诉的，或者二年内多次实施前述行为未经处理的，数量或者数额累计计算。

第十七条 对于实施本解释规定的犯罪被判处刑罚的，可以根据犯罪情况和预防再犯罪的需要，依法宣告职业禁止；被判处管制、宣告缓刑的，可以根据犯罪情况，依法宣告禁止令。

第十八条 对于实施本解释规定的犯罪的，应当综合考虑犯罪的危害程度、违法所得数额以及被告人的前科情况、认罪悔罪态度等，依法判处罚金。

第十九条 本解释自 2019 年 11 月 1 日起施行。

三、最高人民法院、最高人民检察院
关于办理扰乱无线电通讯管理秩序等刑事案件
适用法律若干问题的解释

法释〔2017〕11 号

（2017 年 4 月 17 日最高人民法院审判委员会第 1715 次会议、
2017 年 5 月 25 日最高人民检察院第十二届检察委员会第 64 次
会议通过，2017 年 6 月 27 日最高人民法院、最高人民
检察院公告公布，自 2017 年 7 月 1 日起施行）

为依法惩治扰乱无线电通讯管理秩序犯罪，根据《中华人民共和国刑法》《中华人民共和国刑事诉讼法》的有关规定，现就办理此类刑事案件适用法律的若干问题解释如下：

第一条 具有下列情形之一的，应当认定为刑法第二百八十八条第一款规定的"擅自设置、使用无线电台（站），或者擅自使用无线电频率，干扰无线电通讯秩序"：

（一）未经批准设置无线电广播电台（以下简称"黑广播"），非法

使用广播电视专用频段的频率的；

（二）未经批准设置通信基站（以下简称"伪基站"），强行向不特定用户发送信息，非法使用公众移动通信频率的；

（三）未经批准使用卫星无线电频率的；

（四）非法设置、使用无线电干扰器的；

（五）其他擅自设置、使用无线电台（站），或者擅自使用无线电频率，干扰无线电通讯秩序的情形。

第二条　违反国家规定，擅自设置、使用无线电台（站），或者擅自使用无线电频率，干扰无线电通讯秩序，具有下列情形之一的，应当认定为刑法第二百八十八条第一款规定的"情节严重"：

（一）影响航天器、航空器、铁路机车、船舶专用无线电导航、遇险救助和安全通信等涉及公共安全的无线电频率正常使用的；

（二）自然灾害、事故灾难、公共卫生事件、社会安全事件等突发事件期间，在事件发生地使用"黑广播""伪基站"的；

（三）举办国家或者省级重大活动期间，在活动场所及周边使用"黑广播""伪基站"的；

（四）同时使用三个以上"黑广播""伪基站"的；

（五）"黑广播"的实测发射功率五百瓦以上，或者覆盖范围十公里以上的；

（六）使用"伪基站"发送诈骗、赌博、招嫖、木马病毒、钓鱼网站链接等违法犯罪信息，数量在五千条以上，或者销毁发送数量等记录的；

（七）雇佣、指使未成年人、残疾人等特定人员使用"伪基站"的；

（八）违法所得三万元以上的；

（九）曾因扰乱无线电通讯管理秩序受过刑事处罚，或者二年内曾因扰乱无线电通讯管理秩序受过行政处罚，又实施刑法第二百八十八条规定的行为的；

（十）其他情节严重的情形。

第三条　违反国家规定，擅自设置、使用无线电台（站），或者擅自使用无线电频率，干扰无线电通讯秩序，具有下列情形之一的，应当认定为刑法第二百八十八条第一款规定的"情节特别严重"：

（一）影响航天器、航空器、铁路机车、船舶专用无线电导航、遇险救助和安全通信等涉及公共安全的无线电频率正常使用，危及公共安全的；

（二）造成公共秩序混乱等严重后果的；

（三）自然灾害、事故灾难、公共卫生事件和社会安全事件等突发事件期间，在事件发生地使用"黑广播""伪基站"，造成严重影响的；

（四）对国家或者省级重大活动造成严重影响的；

（五）同时使用十个以上"黑广播""伪基站"的；

（六）"黑广播"的实测发射功率三千瓦以上，或者覆盖范围二十公里以上的；

（七）违法所得十五万元以上的；

（八）其他情节特别严重的情形。

第四条 非法生产、销售"黑广播""伪基站"、无线电干扰器等无线电设备，具有下列情形之一的，应当认定为刑法第二百二十五条规定的"情节严重"：

（一）非法生产、销售无线电设备三套以上的；

（二）非法经营数额五万元以上的；

（三）其他情节严重的情形。

实施前款规定的行为，数量或者数额达到前款第一项、第二项规定标准五倍以上，或者具有其他情节特别严重的情形的，应当认定为刑法第二百二十五条规定的"情节特别严重"。

在非法生产、销售无线电设备窝点查扣的零件，以组装完成的套数以及能够组装的套数认定；无法组装为成套设备的，每三套广播信号调制器（激励器）认定为一套"黑广播"设备，每三块主板认定为一套"伪基站"设备。

第五条 单位犯本解释规定之罪的，对单位判处罚金，并对直接负责的主管人员和其他直接责任人员，依照本解释规定的自然人犯罪的定罪量刑标准定罪处罚。

第六条 擅自设置、使用无线电台（站），或者擅自使用无线电频率，同时构成其他犯罪的，按照处罚较重的规定定罪处罚。

明知他人实施诈骗等犯罪，使用"黑广播""伪基站"等无线电设备为其发送信息或者提供其他帮助，同时构成其他犯罪的，按照处罚较重的规定定罪处罚。

第七条　负有无线电监督管理职责的国家机关工作人员滥用职权或者玩忽职守，致使公共财产、国家和人民利益遭受重大损失的，应当依照刑法第三百九十七条的规定，以滥用职权罪或者玩忽职守罪追究刑事责任。

有查禁扰乱无线电管理秩序犯罪活动职责的国家机关工作人员，向犯罪分子通风报信、提供便利，帮助犯罪分子逃避处罚的，应当依照刑法第四百一十七条的规定，以帮助犯罪分子逃避处罚罪追究刑事责任；事先通谋的，以共同犯罪论处。

第八条　为合法经营活动，使用"黑广播""伪基站"或者实施其他扰乱无线电通讯管理秩序的行为，构成扰乱无线电通讯管理秩序罪，但不属于"情节特别严重"，行为人系初犯，并确有悔罪表现的，可以认定为情节轻微，不起诉或者免予刑事处罚；确有必要判处刑罚的，应当从宽处罚。

第九条　对案件所涉的有关专门性问题难以确定的，依据司法鉴定机构出具的鉴定意见，或者下列机构出具的报告，结合其他证据作出认定：

（一）省级以上无线电管理机构、省级无线电管理机构依法设立的派出机构、地市级以上广播电视主管部门就是否系"伪基站""黑广播"出具的报告；

（二）省级以上广播电视主管部门及其指定的检测机构就"黑广播"功率、覆盖范围出具的报告；

（三）省级以上航空、铁路、船舶等主管部门就是否干扰导航、通信等出具的报告。

对移动终端用户受影响的情况，可以依据相关通信运营商出具的证明，结合被告人供述、终端用户证言等证据作出认定。

第十条　本解释自 2017 年 7 月 1 日起施行。

四、最高人民法院、最高人民检察院
关于办理侵犯公民个人信息刑事案件
适用法律若干问题的解释

法释〔2017〕10号

（2017年3月20日最高人民法院审判委员会第1712次会议、
2017年4月26日最高人民检察院第十二届检察委员会第63次会议通过，
2017年5月8日最高人民法院、最高人民检察院公告公布，
自2017年6月1日起施行）

为依法惩治侵犯公民个人信息犯罪活动，保护公民个人信息安全和合法权益，根据《中华人民共和国刑法》《中华人民共和国刑事诉讼法》的有关规定，现就办理此类刑事案件适用法律的若干问题解释如下：

第一条 刑法第二百五十三条之一规定的"公民个人信息"，是指以电子或者其他方式记录的能够单独或者与其他信息结合识别特定自然人身份或者反映特定自然人活动情况的各种信息，包括姓名、身份证件号码、通信通讯联系方式、住址、账号密码、财产状况、行踪轨迹等。

第二条 违反法律、行政法规、部门规章有关公民个人信息保护的规定的，应当认定为刑法第二百五十三条之一规定的"违反国家有关规定"。

第三条 向特定人提供公民个人信息，以及通过信息网络或者其他途径发布公民个人信息的，应当认定为刑法第二百五十三条之一规定的"提供公民个人信息"。

未经被收集者同意，将合法收集的公民个人信息向他人提供的，属于刑法第二百五十三条之一规定的"提供公民个人信息"，但是经过处理无法识别特定个人且不能复原的除外。

第四条 违反国家有关规定，通过购买、收受、交换等方式获取公民个人信息，或者在履行职责、提供服务过程中收集公民个人信息的，属于

刑法第二百五十三条之一第三款规定的"以其他方法非法获取公民个人信息"。

第五条　非法获取、出售或者提供公民个人信息，具有下列情形之一的，应当认定为刑法第二百五十三条之一规定的"情节严重"：

（一）出售或者提供行踪轨迹信息，被他人用于犯罪的；

（二）知道或者应当知道他人利用公民个人信息实施犯罪，向其出售或者提供的；

（三）非法获取、出售或者提供行踪轨迹信息、通信内容、征信信息、财产信息五十条以上的；

（四）非法获取、出售或者提供住宿信息、通信记录、健康生理信息、交易信息等其他可能影响人身、财产安全的公民个人信息五百条以上的；

（五）非法获取、出售或者提供第三项、第四项规定以外的公民个人信息五千条以上的；

（六）数量未达到第三项至第五项规定标准，但是按相应比例合计达到有关数量标准的；

（七）违法所得五千元以上的；

（八）将在履行职责或者提供服务过程中获得的公民个人信息出售或者提供给他人，数量或者数额达到第三项至第七项规定标准一半以上的；

（九）曾因侵犯公民个人信息受过刑事处罚或者二年内受过行政处罚，又非法获取、出售或者提供公民个人信息的；

（十）其他情节严重的情形。

实施前款规定的行为，具有下列情形之一的，应当认定为刑法第二百五十三条之一第一款规定的"情节特别严重"：

（一）造成被害人死亡、重伤、精神失常或者被绑架等严重后果的；

（二）造成重大经济损失或者恶劣社会影响的；

（三）数量或者数额达到前款第三项至第八项规定标准十倍以上的；

（四）其他情节特别严重的情形。

第六条　为合法经营活动而非法购买、收受本解释第五条第一款第三项、第四项规定以外的公民个人信息，具有下列情形之一的，应当认定为刑法第二百五十三条之一规定的"情节严重"：

（一）利用非法购买、收受的公民个人信息获利五万元以上的；

（二）曾因侵犯公民个人信息受过刑事处罚或者二年内受过行政处罚，又非法购买、收受公民个人信息的；

（三）其他情节严重的情形。

实施前款规定的行为，将购买、收受的公民个人信息非法出售或者提供的，定罪量刑标准适用本解释第五条的规定。

第七条 单位犯刑法第二百五十三条之一规定之罪的，依照本解释规定的相应自然人犯罪的定罪量刑标准，对直接负责的主管人员和其他直接责任人员定罪处罚，并对单位判处罚金。

第八条 设立用于实施非法获取、出售或者提供公民个人信息违法犯罪活动的网站、通讯群组，情节严重的，应当依照刑法第二百八十七条之一的规定，以非法利用信息网络罪定罪处罚；同时构成侵犯公民个人信息罪的，依照侵犯公民个人信息罪定罪处罚。

第九条 网络服务提供者拒不履行法律、行政法规规定的信息网络安全管理义务，经监管部门责令采取改正措施而拒不改正，致使用户的公民个人信息泄露，造成严重后果的，应当依照刑法第二百八十六条之一的规定，以拒不履行信息网络安全管理义务罪定罪处罚。

第十条 实施侵犯公民个人信息犯罪，不属于"情节特别严重"，行为人系初犯，全部退赃，并确有悔罪表现的，可以认定为情节轻微，不起诉或者免予刑事处罚；确有必要判处刑罚的，应当从宽处罚。

第十一条 非法获取公民个人信息后又出售或者提供的，公民个人信息的条数不重复计算。

向不同单位或者个人分别出售、提供同一公民个人信息的，公民个人信息的条数累计计算。

对批量公民个人信息的条数，根据查获的数量直接认定，但是有证据证明信息不真实或者重复的除外。

第十二条 对于侵犯公民个人信息犯罪，应当综合考虑犯罪的危害程度、犯罪的违法所得数额以及被告人的前科情况、认罪悔罪态度等，依法判处罚金。罚金数额一般在违法所得的一倍以上五倍以下。

第十三条 本解释自 2017 年 6 月 1 日起施行。

五、最高人民法院、最高人民检察院
关于办理危害计算机信息系统安全刑事案件
应用法律若干问题的解释

法释〔2011〕19 号

(2011 年 6 月 20 日最高人民法院审判委员会第 1524 次会议、
2011 年 7 月 11 日最高人民检察院第十一届检察委员会第 63 次会议通过，
2011 年 8 月 1 日最高人民法院、最高人民检察院公告公布，
自 2011 年 9 月 1 日起施行)

为依法惩治危害计算机信息系统安全的犯罪活动，根据《中华人民共和国刑法》、《全国人民代表大会常务委员会关于维护互联网安全的决定》的规定，现就办理这类刑事案件应用法律的若干问题解释如下：

第一条 非法获取计算机信息系统数据或者非法控制计算机信息系统，具有下列情形之一的，应当认定为刑法第二百八十五条第二款规定的"情节严重"：

（一）获取支付结算、证券交易、期货交易等网络金融服务的身份认证信息十组以上的；

（二）获取第（一）项以外的身份认证信息五百组以上的；

（三）非法控制计算机信息系统二十台以上的；

（四）违法所得五千元以上或者造成经济损失一万元以上的；

（五）其他情节严重的情形。

实施前款规定行为，具有下列情形之一的，应当认定为刑法第二百八十五条第二款规定的"情节特别严重"：

（一）数量或者数额达到前款第（一）项至第（四）项规定标准五倍以上的；

（二）其他情节特别严重的情形。

明知是他人非法控制的计算机信息系统，而对该计算机信息系统的控制权加以利用的，依照前两款的规定定罪处罚。

第二条 具有下列情形之一的程序、工具，应当认定为刑法第二百八十五条第三款规定的"专门用于侵入、非法控制计算机信息系统的程序、工具"：

（一）具有避开或者突破计算机信息系统安全保护措施，未经授权或者超越授权获取计算机信息系统数据的功能的；

（二）具有避开或者突破计算机信息系统安全保护措施，未经授权或者超越授权对计算机信息系统实施控制的功能的；

（三）其他专门设计用于侵入、非法控制计算机信息系统、非法获取计算机信息系统数据的程序、工具。

第三条 提供侵入、非法控制计算机信息系统的程序、工具，具有下列情形之一的，应当认定为刑法第二百八十五条第三款规定的"情节严重"：

（一）提供能够用于非法获取支付结算、证券交易、期货交易等网络金融服务身份认证信息的专门性程序、工具五人次以上的；

（二）提供第（一）项以外的专门用于侵入、非法控制计算机信息系统的程序、工具二十人次以上的；

（三）明知他人实施非法获取支付结算、证券交易、期货交易等网络金融服务身份认证信息的违法犯罪行为而为其提供程序、工具五人次以上的；

（四）明知他人实施第（三）项以外的侵入、非法控制计算机信息系统的违法犯罪行为而为其提供程序、工具二十人次以上的；

（五）违法所得五千元以上或者造成经济损失一万元以上的；

（六）其他情节严重的情形。

实施前款规定行为，具有下列情形之一的，应当认定为提供侵入、非法控制计算机信息系统的程序、工具"情节特别严重"：

（一）数量或者数额达到前款第（一）项至第（五）项规定标准五倍以上的；

（二）其他情节特别严重的情形。

第四条 破坏计算机信息系统功能、数据或者应用程序，具有下列情形之一的，应当认定为刑法第二百八十六条第一款和第二款规定的"后果严重"：

（一）造成十台以上计算机信息系统的主要软件或者硬件不能正常运行的；

（二）对二十台以上计算机信息系统中存储、处理或者传输的数据进行删除、修改、增加操作的；

（三）违法所得五千元以上或者造成经济损失一万元以上的；

（四）造成为一百台以上计算机信息系统提供域名解析、身份认证、计费等基础服务或者为一万以上用户提供服务的计算机信息系统不能正常运行累计一小时以上的；

（五）造成其他严重后果的。

实施前款规定行为，具有下列情形之一的，应当认定为破坏计算机信息系统"后果特别严重"：

（一）数量或者数额达到前款第（一）项至第（三）项规定标准五倍以上的；

（二）造成为五百台以上计算机信息系统提供域名解析、身份认证、计费等基础服务或者为五万以上用户提供服务的计算机信息系统不能正常运行累计一小时以上的；

（三）破坏国家机关或者金融、电信、交通、教育、医疗、能源等领域提供公共服务的计算机信息系统的功能、数据或者应用程序，致使生产、生活受到严重影响或者造成恶劣社会影响的；

（四）造成其他特别严重后果的。

第五条　具有下列情形之一的程序，应当认定为刑法第二百八十六条第三款规定的"计算机病毒等破坏性程序"：

（一）能够通过网络、存储介质、文件等媒介，将自身的部分、全部或者变种进行复制、传播，并破坏计算机系统功能、数据或者应用程序的；

（二）能够在预先设定条件下自动触发，并破坏计算机系统功能、数据或者应用程序的；

（三）其他专门设计用于破坏计算机系统功能、数据或者应用程序的程序。

第六条 故意制作、传播计算机病毒等破坏性程序，影响计算机系统正常运行，具有下列情形之一的，应当认定为刑法第二百八十六条第三款规定的"后果严重"：

（一）制作、提供、传输第五条第（一）项规定的程序，导致该程序通过网络、存储介质、文件等媒介传播的；

（二）造成二十台以上计算机系统被植入第五条第（二）、（三）项规定的程序的；

（三）提供计算机病毒等破坏性程序十人次以上的；

（四）违法所得五千元以上或者造成经济损失一万元以上的；

（五）造成其他严重后果的。

实施前款规定行为，具有下列情形之一的，应当认定为破坏计算机信息系统"后果特别严重"：

（一）制作、提供、传输第五条第（一）项规定的程序，导致该程序通过网络、存储介质、文件等媒介传播，致使生产、生活受到严重影响或者造成恶劣社会影响的；

（二）数量或者数额达到前款第（二）项至第（四）项规定标准五倍以上的；

（三）造成其他特别严重后果的。

第七条 明知是非法获取计算机信息系统数据犯罪所获取的数据、非法控制计算机信息系统犯罪所获取的计算机信息系统控制权，而予以转移、收购、代为销售或者以其他方法掩饰、隐瞒，违法所得五千元以上的，应当依照刑法第三百一十二条第一款的规定，以掩饰、隐瞒犯罪所得罪定罪处罚。

实施前款规定行为，违法所得五万元以上的，应当认定为刑法第三百一十二条第一款规定的"情节严重"。

单位实施第一款规定行为的，定罪量刑标准依照第一款、第二款的规定执行。

第八条 以单位名义或者单位形式实施危害计算机信息系统安全犯罪，达到本解释规定的定罪量刑标准的，应当依照刑法第二百八十五条、第二百八十六条的规定追究直接负责的主管人员和其他直接责任人员的刑事责任。

第九条 明知他人实施刑法第二百八十五条、第二百八十六条规定的行为，具有下列情形之一的，应当认定为共同犯罪，依照刑法第二百八十五条、第二百八十六条的规定处罚：

（一）为其提供用于破坏计算机信息系统功能、数据或者应用程序的程序、工具，违法所得五千元以上或者提供十人次以上的；

（二）为其提供互联网接入、服务器托管、网络存储空间、通讯传输通道、费用结算、交易服务、广告服务、技术培训、技术支持等帮助，违法所得五千元以上的；

（三）通过委托推广软件、投放广告等方式向其提供资金五千元以上的。

实施前款规定行为，数量或者数额达到前款规定标准五倍以上的，应当认定为刑法第二百八十五条、第二百八十六条规定的"情节特别严重"或者"后果特别严重"。

第十条 对于是否属于刑法第二百八十五条、第二百八十六条规定的"国家事务、国防建设、尖端科学技术领域的计算机信息系统"、"专门用于侵入、非法控制计算机信息系统的程序、工具"、"计算机病毒等破坏性程序"难以确定的，应当委托省级以上负责计算机信息系统安全保护管理工作的部门检验。司法机关根据检验结论，并结合案件具体情况认定。

第十一条 本解释所称"计算机信息系统"和"计算机系统"，是指具备自动处理数据功能的系统，包括计算机、网络设备、通信设备、自动化控制设备等。

本解释所称"身份认证信息"，是指用于确认用户在计算机信息系统上操作权限的数据，包括账号、口令、密码、数字证书等。

本解释所称"经济损失"，包括危害计算机信息系统犯罪行为给用户直接造成的经济损失，以及用户为恢复数据、功能而支出的必要费用。

六、最高人民法院、最高人民检察院
关于办理诈骗刑事案件具体应用法律若干问题的解释

法释〔2011〕7号

(2011年2月21日最高人民法院审判委员会第1512次会议、
2010年11月24日最高人民检察院第十一届检察委员会第49次会议通过,
2011年3月1日最高人民法院、最高人民检察院公告公布,
自2011年4月8日起施行)

为依法惩治诈骗犯罪活动,保护公私财产所有权,根据刑法、刑事诉讼法有关规定,结合司法实践的需要,现就办理诈骗刑事案件具体应用法律的若干问题解释如下:

第一条 诈骗公私财物价值三千元至一万元以上、三万元至十万元以上、五十万元以上的,应当分别认定为刑法第二百六十六条规定的"数额较大"、"数额巨大"、"数额特别巨大"。

各省、自治区、直辖市高级人民法院、人民检察院可以结合本地区经济社会发展状况,在前款规定的数额幅度内,共同研究确定本地区执行的具体数额标准,报最高人民法院、最高人民检察院备案。

第二条 诈骗公私财物达到本解释第一条规定的数额标准,具有下列情形之一的,可以依照刑法第二百六十六条的规定酌情从严惩处:

(一)通过发送短信、拨打电话或者利用互联网、广播电视、报刊杂志等发布虚假信息,对不特定多数人实施诈骗的;

(二)诈骗救灾、抢险、防汛、优抚、扶贫、移民、救济、医疗款物的;

(三)以赈灾募捐名义实施诈骗的;

(四)诈骗残疾人、老年人或者丧失劳动能力人的财物的;

(五)造成被害人自杀、精神失常或者其他严重后果的。

诈骗数额接近本解释第一条规定的"数额巨大"、"数额特别巨大"的标准，并具有前款规定的情形之一或者属于诈骗集团首要分子的，应当分别认定为刑法第二百六十六条规定的"其他严重情节"、"其他特别严重情节"。

第三条　诈骗公私财物虽已达到本解释第一条规定的"数额较大"的标准，但具有下列情形之一，且行为人认罪、悔罪的，可以根据刑法第三十七条、刑事诉讼法第一百四十二条的规定不起诉或者免予刑事处罚：

（一）具有法定从宽处罚情节的；

（二）一审宣判前全部退赃、退赔的；

（三）没有参与分赃或者获赃较少且不是主犯的；

（四）被害人谅解的；

（五）其他情节轻微、危害不大的。

第四条　诈骗近亲属的财物，近亲属谅解的，一般可不按犯罪处理。

诈骗近亲属的财物，确有追究刑事责任必要的，具体处理也应酌情从宽。

第五条　诈骗未遂，以数额巨大的财物为诈骗目标的，或者具有其他严重情节的，应当定罪处罚。

利用发送短信、拨打电话、互联网等电信技术手段对不特定多数人实施诈骗，诈骗数额难以查证，但具有下列情形之一的，应当认定为刑法第二百六十六条规定的"其他严重情节"，以诈骗罪（未遂）定罪处罚：

（一）发送诈骗信息五千条以上的；

（二）拨打诈骗电话五百人次以上的；

（三）诈骗手段恶劣、危害严重的。

实施前款规定行为，数量达到前款第（一）、（二）项规定标准十倍以上的，或者诈骗手段特别恶劣、危害特别严重的，应当认定为刑法第二百六十六条规定的"其他特别严重情节"，以诈骗罪（未遂）定罪处罚。

第六条　诈骗既有既遂，又有未遂，分别达到不同量刑幅度的，依照处罚较重的规定处罚；达到同一量刑幅度的，以诈骗罪既遂处罚。

第七条　明知他人实施诈骗犯罪，为其提供信用卡、手机卡、通讯工具、通讯传输通道、网络技术支持、费用结算等帮助的，以共同犯罪论处。

第八条 冒充国家机关工作人员进行诈骗，同时构成诈骗罪和招摇撞骗罪的，依照处罚较重的规定定罪处罚。

第九条 案发后查封、扣押、冻结在案的诈骗财物及其孳息，权属明确的，应当发还被害人；权属不明确的，可按被骗款物占查封、扣押、冻结在案的财物及其孳息总额的比例发还被害人，但已获退赔的应予扣除。

第十条 行为人已将诈骗财物用于清偿债务或者转让给他人，具有下列情形之一的，应当依法追缴：

（一）对方明知是诈骗财物而收取的；

（二）对方无偿取得诈骗财物的；

（三）对方以明显低于市场的价格取得诈骗财物的；

（四）对方取得诈骗财物系源于非法债务或者违法犯罪活动的。

他人善意取得诈骗财物的，不予追缴。

第十一条 以前发布的司法解释与本解释不一致的，以本解释为准。

第三章　规范性文件

一、中共中央办公厅、国务院办公厅印发
关于加强打击治理电信网络诈骗违法犯罪工作的意见

（2022 年 4 月 18 日）

　　《意见》强调，要坚持以习近平新时代中国特色社会主义思想为指导，深入贯彻党的十九大和十九届历次全会精神，坚持以人民为中心，统筹发展和安全，强化系统观念、法治思维，坚持严厉打击、依法办案，实现法律效果与社会效果有机统一，坚持打防结合、防范为先，强化预警劝阻，加强宣传教育，坚持科技支撑、强化反制，运用科技信息化手段提升技术反制能力，坚持源头治理、综合治理，加强行业监管，强化属地管控，坚持广泛动员、群防群治，发动群众力量，汇聚群众智慧，坚决遏制电信网络诈骗违法犯罪多发高发态势，提升社会治理水平，使人民获得感、幸福感、安全感更加充实、更有保障、更可持续，为建设更高水平的平安中国、法治中国作出贡献。

　　《意见》要求，要依法严厉打击电信网络诈骗违法犯罪。坚持依法从严惩处，形成打击合力，提升打击效能；坚持全链条纵深打击，依法打击电信网络诈骗以及上下游关联违法犯罪；健全涉诈资金查处机制，最大限度追赃挽损；进一步强化法律支撑，为实现全链条打击、一体化治理提供法治保障；加强国际执法司法合作，积极推动涉诈在逃人员通缉、引渡、遣返工作。

《意见》要求，要构建严密防范体系。强化技术反制，建立对涉诈网站、App 及诈骗电话、诈骗短消息处置机制；强化预警劝阻，不断提升预警信息监测发现能力，及时发现潜在受害群众，采取劝阻措施；强化宣传教育，建立全方位、广覆盖的反诈宣传教育体系，开展防范电信网络诈骗违法犯罪知识进社区、进农村、进家庭、进学校、进企业活动，形成全社会反诈的浓厚氛围。

《意见》要求，要加强行业监管源头治理。建立健全行业安全评估和准入制度；加强金融行业监管，及时发现、管控新型洗钱通道；加强电信行业监管，严格落实电话用户实名制；加强互联网行业监管；完善责任追究制度，建立健全行业主管部门、企业、用户三级责任制；建立健全信用惩戒制度，将电信网络诈骗及关联违法犯罪人员纳入严重失信主体名单。《意见》还要求，要强化属地管控综合治理，加强犯罪源头地综合整治。

《意见》强调，各级党委和政府要加强对打击治理电信网络诈骗违法犯罪工作的组织领导，统筹力量资源，建立职责清晰、协同联动、衔接紧密、运转高效的打击治理体系。金融、电信、互联网等行业主管部门要全面落实行业监管主体责任，各地要强化落实属地责任，全面提升打击治理电信网络诈骗违法犯罪的能力水平。

二、电信网络诈骗及其关联违法犯罪联合惩戒办法

（2024 年 11 月 26 日）

第一条 为打击治理电信网络诈骗及其关联违法犯罪，建立健全联合惩戒制度，根据《中华人民共和国反电信网络诈骗法》等法律法规，制定本办法。

第二条 联合惩戒应当遵循依法认定、过惩相当、动态管理的原则。

第三条 本办法规定的惩戒对象包括：

（一）因实施电信网络诈骗犯罪活动，或者实施与电信网络诈骗相关联的帮助信息网络犯罪活动，妨害信用卡管理，侵犯公民个人信息，掩

饰、隐瞒犯罪所得、犯罪所得收益及组织他人偷越国（边）境、偷越国（边）境等犯罪受过刑事处罚的人员；

（二）经设区的市级以上公安机关认定，具有下列行为之一的单位、个人和相关组织者：

1. 非法买卖、出租、出借电话卡、物联网卡、固定电话、电信线路、短信端口、银行账户、支付账户、数字人民币钱包、互联网账号等三张（个）以上，或者为上述卡、账户、账号提供实名核验帮助三张（个）以上的；

2. 非法买卖、出租、出借电话卡、物联网卡、固定电话、电信线路、短信端口、银行账户、支付账户、数字人民币钱包、互联网账号等三次以上，或者为上述卡、账户、账号提供实名核验帮助三次以上的；

3. 向三个以上对象非法买卖、出租、出借电话卡、物联网卡、固定电话、电信线路、短信端口、银行账户、支付账户、数字人民币钱包、互联网账号等，或者提供实名核验帮助的；

4. 假冒他人身份或者虚构代理关系开立电话卡、物联网卡、固定电话、电信线路、短信端口、银行账户、支付账户、数字人民币钱包、互联网账号等的；

具有前三种情形之一，虽未达到数量标准，但造成较大影响、确有惩戒必要的，报经省级以上公安机关审核认定，可以列为惩戒对象。

第四条　惩戒对象为单位的，可以同时对其直接负责的主管人员和其他直接责任人员实施惩戒。

第五条　惩戒措施包括金融惩戒、电信网络惩戒、信用惩戒。

第六条　银行业金融机构、非银行支付机构应当对惩戒对象落实以下金融惩戒措施：

（一）限制惩戒对象名下银行账户、数字人民币钱包的非柜面出金功能，与开立机构既有协议约定的代扣代缴税款、社保、水电煤气费等基本生活保障的款项除外；

（二）停止惩戒对象名下支付账户业务，支付账户余额向本人同名银行账户转账除外；

（三）暂停为惩戒对象新开立支付账户、实名数字人民币钱包，新开立的银行账户应遵循本条第（一）项要求。

第七条 电信业务经营者、互联网服务提供者应当对惩戒对象落实以下电信网络惩戒措施：

（一）限制惩戒对象名下的电话卡、物联网卡、固定电话、电信线路、短信端口等功能以及过户等业务；

（二）限制惩戒对象名下电话卡注册的存在涉诈风险的互联网账号功能及业务；

（三）不得为惩戒对象开立新的电话卡、物联网卡、固定电话、电信线路、短信端口，存在涉诈风险的互联网账号等以及提供网站、应用程序的分发、上架等业务；

以上涉及惩戒的通信业务、互联网应用等应当具备较高的涉诈属性和安全风险，具体惩戒范围由公安机关会同行业主管部门认定。在惩戒期内，惩戒对象在收到公安机关惩戒通知后十个工作日内可申请保留一张名下非涉案电话卡。

第八条 信用惩戒措施应当通过以下方式予以落实：

（一）将有关惩戒对象纳入"电信网络诈骗"严重失信主体名单，共享至全国信用信息共享平台，并通过"信用中国"网站对严重失信主体信息进行公示；

（二）将有关惩戒对象信息纳入金融信用信息基础数据库。

第九条 对惩戒对象实行分级惩戒：

（一）实施电信网络诈骗及其关联犯罪被追究刑事责任的，适用本办法第六条至第八条规定的惩戒措施，惩戒期限为三年；

（二）经设区的市级以上公安机关认定的惩戒对象，适用本办法第六条、第七条及第八条第（二）项规定的惩戒措施，惩戒期限为二年。

第十条 被判处有期徒刑、拘役的惩戒对象，惩戒期限自有期徒刑、拘役执行完毕之日起计算，惩戒措施效力当然施用于有期徒刑、拘役执行期间。被判处管制或者宣告缓刑的惩戒对象，惩戒期限自判决生效之日起计算。

经设区的市级公安机关认定的，惩戒期限自认定之日起计算。

惩戒对象在惩戒期限内被多次惩戒的，惩戒期限累计执行，但连续执行期限不得超过五年。

惩戒到期后自动解除，有关惩戒对象自动移出"电信网络诈骗"严重失信主体名单。

第十一条　县级公安机关在办理电信网络诈骗及其关联违法犯罪案件时，应当及时掌握对犯罪嫌疑人、被告人移送起诉、审判的情况，对符合本办法第三条规定的，及时呈报设区的市级以上公安机关审核。

设区的市级以上公安机关审核认定后，出具联合惩戒对象信息报送表，注明惩戒措施及期限、申诉渠道等信息，层报公安部。公安部将联合惩戒对象相关信息移送国家发展和改革委员会、工业和信息化部和中国人民银行。

第十二条　中国人民银行征信中心、电信业务经营者、银行业金融机构、非银行支付机构、互联网服务提供者应当在收到公安机关惩戒对象相关信息后十个工作日内落实惩戒措施并及时反馈结果。

第十三条　作出惩戒对象认定的公安机关应当在有关部门落实惩戒措施前，采取当面或者邮寄等方式，将惩戒的事由依据、惩戒期限、惩戒措施、依法享有申诉的权利及申诉渠道等内容书面告知被惩戒对象。

第十四条　惩戒对象对惩戒认定有异议的，或者相关惩戒措施到期未解除的，可以通过当面、电话、书面等方式向作出认定的公安机关申诉。

公安机关收到申诉后，应当在三个工作日内一次性告知申诉人需要提供的材料，并在收到材料之日起十五个工作日内完成核查工作，向申诉人书面反馈核查结果，对于不予解除惩戒措施的应当说明理由。

第十五条　对于经过核查，发现原惩戒认定确有错误的，经设区的市级以上公安机关审核认定后，及时出具解除联合惩戒对象信息报送表，层报公安部。公安部将解除联合惩戒对象相关信息移送国家发展和改革委员会、工业和信息化部和中国人民银行。

对于因惩戒认定错误给原被惩戒对象造成损害的，应当依法追究相关责任。

第十六条　中国人民银行征信中心、电信业务经营者、银行业金融机构、非银行支付机构、互联网服务提供者应当在收到公安机关解除惩戒对象相关信息后十个工作日内解除惩戒措施并及时反馈结果。

第十七条　直辖市的区县公安机关适用本办法中设区的市级公安机关的相关规定。

本办法中"以上"，均包含本级、本数。

第十八条 本办法自 2024 年 12 月 1 日起施行。《中华人民共和国反电信网络诈骗法》施行前，实施本办法第三条所列行为的，不适用本办法。

三、最高人民法院、最高人民检察院、公安部
关于办理信息网络犯罪案件适用刑事诉讼程序
若干问题的意见

2022 年 8 月 26 日   法发〔2022〕23 号

为依法惩治信息网络犯罪活动，根据《中华人民共和国刑法》《中华人民共和国刑事诉讼法》以及有关法律、司法解释的规定，结合侦查、起诉、审判实践，现就办理此类案件适用刑事诉讼程序问题提出以下意见。

一、关于信息网络犯罪案件的范围

1. 本意见所称信息网络犯罪案件包括：

（1）危害计算机信息系统安全犯罪案件；

（2）拒不履行信息网络安全管理义务、非法利用信息网络、帮助信息网络犯罪活动的犯罪案件；

（3）主要行为通过信息网络实施的诈骗、赌博、侵犯公民个人信息等其他犯罪案件。

二、关于信息网络犯罪案件的管辖

2. 信息网络犯罪案件由犯罪地公安机关立案侦查。必要时，可以由犯罪嫌疑人居住地公安机关立案侦查。

信息网络犯罪案件的犯罪地包括用于实施犯罪行为的网络服务使用的服务器所在地，网络服务提供者所在地，被侵害的信息网络系统及其管理者所在地，犯罪过程中犯罪嫌疑人、被害人或者其他涉案人员使用的信息网络系统所在地，被害人被侵害时所在地以及被害人财产遭受损失地等。

涉及多个环节的信息网络犯罪案件，犯罪嫌疑人为信息网络犯罪提供

帮助的，其犯罪地、居住地或者被帮助对象的犯罪地公安机关可以立案侦查。

3. 有多个犯罪地的信息网络犯罪案件，由最初受理的公安机关或者主要犯罪地公安机关立案侦查。有争议的，按照有利于查清犯罪事实、有利于诉讼的原则，协商解决；经协商无法达成一致的，由共同上级公安机关指定有关公安机关立案侦查。需要提请批准逮捕、移送审查起诉、提起公诉的，由立案侦查的公安机关所在地的人民检察院、人民法院受理。

4. 具有下列情形之一的，公安机关、人民检察院、人民法院可以在其职责范围内并案处理：

（1）一人犯数罪的；

（2）共同犯罪的；

（3）共同犯罪的犯罪嫌疑人、被告人还实施其他犯罪的；

（4）多个犯罪嫌疑人、被告人实施的犯罪行为存在关联，并案处理有利于查明全部案件事实的。

对为信息网络犯罪提供程序开发、互联网接入、服务器托管、网络存储、通讯传输等技术支持，或者广告推广、支付结算等帮助，涉嫌犯罪的，可以依照第一款的规定并案侦查。

有关公安机关依照前两款规定并案侦查的案件，需要提请批准逮捕、移送审查起诉、提起公诉的，由该公安机关所在地的人民检察院、人民法院受理。

5. 并案侦查的共同犯罪或者关联犯罪案件，犯罪嫌疑人人数众多、案情复杂的，公安机关可以分案移送审查起诉。分案移送审查起诉的，应当对并案侦查的依据、分案移送审查起诉的理由作出说明。

对于前款规定的案件，人民检察院可以分案提起公诉，人民法院可以分案审理。

分案处理应当以有利于保障诉讼质量和效率为前提，并不得影响当事人质证权等诉讼权利的行使。

6. 依照前条规定分案处理，公安机关、人民检察院、人民法院在分案前有管辖权的，分案后对相关案件的管辖权不受影响。根据具体情况，分案处理的相关案件可以由不同审级的人民法院分别审理。

7. 对于共同犯罪或者已并案侦查的关联犯罪案件，部分犯罪嫌疑人未到案，但不影响对已到案共同犯罪或者关联犯罪的犯罪嫌疑人、被告人的犯罪事实认定的，可以先行追究已到案犯罪嫌疑人、被告人的刑事责任。之前未到案的犯罪嫌疑人、被告人归案后，可以由原办案机关所在地公安机关、人民检察院、人民法院管辖其所涉及的案件。

8. 对于具有特殊情况，跨省（自治区、直辖市）指定异地公安机关侦查更有利于查清犯罪事实、保证案件公正处理的重大信息网络犯罪案件，以及在境外实施的信息网络犯罪案件，公安部可以商最高人民检察院和最高人民法院指定侦查管辖。

9. 人民检察院对于审查起诉的案件，按照刑事诉讼法的管辖规定，认为应当由上级人民检察院或者同级其他人民检察院起诉的，应当将案件移送有管辖权的人民检察院，并通知移送起诉的公安机关。人民检察院认为需要依照刑事诉讼法的规定指定审判管辖的，应当协商同级人民法院办理指定管辖有关事宜。

10. 犯罪嫌疑人被多个公安机关立案侦查的，有关公安机关一般应当协商并案处理，并依法移送案件。协商不成的，可以报请共同上级公安机关指定管辖。

人民检察院对于审查起诉的案件，发现犯罪嫌疑人还有犯罪被异地公安机关立案侦查的，应当通知移送审查起诉的公安机关。

人民法院对于提起公诉的案件，发现被告人还有其他犯罪被审查起诉、立案侦查的，可以协商人民检察院、公安机关并案处理，但可能造成审判过分迟延的除外。决定对有关犯罪并案处理，符合《中华人民共和国刑事诉讼法》第二百零四条规定的，人民检察院可以建议人民法院延期审理。

三、关于信息网络犯罪案件的调查核实

11. 公安机关对接受的案件或者发现的犯罪线索，在审查中发现案件事实或者线索不明，需要经过调查才能够确认是否达到刑事立案标准的，经公安机关办案部门负责人批准，可以进行调查核实；经过调查核实达到刑事立案标准的，应当及时立案。

12. 调查核实过程中，可以采取询问、查询、勘验、检查、鉴定、调取证据材料等不限制被调查对象人身、财产权利的措施，不得对被调查对

象采取强制措施，不得查封、扣押、冻结被调查对象的财产，不得采取技术侦查措施。

13. 公安机关在调查核实过程中依法收集的电子数据等材料，可以根据有关规定作为证据使用。

调查核实过程中收集的材料作为证据使用的，应当随案移送，并附批准调查核实的相关材料。

调查核实过程中收集的证据材料经查证属实，且收集程序符合有关要求的，可以作为定案依据。

四、关于信息网络犯罪案件的取证

14. 公安机关向网络服务提供者调取电子数据的，应当制作调取证据通知书，注明需要调取的电子数据的相关信息。调取证据通知书及相关法律文书可以采用数据电文形式。跨地域调取电子数据的，可以通过公安机关信息化系统传输相关数据电文。

网络服务提供者向公安机关提供电子数据的，可以采用数据电文形式。采用数据电文形式提供电子数据的，应当保证电子数据的完整性，并制作电子证明文件，载明调证法律文书编号、单位电子公章、完整性校验值等保护电子数据完整性方法的说明等信息。

数据电文形式的法律文书和电子证明文件，应当使用电子签名、数字水印等方式保证完整性。

15. 询（讯）问异地证人、被害人以及与案件有关联的犯罪嫌疑人的，可以由办案地公安机关通过远程网络视频等方式进行并制作笔录。

远程询（讯）问的，应当由协作地公安机关事先核实被询（讯）问人的身份。办案地公安机关应当将询（讯）问笔录传输至协作地公安机关。询（讯）问笔录经被询（讯）问人确认并逐页签名、捺指印后，由协作地公安机关协作人员签名或者盖章，并将原件提供给办案地公安机关。询（讯）问人员收到笔录后，应当在首页右上方写明"于某年某月某日收到"，并签名或者盖章。

远程询（讯）问的，应当对询（讯）问过程同步录音录像，并随案移送。

异地证人、被害人以及与案件有关联的犯罪嫌疑人亲笔书写证词、供词的，参照执行本条第二款规定。

16. 人民检察院依法自行侦查、补充侦查，或者人民法院调查核实相关证据的，适用本意见第 14 条、第 15 条的有关规定。

17. 对于依照本意见第 14 条的规定调取的电子数据，人民检察院、人民法院可以通过核验电子签名、数字水印、电子数据完整性校验值及调证法律文书编号是否与证明文件相一致等方式，对电子数据进行审查判断。

对调取的电子数据有疑问的，由公安机关、提供电子数据的网络服务提供者作出说明，或者由原调取机关补充收集相关证据。

五、关于信息网络犯罪案件的其他问题

18. 采取技术侦查措施收集的材料作为证据使用的，应当随案移送，并附采取技术侦查措施的法律文书、证据材料清单和有关说明材料。

移送采取技术侦查措施收集的视听资料、电子数据的，应当由两名以上侦查人员制作复制件，并附制作说明，写明原始证据材料、原始存储介质的存放地点等信息，由制作人签名，并加盖单位印章。

19. 采取技术侦查措施收集的证据材料，应当经过当庭出示、辨认、质证等法庭调查程序查证。

当庭调查技术侦查证据材料可能危及有关人员的人身安全，或者可能产生其他严重后果的，法庭应当采取不暴露有关人员身份和技术侦查措施使用的技术设备、技术方法等保护措施。必要时，审判人员可以在庭外对证据进行核实。

20. 办理信息网络犯罪案件，对于数量特别众多且具有同类性质、特征或者功能的物证、书证、证人证言、被害人陈述、视听资料、电子数据等证据材料，确因客观条件限制无法逐一收集的，应当按照一定比例或者数量选取证据，并对选取情况作出说明和论证。

人民检察院、人民法院应当重点审查取证方法、过程是否科学。经审查认为取证不科学的，应当由原取证机关作出补充说明或者重新取证。

人民检察院、人民法院应当结合其他证据材料，以及犯罪嫌疑人、被告人及其辩护人所提辩解、辩护意见，审查认定取得的证据。经审查，对相关事实不能排除合理怀疑的，应当作出有利于犯罪嫌疑人、被告人的认定。

21. 对于涉案人数特别众多的信息网络犯罪案件，确因客观条件限制无法收集证据逐一证明、逐人核实涉案账户的资金来源，但根据银行账户、非银行支付账户等交易记录和其他证据材料，足以认定有关账户主要用于接收、流转涉案资金的，可以按照该账户接收的资金数额认定犯罪数额，但犯罪嫌疑人、被告人能够作出合理说明的除外。案外人提出异议的，应当依法审查。

22. 办理信息网络犯罪案件，应当依法及时查封、扣押、冻结涉案财物，督促涉案人员退赃退赔，及时追赃挽损。

公安机关应当全面收集证明涉案财物性质、权属情况、依法应予追缴、没收或者责令退赔的证据材料，在移送审查起诉时随案移送并作出说明。其中，涉案财物需要返还被害人的，应当尽可能查明被害人损失情况。人民检察院应当对涉案财物的证据材料进行审查，在提起公诉时提出处理意见。人民法院应当依法作出判决，对涉案财物作出处理。

对应当返还被害人的合法财产，权属明确的，应当依法及时返还；权属不明的，应当在人民法院判决、裁定生效后，按比例返还被害人，但已获退赔的部分应予扣除。

23. 本意见自 2022 年 9 月 1 日起施行。《最高人民法院、最高人民检察院、公安部关于办理网络犯罪案件适用刑事诉讼程序若干问题的意见》（公通字〔2014〕10 号）同时废止。

四、最高人民法院刑事审判第三庭、最高人民检察院第四检察厅、公安部刑事侦查局关于"断卡"行动中有关法律适用问题的会议纪要

（2022年3月22日）

各省、自治区、直辖市高级人民法院刑事审判庭、人民检察院刑事检察部、公安厅（局）刑侦局、刑侦（警）总队，新疆维吾尔自治区高级人民法院生产建设兵团分院刑事审判庭、新疆生产建设兵团人民检察院刑事检察部、新疆生产建设兵团公安局刑侦总队：

在国务院打击治理电信网络新型违法犯罪工作部际联席会议办公室的统一部署下，各级人民法院、人民检察院和公安机关认真落实习近平总书记重要指示批示精神，加强协作配合，积极履职作为，"断卡"行动深入推进，打击整治成效日益明显，有力遏制了电信网络诈骗犯罪持续高发的势头。2021年6月，最高人民法院、最高人民检察院、公安部联合发布《关于办理电信网络诈骗等刑事案件适用法律若干问题的意见（二）》（以下简称《意见（二）》），进一步解决了实践中的部分难点重点问题，为打击治理专项工作提供了有力法律保障。

当前，涉"两卡"（即手机卡、信用卡）犯罪形势依旧复杂严峻，犯罪类型多样且不断发展，需要进一步统一认识，明确依据，更好实现打击治理的目的。为此，2021年11月26日和2022年1月7日，最高人民法院刑事审判第三庭、最高人民检察院第四检察厅和公安部刑事侦查局先后召开联席会议，就当前"断卡"行动中各地反映的突出法律适用问题进行研究，就相关问题形成共识。现将会议纪要下发，供各地在办案中参考。

一、关于帮助信息网络犯罪活动罪中"明知他人利用信息网络实施犯罪"的理解适用。认定行为人是否"明知"他人利用信息网络实施犯罪，应当坚持主客观相一致原则，即要结合行为人的认知能力、既往经历、交

易对象、与信息网络犯罪行为人的关系、提供技术支持或者帮助的时间和方式、获利情况、出租、出售"两卡"的次数、张数、个数，以及行为人的供述等主客观因素，同时注重听取行为人的辩解并根据其辩解合理与否，予以综合认定。司法办案中既要防止片面倚重行为人的供述认定明知；也要避免简单客观归罪，仅以行为人有出售"两卡"行为就直接认定明知。特别是对于交易双方存在亲友关系等信赖基础，一方确系偶尔向另一方出租、出售"两卡"的，要根据在案事实证据，审慎认定"明知"。

在办案过程中，可着重审查行为人是否具有以下特征及表现，综合全案证据，对其构成"明知"与否作出判断：（1）跨省或多人结伙批量办理、收购、贩卖"两卡"的；（2）出租、出售"两卡"后，收到公安机关、银行业金融机构、非银行支付机构、电信服务提供者等相关单位部门的口头或书面通知，告知其所出租、出售的"两卡"涉嫌诈骗、洗钱等违法犯罪，行为人未采取补救措施，反而继续出租、出售的；（3）出租、出售的"两卡"因涉嫌诈骗、洗钱等违法犯罪被冻结，又帮助解冻，或者注销旧卡、办理新卡，继续出租、出售的；（4）出租、出售的具有支付结算功能的网络账号因涉嫌诈骗、洗钱等违法犯罪被查封，又帮助解封，继续提供给他人使用的；（5）频繁使用隐蔽上网、加密通信、销毁数据等措施或者使用虚假身份，逃避监管或者规避调查的；（6）事先串通设计应对调查的话术口径的；（7）曾因非法交易"两卡"受过处罚或者信用惩戒、训诫谈话，又收购、出售、出租"两卡"的等。

二、关于《最高人民法院、最高人民检察院关于办理非法利用信息网络、帮助信息网络犯罪活动等刑事案件适用法律若干问题的解释》（以下简称"《解释》"）第十二条第一款第（一）项的理解适用。该项所规定的"为三个以上对象提供帮助"，应理解为分别为三个以上行为人或团伙组织提供帮助，且被帮助的行为人或团伙组织实施的行为均达到犯罪程度。为同一对象提供三次以上帮助的，不宜理解为"为三个以上对象提供帮助"。

三、关于《解释》第十二条第一款第（四）项的理解适用。该项所规定"违法所得一万元"中的"违法所得"，应理解为行为人为他人实施信息网络犯罪提供帮助，由此所获得的所有违法款项或非法收入。行为人收卡等"成本"费用无须专门扣除。

四、关于《关于深入推进"断卡"行动有关问题的会议纪要》（以下简称"《2020 年会议纪要》"）中列举的符合《解释》第十二条规定的情节严重情形的理解适用。《2020 年会议纪要》第五条规定，出租、出售的信用卡被用于实施电信网络诈骗，达到犯罪程度，该信用卡内流水金额超过三十万元的，按照符合《解释》第十二条规定的"情节严重"处理。在适用时应把握单向流入涉案信用卡中的资金超过三十万元，且其中至少三千元经查证系涉诈骗资金。行为人能够说明资金合法来源和性质的，应当予以扣除。以上述情形认定行为"情节严重"的，要注重审查行为人的主观明知程度、出租、出售信用卡的张数、次数、非法获利的数额以及造成的其他严重后果，综合考虑与《解释》第十二条第一款其他项适用的相当性。行为人出租、出售的信用卡被用于接收电信网络诈骗资金，但行为人未实施代为转账、套现、取现等行为，或者未实施为配合他人转账、套现、取现而提供刷脸等验证服务的，不宜认定为《解释》第十二条第一款第（二）项规定的"支付结算"行为。

五、关于正确区分帮助信息网络犯罪活动罪、掩饰、隐瞒犯罪所得、犯罪所得收益罪与诈骗罪的界限。在办理涉"两卡"犯罪案件中，存在准确界定前述三个罪名之间界限的问题。应当根据行为人的主观明知内容和实施的具体犯罪行为，确定其行为性质。以信用卡为例：（1）明知他人实施电信网络诈骗犯罪，参加诈骗团伙或者与诈骗团伙之间形成较为稳定的配合关系，长期为他人提供信用卡或者转账取现的，可以诈骗罪论处。（2）行为人向他人出租、出售信用卡后，在明知是犯罪所得及其收益的情况下，又代为转账、套现、取现等，或者为配合他人转账、套现、取现而提供刷脸等验证服务的，可以掩饰、隐瞒犯罪所得、犯罪所得收益罪论处。（3）明知他人利用信息网络实施犯罪，仅向他人出租、出售信用卡，未实施其他行为，达到情节严重标准的，可以帮助信息网络犯罪活动罪论处。

在司法实践中，应当具体案情具体分析，结合主客观证据，重视行为人的辩解理由，确保准确定性。

六、关于《意见（二）》第三条的理解适用。为严厉打击跨境电信网络诈骗团伙犯罪，该条规定，有证据证实行为人参加境外诈骗犯罪集团或犯罪团伙，在境外针对境内居民实施电信网络诈骗犯罪行为，诈骗数额难以查证，但一年内出境赴境外诈骗犯罪窝点累计时间 30 日以上或多次出境赴境外诈骗犯罪窝点的，以诈骗罪依法追究刑事责任。在司法适用时，要注意把握以下三个要求：（1）有证据证明行为人参加了境外电信网络诈骗犯罪集团或犯罪团伙，且在境外针对境内居民实施了具体的诈骗犯罪行为；（2）行为人一年内出境赴境外诈骗犯罪窝点累计 30 日以上，应当从行为人实际加入境外诈骗犯罪窝点的日期开始计算时间；（3）诈骗数额难以查证，是指基于客观困难，确实无法查清行为人实施诈骗的具体数额。在办案中，应当首先全力查证具体诈骗数额；在诈骗数额难以查清的情况下，根据《最高人民法院、最高人民检察院关于办理诈骗刑事案件具体应用法律若干问题的解释》和《最高人民法院、最高人民检察院、公安部关于办理电信网络诈骗等刑事案件适用法律若干问题的意见》的规定，还应当查证发送诈骗信息条数和拨打诈骗电话次数，如二者均无法查明，才适用该条规定。

七、关于收购、出售、出租信用卡的行为，可否以窃取、收买、非法提供信用卡信息罪追究刑事责任的问题。《刑法修正案（五）》设立了窃取、收买、非法提供信用卡信息罪，主要考虑是：利用信用卡信息资料复制磁条卡的问题在当时比较突出，严重危害持卡人的财产安全和国家金融安全，故设立本罪，相关司法解释将本罪入罪门槛规定为 1 张（套）信用卡。其中的"信用卡信息资料"，是指用于伪造信用卡的电子数据等基础信息，如有关发卡行代码、持卡人账户、密码等内容的加密电子数据。在"断卡"行动破获的此类案件中，行为人非法交易信用卡的主要目的在于直接使用信用卡，而非利用其中的信息资料伪造信用卡。故当前办理"断卡"行动中的此类案件，一般不以窃取、收买、非法提供信用卡信息罪追究刑事责任。

八、关于收购、出售、出租信用卡"四件套"行为的处理。行为人收购、出售、出租信用卡"四件套"（一般包括信用卡，身份信息，U盾，网银），数量较大的，可能同时构成帮助信息网络犯罪活动罪、妨害信用卡管理罪等。"断卡"行动中破获的此类案件，行为人收购、出售、出租的信用卡"四件套"，主要流向电信网络诈骗犯罪团伙或人员手中，用于非法接收、转移诈骗资金，一般以帮助信息网络犯罪活动罪论处。对于涉案信用卡"四件套"数量巨大，同时符合妨害信用卡管理罪构成要件的，择一重罪论处。

九、关于重大电信网络诈骗及其关联犯罪案件的管辖。对于涉案人数超过 80 人，以及在境外实施的电信网络诈骗及其关联犯罪案件，公安部根据工作需要指定异地管辖的，指定管辖前应当商最高人民检察院和最高人民法院。

各级人民法院、人民检察院、公安机关要充分认识到当前持续深入推进"断卡"行动的重要意义，始终坚持依法从严惩处和全面惩处的方针，坚决严惩跨境电信网络诈骗犯罪集团和人员、贩卖"两卡"团伙头目和骨干、职业"卡商"、行业"内鬼"等。同时，还应当注重宽以济严，对于初犯、偶犯、未成年人、在校学生，特别是其中被胁迫或蒙骗出售本人名下"两卡"，违法所得、涉案数额较少且认罪认罚的，以教育、挽救为主，落实"少捕慎诉慎押"的刑事司法政策，可以依法从宽处理，确保社会效果良好。

各省级人民法院、人民检察院、公安机关要尽快传达并转发本会议纪要，不断提高办案能力，依法准确办理涉"两卡"犯罪案件，确保"断卡"行动深入健康开展。在司法实践中如遇有重大疑难问题，应及时对口上报。

五、最高人民法院、最高人民检察院、公安部
关于办理电信网络诈骗等刑事案件
适用法律若干问题的意见（二）

2021 年 6 月 17 日　　　　　　　　　法发〔2021〕22 号

为进一步依法严厉惩治电信网络诈骗犯罪，对其上下游关联犯罪实行全链条、全方位打击，根据《中华人民共和国刑法》《中华人民共和国刑事诉讼法》等法律和有关司法解释的规定，针对司法实践中出现的新的突出问题，结合工作实际，制定本意见。

一、电信网络诈骗犯罪地，除《最高人民法院、最高人民检察院、公

安部关于办理电信网络诈骗等刑事案件适用法律若干问题的意见》规定的犯罪行为发生地和结果发生地外，还包括：

（一）用于犯罪活动的手机卡、流量卡、物联网卡的开立地、销售地、转移地、藏匿地；

（二）用于犯罪活动的信用卡的开立地、销售地、转移地、藏匿地、使用地以及资金交易对手资金交付和汇出地；

（三）用于犯罪活动的银行账户、非银行支付账户的开立地、销售地、使用地以及资金交易对手资金交付和汇出地；

（四）用于犯罪活动的即时通讯信息、广告推广信息的发送地、接受地、到达地；

（五）用于犯罪活动的"猫池"（Modem Pool）、GOIP 设备、多卡宝等硬件设备的销售地、入网地、藏匿地；

（六）用于犯罪活动的互联网账号的销售地、登录地。

二、为电信网络诈骗犯罪提供作案工具、技术支持等帮助以及掩饰、隐瞒犯罪所得及其产生的收益，由此形成多层级犯罪链条的，或者利用同一网站、通讯群组、资金账户、作案窝点实施电信网络诈骗犯罪的，应当认定为多个犯罪嫌疑人、被告人实施的犯罪存在关联，人民法院、人民检察院、公安机关可以在其职责范围内并案处理。

三、有证据证实行为人参加境外诈骗犯罪集团或犯罪团伙，在境外针对境内居民实施电信网络诈骗犯罪行为，诈骗数额难以查证，但一年内出境赴境外诈骗犯罪窝点累计时间 30 日以上或多次出境赴境外诈骗犯罪窝点的，应当认定为刑法第二百六十六条规定的"其他严重情节"，以诈骗罪依法追究刑事责任。有证据证明其出境从事正当活动的除外。

四、无正当理由持有他人的单位结算卡的，属于刑法第一百七十七条之一第一款第（二）项规定的"非法持有他人信用卡"。

五、非法获取、出售、提供具有信息发布、即时通讯、支付结算等功能的互联网账号密码、个人生物识别信息，符合刑法第二百五十三条之一规定的，以侵犯公民个人信息罪追究刑事责任。

对批量前述互联网账号密码、个人生物识别信息的条数，根据查获的数量直接认定，但有证据证明信息不真实或者重复的除外。

六、在网上注册办理手机卡、信用卡、银行账户、非银行支付账户时，为通过网上认证，使用他人身份证件信息并替换他人身份证件相片，属于伪造身份证件行为，符合刑法第二百八十条第三款规定的，以伪造身份证件罪追究刑事责任。

使用伪造、变造的身份证件或者盗用他人身份证件办理手机卡、信用卡、银行账户、非银行支付账户，符合刑法第二百八十条之一第一款规定的，以使用虚假身份证件、盗用身份证件罪追究刑事责任。

实施上述两款行为，同时构成其他犯罪的，依照处罚较重的规定定罪处罚。法律和司法解释另有规定的除外。

七、为他人利用信息网络实施犯罪而实施下列行为，可以认定为刑法第二百八十七条之二规定的"帮助"行为：

（一）收购、出售、出租信用卡、银行账户、非银行支付账户、具有支付结算功能的互联网账号密码、网络支付接口、网上银行数字证书的；

（二）收购、出售、出租他人手机卡、流量卡、物联网卡的。

八、认定刑法第二百八十七条之二规定的行为人明知他人利用信息网络实施犯罪，应当根据行为人收购、出售、出租前述第七条规定的信用卡、银行账户、非银行支付账户、具有支付结算功能的互联网账号密码、网络支付接口、网上银行数字证书，或者他人手机卡、流量卡、物联网卡等的次数、张数、个数，并结合行为人的认知能力、既往经历、交易对象、与实施信息网络犯罪的行为人的关系、提供技术支持或者帮助的时间和方式、获利情况以及行为人的供述等主客观因素，予以综合认定。

收购、出售、出租单位银行结算账户、非银行支付机构单位支付账户，或者电信、银行、网络支付等行业从业人员利用履行职责或提供服务便利，非法开办并出售、出租他人手机卡、信用卡、银行账户、非银行支付账户等的，可以认定为《最高人民法院、最高人民检察院关于办理非法利用信息网络、帮助信息网络犯罪活动等刑事案件适用法律若干问题的解释》第十一条第（七）项规定的"其他足以认定行为人明知的情形"。但有相反证据的除外。

九、明知他人利用信息网络实施犯罪，为其犯罪提供下列帮助之一的，可以认定为《最高人民法院、最高人民检察院关于办理非法利用信息网络、帮助信息网络犯罪活动等刑事案件适用法律若干问题的解释》第十二条第一款第（七）项规定的"其他情节严重的情形"：

（一）收购、出售、出租信用卡、银行账户、非银行支付账户、具有支付结算功能的互联网账号密码、网络支付接口、网上银行数字证书 5 张（个）以上的；

（二）收购、出售、出租他人手机卡、流量卡、物联网卡 20 张以上的。

十、电商平台预付卡、虚拟货币、手机充值卡、游戏点卡、游戏装备等经销商，在公安机关调查案件过程中，被明确告知其交易对象涉嫌电信网络诈骗犯罪，仍与其继续交易，符合刑法第二百八十七条之二规定的，以帮助信息网络犯罪活动罪追究刑事责任。同时构成其他犯罪的，依照处罚较重的规定定罪处罚。

十一、明知是电信网络诈骗犯罪所得及其产生的收益，以下列方式之一予以转账、套现、取现，符合刑法第三百一十二条第一款规定的，以掩饰、隐瞒犯罪所得、犯罪所得收益罪追究刑事责任。但有证据证明确实不知道的除外。

（一）多次使用或者使用多个非本人身份证明开设的收款码、网络支付接口等，帮助他人转账、套现、取现的；

（二）以明显异于市场的价格，通过电商平台预付卡、虚拟货币、手机充值卡、游戏点卡、游戏装备等转换财物、套现的；

（三）协助转换或者转移财物，收取明显高于市场的"手续费"的。

实施上述行为，事前通谋的，以共同犯罪论处；同时构成其他犯罪的，依照处罚较重的规定定罪处罚。法律和司法解释另有规定的除外。

十二、为他人实施电信网络诈骗犯罪提供技术支持、广告推广、支付结算等帮助，或者窝藏、转移、收购、代为销售及以其他方法掩饰、隐瞒电信网络诈骗犯罪所得及其产生的收益，诈骗犯罪行为可以确认，但实施诈骗的行为人尚未到案，可以依法先行追究已到案的上述犯罪嫌疑人、被告人的刑事责任。

十三、办案地公安机关可以通过公安机关信息化系统调取异地公安机关依法制作、收集的刑事案件受案登记表、立案决定书、被害人陈述等证据材料。调取时不得少于两名侦查人员，并应记载调取的时间、使用的信息化系统名称等相关信息，调取人签名并加盖办案地公安机关印章。经审核证明真实的，可以作为证据使用。

十四、通过国（区）际警务合作收集或者境外警方移交的境外证据材料，确因客观条件限制，境外警方未提供相关证据的发现、收集、保管、移交情况等材料的，公安机关应当对上述证据材料的来源、移交过程以及种类、数量、特征等作出书面说明，由两名以上侦查人员签名并加盖公安机关印章。经审核能够证明案件事实的，可以作为证据使用。

十五、对境外司法机关抓获并羁押的电信网络诈骗犯罪嫌疑人，在境内接受审判的，境外的羁押期限可以折抵刑期。

十六、办理电信网络诈骗犯罪案件，应当充分贯彻宽严相济刑事政策。在侦查、审查起诉、审判过程中，应当全面收集证据、准确甄别犯罪嫌疑人、被告人在共同犯罪中的层级地位及作用大小，结合其认罪态度和悔罪表现，区别对待，宽严并用，科学量刑，确保罚当其罪。

对于电信网络诈骗犯罪集团、犯罪团伙的组织者、策划者、指挥者和骨干分子，以及利用未成年人、在校学生、老年人、残疾人实施电信网络诈骗的，依法从严惩处。

对于电信网络诈骗犯罪集团、犯罪团伙中的从犯，特别是其中参与时间相对较短、诈骗数额相对较低或者从事辅助性工作并领取少量报酬，以及初犯、偶犯、未成年人、在校学生等，应当综合考虑其在共同犯罪中的地位作用、社会危害程度、主观恶性、人身危险性、认罪悔罪表现等情节，可以依法从轻、减轻处罚。犯罪情节轻微的，可以依法不起诉或者免予刑事处罚；情节显著轻微危害不大的，不以犯罪论处。

十七、查扣的涉案账户内资金，应当优先返还被害人，如不足以全额返还的，应当按照比例返还。

六、人民检察院办理网络犯罪案件规定

（2021 年 1 月 22 日）

第一章　一般规定

第一条　为规范人民检察院办理网络犯罪案件，维护国家安全、网络安全、社会公共利益，保护公民、法人和其他组织的合法权益，根据《中华人民共和国刑事诉讼法》《人民检察院刑事诉讼规则》等规定，结合司法实践，制定本规定。

第二条　本规定所称网络犯罪是指针对信息网络实施的犯罪，利用信息网络实施的犯罪，以及其他上下游关联犯罪。

第三条　人民检察院办理网络犯罪案件应当加强全链条惩治，注重审查和发现上下游关联犯罪线索。对涉嫌犯罪，公安机关未立案侦查、应当提请批准逮捕而未提请批准逮捕或者应当移送起诉而未移送起诉的，依法进行监督。

第四条　人民检察院办理网络犯罪案件应当坚持惩治犯罪与预防犯罪并举，建立捕、诉、监、防一体的办案机制，加强以案释法，发挥检察建议的作用，促进有关部门、行业组织、企业等加强网络犯罪预防和治理，净化网络空间。

第五条　网络犯罪案件的管辖适用刑事诉讼法及其他相关规定。

有多个犯罪地的，按照有利于查清犯罪事实、有利于保护被害人合法权益、保证案件公正处理的原则确定管辖。

因跨区域犯罪、共同犯罪、关联犯罪等原因存在管辖争议的，由争议的人民检察院协商解决，协商不成的，报请共同的上级人民检察院指定管辖。

第六条　人民检察院办理网络犯罪案件应当发挥检察一体化优势，加强跨区域协作办案，强化信息互通、证据移交、技术协作，增强惩治网络犯罪的合力。

第七条　人民检察院办理网络犯罪案件应当加强对电子数据收集、提取、保全、固定等的审查，充分运用同一电子数据往往具有的多元关联证明作用，综合运用电子数据与其他证据，准确认定案件事实。

第八条　建立检察技术人员、其他有专门知识的人参与网络犯罪案件办理制度。根据案件办理需要，吸收检察技术人员加入办案组辅助案件办理。积极探索运用大数据、云计算、人工智能等信息技术辅助办案，提高网络犯罪案件办理的专业化水平。

第九条　人民检察院办理网络犯罪案件，对集团犯罪或者涉案人数众多的，根据行为人的客观行为、主观恶性、犯罪情节及地位、作用等综合判断责任轻重和刑事追究的必要性，按照区别对待原则分类处理，依法追诉。

第十条 人民检察院办理网络犯罪案件应当把追赃挽损贯穿始终，主动加强与有关机关协作，保证及时查封、扣押、冻结涉案财物，阻断涉案财物移转链条，督促涉案人员退赃退赔。

第二章 引导取证和案件审查

第十一条 人民检察院办理网络犯罪案件应当重点围绕主体身份同一性、技术手段违法性、上下游行为关联性等方面全面审查案件事实和证据，注重电子数据与其他证据之间的相互印证，构建完整的证据体系。

第十二条 经公安机关商请，根据追诉犯罪的需要，人民检察院可以派员适时介入重大、疑难、复杂网络犯罪案件的侦查活动，并对以下事项提出引导取证意见：

（一）案件的侦查方向及可能适用的罪名；

（二）证据的收集、提取、保全、固定、检验、分析等；

（三）关联犯罪线索；

（四）追赃挽损工作；

（五）其他需要提出意见的事项。

人民检察院开展引导取证活动时，涉及专业性问题的，可以指派检察技术人员共同参与。

第十三条 人民检察院可以通过以下方式了解案件办理情况：

（一）查阅案件材料；

（二）参加公安机关对案件的讨论；

（三）了解讯（询）问犯罪嫌疑人、被害人、证人的情况；

（四）了解、参与电子数据的收集、提取；

（五）其他方式。

第十四条 人民检察院介入网络犯罪案件侦查活动，发现关联犯罪或其他新的犯罪线索，应当建议公安机关依法立案或移送相关部门；对于犯罪嫌疑人不构成犯罪的，依法监督公安机关撤销案件。

第十五条 人民检察院可以根据案件侦查情况，向公安机关提出以下取证意见：

（一）能够扣押、封存原始存储介质的，及时扣押、封存；

（二）扣押可联网设备时，及时采取信号屏蔽、信号阻断或者切断电源等方式，防止电子数据被远程破坏；

（三）及时提取账户密码及相应数据，如电子设备、网络账户、应用软件等的账户密码，以及存储于其中的聊天记录、电子邮件、交易记录等；

（四）及时提取动态数据，如内存数据、缓存数据、网络连接数据等；

（五）及时提取依赖于特定网络环境的数据，如点对点网络传输数据、虚拟专线网络中的数据等；

（六）及时提取书证、物证等客观证据，注意与电子数据相互印证。

第十六条 对于批准逮捕后要求公安机关继续侦查、不批准逮捕后要求公安机关补充侦查或者审查起诉退回公安机关补充侦查的网络犯罪案件，人民检察院应当重点围绕本规定第十二条第一款规定的事项，有针对性地制作继续侦查提纲或者补充侦查提纲。对于专业性问题，应当听取检察技术人员或者其他有专门知识的人的意见。

人民检察院应当及时了解案件继续侦查或者补充侦查的情况。

第十七条 认定网络犯罪的犯罪嫌疑人，应当结合全案证据，围绕犯罪嫌疑人与原始存储介质、电子数据的关联性、犯罪嫌疑人网络身份与现实身份的同一性，注重审查以下内容：

（一）扣押、封存的原始存储介质是否为犯罪嫌疑人所有、持有或者使用；

（二）社交、支付结算、网络游戏、电子商务、物流等平台的账户信息、身份认证信息、数字签名、生物识别信息等是否与犯罪嫌疑人身份关联；

（三）通话记录、短信、聊天信息、文档、图片、语音、视频等文件内容是否能够反映犯罪嫌疑人的身份；

（四）域名、IP 地址、终端 MAC 地址、通信基站信息等是否能够反映电子设备为犯罪嫌疑人所使用；

（五）其他能够反映犯罪嫌疑人主体身份的内容。

第十八条 认定犯罪嫌疑人的客观行为，应当结合全案证据，围绕其利用的程序工具、技术手段的功能及其实现方式、犯罪行为和结果之间的关联性，注重审查以下内容：

（一）设备信息、软件程序代码等作案工具；

（二）系统日志、域名、IP 地址、WiFi 信息、地理位置信息等是否能够反映犯罪嫌疑人的行为轨迹；

（三）操作记录、网络浏览记录、物流信息、交易结算记录、即时通信信息等是否能够反映犯罪嫌疑人的行为内容；

（四）其他能够反映犯罪嫌疑人客观行为的内容。

第十九条 认定犯罪嫌疑人的主观方面，应当结合犯罪嫌疑人的认知能力、专业水平、既往经历、人员关系、行为次数、获利情况等综合认定，注重审查以下内容：

（一）反映犯罪嫌疑人主观故意的聊天记录、发布内容、浏览记录等；

（二）犯罪嫌疑人行为是否明显违背系统提示要求、正常操作流程；

（三）犯罪嫌疑人制作、使用或者向他人提供的软件程序是否主要用于违法犯罪活动；

（四）犯罪嫌疑人支付结算的对象、频次、数额等是否明显违反正常交易习惯；

（五）犯罪嫌疑人是否频繁采用隐蔽上网、加密通信、销毁数据等措施或者使用虚假身份；

（六）其他能够反映犯罪嫌疑人主观方面的内容。

第二十条 认定犯罪行为的情节和后果，应当结合网络空间、网络行为的特性，从违法所得、经济损失、信息系统的破坏、网络秩序的危害程度以及对被害人的侵害程度等综合判断，注重审查以下内容：

（一）聊天记录、交易记录、音视频文件、数据库信息等能够反映犯罪嫌疑人违法所得、获取和传播数据及文件的性质、数量的内容；

（二）账号数量、信息被点击次数、浏览次数、被转发次数等能够反映犯罪行为对网络空间秩序产生影响的内容；

（三）受影响的计算机信息系统数量、服务器日志信息等能够反映犯罪行为对信息网络运行造成影响程度的内容；

（四）被害人数量、财产损失数额、名誉侵害的影响范围等能够反映犯罪行为对被害人的人身、财产等造成侵害的内容；

（五）其他能够反映犯罪行为情节、后果的内容。

第二十一条　人民检察院办理网络犯罪案件，确因客观条件限制无法逐一收集相关言词证据的，可以根据记录被害人人数、被侵害的计算机信息系统数量、涉案资金数额等犯罪事实的电子数据、书证等证据材料，在审查被告人及其辩护人所提辩解、辩护意见的基础上，综合全案证据材料，对相关犯罪事实作出认定。

第二十二条　对于数量众多的同类证据材料，在证明是否具有同样的性质、特征或者功能时，因客观条件限制不能全部验证的，可以进行抽样验证。

第二十三条　对鉴定意见、电子数据等技术性证据材料，需要进行专门审查的，应当指派检察技术人员或者聘请其他有专门知识的人进行审查并提出意见。

第二十四条　人民检察院在审查起诉过程中，具有下列情形之一的，可以依法自行侦查：

（一）公安机关未能收集的证据，特别是存在灭失、增加、删除、修改风险的电子数据，需要及时收集和固定的；

（二）经退回补充侦查未达到补充侦查要求的；

（三）其他需要自行侦查的情形。

第二十五条　自行侦查由检察官组织实施，开展自行侦查的检察人员不得少于二人。需要技术支持和安全保障的，由人民检察院技术部门和警务部门派员协助。必要时，可以要求公安机关予以配合。

第二十六条　人民检察院办理网络犯罪案件的部门，发现或者收到侵害国家利益、社会公共利益的公益诉讼案件线索的，应当及时移送负责公益诉讼的部门处理。

第三章　电子数据的审查

第二十七条　电子数据是以数字化形式存储、处理、传输的，能够证明案件事实的数据，主要包括以下形式：

（一）网页、社交平台、论坛等网络平台发布的信息；

（二）手机短信、电子邮件、即时通信、通讯群组等网络通讯信息；

（三）用户注册信息、身份认证信息、数字签名、生物识别信息等用户身份信息；

（四）电子交易记录、通信记录、浏览记录、操作记录、程序安装、运行、删除记录等用户行为信息；

（五）恶意程序、工具软件、网站源代码、运行脚本等行为工具信息；

（六）系统日志、应用程序日志、安全日志、数据库日志等系统运行信息；

（七）文档、图片、音频、视频、数字证书、数据库文件等电子文件及其创建时间、访问时间、修改时间、大小等文件附属信息。

第二十八条　电子数据取证主要包括以下方式：收集、提取电子数据；电子数据检查和侦查实验；电子数据检验和鉴定。

收集、提取电子数据可以采取以下方式：

（一）扣押、封存原始存储介质；

（二）现场提取电子数据；

（三）在线提取电子数据；

（四）冻结电子数据；

（五）调取电子数据。

第二十九条　人民检察院办理网络犯罪案件，应当围绕客观性、合法性、关联性的要求对电子数据进行全面审查。注重审查电子数据与案件事实之间的多元关联，加强综合分析，充分发挥电子数据的证明作用。

第三十条　对电子数据是否客观、真实，注重审查以下内容：

（一）是否移送原始存储介质，在原始存储介质无法封存、不便移动时，是否说明原因，并注明相关情况；

（二）电子数据是否有数字签名、数字证书等特殊标识；

（三）电子数据的收集、提取过程及结果是否可以重现；

（四）电子数据有增加、删除、修改等情形的，是否附有说明；

（五）电子数据的完整性是否可以保证。

第三十一条　对电子数据是否完整，注重审查以下内容：

（一）原始存储介质的扣押、封存状态是否完好；

（二）比对电子数据完整性校验值是否发生变化；

（三）电子数据的原件与备份是否相同；

（四）冻结后的电子数据是否生成新的操作日志。

第三十二条 对电子数据的合法性，注重审查以下内容：

（一）电子数据的收集、提取、保管的方法和过程是否规范；

（二）查询、勘验、扣押、调取、冻结等的法律手续是否齐全；

（三）勘验笔录、搜查笔录、提取笔录等取证记录是否完备；

（四）是否由符合法律规定的取证人员、见证人、持有人（提供人）等参与，因客观原因没有见证人、持有人（提供人）签名或者盖章的，是否说明原因；

（五）是否按照有关规定进行同步录音录像；

（六）对于收集、提取的境外电子数据是否符合国（区）际司法协作及相关法律规定的要求。

第三十三条 对电子数据的关联性，注重审查以下内容：

（一）电子数据与案件事实之间的关联性；

（二）电子数据及其存储介质与案件当事人之间的关联性。

第三十四条 原始存储介质被扣押封存的，注重从以下方面审查扣押封存过程是否规范：

（一）是否记录原始存储介质的品牌、型号、容量、序列号、识别码、用户标识等外观信息，是否与实物一一对应；

（二）是否封存或者计算完整性校验值，封存前后是否拍摄被封存原始存储介质的照片，照片是否清晰反映封口或者张贴封条处的状况；

（三）是否由取证人员、见证人、持有人（提供人）签名或者盖章。

第三十五条 对原始存储介质制作数据镜像予以提取固定的，注重审查以下内容：

（一）是否记录原始存储介质的品牌、型号、容量、序列号、识别码、用户标识等外观信息，是否记录原始存储介质的存放位置、使用人、保管人；

（二）是否附有制作数据镜像的工具、方法、过程等必要信息；

（三）是否计算完整性校验值；

（四）是否由取证人员、见证人、持有人（提供人）签名或者盖章。

第三十六条 提取原始存储介质中的数据内容并予以固定的，注重审查以下内容：

（一）是否记录原始存储介质的品牌、型号、容量、序列号、识别码、用户标识等外观信息，是否记录原始存储介质的存放位置、使用人、保管人；

（二）所提取数据内容的原始存储路径，提取的工具、方法、过程等信息，是否一并提取相关的附属信息、关联痕迹、系统环境等信息；

（三）是否计算完整性校验值；

（四）是否由取证人员、见证人、持有人（提供人）签名或者盖章。

第三十七条 对于在线提取的电子数据，注重审查以下内容：

（一）是否记录反映电子数据来源的网络地址、存储路径或者数据提取时的进入步骤等；

（二）是否记录远程计算机信息系统的访问方式、电子数据的提取日期和时间、提取的工具、方法等信息，是否一并提取相关的附属信息、关联痕迹、系统环境等信息；

（三）是否计算完整性校验值；

（四）是否由取证人员、见证人、持有人（提供人）签名或者盖章。

对可能无法重复提取或者可能出现变化的电子数据，是否随案移送反映提取过程的拍照、录像、截屏等材料。

第三十八条 对冻结的电子数据，注重审查以下内容：

（一）冻结手续是否符合规定；

（二）冻结的电子数据是否与案件事实相关；

（三）冻结期限是否即将到期、有无必要继续冻结或者解除；

（四）冻结期间电子数据是否被增加、删除、修改等。

第三十九条 对调取的电子数据，注重审查以下内容：

（一）调取证据通知书是否注明所调取的电子数据的相关信息；

（二）被调取单位、个人是否在通知书回执上签名或者盖章；

（三）被调取单位、个人拒绝签名、盖章的，是否予以说明；

（四）是否计算完整性校验值或者以其他方法保证电子数据的完整性。

第四十条 对电子数据进行检查、侦查实验，注重审查以下内容：

（一）是否记录检查过程、检查结果和其他需要记录的内容，并由检查人员签名或者盖章；

（二）是否记录侦查实验的条件、过程和结果，并由参加侦查实验的人员签名或者盖章；

（三）检查、侦查实验使用的电子设备、网络环境等是否与发案现场一致或者基本一致；

（四）是否使用拍照、录像、录音、通信数据采集等一种或者多种方式客观记录检查、侦查实验过程。

第四十一条　对电子数据进行检验、鉴定，注重审查以下内容：

（一）鉴定主体的合法性。包括审查司法鉴定机构、司法鉴定人员的资质，委托鉴定事项是否符合司法鉴定机构的业务范围，鉴定人员是否存在回避等情形；

（二）鉴定材料的客观性。包括鉴定材料是否真实、完整、充分，取得方式是否合法，是否与原始电子数据一致；

（三）鉴定方法的科学性。包括鉴定方法是否符合国家标准、行业标准，方法标准的选用是否符合相关规定；

（四）鉴定意见的完整性。是否包含委托人、委托时间、检材信息、鉴定或者分析论证过程、鉴定结果以及鉴定人签名、日期等内容；

（五）鉴定意见与其他在案证据能否相互印证。

对于鉴定机构以外的机构出具的检验、检测报告，可以参照本条规定进行审查。

第四十二条　行政机关在行政执法和查办案件过程中依法收集、提取的电子数据，人民检察院经审查符合法定要求的，可以作为刑事案件的证据使用。

第四十三条　电子数据的收集、提取程序有下列瑕疵，经补正或者作出合理解释的，可以采用；不能补正或者作出合理解释的，不得作为定案的根据：

（一）未以封存状态移送的；

（二）笔录或者清单上没有取证人员、见证人、持有人（提供人）签名或者盖章的；

（三）对电子数据的名称、类别、格式等注明不清的；

（四）有其他瑕疵的。

第四十四条　电子数据系篡改、伪造、无法确定真伪的，或者有其他无法保证电子数据客观、真实情形的，不得作为定案的根据。

电子数据有增加、删除、修改等情形，但经司法鉴定、当事人确认等方式确定与案件相关的重要数据未发生变化，或者能够还原电子数据原始状态、查清变化过程的，可以作为定案的根据。

第四十五条 对于无法直接展示的电子数据，人民检察院可以要求公安机关提供电子数据的内容、存储位置、附属信息、功能作用等情况的说明，随案移送人民法院。

第四章　出庭支持公诉

第四十六条 人民检察院依法提起公诉的网络犯罪案件，具有下列情形之一的，可以建议人民法院召开庭前会议：

（一）案情疑难复杂的；

（二）跨国（边）境、跨区域案件社会影响重大的；

（三）犯罪嫌疑人、被害人等人数众多、证据材料较多的；

（四）控辩双方对电子数据合法性存在较大争议的；

（五）案件涉及技术手段专业性强，需要控辩双方提前交换意见的；

（六）其他有必要召开庭前会议的情形。

必要时，人民检察院可以向法庭申请指派检察技术人员或者聘请其他有专门知识的人参加庭前会议。

第四十七条 人民法院开庭审理网络犯罪案件，公诉人出示证据可以借助多媒体示证、动态演示等方式进行。必要时，可以向法庭申请指派检察技术人员或者聘请其他有专门知识的人进行相关技术操作，并就专门性问题发表意见。

公诉人在出示电子数据时，应当从以下方面进行说明：

（一）电子数据的来源、形成过程；

（二）电子数据所反映的犯罪手段、人员关系、资金流向、行为轨迹等案件事实；

（三）电子数据与被告人供述、被害人陈述、证人证言、物证、书证等的相互印证情况；

（四）其他应当说明的内容。

第四十八条 在法庭审理过程中，被告人及其辩护人针对电子数据的客观性、合法性、关联性提出辩解或者辩护意见的，公诉人可以围绕争议点从证据来源是否合法，提取、复制、制作过程是否规范，内容是否真实完整，与案件事实有无关联等方面，有针对性地予以答辩。

第四十九条　支持、推动人民法院开庭审判网络犯罪案件全程录音录像。对庭审全程录音录像资料，必要时人民检察院可以商请人民法院复制，并将存储介质附检察卷宗保存。

第五章　跨区域协作办案

第五十条　对跨区域网络犯罪案件，上级人民检察院应当加强统一指挥和统筹协调，相关人民检察院应当加强办案协作。

第五十一条　上级人民检察院根据办案需要，可以统一调用辖区内的检察人员参与办理网络犯罪案件。

第五十二条　办理关联网络犯罪案件的人民检察院可以相互申请查阅卷宗材料、法律文书，了解案件情况，被申请的人民检察院应当予以协助。

第五十三条　承办案件的人民检察院需要向办理关联网络犯罪案件的人民检察院调取证据材料的，可以持相关法律文书和证明文件申请调取在案证据材料，被申请的人民检察院应当配合。

第五十四条　承办案件的人民检察院需要异地调查取证的，可以将相关法律文书及证明文件传输至证据所在地的人民检察院，请其代为调查取证。相关法律文书应当注明具体的取证对象、方式、内容和期限等。

被请求协助的人民检察院应当予以协助，及时将取证结果送达承办案件的人民检察院；无法及时调取的，应当作出说明。被请求协助的人民检察院有异议的，可以与承办案件的人民检察院进行协商；无法解决的，由承办案件的人民检察院报请共同的上级人民检察院决定。

第五十五条　承办案件的人民检察院需要询问异地证人、被害人的，可以通过远程视频系统进行询问，证人、被害人所在地的人民检察院应当予以协助。远程询问的，应当对询问过程进行同步录音录像。

第六章　跨国（边）境司法协作

第五十六条　办理跨国网络犯罪案件应当依照《中华人民共和国国际

刑事司法协助法》及我国批准加入的有关刑事司法协助条约，加强国际司法协作，维护我国主权、安全和社会公共利益，尊重协作国司法主权、坚持平等互惠原则，提升跨国司法协作质效。

第五十七条 地方人民检察院在案件办理中需要向外国请求刑事司法协助的，应当制作刑事司法协助请求书并附相关材料，经报最高人民检察院批准后，由我国与被请求国间司法协助条约规定的对外联系机关向外国提出申请。没有刑事司法协助条约的，通过外交途径联系。

第五十八条 人民检察院参加现场移交境外证据的检察人员不少于二人，外方有特殊要求的除外。

移交、开箱、封存、登记的情况应当制作笔录，由最高人民检察院或者承办案件的人民检察院代表、外方移交人员签名或者盖章，一般应当全程录音录像。有其他见证人的，在笔录中注明。

第五十九条 人民检察院对境外收集的证据，应当审查证据来源是否合法、手续是否齐备以及证据的移交、保管、转换等程序是否连续、规范。

第六十条 人民检察院办理涉香港特别行政区、澳门特别行政区、台湾地区的网络犯罪案件，需要当地有关部门协助的，可以参照本规定及其他相关规定执行。

第七章　附　　则

第六十一条 人民检察院办理网络犯罪案件适用本规定，本规定没有规定的，适用其他相关规定。

第六十二条 本规定中下列用语的含义：

（一）信息网络，包括以计算机、电视机、固定电话机、移动电话机等电子设备为终端的计算机互联网、广播电视网、固定通信网、移动通信网等信息网络，以及局域网络；

（二）存储介质，是指具备数据存储功能的电子设备、硬盘、光盘、优盘、记忆棒、存储芯片等载体；

（三）完整性校验值，是指为防止电子数据被篡改或者破坏，使用散列算法等特定算法对电子数据进行计算，得出的用于校验数据完整性的数据值；

（四）数字签名，是指利用特定算法对电子数据进行计算，得出的用于验证电子数据来源和完整性的数据值；

（五）数字证书，是指包含数字签名并对电子数据来源、完整性进行认证的电子文件；

（六）生物识别信息，是指计算机利用人体所固有的生理特征（包括人脸、指纹、声纹、虹膜、DNA 等）或者行为特征（步态、击键习惯等）来进行个人身份识别的信息；

（七）运行脚本，是指使用一种特定的计算机编程语言，依据符合语法要求编写的执行指定操作的可执行文件；

（八）数据镜像，是指二进制（0101 排序的数据码流）相同的数据复制件，与原件的内容无差别；

（九）MAC 地址，是指计算机设备中网卡的唯一标识，每个网卡有且只有一个 MAC 地址。

第六十三条　人民检察院办理国家安全机关、海警机关、监狱等移送的网络犯罪案件，适用本规定和其他相关规定。

第六十四条　本规定由最高人民检察院负责解释。

第六十五条　本规定自发布之日起施行。

七、公安机关办理刑事案件电子数据取证规则

（2018 年 12 月 13 日）

第一章　总　　则

第一条　为规范公安机关办理刑事案件电子数据取证工作，确保电子数据取证质量，提高电子数据取证效率，根据《中华人民共和国刑事诉讼法》《公安机关办理刑事案件程序规定》等有关规定，制定本规则。

第二条　公安机关办理刑事案件应当遵守法定程序，遵循有关技术标准，全面、客观、及时地收集、提取涉案电子数据，确保电子数据的真

实、完整。

第三条 电子数据取证包括但不限于：

（一）收集、提取电子数据；

（二）电子数据检查和侦查实验；

（三）电子数据检验与鉴定。

第四条 公安机关电子数据取证涉及国家秘密、警务工作秘密、商业秘密、个人隐私的，应当保密；对于获取的材料与案件无关的，应当及时退还或者销毁。

第五条 公安机关接受或者依法调取的其他国家机关在行政执法和查办案件过程中依法收集、提取的电子数据可以作为刑事案件的证据使用。

第二章　收集提取电子数据

第一节　一般规定

第六条 收集、提取电子数据，应当由二名以上侦查人员进行。必要时，可以指派或者聘请专业技术人员在侦查人员主持下进行收集、提取电子数据。

第七条 收集、提取电子数据，可以根据案情需要采取以下一种或者几种措施、方法：

（一）扣押、封存原始存储介质；

（二）现场提取电子数据；

（三）网络在线提取电子数据；

（四）冻结电子数据；

（五）调取电子数据。

第八条 具有下列情形之一的，可以采取打印、拍照或者录像等方式固定相关证据：

（一）无法扣押原始存储介质并且无法提取电子数据的；

（二）存在电子数据自毁功能或装置，需要及时固定相关证据的；

（三）需现场展示、查看相关电子数据的。

根据前款第二、三项的规定采取打印、拍照或者录像等方式固定相关证据后，能够扣押原始存储介质的，应当扣押原始存储介质；不能扣押原始存储介质但能够提取电子数据的，应当提取电子数据。

第九条　采取打印、拍照或者录像方式固定相关证据的，应当清晰反映电子数据的内容，并在相关笔录中注明采取打印、拍照或者录像等方式固定相关证据的原因，电子数据的存储位置、原始存储介质特征和所在位置等情况，由侦查人员、电子数据持有人（提供人）签名或者盖章；电子数据持有人（提供人）无法签名或者拒绝签名的，应当在笔录中注明，由见证人签名或者盖章。

第二节　扣押、封存原始存储介质

第十条　在侦查活动中发现的可以证明犯罪嫌疑人有罪或者无罪、罪轻或者罪重的电子数据，能够扣押原始存储介质的，应当扣押、封存原始存储介质，并制作笔录，记录原始存储介质的封存状态。

勘验、检查与电子数据有关的犯罪现场时，应当按照有关规范处置相关设备，扣押、封存原始存储介质。

第十一条　对扣押的原始存储介质，应当按照以下要求封存：

（一）保证在不解除封存状态的情况下，无法使用或者启动被封存的原始存储介质，必要时，具备数据信息存储功能的电子设备和硬盘、存储卡等内部存储介质可以分别封存；

（二）封存前后应当拍摄被封存原始存储介质的照片。照片应当反映原始存储介质封存前后的状况，清晰反映封口或者张贴封条处的状况；必要时，照片还要清晰反映电子设备的内部存储介质细节；

（三）封存手机等具有无线通信功能的原始存储介质，应当采取信号屏蔽、信号阻断或者切断电源等措施。

第十二条　对扣押的原始存储介质，应当会同在场见证人和原始存储介质持有人（提供人）查点清楚，当场开列《扣押清单》一式三份，写明原始存储介质名称、编号、数量、特征及其来源等，由侦查人员、持有人（提供人）和见证人签名或者盖章，一份交给持有人（提供人），一份交给公安机关保管人员，一份附卷备查。

第十三条　对无法确定原始存储介质持有人（提供人）或者原始存储介质持有人（提供人）无法签名、盖章或者拒绝签名、盖章的，应当在有关笔录中注明，由见证人签名或者盖章。由于客观原因无法由符合条件的人员担任见证人的，应当在有关笔录中注明情况，并对扣押原始存储介质的过程全程录像。

第十四条 扣押原始存储介质，应当收集证人证言以及犯罪嫌疑人供述和辩解等与原始存储介质相关联的证据。

第十五条 扣押原始存储介质时，可以向相关人员了解、收集并在有关笔录中注明以下情况：

（一）原始存储介质及应用系统管理情况，网络拓扑与系统架构情况，是否由多人使用及管理，管理及使用人员的身份情况；

（二）原始存储介质及应用系统管理的用户名、密码情况；

（三）原始存储介质的数据备份情况，有无加密磁盘、容器，有无自毁功能，有无其它移动存储介质，是否进行过备份，备份数据的存储位置等情况；

（四）其他相关的内容。

第三节 现场提取电子数据

第十六条 具有下列无法扣押原始存储介质情形之一的，可以现场提取电子数据：

（一）原始存储介质不便封存的；

（二）提取计算机内存数据、网络传输数据等不是存储在存储介质上的电子数据的；

（三）案件情况紧急，不立即提取电子数据可能会造成电子数据灭失或者其他严重后果的；

（四）关闭电子设备会导致重要信息系统停止服务的；

（五）需通过现场提取电子数据排查可疑存储介质的；

（六）正在运行的计算机信息系统功能或者应用程序关闭后，没有密码无法提取的；

（七）其他无法扣押原始存储介质的情形。

无法扣押原始存储介质的情形消失后，应当及时扣押、封存原始存储介质。

第十七条 现场提取电子数据可以采取以下措施保护相关电子设备：

（一）及时将犯罪嫌疑人或者其他相关人员与电子设备分离；

（二）在未确定是否易丢失数据的情况下，不能关闭正在运行状态的电子设备；

（三）对现场计算机信息系统可能被远程控制的，应当及时采取信号屏蔽、信号阻断、断开网络连接等措施；

（四）保护电源；

（五）有必要采取的其他保护措施。

第十八条　现场提取电子数据，应当遵守以下规定：

（一）不得将提取的数据存储在原始存储介质中；

（二）不得在目标系统中安装新的应用程序。如果因为特殊原因，需要在目标系统中安装新的应用程序的，应当在笔录中记录所安装的程序及目的；

（三）应当在有关笔录中详细、准确记录实施的操作。

第十九条　现场提取电子数据，应当制作《电子数据现场提取笔录》，注明电子数据的来源、事由和目的、对象、提取电子数据的时间、地点、方法、过程、不能扣押原始存储介质的原因、原始存储介质的存放地点，并附《电子数据提取固定清单》，注明类别、文件格式、完整性校验值等，由侦查人员、电子数据持有人（提供人）签名或者盖章；电子数据持有人（提供人）无法签名或者拒绝签名的，应当在笔录中注明，由见证人签名或者盖章。

第二十条　对提取的电子数据可以进行数据压缩，并在笔录中注明相应的方法和压缩后文件的完整性校验值。

第二十一条　由于客观原因无法由符合条件的人员担任见证人的，应当在《电子数据现场提取笔录》中注明情况，并全程录像，对录像文件应当计算完整性校验值并记入笔录。

第二十二条　对无法扣押的原始存储介质且无法一次性完成电子数据提取的，经登记、拍照或者录像后，可以封存后交其持有人（提供人）保管，并且开具《登记保存清单》一式两份，由侦查人员、持有人（提供人）和见证人签名或者盖章，一份交给持有人（提供人），另一份连同照片或者录像资料附卷备查。

持有人（提供人）应当妥善保管，不得转移、变卖、毁损，不得解除封存状态，不得未经办案部门批准接入网络，不得对其中可能用作证据的电子数据增加、删除、修改。必要时，应当保持计算机信息系统处于开机状态。

对登记保存的原始存储介质，应当在七日以内作出处理决定，逾期不作出处理决定的，视为自动解除。经查明确实与案件无关的，应当在三日以内解除。

第四节 网络在线提取电子数据

第二十三条 对公开发布的电子数据、境内远程计算机信息系统上的电子数据，可以通过网络在线提取。

第二十四条 网络在线提取应当计算电子数据的完整性校验值；必要时，可以提取有关电子签名认证证书、数字签名、注册信息等关联性信息。

第二十五条 网络在线提取时，对可能无法重复提取或者可能会出现变化的电子数据，应当采用录像、拍照、截获计算机屏幕内容等方式记录以下信息：

（一）远程计算机信息系统的访问方式；

（二）提取的日期和时间；

（三）提取使用的工具和方法；

（四）电子数据的网络地址、存储路径或者数据提取时的进入步骤等；

（五）计算完整性校验值的过程和结果。

第二十六条 网络在线提取电子数据应当在有关笔录中注明电子数据的来源、事由和目的、对象，提取电子数据的时间、地点、方法、过程，不能扣押原始存储介质的原因，并附《电子数据提取固定清单》，注明类别、文件格式、完整性校验值等，由侦查人员签名或者盖章。

第二十七条 网络在线提取时需要进一步查明下列情形之一的，应当对远程计算机信息系统进行网络远程勘验：

（一）需要分析、判断提取的电子数据范围的；

（二）需要展示或者描述电子数据内容或者状态的；

（三）需要在远程计算机信息系统中安装新的应用程序的；

（四）需要通过勘验行为让远程计算机信息系统生成新的除正常运行数据外电子数据的；

（五）需要收集远程计算机信息系统状态信息、系统架构、内部系统关系、文件目录结构、系统工作方式等电子数据相关信息的；

（六）其他网络在线提取时需要进一步查明有关情况的情形。

第二十八条　网络远程勘验由办理案件的县级公安机关负责。上级公安机关对下级公安机关刑事案件网络远程勘验提供技术支援。对于案情重大、现场复杂的案件，上级公安机关认为有必要时，可以直接组织指挥网络远程勘验。

第二十九条　网络远程勘验应当统一指挥，周密组织，明确分工，落实责任。

第三十条　网络远程勘验应当由符合条件的人员作为见证人。由于客观原因无法由符合条件的人员担任见证人的，应当在《远程勘验笔录》中注明情况，并按照本规则第二十五条的规定录像，录像可以采用屏幕录像或者录像机录像等方式，录像文件应当计算完整性校验值并记入笔录。

第三十一条　远程勘验结束后，应当及时制作《远程勘验笔录》，详细记录远程勘验有关情况以及勘验照片、截获的屏幕截图等内容。由侦查人员和见证人签名或者盖章。

远程勘验并且提取电子数据的，应当按照本规则第二十六条的规定，在《远程勘验笔录》注明有关情况，并附《电子数据提取固定清单》。

第三十二条　《远程勘验笔录》应当客观、全面、详细、准确、规范，能够作为还原远程计算机信息系统原始情况的依据，符合法定的证据要求。

对计算机信息系统进行多次远程勘验的，在制作首次《远程勘验笔录》后，逐次制作补充《远程勘验笔录》。

第三十三条　网络在线提取或者网络远程勘验时，应当使用电子数据持有人、网络服务提供者提供的用户名、密码等远程计算机信息系统访问权限。

采用技术侦查措施收集电子数据的，应当严格依照有关规定办理批准手续。收集的电子数据在诉讼中作为证据使用时，应当依照刑事诉讼法第一百五十四条规定执行。

第三十四条　对以下犯罪案件，网络在线提取、远程勘验过程应当全程同步录像：

（一）严重危害国家安全、公共安全的案件；

（二）电子数据是罪与非罪、是否判处无期徒刑、死刑等定罪量刑关键证据的案件；

（三）社会影响较大的案件；

（四）犯罪嫌疑人可能被判处五年有期徒刑以上刑罚的案件；

（五）其他需要全程同步录像的重大案件。

第三十五条 网络在线提取、远程勘验使用代理服务器、点对点传输软件、下载加速软件等网络工具的，应当在《网络在线提取笔录》或者《远程勘验笔录》中注明采用的相关软件名称和版本号。

第五节 冻结电子数据

第三十六条 具有下列情形之一的，可以对电子数据进行冻结：

（一）数据量大，无法或者不便提取的；

（二）提取时间长，可能造成电子数据被篡改或者灭失的；

（三）通过网络应用可以更为直观地展示电子数据的；

（四）其他需要冻结的情形。

第三十七条 冻结电子数据，应当经县级以上公安机关负责人批准，制作《协助冻结电子数据通知书》，注明冻结电子数据的网络应用账号等信息，送交电子数据持有人、网络服务提供者或者有关部门协助办理。

第三十八条 不需要继续冻结电子数据时，应当经县级以上公安机关负责人批准，在三日以内制作《解除冻结电子数据通知书》，通知电子数据持有人、网络服务提供者或者有关部门执行。

第三十九条 冻结电子数据的期限为六个月。有特殊原因需要延长期限的，公安机关应当在冻结期限届满前办理继续冻结手续。每次续冻期限最长不得超过六个月。继续冻结的，应当按照本规则第三十七条的规定重新办理冻结手续。逾期不办理继续冻结手续的，视为自动解除。

第四十条 冻结电子数据，应当采取以下一种或者几种方法：

（一）计算电子数据的完整性校验值；

（二）锁定网络应用账号；

（三）采取写保护措施；

（四）其他防止增加、删除、修改电子数据的措施。

第六节　调取电子数据

第四十一条　公安机关向有关单位和个人调取电子数据，应当经办案部门负责人批准，开具《调取证据通知书》，注明需要调取电子数据的相关信息，通知电子数据持有人、网络服务提供者或者有关部门执行。被调取单位、个人应当在通知书回执上签名或者盖章，并附完整性校验值等保护电子数据完整性方法的说明，被调取单位、个人拒绝盖章、签名或者附说明的，公安机关应当注明。必要时，应当采用录音或者录像等方式固定证据内容及取证过程。

公安机关应当协助因客观条件限制无法保护电子数据完整性的被调取单位、个人进行电子数据完整性的保护。

第四十二条　公安机关跨地域调查取证的，可以将《办案协作函》和相关法律文书及凭证传真或者通过公安机关信息化系统传输至协作地公安机关。协作地办案部门经审查确认后，在传来的法律文书上加盖本地办案部门印章后，代为调查取证。

协作地办案部门代为调查取证后，可以将相关法律文书回执或者笔录邮寄至办案地公安机关，将电子数据或者电子数据的获取、查看工具和方法说明通过公安机关信息化系统传输至办案地公安机关。

办案地公安机关应当审查调取电子数据的完整性，对保证电子数据的完整性有疑问的，协作地办案部门应当重新代为调取。

第三章　电子数据的检查和侦查实验

第一节　电子数据检查

第四十三条　对扣押的原始存储介质或者提取的电子数据，需要通过数据恢复、破解、搜索、仿真、关联、统计、比对等方式，以进一步发现和提取与案件相关的线索和证据时，可以进行电子数据检查。

第四十四条　电子数据检查，应当由二名以上具有专业技术的侦查人员进行。必要时，可以指派或者聘请有专门知识的人参加。

第四十五条　电子数据检查应当符合相关技术标准。

第四十六条　电子数据检查应当保护在公安机关内部移交过程中电子数据的完整性。移交时，应当办理移交手续，并按照以下方式核对电子数据：

（一）核对其完整性校验值是否正确；

（二）核对封存的照片与当前封存的状态是否一致。

对于移交时电子数据完整性校验值不正确、原始存储介质封存状态不一致或者未封存可能影响证据真实性、完整性的，检查人员应当在有关笔录中注明。

第四十七条 检查电子数据应当遵循以下原则：

（一）通过写保护设备接入到检查设备进行检查，或者制作电子数据备份、对备份进行检查；

（二）无法使用写保护设备且无法制作备份的，应当注明原因，并全程录像；

（三）检查前解除封存、检查后重新封存前后应当拍摄被封存原始存储介质的照片，清晰反映封口或者张贴封条处的状况；

（四）检查具有无线通信功能的原始存储介质，应当采取信号屏蔽、信号阻断或者切断电源等措施保护电子数据的完整性。

第四十八条 检查电子数据，应当制作《电子数据检查笔录》，记录以下内容：

（一）基本情况。包括检查的起止时间，指挥人员、检查人员的姓名、职务，检查的对象，检查的目的等；

（二）检查过程。包括检查过程使用的工具，检查的方法与步骤等；

（三）检查结果。包括通过检查发现的案件线索、电子数据、等相关信息。

（四）其他需要记录的内容。

第四十九条 电子数据检查时需要提取电子数据的，应当制作《电子数据提取固定清单》，记录该电子数据的来源、提取方法和完整性校验值。

第二节　电子数据侦查实验

第五十条 为了查明案情，必要时，经县级以上公安机关负责人批准可以进行电子数据侦查实验。

第五十一条 电子数据侦查实验的任务包括：

（一）验证一定条件下电子设备发生的某种异常或者电子数据发生的

某种变化；

（二）验证在一定时间内能否完成对电子数据的某种操作行为；

（三）验证在某种条件下使用特定软件、硬件能否完成某种特定行为、造成特定后果；

（四）确定一定条件下某种计算机信息系统应用或者网络行为能否修改、删除特定的电子数据；

（五）其他需要验证的情况。

第五十二条　电子数据侦查实验应当符合以下要求：

（一）应当采取技术措施保护原始存储介质数据的完整性；

（二）有条件的，电子数据侦查实验应当进行二次以上；

（三）侦查实验使用的电子设备、网络环境等应当与发案现场一致或者基本一致；必要时，可以采用相关技术方法对相关环境进行模拟或者进行对照实验；

（四）禁止可能泄露公民信息或者影响非实验环境计算机信息系统正常运行的行为。

第五十三条　进行电子数据侦查实验，应当使用拍照、录像、录音、通信数据采集等一种或多种方式客观记录实验过程。

第五十四条　进行电子数据侦查实验，应当制作《电子数据侦查实验笔录》，记录侦查实验的条件、过程和结果，并由参加侦查实验的人员签名或者盖章。

第四章　电子数据委托检验与鉴定

第五十五条　为了查明案情，解决案件中某些专门性问题，应当指派、聘请有专门知识的人进行鉴定，或者委托公安部指定的机构出具报告。

需要聘请有专门知识的人进行鉴定，或者委托公安部指定的机构出具报告的，应当经县级以上公安机关负责人批准。

第五十六条　侦查人员送检时，应当封存原始存储介质、采取相应措施保护电子数据完整性，并提供必要的案件相关信息。

第五十七条　公安部指定的机构及其承担检验工作的人员应当独立开展业务并承担相应责任，不受其他机构和个人影响。

第五十八条 公安部指定的机构应当按照法律规定和司法审判机关要求承担回避、保密、出庭作证等义务，并对报告的真实性、合法性负责。

公安部指定的机构应当运用科学方法进行检验、检测，并出具报告。

第五十九条 公安部指定的机构应当具备必需的仪器、设备并且依法通过资质认定或者实验室认可。

第六十条 委托公安部指定的机构出具报告的其他事宜，参照《公安机关鉴定规则》等有关规定执行。

第五章 附　则

第六十一条 本规则自 2019 年 2 月 1 日起施行。公安部之前发布的文件与本规则不一致的，以本规则为准。

八、检察机关办理电信网络诈骗案件指引

（2018 年 11 月 9 日）

目　次

（一）审查逮捕

（二）审查起诉

电信网络诈骗犯罪，是指以非法占有为目的，利用电话、短信、互联网等电信网络技术手段，虚构事实，设置骗局，实施远程、非接触式诈骗，骗取公私财物的犯罪行为。根据《中华人民共和国刑法》第二百六十六条、《最高人民法院、最高人民检察院关于办理诈骗刑事案件具体应用法律若干问题的解释》（法释〔2011〕7 号）（以下简称《解释》）、《最高人民法院、最高人民检察院、公安部关于办理电信网络诈骗等刑事案件适用法律若干问题的意见》（法发〔2016〕32 号）（以下简称《意见》），办理电信网络诈骗案件除了要把握普通诈骗案件的基本要求外，还要特别注意以下问题：一是电信网络诈骗犯罪的界定；二是犯罪形态的审查；三是诈骗数额及发送信息、拨打电话次数的认定；四是共同犯罪及主从犯责任的认定；五是关联犯罪事前通谋的审查；六是电子数据的审查；七是境外证据的审查。

一、审查证据的基本要求

（一）审查逮捕

1. 有证据证明发生了电信网络诈骗犯罪事实

（1）证明电信网络诈骗案件发生

证据主要包括：报案登记、受案登记、受案笔录、立案决定书、破案经过、证人证言、被害人陈述、犯罪嫌疑人供述和辩解、被害人银行开户申请、开户明细单、银行转账凭证、银行账户交易记录、银行汇款单、网银转账记录、第三方支付结算交易记录、手机转账信息等证据。跨国电信网络诈骗还可能需要有国外有关部门出具的与案件有关的书面材料。

（2）证明电信网络诈骗行为的危害结果

①证明诈骗数额达到追诉标准的证据：证人证言、被害人陈述、犯罪嫌疑人供述和辩解、银行转账凭证、汇款凭证、转账信息、银行卡、银行账户交易记录、第三方支付结算交易记录以及其他与电信网络诈骗关联的账户交易记录、犯罪嫌疑人提成记录、诈骗账目记录等证据以及其它有关证据。

②证明发送信息条数、拨打电话次数以及页面浏览量达到追诉标准的证据：QQ、微信、skype 等即时通讯工具聊天记录、CDR 电话清单、短信记录、电话录音、电子邮件、远程勘验笔录、电子数据鉴定意见、网页浏览次数统计、网页浏览次数鉴定意见、改号软件、语音软件的登录情况及数据、拨打电话记录内部资料以及其他有关证据。

2. 有证据证明诈骗行为是犯罪嫌疑人实施的

（1）言词证据：证人证言、被害人陈述、犯罪嫌疑人供述和辩解等，注意审查犯罪嫌疑人供述的行为方式与被害人陈述的被骗方式、交付财物过程或者其他证据是否一致。对于团伙作案的，要重视对同案犯罪嫌疑人供述和辩解的审查，梳理各个同案犯罪嫌疑人的指证是否相互印证。

（2）有关资金链条的证据：银行转账凭证、交易流水、第三方支付交易记录以及其他关联账户交易记录、现场查扣的书证、与犯罪关联的银行卡及申请资料等，从中审查相关银行卡信息与被害人存款、转移赃款等账号有无关联，资金交付支配占有过程；犯罪嫌疑人的短信以及 QQ、微信、skype 等即时通讯工具聊天记录，审查与犯罪有关的信息，是否出现过与本案资金流转有关的银行卡账号、资金流水等信息。要注意审查被害人转账、汇款账号、资金流向等是否有相应证据印证赃款由犯罪嫌疑人取得。对诈骗集团租用或交叉使用账户的，要结合相关言词证据及书证、物证、勘验笔录等分析认定。

（3）有关信息链条的证据：侦查机关远程勘验笔录，远程提取证据笔录，CDR 电话清单、查获的手机 IMEI 串号、语音网关设备、路由设备、交换设备、手持终端等。要注意审查诈骗窝点物理 IP 地址是否与所使用电话 CDR 数据清单中记录的主叫 IP 地址或 IP 地址所使用的线路（包括此线路的账号、用户名称、对接服务器、语音网关、手持终端等设备的 IP 配置）一致，电话 CDR 数据清单中是否存在被害人的相关信息资料，改号电话显示号码、呼叫时间、电话、IP 地址是否与被害人陈述及其它在案证据印证。在电信网络诈骗窝点查获的手机 IMEI 串号以及其他电子作案工具，是否与被害人所接到的诈骗电话显示的信息来源一致。

（4）其他证据：跨境电信网络诈骗犯罪案件犯罪嫌疑人出入境记录、户籍证明材料、在境外使用的网络设备及虚拟网络身份的网络信息，证明犯罪嫌疑人出入境情况及身份情况。诈骗窝点的纸质和电子账目报表，审查时间、金额等细节是否与被害人陈述相互印证。犯罪过程中记载被害人身份、诈骗数额、时间等信息的流转单，审查相关信息是否与被害人陈述、银行转账记录等相互印证。犯罪嫌疑人之间的聊天记录、诈骗脚本、内部分工、培训资料、监控视频等证据，审查犯罪的具体手法、过程。购买作案工具和资源（手机卡、银行卡、POS 机、服务器、木马病毒、改号软件、公民个人信息等）的资金流水、电子数据等证据。

3. 有证据证明犯罪嫌疑人具有诈骗的主观故意

（1）证明犯罪嫌疑人主观故意的证据：犯罪嫌疑人的供述和辩解、证人证言、同案犯指证；诈骗脚本、诈骗信息内容、工作日记、分工手册、犯罪嫌疑人的具体职责、地位、参与实施诈骗行为的时间等；赃款的账册、分赃的记录、诈骗账目记录、提成记录、工作环境、工作形式等；短信、QQ、微信、skype 等即时通讯工具聊天记录等，审查其中是否出现有关诈骗的内容以及诈骗专门用的黑话、暗语等。

（2）证明提供帮助者的主观故意的证据：提供帮助犯罪嫌疑人供述和辩解、电信网络诈骗犯罪嫌疑人的指证、证人证言；双方短信以及 QQ、微信、skype 等即时通讯工具聊天记录等信息材料；犯罪嫌疑人的履历、前科记录、行政处罚记录、双方资金往来的凭证、犯罪嫌疑人提供帮助、协助的收益数额、取款时的监控视频、收入记录、处罚判决情况等。

（二）审查起诉

除审查逮捕阶段证据审查基本要求之外，对电信网络诈骗案件的审查起诉工作还应坚持"犯罪事实清楚，证据确实、充分"的标准，保证定罪量刑的事实都有证据证明；据以定案的证据均经法定程序查证属实；综合全案证据，对所认定的事实均已排除合理怀疑。

1. 有确实充分的证据证明发生了电信网络诈骗犯罪事实

（1）证明电信网络诈骗事实发生。除审查逮捕要求的证据类型之外，跨国电信网络诈骗还需要有出入境记录、飞机铁路等交通工具出行记录，必要时需国外有关部门出具的与案件有关的书面证据材料，包括原件、翻译件、使领馆认证文件等。

（2）证明电信网络诈骗行为的危害结果

①证明诈骗数额达到追诉标准的证据：能查清诈骗事实的相关证人证言、被害人陈述、犯罪嫌疑人供述和辩解、银行账户交易明细、交易凭

证、第三方支付结算交易记录以及其他与电信网络诈骗关联的账户交易记录、犯罪嫌疑人的诈骗账目记录以及其它有关证据。

需要特别注意"犯罪数额接近提档"的情形。当诈骗数额接近"数额巨大""数额特别巨大"的标准（一般掌握在80%以上，即达到2.4万元、40万元），根据《解释》和《意见》的规定，具有《意见》第二条第二款"酌情从重处罚"十种情形之一的，应当分别认定为刑法第二百六十六条规定的"其他严重情节""其他特别严重情节"，提高一档量刑。

②证明发送信息条数、拨打电话次数以及页面浏览量达到追诉标准的证据类型与审查逮捕的证据类型相同。

2. 有确实充分的证据证明诈骗行为是犯罪嫌疑人实施的

（1）有关资金链条的证据。重点审查被害人的银行交易记录和犯罪嫌疑人持有的银行卡及账号的交易记录，用于查明被害人遭受的财产损失及犯罪嫌疑人诈骗的犯罪数额；重点审查犯罪嫌疑人的短信，以及QQ、微信、skype等即时通讯工具聊天记录，用于查明是否出现涉案银行卡账号、资金流转等犯罪信息，赃款是否由犯罪嫌疑人取得。此外，对诈骗团伙或犯罪集团租用或交叉使用多层级账户洗钱的，要结合资金存取流转的书证、监控录像、辨认笔录、证人证言、被害人陈述、犯罪嫌疑人供述和辩解等证据分析认定。

（2）有关人员链条的证据。电信网络诈骗多为共同犯罪，在审查刑事责任年龄、刑事责任能力方面的证据基础上，应重点审查犯罪嫌疑人供述和辩解、手机通信记录等，通过自供和互证，以及与其他证据之间的相互印证，查明各自的分工和作用，以区分主、从犯。对于分工明确、有明显首要分子、较为固定的组织结构的三人以上固定的犯罪组织，应当认定为犯罪集团。

言词证据及有关信息链条的证据与审查逮捕的证据类型相同。

3. 有确实充分的证据证明犯罪嫌疑人具有诈骗的主观故意

证明犯罪嫌疑人及提供帮助者主观故意的证据类型同审查逮捕证据类型相同。需要注意的是，由于犯罪嫌疑人各自分工不同，其供述和辩解也呈现不同的证明力。一般而言，专门行骗人对于单起事实的细节记忆相对粗略，只能供述诈骗的手段和方式；专业取款人对于取款的具体细目记忆也粗略，只能供述大概经过和情况，重点审查犯罪手段的同类性、共同犯罪人之间的关系及各自分工和作用。

二、需要特别注意的问题

在电信网络诈骗案件审查逮捕、审查起诉中，要根据相关法律、司法解释等规定，结合在案证据，重点注意以下问题：

（一）电信网络诈骗犯罪的界定

1. 此罪彼罪

在一些案件中，尤其是利用网络钓鱼、木马链接实施犯罪的案件中，既存在虚构事实、隐瞒真相的诈骗行为，又可能存在秘密窃取的行为，关键要审查犯罪嫌疑人取得财物是否基于被害人对财物的主动处分意识。如果行为人通过秘密窃取的行为获取他人财物，则应认定构成盗窃罪；如果窃取或者骗取的是他人信用卡资料，并通过互联网、通讯终端等使用的，根据《最高人民法院、最高人民检察院关于办理妨害信用卡管理刑事案件具体应用法律若干问题的解释》（法释〔2009〕19 号），则可能构成信用卡诈骗罪；如果通过电信网络技术向不特定多数人发送诈骗信息后又转入接触式诈骗，或为实现诈骗目的，线上线下并行同时进行接触式和非接触式诈骗，应当按照诈骗取财行为的本质定性，虽然使用电信网络技术但被害人基于接触被骗的，应当认定普通诈骗；如果出现电信网络诈骗和合同诈骗、保险诈骗等特殊诈骗罪名的竞合，应依据刑法有关规定定罪量刑。

2. 追诉标准低于普通诈骗犯罪且无地域差别

追诉标准直接决定了法律适用问题甚至罪与非罪的认定。《意见》规定，利用电信网络技术手段实施诈骗，诈骗公私财物价值三千元以上的，认定为刑法第二百六十六条规定的"数额较大"。而《解释》规定，"诈骗公私财物价值三千元至一万元以上的，认定为刑法第二百六十六条规定的"数额较大"。因此，电信网络诈骗的追诉标准要低于普通诈骗的追诉标准，且全国统一无地域差别，即犯罪数额达到三千元以上、三万元以上、五十万元以上的，应当分别认定为刑法第二百六十六条规定的"数额较大""数额巨大""数额特别巨大"。

（二）犯罪形态的审查

1. 可以查证诈骗数额的未遂

电信网络诈骗应以被害人失去对被骗钱款的实际控制为既遂认定标

准。一般情形下，诈骗款项转出后即时到账构成既遂。但随着银行自助设备、第三方支付平台陆续推出"延时到账""撤销转账"等功能，被害人通过自助设备、第三方支付平台向犯罪嫌疑人指定账户转账，可在规定时间内撤销转账，资金并未实时转出。此种情形下被害人并未对被骗款项完全失去控制，而犯罪嫌疑人亦未取得实际控制，应当认定为未遂。

2. 无法查证诈骗数额的未遂

根据《意见》规定，对于诈骗数额难以查证的，犯罪嫌疑人发送诈骗信息五千条以上，或者拨打诈骗电话五百人次以上，或者在互联网上发布诈骗信息的页面浏览量累计五千次以上，可以认定为诈骗罪中"其他严重情节"，以诈骗罪（未遂）定罪处罚。具有上述情形，数量达到相应标准十倍以上的，应当认定为刑法第二百六十六条规定的"其他特别严重情节"，以诈骗罪（未遂）定罪处罚。

（三）诈骗数额及发送信息、拨打电话次数的认定

1. 诈骗数额的认定

（1）根据犯罪集团诈骗账目登记表、犯罪嫌疑人提成表等书证，结合证人证言、犯罪嫌疑人供述和辩解等言词证据，认定犯罪嫌疑人的诈骗数额。

（2）根据经查证属实的银行账户交易记录、第三方支付结算账户交易记录、通话记录、电子数据等证据，结合已收集的被害人陈述，认定被害人人数及诈骗资金数额。

（3）对于确因客观原因无法查实全部被害人，尽管有证据证明该账户系用于电信网络诈骗犯罪，且犯罪嫌疑人无法说明款项合法来源的，也不能简单将账户内的款项全部推定为"犯罪数额"。要根据在案其他证据，认定犯罪集团是否有其他收入来源，"违法所得"有无其他可能性。如果证据足以证实"违法所得"的排他性，则可以将"违法所得"均认定为犯罪数额。

（4）犯罪嫌疑人为实施犯罪购买作案工具、伪装道具、租用场地、交通工具甚至雇佣他人等诈骗成本不能从诈骗数额中扣除。对通过向被害人交付一定货币，进而骗取其信任并实施诈骗的，由于货币具有流通性和经济价值，该部分货币可以从诈骗数额中扣除。

2. 发送信息、拨打电话次数的认定

（1）拨打电话包括拨出诈骗电话和接听被害人回拨电话。反复拨打、

接听同一电话号码，以及反复向同一被害人发送诈骗信息的，拨打、接听电话次数、发送信息条数累计计算。

（2）被害人是否接听、接收到诈骗电话、信息不影响次数、条数计算。

（3）通过语音包发送的诈骗录音或通过网络等工具辅助拨出的电话，应当认定为拨打电话。

（4）发送信息条数、拨打电话次数的证据难以收集的，可以根据经查证属实的日发送信息条数、日拨打人次数，结合犯罪嫌疑人实施犯罪的时间、犯罪嫌疑人的供述等相关证据予以认定。

（5）发送信息条数和拨打电话次数在法律及司法解释未明确的情况下不宜换算累加。

（四）共同犯罪及主从犯责任的认定

1. 对于三人以上为实施电信网络诈骗而组成的较为固定的犯罪组织，应当依法认定为犯罪集团。对于犯罪集团的首要分子，按照集团所犯全部犯罪处罚，并且对犯罪集团中组织、指挥、策划者和骨干分子依法从严惩处。

2. 对于其余主犯，按照其所参与或者组织、指挥的全部犯罪处罚。多人共同实施电信网络诈骗，犯罪嫌疑人、被告人应对其参与期间该诈骗团伙实施的全部诈骗行为承担责任。

3. 对于部分被招募发送信息、拨打电话的犯罪嫌疑人，应当对其参与期间整个诈骗团伙的诈骗行为承担刑事责任，但可以考虑参与时间较短、诈骗数额较低、发送信息、拨打电话较少，认定为从犯，从宽处理。

4. 对于专门取款人，由于其可在短时间内将被骗款项异地转移，对诈骗既遂起到了至关重要的作用，也大大增加了侦查和追赃难度，因此应按其在共同犯罪中的具体作用进行认定，不宜一律认定为从犯。

（五）关联犯罪事前通谋的审查

根据《意见》规定，明知是电信网络诈骗犯罪所得及其产生的收益，通过使用销售点终端机具（POS 机）刷卡套现等非法途径，协助转换或者转移财物等五种方式转账、套现、取现的，需要与直接实施电信网络诈骗犯罪嫌疑人事前通谋的才以共同犯罪论处。因此，应当重点审查帮助转换或者转移财物行为人是否在诈骗犯罪既遂之前与实施诈骗犯罪嫌疑人共谋或者虽无共谋但明知他人实施犯罪而提供帮助。对于帮助者明知的内容和程度，并不要求其明知被帮助者实施诈骗行为的具体细节，其只要认识到对方实施诈骗犯罪行为即可。审查时，要根据犯罪嫌疑人的认知能力、既往经历、行为次数和手段、与他人关系、获利情况、是否曾因电信网络诈骗受过处罚以及是否故意规避调查等主客观因素分析认定。

（六）电子数据的审查

1. 电子数据真实性的审查

（1）是否移送原始存储介质；在原始存储介质无法封存、不便移动时，有无说明原因，并注明收集、提取过程及原始存储介质的存放地点或者电子数据的来源等情况。

（2）电子数据是否具有数字签名、数字证书等特殊标识。

（3）电子数据的收集、提取过程是否可以重现。

（4）电子数据如有增加、删除、修改等情形的，是否附有说明。

（5）电子数据的完整性是否可以保证。

2. 电子数据合法性的审查

（1）收集、提取电子数据是否由二名以上侦查人员进行，取证方法是否符合相关技术标准。

（2）收集、提取电子数据，是否附有笔录、清单，并经侦查人员、电子数据持有人（提供人）、见证人签名或者盖章；没有持有人（提供人）签名或者盖章的，是否注明原因；对电子数据的类别、文件格式等是否注明清楚。

（3）是否依照有关规定由符合条件的人员担任见证人，是否对相关活动进行录像。

（4）电子数据检查是否将电子数据存储介质通过写保护设备接入到检查设备；有条件的，是否制作电子数据备份，并对备份进行检查；无法制作备份且无法使用写保护设备的，是否附有录像。

（5）通过技术侦查措施，利用远程计算机信息系统进行网络远程勘验收集到电子数据，作为证据使用的，是否随案移送批准采取技术侦查措施的法律文书和所收集的证据材料，是否对其来源等作出书面说明。

（6）对电子数据作出鉴定意见的鉴定机构是否具有司法鉴定资质。

3. 电子数据的采信

（1）经过公安机关补正或者作出合理解释可以采信的电子数据：未以

封存状态移送的；笔录或者清单上没有侦查人员、电子数据持有人（提供人）、见证人签名或者盖章的；对电子数据的名称、类别、格式等注明不清的；有其他瑕疵的。

（2）不能采信的电子数据：电子数据系篡改、伪造或者无法确定真伪的；电子数据有增加、删除、修改等情形，影响电子数据真实性的；其他无法保证电子数据真实性的情形。

（七）境外证据的审查

1. 证据来源合法性的审查

境外证据的来源包括：外交文件（国际条约、互助协议）；司法协助（刑事司法协助、平等互助原则）；警务合作（国际警务合作机制、国际刑警组织）。

由于上述来源方式均需要有法定的程序和条件，对境外证据的审查要注意：证据来源是否是通过上述途径收集，审查报批、审批手续是否完备，程序是否合法；证据材料移交过程是否合法，手续是否齐全，确保境外证据的来源合法性。

2. 证据转换的规范性审查

对于不符合我国证据种类和收集程序要求的境外证据，侦查机关要重新进行转换和固定，才能作为证据使用。注重审查：

（1）境外交接证据过程的连续性，是否有交接文书，交接文书是否包含接收证据。

（2）接收移交、开箱、登记时是否全程录像，确保交接过程的真实性，交接物品的完整性。

（3）境外证据按照我国证据收集程序重新进行固定的，依据相关规定进行，注意证据转换过程的连续性和真实性的审查。

（4）公安机关是否对境外证据来源、提取人、提取时间或者提供人、提供时间以及保管移交的过程等作出说明，有无对电子数据完整性等专门性问题的鉴定意见等。

（5）无法确认证据来源、证据真实性、收集程序违法无法补正等境外证据应予排除。

3. 其他来源的境外证据的审查

通过其他渠道收集的境外证据材料，作为证据使用的，应注重对其来源、提供人、提供时间以及提取人、提取时间进行审查。能够证明案件事实且符合刑事诉讼法规定的，可以作为证据使用。

三、社会危险性及羁押必要性审查

（一）审查逮捕

符合下列情形之一的，可以结合案件具体情况考虑认定犯罪嫌疑人具有社会危险性，有羁押必要：

1. 《最高人民检察院、公安部关于逮捕社会危险性条件若干问题的规定（试行）》（高检会〔2015〕9号）规定的具有社会危险性情节的。

2. 犯罪嫌疑人是诈骗团伙的首要分子或者主犯。对于首要分子，要重点审查其在电信网络诈骗集团中是否起到组织、策划、指挥作用。对于其他主犯，要重点审查其是否是犯意的发起者、犯罪的组织者、策划者、指挥者、主要责任者，是否参与了犯罪的全过程或关键环节以及在犯罪中所起的作用：诈骗团伙的具体管理者、组织者、招募者、电脑操盘人员、对诈骗成员进行培训的人员以及制作、提供诈骗方案、术语清单、语音包、信息的人员可以认定为主犯；取款组、供卡组、公民个人信息提供组等负责人，对维持诈骗团伙运转起着重要作用的，可以认定为主犯；对于其他实行犯是否属于主犯，主要通过其参加时段实施共同犯罪活动的程度、具体罪行的大小、对造成危害后果的作用等来认定。

3. 有证据证明犯罪嫌疑人实施诈骗行为，犯罪嫌疑人拒不供认或者作虚假供述的。

4. 有证据显示犯罪嫌疑人参与诈骗且既遂数额巨大、被害人众多，诈骗数额等需进一步核实的。

5. 有证据证明犯罪嫌疑人参与诈骗的时间长，应当明知诈骗团伙其他同案犯犯罪事实的，但犯罪嫌疑人拒绝指证或虚假指证的。

6. 其他具有社会危险性或羁押必要的情形。

在犯罪嫌疑人罪行较轻的前提下，根据犯罪嫌疑人在犯罪团伙中的地位、作用、参与时间、工作内容、认罪态度、悔罪表现等情节，结合案件整体情况，依据主客观相一致原则综合判断犯罪嫌疑人的社会危险性或者羁押必要性。在犯罪嫌疑人真诚认罪悔罪，如实供述且供述稳定的情况下，有下列情形的可以考虑社会危险性较小：

1. 预备犯、中止犯。

2. 直接参与诈骗的数额未达巨大，有自首、立功表现的。

3. 直接参与诈骗的数额未达巨大，参与时间短的发送信息、拨打电话人员。

4. 涉案数额未达巨大，受雇负责饮食、住宿等辅助工作人员。

5. 直接参与诈骗的数额未达巨大，积极退赃的从犯。

6. 被胁迫参加电信网络诈骗团伙，没有造成严重影响和后果的。

7. 其他社会危险性较小的情形。

需要注意的是，对犯罪嫌疑人社会危险性的把握，要根据案件社会影响、造成危害后果、打击力度的需要等多方面综合判断和考虑。

（二）审查起诉

在审查起诉阶段，要结合侦查阶段取得的事实证据，进一步引导侦查机关加大捕后侦查力度，及时审查新证据。在羁押期限届满前对全案进行综合审查，对于未达到逮捕证明标准的，撤销原逮捕决定。

经羁押必要性审查，发现犯罪嫌疑人具有下列情形之一的，应当向办案机关提出释放或者变更强制措施的建议：

1. 案件证据发生重大变化，没有证据证明有犯罪事实或者犯罪行为系犯罪嫌疑人、被告人所为的。

2. 案件事实或者情节发生变化，犯罪嫌疑人、被告人可能被判处拘役、管制、独立适用附加刑、免予刑事处罚或者判决无罪的。

3. 继续羁押犯罪嫌疑人、被告人，羁押期限将超过依法可能判处的刑期的。

4. 案件事实基本查清，证据已经收集固定，符合取保候审或者监视居住条件的。

经羁押必要性审查，发现犯罪嫌疑人、被告人具有下列情形之一，且具有悔罪表现，不予羁押不致发生社会危险性的，可以向办案机关提出释放或者变更强制措施的建议：

1. 预备犯或者中止犯；共同犯罪中的从犯或者胁从犯。

2. 主观恶性较小的初犯。

3. 系未成年人或者年满七十五周岁的人。

4. 与被害方依法自愿达成和解协议，且已经履行或者提供担保的。

5. 患有严重疾病、生活不能自理的。

6. 系怀孕或者正在哺乳自己婴儿的妇女。

7. 系生活不能自理的人的唯一扶养人。

8. 可能被判处一年以下有期徒刑或者宣告缓刑的。

9. 其他不需要继续羁押犯罪嫌疑人、被告人的情形。

九、检察机关办理侵犯公民个人信息案件指引

(2018 年 11 月 9 日)

根据《中华人民共和国刑法》第二百五十三条之一的规定，侵犯公民个人信息罪是指违反国家有关规定，向他人出售、提供公民个人信息，或者通过窃取等方法非法获取公民个人信息，情节严重的行为。结合《最高人民法院、最高人民检察院关于办理侵犯公民个人信息刑事案件适用法律若干问题的解释》（法释〔2017〕10 号）（以下简称《解释》），办理侵犯公民个人信息案件，应当特别注意以下问题：一是对"公民个人信息"的审查认定；二是对"违反国家有关规定"的审查认定；三是对"非法获取"的审查认定；四是对"情节严重"和"情节特别严重"的审查认定；五是对关联犯罪的审查认定。

一、审查证据的基本要求

（一）审查逮捕

1. 有证据证明发生了侵犯公民个人信息犯罪事实

（1）证明侵犯公民个人信息案件发生

主要证据包括：报案登记、受案登记、立案决定书、破案经过、证人证言、被害人陈述、犯罪嫌疑人供述和辩解以及证人、被害人提供的短信、微信或 QQ 截图等电子数据。

（2）证明被侵犯对象系公民个人信息

主要证据包括：扣押物品清单、勘验检查笔录、电子数据、司法鉴定

意见及公民信息查询结果说明、被害人陈述、被害人提供的原始信息资料和对比资料等。

2. 有证据证明侵犯公民个人信息行为是犯罪嫌疑人实施的

（1）证明违反国家有关规定的证据：犯罪嫌疑人关于所从事的职业的供述、其所在公司的工商注册资料、公司出具的犯罪嫌疑人职责范围说明、劳动合同、保密协议及公司领导、同事关于犯罪嫌疑人职责范围的证言等。

（2）证明出售、提供行为的证据：远程勘验笔录及 QQ、微信等即时通讯工具聊天记录、论坛、贴吧、电子邮件、手机短信记录等电子数据，证明犯罪嫌疑人通过上述途径向他人出售、提供、交换公民个人信息的情况。公民个人信息贩卖者、提供者、担保交易人及购买者、收受者的证言或供述，相关银行账户明细、第三方支付平台账户明细，证明出售公民个人信息违法所得情况。此外，如果犯罪嫌疑人系通过信息网络发布方式提供公民个人信息，证明该行为的证据还包括远程勘验笔录、扣押笔录、扣押物品清单、对手机、电脑存储介质、云盘、FTP 等的司法鉴定意见等。

（3）证明犯罪嫌疑人或公民个人信息购买者、收受者控制涉案信息的证据：搜查笔录、扣押笔录、扣押物品清单，对手机、电脑存储介质等的司法鉴定意见等，证实储存有公民个人信息的电脑、手机、U 盘或者移动硬盘、云盘、FTP 等介质与犯罪嫌疑人或公民个人信息购买者、收受者的关系。犯罪嫌疑人供述、辨认笔录及证人证言等，证实犯罪嫌疑人或公民个人信息购买者、收受者所有或实际控制、使用涉案存储介质。

（4）证明涉案公民个人信息真实性的证据：被害人陈述、被害人提供的原始信息资料、公安机关或相关单位出具的涉案公民个人信息与权威数据库内信息同一性的比对说明。针对批量的涉案公民个人信息的真实性问题，根据《解释》精神，可以根据查获的数量直接认定，但有证据证明信息不真实或重复的除外。

（5）证明违反国家规定，通过窃取、购买、收受、交换等方式非法获取公民个人信息的证据：主要证据与上述以出售、提供方式侵犯公民个人信息行为的证据基本相同。针对窃取的方式如通过技术手段非法获取公民个人信息的行为，需证明犯罪嫌疑人实施上述行为，除被害人陈述、犯罪嫌疑人供述和辩解外，还包括侦查机关从被害公司数据库中发现入侵电脑

IP 地址情况、从犯罪嫌疑人电脑中提取的侵入被害公司数据的痕迹等现场勘验检查笔录,以及涉案程序(木马)的司法鉴定意见等。

3. 有证据证明犯罪嫌疑人具有侵犯公民个人信息的主观故意

(1)证明犯罪嫌疑人明知没有获取、提供公民个人信息的法律依据或资格,主要证据包括:犯罪嫌疑人的身份证明、犯罪嫌疑人关于所从事职业的供述、其所在公司的工商资料和营业范围、公司关于犯罪嫌疑人的职责范围说明、公司主要负责人的证人证言等。

(2)证明犯罪嫌疑人积极实施窃取、出售、提供、购买、交换、收受公民个人信息的行为,主要证据除了证人证言、犯罪嫌疑人供述和辩解外,还包括远程勘验笔录、手机短信记录、即时通讯工具聊天记录、电子数据司法鉴定意见、银行账户明细、第三方支付平台账户明细等。

4. 有证据证明"情节严重"或"情节特别严重"

(1)公民个人信息购买者或收受者的证言或供述。

(2)公民个人信息购买、收受公司工作人员利用公民个人信息进行电话或短信推销、商务调查等经营性活动后出具的证言或供述。

(3)公民个人信息购买者或者收受者利用所获信息从事违法犯罪活动后出具的证言或供述。

(4)远程勘验笔录、电子数据司法鉴定意见书、最高人民检察院或公安部指定的机构对电子数据涉及的专门性问题出具的报告、公民个人信息资料等。证明犯罪嫌疑人通过即时通讯工具、电子邮箱、论坛、贴吧、手机等向他人出售、提供、购买、交换、收受公民个人信息的情况。

(5)银行账户明细、第三方支付平台账户明细。

(6)死亡证明、伤情鉴定意见、医院诊断记录、经济损失鉴定意见、相关案件起诉书、判决书等。

(二)审查起诉

除审查逮捕阶段证据审查基本要求之外,对侵犯公民个人信息案件的审查起诉工作还应坚持"犯罪事实清楚,证据确实、充分"的标准,保证定罪量刑的事实都有证据证明;据以定案的证据均经法定程序查证属实;综合全案证据,对所认定的事实已排除合理怀疑。

1. 有确实充分的证据证明发生了侵犯公民个人信息犯罪事实。该证据与审查逮捕的证据类型相同。

2. 有确实充分的证据证明侵犯公民个人信息行为是犯罪嫌疑人实施的

（1）对于证明犯罪行为是犯罪嫌疑人实施的证据审查，需要结合《解释》精神，准确把握对"违反国家有关规定""出售、提供行为""窃取或以其他方法"的认定。

（2）对证明违反国家有关规定的证据审查，需要明确国家有关规定的具体内容，违反法律、行政法规、部门规章有关公民个人信息保护规定的，应当认定为刑法第二百五十三条之一规定的"违反国家有关规定"。

（3）对证明出售、提供行为的证据审查，应当明确"出售、提供"包括在履职或提供服务的过程中将合法持有的公民个人信息出售或者提供给他人的行为：向特定人提供、通过信息网络或者其他途径发布公民个人信息、未经被收集者同意，将合法收集的公民个人信息（经过处理无法识别特定个人且不能复原的除外）向他人提供的，均属于刑法第二百五十三条之一规定的"提供公民个人信息"。应当全面审查犯罪嫌疑人所出售提供公民个人信息的来源、途经与去向，对相关供述、物证、书证、证人证言、被害人陈述、电子数据等证据种类进行综合审查，针对使用信息网络进行犯罪活动的，需要结合专业知识，根据证明该行为的远程勘验笔录、扣押笔录、扣押物品清单、电子存储介质、网络存储介质等的司法鉴定意见进行审查。

（4）对证明通过窃取或以其他非法方法获取公民个人信息等方式非法获取公民个人信息的证据审查，应当明确"以其他方法获取公民个人信息"包括购买、收受、交换等方式获取公民个人信息，或者在履行职责、提供服务过程中收集公民个人信息的行为。

针对窃取行为，如通过信息网络窃取公民个人信息，则应当结合犯罪嫌疑人供述、证人证言、被害人陈述，着重审查证明犯罪嫌疑人侵入信息网络、数据库时的 IP 地址、MAC 地址、侵入工具、侵入痕迹等内容的现场勘验检查笔录以及涉案程序（木马）的司法鉴定意见等。

针对购买、收受、交换行为，应当全面审查购买、收受、交换公民个人信息的来源、途经、去向，结合犯罪嫌疑人供述和辩解、辨认笔录、证人证言等证据，对搜查笔录、扣押笔录、扣押物品清单、涉案电子存储介质等司法鉴定意见进行审查，明确上述证据同犯罪嫌疑人或公民个人信息购买、收受、交换者之间的关系。

针对履行职责、提供服务过程中收集公民个人信息的行为，应当审查证明犯罪嫌疑人所从事职业及其所负职责的证据，结合法律、行政法规、部门规章等国家有关公民个人信息保护的规定，明确犯罪嫌疑人的行为属于违反国家有关规定，以其他方法非法获取公民个人信息的行为。

（5）对证明涉案公民个人信息真实性证据的审查，应当着重审查被害人陈述、被害人提供的原始信息资料、公安机关或其他相关单位出具的涉案公民个人信息与权威数据库内信息同一性的对比说明。对批量的涉案公民个人信息的真实性问题，根据《解释》精神，可以根据查获的数量直接认定，但有证据证明信息不真实或重复的除外。

3. 有确实充分的证据证明犯罪嫌疑人具有侵犯公民个人信息的主观故意

（1）对证明犯罪嫌疑人主观故意的证据审查，应当综合审查犯罪嫌疑人的身份证明、犯罪嫌疑人关于所从事职业的供述、其所在公司的工商资料和营业范围、公司关于犯罪嫌疑人的职责范围说明、公司主要负责人的证人证言等，结合国家公民个人信息保护的相关规定，夯实犯罪嫌疑人在实施犯罪时的主观明知。

（2）对证明犯罪嫌疑人积极实施窃取或者以其他方法非法获取公民个人信息行为的证据审查，应当结合犯罪嫌疑人供述、证人证言，着重审查远程勘验笔录、手机短信记录、即时通讯工具聊天记录、电子数据司法鉴定意见、银行账户明细、第三方支付平台账户明细等，明确犯罪嫌疑人在实施犯罪时的积极作为。

4. 有确实充分的证据证明"情节严重"或"情节特别严重"。该证据与审查逮捕的证据类型相同。

二、需要特别注意的问题

在侵犯公民个人信息案件审查逮捕、审查起诉中，要根据相关法律、司法解释等规定，结合在案证据，重点注意以下问题：

（一）对"公民个人信息"的审查认定

根据《解释》的规定，公民个人信息是指以电子或者其他方式记录的能够单独或者与其他信息结合识别特定自然人身份或者反映特定自然人活动情况的各种信息，包括姓名、身份证件号码、通信通讯联系方式、住址、账号密码、财产状况、行踪轨迹等。经过处理无法识别特定自然人且不能复原的信息，虽然也可能反映自然人活动情况，但与特定自然人无直接关联，不属于公民个人信息的范畴。

对于企业工商登记等信息中所包含的手机、电话号码等信息，应当明确该号码的用途。对由公司购买、使用的手机、电话号码等信息，不属于个人信息的范畴，从而严格区分"手机、电话号码等由公司购买，归公司使用"与"公司经办人在工商登记等活动中登记个人电话、手机号码"两种不同情形。

（二）对"违反国家有关规定"的审查认定

《中华人民共和国刑法修正案（九）》将原第二百五十三条之一的"违反国家规定"修改为"违反国家有关规定"，后者的范围明显更广。根据刑法第九十六条的规定，"国家规定"仅限于全国人大及其常委会制定的法律和决定，国务院制定的行政法规、规定的行政措施、发布的决定和命令。而"国家有关规定"还包括部门规章，这些规定散见于金融、电信、交通、教育、医疗、统计、邮政等领域的法律、行政法规或部门规章中。

（三）对"非法获取"的审查认定

在窃取或者以其他方法非法获取公民个人信息的行为中，需要着重把握"其他方法"的范围问题。"其他方法"，是指"窃取"以外，与窃取行为具有同等危害性的方法，其中，购买是最常见的非法获取手段。侵犯公民个人信息犯罪作为电信网络诈骗的上游犯罪，诈骗分子往往先通过网络向他人购买公民个人信息，然后自己直接用于诈骗或转发给其他同伙用于诈骗，诈骗分子购买公民个人信息的行为属于非法获取行为，其同伙接收公民个人信息的行为明显也属于非法获取行为。同时，一些房产中介、物业管理公司、保险公司、担保公司的业务员往往与同行通过 QQ、微信群互相交换各自掌握的客户信息，这种交换行为也属于非法获取行为。此外，行为人在履行职责、提供服务过程中，违反国家有关规定，未经他人同意收集公民个人信息，或者收集与提供的服务无关的公民个人信息的，也属于非法获取公民个人信息的行为。

（四）对"情节严重"和"情节特别严重"的审查认定

1. 关于"情节严重"的具体认定标准，根据《解释》第五条第一款的规定，主要涉及五个方面：

（1）信息类型和数量。①行踪轨迹信息、通信内容、征信信息、财产信息，此类信息与公民人身、财产安全直接相关，数量标准为五十条以上，且仅限于上述四类信息，不允许扩大范围。对于财产信息，既包括银行、第三方支付平台、证券期货等金融服务账户的身份认证信息（一组确认用户操作权限的数据，包括账号、口令、密码、数字证书等），也包括存款、房产、车辆等财产状况信息。②住宿信息、通信记录、健康生理信息、交易信息等可能影响公民人身、财产安全的信息，数量标准为五百条以上，此类信息也与人身、财产安全直接相关，但重要程度要弱于行踪轨迹信息、通信内容、征信信息、财产信息。对"其他可能影响人身、财产安全的公民个人信息"的把握，应当确保所适用的公民个人信息涉及人身、财产安全，且与"住宿信息、通信记录、健康生理信息、交易信息"在重要程度上具有相当性。③除上述两类信息以外的其他公民个人信息，数量标准为五千条以上。

（2）违法所得数额。对于违法所得，可直接以犯罪嫌疑人出售公民个人信息的收入予以认定，不必扣减其购买信息的犯罪成本。同时，在审查认定违法所得数额过程中，应当以查获的银行交易记录、第三方支付平台交易记录、聊天记录、犯罪嫌疑人供述、证人证言综合予以认定，对于犯罪嫌疑人无法说明合法来源的用于专门实施侵犯公民个人信息犯罪的银行账户或第三方支付平台账户内资金收入，可综合全案证据认定为违法所得。

（3）信息用途。公民个人信息被他人用于违法犯罪活动的，不要求他人的行为必须构成犯罪，只要行为人明知他人非法获取公民个人信息用于违法犯罪活动即可。

（4）主体身份。如果行为人系将在履行职责或者提供服务过程中获得的公民个人信息出售或者提供给他人的，涉案信息数量、违法所得数额只要达到一般主体的一半，即可认为"情节严重"。

（5）主观恶性。曾因侵犯公民个人信息受过刑事处罚或者二年内受过行政处罚，又非法获取、出售或者提供公民个人信息的，即可认为"情节严重"。

2. 关于"情节特别严重"的认定标准，根据《解释》，主要分为两类：一是信息数量、违法所得数额标准。二是信息用途引发的严重后果，其中造成人身伤亡、经济损失、恶劣社会影响等后果，需要审查认定侵犯公民个人信息的行为与严重后果间存在因果关系。

对于涉案公民个人信息数量的认定，根据《解释》第十一条，非法获取公民个人信息后又出售或者提供的，公民个人信息的条数不重复计算；向不同单位或者个人分别出售、提供同一公民个人信息的，公民个人信息的条数累计计算；对批量出售、提供公民个人信息的条数，根据查获的数量直接认定，但是有证据证明信息不真实或者重复的除外。在实践中，如犯罪嫌疑人多次获取同一条公民个人信息，一般认定为一条，不重复累计；但获取的该公民个人信息内容发生了变化的除外。

对于涉案公民个人信息的数量、社会危害性等因素的审查，应当结合刑法第二百五十三条和《解释》的规定进行综合审查。涉案公民个人信息数量极少，但造成被害人死亡等严重后果的，应审查犯罪嫌疑人行为与该后果之间的因果关系，符合条件的，可以认定为实施《解释》第五条第一款第十项"其他情节严重的情形"的行为，造成被害人死亡等严重后果，从而认定为"情节特别严重"。如涉案公民个人信息数量较多，但犯罪嫌疑人仅仅获取而未向他人出售或提供，则可以在认定相关犯罪事实的基础上，审查该行为是否符合《解释》第五条第一款第三、四、五、六、九项及第二款第三项的情形，符合条件的，可以分别认定为"情节严重""情节特别严重"。

此外，针对为合法经营活动而购买、收受公民个人信息的行为，在适用《解释》第六条的定罪量刑标准时须满足三个条件：一是为了合法经营活动，对此可以综合全案证据认定，但主要应当由犯罪嫌疑人一方提供相关证据；二是限于普通公民个人信息，即不包括可能影响人身、财产安全的敏感信息；三是信息没有再流出扩散，即行为方式限于购买、收受。如果将购买、收受的公民个人信息非法出售或者提供的，定罪量刑标准应当适用《解释》第五条的规定。

（五）对关联犯罪的审查认定

对于侵犯公民个人信息犯罪与电信网络诈骗犯罪相交织的案件，应严格按照《最高人民法院、最高人民检察院、公安部关于办理电信网络诈骗等刑事案件适用法律若干问题的意见》（法发〔2016〕32 号）的规定进行审查认定，即通过认真审查非法获取、出售、提供公民个人信息的犯罪嫌疑人对电信网络诈骗犯罪的参与程度，结合能够证实其认知能力的学历文化、聊天记录、通话频率、获取固定报酬还是参与电信网络诈骗犯罪分成等证据，分析判断其是否属于诈骗共同犯罪、是否应该数罪并罚。

根据《解释》第八条的规定，设立用于实施出售、提供或者非法获取公民个人信息违法犯罪活动的网站、通讯群组，情节严重的，应当依照刑法第二百八十七条之一的规定，以非法利用信息网络罪定罪；同时构成侵犯公民个人信息罪的，应当认定为侵犯公民个人信息罪。

对于违反国家有关规定，采用技术手段非法侵入合法存储公民个人信息的单位数据库窃取公民个人信息的行为，也符合刑法第二百八十五条第二款非法获取计算机信息系统数据罪的客观特征，同时触犯侵犯公民个人信息罪和非法获取计算机信息系统数据罪的，应择一重罪论处。

此外，针对公安民警在履行职责过程中，违反国家有关规定，查询、提供公民个人信息的情形，应当认定为"违反国家有关规定，将在履行职责或者提供服务过程中以其他方法非法获取或提供公民个人信息"。但同时，应当审查犯罪嫌疑人除该行为之外有无其他行为侵害其他法益，从而对可能存在的其他犯罪予以准确认定。

三、社会危险性及羁押必要性审查

(一) 审查逮捕

1. 犯罪动机：一是出售牟利；二是用于经营活动；三是用于违法犯罪活动。犯罪动机表明犯罪嫌疑人主观恶性，也能证明犯罪嫌疑人是否可能实施新的犯罪。

2. 犯罪情节。犯罪嫌疑人的行为直接反映其人身危险性。具有下列情节的侵犯公民个人信息犯罪，能够证实犯罪嫌疑人主观恶性和人身危险性较大，实施新的犯罪的可能性也较大，可以认为具有较大的社会危险性：一是犯罪持续时间较长、多次实施侵犯公民个人信息犯罪的；二是被侵犯的公民个人信息数量或违法所得巨大的；三是利用公民个人信息进行违法犯罪活动的；四是犯罪手段行为本身具有违法性或者破坏性，即犯罪手段恶劣的，如骗取、窃取公民个人信息，采取胁迫、植入木马程序侵入他人计算机系统等方式非法获取信息。

犯罪嫌疑人实施侵犯公民个人信息犯罪，不属于"情节特别严重"，系初犯，全部退赃，并确有悔罪表现的，可以认定社会危险性较小，没有逮捕必要。

（二）审查起诉

在审查起诉阶段，要结合侦查阶段取得的事实证据，进一步引导侦查机关加大捕后侦查力度，及时审查新证据。在羁押期限届满前对全案进行综合审查，对于未达到逮捕证明标准的，撤销原逮捕决定。

经羁押必要性审查，发现犯罪嫌疑人具有下列情形之一的，应当向办案机关提出释放或者变更强制措施的建议：

1. 案件证据发生重大变化，没有证据证明有犯罪事实或者犯罪行为系犯罪嫌疑人、被告人所为的。

2. 案件事实或者情节发生变化，犯罪嫌疑人、被告人可能被判处拘役、管制、独立适用附加刑、免予刑事处罚或者判决无罪的。

3. 继续羁押犯罪嫌疑人、被告人，羁押期限将超过依法可能判处的刑期的。

4. 案件事实基本查清，证据已经收集固定，符合取保候审或者监视居住条件的。

经羁押必要性审查，发现犯罪嫌疑人、被告人具有下列情形之一，且具有悔罪表现，不予羁押不致发生社会危险性的，可以向办案机关提出释放或者变更强制措施的建议：

1. 预备犯或者中止犯；共同犯罪中的从犯或者胁从犯。

2. 主观恶性较小的初犯。

3. 系未成年人或者年满七十五周岁的人。

4. 与被害方依法自愿达成和解协议，且已经履行或者提供担保的。

5. 患有严重疾病、生活不能自理的。

6. 系怀孕或者正在哺乳自己婴儿的妇女。

7. 系生活不能自理的人的唯一扶养人。

8. 可能被判处一年以下有期徒刑或者宣告缓刑的。

9. 其他不需要继续羁押犯罪嫌疑人、被告人的情形。

十、最高人民法院、最高人民检察院、公安部
关于办理电信网络诈骗等刑事案件
适用法律若干问题的意见

2016 年 12 月 19 日   法发〔2016〕32 号

为依法惩治电信网络诈骗等犯罪活动，保护公民、法人和其他组织的合法权益，维护社会秩序，根据《中华人民共和国刑法》《中华人民共和国刑事诉讼法》等法律和有关司法解释的规定，结合工作实际，制定本意见。

一、总体要求

近年来，利用通讯工具、互联网等技术手段实施的电信网络诈骗犯罪活动持续高发，侵犯公民个人信息，扰乱无线电通讯管理秩序，掩饰、隐瞒犯罪所得、犯罪所得收益等上下游关联犯罪不断蔓延。此类犯罪严重侵害人民群众财产安全和其他合法权益，严重干扰电信网络秩序，严重破坏社会诚信，严重影响人民群众安全感和社会和谐稳定，社会危害性大，人民群众反映强烈。

人民法院、人民检察院、公安机关要针对电信网络诈骗等犯罪的特点，坚持全链条全方位打击，坚持依法从严从快惩处，坚持最大力度最大限度追赃挽损，进一步健全工作机制，加强协作配合，坚决有效遏制电信网络诈骗等犯罪活动，努力实现法律效果和社会效果的高度统一。

二、依法严惩电信网络诈骗犯罪

（一）根据《最高人民法院、最高人民检察院关于办理诈骗刑事案件具体应用法律若干问题的解释》第一条的规定，利用电信网络技术手段实施诈骗，诈骗公私财物价值三千元以上、三万元以上、五十万元以上的，

应当分别认定为刑法第二百六十六条规定的"数额较大""数额巨大""数额特别巨大"。

二年内多次实施电信网络诈骗未经处理，诈骗数额累计计算构成犯罪的，应当依法定罪处罚。

（二）实施电信网络诈骗犯罪，达到相应数额标准，具有下列情形之一的，酌情从重处罚：

1. 造成被害人或其近亲属自杀、死亡或者精神失常等严重后果的；

2. 冒充司法机关等国家机关工作人员实施诈骗的；

3. 组织、指挥电信网络诈骗犯罪团伙的；

4. 在境外实施电信网络诈骗的；

5. 曾因电信网络诈骗犯罪受过刑事处罚或者二年内曾因电信网络诈骗受过行政处罚的；

6. 诈骗残疾人、老年人、未成年人、在校学生、丧失劳动能力人的财物，或者诈骗重病患者及其亲属财物的；

7. 诈骗救灾、抢险、防汛、优抚、扶贫、移民、救济、医疗等款物的；

8. 以赈灾、募捐等社会公益、慈善名义实施诈骗的；

9. 利用电话追呼系统等技术手段严重干扰公安机关等部门工作的；

10. 利用"钓鱼网站"链接、"木马"程序链接、网络渗透等隐蔽技术手段实施诈骗的。

（三）实施电信网络诈骗犯罪，诈骗数额接近"数额巨大""数额特别巨大"的标准，具有前述第（二）条规定的情形之一的，应当分别认定为刑法第二百六十六条规定的"其他严重情节""其他特别严重情节"。

上述规定的"接近"，一般应掌握在相应数额标准的百分之八十以上。

（四）实施电信网络诈骗犯罪，犯罪嫌疑人、被告人实际骗得财物的，以诈骗罪（既遂）定罪处罚。诈骗数额难以查证，但具有下列情形之一的，应当认定为刑法第二百六十六条规定的"其他严重情节"，以诈骗罪（未遂）定罪处罚：

1. 发送诈骗信息五千条以上的，或者拨打诈骗电话五百人次以上的；

2. 在互联网上发布诈骗信息，页面浏览量累计五千次以上的。

具有上述情形，数量达到相应标准十倍以上的，应当认定为刑法第二百六十六条规定的"其他特别严重情节",以诈骗罪（未遂）定罪处罚。

上述"拨打诈骗电话",包括拨出诈骗电话和接听被害人回拨电话。反复拨打、接听同一电话号码,以及反复向同一被害人发送诈骗信息的,拨打、接听电话次数、发送信息条数累计计算。

因犯罪嫌疑人、被告人故意隐匿、毁灭证据等原因,致拨打电话次数、发送信息条数的证据难以收集的,可以根据经查证属实的日拨打人次数、日发送信息条数,结合犯罪嫌疑人、被告人实施犯罪的时间、犯罪嫌疑人、被告人的供述等相关证据,综合予以认定。

（五）电信网络诈骗既有既遂,又有未遂,分别达到不同量刑幅度的,依照处罚较重的规定处罚;达到同一量刑幅度的,以诈骗罪既遂处罚。

（六）对实施电信网络诈骗犯罪的被告人裁量刑罚,在确定量刑起点、基准刑时,一般应就高选择。确定宣告刑时,应当综合全案事实情节,准确把握从重、从轻量刑情节的调节幅度,保证罪责刑相适应。

（七）对实施电信网络诈骗犯罪的被告人,应当严格控制适用缓刑的范围,严格掌握适用缓刑的条件。

（八）对实施电信网络诈骗犯罪的被告人,应当更加注重依法适用财产刑,加大经济上的惩罚力度,最大限度剥夺被告人再犯的能力。

三、全面惩处关联犯罪

（一）在实施电信网络诈骗活动中,非法使用"伪基站""黑广播",干扰无线电通讯秩序,符合刑法第二百八十八条规定的,以扰乱无线电通讯管理秩序罪追究刑事责任。同时构成诈骗罪的,依照处罚较重的规定定罪处罚。

（二）违反国家有关规定,向他人出售或者提供公民个人信息,窃取或者以其他方法非法获取公民个人信息,符合刑法第二百五十三条之一规定的,以侵犯公民个人信息罪追究刑事责任。

使用非法获取的公民个人信息,实施电信网络诈骗犯罪行为,构成数罪的,应当依法予以并罚。

（三）冒充国家机关工作人员实施电信网络诈骗犯罪,同时构成诈骗罪和招摇撞骗罪的,依照处罚较重的规定定罪处罚。

（四）非法持有他人信用卡,没有证据证明从事电信网络诈骗犯罪活动，符合刑法第一百七十七条之一第一款第（二）项规定的，以妨害信用卡管理罪追究刑事责任。

（五）明知是电信网络诈骗犯罪所得及其产生的收益，以下列方式之一予以转账、套现、取现的，依照刑法第三百一十二条第一款的规定，以掩饰、隐瞒犯罪所得、犯罪所得收益罪追究刑事责任。但有证据证明确实不知道的除外：

1. 通过使用销售点终端机具（POS 机）刷卡套现等非法途径，协助转换或者转移财物的；

2. 帮助他人将巨额现金散存于多个银行账户，或在不同银行账户之间频繁划转的；

3. 多次使用或者使用多个非本人身份证明开设的信用卡、资金支付结算账户或者多次采用遮蔽摄像头、伪装等异常手段，帮助他人转账、套现、取现的；

4. 为他人提供非本人身份证明开设的信用卡、资金支付结算账户后，又帮助他人转账、套现、取现的；

5. 以明显异于市场的价格，通过手机充值、交易游戏点卡等方式套现的。

实施上述行为，事前通谋的，以共同犯罪论处。

实施上述行为，电信网络诈骗犯罪嫌疑人尚未到案或案件尚未依法裁判，但现有证据足以证明该犯罪行为确实存在的，不影响掩饰、隐瞒犯罪所得、犯罪所得收益罪的认定。

实施上述行为，同时构成其他犯罪的，依照处罚较重的规定定罪处罚。法律和司法解释另有规定的除外。

（六）网络服务提供者不履行法律、行政法规规定的信息网络安全管理义务，经监管部门责令采取改正措施而拒不改正，致使诈骗信息大量传播，或者用户信息泄露造成严重后果的，依照刑法第二百八十六条之一的规定，以拒不履行信息网络安全管理义务罪追究刑事责任。同时构成诈骗罪的，依照处罚较重的规定定罪处罚。

（七）实施刑法第二百八十七条之一、第二百八十七条之二规定之行为，构成非法利用信息网络罪、帮助信息网络犯罪活动罪，同时构成诈骗罪的，依照处罚较重的规定定罪处罚。

（八）金融机构、网络服务提供者、电信业务经营者等在经营活动中，违反国家有关规定，被电信网络诈骗犯罪分子利用，使他人遭受财产损失的，依法承担相应责任。构成犯罪的，依法追究刑事责任。

四、准确认定共同犯罪与主观故意

（一）三人以上为实施电信网络诈骗犯罪而组成的较为固定的犯罪组织，应依法认定为诈骗犯罪集团。对组织、领导犯罪集团的首要分子，按照集团所犯的全部罪行处罚。对犯罪集团中组织、指挥、策划者和骨干分子依法从严惩处。

对犯罪集团中起次要、辅助作用的从犯，特别是在规定期限内投案自首、积极协助抓获主犯、积极协助追赃的，依法从轻或减轻处罚。

对犯罪集团首要分子以外的主犯，应当按照其所参与的或者组织、指挥的全部犯罪处罚。全部犯罪包括能够查明具体诈骗数额的事实和能够查明发送诈骗信息条数、拨打诈骗电话人次数、诈骗信息网页浏览次数的事实。

（二）多人共同实施电信网络诈骗，犯罪嫌疑人、被告人应对其参与期间该诈骗团伙实施的全部诈骗行为承担责任。在其所参与的犯罪环节中起主要作用的，可以认定为主犯；起次要作用的，可以认定为从犯。

上述规定的"参与期间"，从犯罪嫌疑人、被告人着手实施诈骗行为开始起算。

（三）明知他人实施电信网络诈骗犯罪，具有下列情形之一的，以共同犯罪论处，但法律和司法解释另有规定的除外：

1. 提供信用卡、资金支付结算账户、手机卡、通讯工具的；

2. 非法获取、出售、提供公民个人信息的；

3. 制作、销售、提供"木马"程序和"钓鱼软件"等恶意程序的；

4. 提供"伪基站"设备或相关服务的；

5. 提供互联网接入、服务器托管、网络存储、通讯传输等技术支持，或者提供支付结算等帮助的；

6. 在提供改号软件、通话线路等技术服务时，发现主叫号码被修改为国内党政机关、司法机关、公共服务部门号码，或者境外用户改为境内号码，仍提供服务的；

7. 提供资金、场所、交通、生活保障等帮助的;

8. 帮助转移诈骗犯罪所得及其产生的收益,套现、取现的。

上述规定的"明知他人实施电信网络诈骗犯罪",应当结合被告人的认知能力,既往经历,行为次数和手段,与他人关系,获利情况,是否曾因电信网络诈骗受过处罚,是否故意规避调查等主客观因素进行综合分析认定。

(四)负责招募他人实施电信网络诈骗犯罪活动,或者制作、提供诈骗方案、术语清单、语音包、信息等的,以诈骗共同犯罪论处。

(五)部分犯罪嫌疑人在逃,但不影响对已到案共同犯罪嫌疑人、被告人的犯罪事实认定的,可以依法先行追究已到案共同犯罪嫌疑人、被告人的刑事责任。

五、依法确定案件管辖

(一)电信网络诈骗犯罪案件一般由犯罪地公安机关立案侦查,如果由犯罪嫌疑人居住地公安机关立案侦查更为适宜的,可以由犯罪嫌疑人居住地公安机关立案侦查。犯罪地包括犯罪行为发生地和犯罪结果发生地。

"犯罪行为发生地"包括用于电信网络诈骗犯罪的网站服务器所在地,网站建立者、管理者所在地,被侵害的计算机信息系统或其管理者所在地,犯罪嫌疑人、被害人使用的计算机信息系统所在地,诈骗电话、短信息、电子邮件等的拨打地、发送地、到达地、接受地,以及诈骗行为持续发生的实施地、预备地、开始地、途经地、结束地。

"犯罪结果发生地"包括被害人被骗时所在地,以及诈骗所得财物的实际取得地、藏匿地、转移地、使用地、销售地等。

(二)电信网络诈骗最初发现地公安机关侦办的案件,诈骗数额当时未达到"数额较大"标准,但后续累计达到"数额较大"标准,可由最初发现地公安机关立案侦查。

(三)具有下列情形之一的,有关公安机关可以在其职责范围内并案侦查:

1. 一人犯数罪的;

2. 共同犯罪的;

3. 共同犯罪的犯罪嫌疑人还实施其他犯罪的;

4. 多个犯罪嫌疑人实施的犯罪存在直接关联，并案处理有利于查明案件事实的。

（四）对因网络交易、技术支持、资金支付结算等关系形成多层级链条、跨区域的电信网络诈骗等犯罪案件，可由共同上级公安机关按照有利于查清犯罪事实、有利于诉讼的原则，指定有关公安机关立案侦查。

（五）多个公安机关都有权立案侦查的电信网络诈骗等犯罪案件，由最初受理的公安机关或者主要犯罪地公安机关立案侦查。有争议的，按照有利于查清犯罪事实、有利于诉讼的原则，协商解决。经协商无法达成一致的，由共同上级公安机关指定有关公安机关立案侦查。

（六）在境外实施的电信网络诈骗等犯罪案件，可由公安部按照有利于查清犯罪事实、有利于诉讼的原则，指定有关公安机关立案侦查。

（七）公安机关立案、并案侦查，或因有争议，由共同上级公安机关指定立案侦查的案件，需要提请批准逮捕、移送审查起诉、提起公诉的，由该公安机关所在地的人民检察院、人民法院受理。

对重大疑难复杂案件和境外案件，公安机关应在指定立案侦查前，向同级人民检察院、人民法院通报。

（八）已确定管辖的电信诈骗共同犯罪案件，在逃的犯罪嫌疑人归案后，一般由原管辖的公安机关、人民检察院、人民法院管辖。

六、证据的收集和审查判断

（一）办理电信网络诈骗案件，确因被害人人数众多等客观条件的限制，无法逐一收集被害人陈述的，可以结合已收集的被害人陈述，以及经查证属实的银行账户交易记录、第三方支付结算账户交易记录、通话记录、电子数据等证据，综合认定被害人人数及诈骗资金数额等犯罪事实。

（二）公安机关采取技术侦查措施收集的案件证明材料，作为证据使用的，应当随案移送批准采取技术侦查措施的法律文书和所收集的证据材料，并对其来源等作出书面说明。

（三）依照国际条约、刑事司法协助、互助协议或平等互助原则，请求证据材料所在地司法机关收集，或通过国际警务合作机制、国际刑警组织启动合作取证程序收集的境外证据材料，经查证属实，可以作为定案的依据。公安机关应对其来源、提取人、提取时间或者提供人、提供时间以及保管移交的过程等作出说明。

对其他来自境外的证据材料，应当对其来源、提供人、提供时间以及提取人、提取时间进行审查。能够证明案件事实且符合刑事诉讼法规定的，可以作为证据使用。

七、涉案财物的处理

（一）公安机关侦办电信网络诈骗案件，应当随案移送涉案赃款赃物，并附清单。人民检察院提起公诉时，应一并移交受理案件的人民法院，同时就涉案赃款赃物的处理提出意见。

（二）涉案银行账户或者涉案第三方支付账户内的款项，对权属明确的被害人的合法财产，应当及时返还。确因客观原因无法查实全部被害人，但有证据证明该账户系用于电信网络诈骗犯罪，且被告人无法说明款项合法来源的，根据刑法第六十四条的规定，应认定为违法所得，予以追缴。

（三）被告人已将诈骗财物用于清偿债务或者转让给他人，具有下列情形之一的，应当依法追缴：

1. 对方明知是诈骗财物而收取的；

2. 对方无偿取得诈骗财物的；

3. 对方以明显低于市场的价格取得诈骗财物的；

4. 对方取得诈骗财物系源于非法债务或者违法犯罪活动的。

他人善意取得诈骗财物的，不予追缴。

十一、最高人民法院、最高人民检察院、公安部关于办理刑事案件收集提取和审查判断电子数据若干问题的规定

2016 年 9 月 9 日　　　　　　　　　　　法发〔2016〕22 号

为规范电子数据的收集提取和审查判断，提高刑事案件办理质量，根据《中华人民共和国刑事诉讼法》等有关法律规定，结合司法实际，制定

本规定。

一、一般规定

第一条 电子数据是案件发生过程中形成的，以数字化形式存储、处理、传输的，能够证明案件事实的数据。

电子数据包括但不限于下列信息、电子文件：

（一）网页、博客、微博客、朋友圈、贴吧、网盘等网络平台发布的信息；

（二）手机短信、电子邮件、即时通信、通讯群组等网络应用服务的通信信息；

（三）用户注册信息、身份认证信息、电子交易记录、通信记录、登录日志等信息；

（四）文档、图片、音视频、数字证书、计算机程序等电子文件。

以数字化形式记载的证人证言、被害人陈述以及犯罪嫌疑人、被告人供述和辩解等证据，不属于电子数据。确有必要的，对相关证据的收集、提取、移送、审查，可以参照适用本规定。

第二条 侦查机关应当遵守法定程序，遵循有关技术标准，全面、客观、及时地收集、提取电子数据；人民检察院、人民法院应当围绕真实性、合法性、关联性审查判断电子数据。

第三条 人民法院、人民检察院和公安机关有权依法向有关单位和个人收集、调取电子数据。有关单位和个人应当如实提供。

第四条 电子数据涉及国家秘密、商业秘密、个人隐私的，应当保密。

第五条 对作为证据使用的电子数据，应当采取以下一种或者几种方法保护电子数据的完整性：

（一）扣押、封存电子数据原始存储介质；

（二）计算电子数据完整性校验值；

（三）制作、封存电子数据备份；

（四）冻结电子数据；

（五）对收集、提取电子数据的相关活动进行录像；

（六）其他保护电子数据完整性的方法。

第六条　初查过程中收集、提取的电子数据，以及通过网络在线提取的电子数据，可以作为证据使用。

二、电子数据的收集与提取

第七条　收集、提取电子数据，应当由二名以上侦查人员进行。取证方法应当符合相关技术标准。

第八条　收集、提取电子数据，能够扣押电子数据原始存储介质的，应当扣押、封存原始存储介质，并制作笔录，记录原始存储介质的封存状态。

封存电子数据原始存储介质，应当保证在不解除封存状态的情况下，无法增加、删除、修改电子数据。封存前后应当拍摄被封存原始存储介质的照片，清晰反映封口或者张贴封条处的状况。

封存手机等具有无线通信功能的存储介质，应当采取信号屏蔽、信号阻断或者切断电源等措施。

第九条　具有下列情形之一，无法扣押原始存储介质的，可以提取电子数据，但应当在笔录中注明不能扣押原始存储介质的原因、原始存储介质的存放地点或者电子数据的来源等情况，并计算电子数据的完整性校验值：

（一）原始存储介质不便封存的；

（二）提取计算机内存数据、网络传输数据等不是存储在存储介质上的电子数据的；

（三）原始存储介质位于境外的；

（四）其他无法扣押原始存储介质的情形。

对于原始存储介质位于境外或者远程计算机信息系统上的电子数据，可以通过网络在线提取。

为进一步查明有关情况，必要时，可以对远程计算机信息系统进行网络远程勘验。进行网络远程勘验，需要采取技术侦查措施的，应当依法经过严格的批准手续。

第十条　由于客观原因无法或者不宜依据第八条、第九条的规定收集、提取电子数据的，可以采取打印、拍照或者录像等方式固定相关证据，并在笔录中说明原因。

第十一条 具有下列情形之一的，经县级以上公安机关负责人或者检察长批准，可以对电子数据进行冻结：

（一）数据量大，无法或者不便提取的；

（二）提取时间长，可能造成电子数据被篡改或者灭失的；

（三）通过网络应用可以更为直观地展示电子数据的；

（四）其他需要冻结的情形。

第十二条 冻结电子数据，应当制作协助冻结通知书，注明冻结电子数据的网络应用账号等信息，送交电子数据持有人、网络服务提供者或者有关部门协助办理。解除冻结的，应当在三日内制作协助解除冻结通知书，送交电子数据持有人、网络服务提供者或者有关部门协助办理。

冻结电子数据，应当采取以下一种或者几种方法：

（一）计算电子数据的完整性校验值；

（二）锁定网络应用账号；

（三）其他防止增加、删除、修改电子数据的措施。

第十三条 调取电子数据，应当制作调取证据通知书，注明需要调取电子数据的相关信息，通知电子数据持有人、网络服务提供者或者有关部门执行。

第十四条 收集、提取电子数据，应当制作笔录，记录案由、对象、内容、收集、提取电子数据的时间、地点、方法、过程，并附电子数据清单，注明类别、文件格式、完整性校验值等，由侦查人员、电子数据持有人（提供人）签名或者盖章；电子数据持有人（提供人）无法签名或者拒绝签名的，应当在笔录中注明，由见证人签名或者盖章。有条件的，应当对相关活动进行录像。

第十五条 收集、提取电子数据，应当根据刑事诉讼法的规定，由符合条件的人员担任见证人。由于客观原因无法由符合条件的人员担任见证人的，应当在笔录中注明情况，并对相关活动进行录像。

针对同一现场多个计算机信息系统收集、提取电子数据的，可以由一名见证人见证。

第十六条 对扣押的原始存储介质或者提取的电子数据，可以通过恢复、破解、统计、关联、比对等方式进行检查。必要时，可以进行侦查实验。

电子数据检查，应当对电子数据存储介质拆封过程进行录像，并将电子数据存储介质通过写保护设备接入到检查设备进行检查；有条件的，应当制作电子数据备份，对备份进行检查；无法使用写保护设备且无法制作备份的，应当注明原因，并对相关活动进行录像。

电子数据检查应当制作笔录，注明检查方法、过程和结果，由有关人员签名或者盖章。进行侦查实验的，应当制作侦查实验笔录，注明侦查实验的条件、经过和结果，由参加实验的人员签名或者盖章。

第十七条　对电子数据涉及的专门性问题难以确定的，由司法鉴定机构出具鉴定意见，或者由公安部指定的机构出具报告。对于人民检察院直接受理的案件，也可以由最高人民检察院指定的机构出具报告。

具体办法由公安部、最高人民检察院分别制定。

三、电子数据的移送与展示

第十八条　收集、提取的原始存储介质或者电子数据，应当以封存状态随案移送，并制作电子数据的备份一并移送。

对网页、文档、图片等可以直接展示的电子数据，可以不随案移送打印件；人民法院、人民检察院因设备等条件限制无法直接展示电子数据的，侦查机关应当随案移送打印件，或者附展示工具和展示方法说明。

对冻结的电子数据，应当移送被冻结电子数据的清单，注明类别、文件格式、冻结主体、证据要点、相关网络应用账号，并附查看工具和方法的说明。

第十九条　对侵入、非法控制计算机信息系统的程序、工具以及计算机病毒等无法直接展示的电子数据，应当附电子数据属性、功能等情况的说明。

对数据统计量、数据同一性等问题，侦查机关应当出具说明。

第二十条　公安机关报请人民检察院审查批准逮捕犯罪嫌疑人，或者对侦查终结的案件移送人民检察院审查起诉的，应当将电子数据等证据一并移送人民检察院。人民检察院在审查批准逮捕和审查起诉过程中发现应当移送的电子数据没有移送或者移送的电子数据不符合相关要求的，应当通知公安机关补充移送或者进行补正。

对于提起公诉的案件，人民法院发现应当移送的电子数据没有移送或者移送的电子数据不符合相关要求的，应当通知人民检察院。

公安机关、人民检察院应当自收到通知后三日内移送电子数据或者补充有关材料。

第二十一条　控辩双方向法庭提交的电子数据需要展示的，可以根据电子数据的具体类型，借助多媒体设备出示、播放或者演示。必要时，可以聘请具有专门知识的人进行操作，并就相关技术问题作出说明。

四、电子数据的审查与判断

第二十二条　对电子数据是否真实，应当着重审查以下内容：

（一）是否移送原始存储介质；在原始存储介质无法封存、不便移动时，有无说明原因，并注明收集、提取过程及原始存储介质的存放地点或者电子数据的来源等情况；

（二）电子数据是否具有数字签名、数字证书等特殊标识；

（三）电子数据的收集、提取过程是否可以重现；

（四）电子数据如有增加、删除、修改等情形的，是否附有说明；

（五）电子数据的完整性是否可以保证。

第二十三条　对电子数据是否完整，应当根据保护电子数据完整性的相应方法进行验证：

（一）审查原始存储介质的扣押、封存状态；

（二）审查电子数据的收集、提取过程，查看录像；

（三）比对电子数据完整性校验值；

（四）与备份的电子数据进行比较；

（五）审查冻结后的访问操作日志；

（六）其他方法。

第二十四条　对收集、提取电子数据是否合法，应当着重审查以下内容：

（一）收集、提取电子数据是否由二名以上侦查人员进行，取证方法是否符合相关技术标准；

（二）收集、提取电子数据，是否附有笔录、清单，并经侦查人员、电子数据持有人（提供人）、见证人签名或者盖章；没有持有人（提供人）签名或者盖章的，是否注明原因；对电子数据的类别、文件格式等是否注明清楚；

（三）是否依照有关规定由符合条件的人员担任见证人，是否对相关活动进行录像；

（四）电子数据检查是否将电子数据存储介质通过写保护设备接入到检查设备；有条件的，是否制作电子数据备份，并对备份进行检查；无法制作备份且无法使用写保护设备的，是否附有录像。

第二十五条 认定犯罪嫌疑人、被告人的网络身份与现实身份的同一性，可以通过核查相关IP地址、网络活动记录、上网终端归属、相关证人证言以及犯罪嫌疑人、被告人供述和辩解等进行综合判断。

认定犯罪嫌疑人、被告人与存储介质的关联性，可以通过核查相关证人证言以及犯罪嫌疑人、被告人供述和辩解等进行综合判断。

第二十六条 公诉人、当事人或者辩护人、诉讼代理人对电子数据鉴定意见有异议，可以申请人民法院通知鉴定人出庭作证。人民法院认为鉴定人有必要出庭的，鉴定人应当出庭作证。

经人民法院通知，鉴定人拒不出庭作证的，鉴定意见不得作为定案的根据。对没有正当理由拒不出庭作证的鉴定人，人民法院应当通报司法行政机关或者有关部门。

公诉人、当事人或者辩护人、诉讼代理人可以申请法庭通知有专门知识的人出庭，就鉴定意见提出意见。

对电子数据涉及的专门性问题的报告，参照适用前三款规定。

第二十七条 电子数据的收集、提取程序有下列瑕疵，经补正或者作出合理解释的，可以采用；不能补正或者作出合理解释的，不得作为定案的根据：

（一）未以封存状态移送的；

（二）笔录或者清单上没有侦查人员、电子数据持有人（提供人）、见证人签名或者盖章的；

（三）对电子数据的名称、类别、格式等注明不清的；

（四）有其他瑕疵的。

第二十八条 电子数据具有下列情形之一的，不得作为定案的根据：

（一）电子数据系篡改、伪造或者无法确定真伪的；

（二）电子数据有增加、删除、修改等情形，影响电子数据真实性的；

（三）其他无法保证电子数据真实性的情形。

五、附则

第二十九条 本规定中下列用语的含义：

（一）存储介质，是指具备数据信息存储功能的电子设备、硬盘、光盘、优盘、记忆棒、存储卡、存储芯片等载体。

（二）完整性校验值，是指为防止电子数据被篡改或者破坏，使用散列算法等特定算法对电子数据进行计算，得出的用于校验数据完整性的数据值。

（三）网络远程勘验，是指通过网络对远程计算机信息系统实施勘验，发现、提取与犯罪有关的电子数据，记录计算机信息系统状态，判断案件性质，分析犯罪过程，确定侦查方向和范围，为侦查破案、刑事诉讼提供线索和证据的侦查活动。

（四）数字签名，是指利用特定算法对电子数据进行计算，得出的用于验证电子数据来源和完整性的数据值。

（五）数字证书，是指包含数字签名并对电子数据来源、完整性进行认证的电子文件。

（六）访问操作日志，是指为审查电子数据是否被增加、删除或者修改，由计算机信息系统自动生成的对电子数据访问、操作情况的详细记录。

第三十条 本规定自 2016 年 10 月 1 日起施行。之前发布的规范性文件与本规定不一致的，以本规定为准。